JN107884

ヤマベの
木構造

現場必携ハンドブック
改訂第二版

X-Knowledge

改訂第二版によせて

拙著『ヤマベの木構造』（エクスナレッジ）に掲載した、実務の場で使用頻度の高い計算式や、実践的な図表類を1冊に集約したハンドブックを発刊してから、8年が経ちました。この間に基規準の改正が続き、「ヤマベの木構造」も2回改訂を行いましたため、本書もこれらの改正事項をできる限り反映させ、改訂版として発刊することといたしました。

しかし、現在もさまざまな検証が進行中で、今後も改正が暫時行われることが予想されます。本書には出典や参考文献を記載しておりますので、製品の規格などは常に最新の情報を入手して、設計を行うようにして下さい。

このように頻繁に規定が変わると、それに振り回されてしまい、設計者として考えるべきことを見失いがちです。建物の構造安全性を確保するには、まず建物全体を見て、「建物に生ずる力の流れを読む」ことが最も重要です。そのためには「設計者自身の手で伏図と軸組図を描きながら考える」という訓練を繰り返す必要があります。そのうえで、適切な部材を配置し、接合詳細を決定していくことが、構造設計の本来あるべき姿です。

局部的な思考のみに陥ることなく、安全かつ魅力的な木造空間をつくるために、本書を活用していただけたら幸いです。

2022年2月
山辺豊彦

いわゆる耐震強度偽装事件を受け、2007年6月に施行された改正建築基準法は、それまで設計者に「工学的判断」として委ねていた設計行為の大部分を、法律で規定することで設計および審査の厳格化を図りました。これ以降、建築構造の世界は、一貫計算プログラムの能力に過度に依存した設計や審査が常態化するようになります。「建物の形状を入力しさえすれば、あとは何も考えなくてよい」というわけです。しかし、このような行為がオペレーターの行う“作業”と同等レベルであり、設計と呼べるものでないことは言うまでもありません。一貫計算プログラムはあくまで計算道具の1つです。建物の特徴を慎重に踏まえ、力の流れを読みモデル化するという行為は、やはり人間の頭でしか行えないのです。

木造住宅の設計においては、幸い、このようなプログラムに依存せずとも手計算だけで十分な設計が行えます。ただし、構造安全性を満足させる設計とするためには、設計者自身の手で伏図・軸組図をきちんと描き、力の流れを把握する工程が求められます。そのうえで、必要な計算を行い検証するという流れが、木造設計の本来あるべき姿です。

本書は、このような「確かな木造設計」を行うために必要な、実務の場で使用頻度の高い計算式、実践的な図表類を1冊に集約したハンドブックです。拙著『ヤマベの木構造』から重要と思われる資料を適宜抽出したほか、耐震改修などの補強設計にも役立てられるよう、鉄骨材に関する図表類も付加して構成しました。また、いつでもどこでも使える携帯性を重視し、工事中の現場でもすぐに根拠となるデータに当たれるよう、ハンディな造本としました。

木造を設計される方が本書を常に携帯し、確かな設計の一助として役立てていただけることを心より願っております。

2013年9月
山辺豊彦

木造の構造計算に役立つ設計データ

カバー・表紙・フォーマットデザイン●マツダオフィス
校正●長澤 徹
編集協力・製作●長谷川 智大

木造の構造計算に役立つ
設計データ

1 | 木材の許容応力度

設計データ1 ● 木材(製材)の繊維方向の基準強度・許容応力度

❶強度比と荷重継続期間の関係

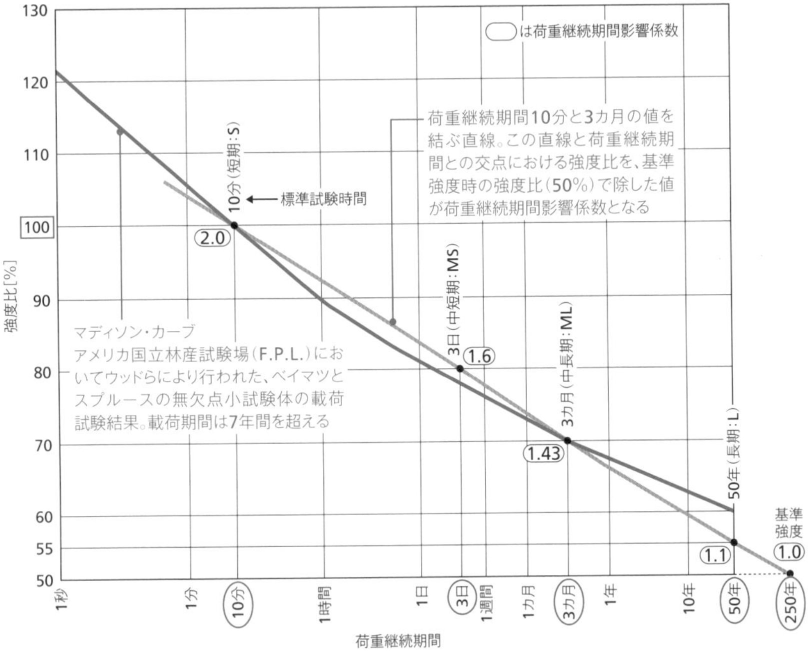

出典:『木質構造設計規準・同解説』((社)日本建築学会)

❷荷重継続時間と木材の許容応力度

荷重継続時間			木材の許容応力度
長期		50年相当	基準強度F×$\frac{1.10}{3}$:長期許容応力度
積雪	長期	3カ月相当	基準強度F×$\frac{1.43}{3}$=長期許容応力度×1.3
	短期	3日相当	基準強度F×$\frac{1.60}{3}$=短期許容応力度×0.8
短期		10分相当	基準強度F×$\frac{2.00}{3}$:短期許容応力度

❸製材の日本農林規格に適合する構造用製材の目視等級区分によるもの

［単位：N／㎟］

樹種	区分	等級	圧縮			引張			曲げ			せん断		
			基準強度 F_c	長期 $_Lf_c$ (1.1F_c／3)	短期 $_Sf_c$ (2.0F_c／3)	基準強度 F_t	長期 $_Lf_t$ (1.1F_t／3)	短期 $_Sf_t$ (2.0F_t／3)	基準強度 F_b	長期 $_Lf_b$ (1.1F_b／3)	短期 $_Sf_b$ (2.0F_b／3)	基準強度 F_s	長期 $_Lf_s$ (1.1F_s／3)	短期 $_Sf_s$ (2.0F_s／3)
アカマツ	甲種構造材	1級	27.0	9.9	18.0	20.4	7.5	13.6	33.6	12.3	22.4	2.4	0.88	1.60
		2級	16.8	6.2	11.2	12.6	4.6	8.4	20.4	7.5	13.6	2.4	0.88	1.60
		3級	11.4	4.2	7.6	9.0	3.3	6.0	14.4	5.3	9.6	2.4	0.88	1.60
	乙種構造材	1級	27.0	9.9	18.0	16.2	5.9	10.8	26.4	9.7	17.6	2.4	0.88	1.60
		2級	16.8	6.2	11.2	10.2	3.7	6.8	16.8	6.2	11.2	2.4	0.88	1.60
		3級	11.4	4.2	7.6	7.2	2.6	4.8	11.4	4.2	7.6	2.4	0.88	1.60
ベイマツ	甲種構造材	1級	27.0	9.9	18.0	20.4	7.5	13.6	34.2	12.5	22.8	2.4	0.88	1.60
		2級	18.0	6.6	12.0	13.8	5.1	9.2	22.8	8.4	15.2	2.4	0.88	1.60
		3級	13.8	5.1	9.2	10.8	4.0	7.2	17.4	6.4	11.6	2.4	0.88	1.60
	乙種構造材	1級	27.0	9.9	18.0	16.2	5.9	10.8	27.0	9.9	18.0	2.4	0.88	1.60
		2級	18.0	6.6	12.0	10.8	4.0	7.2	18.0	6.6	12.0	2.4	0.88	1.60
		3級	13.8	5.1	9.2	8.4	3.1	5.6	13.8	5.1	9.2	2.4	0.88	1.60
カラマツ	甲種構造材	1級	23.4	8.6	15.6	18.0	6.6	12.0	29.4	10.8	19.6	2.1	0.77	1.40
		2級	20.4	7.5	13.6	15.6	5.7	10.4	25.8	9.5	17.2	2.1	0.77	1.40
		3級	18.6	6.8	12.4	13.8	5.1	9.2	23.4	8.6	15.6	2.1	0.77	1.40
	乙種構造材	1級	23.4	8.6	15.6	14.4	5.3	9.6	23.4	8.6	15.6	2.1	0.77	1.40
		2級	20.4	7.5	13.6	12.6	4.6	8.4	20.4	7.5	13.6	2.1	0.77	1.40
		3級	18.6	6.8	12.4	10.8	4.0	7.2	17.4	6.4	11.6	2.1	0.77	1.40
ダフリカカラマツ	甲種構造材	1級	28.8	10.6	19.2	21.6	7.9	14.4	36.0	13.2	24.0	2.1	0.77	1.40
		2級	25.2	9.2	16.8	18.6	6.8	12.4	31.2	11.4	20.8	2.1	0.77	1.40
		3級	22.2	8.1	14.8	16.8	6.2	11.2	27.6	10.1	18.4	2.1	0.77	1.40
	乙種構造材	1級	28.8	10.6	19.2	17.4	6.4	11.6	28.8	10.6	19.2	2.1	0.77	1.40
		2級	25.2	9.2	16.8	15.0	5.5	10.0	25.2	9.2	16.8	2.1	0.77	1.40
		3級	22.2	8.1	14.8	13.2	4.8	8.8	22.2	8.1	14.8	2.1	0.77	1.40
ヒバ	甲種構造材	1級	28.2	10.3	18.8	21.0	7.7	14.0	34.8	12.8	23.2	2.1	0.77	1.40
		2級	27.6	10.1	18.4	21.0	7.7	14.0	34.8	12.8	23.2	2.1	0.77	1.40
		3級	23.4	8.6	15.6	18.0	6.6	12.0	29.4	10.8	19.6	2.1	0.77	1.40
	乙種構造材	1級	28.2	10.3	18.8	16.8	6.2	11.2	28.2	10.3	18.8	2.1	0.77	1.40
		2級	27.6	10.1	18.4	16.8	6.2	11.2	27.6	10.1	18.4	2.1	0.77	1.40
		3級	23.4	8.6	15.6	12.6	4.6	8.4	20.4	7.5	13.6	2.1	0.77	1.40
ヒノキ	甲種構造材	1級	30.6	11.2	20.4	22.8	8.4	15.2	38.4	14.1	25.6	2.1	0.77	1.40
		2級	27.0	9.9	18.0	20.4	7.5	13.6	34.2	12.5	22.8	2.1	0.77	1.40
		3級	23.4	8.6	15.6	17.4	6.4	11.6	28.8	10.6	19.2	2.1	0.77	1.40
	乙種構造材	1級	30.6	11.2	20.4	18.6	6.8	12.4	30.6	11.2	20.4	2.1	0.77	1.40
		2級	27.0	9.9	18.0	16.2	5.9	10.8	27.0	9.9	18.0	2.1	0.77	1.40
		3級	23.4	8.6	15.6	13.8	5.1	9.2	23.4	8.6	15.6	2.1	0.77	1.40
ベイツガ	甲種構造材	1級	21.0	7.7	14.0	15.6	5.7	10.4	26.4	9.7	17.6	2.1	0.77	1.40
		2級	21.0	7.7	14.0	15.6	5.7	10.4	26.4	9.7	17.6	2.1	0.77	1.40
		3級	17.4	6.4	11.6	13.2	4.8	8.8	21.6	7.9	14.4	2.1	0.77	1.40
	乙種構造材	1級	21.0	7.7	14.0	12.6	4.6	8.4	21.0	7.7	14.0	2.1	0.77	1.40
		2級	21.0	7.7	14.0	12.6	4.6	8.4	21.0	7.7	14.0	2.1	0.77	1.40
		3級	17.4	6.4	11.6	10.2	3.7	6.8	17.4	6.4	11.6	2.1	0.77	1.40

❸製材の日本農林規格に適合する構造用製材の目視等級区分によるもの（続き）

［単位：N／㎟］

樹種	区分	等級	圧縮			引張			曲げ			せん断		
			基準強度 F_c	長期 ${}_Lf_c$（$1.1F_c$／3）	短期 ${}_sf_c$（$2.0F_c$／3）	基準強度 F_t	長期 ${}_Lf_t$（$1.1F_t$／3）	短期 ${}_sf_t$（$2.0F_t$／3）	基準強度 F_b	長期 ${}_Lf_b$（$1.1F_b$／3）	短期 ${}_sf_b$（$2.0F_b$／3）	基準強度 F_s	長期 ${}_Lf_s$（$1.1F_s$／3）	短期 ${}_sf_s$（$2.0F_s$／3）
エゾマツ、トドマツ	甲種構造材	1級	27.0	9.9	18.0	20.4	7.5	13.6	34.2	12.5	22.8	1.8	0.66	1.20
		2級	22.8	8.4	15.2	17.4	6.4	11.6	28.2	10.3	18.8	1.8	0.66	1.20
		3級	13.8	5.1	9.2	10.8	4.0	7.2	17.4	6.4	11.6	1.8	0.66	1.20
	乙種構造材	1級	27.0	9.9	18.0	16.2	5.9	10.8	27.0	9.9	18.0	1.8	0.66	1.20
		2級	22.8	8.4	15.2	13.8	5.1	9.2	22.8	8.4	15.2	1.8	0.66	1.20
		3級	13.8	5.1	9.2	5.4	2.0	3.6	9.0	3.3	6.0	1.8	0.66	1.20
スギ	甲種構造材	1級	21.6	7.9	14.4	16.2	5.9	10.8	27.0	9.9	18.0	1.8	0.66	1.20
		2級	20.4	7.5	13.6	15.6	5.7	10.4	25.8	9.5	17.2	1.8	0.66	1.20
		3級	18.0	6.6	12.0	13.8	5.1	9.2	22.2	8.1	14.8	1.8	0.66	1.20
	乙種構造材	1級	21.6	7.9	14.4	13.2	4.8	8.8	21.6	7.9	14.4	1.8	0.66	1.20
		2級	20.4	7.5	13.6	12.6	4.6	8.4	20.4	7.5	13.6	1.8	0.66	1.20
		3級	18.0	6.6	12.0	10.8	4.0	7.2	18.0	6.6	12.0	1.8	0.66	1.20

垂木・根太などの荷重を分散して負担する部材（並列材）の曲げ強度・曲げ許容応力度は下記による
・当該部材群に構造用合板またはこれと同等以上の面材を張る場合：$1.25F_b$
・その他の場合：$1.15F_b$
注1　甲種構造材とは、主に曲げ性能を必要とする部材を意味する
注2　乙種構造材とは、主に圧縮性能を必要とする部材を意味する

❹製材の日本農林規格に適合する構造用製材の機械等級区分によるもの

［単位：N／㎟］

樹種	等級	圧縮			引張			曲げ			せん断		
		基準強度 F_c	長期 ${}_Lf_c$（$1.1F_c$／3）	短期 ${}_sf_c$（$2.0F_c$／3）	基準強度 F_t	長期 ${}_Lf_t$（$1.1F_t$／3）	短期 ${}_sf_t$（$2.0F_t$／3）	基準強度 F_b	長期 ${}_Lf_b$（$1.1F_b$／3）	短期 ${}_sf_b$（$2.0F_b$／3）	基準強度 F_s	長期 ${}_Lf_s$（$1.1F_s$／3）	短期 ${}_sf_s$（$2.0F_s$／3）
アカマツ、ベイマツ	E70	9.6	3.5	6.4	7.2	2.6	4.8	12.0	4.4	8.0	2.4	0.88	1.60
	E90	16.8	6.2	11.2	12.6	4.6	8.4	21.0	7.7	14.0	2.4	0.88	1.60
	E110	24.6	9.0	16.4	18.6	6.8	12.4	30.6	11.2	20.4	2.4	0.88	1.60
	E130	31.8	11.7	21.2	24.0	8.8	16.0	39.6	14.5	26.4	2.4	0.88	1.60
	E150	39.0	14.3	26.0	29.4	10.8	19.6	48.6	17.8	32.4	2.4	0.88	1.60
ダフリカカラマツ、ベイツガ	E70	9.6	3.5	6.4	7.2	2.6	4.8	12.0	4.4	8.0	2.1	0.77	1.40
	E90	16.8	6.2	11.2	12.6	4.6	8.4	21.0	7.7	14.0	2.1	0.77	1.40
	E110	24.6	9.0	16.4	18.6	6.8	12.4	30.6	11.2	20.4	2.1	0.77	1.40
	E130	31.8	11.7	21.2	24.0	8.8	16.0	39.6	14.5	26.4	2.1	0.77	1.40
	E150	39.0	14.3	26.0	29.4	10.8	19.6	48.6	17.8	32.4	2.1	0.77	1.40
エゾマツ、トドマツ	E70	9.6	3.5	6.4	7.2	2.6	4.8	12.0	4.4	8.0	1.8	0.66	1.20
	E90	16.8	6.2	11.2	12.6	4.6	8.4	21.0	7.7	14.0	1.8	0.66	1.20
	E110	24.6	9.0	16.4	18.6	6.8	12.4	30.6	11.2	20.4	1.8	0.66	1.20
	E130	31.8	11.7	21.2	24.0	8.8	16.0	39.6	14.5	26.4	1.8	0.66	1.20
	E150	39.0	14.3	26.0	29.4	10.8	19.6	48.6	17.8	32.4	1.8	0.66	1.20

樹種	等級	圧縮			引張			曲げ			せん断		
		基準強度 F_c	長期 $_Lf_c$ （$1.1F_c$／3）	短期 $_sf_c$ （$2.0F_c$／3）	基準強度 F_t	長期 $_Lf_t$ （$1.1F_t$／3）	短期 $_sf_t$ （$2.0F_t$／3）	基準強度 F_b	長期 $_Lf_b$ （$1.1F_b$／3）	短期 $_sf_b$ （$2.0F_b$／3）	基準強度 F_s	長期 $_Lf_s$ （$1.1F_s$／3）	短期 $_sf_s$ （$2.0F_s$／3）
カラマツ、ヒノキ、ヒバ	E50	11.4	4.2	7.6	8.4	3.1	5.6	13.8	5.1	9.2	2.1	0.77	1.40
	E70	18.0	6.6	12.0	13.2	4.8	8.8	22.2	8.1	14.8	2.1	0.77	1.40
	E90	24.6	9.0	16.4	18.6	6.8	12.4	30.6	11.2	20.4	2.1	0.77	1.40
	E110	31.2	11.4	20.8	23.4	8.6	15.6	38.4	14.1	25.6	2.1	0.77	1.40
	E130	37.8	13.9	25.2	28.2	10.3	18.8	46.8	17.2	31.2	2.1	0.77	1.40
	E150	44.4	16.3	29.6	33.0	12.1	22.0	55.2	20.2	36.8	2.1	0.77	1.40
スギ	E50	19.2	7.0	12.8	14.4	5.3	9.6	24.0	8.8	16.0	1.8	0.66	1.20
	E70	23.4	8.6	15.6	17.4	6.4	11.6	29.4	10.8	19.6	1.8	0.66	1.20
	E90	28.2	10.3	18.8	21.0	7.7	14.0	34.8	12.8	23.2	1.8	0.66	1.20
	E110	32.4	11.9	21.6	24.6	9.0	16.4	40.8	15.0	27.2	1.8	0.66	1.20
	E130	37.2	13.6	24.8	27.6	10.1	18.4	46.2	16.9	30.8	1.8	0.66	1.20
	E150	41.4	15.2	27.6	31.2	11.4	20.8	51.6	18.9	34.4	1.8	0.66	1.20

垂木・根太などの荷重を分散して負担する部材（並列材）の曲げ強度・曲げ許容応力度は下記による

・当該部材群に構造用合板またはこれと同等以上の面材を張る場合：$1.25F_b$

・その他の場合：$1.15F_b$

注　円柱類にあっては、スギ、カラマツ、ヒノキに限る。

❺無等級材（日本農林規格に定められていない木材）

［単位：N／㎟］

樹種		圧縮			引張			曲げ			せん断		
		基準強度 F_c	長期 $_Lf_c$ （$1.1F_c$／3）	短期 $_sf_c$ （$2.0F_c$／3）	基準強度 F_t	長期 $_Lf_t$ （$1.1F_t$／3）	短期 $_sf_t$ （$2.0F_t$／3）	基準強度 F_b	長期 $_Lf_b$ （$1.1F_b$／3）	短期 $_sf_b$ （$2.0F_b$／3）	基準強度 F_s	長期 $_Lf_s$ （$1.1F_s$／3）	短期 $_sf_s$ （$2.0F_s$／3）
針葉樹	アカマツ、クロマツ、ベイマツ	22.2	8.1	14.8	17.7	6.5	11.8	28.2	10.3	18.8	2.4	0.88	1.60
	カラマツ、ヒバ、ヒノキ、ベイヒ、ベイヒバ	20.7	7.6	13.8	16.2	5.9	10.8	26.7	9.8	17.8	2.1	0.77	1.40
	ツガ、ベイツガ	19.2	7.0	12.8	14.7	5.4	9.8	25.2	9.2	16.8	2.1	0.77	1.40
	モミ、スギ、エゾマツ、トドマツ、ベニマツ、ベイスギ、スプルース	17.7	6.5	11.8	13.5	5.0	9.0	22.2	8.1	14.8	1.8	0.66	1.20
広葉樹	カシ	27.0	9.9	18.0	24.0	8.8	16.0	38.4	14.1	25.6	4.2	1.54	2.80
	クリ、ナラ、ブナ、ケヤキ	21.0	7.7	14.0	18.0	6.6	12.0	29.4	10.8	19.6	3.0	1.10	2.00

垂木・根太などの荷重を分散して負担する部材（並列材）の曲げ強度・曲げ許容応力度は下記による

・当該部材群に構造用合板またはこれと同等以上の面材を張る場合：$1.25F_b$

・その他の場合：$1.15F_b$

積雪時の許容応力度は下式により求める（F：基準強度）

中長期 $_{Ls}f=1.43F/3$

中短期 $_{ss}f=1.60F/3$

❻木材(製材)のめり込みの許容応力度(木材の繊維に直角方向の許容応力度)

[単位:N/㎟]

樹種		部分圧縮(めり込み)								
		基準強度 F_{cv}	材中間部				材端部			
			長期 ${}_Lf_{cv}$ ($1.1F_{cv}/3$)	中長期 ${}_Lf_{cv}\times1.3$ ($1.43F_{cv}/3$)	中短期 ${}_sf_{cv}\times0.8$ ($1.6F_{cv}/3$)	短期 ${}_sf_{cv}$ ($2.0F_{cv}/3$)	長期 $\alpha\cdot{}_Lf_{cv}$ ($\alpha\cdot1.1F_{cv}/3$)	中長期 $\alpha\cdot{}_Lf_{cv}\times1.3$ ($\alpha\cdot1.43F_{cv}/3$)	中短期 $\alpha\cdot{}_sf_{cv}\times0.8$ ($\alpha\cdot1.6F_{cv}/3$)	短期 $\alpha\cdot{}_sf_{cv}$ ($\alpha\cdot2.0F_{cv}/3$)
針葉樹	アカマツ、クロマツ、ベイマツ	9.0	3.3	4.29	4.8	6.0	2.64	3.43	3.84	4.8
	カラマツ、ヒバ、ヒノキ、ベイヒ、ベイヒバ	7.8	2.86	3.72	4.16	5.2	2.29	2.97	3.33	4.16
	ツガ、ベイツガ	6.0	2.2	2.86	3.2	4.0	1.76	2.29	2.56	3.2
	モミ、スギ、エゾマツ、トドマツ、ベニマツ、ベイスギ、スプルース	6.0	2.2	2.86	3.2	4.0	1.76	2.29	2.56	3.2
広葉樹	カシ	12.0	4.4	5.72	6.4	8.0	3.3	4.29	4.8	6.0
	クリ、ナラ、ブナ、ケヤキ	10.8	3.96	5.15	5.76	7.2	2.97	3.86	4.32	5.4
加力状態		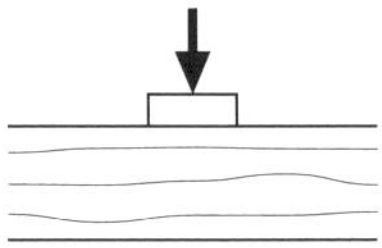					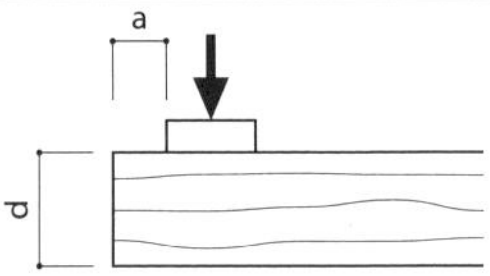 ①d≧100㎜:a≦100㎜ ②d<100㎜:a≦d			

樹種		全面圧縮				
		基準強度 F_{cv}	長期 ${}_Lf_{cv}$ ($1.1F_{cv}/3$)	中長期 ${}_Lf_{cv}\times1.3$ ($1.43F_{cv}/3$)	中短期 ${}_sf_{cv}\times0.8$ ($1.6F_{cv}/3$)	短期 ${}_sf_{cv}$ ($2.0F_{cv}/3$)
針葉樹	アカマツ、クロマツ、ベイマツ	2.8	1.03	1.33	1.49	1.87
	カラマツ、ヒバ、ヒノキ、ベイヒ、ベイヒバ	2.6	0.95	1.24	1.39	1.73
	ツガ、ベイツガ	2.4	0.88	1.14	1.28	1.6
	モミ、スギ、エゾマツ、トドマツ、ベニマツ、ベイスギ、スプルース	2.2	0.81	1.05	1.17	1.47
広葉樹	カシ	5.4	1.98	2.57	2.88	3.6
	クリ、ナラ、ブナ、ケヤキ	4.2	1.54	2.0	2.24	2.8
加力状態		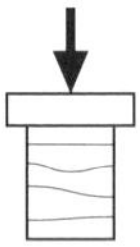				

出典:『木質構造設計規準・同解説 2006年版』((社)日本建築学会)

●製材の日本農林規格に適合する構造用製材の目視等級区分、機械等級区分によるもの。ただし円柱類にあっては、スギ、カラマツ、ヒノキに限る

●無等級材(日本農林規格に定められていない木材)

注1 材端部の許容応力度は、材中間部の値に加力調整係数 αを乗じる(加力調整係数αは、針葉樹:0.8、広葉樹:0.75)

注2 変形が重要となる構造物においては、状況に応じて表の値を低減して適用する

注3 受圧面が追柾の場合は、表の値に2/3を乗じて適用する

注4 ホゾなどを有することにより、少量のめり込みを生じても構造上の支障がないと判断される場合、または少量のめり込みを生じても不都合の生じない構造の場合は上表を適用できる

設計データ2 ● 機械等級の表示とヤング係数

表示ヤング	実際のヤング係数		中間値[N/㎟]
	重力単位[t/㎠]	SI単位[N/㎟]	
無等級	—	—	—
E50	40 ≦ E ＜ 60	3,900 ≦ E ＜ 5,900	4,900
E70	60 ≦ E ＜ 80	5,900 ≦ E ＜ 7,800	6,850
E90	80 ≦ E ＜ 100	7,800 ≦ E ＜ 9,800	8,800
E110	100 ≦ E ＜ 120	9,800 ≦ E ＜ 11,800	10,800

設計データ3 ● 集成材の許容応力度

❶ 対称異等級構成集成材の許容応力度（特定対称異等級構成集成材を除く）

［単位：N/㎟］

強度等級	圧縮			引張			曲げ					
							積層方向＊			幅方向		
	基準強度 F_c	長期 $_Lf_c$（$1.1F_c$／3）	短期 $_Sf_c$（$2.0F_c$／3）	基準強度 F_t	長期 $_Lf_t$（$1.1F_t$／3）	短期 $_Sf_t$（$2.0F_t$／3）	基準強度 F_b	長期 $_Lf_b$（$1.1F_b$／3）	短期 $_Sf_b$（$2.0F_b$／3）	基準強度 F_b	長期 $_Lf_b$（$1.1F_b$／3）	短期 $_Sf_b$（$2.0F_b$／3）
E170-F495	38.4	14.1	25.6	33.5	12.3	22.3	49.5	18.2	33.0	35.4	13.0	23.6
E150-F435	33.4	12.2	22.3	29.2	10.7	19.5	43.5	16.0	29.0	30.6	16.2	20.4
E135-F375	29.7	10.9	19.8	25.9	9.5	17.3	37.5	13.8	25.0	27.6	10.1	18.4
E120-F330	25.9	9.5	17.3	22.4	8.2	14.9	33.0	12.1	22.0	24.0	8.8	16.0
E105-F300	23.2	8.5	15.5	20.2	7.4	13.5	30.0	11.0	20.0	21.6	7.9	14.4
E95-F270	21.7	8.0	14.5	18.9	6.9	12.6	27.0	9.9	18.0	20.4	7.5	13.6
E85-F255	19.5	7.2	13.0	17.0	6.2	11.3	25.5	9.4	17.0	18.0	6.6	12.0
E75-F240	17.6	6.5	11.7	15.3	5.6	10.2	24.0	8.8	16.0	15.6	5.7	10.4
E65-F225	16.7	6.1	11.1	14.6	5.4	9.7	22.5	8.3	15.0	15.0	5.5	10.0
E65-F220	15.3	5.6	10.2	13.4	4.9	8.9	22.0	8.1	14.7	12.6	4.6	8.4
E55-F200	13.3	4.9	8.9	11.6	4.3	7.7	20.0	7.3	13.3	10.2	3.7	6.8

注1　土台その他これに類する横架材は、当該部材のめり込みにより他部材の応力に変化が生じない場合に限り適用可
注2　基礎杭、水槽、浴室その他これらに類する常時湿潤状態にある部分に使用する場合は、当該数値の70%とする
注3　限界耐力計算時の積雪に対する設計においては、上表の値に0.8を乗じる
注4　強度等級は、集成材規格第5条表17（等級が異なるひき板で構成された内層特殊構成集成材にあっては表30）の規定による
＊　積層方向は、上表の数値に、集成材の厚さ方向の辺長が対応する集成材規格第5条表18（等級が異なるひき板で構成された内層特殊構成集成材にあっては表32）の左欄の区分に応じて、同表右欄に掲げる数値を乗じる

対称異等級構成集成材の積層方向の曲げ強度に乗じる寸法調整係数

試料集成材、試験片またはモデル試験体の厚さ方向の辺長[㎜]	係数
100 ≧	1.13
100 ＜, 150 ≧	1.08
150 ＜, 200 ≧	1.05
200 ＜, 250 ≧	1.02
250 ＜, 300 ≧	1.00
300 ＜, 450 ≧	0.96
450 ＜, 600 ≧	0.93

❷集成材の許容せん断応力度

［単位：N／㎟］

樹種	せん断					
	積層方向			幅方向		
	基準強度 F_s	長期 $_Lf_s$ $(1.1F_s/3)$	短期 $_sf_s$ $(2.0F_s/3)$	基準強度 F_s	長期 $_Lf_s$ $(1.1F_s/3)$	短期 $_sf_s$ $(2.0F_s/3)$
イタヤカエデ、カバ、ブナ、ミズナラ、ケヤキ、アピトン	4.8	1.8	3.2	4.2	1.5	2.8
タモ、シオジ、ニレ	4.2	1.5	2.8	3.6	1.3	2.4
ヒノキ、ヒバ、カラマツ、アカマツ、クロマツ、ベイヒ、ダフリカカラマツ、サザンパイン、ベイマツ、ホワイトサイプレスパイン、ウエスタンラーチ	3.6	1.3	2.4	3.0	1.1	2.0
ツガ、アラスカイエローシダー、ベニマツ、ラジアタパイン、ベイツガ	3.3	1.2	2.2	2.7	1.0	1.8
モミ、トドマツ、エゾマツ、ベイモミ、ラワン、ロッジポールパイン、ポンデローサパイン、オウシュウアカマツ、ジャックパイン、スプルース	3.0	1.1	2.0	2.4	0.9	1.6
スギ、ベイスギ	2.7	1.0	1.8	2.1	0.8	1.4

注　せん断面に幅はぎ未評価ラミナを含む構造用集成材にあっては、上表の数値に0.6を乗じる

❸集成材の許容めり込み応力度

［単位：N／㎟］

樹種	基準強度 F_{cv}	部分圧縮(めり込み)							
		土台その他これに類する横架材				左記以外			
		長期		短期		長期		短期	
		一般 $1.5F_{cv}/3$	積雪 $1.5F_{cv}/3$	一般 $2.0F_{cv}/3$	積雪 $2.0F_{cv}/3$	一般 $1.1F_{cv}/3$	積雪 $1.43F_{cv}/3$	一般 $2.0F_{cv}/3$	積雪 $1.6F_{cv}/3$
イタヤカエデ、カバ、ブナ、ミズナラ、ケヤキ、アピトン、タモ、シオジ、ニレ	10.8	5.40	5.40	7.20	7.20	3.96	5.15	7.20	5.76
アカマツ、クロマツ、ダフリカカラマツ、サザンパイン、ベイマツ、ラワン、ホワイトサイプレスパイン、ウエスタンラーチ	9.0	4.50	4.50	6.00	6.00	3.30	4.29	6.00	4.80
ヒノキ、ヒバ、カラマツ、ベイヒ	7.8	3.90	3.90	5.20	5.20	2.86	3.72	5.20	4.16
ツガ、ベイツガ、トドマツ、エゾマツ、ベニマツ、モミ、ベイモミ、スギ、ベイスギ、スプルース、オウシュウアカマツ、アラスカイエローシダー、ラジアタパイン、ロッジポールパイン、ポンデローサパイン、ジャックパイン	6.0	3.00	3.00	4.00	4.00	2.20	2.86	4.00	3.20

(1)繊維方向と加力方向とのなす角度≦10°の場合は、繊維方向の許容圧縮応力度とする
(2)10°<繊維方向と加力方向とのなす角度<70°の場合は、(1)と(3)に掲げる数値を直線補間した値とする
(3)70°≦繊維方向と加力方向とのなす角度≦90°の場合は上表による
注1　土台その他これに類する横架材は、当該部材のめり込みにより他部材の応力に変化が生じない場合に限り適用可
注2　基礎杭、水槽、浴室その他これらに類する常時湿潤状態にある部分に使用する場合は、当該数値の70%とする
注3　限界耐力計算時の積雪に対する設計においては、上表の値に0.8を乗じる

2 荷重

設計データ4 ● 一般的な木造住宅の仮定荷重

❶固定荷重(DL)

[単位:N/㎡]

①瓦屋根

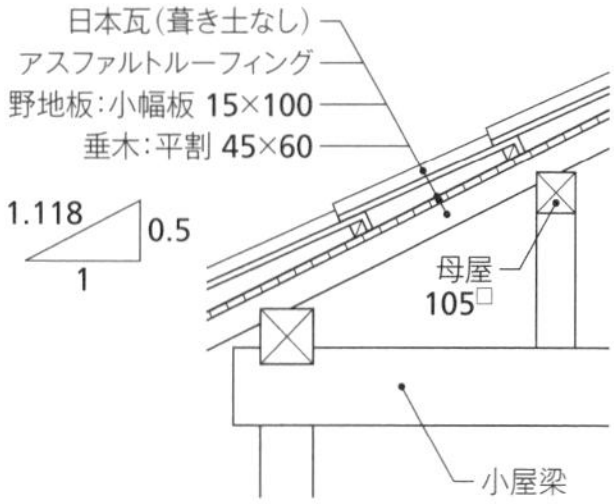

日本瓦(葺き土なし)	470	620×1.118 →700N/㎡ (垂木用) [70kg/㎡]	900N/㎡ (小屋梁用) [90kg/㎡]
アスファルトルーフィング	20		
野地板:小幅板 15×100	90		
垂木:平割 45×60	40		
母屋	50		
小屋梁	150		

②金属板屋根

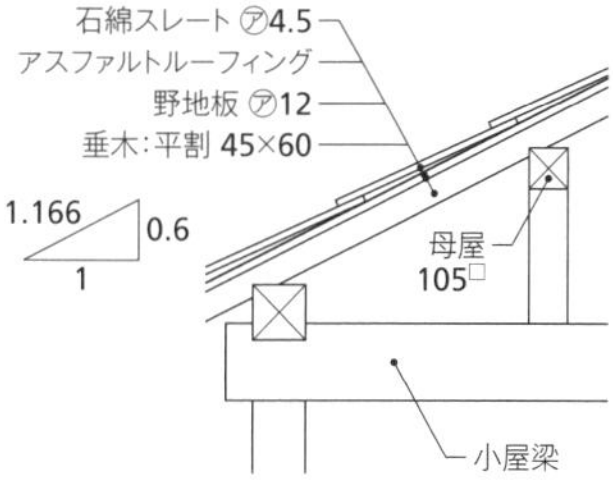

石綿スレート ㋐4.5	200	330×1.166 →400N/㎡ (垂木用) [40kg/㎡]	600N/㎡ (小屋梁用) [60kg/㎡]
アスファルトルーフィング	20		
野地板 ㋐12	70		
垂木:平割 45×60	40		
母屋	50		
小屋梁	150		

③2階床

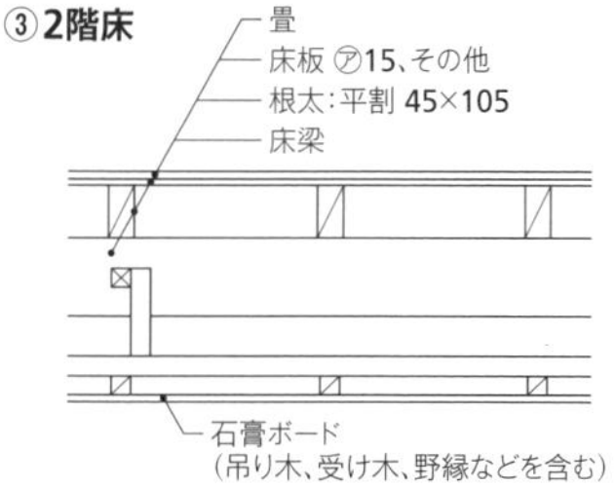

畳	180	370 →400N/㎡ (根太用) [40kg/㎡]	800N/㎡ (床梁用) [80kg/㎡]
床板 ㋐15、その他	90		
根太:平割 45×105	100		
床梁	150		
天井(石膏ボード)	250		

④外壁

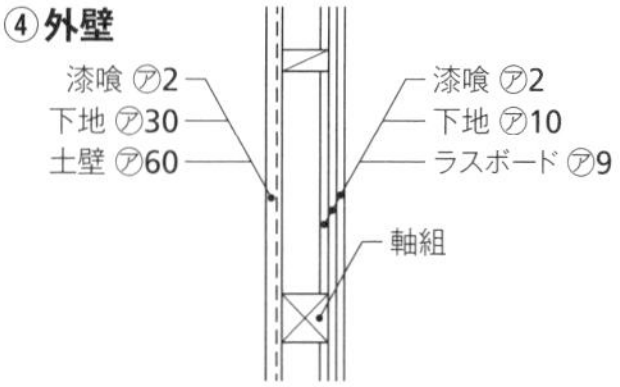

土壁 ㋐60(下地含む)	780	1,140 →1,200N/㎡ [120kg/㎡]
漆喰 ㋐2×両面	10	
ラスボード ㋐9(下地含む)	200	
軸組	150	

⑤内壁

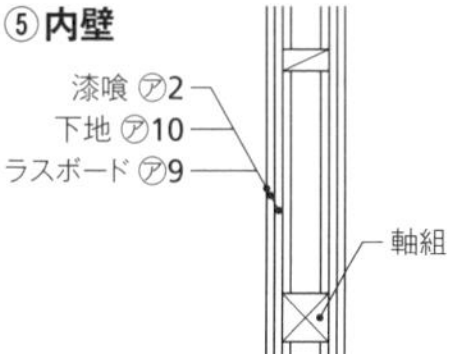

ラスボード ㋐9(下地含む)×両面	400	560 →600N/㎡ [60kg/㎡]
漆喰 ㋐2×両面	10	
軸組	150	

❷積載荷重(LL)　[単位:N/㎡]

垂木・野地板		S	0
母屋・小屋梁用		R	0
根太用		S	1,800
床梁	強度用	R	1,300
	たわみ用	E	600

❸設計用荷重(TL=DL+LL)　[単位:N/㎡]

瓦屋根	垂木・野地板用		700+　0=　700	[70 kg/㎡]
	母屋・小屋梁用		900+　0=　900	[90 kg/㎡]
金属板屋根	垂木・野地板用		400+　0=　400	[40 kg/㎡]
	母屋・小屋梁用		600+　0=　600	[60 kg/㎡]
2階床	根太用		400+1,800=2,200	[220 kg/㎡]
	床梁用	強度用	800+1,300=2,100	[210 kg/㎡]
		たわみ用	800+　600=1,400	[140 kg/㎡]
外壁用	(壁面当たり)		1,200+　0=1,200	[120 kg/㎡]
内壁用	(壁面当たり)		600+　0=　600	[60 kg/㎡]

設計データ5 ● 固定荷重

建築基準法施行令

第84条　建築物の各部の固定荷重は、当該建築物の実況に応じて計算しなければならない。ただし、次の表に掲げる建築物の部分の固定荷重については、それぞれ同表の単位面積当たり荷重の欄に定める数値に面積を乗じて計算することができる。

建築物の部分	種別			単位面積当たり荷重[単位:N/㎡]		備考
屋根	瓦ぶき	ふき土がない場合		屋根面につき	640	下地及びたるきを含み、もやを含まない
		ふき土がある場合			980	下地及びたるきを含み、もやを含まない
	波形鉄板ぶき	もやに直接ふく場合			50	もやを含まない
	薄鉄板ぶき				200	下地及びたるきを含み、もやを含まない
	ガラス屋根				290	鉄製枠を含み、もやを含まない
	厚形スレートぶき				440	下地及びたるきを含み、もやを含まない
木造のもや	もやの支点間の距離が2m以下の場合			屋根面につき	50	
	もやの支点間の距離が4m以下の場合				100	
天井	さお縁			天井面につき	100	つり木、受木及びその他の下地を含む
	繊維板張、打上げ板張、合板張又は金属板張				150	
	木毛セメント板張				200	
	格縁				290	
	しつくい塗				390	
	モルタル塗				590	
床	木造の床	板張		床面につき	150	根太を含む
		畳敷			340	床板及び根太を含む
		床ばり	張り間が4m以下の場合		100	
			張り間が6m以下の場合		170	
			張り間が8m以下の場合		250	
	コンクリート造の床の仕上げ	板張			200	根太及び大引を含む
		フロアリングブロック張			150	仕上げ厚さ1cmごとに、そのcmの数値を乗ずるものとする
		モルタル塗、人造石塗及びタイル張			200	
		アスファルト防水層			150	厚さ1cmごとに、そのcmの数値を乗ずるものとする
壁	木造の建築物の壁の軸組			壁面につき	150	柱、間柱及び筋かいを含む
	木造の建築物の壁の仕上げ	下見板張、羽目板張又は繊維板張			100	下地を含み、軸組を含まない
		木ずりしつくい塗			340	
		鉄網モルタル塗			640	
	木造の建築物の小舞壁				830	軸組を含む
	コンクリート造の壁の仕上げ	しつくい塗			170	仕上げ厚さ1cmごとに、そのcmの数値を乗ずるものとする
		モルタル塗及び人造石塗			200	
		タイル張			200	

設計データ 6 ● 積載荷重

建築基準法施行令

第85条　建築物の各部の積載荷重は、当該建築物の実況に応じて計算しなければならない。ただし、次の表に掲げる室の床の積載荷重については、それぞれ同表の(い)、(ろ)又は(は)の欄に定める数値に床面積を乗じて計算することができる。

構造計算の対象 ＼ 室の種類			(い) 床の構造計算をする場合[単位:N/㎡]	(ろ) 大ばり、柱又は基礎の構造計算をする場合[単位:N/㎡]	(は) 地震力を計算する場合[単位:N/㎡]
(1)	住宅の居室、住宅以外の建築物における寝室又は病室		1,800	1,300	600
(2)	事務室		2,900	1,800	800
(3)	教室		2,300	2,100	1,100
(4)	百貨店又は店舗の売場		2,900	2,400	1,300
(5)	劇場、映画館、演芸場、観覧場、公会堂、集会場その他これらに類する用途に供する建築物の客席又は集会室	固定席の場合	2,900	2,600	1,600
		その他の場合	3,500	3,200	2,100
(6)	自動車車庫及び自動車通路		5,400	3,900	2,000
(7)	廊下、玄関又は階段		(3)から(5)までに掲げる室に連絡するものにあつては、(5)の「その他の場合」の数値による		
(8)	屋上広場又はバルコニー		(1)の数値による。ただし、学校又は百貨店の用途に供する建築物にあつては、(4)の数値による		

設計データ 7 ● 積雪荷重

建築基準法施行令

第86条　積雪荷重は、積雪の単位荷重に屋根の水平投影面積及びその地方における垂直積雪量を乗じて計算しなければならない。

2　前項に規定する積雪の単位荷重は、積雪量1㎝ごとに1㎡につき20N以上としなければならない。ただし、特定行政庁は、規則で、国土交通大臣が定める基準に基づいて多雪区域を指定し、その区域につきこれと異なる定めをすることができる。

3　第1項に規定する垂直積雪量は、国土交通大臣が定める基準に基づいて特定行政庁が規則で定める数値としなければならない。

4　屋根の積雪荷重は、屋根に雪止めがある場合を除き、その勾配が60°以下の場合においては、その勾配に応じて第1項の積雪荷重に次の式によつて計算した屋根形状係数(特定行政庁が屋根ふき材、雪の性状等を考慮して規則でこれと異なる数値を定めた場合においては、その定めた数値)を乗じた数値とし、その勾配が60°を超える場合においては、0とすることができる。

$$\mu b=\sqrt{\cos(1.5\beta)}$$

［この式において、μb及びβは、それぞれ次の数値を表すものとする。
　μb　屋根形状係数
　β　屋根勾配[単位　°]］

5　屋根面における積雪量が不均等となるおそれのある場合においては、その影響を考慮して積雪荷重を計算しなければならない。

6　雪下ろしを行う慣習のある地方においては、その地方における垂直積雪量が1mを超える場合においても、積雪荷重は、雪下ろしの実況に応じて垂直積雪量を1mまで減らして計算することができる。

7　前項の規定により垂直積雪量を減らして積雪荷重を計算した建築物については、その出入口、主要な居室又はその他の見やすい場所に、その軽減の実況その他必要な事項を表示しなければならない。

設計データ8 ● 風圧力

❶建築基準法施行令

第87条　風圧力は、速度圧に風力係数を乗じて計算しなければならない。

2　前項の速度圧は、次の式によつて計算しなければならない。

$$q=0.6E \cdot V_0^2$$

この式において、q、E及びV_0は、それぞれ次の数値を表すものとする。

q　速度圧［単位　N／㎡］

E　当該建築物の屋根の高さ及び周辺の地域に存する建築物その他の工作物、樹木その他の風速に影響を与えるものの状況に応じて国土交通大臣が定める方法により算出した数値

V_0　その地方における過去の台風の記録に基づく風害の程度その他の風の性状に応じて30m／秒から46m／秒までの範囲内において国土交通大臣が定める風速［単位　m／秒］

3　建築物に近接してその建築物を風の方向に対して有効にさえぎる他の建築物、防風林その他これらに類するものがある場合においては、その方向における速度圧は、前項の規定による数値の1／2まで減らすことができる。

4　第1項の風力係数は、風洞試験によつて定める場合のほか、建築物又は工作物の断面及び平面の形状に応じて国土交通大臣が定める数値によらなければならない。

❷Eの数値を算出する方法並びにV_0及び風力係数の数値を定める件（平12建告1454号）

建築基準法施行令（昭和25年政令第338号）第87条第2項及び第4項の規定に基づき、Eの数値を算出する方法並びにV_0及び風力係数の数値を次のように定める。

第1　建築基準法施行令（以下「令」という）第87条第2項に規定するEの数値は、次の式によって算出するものとする。

$$E=E_r^2 \cdot G_f$$

この式において、E_r及びG_fは、それぞれ次の数値を表すものとする。

E_r　次項の規定によって算出した平均風速の高さ方向の分布を表す係数

G_f　第3項の規定によって算出したガスト影響係数

2　前項の式のE_rは、次の表に掲げる式によって算出するものとする。ただし、局地的な地形や地物の影響により平均風速が割り増されるおそれのある場合においては、その影響を考慮しなければならない。

HがZ_b以下の場合	$Er=1.7\left(\dfrac{Z_b}{Z_G}\right)^{\alpha}$
HがZ_bを超える場合	$Er=1.7\left(\dfrac{H}{Z_G}\right)^{\alpha}$

この表において、E_r、Z_b、Z_G、α及びHは、それぞれ次の数値を表すものとする。

E_r　平均風速の高さ方向の分布を表す係数

Z_b、Z_G及びα　地表面粗度区分に応じて次の表に掲げる数値

地表面粗度区分		Z_b ［単位 m］	Z_G ［単位 m］	α
Ⅰ	都市計画区域外にあって、極めて平坦で障害物がないものとして特定行政庁が規則で定める区域	5	250	0.10
Ⅱ	都市計画区域外にあって地表面粗度区分Ⅰの区域以外の区域（建築物の高さが13m以下の場合を除く）又は都市計画区域内にあって地表面粗度区分Ⅳの区域以外の区域のうち、海岸線又は湖岸線（対岸までの距離が1,500m以上のものに限る。以下同じ）までの距離が500m以内の地域（ただし、建築物の高さが13m以下である場合又は当該海岸線若しくは湖岸線からの距離が200mを超え、かつ、建築物の高さが31m以下である場合を除く）	5	350	0.15
Ⅲ	地表面粗度区分Ⅰ、Ⅱ又はⅣ以外の区域	5	450	0.20
Ⅳ	都市計画区域内にあって、都市化が極めて著しいものとして特定行政庁が規則で定める区域	10	550	0.27

H　建築物の高さと軒の高さの平均［単位　m］

3　第1項の式のG_fは、前項の表の地表面粗度区分及びHに応じて次の表に掲げる数値とする。ただし、当該建築物の規模又は構造特性及び風圧力の変動特性について、風洞試験又は実測の結果に基づき算出する場合にあっては、当該算出によることができる。

H ／ 地表面粗度区分	(1) 10以下の場合	(2) 10を超え40未満の場合	(3) 40以上の場合
Ⅰ	2.0	(1)と(3)に掲げる数値を直線的に補間した数値	1.8
Ⅱ	2.2		2.0
Ⅲ	2.5		2.1
Ⅳ	3.1		2.3

❸基準風速分布（平12建告1454号第2）

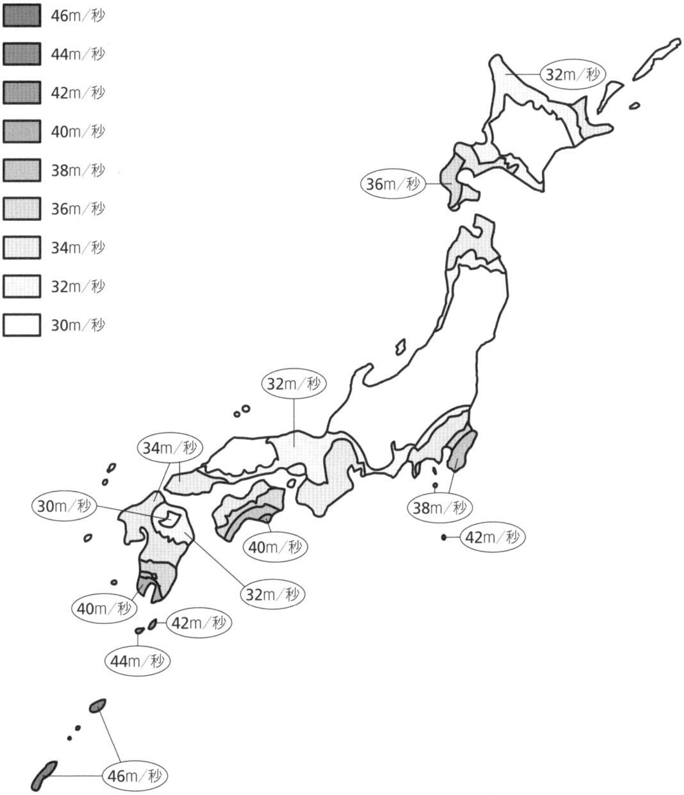

❹ 風力係数（平12建告1454号第3）

第3　令第87条第1項の風力係数の数値は、次の図1から図7［本書では図3以降略］までに掲げる形状の建築物又は工作物にあってはそれぞれ当該形状に応じて表1から表9［本書では表2・4・6～9は略］までに掲げる数値を用いて次の式により算出するものとし、その他の形状のものにあってはそれぞれ類似の形状のものの数値に準じて定めるものとする。ただし、風洞試験の結果に基づき算出する場合においては、当該数値によることができる。

$$C_f=C_{pe}-C_{pi}$$

この式において、C_f、C_{pe}及びC_{pi}は、それぞれ次の数値を表すものとする。

C_f　風力係数

C_{pe}　閉鎖型及び開放型の建築物の外圧係数で、次の表1から表4［本書では表2・4は略］までに掲げる数値（屋外から当該部分を垂直に押す方向を正とする）

C_{pi}　閉鎖型及び開放型の建築物の内圧係数で、次の表5に掲げる数値（室内から当該部分を垂直に押す方向を正とする）

ただし、独立上家、ラチス構造物、金網その他の網状の構造物及び煙突その他の円筒形の構造物にあっては、次の表6から表9［本書では略］までに掲げる数値（図中の→の方向を正とする）をC_fとするものとする。

❺ 閉鎖型の建築物（平12建告1454号第3第1項図1・2）

張間方向に風を受ける場合。表1から表5［本書では表2・4は略］までを用いるものとする。

切妻（張間方向）

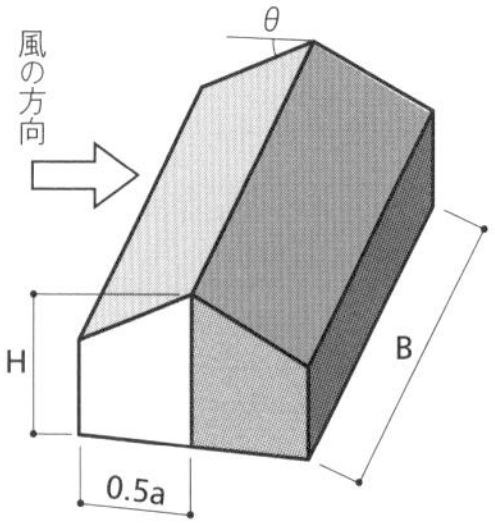

片流れ

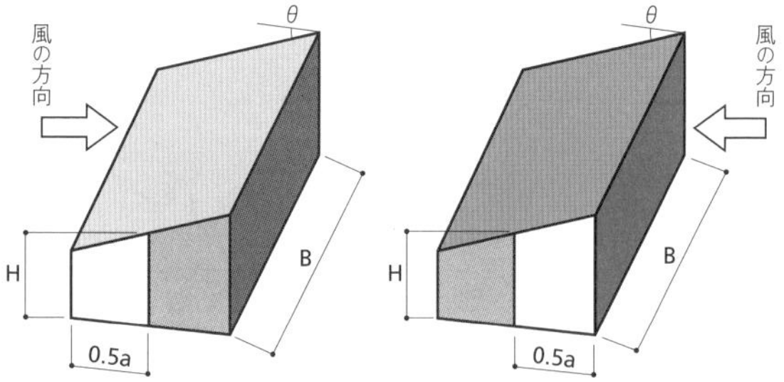

けた行方向に風を受ける場合。表1、表2［本書では略］及び表5を用いるものとする。

切妻（けた行方向）

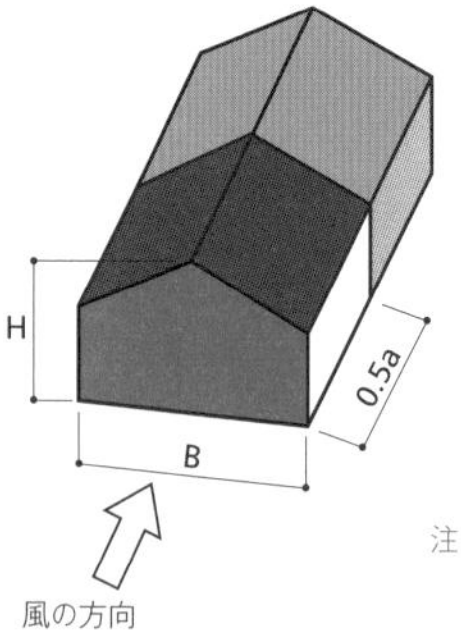

注　屋根面については張間方向に風を受ける陸屋根と同じ扱いとする

❻壁面のC_{pe}（平12建告1454号第3第1項表1）

部位	風上壁面	側壁面		風下壁面
		風上端部より0.5aの領域	左に掲げる領域以外の領域	
C_{pe}	0.8kz	−0.7	−0.4	−0.4

❼切妻屋根面、片流れ屋根面及びのこぎり屋根面のC_{pe}（平12建告1454号第3第1項表3）

θ ＼ 部位	風上面		風下面
	正の係数	負の係数	
10°未満	−	−1.0	
10°	0	−1.0	
30°	0.2	−0.3	−0.5
45°	0.4	0	
90°	0.8	−	

この表に掲げるθの数値以外のθに応じたC_{pe}は、表に掲げる数値をそれぞれ直線的に補間した数値とする。ただし、θが10°未満の場合にあっては正の係数を、θが45°を超える場合にあっては負の係数を用いた計算は省略することができる。

❽閉鎖型及び開放型の建築物のC_{pi}（平12建告1454号第3第1項表5）

型式	閉鎖型	開放型	
		風上開放	風下開放
C_{pi}	0及び−0.2	0.6	−0.4

2　前項の図表［平12建告1454号第3第1項図1〜7、表1〜9］において、H、Z、B、D、kz、a、h、f、θ及びΦはそれぞれ次の数値を、⇨は風向きを表すものとする。

H　建物の高さと軒の高さとの平均［単位　m］

Z　当該部分の地盤面からの高さ［単位　m］

B　風向きに対する見付幅［単位　m］

D　風向きに対する奥行［単位　m］

kz　次に掲げる表によって計算した数値

HがZ_b以下の場合		1.0
HがZ_bを超える場合	ZがZ_b以下の場合	$\left(\frac{Z_b}{H}\right)^{2\alpha}$
	ZがZ_bを超える場合	$\left(\frac{Z}{H}\right)^{2\alpha}$

この表においてZ_bおよびαは、それぞれ次の数値を表すものとする。

Z_b　第1第2項の表に規定するZ_bの数値［26頁参照］

α　第1第2項の表に規定するαの数値［26頁参照］

a　BとHの2倍の数値のうちいずれか小さな数値［単位　m］

h　建築物の軒の高さ［単位　m］

f　建物の高さと軒の高さとの差［単位　m］

θ　屋根面が水平面となす角度［単位　°］

Φ　充実率（風を受ける部分の最外縁により囲まれる面積に対する見付面積の割合）

設計データ9 ● 地震力

❶建築基準法施行令

第88条 建築物の地上部分の地震力については、当該建築物の各部分の高さに応じ、当該高さの部分が支える部分に作用する全体の地震力として計算するものとし、その数値は、当該部分の固定荷重と積載荷重との和（第86条第2項ただし書の規定により特定行政庁が指定する多雪区域においては、更に積雪荷重を加えるものとする。）に当該高さにおける地震層せん断力係数を乗じて計算しなければならない。この場合において、地震層せん断力係数は、次の式によつて計算するものとする。

$C_i=Z\cdot R_t\cdot A_i\cdot C_o$

この式において、C_i、Z、R_t、A_i及びC_oは、それぞれ次の数値を表すものとする。

C_i　建築物の地上部分の一定の高さにおける地震層せん断力係数

Z　その地方における過去の地震の記録に基づく震害の程度及び地震活動の状況その他地震の性状に応じて1.0から0.7までの範囲内において国土交通大臣が定める数値

R_t　建築物の振動特性を表すものとして、建築物の弾性域における固有周期及び地盤の種類に応じて国土交通大臣が定める方法により算出した数値

A_i　建築物の振動特性に応じて地震層せん断力係数の建築物の高さ方向の分布を表すものとして国土交通大臣が定める方法により算出した数値

C_o　標準せん断力係数

2　標準せん断力係数は、0.2以上としなければならない。ただし、地盤が著しく軟弱な区域として特定行政庁が国土交通大臣の定める基準に基づいて規則で指定する区域内における木造の建築物（第46条第2項第一号に掲げる基準に適合するものを除く。）にあつては、0.3以上としなければならない。

3　第82条の3第二号の規定により必要保有水平耐力を計算する場合においては、前項の規定にかかわらず、標準せん断力係数は、1.0以上としなければならない。

（以下略）

❷Zの数値、Rt及びAiを算出する方法並びに地盤が著しく軟弱な区域として特定行政庁が指定する基準を定める件（昭55建告1793号）

建築基準法施行令第88条第1項、第2項及び第4項の規定に基づきZの数値、Rt及びAiを算出する方法並びに地盤が著しく軟弱な区域として特定行政庁が指定する基準をそれぞれ次のように定める。

❸Z（地震地域係数）**の数値**（昭55建告1793号第1）

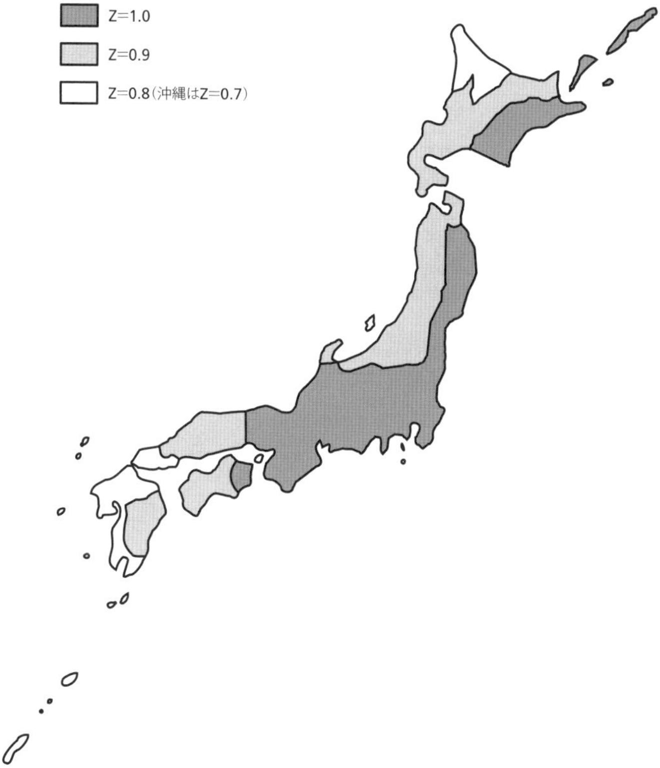

❹ R_tを算出する方法（昭55建告1793号第2）

R_tは、次の表の式によつて算出するものとする。ただし、特別の調査又は研究の結果に基づき、地震時における基礎及び基礎ぐいの変形が生じないものとして構造耐力上主要な部分の初期剛性を用いて算出した建築物の振動特性を表す数値が同表の式によつて算出した数値を下回ることが確かめられた場合においては、当該調査又は研究の結果に基づく数値（この数値が同表の式によつて算出した数値に3／4を乗じた数値に満たないときは、当該数値）まで減じたものとすることができる。

$T<T_c$の場合	$R_t=1$
$T_c \leqq T<2T_c$の場合	$R_t=1-0.2\left(\frac{T}{T_c}-1\right)^2$
$2T_c \leqq T$の場合	$R_t=\frac{1.6T_c}{T}$

この表において、T及びTcは、それぞれ次の数値を表すものとする。

T　次の式によつて計算した建築物の設計用1次固有周期［単位　秒］

$T=h(0.02+0.01\alpha)$

［この式において、h及びαは、それぞれ次の数値を表すものとする。
h　当該建築物の高さ［単位　m］
α　当該建築物のうち柱及びはりの大部分が木造又は鉄骨造である階（地階を除く。）の高さの合計のhに対する比］

T_c　建築物の基礎の底部（剛強な支持ぐいを使用する場合にあつては、当該支持ぐいの先端）の直下の地盤の種別に応じて、次の表に掲げる数値［単位　秒］

地盤種別	地層構成	T_c［秒］	地盤周期 T_g［秒］
第1種地盤	岩盤、硬質砂礫層、その他主として第3紀以前の地層によって構成されているものまたは地盤周期等についての調査若しくは研究の結果に基づき、これと同程度の地盤周期を有すると認められるもの 	0.4	$T_g \leqq 0.2$
第2種地盤	第1種地盤および第3種地盤以外のもの	0.6	$0.2<T_g \leqq 0.75$
第3種地盤	腐植土、泥土その他これらに類するもので大部分が構成されている沖積層（盛土がある場合においてはこれを含む。）で、その深さがおおむね30m以上のもの 沼沢、泥海等を埋め立てた地盤の深さがおおむね3m以上であり、かつ、これらで埋め立てられてからおおむね30年経過していないもの または地盤周期等についての調査若しくは研究の結果に基づき、これらと同程度の地盤周期を有すると認められるもの  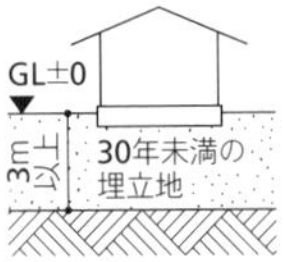	0.8	$0.75<T_g$

Tgは解説に記載されている参考値

❺振動特性係数 R_t

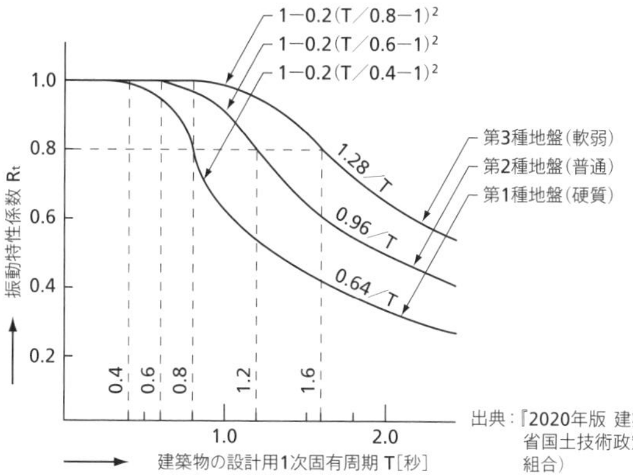

出典：『2020年版 建築物の構造関係技術基準解説書』(国土交通省国土技術政策総合研究所ほか監修　全国官報販売共同組合)

❻A_iを算出する方法(昭55建告1793号第3)

A_iは、次の式によつて算出するものとする。ただし、地震時における基礎及び基礎ぐいの変形が生じないものとして構造耐力上主要な部分の初期剛性を用いて算出した建築物の振動特性についての特別な調査又は研究の結果に基づいて算出する場合においては、当該算出によることができるものとする。

$$A_i=1+\left(\frac{1}{\sqrt{\alpha_i}}-\alpha_i\right)\frac{2T}{1+3T}$$

この式において、α_i及びTは、それぞれ次の数値を表すものとする。

α_i　建築物のA_iを算出しようとする高さの部分が支える部分の固定荷重と積載荷重との和(建築基準法施行令第86条第2項ただし書の規定によつて特定行政庁が指定する多雪区域においては、更に積雪荷重を加えるものとする。以下同じ。)を当該建築物の地上部分の固定荷重と積載荷重との和で除した数値

T　第2に定めるTの数値

❼地盤が著しく軟弱な区域を定める基準(昭55建告1793号第4)

地盤が著しく軟弱な区域を定める基準は、地盤が第2の表中T_cに関する表に掲げる第3種地盤に該当する区域であるものとする。

3 | 地盤・基礎

設計データ 10 ● 地盤調査

❶把握しておくべき敷地の状況

敷地の前歴	○山地　○丘陵　○水田　○畑　○駐車場	
造成宅地	○造成宅地（経年数　推定　年）	
切盛土	○切土　○盛土　○切盛土	
地山面の傾斜	○平坦　○傾斜	
地表面の状況	○平坦　○傾斜	
舗装	有 無	異常（　）
敷地内段差	有 無	
擁壁	有 無	構造（○RC　○練積　○空積）、高さ（　m） 異常（　）
既存建物	有 無	築年数（　年）、階数（　）、異常（　） 屋根（○瓦　○金属板　○他（　））、外壁（　）
凍結深度	（基礎の根入れ深さを決定するため）	

❷平13国交告1113号における地盤調査方法

大分類	小分類
ボーリング調査	ロータリーボーリング、ハンドオーガーボーリング
標準貫入試験	―
静的貫入試験	スクリューウエイト貫入試験、コーンペネトロメーター試験、オランダ式二重管コーン貫入試験
ベーン試験	―
土質試験	物理試験、力学試験
物理探査	表面波探査法、PS検層、常時微動測定など
平板載荷試験	―
杭打ち試験	―
杭載荷試験	―

❸標準貫入試験略図

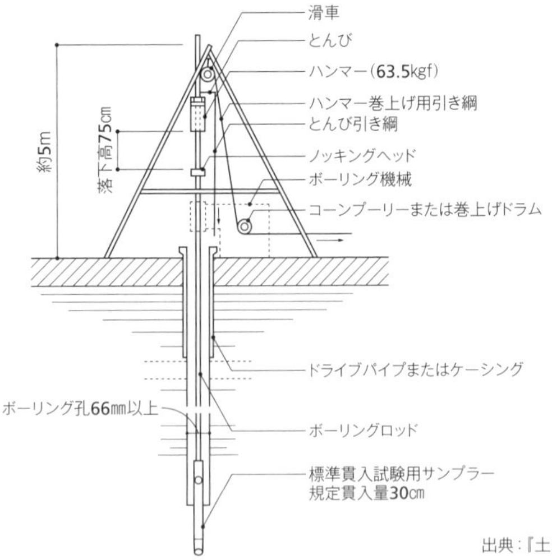

出典：『土質調査法』（土質工学会）

❹平板載荷試験

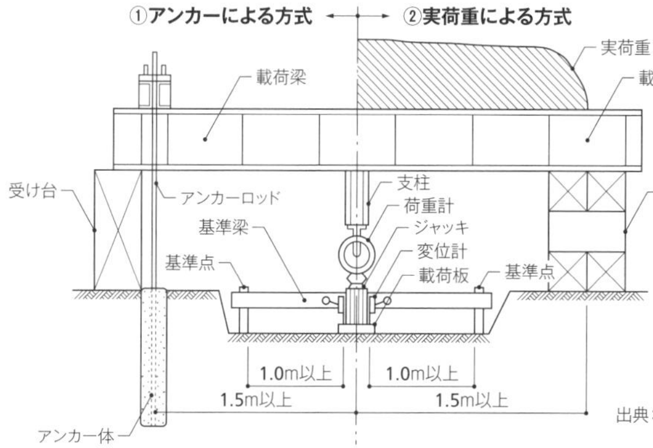

出典:『地盤調査の方法と解説』((社)地盤工学会)

❺スクリューウエイト貫入試験機

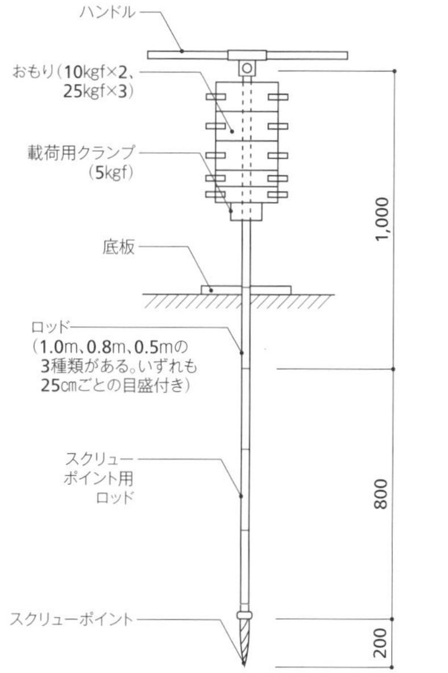

・スクリューポイントを取り付けたロッドの頭部に100kgfのおもりを載せる
・ハンドルを取り付けて右回転させ、ロッドに付いている目盛(25㎝)ごとに半回転数を記録する
・試験中の音や抵抗の具合、スクリューポイントに付いた土などから土質を判断する

スクリューウエイト貫入試験の様子。手動式は2人1組で行われる

表面波探査法の起振器。このほかにモニターなどが必要

❻スクリューウエイト貫入試験 長期許容支持力換算表

長期許容支持力換算表

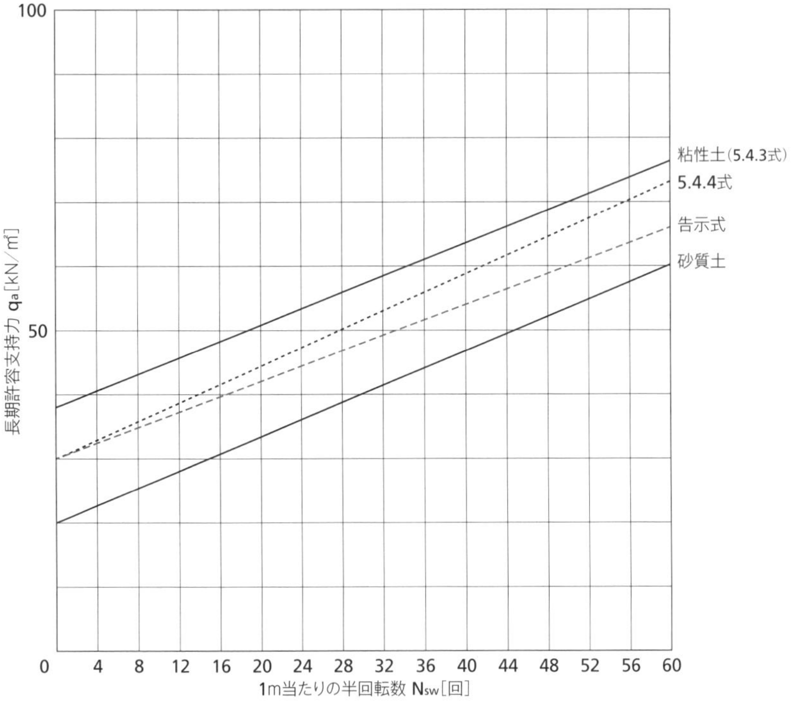

支持力算定式

- **粘性土**(『小規模建築物基礎設計指針』2008年版[(一社)日本建築学会] 5.4.3式)

  $q_a=38W_{sw}+0.64N_{sw}$

  下記Terzaghi式に、$D_f=0$m、$B=0.45$m、$\phi=0°$、$c=q_u/2$を代入し、5.4.3式を得る

  $q_a=1/3(\alpha\cdot c\cdot N_c+\beta\cdot\gamma_1\cdot B\cdot N_\gamma+\gamma_2\cdot D_f\cdot N_q)$

  ただし、一軸圧縮強さ $q_u=45W_{sw}+0.75N_{sw}$

  換算N値 $N=3W_{sw}+0.05N_{sw}$

- **砂質土**

  $q_a=N\times10$

  換算N値 $N=2W_{sw}+0.067N_{sw}$

- **平板載荷試験による支持力への換算**(粘性土・砂質土を問わない)(『小規模建築物基礎設計指針』2008年版[(一社)日本建築学会] 5.4.4式)

  $q_a=30W_{sw}+0.72N_{sw}$

- **告示式**(平13国交告1113号第2(3)式)

  $q_a=30+0.6\overline{N_{sw}}$

  $\overline{N_{sw}}$:基礎の底部から下方2m以内の距離にある地盤N_{sw}の平均値。ただし、N_{sw}>150の場合は150とする

土質	載荷 W_{sw} [kN]	25cm当たりの半回転数 N_a[回]	1m当たりの半回転数 N_{sw}[回]	支持力 q_a [kN/㎡]
粘性土	1.00	2	8	43
	1.00	—	1	38
	1.00kNで自沈する 0.75kNで自沈しない			28
	0.75kNで自沈する 0.50kNで自沈しない			19
砂質土	1.00	12	48	50
	1.00	8	32	40
	1.00	4	16	30

❼スクリューウエイト貫入試験 自沈層の圧密沈下量推定表

スクリューウエイト貫入試験により自沈層が認められた地盤について、沈下量を検討する(平13国交告1113号第2(3)による)

●検査対象となる自沈層

(1)基礎底面から2mまでの間にW_{sw}≦1.00kNで沈下する層

(2)基礎下2～5mまでの間にW_{sw}≦0.50kNで沈下する層

●許容沈下量の目安

(『小規模建築物基礎設計指針』2008年版[(一社)日本建築学会]に示された参考値のうちの標準値による)

(1)即時沈下 2.5㎝以下

(2)圧密沈下 10㎝以下

自沈層の圧密沈下量推定表

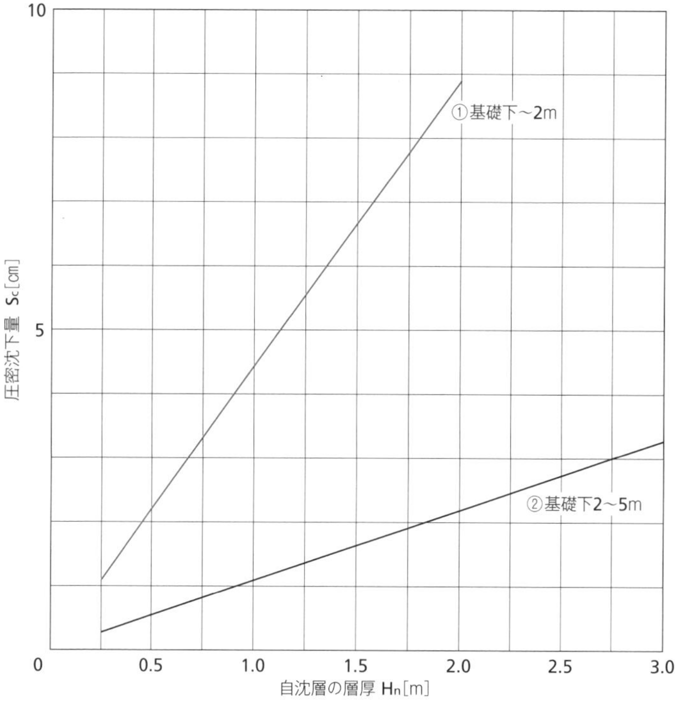

圧密沈下量算定式(粘性土)

$S_c = \Sigma m_v \cdot \Delta P \cdot H_n$

$m_v = 1.0 \times 10^{-5} \cdot wn^A$

$A = 1.2 - 0.0015(P_0 + \Delta P / 2)$

自然含水率比 wn=70%

住宅荷重 q=30kN/㎡

①:ΔP=30kN/㎡、P_0=0kN/㎡

②:ΔP=8.6kN/㎡、P_0=18kN/㎥×2.0m=36kN/㎡

として上表を作成

算定式出典:「建築技術」2002年3月号「スウェーデン式サウンディングで自沈層が認められた地盤の許容応力度と沈下の検討」(田村昌仁・枝広茂樹・人見孝・秦樹一郎)

❽小規模建築物に適用される代表的な地盤調査方法の特徴

名称	標準貫入試験	スクリューウエイト貫入試験	表面波探査法	平板載荷試験
調査方法	おもりを落下させてロッドを貫入する。30㎝貫入するのに要した打撃回数を測定する	おもりを載せてロッドを回転させながら貫入する。25㎝貫入するのに要した半回転数を測定	カケヤや起振器で人工的に発生させた波を、地表面上に設けた受信器により速度としてとらえる	原地盤に載荷板を設置し、荷重を加える。地盤の支持力を直接測定する
測点数	1点程度	3～5点	4～5点	1点程度
調査深度	60m程度	10m程度	10m程度	0.6m程度 (載荷板直径30㎝)
取得データ	N値 土質	載荷重 W_{sw} 半回転数 N_{sw}	－	荷重 ΔP 沈下量 ΔS
結果の利用	・支持力 ・内部摩擦角 ・粘着力 ・(液状化の可能性)	・一軸圧縮強さ(粘性土) ・標準貫入試験のN値 ・支持力 ・(沈下量)	・地層構成 ・支持力(地盤の硬軟の把握) ・別の調査法との併用も有効	・地盤反力係数 K_v $=\Delta P / \Delta S$ ・許容支持力
長所	・測定深さの範囲が広い ・土を採取し、土質が確認できる ・地下水位が確認できる ・硬い地層にも貫入できる	・試験装置および試験方法が容易 ・敷地内で複数点測定できる(軟弱層の平面および断面分布が把握できる)	・障害物の有無が分かる ・平面的な分布	・地盤の支持力を直接判定できる
短所	・軟弱層における微細な判定はできない ・測点数が少ないので平面的な分布が把握できない ・打撃音が生じる ・コストがやや高い	・土質や水位の把握が難しい ・硬い地層は貫入不可 ・周面摩擦の影響を受ける	・専門家でなければ判断できない ・土質や水位は測定不可	・深度方向の調査が困難 ・影響範囲が載荷板幅の1.5～2.0倍程度あり、実大建物における影響範囲より狭い ・土質や水位は測定不可

設計データ 11 ● 地形と対策

❶地形を表す地名の例

地形	代表的地名
低湿地	アクダ・アクド(悪田)、アト(阿戸)、アベ(阿部)、アワラ(芦原)、ウダ(宇田)、エダ(江田)、カツタ(勝田)、カツマタ(勝俣)、カマタ(蒲田)、クボ(久保)、コタ(古田)、ゴミ(五味)、ゴンダ(権田)、タイマ(当間)、タクマ(詫間)、トダ(戸田)、トベ(戸部)、トロ・ドロ(土呂)、トンダ・ドンダ(頓田)、ニタ・ニト(仁田)、ヌカタ(額田)、ヌタ(沼田)、ノタ(野田)、ノマ(野間)、フケ(富家)、フダ(布太)、ホダ(法田)、ミドロ(美土路)、ムタ(牟田)、ヤノ(矢野)、ヤダ(八田)、ヤチ(谷地)、ヤツ(谷津)、ヤト(谷戸)、ヤハラ(矢原)、ヨド(淀)
新田干拓地	オキ(沖)、カラミ(搦)、コウヤ(興野)、コモリ(小森)、シンザイケ(新在家)、シンポ(新保)、シンヤシキ(新屋敷)、タシロ(田代)、チサキ(地先)、ナンゲンヤ(何軒家)、ハダチ(羽立)、ベッショ(別所)、ベフ(別府)
砂州・干潟	イサ(伊砂)、イサゴ(砂子)、シカ(鹿田)、ス(州)、スカ(須賀)、テマ(手間)、ユサ(由左)、ユラ(由良)
崩崖	アヅ(小豆沢)、アゾ(阿曽原)、アボ(阿保)、ウツ(宇津)、オシダシ(押出)、カケ(掛)、カレ(干)、カロ(賀露)、カンカケ(鍵掛)、クエ(久江)、サル(猿山)、ザレ(座連)、ダシ(出谷)、ツエ(津江)、ナキ(黒薙)、ヌケ(抜谷)、ホキ(保木)、ボケ(歩危)

出典：『小規模建築物基礎設計の手引き』((社)日本建築学会[注　鏡味完二ほか：地名の語源、角川小辞典、昭和52.3ほかより作成])

❷ 地盤の種類、予想される被害と対策

	地盤の種類	予想される被害	対策
一様に軟弱な地盤	①水田や湿地上の盛土で沈下が進行中の地盤 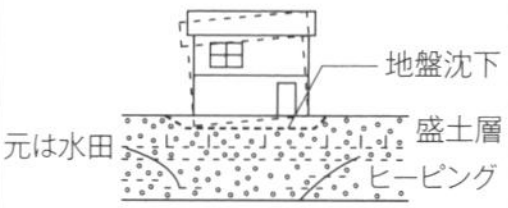 	・圧密沈下量が大きくなる ・引込み管の破損を生じる可能性がある ・建物の質量に偏りがある場合、不同沈下が生じやすい	・基礎、地中梁の剛性を高め、不同沈下を防ぐ ・杭または柱状改良などにより良好な地層に支持させる ・軟弱地盤の層厚が薄い場合、表層改良を行う 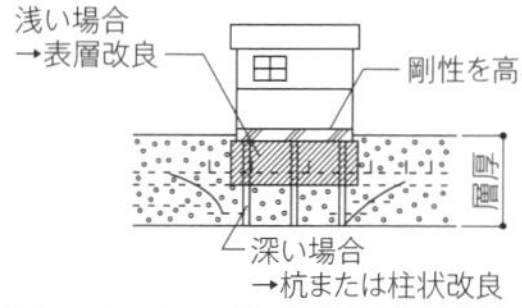
	②深い沖積層上の地盤 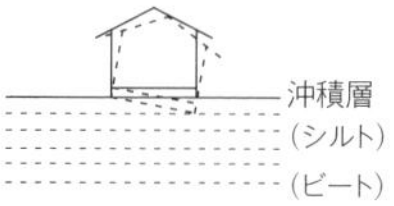 	・圧密沈下量が大きくなる ・引込み管の破損を生じる可能性がある ・地盤の揺れの周期が長く、建物の損傷が進んで周期が増大してくると、共振現象を起こす（関東大震災における下町の住宅はこのタイプの被災が多かった）	・基礎、地中梁の剛性を高め、不同沈下を防ぐ ・摩擦杭などで支持させる ・壁を増やして建物の強度と剛性を高め、固有周期を短くすること。また、耐力向上によって共振現象に対処する 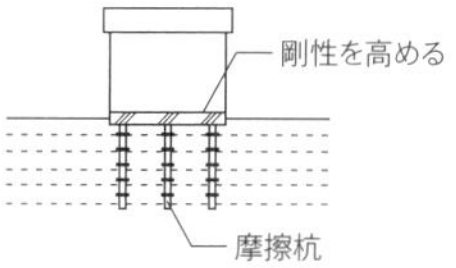
	③液状化のおそれのある地盤 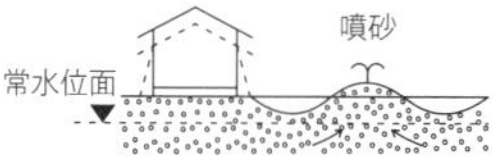 	・地下水位が高く緩い砂質地盤では、地震時に地下水の水圧が高くなり、砂の粒子間の結合と摩擦力が低下して砂層が液状化する。これにより建物の傾斜、転倒または沈下が生じる	・液状化対策として、織布・不織布などの繊維材や、プラスチックなどの高分子材を使って土の安定を図る地盤補強を行う ・表層改良、柱状改良などの地盤改良を行う ・敷砂利を十分に締め固める ・砂利を30～50㎝敷いて、水を建物外部へ出すようにする ・基礎、地中梁の剛性を高め、不同沈下を防ぐ 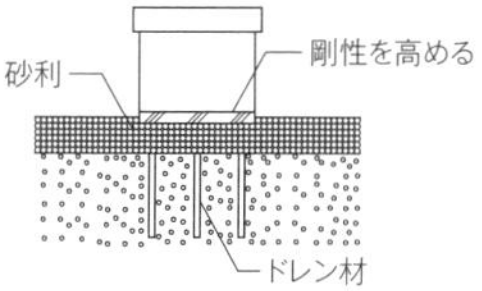
	④砂丘 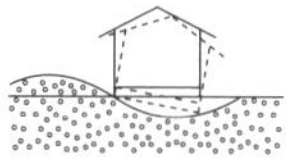	・乾いた砂丘は振動によって砂の移動が生じやすく、建物の傾斜や沈下が生じやすい	・杭または柱状改良により良好な地盤に支持させる ・基礎底面下を全面にわたり、深さ2m程度まで地盤改良する 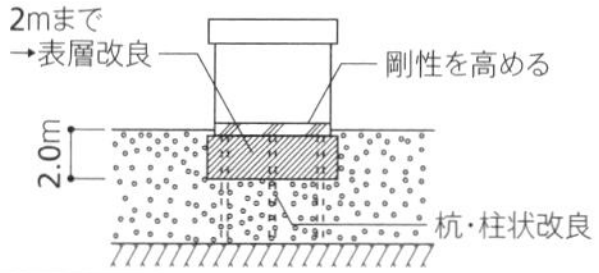
	⑤締まっていない礫層 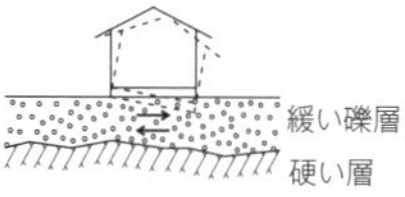 	・沈下量が大きくなる ・建物の重量に偏りがある場合、不同沈下が生じやすい ・地震時に地盤沈下が生じやすい ・引込み管の破損を生じる可能性がある	・基礎、地中梁の剛性を高め、不同沈下を防ぐ ・杭または柱状改良などにより良好な地層に支持させる ・軟弱地盤の層厚が薄い場合、表層改良を行う 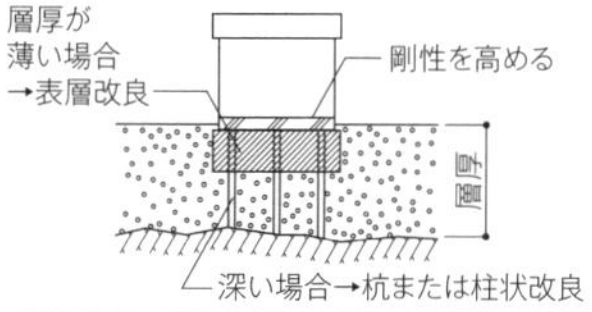

❷地盤の種類、予想される被害と対策（続き）

	地盤の種類	予想される被害	対策
軟弱層の厚さが不均一な地盤	⑥切土と盛土が混在している地盤 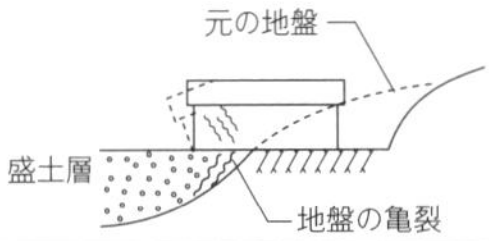 	・盛土部分の沈下量が大きくなり、不同沈下を生じやすい ・地盤の揺れが異なり、盛土層部分の揺れが大きくなる ・雨水の浸透により盛土層に滑りが生じる	・盛土層部分を地盤改良する ・盛土層部分に杭を打設する ・基礎、地中梁の剛性を高め、不同沈下を防ぐ 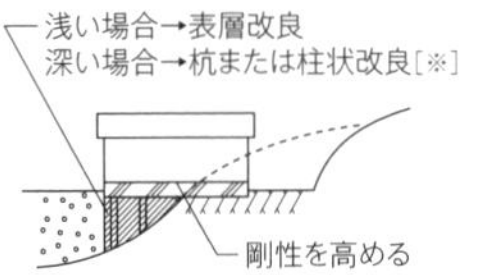
	⑦不安定な擁壁 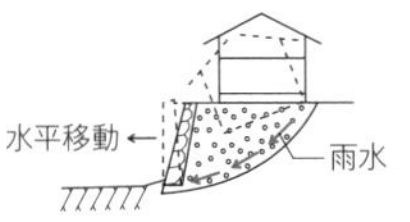 	・地震や雨水で擁壁が水平移動すると、建物が傾く ・地震や雨水で擁壁が崩壊すると、建物に大きな損傷を与える可能性がある	・基礎、地中梁の剛性を高め、不同沈下を防ぐ ・擁壁を補強または新設する 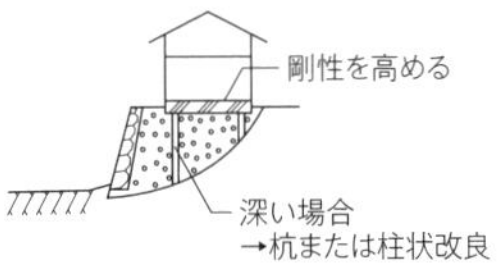
	⑧傾斜した基盤上に厚さの異なる盛土地盤 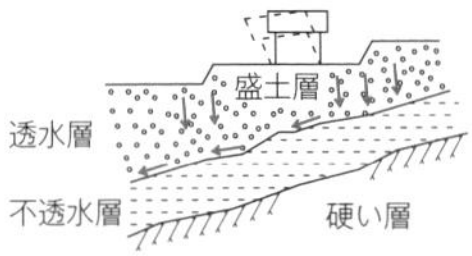 	・層厚の違いにより不同沈下が生じやすい ・盛土層が流され、建物が傾斜する可能性がある ・地滑りを起こす可能性がある	・基礎、地中梁の剛性を高め、不同沈下を防ぐ ・杭または柱状改良などにより良好な地層に支持させる ・軟弱地盤の層厚が薄い場合、表層改良を行う 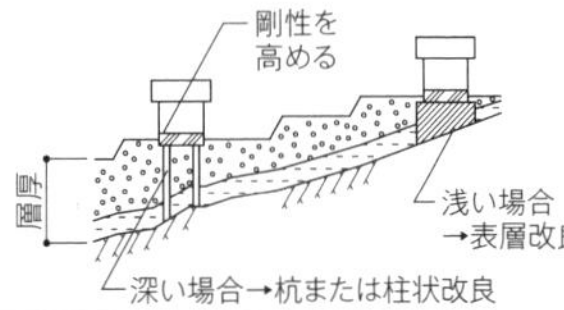
	⑨深い谷部などを埋め立てた地盤 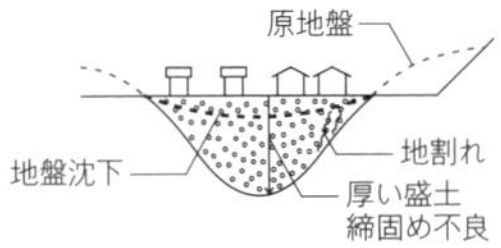 	・厚い盛土層は圧密沈下の可能性が高い ・引込み管の破損を生じる可能性がある ・原地盤と盛土の境界付近では盛土厚さの変化による地割れが生じ、建物の不同沈下も生じやすい	・杭または柱状改良により良好な地盤に支持させる ・軟弱地盤の層厚が薄い場合、表層改良を行う ・基礎、支柱梁の剛性を高め、不同沈下を防ぐ 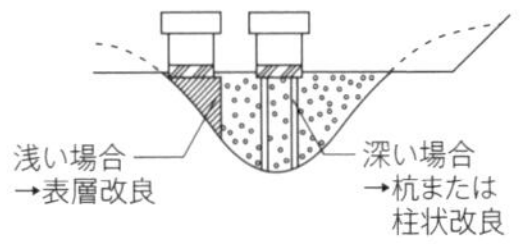

※ 地盤改良の場合は、異種基礎の扱いにならない。戸建住宅用の小口径鋼管杭は、地盤改良的な地業として扱われるため肉厚の規定は除外されるが、異種基礎として採用するときは、平12建告1347号第2に定める構造計算を行う必要がある（『2020年版建築物の構造関係技術基準解説書』より）

❸擁壁付近の基礎計画

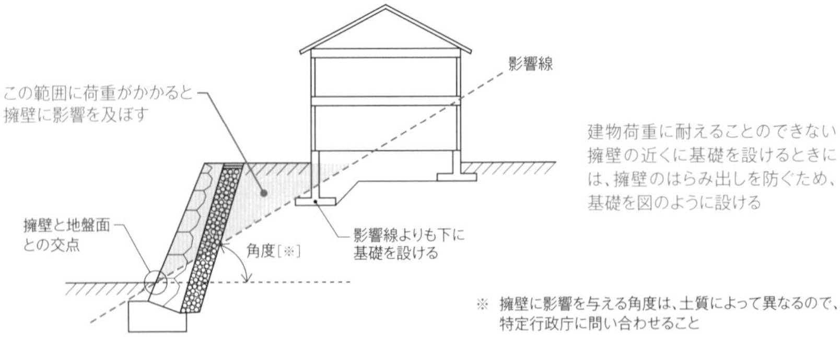

建物荷重に耐えることのできない
擁壁の近くに基礎を設けるときには、擁壁のはらみ出しを防ぐため、
基礎を図のように設ける

※ 擁壁に影響を与える角度は、土質によって異なるので、特定行政庁に問い合わせること

❹地盤の許容支持力度(令93条)

第93条　地盤の許容応力度及び基礎ぐいの許容支持力は、国土交通大臣が定める方法によつて、地盤調査を行い、その結果に基づいて定めなければならない。ただし、次の表に掲げる地盤の許容応力度については、地盤の種類に応じて、それぞれ次の表の数値によることができる。

地盤	長期に生ずる力に対する許容応力度[kN/㎡]	短期に生ずる力に対する許容応力度[kN/㎡]
岩盤	1,000	長期に生ずる力に対する許容応力度のそれぞれの数値の2倍とする
固結した砂	500	
土丹盤	300	
密実な礫層	300	
密実な砂質地盤	200	
砂質地盤(地震時に液状化のおそれのないものに限る)	50	
堅い粘土質地盤	100	
粘土質地盤	20	
堅いローム層	100	
ローム層	50	

❺擁壁を要しない崖または崖の部分(切土の場合)

土質	(A)擁壁不要	(B)崖の上端から垂直距離5mまで擁壁不要	(C)擁壁を要する
軟岩(風化の著しいものを除く)	崖面の角度が60°以下のもの 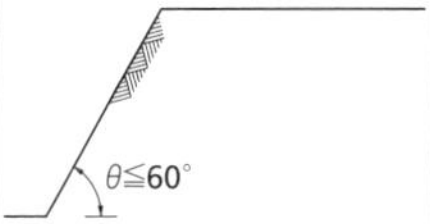	崖面の角度が60°を超え、80°以下のもの 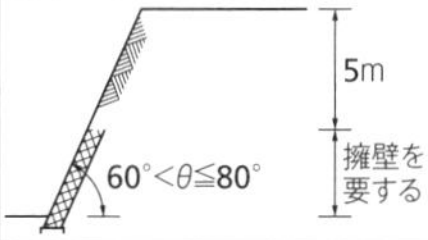	崖面の角度が80°を超えるもの 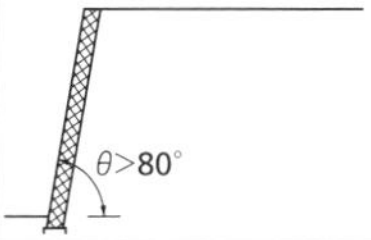
風化の著しい岩	崖面の角度が40°以下のもの 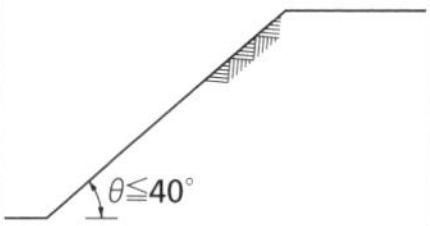	崖面の角度が40°を超え、50°以下のもの 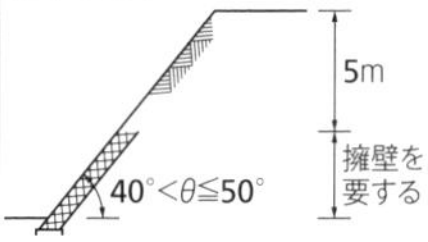	崖面の角度が50°を超えるもの 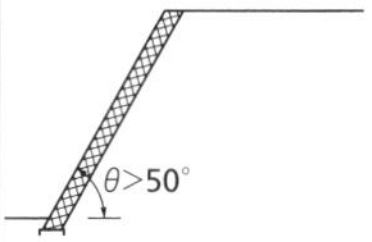
砂利、真砂土、関東ローム、硬質粘土、そのほかこれらに類するもの	崖面の角度が35°以下のもの 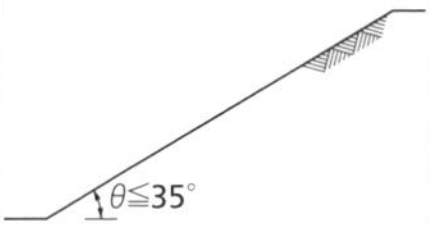	崖面の角度が35°を超え、45°以下のもの 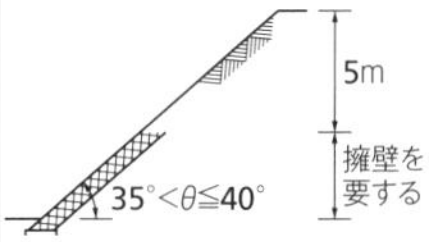	崖面の角度が45°を超えるもの 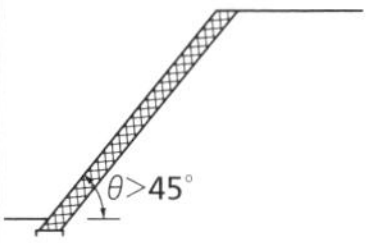

出典:『宅地造成等規制法とその解説』(建設省住宅局宅地開発課監修　(社)日本建築士会連合会)

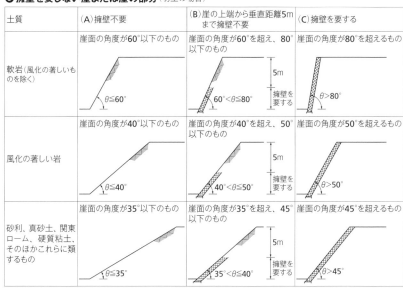

設計データ 12 ● 基礎の告示仕様

❶基礎の構造形式（平12建告1347号）

地盤の長期に生ずる力に対する許容応力度[kN/㎡]	基礎杭	ベタ基礎	布基礎
20未満	○	×	×
20以上30未満	○	○	×
30以上	○	○	○

❷布基礎の底盤の幅（平12建告1347号）

地盤の長期に生ずる力に対する許容応力度[kN/㎡]	建築物の種類		
	木造またはS造その他これに類する重量の小さな建築物		その他の建築物
	平屋建て	2階建て	
30以上50未満	30cm	45cm	60cm
50以上70未満	24cm	36cm	45cm
70以上	18cm	24cm	30cm

注　地盤の長期許容支持力度の算定方法については、平13国交告1113号第2を参照のこと

❸基礎の仕様（平12建告1347号）

注　これらの仕様はあくまで一例であることを念頭に置いておくこと

①布基礎の場合

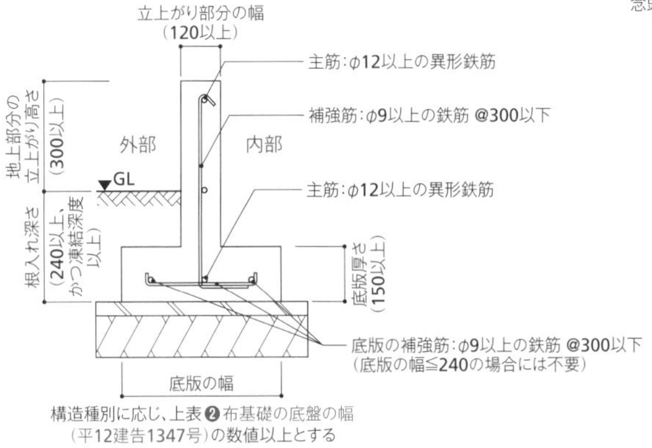

②ベタ基礎の場合

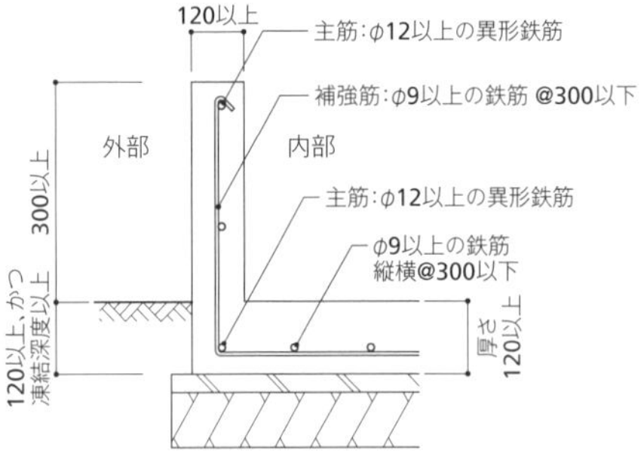

③開口部廻りの補強

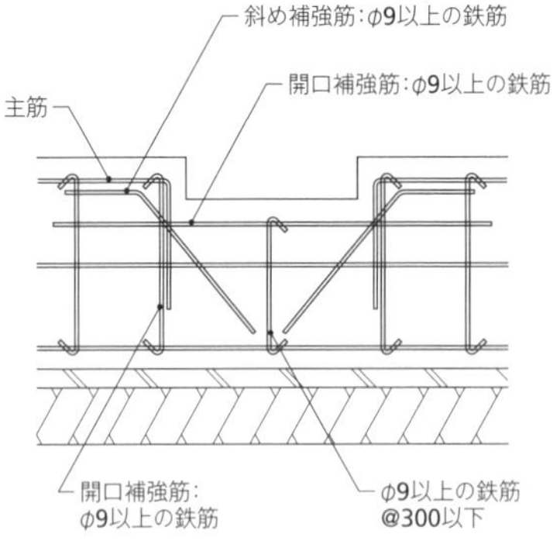

❹品確法における地盤・基礎の表示項目（平13国交告1346号）

表示すべき事項	適用範囲	表示の方法	説明する事項	説明に用いる内容
1-6 地盤または杭の許容支持力等および その設定方法	一戸建ての住宅または共同住宅等	地盤の許容応力度（単位をkN／㎡とし、整数未満の端数を切り捨てる。地盤改良を行った場合、または行う場合は、改良後の数値を記入する）、杭の許容支持力（単位をkN／本とし、整数未満の端数を切り捨てる）、または杭状改良地盤の改良後の許容支持力度（単位をkN／㎡とし、整数未満の端数は切り捨て）および地盤調査の方法その他それらの設定の根拠となった方法（地盤改良を行た場合、または行う場合は、その方法を含む）を明示する	地盤または杭の許容支持力等およびその設定方法	地盤または杭に見込んでいる常時作用する荷重に対し抵抗し得る力の大きさ、および地盤に見込んでいる抵抗し得る力の設定の根拠となった方法
1-7 基礎の構造方法および形式等	一戸建ての住宅または共同住宅等	直接基礎にあっては基礎の構造方法および形式を、杭基礎にあっては杭種、杭径（単位を㎝とし、整数未満の端数を切り捨てる）および杭長（単位をmとし、整数未満の端数を切り捨てる）を明示する	基礎の構造方法および形式等	直接基礎の構造および形式または杭基礎の杭種、杭径および杭長

設計データ 13 ● 鉄筋・コンクリートの許容応力度

❶普通コンクリートの許容応力度（鉄筋は異形鉄筋）

［単位：N／㎟］

設計基準強度	長期				短期			
	圧縮	せん断	付着		圧縮	せん断	付着	
			曲げ材上端	曲げ材一般			曲げ材上端	曲げ材一般
Fc18	6.0	0.60	1.20	1.80	12.0	0.90	1.80	2.70
Fc21	7.0	0.70	1.40	2.10	14.0	1.05	2.10	3.15
Fc24	8.0	0.73	1.54	2.31	16.0	1.10	2.31	3.47

注　曲げ材上端とは、その鉄筋の下に30㎝以上のコンクリートが打ちこまれる場合の水平鉄筋を指す

❷鉄筋の許容応力度

［単位：N／㎟］

材料種別		長期			短期		
		圧縮	引張	せん断	圧縮	引張	せん断
SR235		155	155	155	235	235	235
SD295		195	195	195	295	295	295
SD345	d≦25	215	215	195	345	345	345
	d>25	195	195	195	345	345	345

注1　dは鉄筋の公称直径（呼称）を示す　　注2　せん断の項はせん断補強に用いる場合を示す

設計データ 14 ● 配筋・施工要領

❶鉄筋の名称と役割

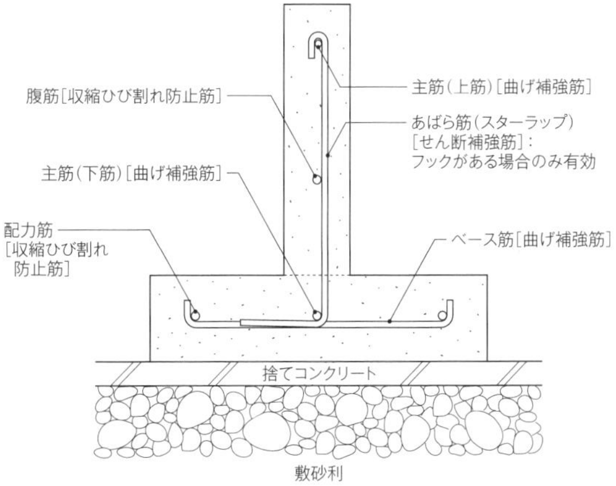

❷基礎仕様リスト

本リストは、瓦葺き屋根で、外壁がモルタル仕上げの総2階建て木造住宅について設計したものである。建物重量が最も重い仕様のときの一例なので、配筋が多めとなっている。実際には、建物の重さに応じて基礎の形状や配筋を決める必要がある

①地盤の支持力と基礎形式

基礎の形状	地盤の支持力 f
A：布基礎	50kN／㎡≦f
B：布基礎	40kN／㎡≦f<50kN／㎡
C：布基礎	30kN／㎡≦f<40kN／㎡
D：ベタ基礎	f<40kN／㎡
E：ベタ基礎	50kN／㎡≦f または浅層改良

②配筋一覧表

柱間	A筋	B筋（負担幅）			C筋（負担幅）			Ⓐの幅
		1.8m	2.7m	3.6m	1.8m	2.7m	3.6m	
2.7m（1.5間）	1-D13	2-D13	2-D16	2-D16	3-D13	5-D13	5-D13	45頁❺参照
3.6m（2間）	1-D16	2-D16	2-D19	2-D19	4-D16	6-D16	6-D16	45頁❺参照

柱間：地中梁の上に載る［※1］1階柱の距離
負担幅：隣り合う地中梁［※2］との距離の半分

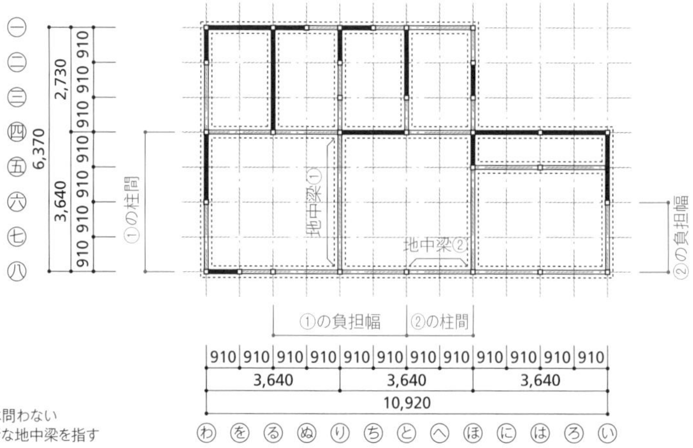

※1　土台の有無は問わない
※2　検討梁と平行な地中梁を指す

A：**布基礎**

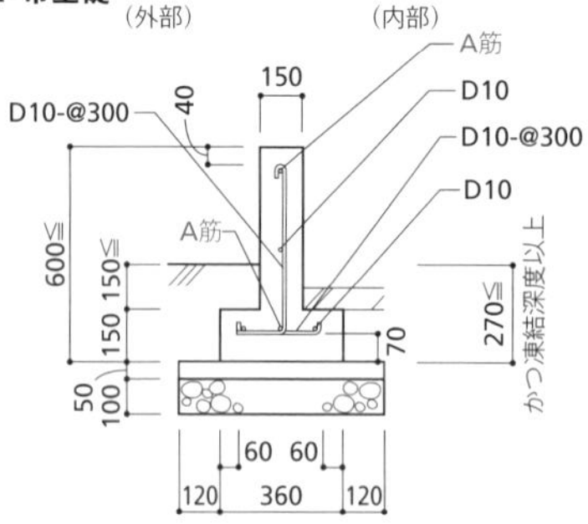

B：**布基礎**

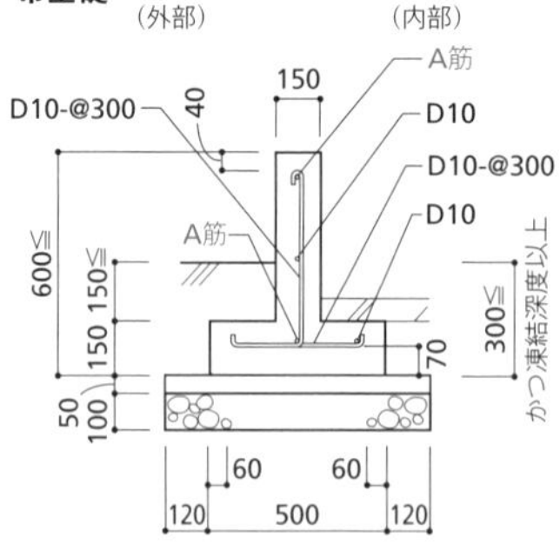

C：布基礎

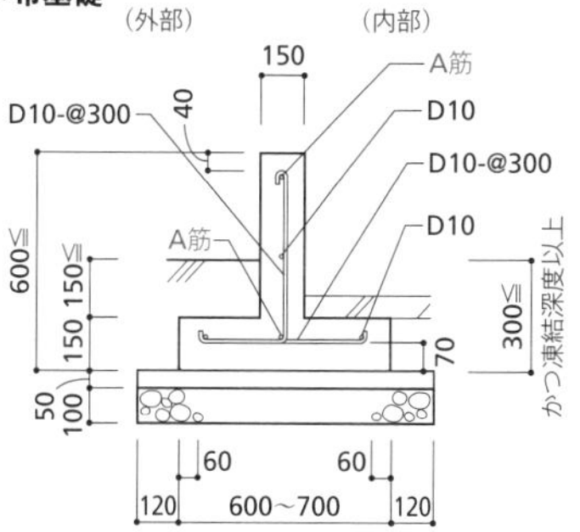

E：ベタ基礎

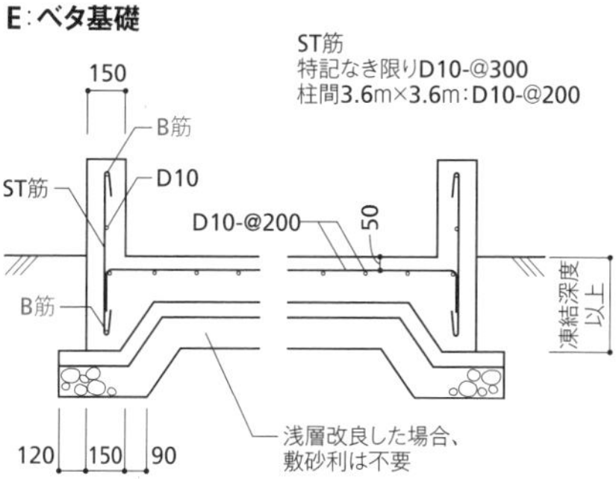

D：ベタ基礎

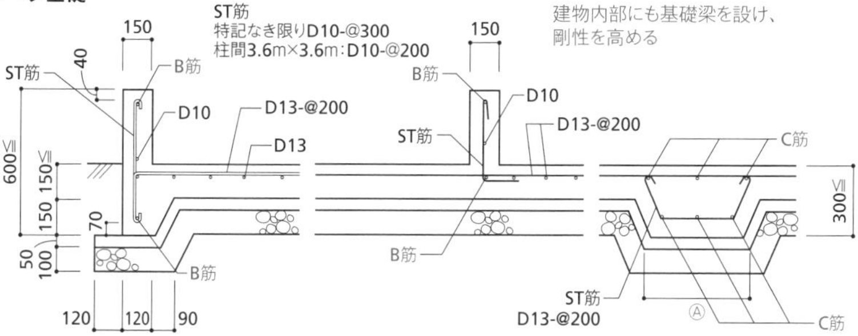

❸ 丸鋼の規格

直径 φ[mm]	単位重量 w[kg/m]	軸断面積 A_g[cm²]	周長 ψ[cm]
9	0.499	0.64	2.83
12	0.888	1.13	3.77
13	1.040	1.33	4.08
16	1.580	2.01	5.03
19	2.230	2.84	5.97

❹ 異形棒鋼の規格

呼び名	公称直径 d [mm]	最外径 D [mm]	単位重量 w [kg/m]	軸断面積 A_g [cm²]	公称周長 ψ [cm]	最小鉄筋間隔 [mm]
D10	9.53	11.0	0.560	0.71	3.0	43
D13	12.70	14.0	0.995	1.27	4.0	46
D16	15.90	18.0	1.560	1.99	5.0	50
D19	19.10	21.0	2.250	2.87	6.0	53

注1　公称直径はJIS G 3112による
注2　最外径Dは「鉄筋コンクリート造配筋指針・同解説」（日本建築学会）による
注3　上表の最小鉄筋間隔はいずれも、粗骨材最大寸法25mmとしたときの値で決定している

❺ 鉄筋本数と梁幅の最小寸法（地中梁）

［単位：mm］

主筋	あばら筋	主筋本数								
		2	3	4	5	6	7	8	9	10
D13	D10	217	263	309	355	401	447	493	539	585
	D13	232	278	324	370	416	462	508	554	600
D16	D10	221	271	321	371	421	471	521	571	621
	D13	236	286	336	386	436	486	536	586	636
D19	D10	224	277	330	383	436	489	542	595	648
	D13	239	292	345	398	451	504	557	610	663

注　梁幅の最小寸法B＝2×かぶり厚さ＋2×あばら筋最外径＋折曲げ内法直径＋主筋間隔×（主筋本数－1）＋2×施工誤差
地中梁側面のかぶり厚さ：50mm　あばら筋の折曲げ内法直径：3d　あばら筋の施工誤差：10mm（片側）として算出

❻梁幅とあばら筋の間隔（あばら筋比P_w=0.2%）

あばら筋	梁幅［㎜］	
	120	150
1-D10	295.8	236.7
1-D13	529.2	423.3

あばら筋	梁幅［㎜］									
	200	220	250	300	350	400	450	500	550	600
2-D10	355.0	322.7	284.0	236.7	202.9	177.5	157.8	142.0	129.1	118.3
2-D13	635.0	577.3	508.0	423.3	362.9	317.5	282.2	254.0	230.9	211.7

注　あばら筋の間隔 X=1組のあばら筋軸断面積／（梁幅×P_w）

❼鉄筋加工

鉄筋の折曲げ形状

折曲げ角度	180°	135°	90°	折曲げ角度90°はスラブ筋・壁筋の末端部などに用いる
	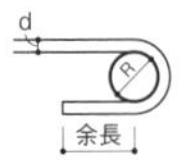	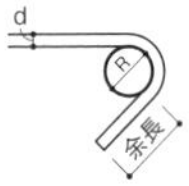	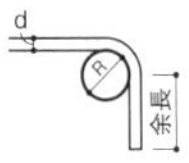	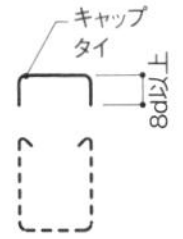
鉄筋の余長	4d以上	6d以上	8d以上	
折曲げ内法直径Rは、SR235ではφ16以下が3d以上、φ19は4d以上、SD295・SD345ではD16以下が3d以上、D19～D41が4d以上				

注1　折曲げ内法直径はJASS5および共仕ではDと表示されているが、他の記号と区別するため、ここではRとしている
注2　dは、丸鋼では径、異形鉄筋では呼び名に用いた数値とする
注3　片持スラブ先端、壁筋の自由端側の先端で90°フックまたは135°フックを用いる場合は、余長は4d以上とする
注4　スラブ筋、壁筋には、溶接金網を除いて丸鋼を使用しない
注5　折曲げ内法直径を上表の数値よりも小さくする場合は、事前に鉄筋の曲げ試験を行い支障ないことを確認した上で、工事監理者の承認を得ること

鉄筋の重ね継手および定着の長さ

鉄筋の種類	普通コンクリートの設計基準強度 Fc（N／mm^2）	重ね継手および特別の定着の長さ L_1	定着長さ				
			一般および耐圧版下筋 L_2	投影定着長さ		下端筋	
				大梁 L_a	小梁・スラブ L_b	小梁 L_3	スラブ L_3
SD295	18	45dまたは35dフック付き	40dまたは30dフック付き	20d	15d	20d以上または10d以上フック付き 片持小梁の場合、25d以上	10d以上かつ150㎜以上 片持スラブの場合、25d以上かつ150㎜以上
	21	40dまたは30dフック付き	35dまたは25dフック付き	15d	15d		
	24～27	35dまたは25dフック付き	30dまたは20dフック付き	15d	15d		
SD345	18	50dまたは35dフック付き	40dまたは30dフック付き	20d	20d		
	21	45dまたは30dフック付き	35dまたは25dフック付き	20d	20d		
	24～27	40dまたは30dフック付き	35dまたは25dフック付き	20d	15d		

注1　フック付きは、折曲げ内法直径Rの中心までの直線長さを示す
注2　投影定着長さは、折り曲げた鉄筋の外面までの直線長さを示す

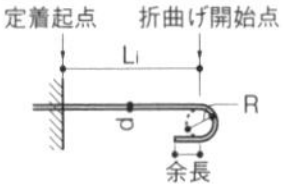

フック付き定着の長さ

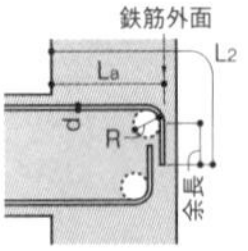

大梁主筋の折曲げ定着の投影定着長さ

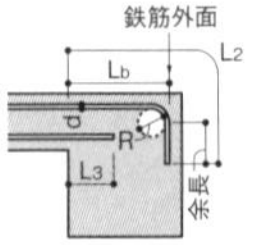

小梁・スラブの折曲げ定着の投影定着長さ

上表はRC基準2010およびJASS5（2018）による。

継手

- 末端のフックは、定着および重ね継手の長さに含まない
- 継手の位置は、応力の小さい位置に設けることを原則とする
- 直径の異なる鉄筋の重ね継手長さは、細いほうの鉄筋の公称直径による

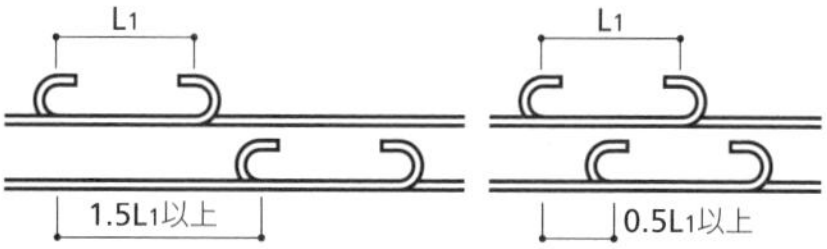

鉄筋のフック

a～gに示す鉄筋の末端部にはフックを付ける

a　丸鋼
b　あばら筋、帯筋
c　煙突の鉄筋
d　柱、梁(基礎梁は除く)の出隅部分の鉄筋[下図参照]
e　単純梁の下端筋
f　片持梁・片持スラブの先端
g　その他、設計図書に記載する個所

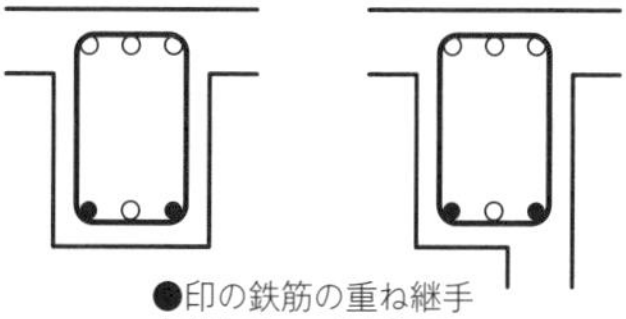

●印の鉄筋の重ね継手末端にはフックが必要

❽定着・継手の注意点

①基礎立上がり隅角部

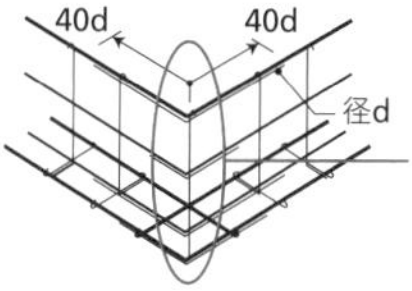
隅角部は主筋と腹筋を相互に定着させる

②基礎立上がりT字部

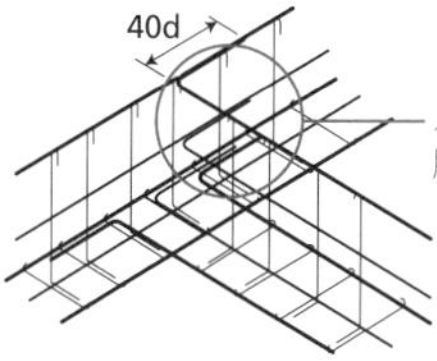
ぶつかる側の主筋と腹筋を定着させる

❾かぶり厚さ

ひび割れ誘発目地など鉄筋のかぶり厚さが部分的に減少する個所についても最小かぶり厚さを確保する

部位			設計かぶり厚さ [mm]	最小かぶり厚さ [mm]
土に接しない部分	床スラブ	屋内	30	20
		屋外	40	30
	梁	屋内	40	30
		屋外	50	40
	基礎・耐圧版		50	40
土に接する部分	梁・床・基礎立上り		50	40
	基礎・擁壁・耐圧版		70	60

注1　上表は計画供用期間の級が標準・長期(およそ65～100年)の場合を示す
注2　屋外側については、耐久性上有効な仕上げのある場合、工事監理者の承認を受けて10mm減じることができる
注3　捨てコンクリートはかぶり厚さに算入しない

❿基礎梁の配筋

①定着（布基礎、ベタ基礎の場合）

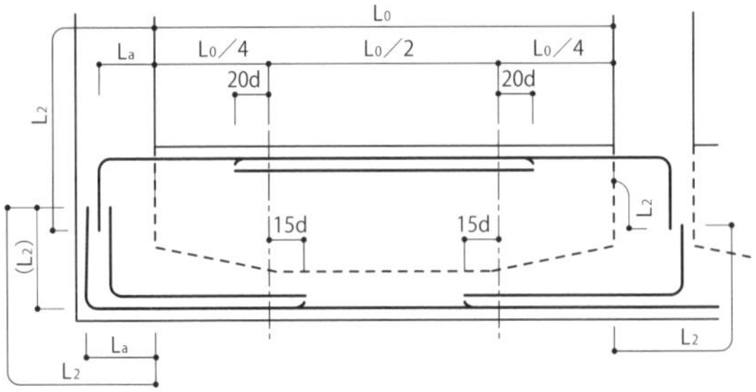

②換気口補強

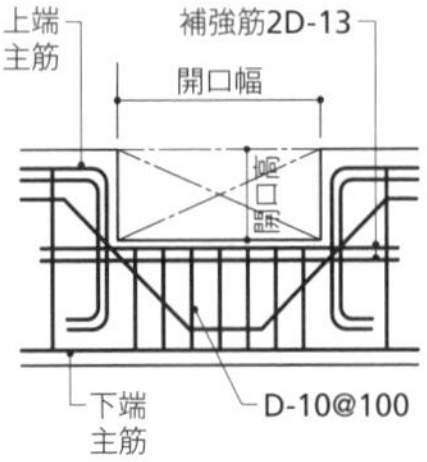

③段違い梁の補強要領

段違い梁は、監督員の承認を受けて、下記によることができる
D≦100の場合は図による
D>100の場合は、鉄筋を柱内に定着する

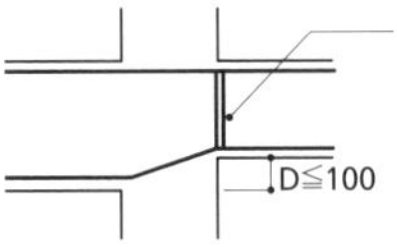
吊上げ筋は一般のあばら筋より1サイズ太い鉄筋または同径のものを2本重ねたものとする

④増打ち要領

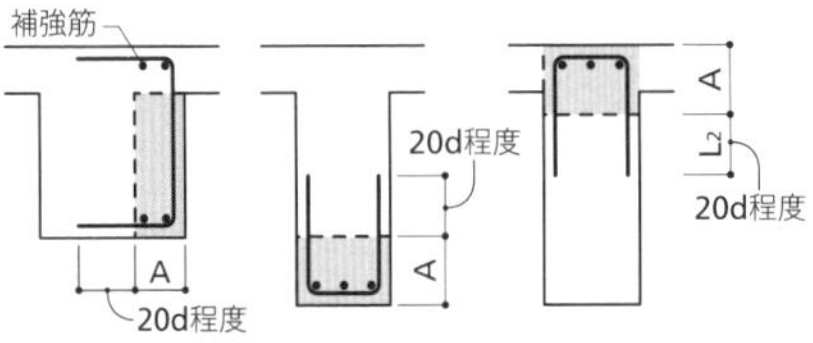

梁増打ち部分のあばら筋および腹筋は主筋と同径同間隔

補強筋の本数表（A≦50　補強なし）

Aの範囲	梁(1)・(2)	梁(3)
50<A≦200	D16@200で割付け	D16@200で割付け
200<A≦300	主筋と同径を@200で割付け	
300<A		主筋と同径を@200で割付け

参考）RC配筋指針では軸方向補強筋は、打増コンクリート断面の0.4%以上かつD16以上、鉄筋間隔200以下となっている

⓫鉄筋径と鉄筋間隔

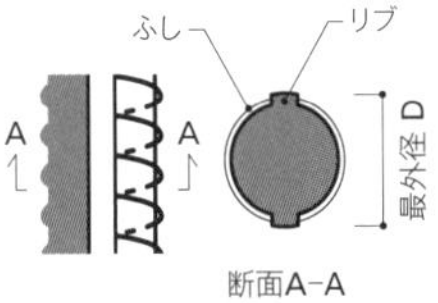

<table>
<tr><th colspan="2"></th><th>間隔</th><th>あき</th></tr>
<tr><td>異形鉄筋</td><td>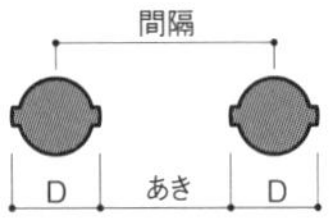</td><td>・1.5d+最外径D
・粗骨材最大寸法の1.25倍+最外径D
・25㎜+最外径D
のうち最も大きい数値</td><td>・1.5d
・粗骨材最大寸法の1.25倍
・25㎜
のうち最も大きい数値</td></tr>
<tr><td>丸鋼</td><td>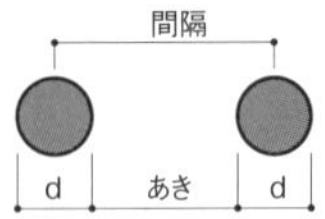</td><td>・2.5d
・粗骨材最大寸法の1.25倍+d
・25㎜+d
のうち最も大きい数値</td><td>・1.5d
・粗骨材最大寸法の1.25倍
・25㎜
のうち最も大きい数値</td></tr>
</table>

コンクリートは普通コンクリートの場合、粗骨材の最大寸法は25㎜
d：異形鉄筋の場合、公称直径とする

⓬JASS5に示されたコンクリートの品質と耐用年数

区分	耐用年数	強度	水セメント比	養生期間
短期	30年	Fc18	W／C≦65％	5日以上
標準	65年	Fc24	（W／C≦55～58％）	5日以上
長期	100年	Fc30	（W／C≦49～52％）	7日以上
超長期	200年	Fc36［※］	W／C≦55％	7日以上

注　水セメント比の項目中、（　）内の数値は、JASS5で規定されていないが、目安として示したものである
※　かぶり厚さ10㎜増しならF_c30

⑴かぶり厚さの確保はすなわち中性化対策であり、コンクリートの耐久性に影響する
耐久性確保のために注意すべき項目は以下のとおりである
①コンクリートの配合計画
②打設計画
③配筋検査（鉄筋量、定着方法、かぶり厚さ）
④打設時の条件
⑤養生

⑵維持管理について注意すべき項目は以下のとおりである
・ひび割れ幅≧0.4㎜のときは、エポキシ樹脂を注入して空気・水の浸入を防ぐ
・中性化が進行している場合は、アルカリ付与を行う

⓭コンクリート打設の要点

練混ぜから打込み完了までの所要時間
・外気温25℃以上：90分以内
・外気温25℃未満：120分以内
型枠の存置期間（JASS5）
・平均温度20℃以上：4日以上
・平均温度10℃以上20℃未満：6日以上

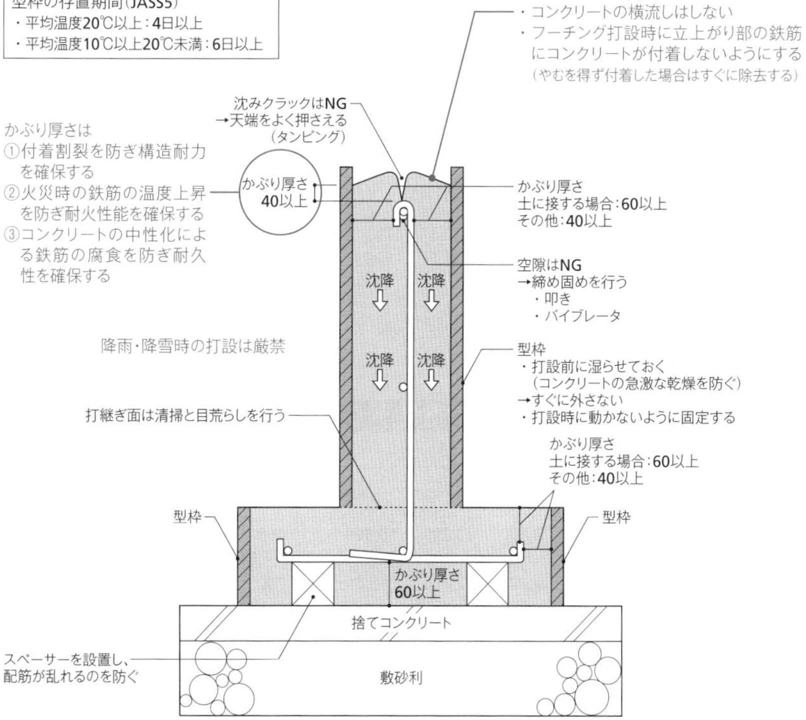

・コンクリートの横流しはしない
・フーチング打設時に立上がり部の鉄筋にコンクリートが付着しないようにする（やむを得ず付着した場合はすぐに除去する）
沈みクラックはNG
→天端をよく押さえる（タンピング）
かぶり厚さは
①付着割裂を防ぎ構造耐力を確保する
②火災時の鉄筋の温度上昇を防ぎ耐火性能を確保する
③コンクリートの中性化による鉄筋の腐食を防ぎ耐久性を確保する
かぶり厚さ40以上
かぶり厚さ
土に接する場合：60以上
その他：40以上
空隙はNG
→締め固めを行う
・叩き
・バイブレータ
沈降
沈降
沈降
沈降
降雨・降雪時の打設は厳禁
型枠
・打設前に湿らせておく（コンクリートの急激な乾燥を防ぐ）
→すぐに外さない
・打設時に動かないように固定する
打継ぎ面は清掃と目荒らしを行う
かぶり厚さ
土に接する場合：60以上
その他：40以上
型枠
型枠
かぶり厚さ60以上
捨てコンクリート
スペーサーを設置し、配筋が乱れるのを防ぐ
敷砂利

⑭コンクリートのひび割れの原因と対策

ひび割れ状況	原因	予防・対策
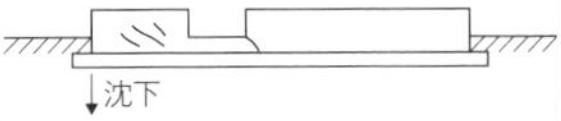	不同沈下	・地盤調査を行ったうえで基礎計画を行う ・上部構造の重心位置にも配慮する 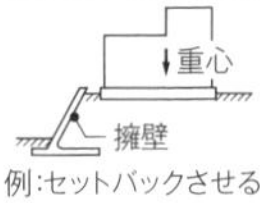
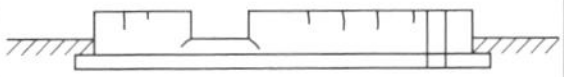	乾燥収縮	・初期の急激な乾燥防止(シート養生など) ・水分量を少なくして密なコンクリートを打設する
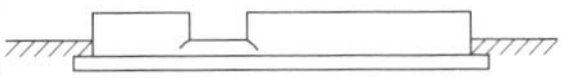	乾燥収縮による応力集中	・開口部補強筋を入れる 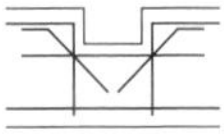
	開口部のせん断剛性不足	・基礎梁せいを確保する ・あばら筋(スターラップ)を細かく入れる
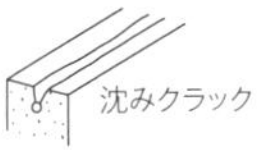	打設不良と養生不足	・打込み時にバイブレータや叩きにより空気を放出させる ・打設後、鏝で押さえる
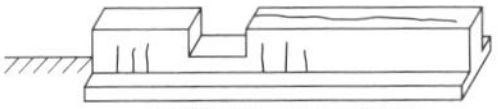	かぶり不足	・かぶり厚を確保する ・打設時に鉄筋が動かないように結束する
	・骨材不良(アルカリ骨材反応) ・セメント不良 ・練り混ぜすぎ ・長い運搬時間 ・混和材の不良	・よい材料を使う(配合計画) ・練り混ぜすぎない→運搬時間を短くする ・早期脱型による養生不足をなくす
	打設不良	・打設時にコンクリートの横流しをしない ・打設時によく叩いたり、バイブレータなどによる締固めを行う

注　JASS5の許容ひび割れ幅は、0.3㎜以下

設計データ 15 ● 基礎設計用の建物重量

仕様		単位荷重[N/㎡]				平屋建て		2階建て	
		屋根	2階床	1階床	基礎	合計	設計値	合計	設計値
Ⅰ	屋根:瓦葺き 外壁:ラスモルタル	1,800	3,500	3,200	5,000	10,000	11,000	13,500	15,000
Ⅱ	屋根:瓦葺き 外壁:サイディング	1,800	2,700	2,400	5,000	9,200	9,500	11,900	12,000
Ⅲ	屋根:鋼板葺き 外壁:ラスモルタル	1,500	3,500	3,200	5,000	9,700	11,000	13,200	14,000
Ⅳ	屋根:鋼板葺き 外壁:サイディング	1,500	2,700	2,400	5,000	8,900	9,500	11,600	12,000

注1　瓦葺き屋根に葺き土は含まない
注2　屋根勾配は5寸とする
注3　2階および1階の壁重量は、それぞれ2階床および1階床重量に含む
注4　上表は一例であるため、建物の実況に応じて算定することを原則とする

設計データ 16 ● 鉄筋コンクリート梁の設計における応力算定式

等分布荷重

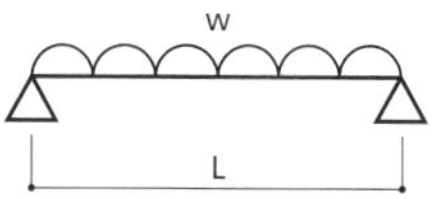

両端固定　端部曲げモーメント　$C=\frac{w \cdot L^2}{12}$

両端支持　中央部曲げモーメント　$M_o=\frac{w \cdot L^2}{8}$

端部せん断力　$Q=\frac{w \cdot L}{2}$

中央集中荷重

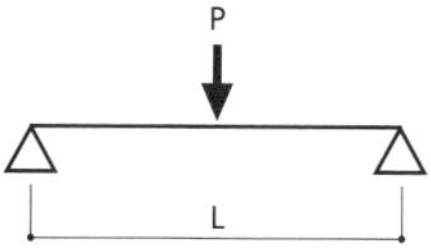

両端固定　端部曲げモーメント　$C=\frac{P \cdot L}{8}$

両端支持　中央部曲げモーメント　$M_o=\frac{P \cdot L}{4}$

端部せん断力　$Q=\frac{P}{2}$

RC規準略算式
単純梁

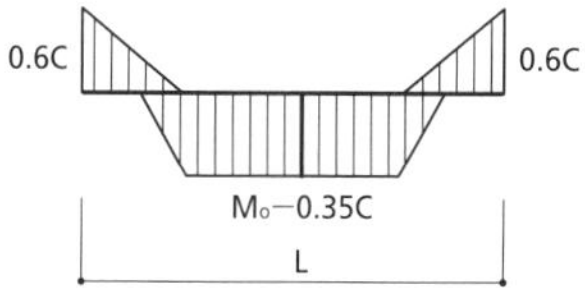

RC規準略算式
連続梁2スパン

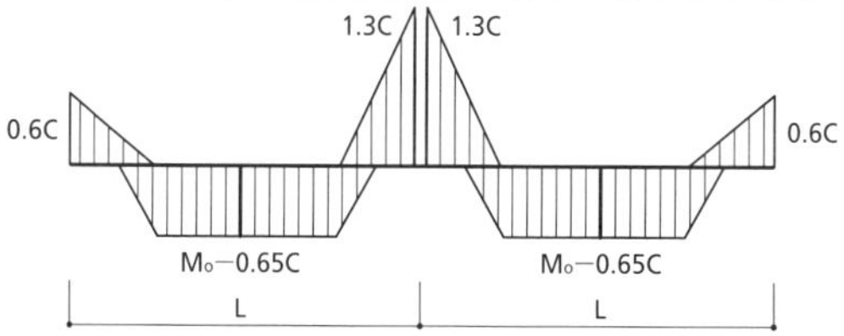

RC規準略算式
連続梁多スパン

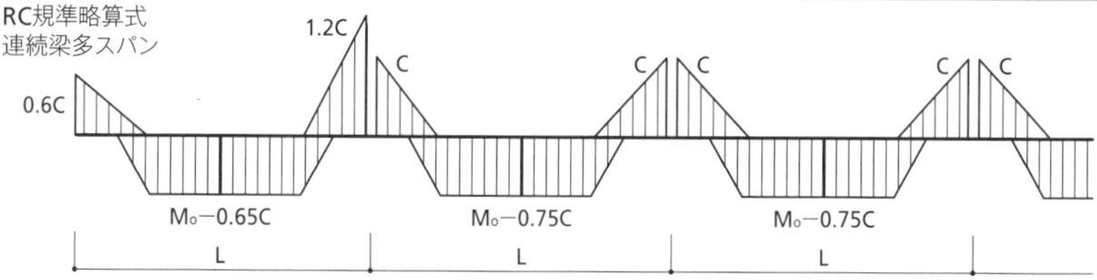

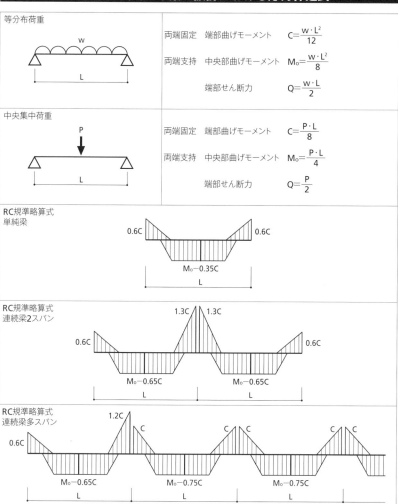

設計データ 17 ● スラブに生じる応力

❶ 等分布荷重時4辺固定スラブの応力と中央点のたわみ δ（ν=0）

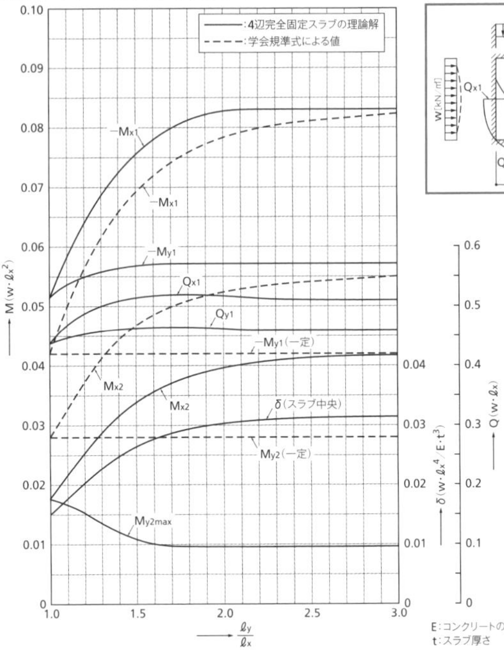

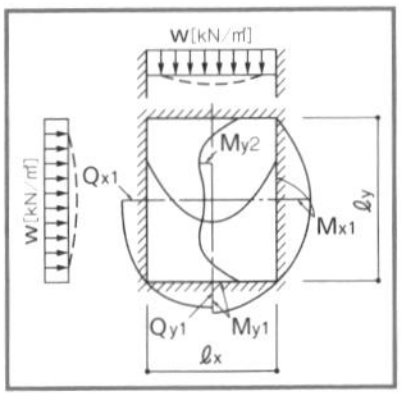

E：コンクリートのヤング係数
t：スラブ厚さ

❷ 等分布荷重時3辺固定・1辺単純支持スラブの応力と中央点のたわみ δ（ν=0）

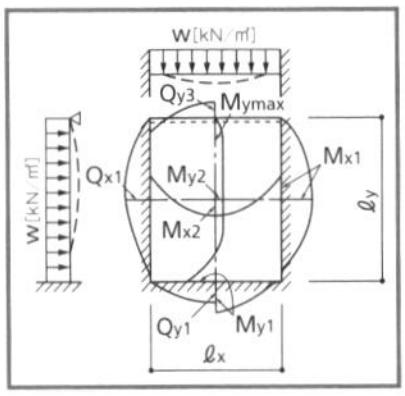

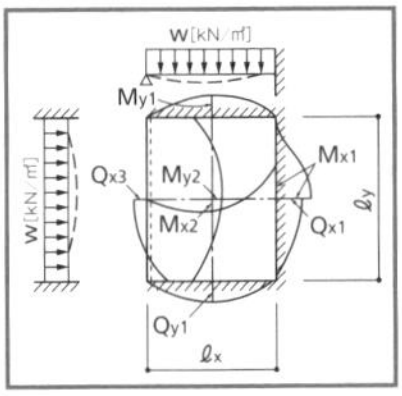

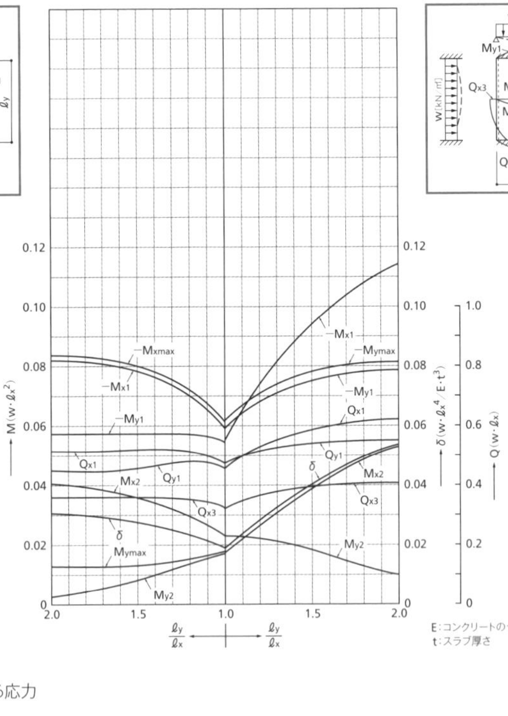

E：コンクリートのヤング係数
t：スラブ厚さ

❸ 等分布荷重時2隣辺固定・2辺単純支持スラブの応力と中央点のたわみ δ（ν=0）

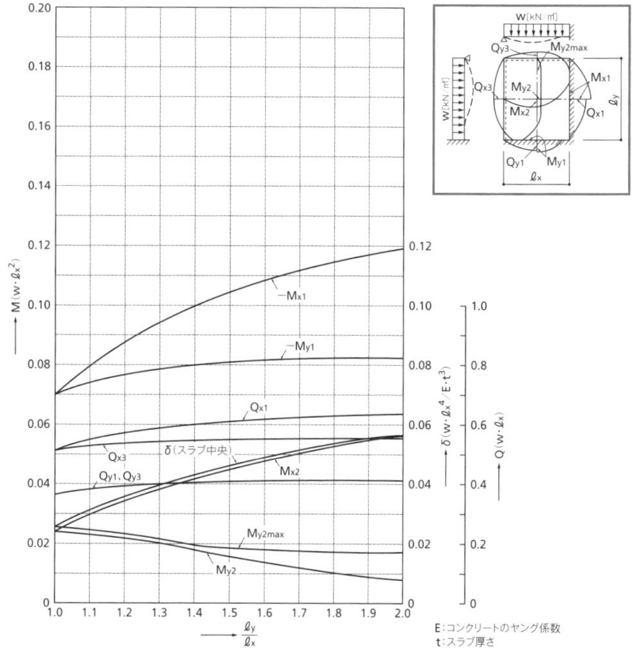

E：コンクリートのヤング係数
t：スラブ厚さ

❹ 等分布荷重時2対辺固定・他辺単純支持スラブの応力と中央点のたわみ δ（ν=0）

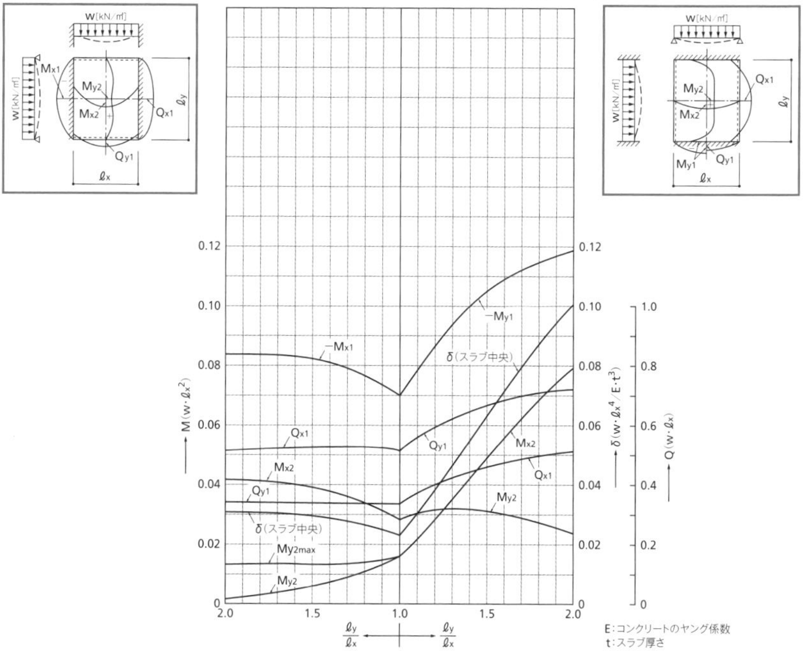

E：コンクリートのヤング係数
t：スラブ厚さ

❺ 等分布荷重時1辺固定・3辺単純支持スラブの曲げモーメントとたわみ δ (ν=0)

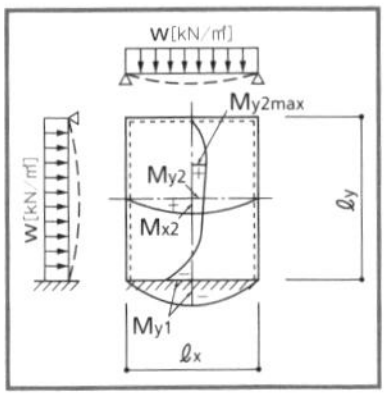

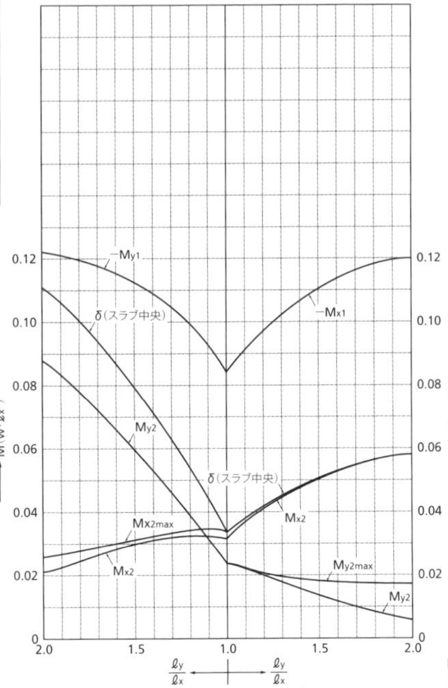

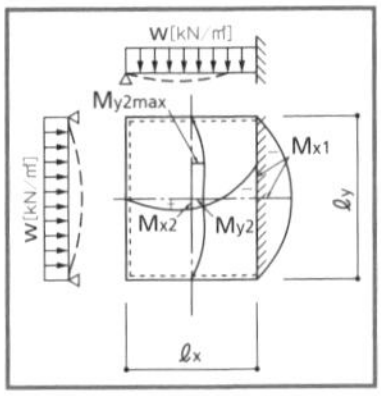

E:コンクリートのヤング係数
t:スラブ厚さ

❻ 等分布荷重時4辺単純支持スラブの応力と中央点のたわみ δ (ν=0)

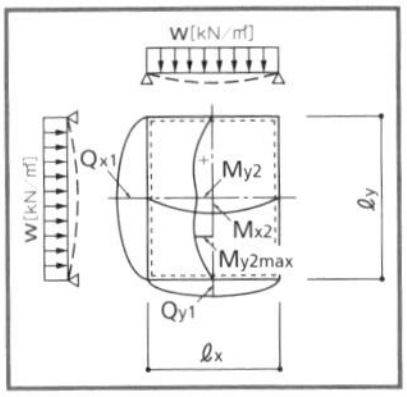

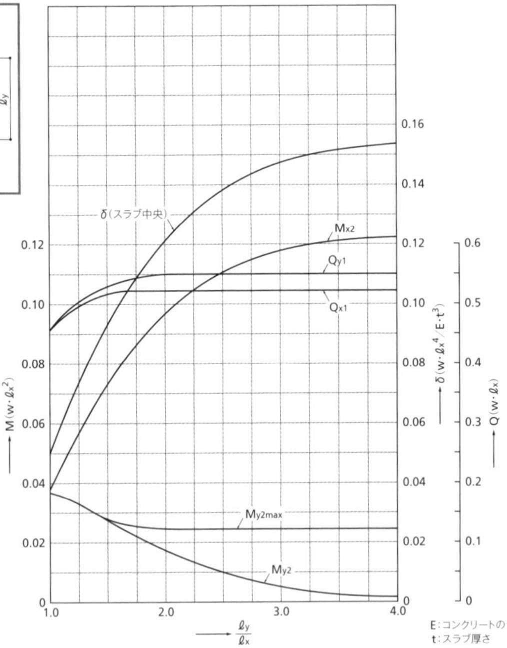

E:コンクリートのヤング係数
t:スラブ厚さ

設計データ 18 ● 点検口の位置と地中梁の補強方法

❶ 点検口の設け方

①耐力壁の下に設ける

長さ1,800㎜以上の耐力壁の中央に設ける

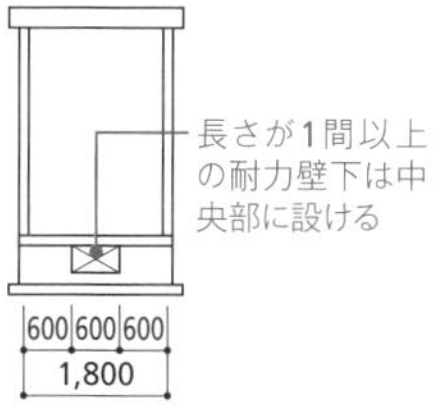

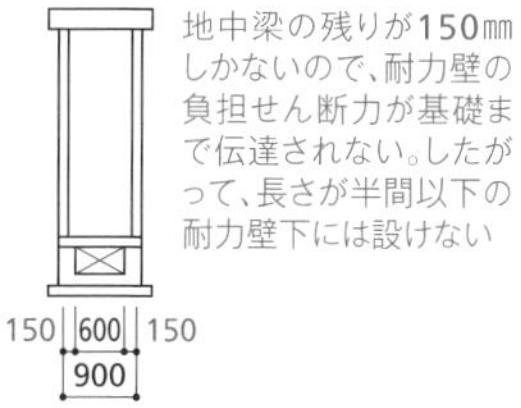

②開口部の下に設ける

木造住宅の基礎は一般に地中梁のせいが小さいため、点検口を設けると、地中梁が分断されるような状態となる。したがって、点検口を設ける際は、基本的には対策1・2のように、曲げモーメントの小さいところに設ける。どうしても曲げの大きな個所に設ける必要がある場合は、対策3を講じる

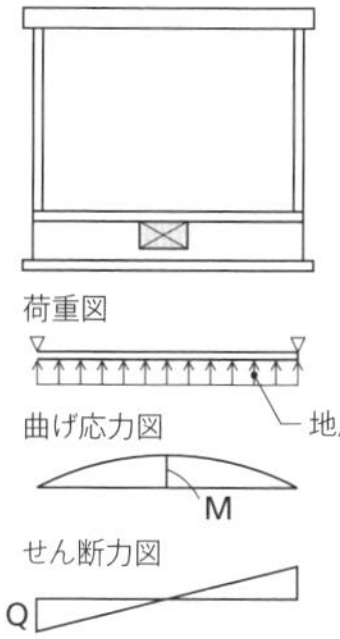

対策1
曲げ応力が0に近く、せん断力がフーチングのみで処理できる位置とする

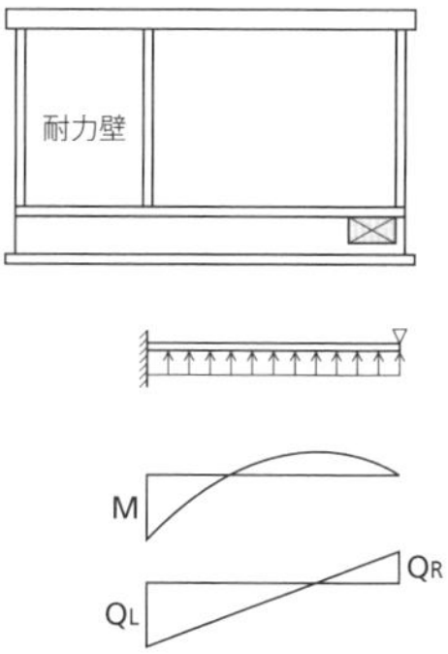

対策2
片持梁として曲げおよびせん断力を処理できる位置とする

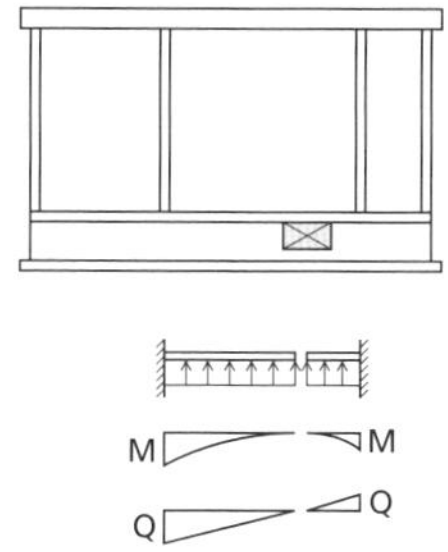

対策3
梁を連続させる

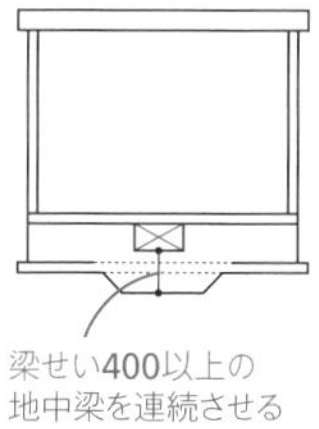

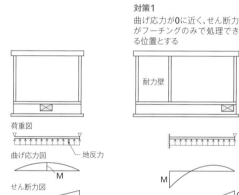

❶ 点検口の設け方（続き）

③耐力壁と柱に挟まれた開口（または雑壁）

②の対策1の考えにもとづいて計算すると、右の4タイプに集約される。開口が2間以上となる場合は点検口を設けないか、どうしても必要な場合は、②の対策3を講じる

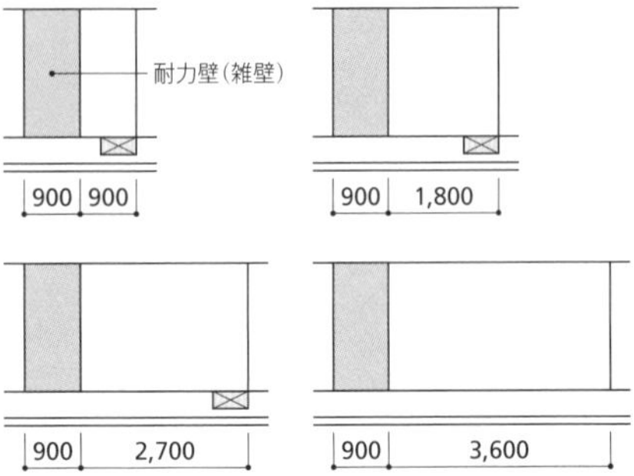

1間半以上の開口下では端部に設ける

2間以上の開口下には設けない

④耐力壁に挟まれた開口（または雑壁）

②の対策2の考えにもとづいて計算すると、右の4タイプに集約される。開口が2間以上となる場合は点検口を設けないか、どうしても必要な場合は、②の対策3を講じる

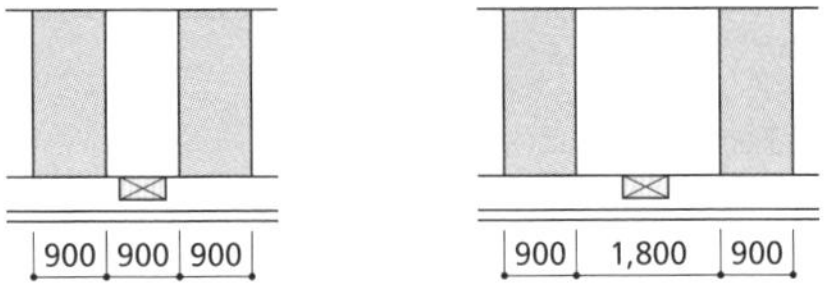

1間以下の開口下は中央に設ける

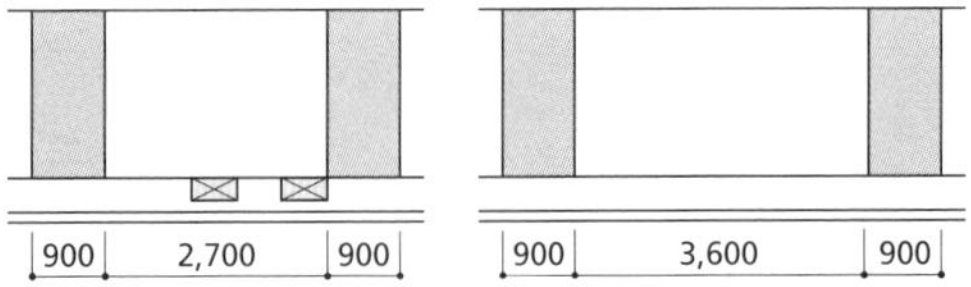

1間半の開口下は中央か端部に設ける

2間以上の開口下には設けない

❷ 立上がりの必要寸法と地中梁の補強

布基礎

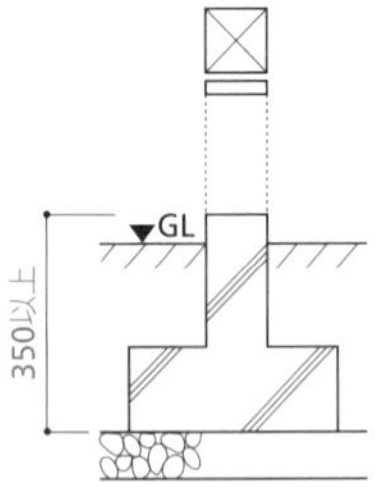

ベタ基礎

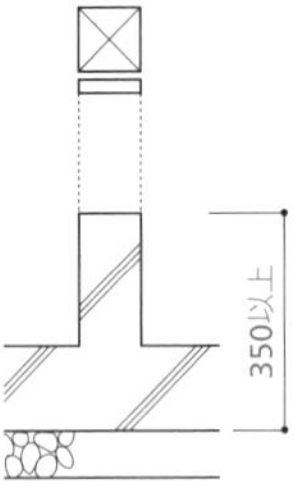

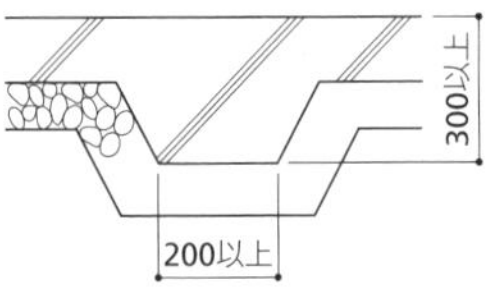

点検口部分でも基礎梁せいを350㎜以上確保する。確保できない場合は底版下に地中梁を設ける

4 軸組

設計データ 19 ● 柱の設計

❶ 座屈長さと許容圧縮力

座屈長さ	樹種		許容圧縮力[kN]	
			120㎜角	150㎜角
① 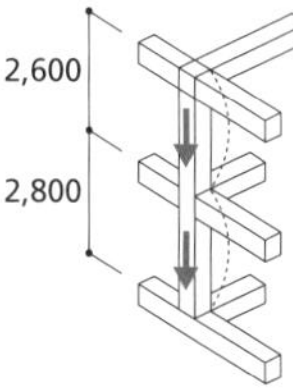	ヒノキ	長期	53.8	111.7
		短期	97.9	203.1
	ベイツガ	長期	49.9	103.6
		短期	90.8	188.4
	スギ	長期	46.0	95.5
		短期	83.7	173.7
② 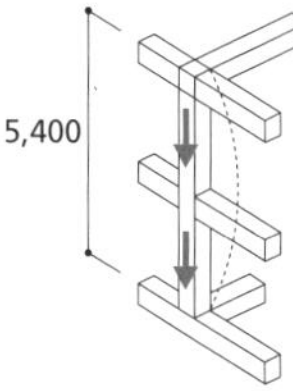	ヒノキ	長期	−	33.0
		短期	−	60.0
	ベイツガ	長期	−	30.6
		短期	−	55.7
	スギ	長期	−	28.2
		短期	−	51.3

注1　材は無等級材とする
注2　②の120㎜角柱は細長比λ>150となるため、許容値は算出していない

座屈を考慮した柱の許容圧縮力は下式により求める

許容圧縮力 $N_{ca}=\eta\cdot f_c\cdot A_c$

f_c：許容圧縮応力度

A_c：柱の断面積

η：座屈低減係数。細長比 λにより下記の値とする

$\lambda\leqq30$のとき　$\eta=1.0$

$30<\lambda\leqq100$のとき　$\eta=1.3-0.01\lambda$

$100<\lambda$のとき　$\eta=3{,}000/\lambda^2$

λ：細長比で、下式による

$\lambda=\ell_k/i\leqq150$

ℓ_k：座屈長さ

i：断面2次半径($i=\sqrt{I/A}$)

長方形断面の場合　$i=D/3.46$

円形断面の場合　$i=D/4.0$

I：断面2次モーメント

A：断面積

D：1辺の長さ、または直径

[参考]$\lambda\leqq150$となる座屈長さ

・105㎜角：$\ell_k\leqq$4,545㎜
・120㎜角：$\ell_k\leqq$5,200㎜
・135㎜角：$\ell_k\leqq$5,850㎜
・150㎜角：$\ell_k\leqq$6,500㎜
・180㎜角：$\ell_k\leqq$7,800㎜

❷土台・梁・桁—柱の許容めり込み耐力

①材中間部に柱が載る場合（(社)日本建築学会『木質構造設計規準・同解説』2006年版）

横架材の樹種	基準強度 F_{cv} [N/㎟]	めり込み変形を許容しない場合			少量のめり込みを許容する場合		
		許容応力度 $1.1F_{cv}/3$ [N/㎟]	許容めり込み耐力[kN]		許容応力度 $1.5F_{cv}/3$ [N/㎟]	許容めり込み耐力[kN]	
			柱105㎜角	柱120㎜角		柱105㎜角	柱120㎜角
スギ・ツガ	6.0	2.20	19.3	24.9	3.00	26.3	34.0
ヒノキ・ヒバ	7.8	2.86	25.1	32.4	3.90	34.2	44.2
クリ	10.8	3.96	34.7	44.9	5.40	47.4	61.2

②材端部に柱が載る場合（(社)日本建築学会『木質構造設計規準・同解説』2006年版）

横架材の樹種	基準強度 F_{cv} [N/㎟]	めり込み変形を許容しない場合			少量のめり込みを許容する場合		
		許容応力度 $\alpha\cdot 1.1F_{cv}/3$ [N/㎟]	許容めり込み耐力[kN]		許容応力度 $\alpha\cdot 1.5F_{cv}/3$ [N/㎟]	許容めり込み耐力[kN]	
			柱105㎜角	柱120㎜角		柱105㎜角	柱120㎜角
スギ・ツガ	6.0	1.76	15.4	20.0	2.40	21.1	27.2
ヒノキ・ヒバ	7.8	2.29	20.1	25.9	3.12	27.4	35.4
クリ	10.8	2.97	26.1	33.7	4.05	35.5	45.9

α：加力調整係数…針葉樹：0.8、広葉樹：0.75

材中間部におけるめり込み

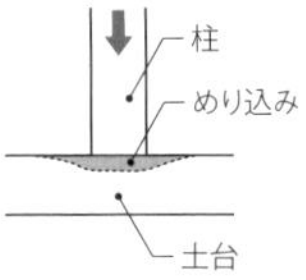

材端部におけるめり込み

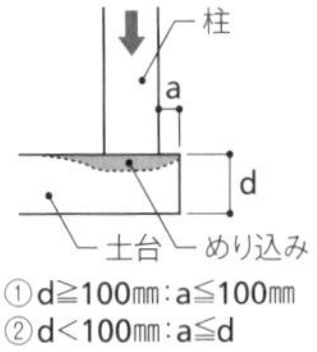

③木材の許容めり込み耐力（平13国交告1024号[2008年改正]）

横架材の樹種	基準強度 F_{cv} [N/㎟]	土台その他これに類する横架材			左記以外		
		許容応力度 $1.5F_{cv}/3$ [N/㎟]	許容めり込み耐力[kN]		許容応力度 $1.1F_{cv}/3$ [N/㎟]	許容めり込み耐力[kN]	
			柱105㎜角	柱120㎜角		柱105㎜角	柱120㎜角
スギ・ツガ	6.0	3.00	26.3	34.0	2.20	19.3	24.9
ヒノキ・ヒバ	7.8	3.90	34.2	44.2	2.86	25.1	32.4
クリ	10.8	5.40	47.4	61.2	3.96	34.7	44.9

注　①〜③ともに、断面積はホゾ断面を差し引いた有効断面を採用

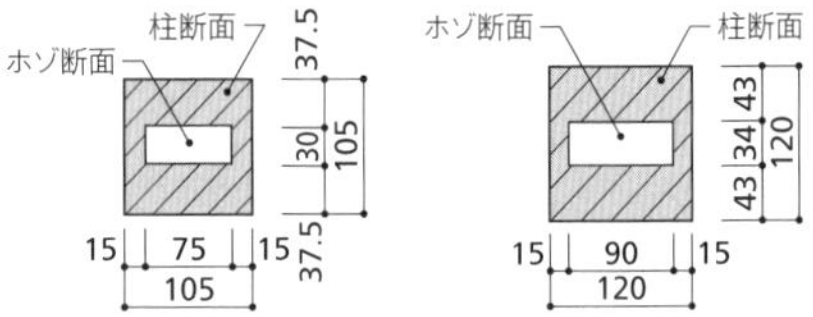

設計データ20 ● 梁の設計

❶断面諸係数

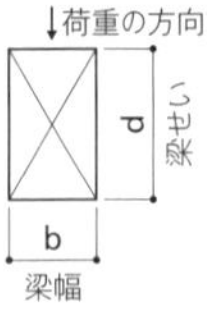

断面積　$A=b\cdot d$　端部の支持能力（せん断力）に影響

断面係数　$Z=\dfrac{b\cdot d^2}{6}$　曲げ強度に影響

断面2次モーメント　$I=\dfrac{b\cdot d^3}{12}$　居住性（たわみ）に影響

❷断面算定

①部材強度に対する設計

せん断応力度

$\tau=\dfrac{1.5\cdot Q}{A}$：許容せん断応力度以下であるように設計する

曲げ応力度

$\sigma=\dfrac{M}{Z}$：許容曲げ応力度以下であるように設計する

②居住性に対する設計

居住者の要望や経済性・生産性などを考慮して設計する

［参考］クリープを考慮したたわみ量の制限

・日本建築学会旧規準：ヤング係数を20％低減して算定した値がL／300以下

・現行告示：変形増大係数を2として算定した値がL／250以下（積載荷重は地震用）

❸応力算定式

単純梁 等分布荷重 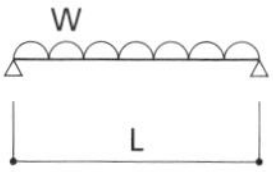	曲げモーメント $M=\dfrac{w\cdot L^2}{8}$ せん断力 $Q=\dfrac{w\cdot L}{2}$ たわみ $\delta=\dfrac{5\cdot w\cdot L^4}{384\cdot E\cdot I}$ 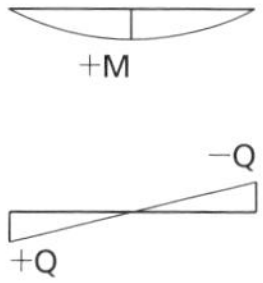
単純梁 中央集中荷重 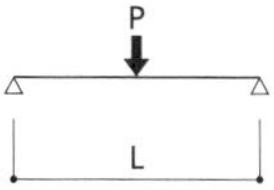	曲げモーメント $M=\dfrac{P\cdot L}{4}$ せん断力 $Q=\dfrac{P}{2}$ たわみ $\delta=\dfrac{P\cdot L^3}{48\cdot E\cdot I}$ 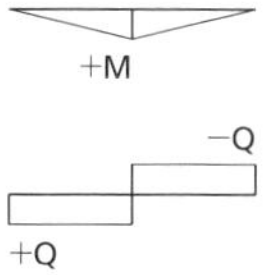
片持梁 等分布荷重 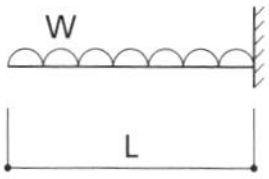	曲げモーメント $M=\dfrac{w\cdot L^2}{2}$ せん断力 $Q=w\cdot L$ たわみ $\delta=\dfrac{w\cdot L^4}{8\cdot E\cdot I}$ 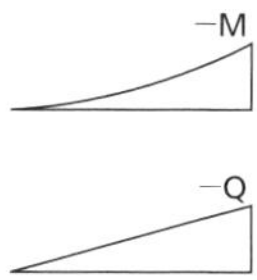
片持梁 集中荷重 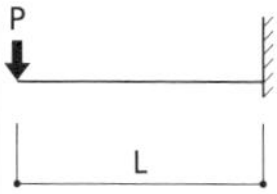	曲げモーメント $M=P\cdot L$ せん断力 $Q=P$ たわみ $\delta=\dfrac{P\cdot L^3}{3\cdot E\cdot I}$ 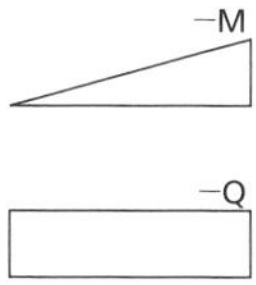
連続梁 等分布荷重 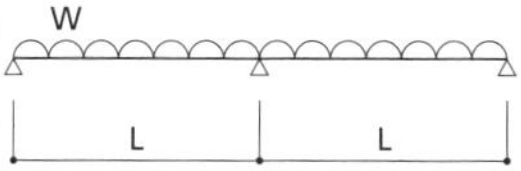	曲げモーメント $M=\dfrac{w\cdot L^2}{8}$ せん断力 $Q=\dfrac{5\cdot w\cdot L}{8}$ たわみ $\delta=\dfrac{w\cdot L^4}{185\cdot E\cdot I}$ 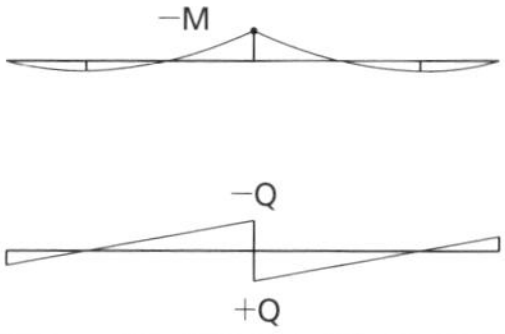

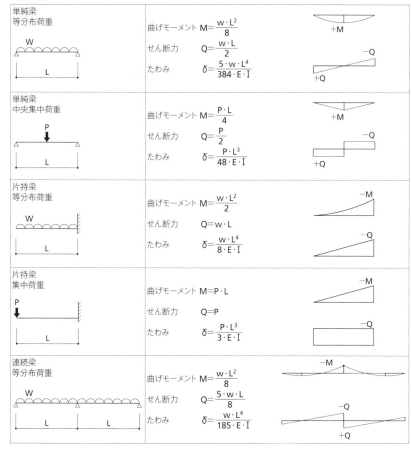

設計データ 21 ● 変形制限を選択できるスパン表：前提条件

・63～76・78～93頁のスパン表（グラフ）は、ヤング係数を無等級材（E50）の平均値にて作成
・許容曲げおよびせん断限界はスギ無等級材の許容応力度から算出
・各断面性能（A、Z、I）は、断面欠損率を考慮（小梁：0%、大梁：20%、小屋梁：10%）
・変形増大係数を2としてたわみを算出

❶ヤング係数と変形角換算表

機械等級	E50（無等級）	E70	E90	E110
ヤング係数［N／㎟］	4,903	6,865	8,826	10,787
E50との比	1.00	1.40	1.80	2.20
換算変形角	1／500	1／700	1／900	1／1,100
	1／400	1／560	1／720	1／880
	1／357	1／500	1／643	1／786
	1／286	1／400	1／514	1／629
	1／278	1／389	1／500	1／611
	1／250	1／350	1／450	1／550
	1／227	1／318	1／409	1／500
	1／222	1／311	1／400	1／489
	1／182	1／255	1／327	1／400
	1／179	1／250	1／321	1／393
	1／139	1／194	1／250	1／306
	1／114	1／159	1／205	1／250
	1／100	1／140	1／180	1／220

左記換算表の使い方

例①　E50（無等級）材で設計すると変形角が1／250となる断面部材を、E70材に変更すると、たわみは1／350に軽減される

例②　E90材で変形角が1／400以下となるように設計したい場合は、スパン表の変形角が1／222（0.0045rad）以下となる部材断面を採用すればよい

❷スパンと変形量

［単位：㎜］

スパンL	変形角							
	1／100	1／150	1／250	1／300	1／500	1／600	1／750	1／1,000
1,365	13.7	9.1	5.5	4.6	2.7	2.3	1.8	1.4
1,820	18.2	12.1	7.3	6.1	3.6	3.0	2.4	1.8
2,275	22.8	15.2	9.1	7.6	4.6	3.8	3.0	2.3
2,730	27.3	18.2	10.9	9.1	5.5	4.6	3.6	2.7
3,185	31.9	21.2	12.7	10.6	6.4	5.3	4.2	3.2
3,640	36.4	24.3	14.6	12.1	7.3	6.1	4.9	3.6
4,095	41.0	27.3	16.4	13.7	8.2	6.8	5.5	4.1
4,550	45.5	30.3	18.2	15.2	9.1	7.6	6.1	4.6
5,005	50.1	33.4	20.0	16.7	10.0	8.3	6.7	5.0
5,460	54.6	36.4	21.8	18.2	10.9	9.1	7.3	5.5

注　たわみ制限を変形角ではなく、変形量で抑えたい場合は、上表を参照するとよい

❸積雪量の違いによる変形角換算表

①瓦屋根

垂直積雪量	1m	1.5m	2m	2.5m	2m	3m
設計荷重[N/㎡]	1,950	2,475	3,000	3,525	3,000	4,050
荷重比	1.00	1.27	1.00	1.18	1.00	1.35
換算変形角	1/635	1/500	1/588	1/500	1/675	1/500
	1/508	1/400	1/470	1/400	1/540	1/400
	1/381	1/300	1/353	1/300	1/405	1/300
	1/317	1/250	1/294	1/250	1/338	1/250
	1/254	1/200	1/235	1/200	1/270	1/200
	1/212	1/167	1/196	1/167	1/225	1/167
	1/159	1/125	1/147	1/125	1/169	1/125
	1/127	1/100	1/118	1/100	1/135	1/100

②金属板屋根

垂直積雪量	1m	1.5m	2m	2.5m	2m	3m
設計荷重[N/㎡]	1,650	2,175	2,700	3,225	2,700	3,750
荷重比	1.00	1.32	1.00	1.19	1.00	1.39
換算変形角	1/659	1/500	1/597	1/500	1/694	1/500
	1/527	1/400	1/478	1/400	1/556	1/400
	1/395	1/300	1/358	1/300	1/417	1/300
	1/330	1/250	1/299	1/250	1/347	1/250
	1/264	1/200	1/239	1/200	1/278	1/200
	1/220	1/167	1/199	1/167	1/232	1/167
	1/165	1/125	1/149	1/125	1/174	1/125
	1/132	1/100	1/119	1/100	1/139	1/100

注1　上表中、色の着いていない欄は設計したい目標値を、色の着いている欄はスパン表に換算したときの数値を表す

注2　下の例のように、スパン表と異なる荷重になるときは、使用するスパン表との荷重の比率を設計変形角に乗じて、その算出した換算変形角によりグラフを読めばよい

上記換算表の使い方

例　垂直積雪量が1.5mの地域に建つ金属板屋根の住宅において、小屋梁のたわみを1/250以下としたい場合は、次の手順により設計を行うとよい

❶上記②の表中、垂直積雪量1.5mの欄を見る

❷変形角が1/250の欄の左横を見る

❸垂直積雪量が1mの欄に記載されている数値は1/330である

❹金属板屋根で積雪1mのスパン表を見る

❺横軸(変形/スパン)が 1÷330=0.0030radのところに縦線を引く

❻梁のスパン(縦軸)との交点をプロットする

❼その交点より左側にある曲線の梁せいを選択する

設計データ22 ● 長期荷重に対するスパン表

部位	荷重分布			頁
2階床梁	床の等分布荷重			
	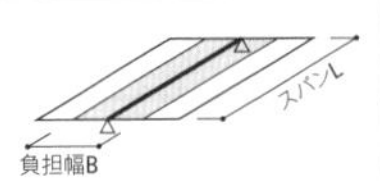	負担幅	910㎜	63
			1,820㎜	63
		スパン	2,730㎜	67
			3,640㎜	67
	床の1点集中荷重			
	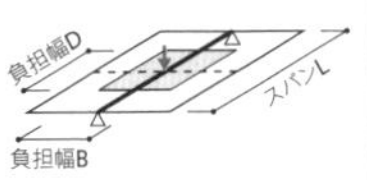	負担幅	910㎜	63
			1,820㎜	63
		スパン	2,730㎜	68
			3,640㎜	68
	床の等分布荷重、瓦屋根の1点集中荷重			
	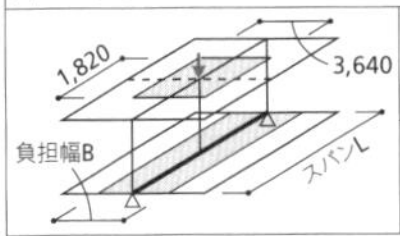	負担幅	910㎜	64
			1,820㎜	64
		スパン	2,730㎜	68
			3,640㎜	68
	床の等分布荷重、金属板屋根の1点集中荷重			
	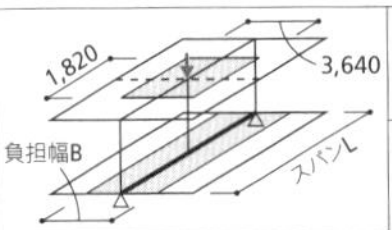	負担幅	910㎜	64
			1,820㎜	64
		スパン	2,730㎜	69
			3,640㎜	69
	床の等分布荷重、外壁1層			
	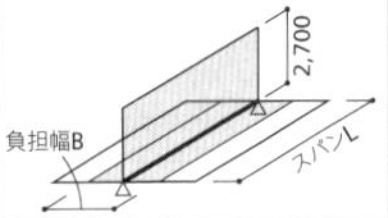	負担幅	910㎜	65
			1,820㎜	65
		スパン	2,730㎜	69
			3,640㎜	69
母屋・棟木・小屋梁	瓦屋根の等分布荷重			
	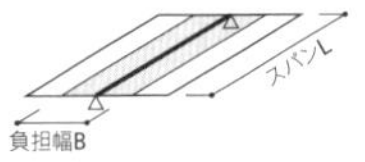	負担幅	910㎜	65
			1,820㎜	65
		スパン	2,730㎜	70
			3,640㎜	70
	瓦屋根の1点集中荷重			
	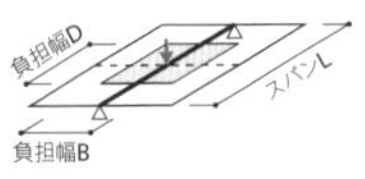	負担幅	910㎜	66
			1,820㎜	66
		スパン	2,730㎜	70
			3,640㎜	70

部位	荷重分布			頁
母屋・棟木・小屋梁	金属板屋根の等分布荷重			
	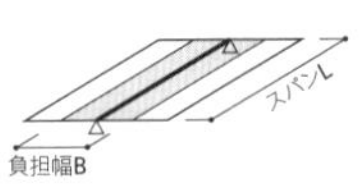	負担幅	910㎜	66
			1,820㎜	66
		スパン	2,730㎜	71
			3,640㎜	71
	金属板屋根の1点集中荷重			
	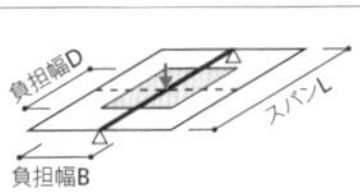	負担幅	910㎜	67
			1,820㎜	67
		スパン	2,730㎜	71
			3,640㎜	71
根太	床の等分布荷重			
	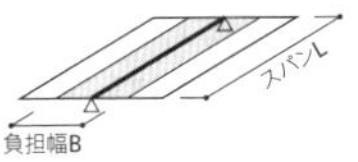	負担幅	303㎜	72
			455㎜	72
垂木	瓦屋根の等分布荷重			
	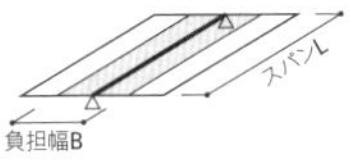	負担幅	303㎜	73
			455㎜	73
	金属板屋根の等分布荷重			
	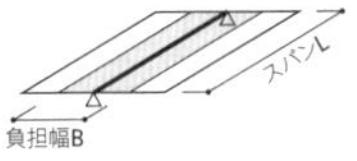	負担幅	303㎜	74
			455㎜	74
はね出し垂木	瓦屋根の等分布荷重			
	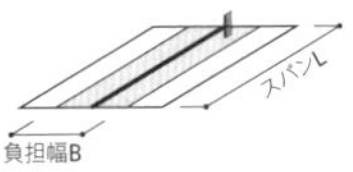	負担幅	303㎜	75
			455㎜	75
	金属板屋根の等分布荷重			
	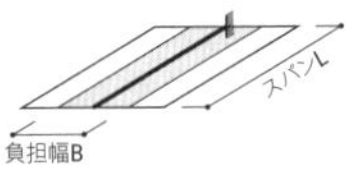	負担幅	303㎜	76
			455㎜	76

設計荷重[単位　N/㎡]

種別	強度検討用 (DL+LL=TL)	変形検討用 (DL+LL=TL)
2階床	800+1,300=2,100	800+600=1,400
瓦屋根	900+0=900	900+0=900
金属板屋根	600+0=600	600+0=600

注1　本スパン表で考慮している荷重の組合せは右表の▒▒部分となる

注2　クリープたわみ検討時の積載荷重は地震時の値を用いるため、多雪区域における変形検討用の積載荷重は0.35Sとする

参考　設計荷重の組合せ(令82条)

積雪区分	荷重状態		考慮する荷重
一般	長期	常時	G+P
	短期	積雪時	G+P+S
		暴風時	G+P+W
		地震時	G+P+K
多雪	長期	常時	G+P+K
		積雪時	G+P+0.7S
	短期	積雪時	G+P+S
		暴風時	G+P+W
			G+P+0.35S+W
		地震時	G+P+0.35S+K
G:固定荷重(DL) P:積載荷重(LL) S:積載荷重 W:風圧力　K:地震力			

❶2階床梁：床の等分布荷重［負担幅910㎜、部材幅120㎜］

荷重分布

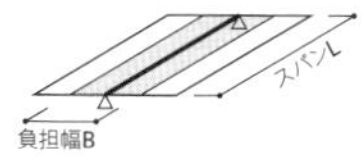

荷重

①：長期曲げ限界　②：長期せん断限界

	部位	固定荷重 DL［N／㎡］	積載荷重 LL［N／㎡］	負担幅 B［m］	負担幅 D［m］	荷重
応力用	2階床 w_1	800	1,300	0.91	－	1,911N／m
	壁 w_2	0	0	0	－	0
	屋根 P	0	0	0	0	0
たわみ用	2階床 w_1	800	600	0.91	－	1,274N／m
	壁 w_2	0	0	0	－	0
	屋根 P	0	0	0	0	0

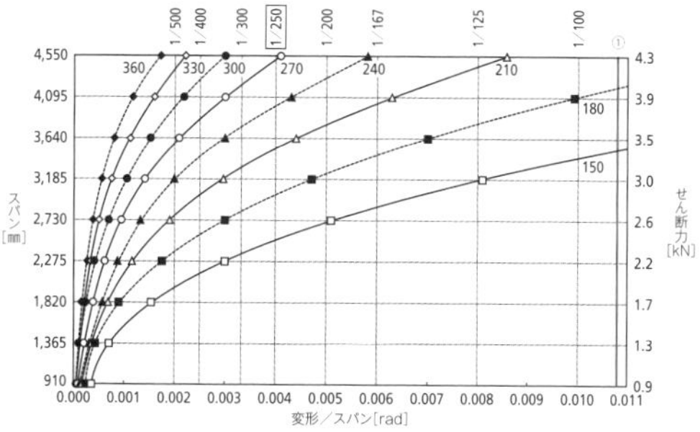

❷2階床梁：床の等分布荷重［負担幅1,820㎜、部材幅120㎜］

荷重分布

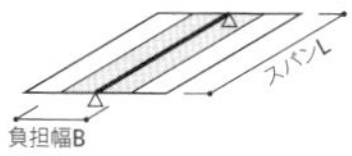

荷重

①：長期曲げ限界　②：長期せん断限界

	部位	固定荷重 DL［N／㎡］	積載荷重 LL［N／㎡］	負担幅 B［m］	負担幅 D［m］	荷重
応力用	2階床 w_1	800	1,300	1.82	－	3,822N／m
	壁 w_2	0	0	0	－	0
	屋根 P	0	0	0	0	0
たわみ用	2階床 w_1	800	600	1.82	－	2,548N／m
	壁 w_2	0	0	0	－	0
	屋根 P	0	0	0	0	0

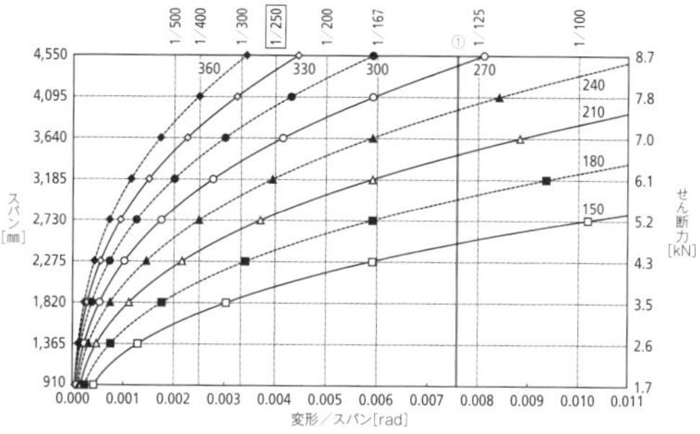

❸2階床梁：床の1点集中荷重［負担幅910㎜、部材幅120㎜］

荷重分布

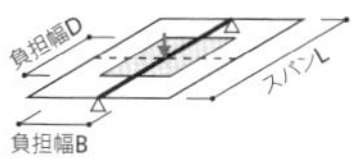

荷重

①：長期曲げ限界　②：長期せん断限界

	部位	固定荷重 DL［N／㎡］	積載荷重 LL［N／㎡］	負担幅 B［m］	負担幅 D［m］	荷重
応力用	2階床 P_1	800	1,300	0.91	L／2	1,911N／m
	屋根 P_2	0	0	0	0	0
	壁 w	0	0	0	－	0
たわみ用	2階床 P_1	800	600	0.91	L／2	1,274N／m
	屋根 P_2	0	0	0	0	0
	壁 w	0	0	0	－	0

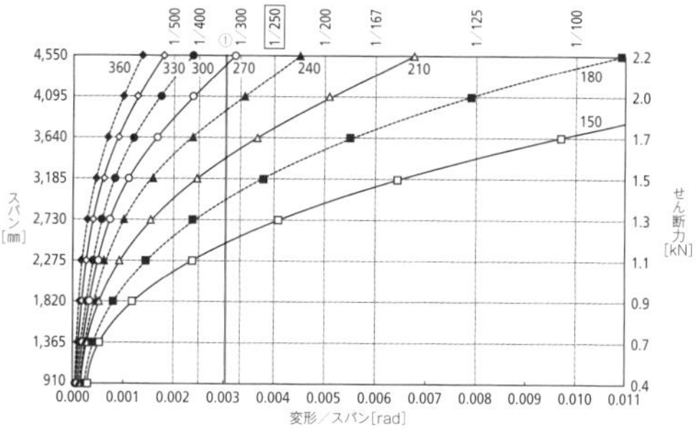

❹2階床梁：床の1点集中荷重［負担幅1,820㎜、部材幅120㎜］

荷重分布

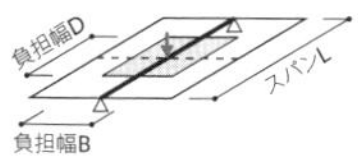

荷重

①：長期曲げ限界　②：長期せん断限界

	部位	固定荷重 DL［N／㎡］	積載荷重 LL［N／㎡］	負担幅 B［m］	負担幅 D［m］	荷重
応力用	2階床 P_1	800	1,300	1.82	L／2	3,822N／m
	屋根 P_2	0	0	0	0	0
	壁 w	0	0	0	－	0
たわみ用	2階床 P_1	800	600	1.82	L／2	2,548N／m
	屋根 P_2	0	0	0	0	0
	壁 w	0	0	0	－	0

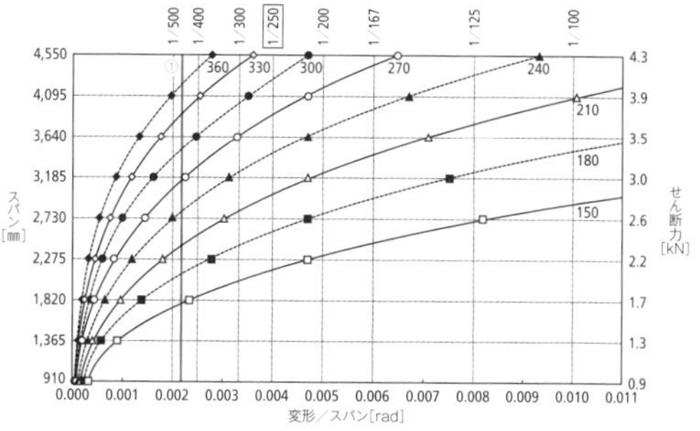

❺ 2階床梁：床の等分布荷重、瓦屋根の1点集中荷重［負担幅910㎜、部材幅120㎜］

荷重分布

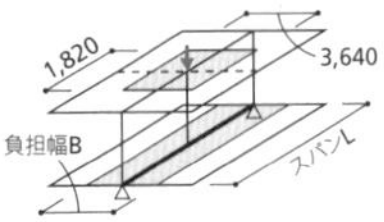

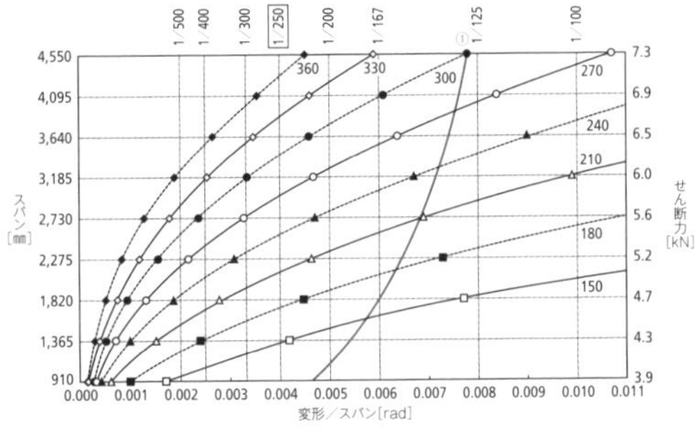

荷重

①：長期曲げ限界　②：長期せん断限界

	部位	固定荷重 DL[N/㎡]	積載荷重 LL[N/㎡]	負担幅 B[m]	負担幅 D[m]	荷重
応力用	2階床 w1	800	1,300	0.91	―	1,911N/m
	壁 w2	0	0	0	―	0
	屋根 P	900	0	1.82	3.64	5,962N
たわみ用	2階床 w1	800	600	0.91	―	1,274N/m
	壁 w2	0	0	0	―	0
	屋根 P	900	0	1.82	3.64	5,962N

❻ 2階床梁：床の等分布荷重、瓦屋根の1点集中荷重［負担幅1,820㎜、部材幅120㎜］

荷重分布

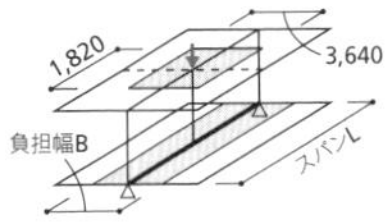

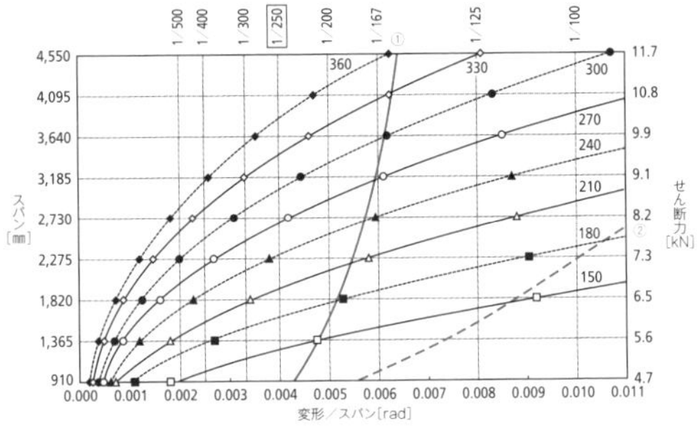

荷重

①：長期曲げ限界　②：長期せん断限界

	部位	固定荷重 DL[N/㎡]	積載荷重 LL[N/㎡]	負担幅 B[m]	負担幅 D[m]	荷重
応力用	2階床 w1	800	1,300	1.82	―	3,822N/m
	壁 w2	0	0	0	―	0
	屋根 P	900	0	1.82	3.64	5,962N
たわみ用	2階床 w1	800	600	1.82	―	2,548N/m
	壁 w2	0	0	0	―	0
	屋根 P	900	0	1.82	3.64	5,962N

❼ 2階床梁：床の等分布荷重、金属板屋根の1点集中荷重［負担幅910㎜、部材幅120㎜］

荷重分布

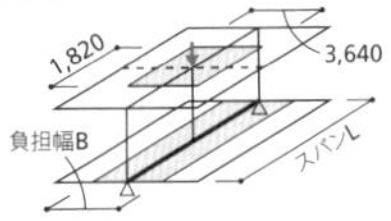

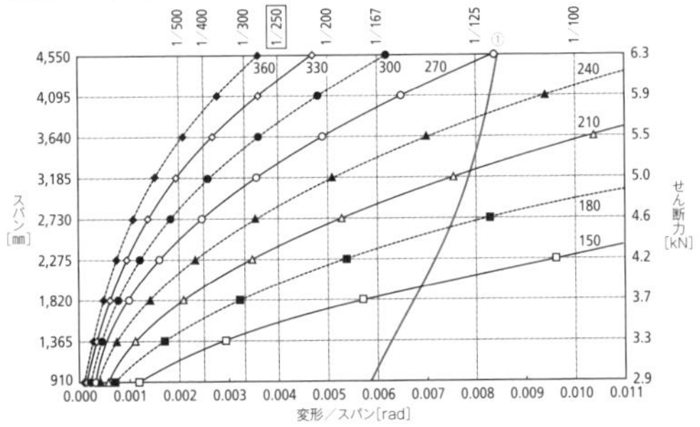

荷重

①：長期曲げ限界　②：長期せん断限界

	部位	固定荷重 DL[N/㎡]	積載荷重 LL[N/㎡]	負担幅 B[m]	負担幅 D[m]	荷重
応力用	2階床 w1	800	1,300	0.91	―	1,911N/m
	壁 w2	0	0	0	―	0
	屋根 P	600	0	1.82	3.64	3,975N
たわみ用	2階床 w1	800	600	0.91	―	1,274N/m
	壁 w2	0	0	0	―	0
	屋根 P	600	0	1.82	3.64	3,975N

❽ 2階床梁：床の等分布荷重、金属板屋根の1点集中荷重［負担幅1,820㎜、部材幅120㎜］

荷重分布

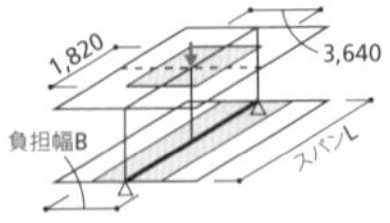

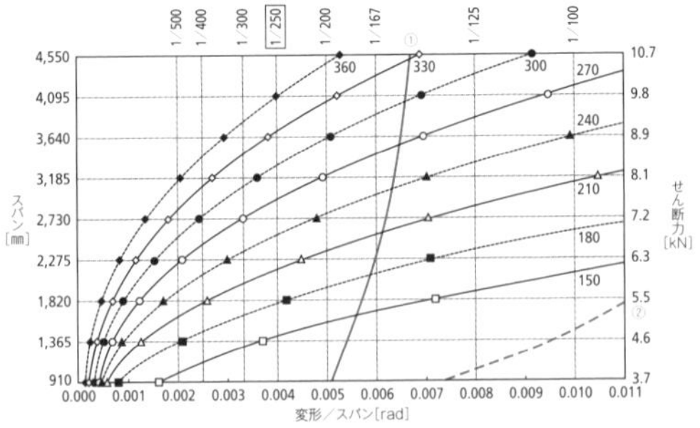

荷重

①：長期曲げ限界　②：長期せん断限界

	部位	固定荷重 DL[N/㎡]	積載荷重 LL[N/㎡]	負担幅 B[m]	負担幅 D[m]	荷重
応力用	2階床 w1	800	1,300	1.82	―	3,822N/m
	壁 w2	0	0	0	―	0
	屋根 P	600	0	1.82	3.64	3,975N
たわみ用	2階床 w1	800	600	1.82	―	2,548N/m
	壁 w2	0	0	0	―	0
	屋根 P	600	0	1.82	3.64	3,975N

❾ 2階床梁：床の等分布荷重、外壁1層［負担幅910㎜、部材幅120㎜］

荷重分布

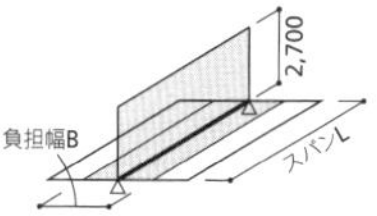

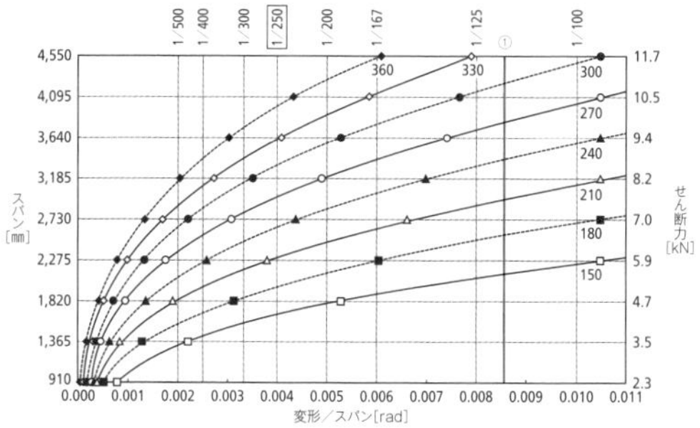

荷重　①：長期曲げ限界　②：長期せん断限界

	部位	固定荷重 DL[N/㎡]	積載荷重 LL[N/㎡]	負担幅 B[m]	負担幅 D[m]	荷重
応力用	2階床 w_1	800	1,300	0.91	−	1,911N/m
	壁 w_2	1,200	0	2.70	−	3,240N/m
	屋根 P	0	0	0	0	0
たわみ用	2階床 w_1	800	600	0.91	−	1,274N/m
	壁 w_2	1,200	0	2.70	−	3,240N/m
	屋根 P	0	0	0	0	0

❿ 2階床梁：床の等分布荷重、外壁1層［負担幅1,820㎜、部材幅120㎜］

荷重分布

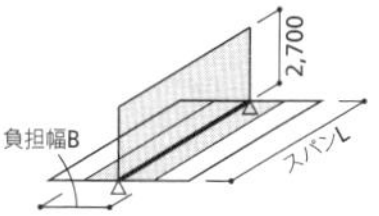

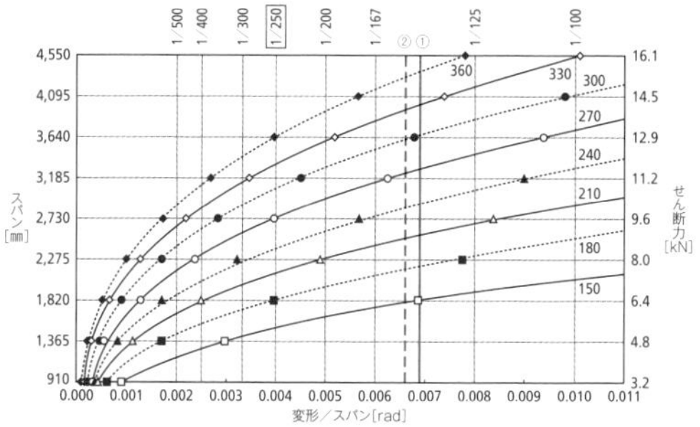

荷重　①：長期曲げ限界　②：長期せん断限界

	部位	固定荷重 DL[N/㎡]	積載荷重 LL[N/㎡]	負担幅 B[m]	負担幅 D[m]	荷重
応力用	2階床 w_1	800	1,300	1.82	−	3,822N/m
	壁 w_2	1,200	0	2.70	−	3,240N/m
	屋根 P	0	0	0	0	0
たわみ用	2階床 w_1	800	600	1.82	−	2,548N/m
	壁 w_2	1,200	0	2.70	−	3,240N/m
	屋根 P	0	0	0	0	0

⓫ 母屋・棟木・小屋梁：瓦屋根の等分布荷重［負担幅910㎜、部材幅120㎜］

荷重分布

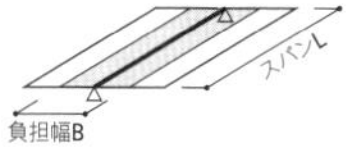

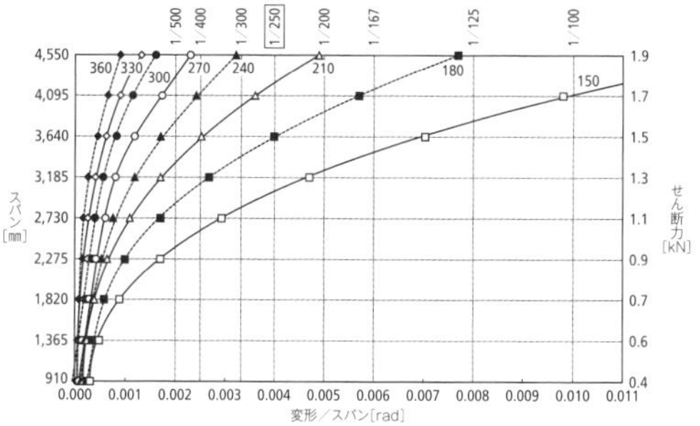

荷重　①：長期曲げ限界　②：長期せん断限界

	部位	固定荷重 DL[N/㎡]	積載荷重 LL[N/㎡]	負担幅 B[m]	負担幅 D[m]	荷重
応力用	屋根 w_1	900	0	0.91	−	819N/m
	壁 w_2	0	0	0	−	0
	壁 P	0	0	0	0	0
たわみ用	屋根 w_1	900	0	0.91	−	819N/m
	壁 w_2	0	0	0	−	0
	壁 P	0	0	0	0	0

⓬ 母屋・棟木・小屋梁：瓦屋根の等分布荷重［負担幅1,820㎜、部材幅120㎜］

荷重分布

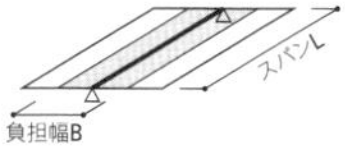

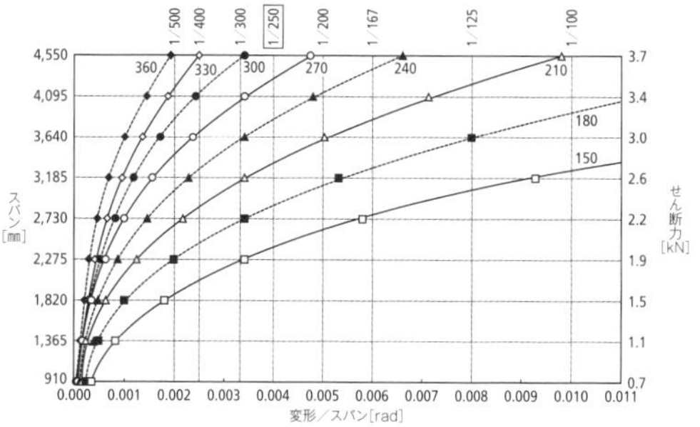

荷重　①：長期曲げ限界　②：長期せん断限界

	部位	固定荷重 DL[N/㎡]	積載荷重 LL[N/㎡]	負担幅 B[m]	負担幅 D[m]	荷重
応力用	屋根 w_1	900	0	1.82	−	1,638N/m
	壁 w_2	0	0	0	−	0
	壁 P	0	0	0	0	0
たわみ用	屋根 w_1	900	0	1.82	−	1,638N/m
	壁 w_2	0	0	0	−	0
	壁 P	0	0	0	0	0

⑬母屋・棟木・小屋梁：瓦屋根の1点集中荷重[負担幅910㎜、部材幅120㎜]

荷重分布

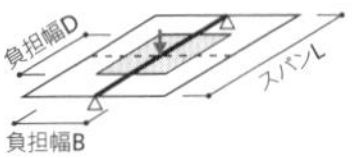

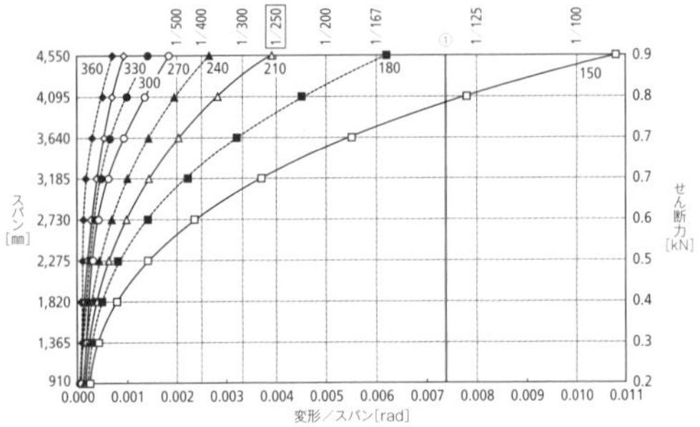

荷重

①:長期曲げ限界　②:長期せん断限界

	部位	固定荷重 DL[N/㎡]	積載荷重 LL[N/㎡]	負担幅 B[m]	負担幅 D[m]	荷重
応力用	屋根 P_1	900	0	0.91	L/2	819N/m
	壁 w	0	0	0	—	0
たわみ用	屋根 P_1	900	0	0.91	L/2	819N/m
	壁 w	0	0	0	—	0

⑭母屋・棟木・小屋梁：瓦屋根の1点集中荷重[負担幅1,820㎜、部材幅120㎜]

荷重分布

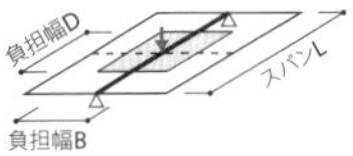

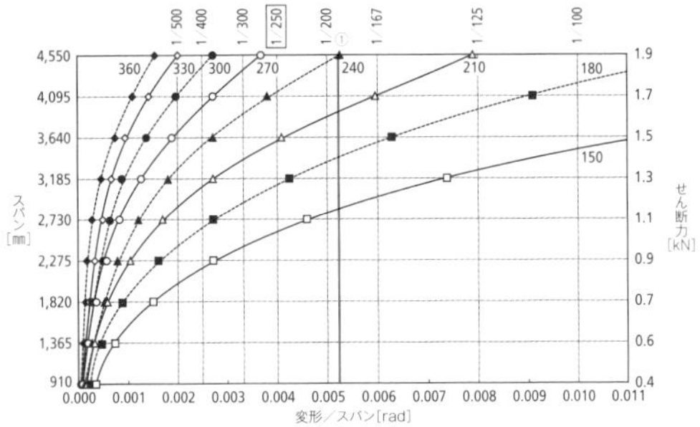

荷重

①:長期曲げ限界　②:長期せん断限界

	部位	固定荷重 DL[N/㎡]	積載荷重 LL[N/㎡]	負担幅 B[m]	負担幅 D[m]	荷重
応力用	屋根 P_1	900	0	1.82	L/2	1,638N/m
	壁 w	0	0	0	—	0
たわみ用	屋根 P_1	900	0	1.82	L/2	1,638N/m
	壁 w	0	0	0	—	0

⑮母屋・棟木・小屋梁：金属板屋根の等分布荷重[負担幅910㎜、部材幅120㎜]

荷重分布

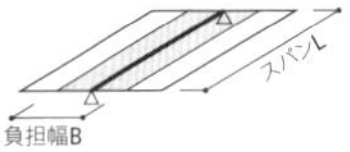

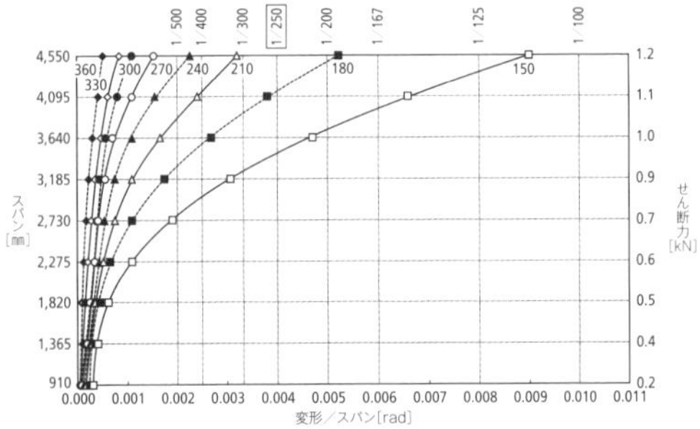

荷重

①:長期曲げ限界　②:長期せん断限界

	部位	固定荷重 DL[N/㎡]	積載荷重 LL[N/㎡]	負担幅 B[m]	負担幅 D[m]	荷重
応力用	屋根 w_1	600	0	0.91	—	546N/m
	壁 w_2	0	0	0	—	0
	壁 P	0	0	0	0	0
たわみ用	屋根 w_1	600	0	0.91	—	546N/m
	壁 w_2	0	0	0	—	0
	壁 P	0	0	0	0	0

⑯母屋・棟木・小屋梁：金属板屋根の等分布荷重[負担幅1,820㎜、部材幅120㎜]

荷重分布

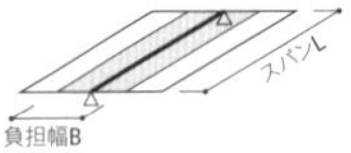

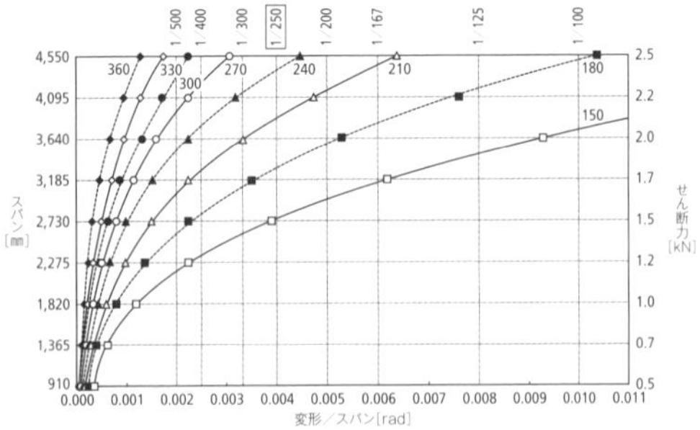

荷重

①:長期曲げ限界　②:長期せん断限界

	部位	固定荷重 DL[N/㎡]	積載荷重 LL[N/㎡]	負担幅 B[m]	負担幅 D[m]	荷重
応力用	屋根 w_1	600	0	1.82	—	1,092N/m
	壁 w_2	0	0	0	—	0
	壁 P	0	0	0	0	0
たわみ用	屋根 w_1	600	0	1.82	—	1,092N/m
	壁 w_2	0	0	0	—	0
	壁 P	0	0	0	0	0

⑰母屋・棟木・小屋梁：金属板屋根の1点集中荷重[負担幅910㎜、部材幅120㎜]

荷重分布

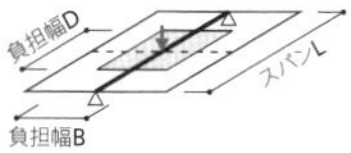

荷重

①：長期曲げ限界　②：長期せん断限界

	部位	固定荷重 DL[N／㎡]	積載荷重 LL[N／㎡]	負担幅 B[m]	負担幅 D[m]	荷重
応力用	屋根 P_1	600	0	0.91	L／2	546N／m
	壁 w	0	0	0	−	0
たわみ用	屋根 P_1	600	0	0.91	L／2	546N／m
	壁 w	0	0	0	−	0

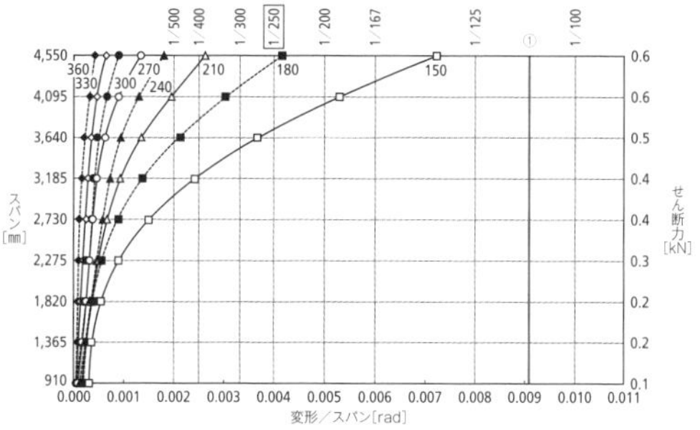

⑱母屋・棟木・小屋梁：金属板屋根の1点集中荷重[負担幅1,820㎜、部材幅120㎜]

荷重分布

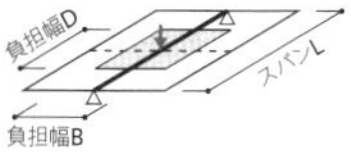

荷重

①：長期曲げ限界　②：長期せん断限界

	部位	固定荷重 DL[N／㎡]	積載荷重 LL[N／㎡]	負担幅 B[m]	負担幅 D[m]	荷重
応力用	屋根 P_1	600	0	1.82	L／2	1,092N／m
	壁 w	0	0	0	−	0
たわみ用	屋根 P_1	600	0	1.82	L／2	1,092N／m
	壁 w	0	0	0	−	0

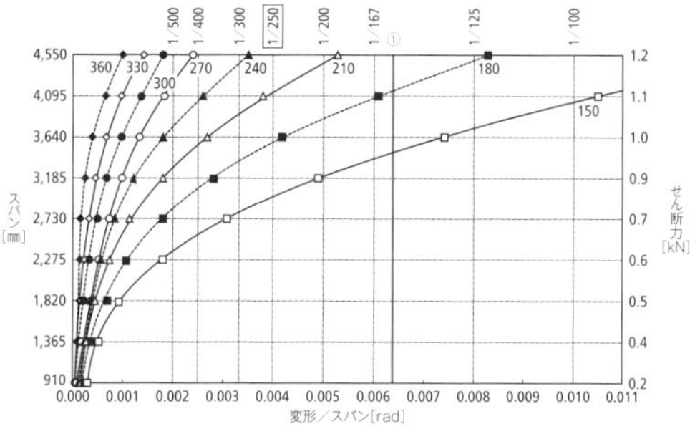

⑲2階床梁：床の等分布荷重[スパン2,730㎜、部材幅120㎜]

荷重分布

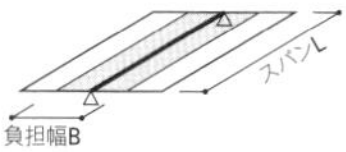

荷重

①：長期曲げ限界　②：長期せん断限界

	部位	固定荷重 DL[N／㎡]	積載荷重 LL[N／㎡]	負担幅 B[m]	負担幅 D[m]	荷重
応力用	2階床 w_1	800	1,300	B	−	2,100N／㎡
	壁 w_2	0	0	0	−	0
	屋根 P	0	0	0	0	0
たわみ用	2階床 w_1	800	600	B	−	1,400N／㎡
	壁 w_2	0	0	0	−	0
	屋根 P	0	0	0	0	0

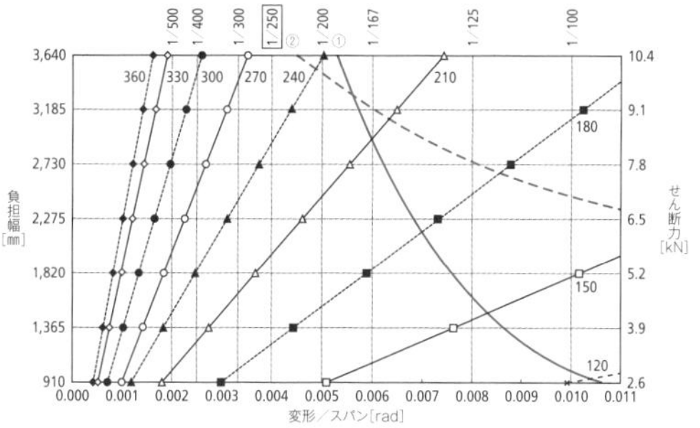

⑳2階床梁：床の等分布荷重[スパン3,640㎜、部材幅120㎜]

荷重分布

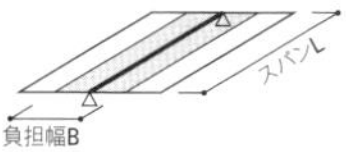

荷重

①：長期曲げ限界　②：長期せん断限界

	部位	固定荷重 DL[N／㎡]	積載荷重 LL[N／㎡]	負担幅 B[m]	負担幅 D[m]	荷重
応力用	2階床 w_1	800	1,300	B	−	2,100N／㎡
	壁 w_2	0	0	0	−	0
	屋根 P	0	0	0	0	0
たわみ用	2階床 w_1	800	600	B	−	1,400N／㎡
	壁 w_2	0	0	0	−	0
	屋根 P	0	0	0	0	0

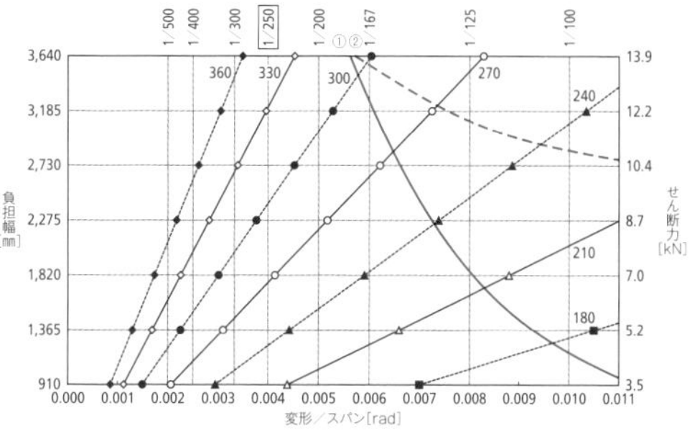

㉑2階床梁：床の1点集中荷重［スパン2,730㎜、部材幅120㎜］

荷重分布

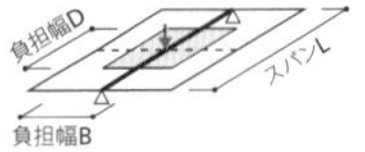

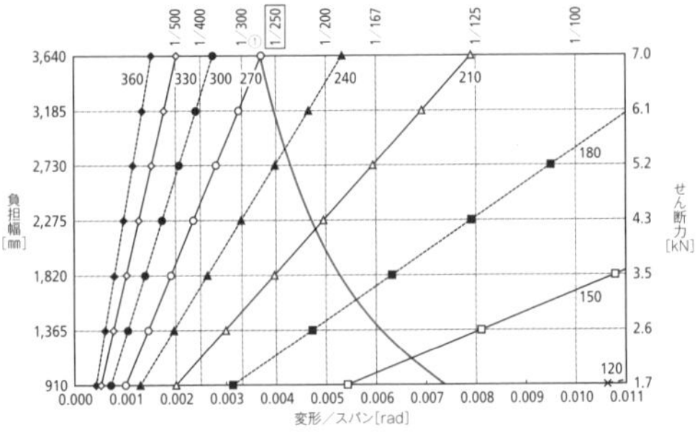

荷重

①：長期曲げ限界　②：長期せん断限界

	部位	固定荷重 DL[N/㎡]	積載荷重 LL[N/㎡]	負担幅 B[m]	負担幅 D[m]	荷重
応力用	2階床 P_1	800	1,300	B	1.82	3,822N/m
	屋根 P_2	0	0	0	0	0
	壁 w	0	0	0	－	0
たわみ用	2階床 P_1	800	600	B	1.82	2,548N/m
	屋根 P_2	0	0	0	0	0
	壁 w	0	0	0	－	0

㉒2階床梁：床の1点集中荷重［スパン3,640㎜、部材幅120㎜］

荷重分布

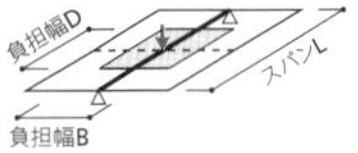

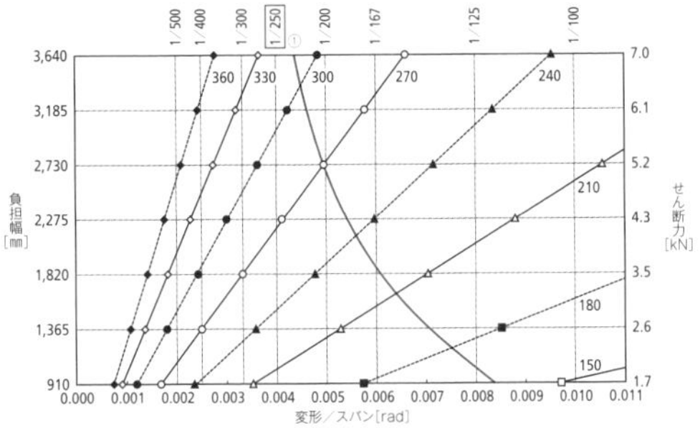

荷重

①：長期曲げ限界　②：長期せん断限界

	部位	固定荷重 DL[N/㎡]	積載荷重 LL[N/㎡]	負担幅 B[m]	負担幅 D[m]	荷重
応力用	2階床 P_1	800	1,300	B	1.82	3,822N/m
	屋根 P_2	0	0	0	0	0
	壁 w	0	0	0	－	0
たわみ用	2階床 P_1	800	600	B	1.82	2,548N/m
	屋根 P_2	0	0	0	0	0
	壁 w	0	0	0	－	0

㉓2階床梁：床の等分布荷重、瓦屋根の1点集中荷重［スパン2,730㎜、部材幅120㎜］

荷重分布

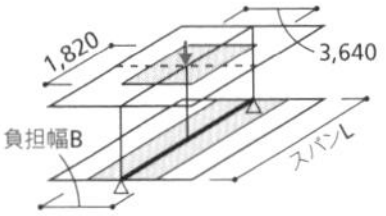

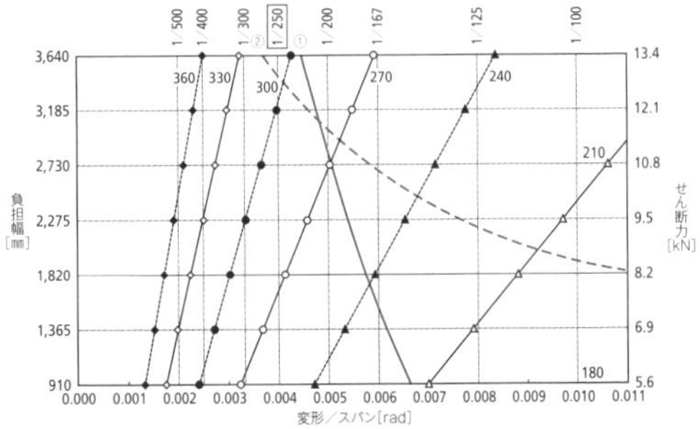

荷重

①：長期曲げ限界　②：長期せん断限界

	部位	固定荷重 DL[N/㎡]	積載荷重 LL[N/㎡]	負担幅 B[m]	負担幅 D[m]	荷重
応力用	2階床 w_1	800	1,300	B	－	2,100N/㎡
	壁 w_2	0	0	0	－	0
	屋根 P	900	0	1.82	3.64	5,962N
たわみ用	2階床 w_1	800	600	B	－	1,400N/㎡
	壁 w_2	0	0	0	－	0
	屋根 P	900	0	1.82	3.64	5,962N

㉔2階床梁：床の等分布荷重、瓦屋根の1点集中荷重［スパン3,640㎜、部材幅120㎜］

荷重分布

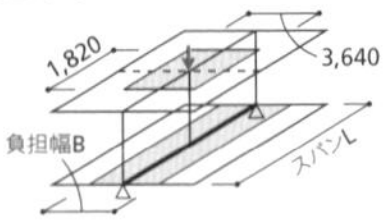

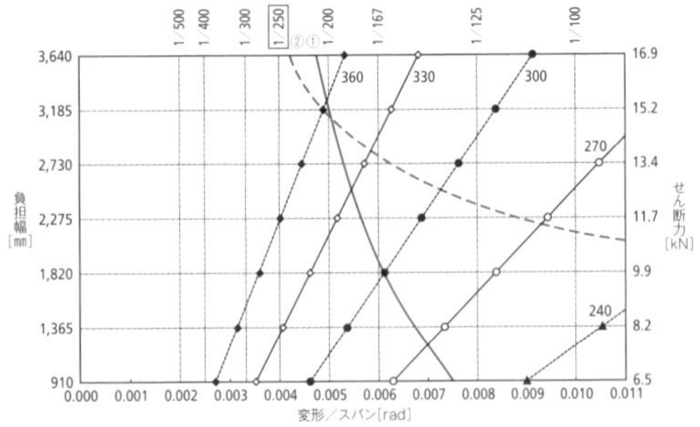

荷重

①：長期曲げ限界　②：長期せん断限界

	部位	固定荷重 DL[N/㎡]	積載荷重 LL[N/㎡]	負担幅 B[m]	負担幅 D[m]	荷重
応力用	2階床 w_1	800	1,300	B	－	2,100N/㎡
	壁 w_2	0	0	0	－	0
	屋根 P	900	0	1.82	3.64	5,962N
たわみ用	2階床 w_1	800	600	B	－	1,400N/㎡
	壁 w_2	0	0	0	－	0
	屋根 P	900	0	1.82	3.64	5,962N

㉕2階床梁：床の等分布荷重、金属板屋根の1点集中荷重［スパン2,730㎜、部材幅120㎜］

荷重分布

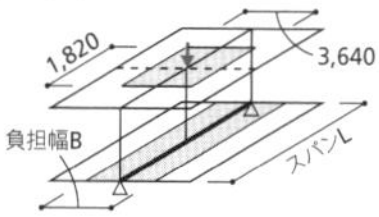

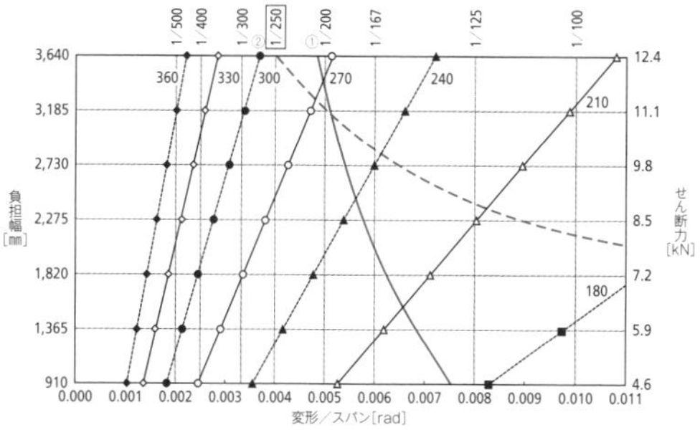

荷重

①：長期曲げ限界　②：長期せん断限界

	部位	固定荷重 DL[N/㎡]	積載荷重 LL[N/㎡]	負担幅 B[m]	負担幅 D[m]	荷重
応力用	2階床 w_1	800	1,300	B	−	2,100N/㎡
	壁 w_2	0	0	0	−	0
	屋根 P	600	0	1.82	3.64	3,975N
たわみ用	2階床 w_1	800	600	B	−	1,400N/㎡
	壁 w_2	0	0	0	−	0
	屋根 P	600	0	1.82	3.64	3,975N

㉖2階床梁：床の等分布荷重、金属板屋根の1点集中荷重［スパン3,640㎜、部材幅120㎜］

荷重分布

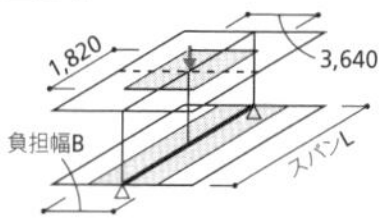

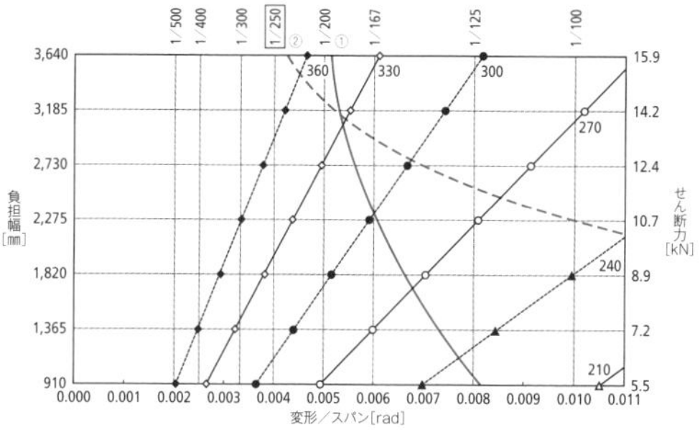

荷重

①：長期曲げ限界　②：長期せん断限界

	部位	固定荷重 DL[N/㎡]	積載荷重 LL[N/㎡]	負担幅 B[m]	負担幅 D[m]	荷重
応力用	2階床 w_1	800	1,300	B	−	2,100N/㎡
	壁 w_2	0	0	0	−	0
	屋根 P	600	0	1.82	3.64	3,975N
たわみ用	2階床 w_1	800	600	B	−	1,400N/㎡
	壁 w_2	0	0	0	−	0
	屋根 P	600	0	1.82	3.64	3,975N

㉗2階床梁：床の等分布荷重、外壁1層［スパン2,730㎜、部材幅120㎜］

荷重分布

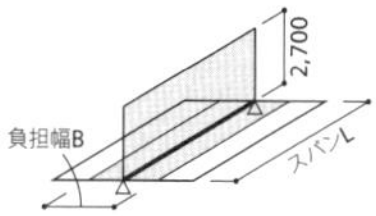

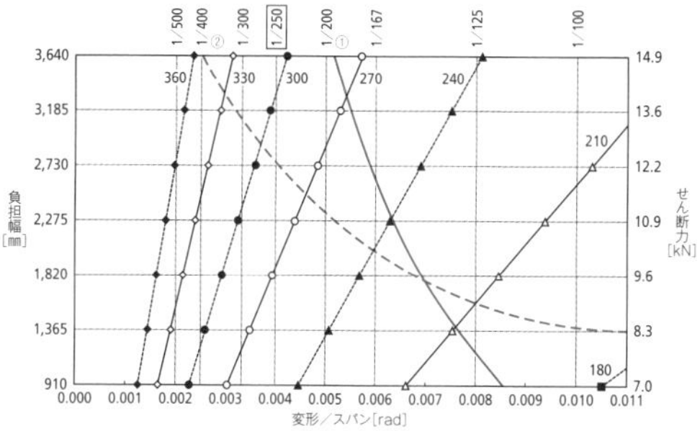

荷重

①：長期曲げ限界　②：長期せん断限界

	部位	固定荷重 DL[N/㎡]	積載荷重 LL[N/㎡]	負担幅 B[m]	負担幅 D[m]	荷重
応力用	2階床 w_1	800	1,300	B	−	2,100N/㎡
	壁 w_2	1,200	0	2.70	−	3,240N/m
	屋根 P	0	0	0	0	0
たわみ用	2階床 w_1	800	600	B	−	1,400N/㎡
	壁 w_2	1,200	0	2.70	−	3,240N/m
	屋根 P	0	0	0	0	0

㉘2階床梁：床の等分布荷重、外壁1層［スパン3,640㎜、部材幅120㎜］

荷重分布

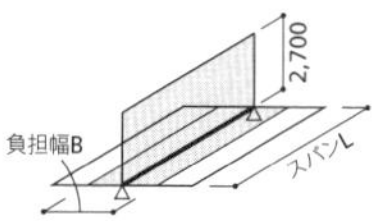

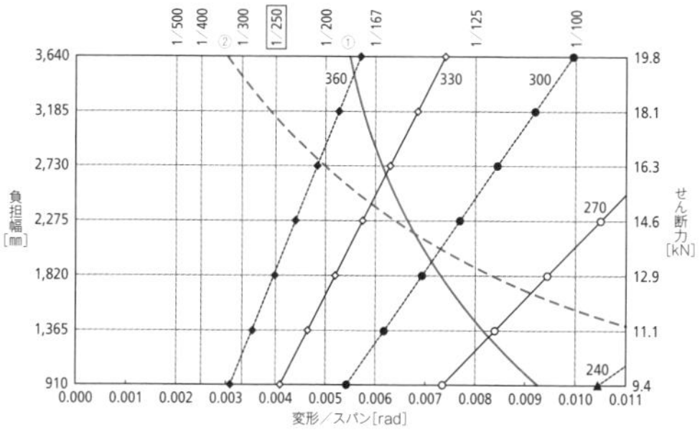

荷重

①：長期曲げ限界　②：長期せん断限界

	部位	固定荷重 DL[N/㎡]	積載荷重 LL[N/㎡]	負担幅 B[m]	負担幅 D[m]	荷重
応力用	2階床 w_1	800	1,300	B	−	2,100N/㎡
	壁 w_2	1,200	0	2.70	−	3,240N/m
	屋根 P	0	0	0	0	0
たわみ用	2階床 w_1	800	600	B	−	1,400N/㎡
	壁 w_2	1,200	0	2.70	−	3,240N/m
	屋根 P	0	0	0	0	0

㉙母屋・棟木・小屋梁：瓦屋根の等分布荷重［スパン2,730㎜、部材幅120㎜］

荷重分布

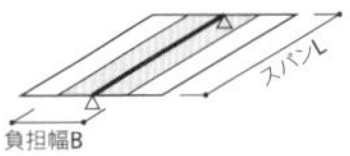

荷重

①：長期曲げ限界　②：長期せん断限界

	部位	固定荷重 DL[N/㎡]	積載荷重 LL[N/㎡]	負担幅 B[m]	負担幅 D[m]	荷重
応力用	屋根 w1	900	0	B	—	900N/㎡
	壁 w2	0	0	0	—	0
	P	0	0	0	0	0
たわみ用	屋根 w1	900	0	B	—	900N/㎡
	壁 w2	0	0	0	—	0
	P	0	0	0	0	0

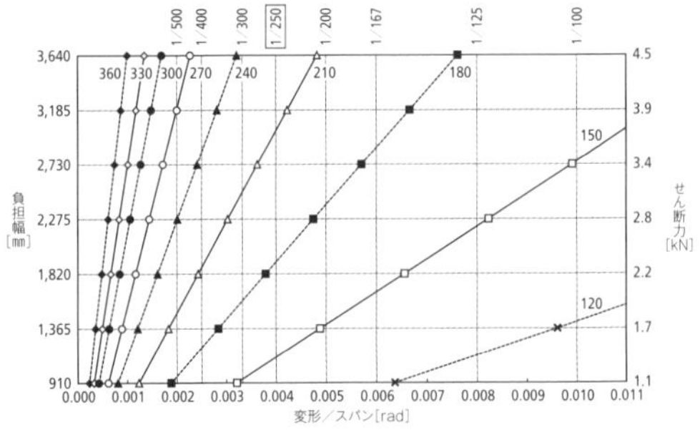

㉚母屋・棟木・小屋梁：瓦屋根の等分布荷重［スパン3,640㎜、部材幅120㎜］

荷重分布

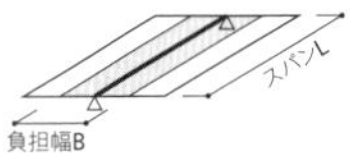

荷重

①：長期曲げ限界　②：長期せん断限界

	部位	固定荷重 DL[N/㎡]	積載荷重 LL[N/㎡]	負担幅 B[m]	負担幅 D[m]	荷重
応力用	屋根 w1	900	0	B	—	900N/㎡
	壁 w2	0	0	0	—	0
	P	0	0	0	0	0
たわみ用	屋根 w1	900	0	B	—	900N/㎡
	壁 w2	0	0	0	—	0
	P	0	0	0	0	0

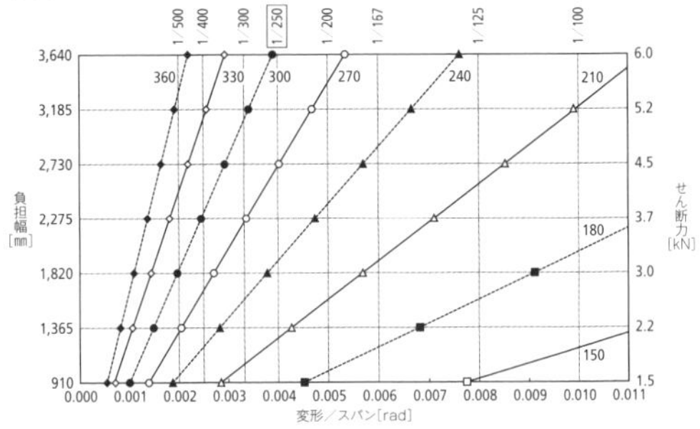

㉛母屋・棟木・小屋梁：瓦屋根の1点集中荷重［スパン2,730㎜、部材幅120㎜］

荷重分布

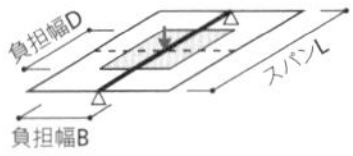

荷重

①：長期曲げ限界　②：長期せん断限界

	部位	固定荷重 DL[N/㎡]	積載荷重 LL[N/㎡]	負担幅 B[m]	負担幅 D[m]	荷重
応力用	屋根 P1	900	0	B	1.82	1,638N/m
	P2	0	0	0	0	0
	壁 w	0	0	0	—	0
たわみ用	屋根 P1	900	0	B	1.82	1,638N/m
	P2	0	0	0	0	0
	壁 w	0	0	0	—	0

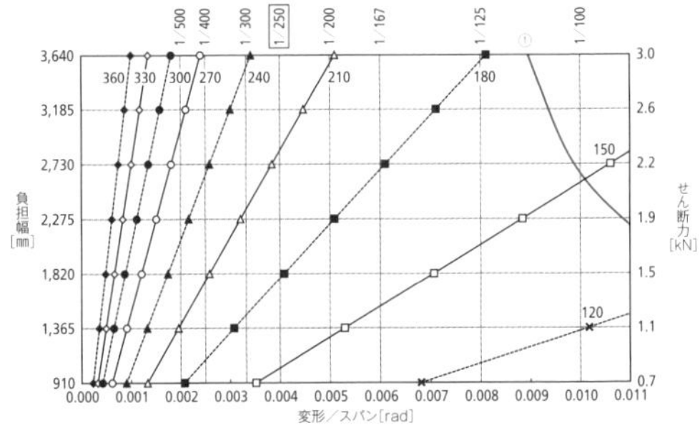

㉜母屋・棟木・小屋梁：瓦屋根の1点集中荷重［スパン3,640㎜、部材幅120㎜］

荷重分布

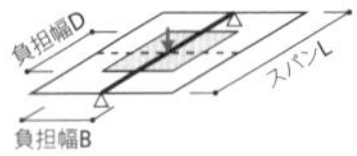

荷重

①：長期曲げ限界　②：長期せん断限界

	部位	固定荷重 DL[N/㎡]	積載荷重 LL[N/㎡]	負担幅 B[m]	負担幅 D[m]	荷重
応力用	屋根 P1	900	0	B	1.82	1,638N/m
	P2	0	0	0	0	0
	壁 w	0	0	0	—	0
たわみ用	屋根 P1	900	0	B	1.82	1,638N/m
	P2	0	0	0	0	0
	壁 w	0	0	0	—	0

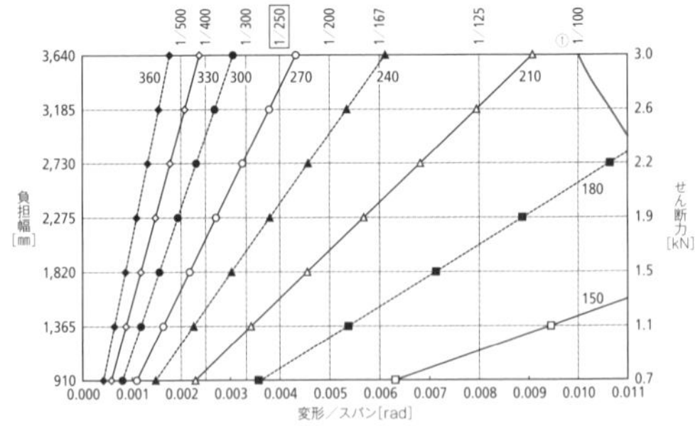

❸❸ 母屋・棟木・小屋梁：金属板屋根の等分布荷重［スパン2,730㎜、部材幅120㎜］

荷重分布

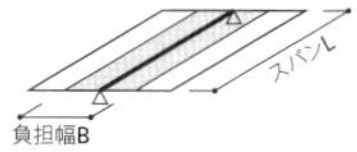

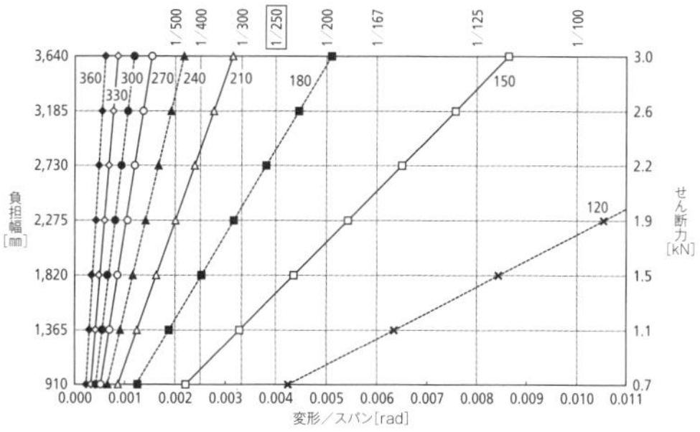

荷重

①：長期曲げ限界　②：長期せん断限界

	部位	固定荷重 DL[N/㎡]	積載荷重 LL[N/㎡]	負担幅 B[m]	負担幅 D[m]	荷重
応力用	屋根 w_1	600	0	B	―	600N/㎡
	壁 w_2	0	0	0	―	0
	P	0	0	0	0	0
たわみ用	屋根 w_1	600	0	B	―	600N/㎡
	壁 w_2	0	0	0	―	0
	P	0	0	0	0	0

❸❹ 母屋・棟木・小屋梁：金属板屋根の等分布荷重［スパン3,640㎜、部材幅120㎜］

荷重分布

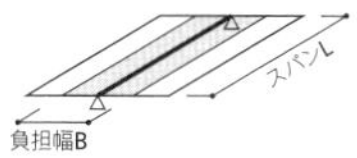

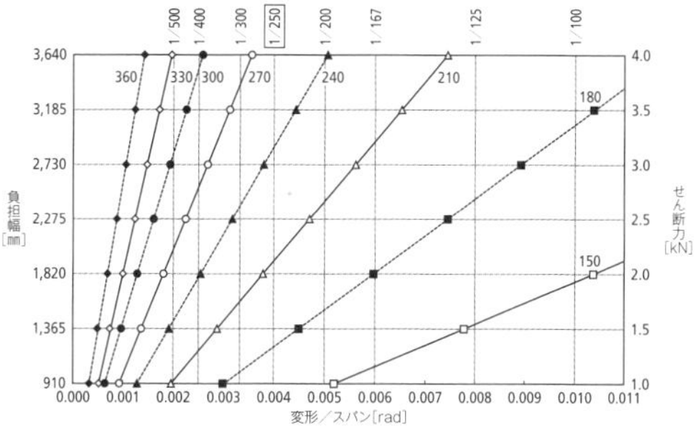

荷重

①：長期曲げ限界　②：長期せん断限界

	部位	固定荷重 DL[N/㎡]	積載荷重 LL[N/㎡]	負担幅 B[m]	負担幅 D[m]	荷重
応力用	屋根 w_1	600	0	B	―	600N/㎡
	壁 w_2	0	0	0	―	0
	P	0	0	0	0	0
たわみ用	屋根 w_1	600	0	B	―	600N/㎡
	壁 w_2	0	0	0	―	0
	P	0	0	0	0	0

❸❺ 母屋・棟木・小屋梁：金属板屋根の1点集中荷重［スパン2,730㎜、部材幅120㎜］

荷重分布

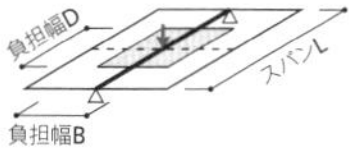

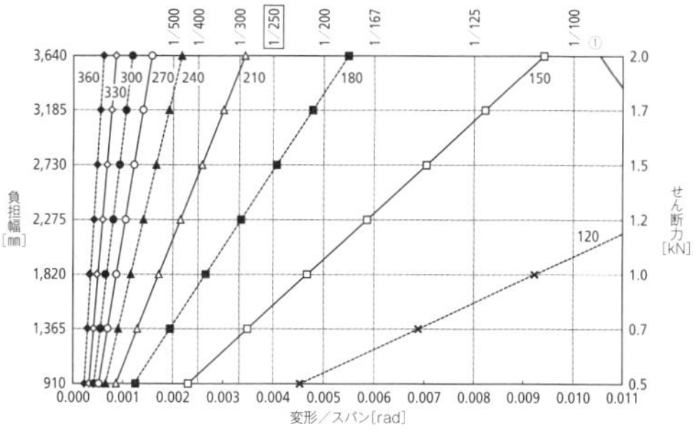

荷重

①：長期曲げ限界　②：長期せん断限界

	部位	固定荷重 DL[N/㎡]	積載荷重 LL[N/㎡]	負担幅 B[m]	負担幅 D[m]	荷重
応力用	屋根 P_1	600	0	B	1.82	1,092N/m
	P_2	0	0	0	0	0
	壁 w	0	0	0	―	0
たわみ用	屋根 P_1	600	0	B	1.82	1,092N/m
	P_2	0	0	0	0	0
	壁 w	0	0	0	―	0

❸❻ 母屋・棟木・小屋梁：金属板屋根の1点集中荷重［スパン3,640㎜、部材幅120㎜］

荷重分布

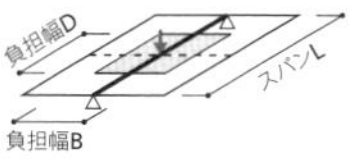

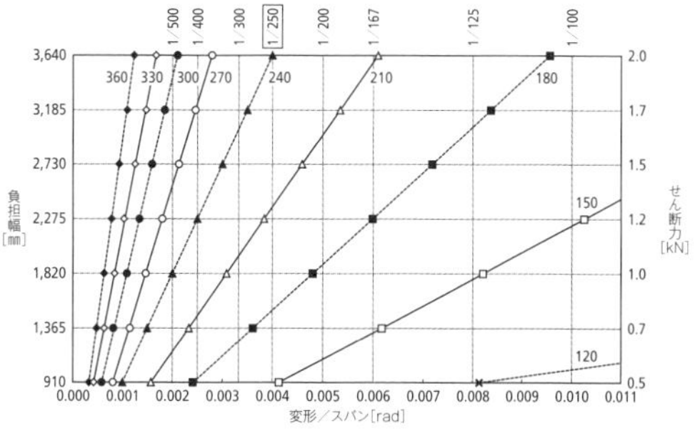

荷重

①：長期曲げ限界　②：長期せん断限界

	部位	固定荷重 DL[N/㎡]	積載荷重 LL[N/㎡]	負担幅 B[m]	負担幅 D[m]	荷重
応力用	屋根 P_1	600	0	B	1.82	1,092N/m
	P_2	0	0	0	0	0
	壁 w	0	0	0	―	0
たわみ用	屋根 P_1	600	0	B	1.82	1,092N/m
	P_2	0	0	0	0	0
	壁 w	0	0	0	―	0

㊲ 根太：床の等分布荷重［負担幅303㎜、部材幅45・75・105㎜］

荷重分布

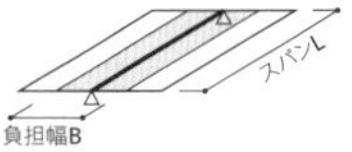

荷重

変形比　単純梁：連続梁=1：0.42
①：長期曲げ限界　②：長期せん断限界

	部位	固定荷重 DL[N/㎡]	積載荷重 LL[N/㎡]	負担幅 B[m]	負担幅 D[m]	荷重
応力用	2階床 w_1	400	1,800	0.303	—	666.6N/m
	壁 w_2	0	0	0	—	0
	屋根 P	0	0	0	0	0
たわみ用	2階床 w_1	400	600	0.303	—	303N/m
	壁 w_2	0	0	0	—	0
	屋根 P	0	0	0	0	0

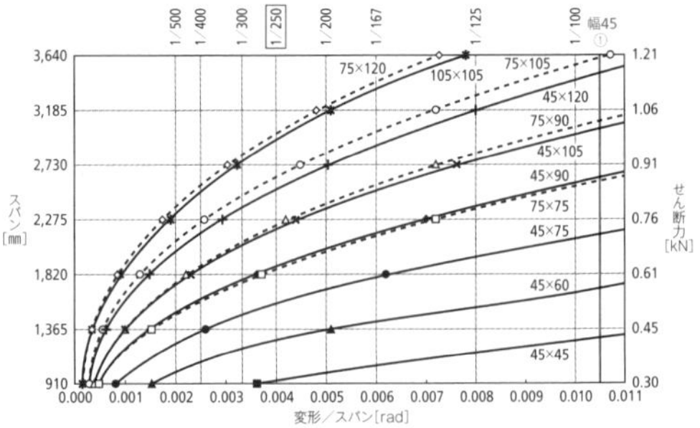

㊳ 根太：床の等分布荷重［負担幅303㎜、部材幅60・90・120㎜］

荷重分布

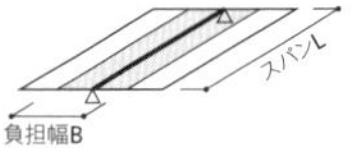

荷重

変形比　単純梁：連続梁=1：0.42
①：長期曲げ限界　②：長期せん断限界

	部位	固定荷重 DL[N/㎡]	積載荷重 LL[N/㎡]	負担幅 B[m]	負担幅 D[m]	荷重
応力用	2階床 w_1	400	1,800	0.303	—	666.6N/m
	壁 w_2	0	0	0	—	0
	屋根 P	0	0	0	0	0
たわみ用	2階床 w_1	400	600	0.303	—	303N/m
	壁 w_2	0	0	0	—	0
	屋根 P	0	0	0	0	0

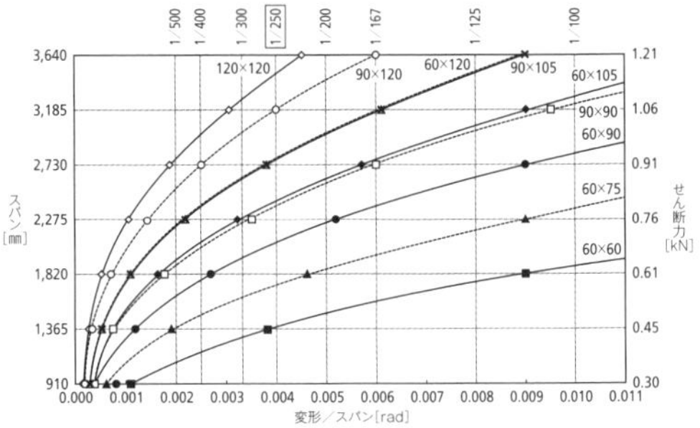

㊴ 根太：床の等分布荷重［負担幅455㎜、部材幅45・75・105㎜］

荷重分布

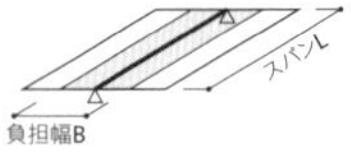

荷重

変形比　単純梁：連続梁=1：0.42
①：長期曲げ限界　②：長期せん断限界

	部位	固定荷重 DL[N/㎡]	積載荷重 LL[N/㎡]	負担幅 B[m]	負担幅 D[m]	荷重
応力用	2階床 w_1	400	1,800	0.455	—	1,001N/m
	壁 w_2	0	0	0	—	0
	屋根 P	0	0	0	0	0
たわみ用	2階床 w_1	400	600	0.455	—	455N/m
	壁 w_2	0	0	0	—	0
	屋根 P	0	0	0	0	0

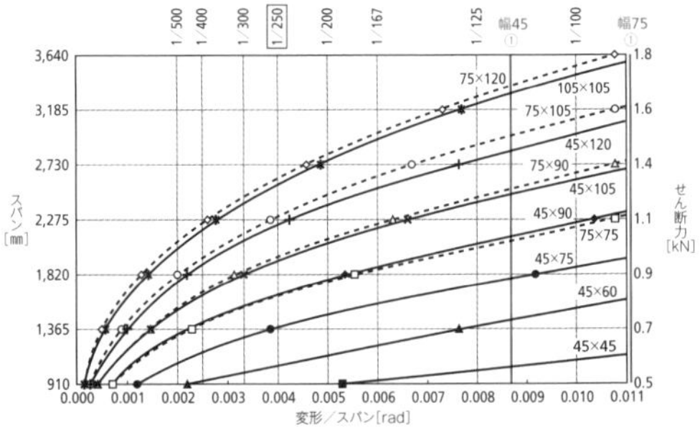

㊵ 根太：床の等分布荷重［負担幅455㎜、部材幅60・90・120㎜］

荷重分布

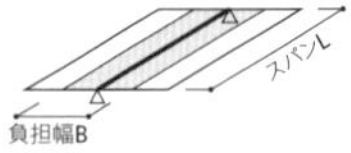

荷重

変形比　単純梁：連続梁=1：0.42
①：長期曲げ限界　②：長期せん断限界

	部位	固定荷重 DL[N/㎡]	積載荷重 LL[N/㎡]	負担幅 B[m]	負担幅 D[m]	荷重
応力用	2階床 w_1	400	1,800	0.455	—	1,001N/m
	壁 w_2	0	0	0	—	0
	屋根 P	0	0	0	0	0
たわみ用	2階床 w_1	400	600	0.455	—	455N/m
	壁 w_2	0	0	0	—	0
	屋根 P	0	0	0	0	0

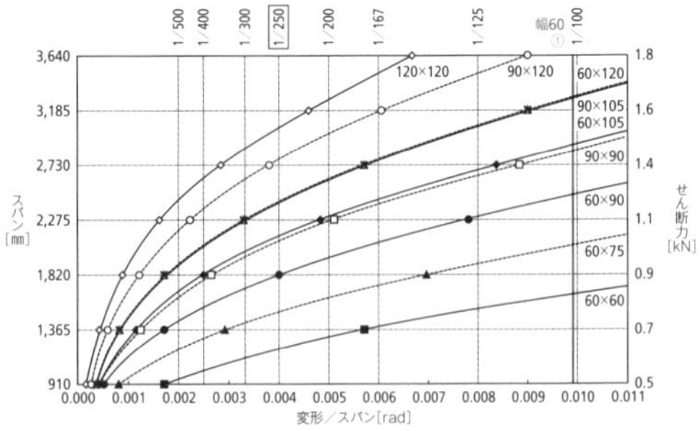

㊶ 垂木：瓦屋根の等分布荷重［負担幅303㎜、部材幅45・75・105㎜］

荷重分布

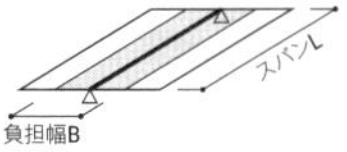

荷重

変形比　単純梁：連続梁＝1：0.42
①：長期曲げ限界　②：長期せん断限界

	部位	固定荷重 DL[N/㎡]	積載荷重 LL[N/㎡]	負担幅 B[m]	負担幅 D[m]	荷重
応力用	屋根 w_1	700	0	0.303	–	212.1N/m
	壁 w_2	0	0	0	–	0
	屋根 P	0	0	0	0	0
たわみ用	屋根 w_1	700	0	0.303	–	212.1N/m
	壁 w_2	0	0	0	–	0
	屋根 P	0	0	0	0	0

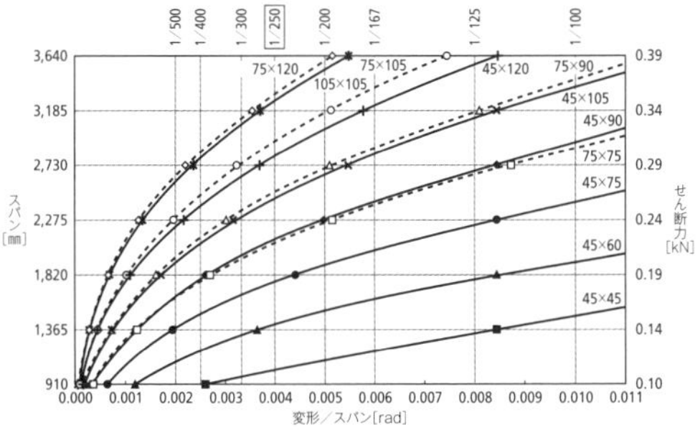

㊷ 垂木：瓦屋根の等分布荷重［負担幅303㎜、部材幅60・90・120㎜］

荷重分布

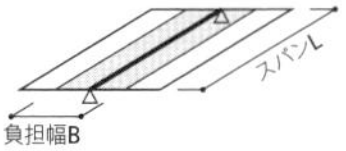

荷重

変形比　単純梁：連続梁＝1：0.42
①：長期曲げ限界　②：長期せん断限界

	部位	固定荷重 DL[N/㎡]	積載荷重 LL[N/㎡]	負担幅 B[m]	負担幅 D[m]	荷重
応力用	屋根 w_1	700	0	0.303	–	212.1N/m
	壁 w_2	0	0	0	–	0
	屋根 P	0	0	0	0	0
たわみ用	屋根 w_1	700	0	0.303	–	212.1N/m
	壁 w_2	0	0	0	–	0
	屋根 P	0	0	0	0	0

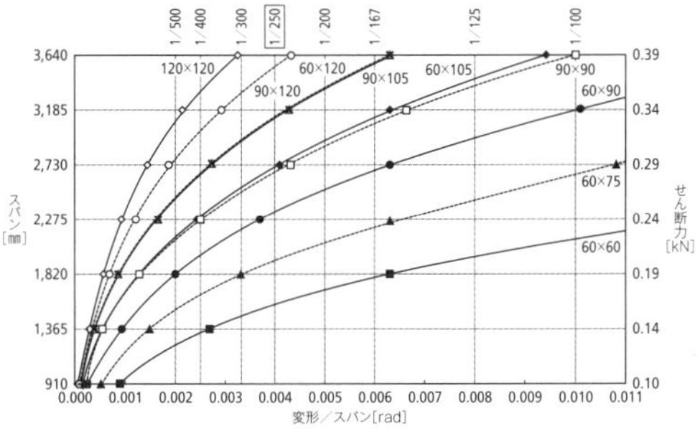

㊸ 垂木：瓦屋根の等分布荷重［負担幅455㎜、部材幅45・75・105㎜］

荷重分布

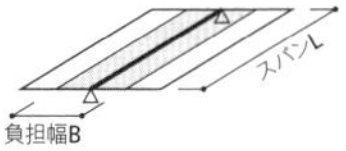

荷重

変形比　単純梁：連続梁＝1：0.42
①：長期曲げ限界　②：長期せん断限界

	部位	固定荷重 DL[N/㎡]	積載荷重 LL[N/㎡]	負担幅 B[m]	負担幅 D[m]	荷重
応力用	屋根 w_1	700	0	0.455	–	318.5N/m
	壁 w_2	0	0	0	–	0
	屋根 P	0	0	0	0	0
たわみ用	屋根 w_1	700	0	0.455	–	318.5N/m
	壁 w_2	0	0	0	–	0
	屋根 P	0	0	0	0	0

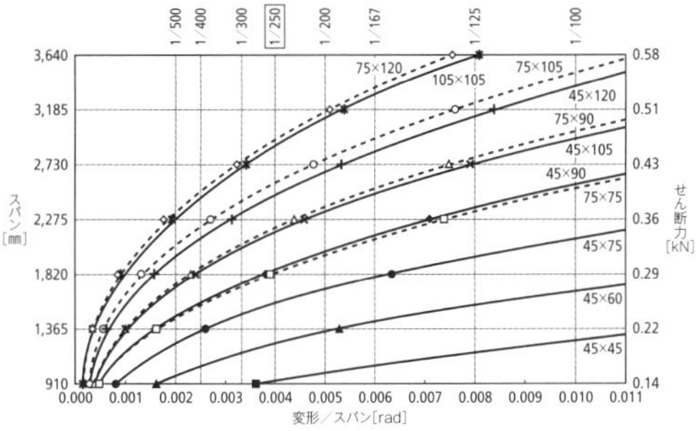

㊹ 垂木：瓦屋根の等分布荷重［負担幅455㎜、部材幅60・90・120㎜］

荷重分布

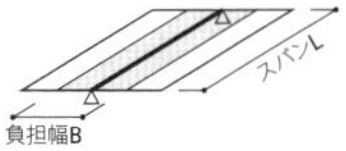

荷重

変形比　単純梁：連続梁＝1：0.42
①：長期曲げ限界　②：長期せん断限界

	部位	固定荷重 DL[N/㎡]	積載荷重 LL[N/㎡]	負担幅 B[m]	負担幅 D[m]	荷重
応力用	屋根 w_1	700	0	0.455	–	318.5N/m
	壁 w_2	0	0	0	–	0
	屋根 P	0	0	0	0	0
たわみ用	屋根 w_1	700	0	0.455	–	318.5N/m
	壁 w_2	0	0	0	–	0
	屋根 P	0	0	0	0	0

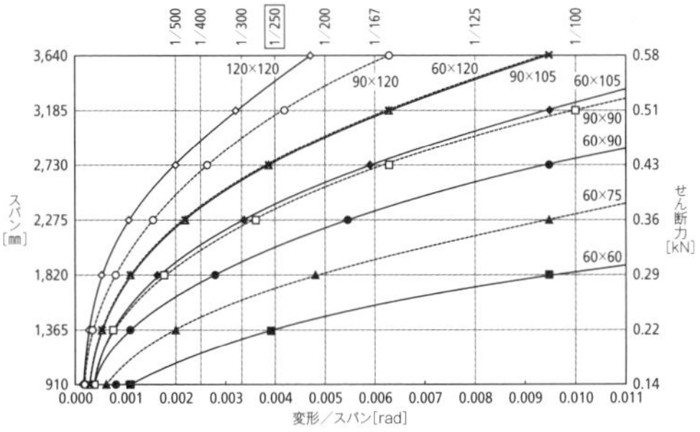

㊺垂木：金属板屋根の等分布荷重［負担幅303㎜、部材幅45・75・105㎜］

荷重分布

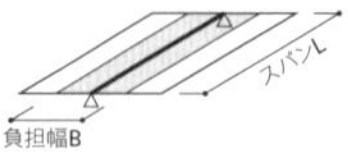

荷重

変形比　単純梁：連続梁=1：0.42
①：長期曲げ限界　②：長期せん断限界

	部位	固定荷重 DL[N/㎡]	積載荷重 LL[N/㎡]	負担幅 B[m]	負担幅 D[m]	荷重
応力用	屋根 w_1	400	0	0.303	—	121.2N/m
	壁 w_2	0	0	0	—	0
	屋根 P	0	0	0	0	0
たわみ用	屋根 w_1	400	0	0.303	—	121.2N/m
	壁 w_2	0	0	0	—	0
	屋根 P	0	0	0	0	0

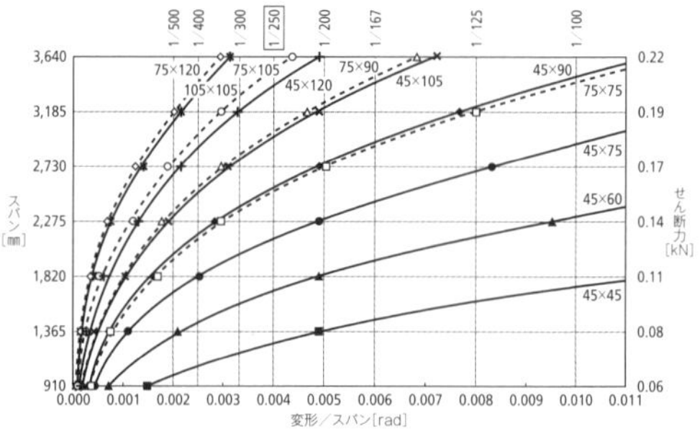

㊻垂木：金属板屋根の等分布荷重［負担幅303㎜、部材幅60・90・120㎜］

荷重分布

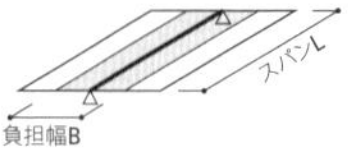

荷重

変形比　単純梁：連続梁=1：0.42
①：長期曲げ限界　②：長期せん断限界

	部位	固定荷重 DL[N/㎡]	積載荷重 LL[N/㎡]	負担幅 B[m]	負担幅 D[m]	荷重
応力用	屋根 w_1	400	0	0.303	—	121.2N/m
	壁 w_2	0	0	0	—	0
	屋根 P	0	0	0	0	0
たわみ用	屋根 w_1	400	0	0.303	—	121.2N/m
	壁 w_2	0	0	0	—	0
	屋根 P	0	0	0	0	0

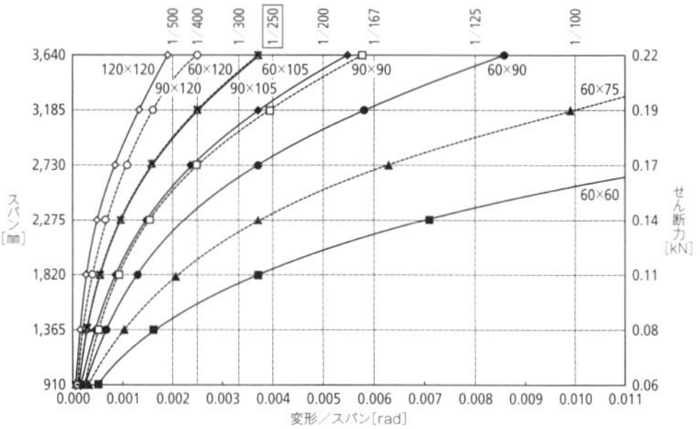

㊼垂木：金属板屋根の等分布荷重［負担幅455㎜、部材幅45・75・105㎜］

荷重分布

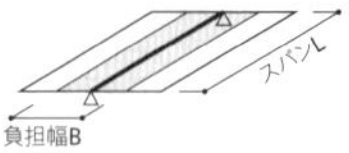

荷重

変形比　単純梁：連続梁=1：0.42
①：長期曲げ限界　②：長期せん断限界

	部位	固定荷重 DL[N/㎡]	積載荷重 LL[N/㎡]	負担幅 B[m]	負担幅 D[m]	荷重
応力用	屋根 w_1	400	0	0.455	—	182N/m
	壁 w_2	0	0	0	—	0
	屋根 P	0	0	0	0	0
たわみ用	屋根 w_1	400	0	0.455	—	182N/m
	壁 w_2	0	0	0	—	0
	屋根 P	0	0	0	0	0

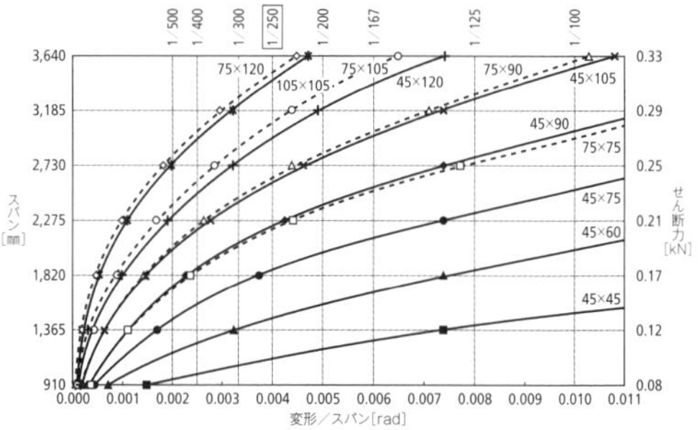

㊽垂木：金属板屋根の等分布荷重［負担幅455㎜、部材幅60・90・120㎜］

荷重分布

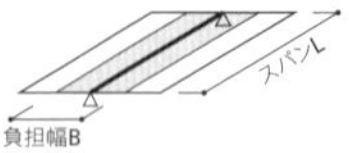

荷重

変形比　単純梁：連続梁=1：0.42
①：長期曲げ限界　②：長期せん断限界

	部位	固定荷重 DL[N/㎡]	積載荷重 LL[N/㎡]	負担幅 B[m]	負担幅 D[m]	荷重
応力用	屋根 w_1	400	0	0.455	—	182N/m
	壁 w_2	0	0	0	—	0
	屋根 P	0	0	0	0	0
たわみ用	屋根 w_1	400	0	0.455	—	182N/m
	壁 w_2	0	0	0	—	0
	屋根 P	0	0	0	0	0

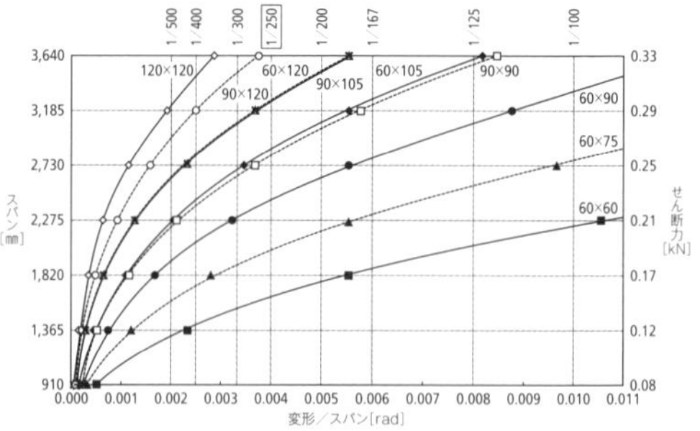

㊾ はね出し垂木：瓦屋根の等分布荷重［負担幅303㎜、部材幅45・75・105㎜］

荷重分布

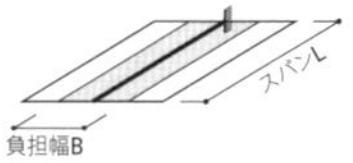

荷重

①：長期曲げ限界　②：長期せん断限界

	部位	固定荷重 DL[N/㎡]	積載荷重 LL[N/㎡]	負担幅 B[m]	負担幅 D[m]	荷重
応力用	屋根 w1	700	0	0.303	－	212.1N/m
	壁 w2	0	0	0	－	0
	屋根 P	0	0	0	0	0
たわみ用	屋根 w1	700	0	0.303	－	212.1N/m
	壁 w2	0	0	0	－	0
	屋根 P	0	0	0	0	0

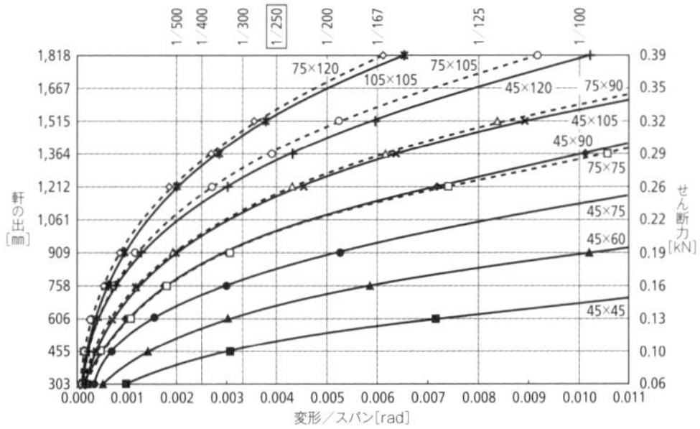

㊿ はね出し垂木：瓦屋根の等分布荷重［負担幅303㎜、部材幅60・90・120㎜］

荷重分布

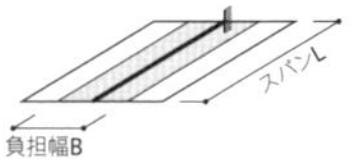

荷重

①：長期曲げ限界　②：長期せん断限界

	部位	固定荷重 DL[N/㎡]	積載荷重 LL[N/㎡]	負担幅 B[m]	負担幅 D[m]	荷重
応力用	屋根 w1	700	0	0.303	－	212.1N/m
	壁 w2	0	0	0	－	0
	屋根 P	0	0	0	0	0
たわみ用	屋根 w1	700	0	0.303	－	212.1N/m
	壁 w2	0	0	0	－	0
	屋根 P	0	0	0	0	0

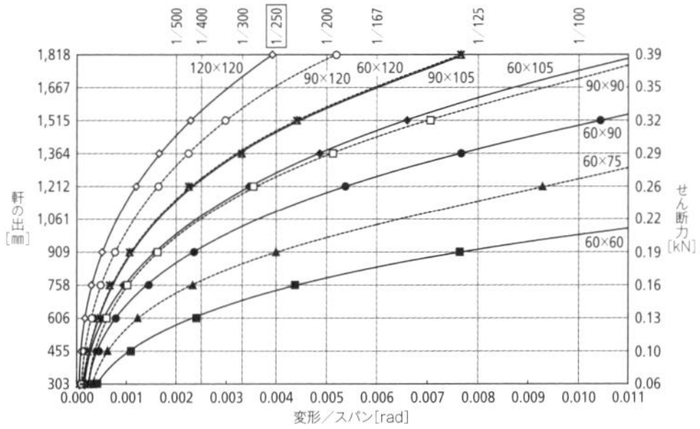

51 はね出し垂木：瓦屋根の等分布荷重［負担幅455㎜、部材幅45・75・105㎜］

荷重分布

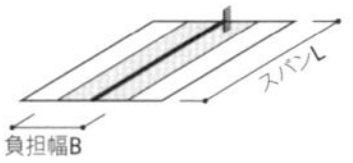

荷重

①：長期曲げ限界　②：長期せん断限界

	部位	固定荷重 DL[N/㎡]	積載荷重 LL[N/㎡]	負担幅 B[m]	負担幅 D[m]	荷重
応力用	屋根 w1	700	0	0.455	－	318.5N/m
	壁 w2	0	0	0	－	0
	屋根 P	0	0	0	0	0
たわみ用	屋根 w1	700	0	0.455	－	318.5N/m
	壁 w2	0	0	0	－	0
	屋根 P	0	0	0	0	0

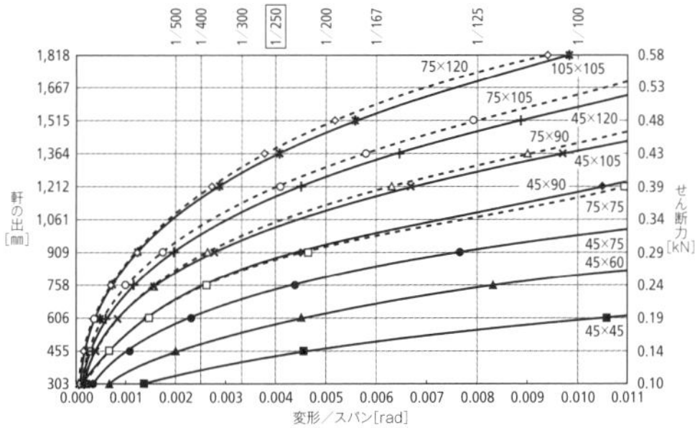

52 はね出し垂木：瓦屋根の等分布荷重［負担幅455㎜、部材幅60・90・120㎜］

荷重分布

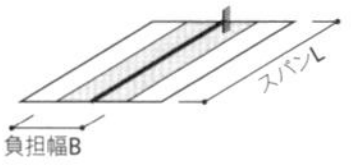

荷重

①：長期曲げ限界　②：長期せん断限界

	部位	固定荷重 DL[N/㎡]	積載荷重 LL[N/㎡]	負担幅 B[m]	負担幅 D[m]	荷重
応力用	屋根 w1	700	0	0.455	－	318.5N/m
	壁 w2	0	0	0	－	0
	屋根 P	0	0	0	0	0
たわみ用	屋根 w1	700	0	0.455	－	318.5N/m
	壁 w2	0	0	0	－	0
	屋根 P	0	0	0	0	0

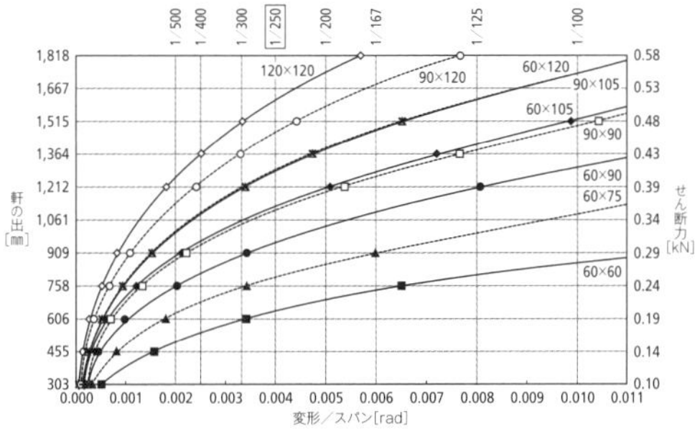

53 はね出し垂木：金属板屋根の等分布荷重［負担幅303㎜、部材幅45・75・105㎜］

荷重分布

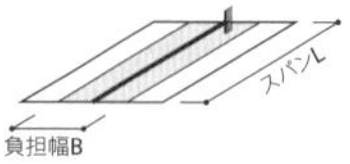

荷重

①：長期曲げ限界　②：長期せん断限界

	部位	固定荷重 DL[N/㎡]	積載荷重 LL[N/㎡]	負担幅 B[m]	負担幅 D[m]	荷重
応力用	屋根 w1	400	0	0.303	―	121.2N/m
	壁 w2	0	0	0	―	0
	屋根 P	0	0	0	0	0
たわみ用	屋根 w1	400	0	0.303	―	121.2N/m
	壁 w2	0	0	0	―	0
	屋根 P	0	0	0	0	0

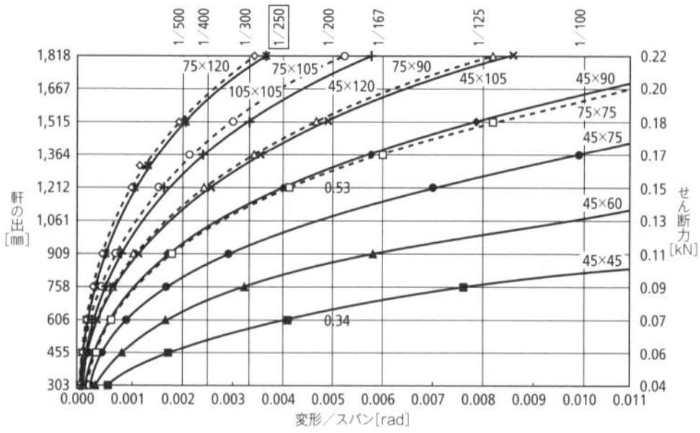

54 はね出し垂木：金属板屋根の等分布荷重［負担幅303㎜、部材幅60・90・120㎜］

荷重分布

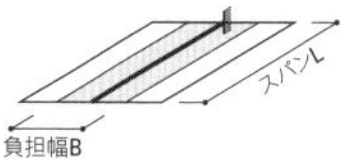

荷重

①：長期曲げ限界　②：長期せん断限界

	部位	固定荷重 DL[N/㎡]	積載荷重 LL[N/㎡]	負担幅 B[m]	負担幅 D[m]	荷重
応力用	屋根 w1	400	0	0.303	―	121.2N/m
	壁 w2	0	0	0	―	0
	屋根 P	0	0	0	0	0
たわみ用	屋根 w1	400	0	0.303	―	121.2N/m
	壁 w2	0	0	0	―	0
	屋根 P	0	0	0	0	0

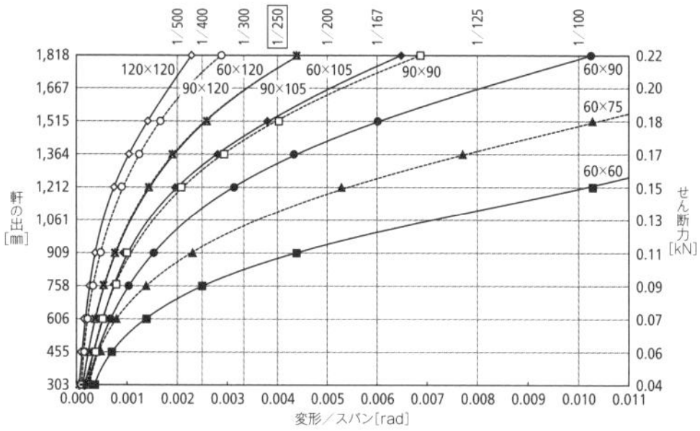

55 はね出し垂木：金属板屋根の等分布荷重［負担幅455㎜、部材幅45・75・105㎜］

荷重分布

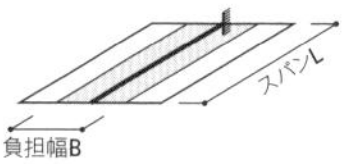

荷重

①：長期曲げ限界　②：長期せん断限界

	部位	固定荷重 DL[N/㎡]	積載荷重 LL[N/㎡]	負担幅 B[m]	負担幅 D[m]	荷重
応力用	屋根 w1	400	0	0.455	―	182N/m
	壁 w2	0	0	0	―	0
	屋根 P	0	0	0	0	0
たわみ用	屋根 w1	400	0	0.455	―	182N/m
	壁 w2	0	0	0	―	0
	屋根 P	0	0	0	0	0

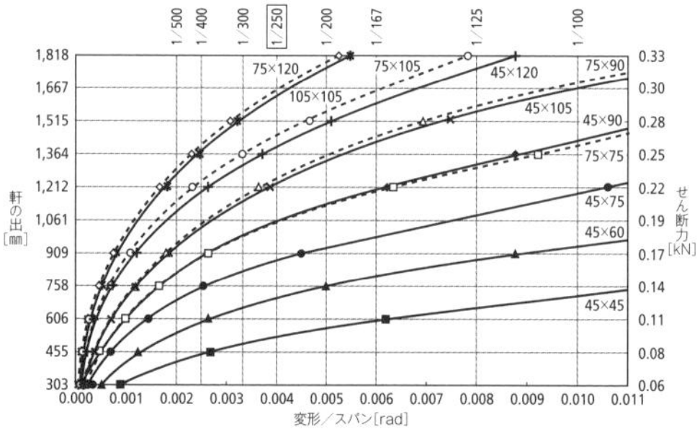

56 はね出し垂木：金属板屋根の等分布荷重［負担幅455㎜、部材幅60・90・120㎜］

荷重分布

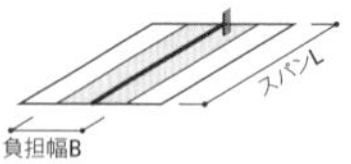

荷重

①：長期曲げ限界　②：長期せん断限界

	部位	固定荷重 DL[N/㎡]	積載荷重 LL[N/㎡]	負担幅 B[m]	負担幅 D[m]	荷重
応力用	屋根 w1	400	0	0.455	―	182N/m
	壁 w2	0	0	0	―	0
	屋根 P	0	0	0	0	0
たわみ用	屋根 w1	400	0	0.455	―	182N/m
	壁 w2	0	0	0	―	0
	屋根 P	0	0	0	0	0

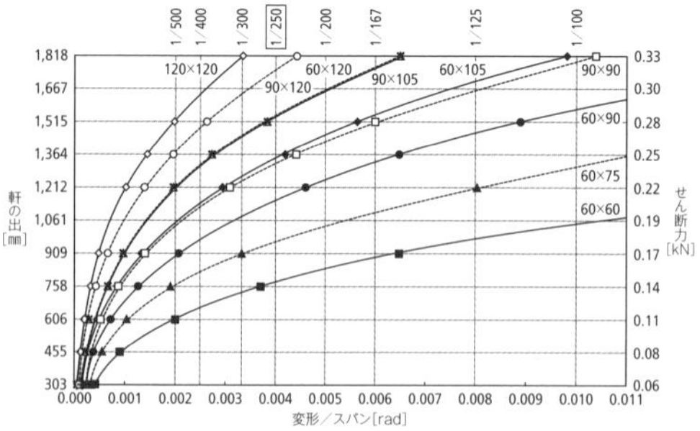

設計データ23 ● 積雪荷重(中長期)に対するスパン表

部位	荷重分布			頁
母屋・棟木・小屋梁	瓦屋根の等分布荷重(積雪1m)			
	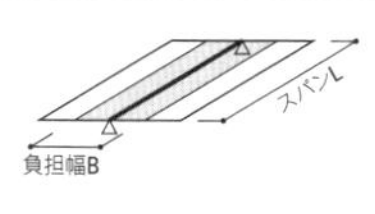	負担幅	910㎜	78
			1,820㎜	78
		スパン	2,730㎜	82
			3,640㎜	82
	瓦屋根の1点集中荷重(積雪1m)			
	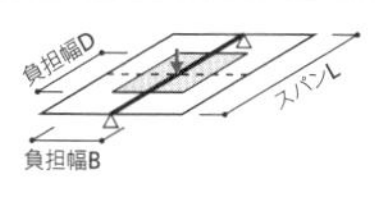	負担幅	910㎜	78
			1,820㎜	78
		スパン	2,730㎜	82
			3,640㎜	82
	金属板屋根の等分布荷重(積雪1m)			
	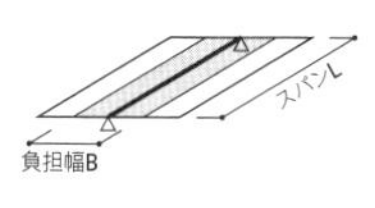	負担幅	910㎜	79
			1,820㎜	79
		スパン	2,730㎜	83
			3,640㎜	83
	金属板屋根の1点集中荷重(積雪1m)			
	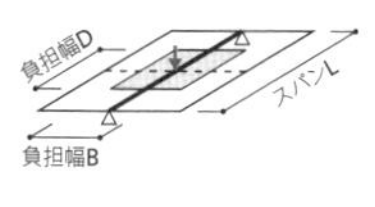	負担幅	910㎜	79
			1,820㎜	79
		スパン	2,730㎜	83
			3,640㎜	83
垂木	瓦屋根の等分布荷重(積雪1m)			
	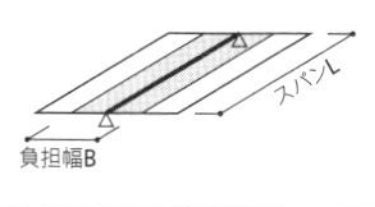	負担幅	303㎜	86
			455㎜	86
	金属板屋根の等分布荷重(積雪1m)			
	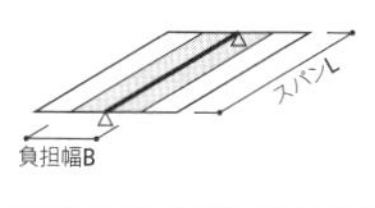	負担幅	303㎜	87
			455㎜	87
はね出し垂木	瓦屋根の等分布荷重(積雪1m)			
	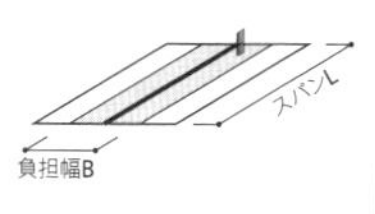	負担幅	303㎜	88
			455㎜	88
	金属板屋根の等分布荷重(積雪1m)			
	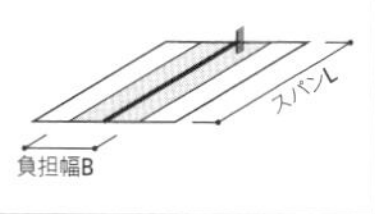	負担幅	303㎜	89
			455㎜	89

部位	荷重分布			頁
母屋・棟木・小屋梁	瓦屋根の等分布荷重(積雪2m)			
	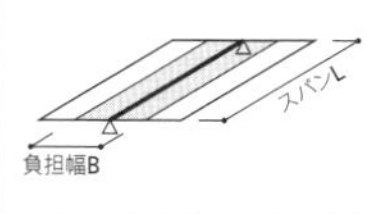	負担幅	910㎜	80
			1,820㎜	80
		スパン	2,730㎜	84
			3,640㎜	84
	瓦屋根の1点集中荷重(積雪2m)			
	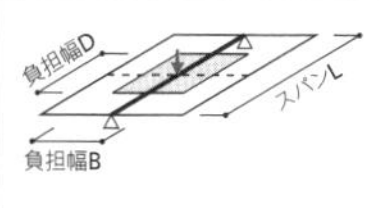	負担幅	910㎜	80
			1,820㎜	80
		スパン	2,730㎜	84
			3,640㎜	84
	金属板屋根の等分布荷重(積雪2m)			
	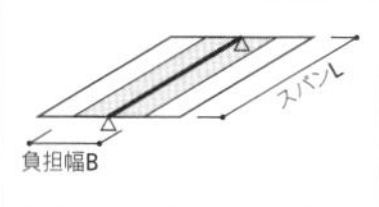	負担幅	910㎜	81
			1,820㎜	81
		スパン	2,730㎜	85
			3,640㎜	85
	金属板屋根の1点集中荷重(積雪2m)			
	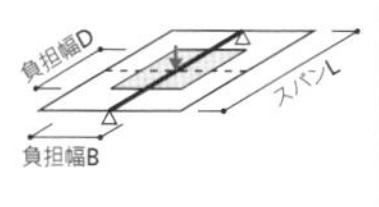	負担幅	910㎜	81
			1,820㎜	81
		スパン	2,730㎜	85
			3,640㎜	85
垂木	瓦屋根の等分布荷重(積雪2m)			
	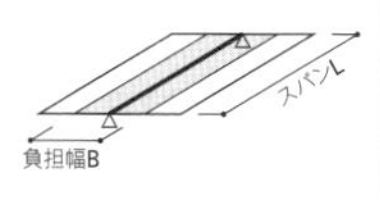	負担幅	303㎜	90
			455㎜	90
	金属板屋根の等分布荷重(積雪2m)			
	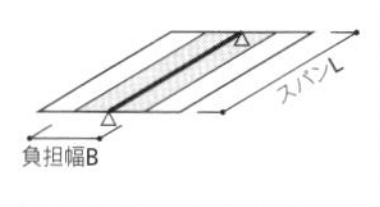	負担幅	303㎜	91
			455㎜	91
はね出し垂木	瓦屋根の等分布荷重(積雪2m)			
	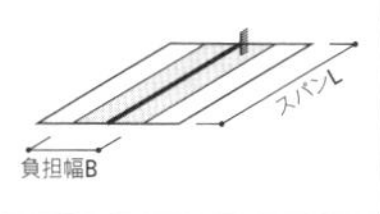	負担幅	303㎜	92
			455㎜	92
	金属板屋根の等分布荷重(積雪2m)			
	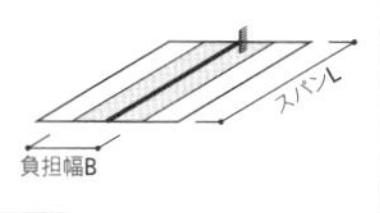	負担幅	303㎜	93
			455㎜	93

設計荷重[単位　N/㎡]

種別	垂直積雪量	強度検討用(DL+LL=TL)	変形検討用(DL+LL=TL)
瓦屋根	1m	900+2,100=3,000	900+1,050=1,950
	2m	900+4,200=5,100	900+2,100=3,000
金属板屋根	1m	600+2,100=2,700	600+1,050=1,650
	2m	600+4,200=4,800	600+2,100=2,700

積雪荷重は次のように算出
多雪区域の雪の単位荷重は30N/㎡/cm
垂直積雪量が1mのときの重量は
　S=100cm×30N/㎡/cm=3,000N/㎡
強度検討用は0.7S=0.7×3,000=2,100N/㎡
変形検討用は0.35S=0.35×3,000=1,050N/㎡

注　本スパン表における積雪荷重は、さまざまな形状への適用を考慮して、屋根形状係数μb=1.0としている

❶母屋・棟木・小屋梁：瓦屋根の等分布荷重(積雪1m)[負担幅910㎜、部材幅120㎜]

荷重分布

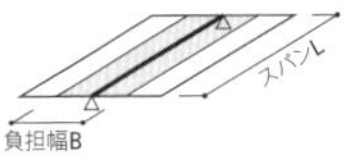

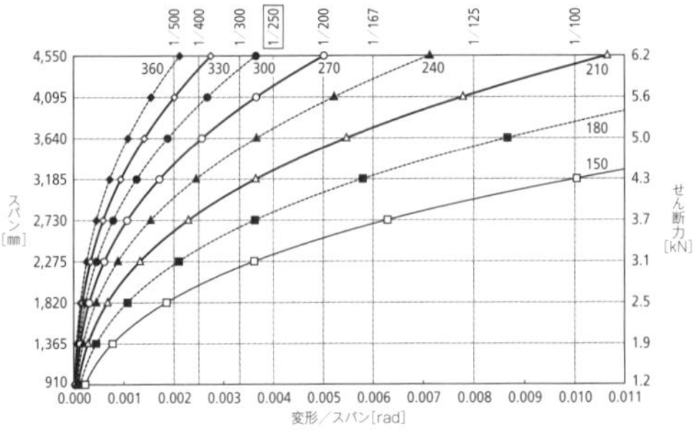

荷重　①:許容曲げ限界　②:許容せん断限界

	部位	固定荷重 DL[N/㎡]	積載荷重 LL[N/㎡]	負担幅 B[m]	負担幅 D[m]	荷重
応力用	屋根 w_1	900	2,100	0.91	―	2,730N/m
	w_2	0	0	0	―	0
	P	0	0	0	0	0
たわみ用	屋根 w_1	900	1,050	0.91	―	1,775N/m
	w_2	0	0	0	―	0
	P	0	0	0	0	0

A、Z、Iの低減係数：0.90　変形増大係数：2.00

❷母屋・棟木・小屋梁：瓦屋根の等分布荷重(積雪1m)[負担幅1,820㎜、部材幅120㎜]

荷重分布

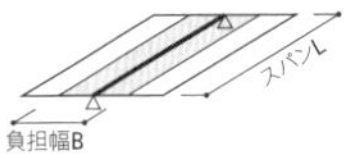

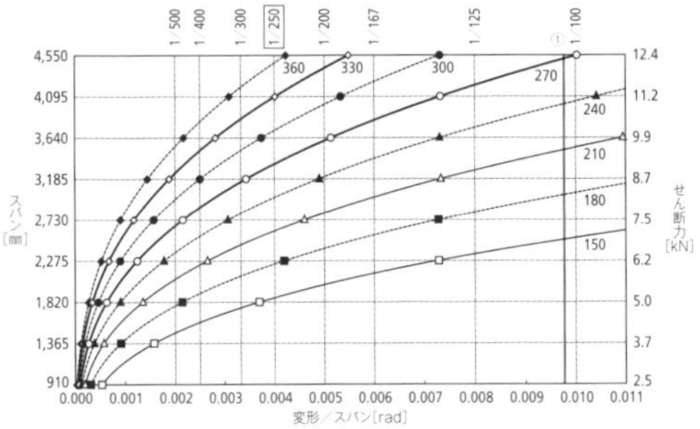

荷重　①:許容曲げ限界　②:許容せん断限界

	部位	固定荷重 DL[N/㎡]	積載荷重 LL[N/㎡]	負担幅 B[m]	負担幅 D[m]	荷重
応力用	屋根 w_1	900	2,100	1.82	―	5,460N/m
	w_2	0	0	0	―	0
	P	0	0	0	0	0
たわみ用	屋根 w_1	900	1,050	1.82	―	3,549N/m
	w_2	0	0	0	―	0
	P	0	0	0	0	0

A、Z、Iの低減係数：0.90　変形増大係数：2.00

❸母屋・棟木・小屋梁：瓦屋根の1点集中荷重(積雪1m)[負担幅910㎜、部材幅120㎜]

荷重分布

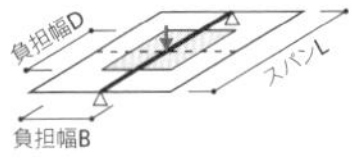

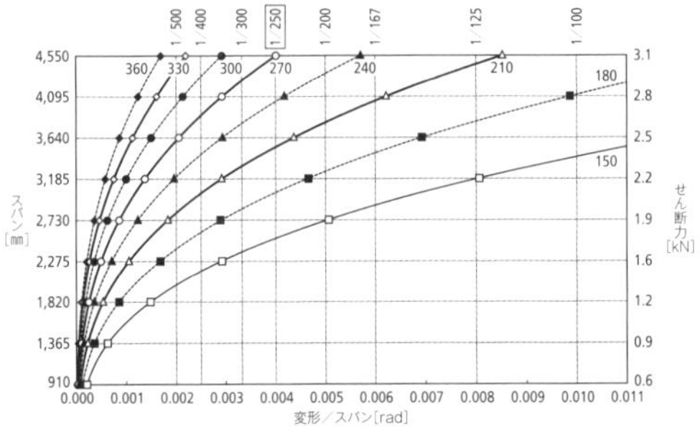

荷重　①:許容曲げ限界　②:許容せん断限界

	部位	固定荷重 DL[N/㎡]	積載荷重 LL[N/㎡]	負担幅 B[m]	負担幅 D[m]	荷重
応力用	屋根 P_1	900	2,100	0.91	L/2	2,730N/m
	P_2	0	0	0	0	0
	w	0	0	0	―	0
たわみ用	屋根 P_1	900	1,050	0.91	L/2	1,775N/m
	P_2	0	0	0	0	0
	w	0	0	0	―	0

A、Z、Iの低減係数：0.90　変形増大係数：2.00

❹母屋・棟木・小屋梁：瓦屋根の1点集中荷重(積雪1m)[負担幅1,820㎜、部材幅120㎜]

荷重分布

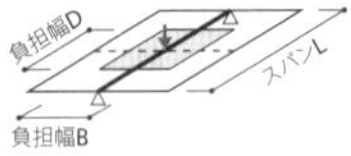

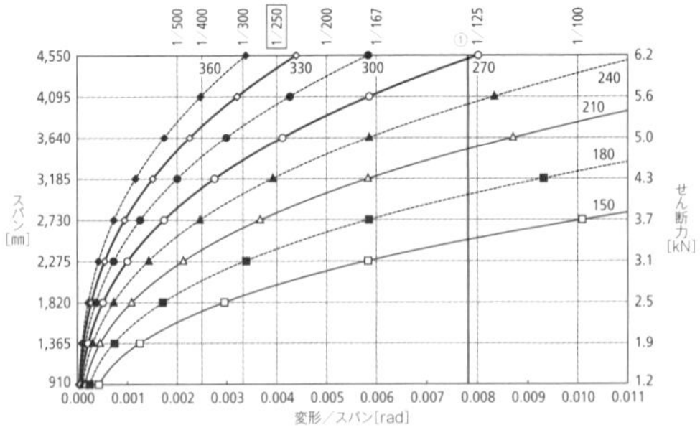

荷重　①:許容曲げ限界　②:許容せん断限界

	部位	固定荷重 DL[N/㎡]	積載荷重 LL[N/㎡]	負担幅 B[m]	負担幅 D[m]	荷重
応力用	屋根 P_1	900	2,100	1.82	L/2	5,460N/m
	P_2	0	0	0	0	0
	w	0	0	0	―	0
たわみ用	屋根 P_1	900	1,050	1.82	L/2	3,549N/m
	P_2	0	0	0	0	0
	w	0	0	0	―	0

A、Z、Iの低減係数：0.90　変形増大係数：2.00

❺ 母屋・棟木・小屋梁：金属板屋根の等分布荷重（積雪1m）［負担幅910㎜、部材幅120㎜］

荷重分布

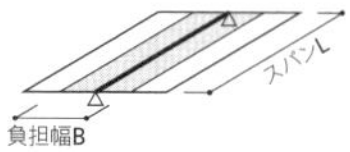

荷重

①：許容曲げ限界　②：許容せん断限界

	部位	固定荷重 DL[N/㎡]	積載荷重 LL[N/㎡]	負担幅 B[m]	負担幅 D[m]	荷重
応力用	屋根 w_1	600	2,100	0.91	—	2,457N/m
	w_2	0	0	0	—	0
	P	0	0	0	0	0
たわみ用	屋根 w_1	600	1,050	0.91	—	1,502N/m
	w_2	0	0	0	—	0
	P	0	0	0	0	0

A、Z、Iの低減係数：0.90　変形増大係数：2.00

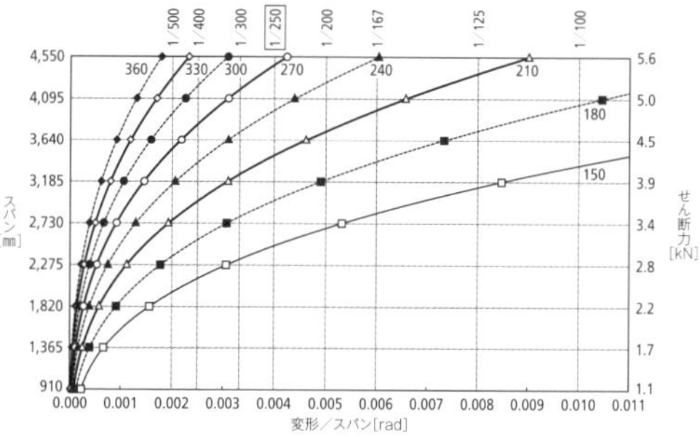

❻ 母屋・棟木・小屋梁：金属板屋根の等分布荷重（積雪1m）［負担幅1,820㎜、部材幅120㎜］

荷重分布

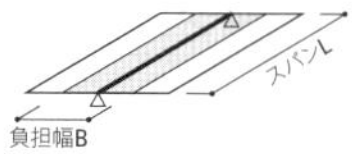

荷重

①：許容曲げ限界　②：許容せん断限界

	部位	固定荷重 DL[N/㎡]	積載荷重 LL[N/㎡]	負担幅 B[m]	負担幅 D[m]	荷重
応力用	屋根 w_1	600	2,100	1.82	—	4,914N/m
	w_2	0	0	0	—	0
	P	0	0	0	0	0
たわみ用	屋根 w_1	600	1,050	1.82	—	3,003N/m
	w_2	0	0	0	—	0
	P	0	0	0	0	0

A、Z、Iの低減係数：0.90　変形増大係数：2.00

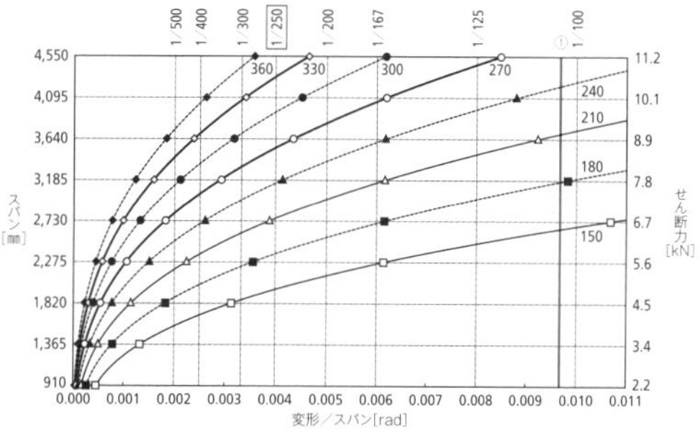

❼ 母屋・棟木・小屋梁：金属板屋根の1点集中荷重（積雪1m）［負担幅910㎜、部材幅120㎜］

荷重分布

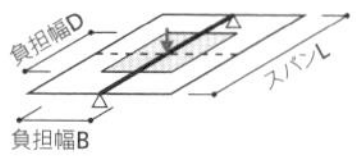

荷重

①：許容曲げ限界　②：許容せん断限界

	部位	固定荷重 DL[N/㎡]	積載荷重 LL[N/㎡]	負担幅 B[m]	負担幅 D[m]	荷重
応力用	屋根 P_1	600	2,100	0.91	L/2	2,457N/m
	P_2	0	0	0	0	0
	w	0	0	0	—	0
たわみ用	屋根 P_1	600	1,050	0.91	L/2	1,502N/m
	P_2	0	0	0	0	0
	w	0	0	0	—	0

A、Z、Iの低減係数：0.90　変形増大係数：2.00

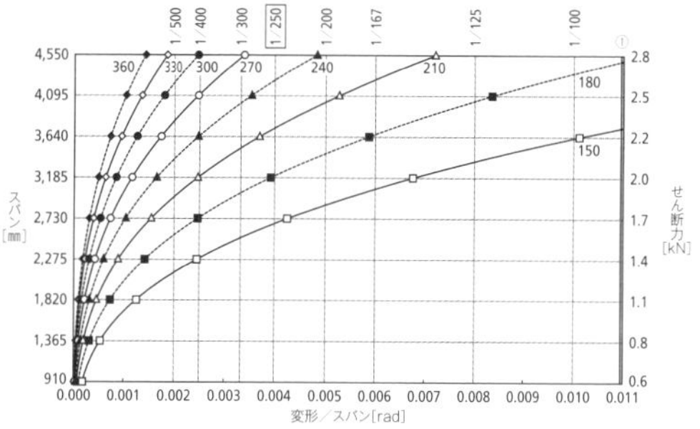

❽ 母屋・棟木・小屋梁：金属板屋根の1点集中荷重（積雪1m）［負担幅1,820㎜、部材幅120㎜］

荷重分布

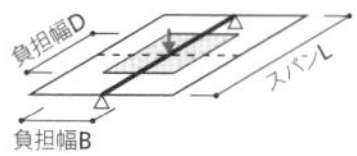

荷重

①：許容曲げ限界　②：許容せん断限界

	部位	固定荷重 DL[N/㎡]	積載荷重 LL[N/㎡]	負担幅 B[m]	負担幅 D[m]	荷重
応力用	屋根 P_1	600	2,100	1.82	L/2	4,914N/m
	P_2	0	0	0	0	0
	w	0	0	0	—	0
たわみ用	屋根 P_1	600	1,050	1.82	L/2	3,003N/m
	P_2	0	0	0	0	0
	w	0	0	0	—	0

A、Z、Iの低減係数：0.90　変形増大係数：2.00

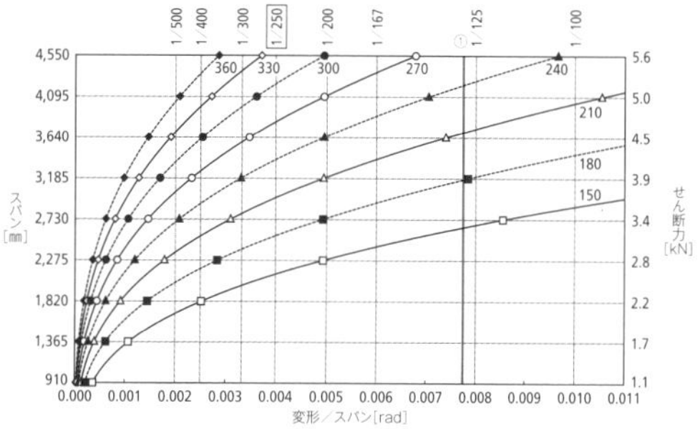

❾母屋・棟木・小屋梁：瓦屋根の等分布荷重(積雪2m)［負担幅910㎜、部材幅120㎜］

荷重分布

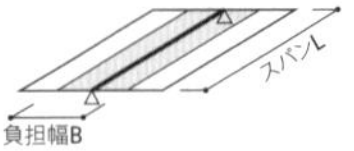

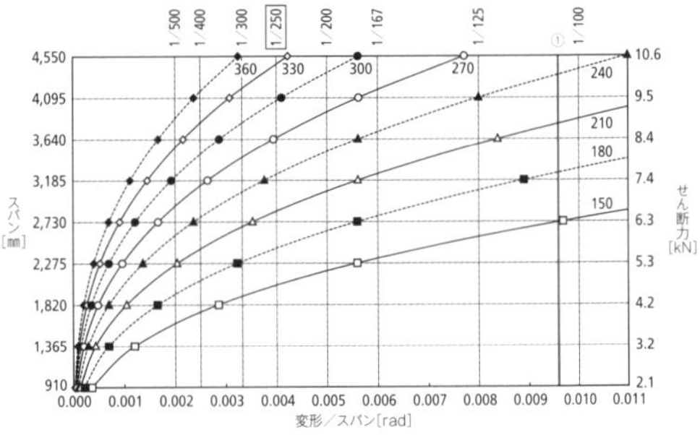

荷重

①:許容曲げ限界　②:許容せん断限界

	部位	固定荷重 DL[N/㎡]	積載荷重 LL[N/㎡]	負担幅 B[m]	負担幅 D[m]	荷重
応力用	屋根 w1	900	4,200	0.91	—	4,641N/m
	w2	0	0	0	—	0
	P	0	0	0	0	0
たわみ用	屋根 w1	900	2,100	0.91	—	2,730N/m
	w2	0	0	0	—	0
	P	0	0	0	0	0

A、Z、Iの低減係数:0.90　変形増大係数:2.00

❿母屋・棟木・小屋梁：瓦屋根の等分布荷重(積雪2m)［負担幅1,820㎜、部材幅120㎜］

荷重分布

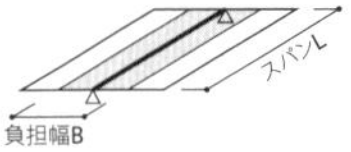

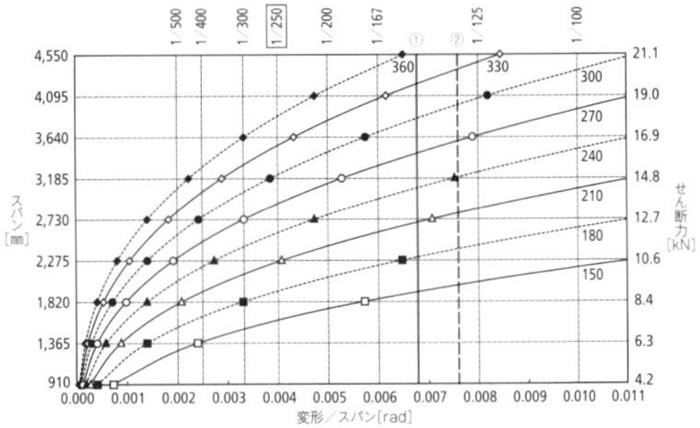

荷重

①:許容曲げ限界　②:許容せん断限界

	部位	固定荷重 DL[N/㎡]	積載荷重 LL[N/㎡]	負担幅 B[m]	負担幅 D[m]	荷重
応力用	屋根 w1	900	4,200	1.82	—	9,282N/m
	w2	0	0	0	—	0
	P	0	0	0	0	0
たわみ用	屋根 w1	900	2,100	1.82	—	5,460N/m
	w2	0	0	0	—	0
	P	0	0	0	0	0

A、Z、Iの低減係数:0.90　変形増大係数:2.00

⓫母屋・棟木・小屋梁：瓦屋根の1点集中荷重(積雪2m)［負担幅910㎜、部材幅120㎜］

荷重分布

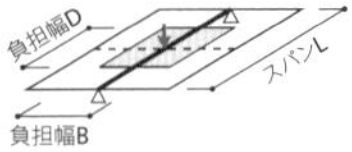

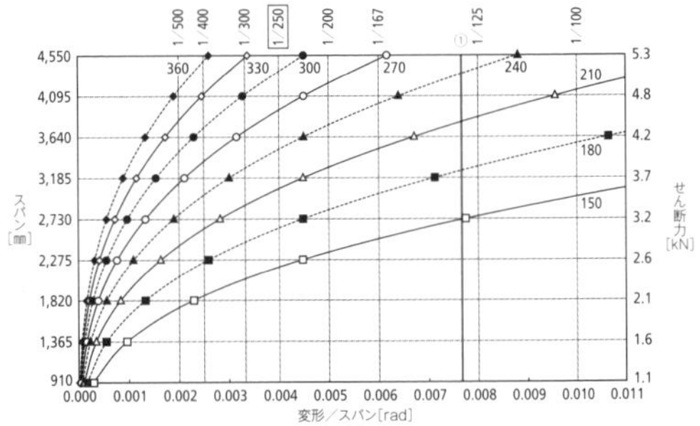

荷重

①:許容曲げ限界　②:許容せん断限界

	部位	固定荷重 DL[N/㎡]	積載荷重 LL[N/㎡]	負担幅 B[m]	負担幅 D[m]	荷重
応力用	屋根 P1	900	4,200	0.91	L/2	4,641N/m
	P2	0	0	0	0	0
	w	0	0	0	—	0
たわみ用	屋根 P1	900	2,100	0.91	L/2	2,730N/m
	P2	0	0	0	0	0
	w	0	0	0	—	0

A、Z、Iの低減係数:0.90　変形増大係数:2.00

⓬母屋・棟木・小屋梁：瓦屋根の1点集中荷重(積雪2m)［負担幅1,820㎜、部材幅120㎜］

荷重分布

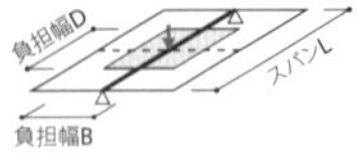

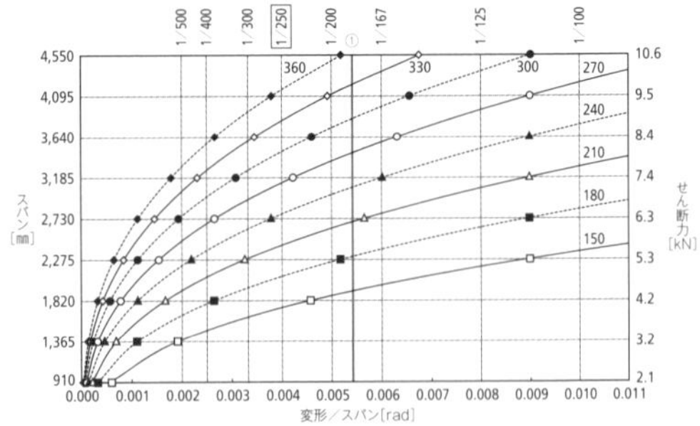

荷重

①:許容曲げ限界　②:許容せん断限界

	部位	固定荷重 DL[N/㎡]	積載荷重 LL[N/㎡]	負担幅 B[m]	負担幅 D[m]	荷重
応力用	屋根 P1	900	4,200	1.82	L/2	9,282N/m
	P2	0	0	0	0	0
	w	0	0	0	—	0
たわみ用	屋根 P1	900	2,100	1.82	L/2	5,460N/m
	P2	0	0	0	0	0
	w	0	0	0	—	0

A、Z、Iの低減係数:0.90　変形増大係数:2.00

⑬ 母屋・棟木・小屋梁：金属板屋根の等分布荷重（積雪2m）[負担幅910㎜、部材幅120㎜]

荷重分布

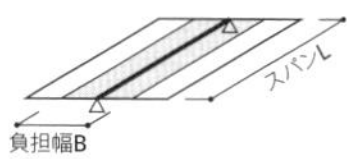

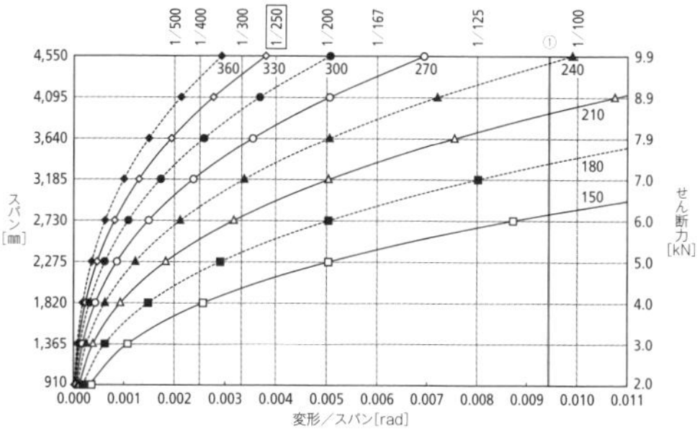

荷重

①：許容曲げ限界　②：許容せん断限界

	部位	固定荷重 DL[N/㎡]	積載荷重 LL[N/㎡]	負担幅 B[m]	負担幅 D[m]	荷重
応力用	屋根 w_1	600	4,200	0.91	−	4,368N/m
	w_2	0	0	0	−	0
	P	0	0	0	0	0
たわみ用	屋根 w_1	600	2,100	0.91	−	2,457N/m
	w_2	0	0	0	−	0
	P	0	0	0	0	0

A、Z、Iの低減係数：0.90　変形増大係数：2.00

⑭ 母屋・棟木・小屋梁：金属板屋根の等分布荷重（積雪2m）[負担幅1,820㎜、部材幅120㎜]

荷重分布

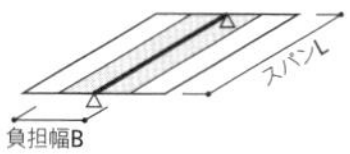

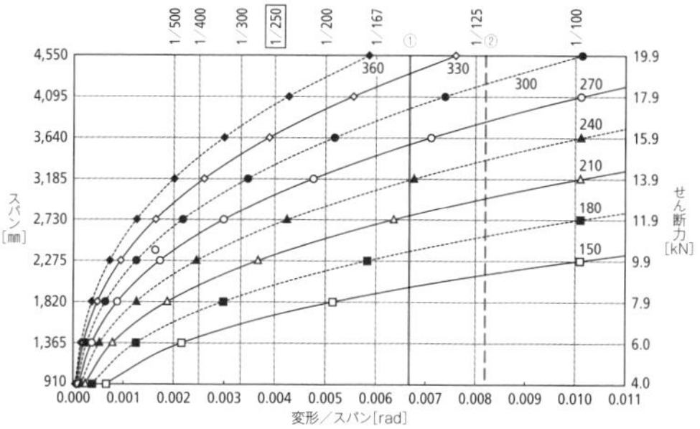

荷重

①：許容曲げ限界　②：許容せん断限界

	部位	固定荷重 DL[N/㎡]	積載荷重 LL[N/㎡]	負担幅 B[m]	負担幅 D[m]	荷重
応力用	屋根 w_1	600	4,200	1.82	−	8,736N/m
	w_2	0	0	0	−	0
	P	0	0	0	0	0
たわみ用	屋根 w_1	600	2,100	1.82	−	4,914N/m
	w_2	0	0	0	−	0
	P	0	0	0	0	0

A、Z、Iの低減係数：0.90　変形増大係数：2.00

⑮ 母屋・棟木・小屋梁：金属板屋根の1点集中荷重（積雪2m）[負担幅910㎜、部材幅120㎜]

荷重分布

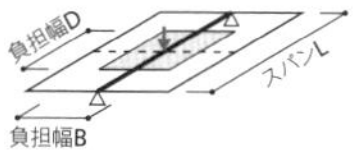

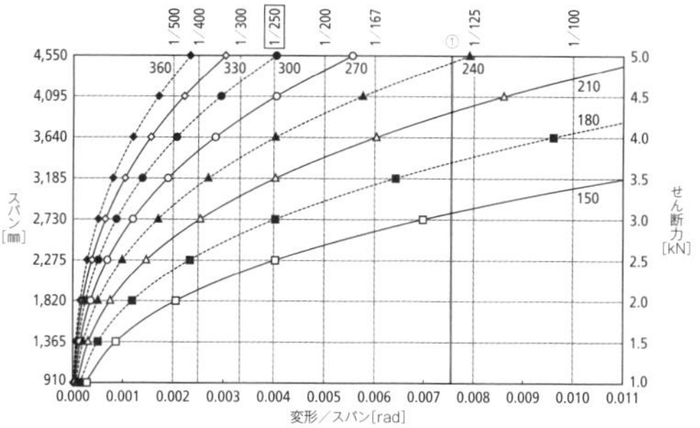

荷重

①：許容曲げ限界　②：許容せん断限界

	部位	固定荷重 DL[N/㎡]	積載荷重 LL[N/㎡]	負担幅 B[m]	負担幅 D[m]	荷重
応力用	屋根 P_1	600	4,200	0.91	L/2	4,368N/m
	P_2	0	0	0	0	0
	w	0	0	0	−	0
たわみ用	屋根 P_1	600	2,100	0.91	L/2	2,457N/m
	P_2	0	0	0	0	0
	w	0	0	0	−	0

A、Z、Iの低減係数：0.90　変形増大係数：2.00

⑯ 母屋・棟木・小屋梁：金属板屋根の1点集中荷重（積雪2m）[負担幅1,820㎜、部材幅120㎜]

荷重分布

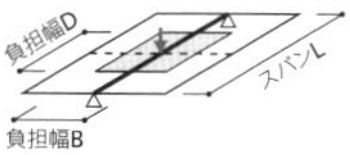

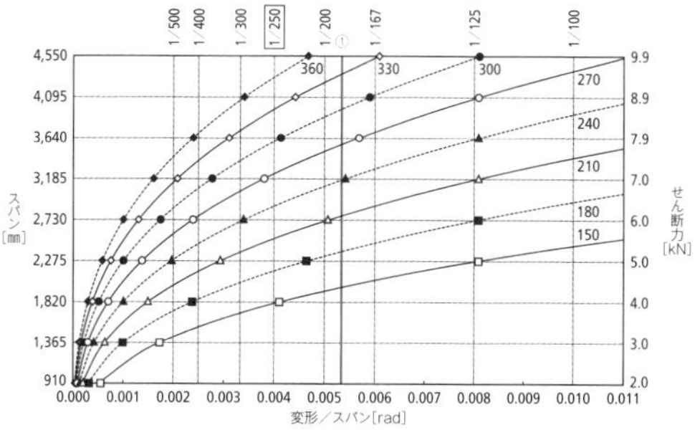

荷重

①：許容曲げ限界　②：許容せん断限界

	部位	固定荷重 DL[N/㎡]	積載荷重 LL[N/㎡]	負担幅 B[m]	負担幅 D[m]	荷重
応力用	屋根 P_1	600	4,200	1.82	L/2	8,736N/m
	P_2	0	0	0	0	0
	w	0	0	0	−	0
たわみ用	屋根 P_1	600	2,100	1.82	L/2	4,914N/m
	P_2	0	0	0	0	0
	w	0	0	0	−	0

A、Z、Iの低減係数：0.90　変形増大係数：2.00

1 木材
2 荷重
3 地盤・基礎
4 軸組
5 耐力壁
6 水平構面
7 耐震診断
8 混構造
9 その他
10 使い方

⑰母屋・棟木・小屋梁：瓦屋根の等分布荷重（積雪1m）［スパン2,730㎜、部材幅120㎜］

荷重分布

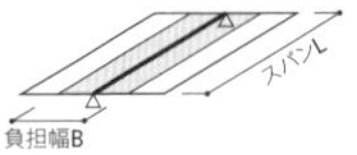

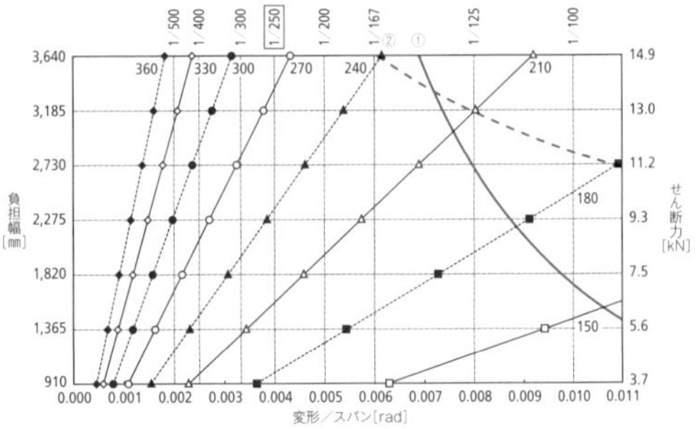

荷重

①：許容曲げ限界　②：許容せん断限界

	部位	固定荷重 DL［N／㎡］	積載荷重 LL［N／㎡］	負担幅 B［m］	負担幅 D［m］	荷重
応力用	屋根 w_1	900	2,100	B	－	3,000N／㎡
	w_2	0	0	0	－	0
	P	0	0	0	0	0
たわみ用	屋根 w_1	900	1,050	B	－	1,950N／㎡
	w_2	0	0	0	－	0
	P	0	0	0	0	0

A、Z、Iの低減係数：0.90　変形増大係数：2.00

⑱母屋・棟木・小屋梁：瓦屋根の等分布荷重（積雪1m）［スパン3,640㎜、部材幅120㎜］

荷重分布

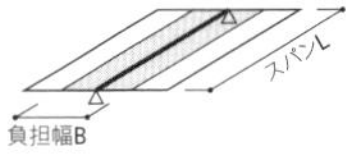

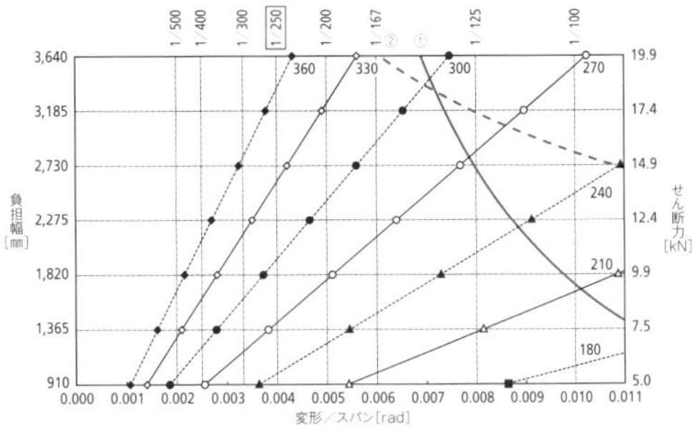

荷重

①：許容曲げ限界　②：許容せん断限界

	部位	固定荷重 DL［N／㎡］	積載荷重 LL［N／㎡］	負担幅 B［m］	負担幅 D［m］	荷重
応力用	屋根 w_1	900	2,100	B	－	3,000N／㎡
	w_2	0	0	0	－	0
	P	0	0	0	0	0
たわみ用	屋根 w_1	900	1,050	B	－	1,950N／㎡
	w_2	0	0	0	－	0
	P	0	0	0	0	0

A、Z、Iの低減係数：0.90　変形増大係数：2.00

⑲母屋・棟木・小屋梁：瓦屋根の1点集中荷重（積雪1m）［スパン2,730㎜、部材幅120㎜］

荷重分布

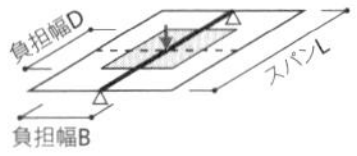

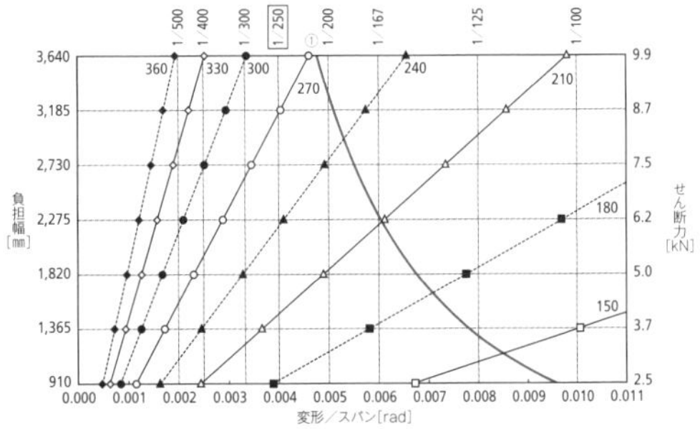

荷重

①：許容曲げ限界　②：許容せん断限界

	部位	固定荷重 DL［N／㎡］	積載荷重 LL［N／㎡］	負担幅 B［m］	負担幅 D［m］	荷重
応力用	屋根 P_1	900	2,100	B	1.82	5,460N／m
	P_2	0	0	0	0	0
	w	0	0	0	－	0
たわみ用	屋根 P_1	900	1,050	B	1.82	3,549N／m
	P_2	0	0	0	0	0
	w	0	0	0	－	0

A、Z、Iの低減係数：0.90　変形増大係数：2.00

⑳母屋・棟木・小屋梁：瓦屋根の1点集中荷重（積雪1m）［スパン3,640㎜、部材幅120㎜］

荷重分布

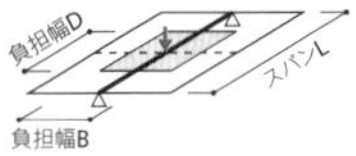

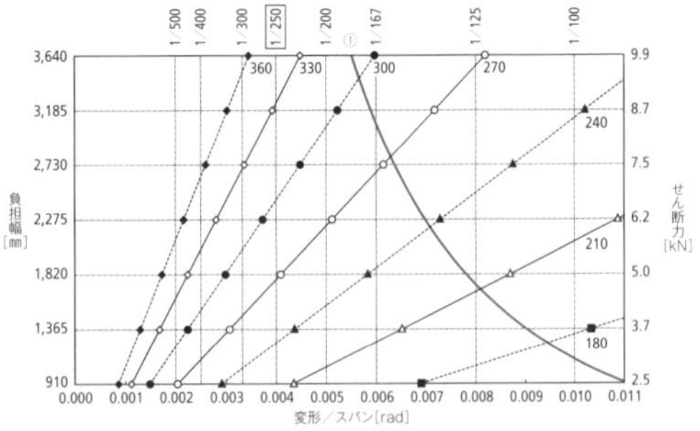

荷重

①：許容曲げ限界　②：許容せん断限界

	部位	固定荷重 DL［N／㎡］	積載荷重 LL［N／㎡］	負担幅 B［m］	負担幅 D［m］	荷重
応力用	屋根 P_1	900	2,100	B	1.82	5,460N／m
	P_2	0	0	0	0	0
	w	0	0	0	－	0
たわみ用	屋根 P_1	900	1,050	B	1.82	3,549N／m
	P_2	0	0	0	0	0
	w	0	0	0	－	0

A、Z、Iの低減係数：0.90　変形増大係数：2.00

㉑母屋・棟木・小屋梁：金属板屋根の等分布荷重(積雪1m)［スパン2,730㎜、部材幅120㎜］

荷重分布

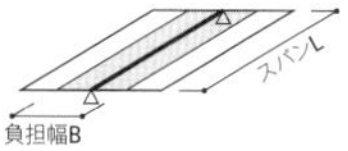

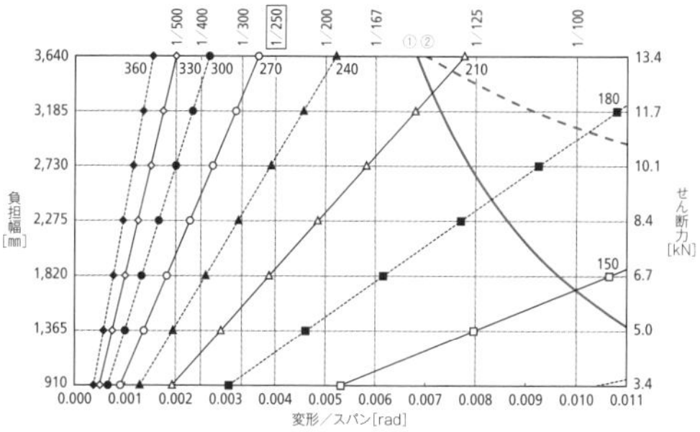

荷重

①:許容曲げ限界　②:許容せん断限界

	部位	固定荷重 DL[N/㎡]	積載荷重 LL[N/㎡]	負担幅 B[m]	負担幅 D[m]	荷重
応力用	屋根 w_1	600	2,100	B	—	2,700N/㎡
	w_2	0	0	0	—	0
	P	0	0	0	0	0
たわみ用	屋根 w_1	600	1,050	B	—	1,650N/㎡
	w_2	0	0	0	—	0
	P	0	0	0	0	0

A、Z、Iの低減係数:0.90　変形増大係数:2.00

㉒母屋・棟木・小屋梁：金属板屋根の等分布荷重(積雪1m)［スパン3,640㎜、部材幅120㎜］

荷重分布

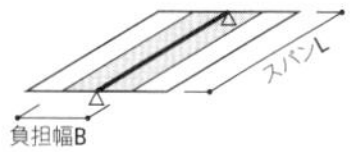

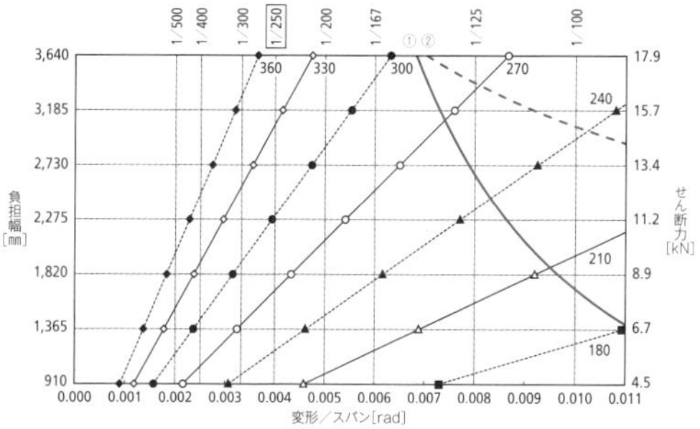

荷重

①:許容曲げ限界　②:許容せん断限界

	部位	固定荷重 DL[N/㎡]	積載荷重 LL[N/㎡]	負担幅 B[m]	負担幅 D[m]	荷重
応力用	屋根 w_1	600	2,100	B	—	2,700N/㎡
	w_2	0	0	0	—	0
	P	0	0	0	0	0
たわみ用	屋根 w_1	600	1,050	B	—	1,650N/㎡
	w_2	0	0	0	—	0
	P	0	0	0	0	0

A、Z、Iの低減係数:0.90　変形増大係数:2.00

㉓母屋・棟木・小屋梁：金属板屋根の1点集中荷重(積雪1m)［スパン2,730㎜、部材幅120㎜］

荷重分布

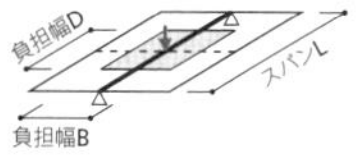

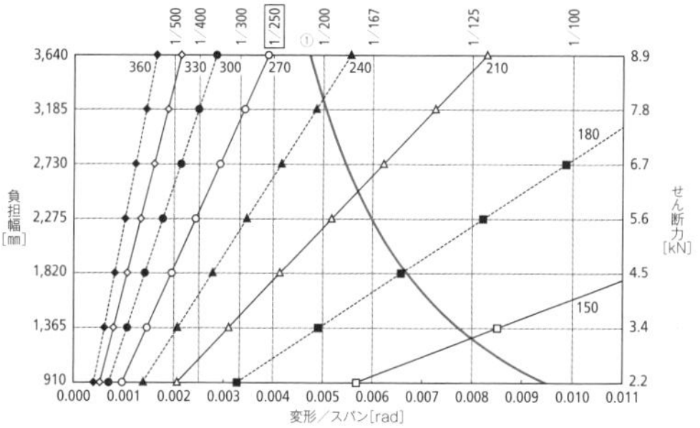

荷重

①:許容曲げ限界　②:許容せん断限界

	部位	固定荷重 DL[N/㎡]	積載荷重 LL[N/㎡]	負担幅 B[m]	負担幅 D[m]	荷重
応力用	屋根 P_1	600	2,100	B	1.82	4,914N/m
	P_2	0	0	0	0	0
	w	0	0	0	—	0
たわみ用	屋根 P_1	600	1,050	B	1.82	3,003N/m
	P_2	0	0	0	0	0
	w	0	0	0	—	0

A、Z、Iの低減係数:0.90　変形増大係数:2.00

㉔母屋・棟木・小屋梁：金属板屋根の1点集中荷重(積雪1m)［スパン3,640㎜、部材幅120㎜］

荷重分布

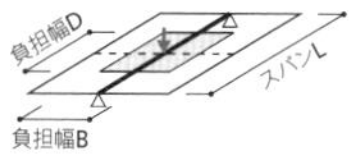

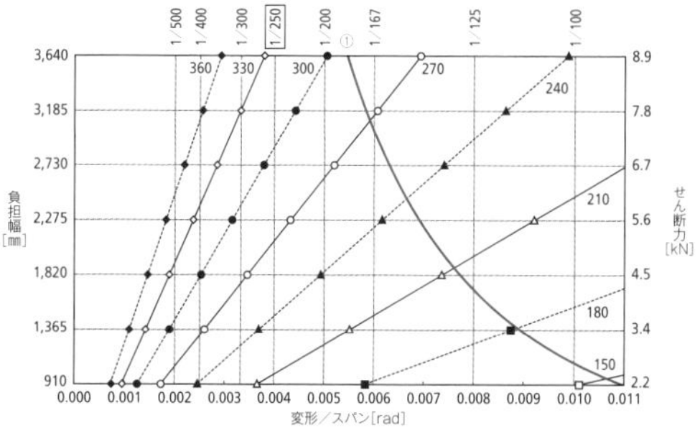

荷重

①:許容曲げ限界　②:許容せん断限界

	部位	固定荷重 DL[N/㎡]	積載荷重 LL[N/㎡]	負担幅 B[m]	負担幅 D[m]	荷重
応力用	屋根 P_1	600	2,100	B	1.82	4,914N/m
	P_2	0	0	0	0	0
	w	0	0	0	—	0
たわみ用	屋根 P_1	600	1,050	B	1.82	3,003N/m
	P_2	0	0	0	0	0
	w	0	0	0	—	0

A、Z、Iの低減係数:0.90　変形増大係数:2.00

㉕母屋・棟木・小屋梁：瓦屋根の等分布荷重(積雪2m)[スパン2,730㎜、部材幅120㎜]

荷重分布

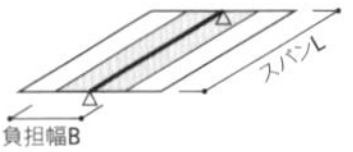

荷重

①：許容曲げ限界　②：許容せん断限界

	部位	固定荷重 DL[N/㎡]	積載荷重 LL[N/㎡]	負担幅 B[m]	負担幅 D[m]	荷重
応力用	屋根 W_1	900	4,200	B	—	5,100N/㎡
	W_2	0	0	0	—	0
	P	0	0	0	0	0
たわみ用	屋根 W_1	900	2,100	B	—	3,000N/㎡
	W_2	0	0	0	—	0
	P	0	0	0	0	0

A、Z、Iの低減係数：0.90　変形増大係数：2.00

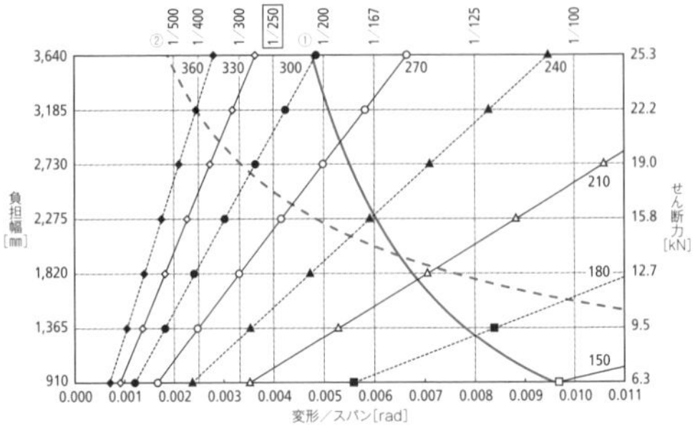

㉖母屋・棟木・小屋梁：瓦屋根の等分布荷重(積雪2m)[スパン3,640㎜、部材幅120㎜]

荷重分布

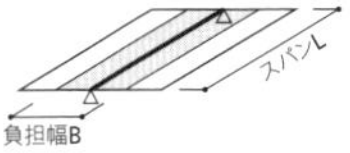

荷重

①：許容曲げ限界　②：許容せん断限界

	部位	固定荷重 DL[N/㎡]	積載荷重 LL[N/㎡]	負担幅 B[m]	負担幅 D[m]	荷重
応力用	屋根 W_1	900	4,200	B	—	5,100N/㎡
	W_2	0	0	0	—	0
	P	0	0	0	0	0
たわみ用	屋根 W_1	900	2,100	B	—	3,000N/㎡
	W_2	0	0	0	—	0
	P	0	0	0	0	0

A、Z、Iの低減係数：0.90　変形増大係数：2.00

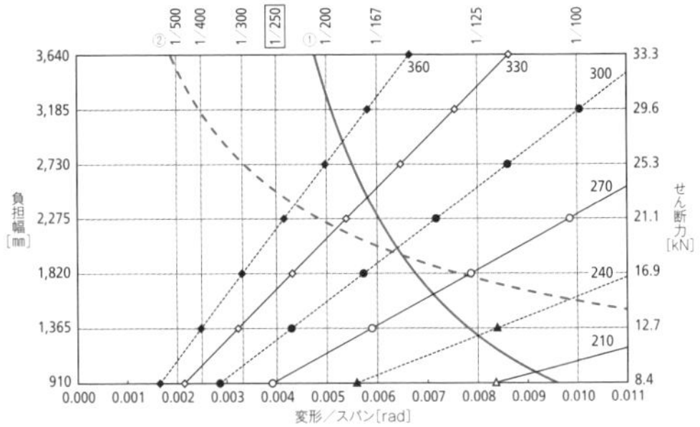

㉗母屋・棟木・小屋梁：瓦屋根の1点集中荷重(積雪2m)[スパン2,730㎜、部材幅120㎜]

荷重分布

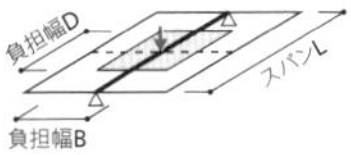

荷重

①：許容曲げ限界　②：許容せん断限界

	部位	固定荷重 DL[N/㎡]	積載荷重 LL[N/㎡]	負担幅 B[m]	負担幅 D[m]	荷重
応力用	屋根 P_1	900	4,200	B	1.82	9,282N/m
	P_2	0	0	0	0	0
	w	0	0	0	—	0
たわみ用	屋根 P_1	900	2,100	B	1.82	5,460N/m
	P_2	0	0	0	0	0
	w	0	0	0	—	0

A、Z、Iの低減係数：0.90　変形増大係数：2.00

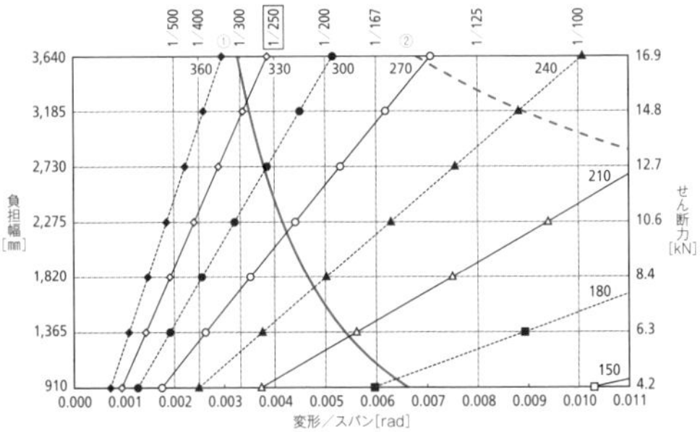

㉘母屋・棟木・小屋梁：瓦屋根の1点集中荷重(積雪2m)[スパン3,640㎜、部材幅120㎜]

荷重分布

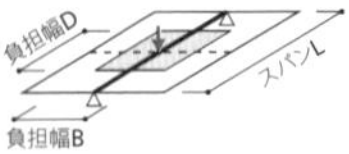

荷重

①：許容曲げ限界　②：許容せん断限界

	部位	固定荷重 DL[N/㎡]	積載荷重 LL[N/㎡]	負担幅 B[m]	負担幅 D[m]	荷重
応力用	屋根 P_1	900	4,200	B	1.82	9,282N/m
	P_2	0	0	0	0	0
	w	0	0	0	—	0
たわみ用	屋根 P_1	900	2,100	B	1.82	5,460N/m
	P_2	0	0	0	0	0
	w	0	0	0	—	0

A、Z、Iの低減係数：0.90　変形増大係数：2.00

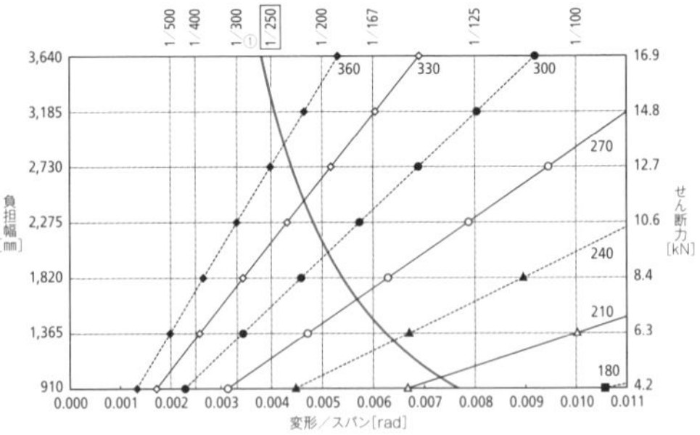

㉙母屋・棟木・小屋梁：金属板屋根の等分布荷重（積雪2m）［スパン2,730㎜、部材幅120㎜］

荷重分布

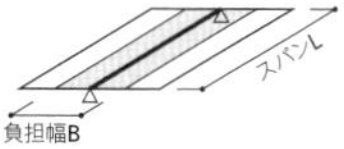

荷重

①：許容曲げ限界　②：許容せん断限界

	部位	固定荷重 DL[N/㎡]	積載荷重 LL[N/㎡]	負担幅 B[m]	負担幅 D[m]	荷重
応力用	屋根 w_1	600	4,200	B	—	4,800N/㎡
	w_2	0	0	0	—	0
	P	0	0	0	0	0
たわみ用	屋根 w_1	600	2,100	B	—	2,700N/㎡
	w_2	0	0	0	—	0
	P	0	0	0	0	0

A、Z、Iの低減係数：0.90　変形増大係数：2.00

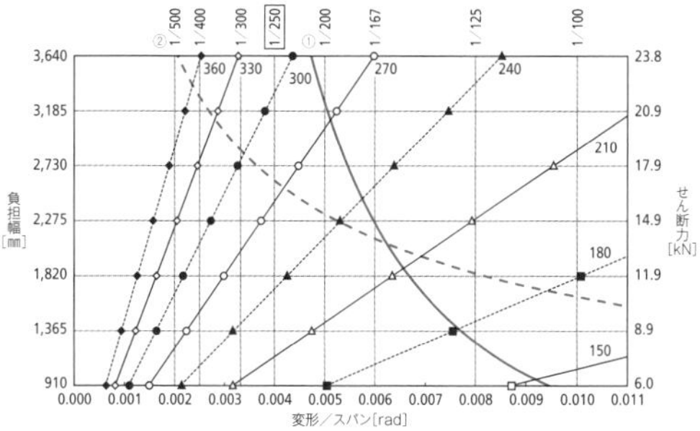

㉚母屋・棟木・小屋梁：金属板屋根の等分布荷重（積雪2m）［スパン3,640㎜、部材幅120㎜］

荷重分布

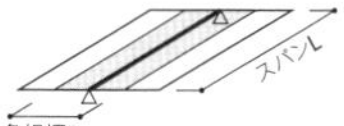

荷重

①：許容曲げ限界　②：許容せん断限界

	部位	固定荷重 DL[N/㎡]	積載荷重 LL[N/㎡]	負担幅 B[m]	負担幅 D[m]	荷重
応力用	屋根 w_1	600	4,200	B	—	4,800N/㎡
	w_2	0	0	0	—	0
	P	0	0	0	0	0
たわみ用	屋根 w_1	600	2,100	B	—	2,700N/㎡
	w_2	0	0	0	—	0
	P	0	0	0	0	0

A、Z、Iの低減係数：0.90　変形増大係数：2.00

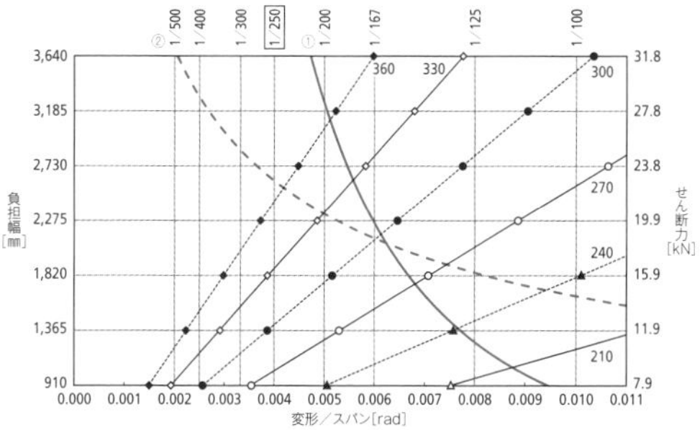

㉛母屋・棟木・小屋梁：金属板屋根の1点集中荷重（積雪2m）［スパン2,730㎜、部材幅120㎜］

荷重分布

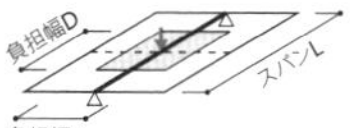

荷重

①：許容曲げ限界　②：許容せん断限界

	部位	固定荷重 DL[N/㎡]	積載荷重 LL[N/㎡]	負担幅 B[m]	負担幅 D[m]	荷重
応力用	屋根 P_1	600	4,200	B	1.82	8,736N/m
	P_2	0	0	0	0	0
	w	0	0	0	—	0
たわみ用	屋根 P_1	600	2,100	B	1.82	4,914N/m
	P_2	0	0	0	0	0
	w	0	0	0	—	0

A、Z、Iの低減係数：0.90　変形増大係数：2.00

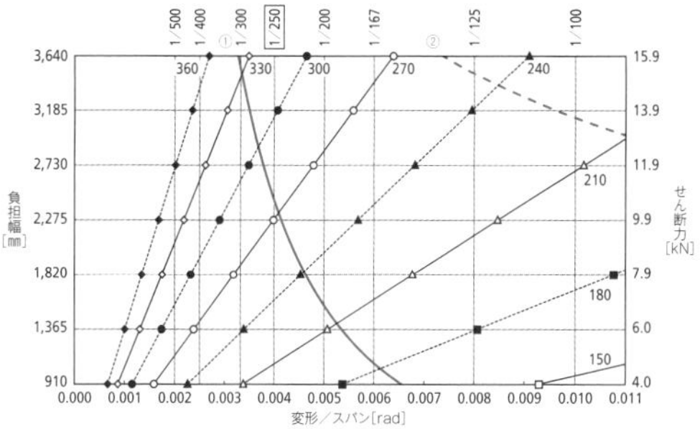

㉜母屋・棟木・小屋梁：金属板屋根の1点集中荷重（積雪2m）［スパン3,640㎜、部材幅120㎜］

荷重分布

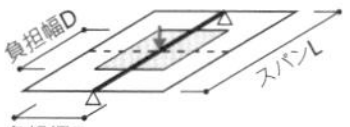

荷重

①：許容曲げ限界　②：許容せん断限界

	部位	固定荷重 DL[N/㎡]	積載荷重 LL[N/㎡]	負担幅 B[m]	負担幅 D[m]	荷重
応力用	屋根 P_1	600	4,200	B	1.82	8,736N/m
	P_2	0	0	0	0	0
	w	0	0	0	—	0
たわみ用	屋根 P_1	600	2,100	B	1.82	4,914N/m
	P_2	0	0	0	0	0
	w	0	0	0	—	0

A、Z、Iの低減係数：0.90　変形増大係数：2.00

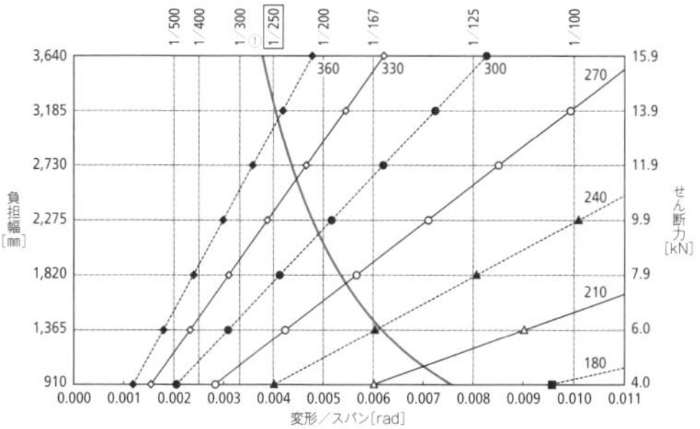

㉝垂木：瓦屋根の等分布荷重（積雪1m）［負担幅303㎜、部材幅45・75・105㎜］

荷重分布

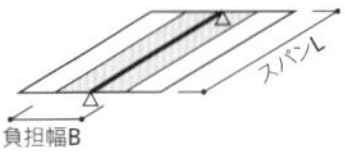

荷重

①：許容曲げ限界　②：許容せん断限界

	部位	固定荷重 DL[N/㎡]	積載荷重 LL[N/㎡]	負担幅 B[m]	負担幅 D[m]	荷重
応力用	屋根 w_1	700	2,100	0.303	－	848N/m
	w_2	0	0	0	－	0
	P	0	0	0	0	0
たわみ用	屋根 w_1	700	1,050	0.303	－	530N/m
	w_2	0	0	0	－	0
	P	0	0	0	0	0

A、Z、Iの低減係数：1.00　変形増大係数：2.00

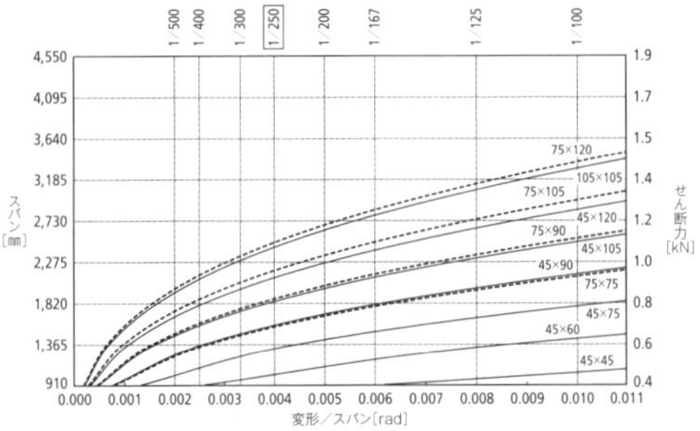

㉞垂木：瓦屋根の等分布荷重（積雪1m）［負担幅303㎜、部材幅60・90・120㎜］

荷重分布

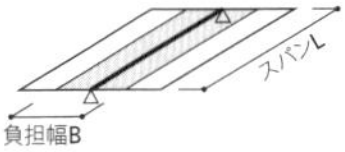

荷重

①：許容曲げ限界　②：許容せん断限界

	部位	固定荷重 DL[N/㎡]	積載荷重 LL[N/㎡]	負担幅 B[m]	負担幅 D[m]	荷重
応力用	屋根 w_1	700	2,100	0.303	－	848N/m
	w_2	0	0	0	－	0
	P	0	0	0	0	0
たわみ用	屋根 w_1	700	1,050	0.303	－	530N/m
	w_2	0	0	0	－	0
	P	0	0	0	0	0

A、Z、Iの低減係数：1.00　変形増大係数：2.00

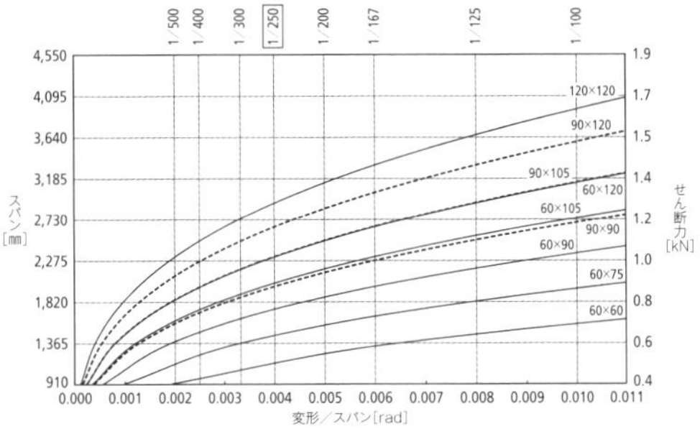

㉟垂木：瓦屋根の等分布荷重（積雪1m）［負担幅455㎜、部材幅45・75・105㎜］

荷重分布

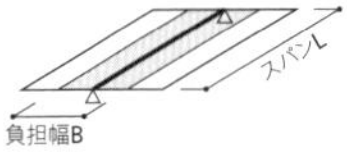

荷重

①：許容曲げ限界　②：許容せん断限界

	部位	固定荷重 DL[N/㎡]	積載荷重 LL[N/㎡]	負担幅 B[m]	負担幅 D[m]	荷重
応力用	屋根 w_1	700	2,100	0.455	－	1,274N/m
	w_2	0	0	0	－	0
	P	0	0	0	0	0
たわみ用	屋根 w_1	700	1,050	0.455	－	796N/m
	w_2	0	0	0	－	0
	P	0	0	0	0	0

A、Z、Iの低減係数：1.00　変形増大係数：2.00

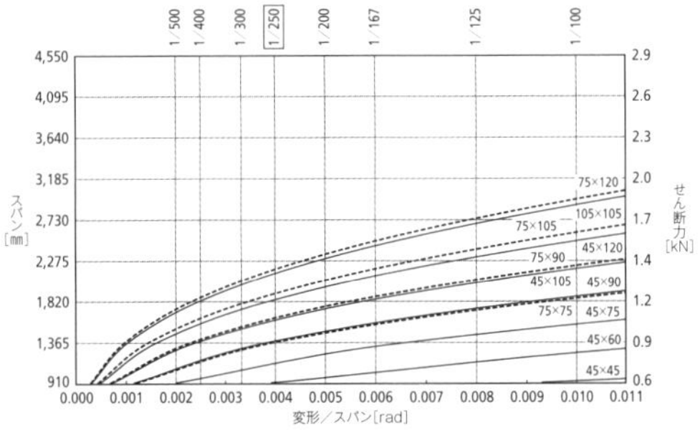

㊱垂木：瓦屋根の等分布荷重（積雪1m）［負担幅455㎜、部材幅60・90・120㎜］

荷重分布

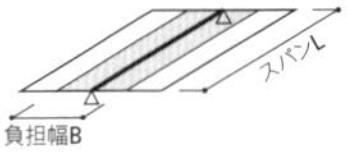

荷重

①：許容曲げ限界　②：許容せん断限界

	部位	固定荷重 DL[N/㎡]	積載荷重 LL[N/㎡]	負担幅 B[m]	負担幅 D[m]	荷重
応力用	屋根 w_1	700	2,100	0.455	－	1,274N/m
	w_2	0	0	0	－	0
	P	0	0	0	0	0
たわみ用	屋根 w_1	700	1,050	0.455	－	796N/m
	w_2	0	0	0	－	0
	P	0	0	0	0	0

A、Z、Iの低減係数：1.00　変形増大係数：2.00

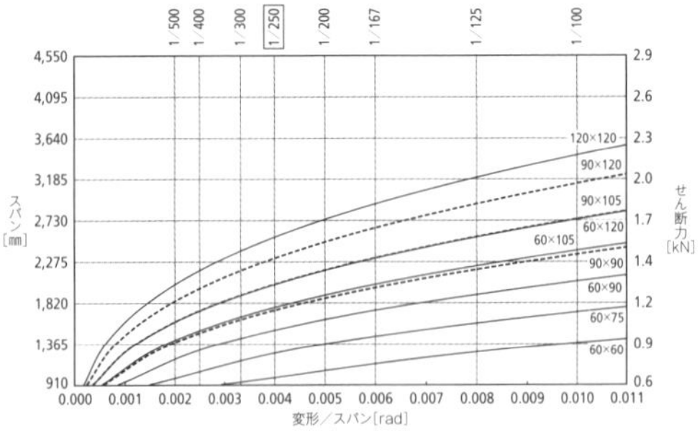

㊲ 垂木：金属板屋根の等分布荷重（積雪1m）［負担幅303㎜、部材幅45・75・105㎜］

荷重分布

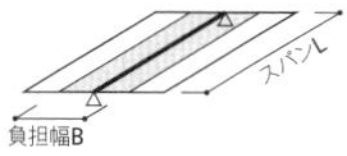

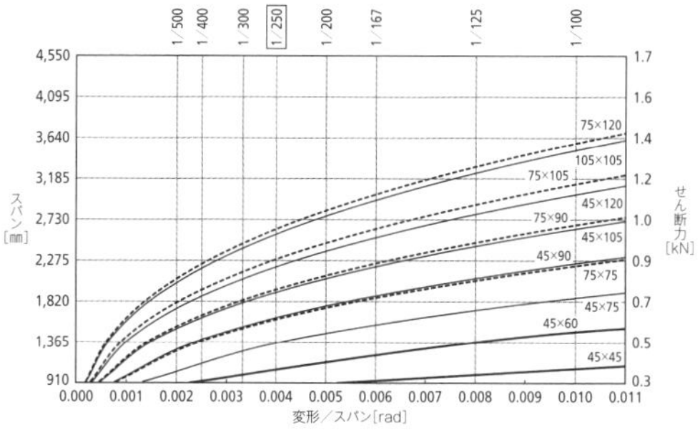

荷重　①：許容曲げ限界　②：許容せん断限界

	部位	固定荷重 DL［N/㎡］	積載荷重 LL［N/㎡］	負担幅 B［m］	負担幅 D［m］	荷重
応力用	屋根 w_1	400	2,100	0.303	－	758N/m
	w_2	0	0	0	－	0
	P	0	0	0	0	0
たわみ用	屋根 w_1	400	1,050	0.303	－	439N/m
	w_2	0	0	0	－	0
	P	0	0	0	0	0

A、Z、Iの低減係数：1.00　変形増大係数：2.00

㊳ 垂木：金属板屋根の等分布荷重（積雪1m）［負担幅303㎜、部材幅60・90・120㎜］

荷重分布

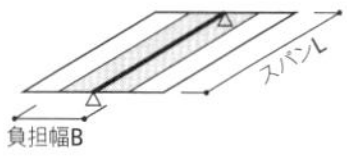

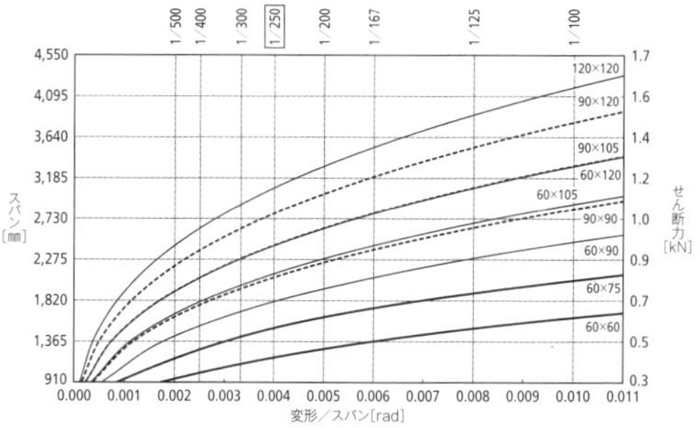

荷重　①：許容曲げ限界　②：許容せん断限界

	部位	固定荷重 DL［N/㎡］	積載荷重 LL［N/㎡］	負担幅 B［m］	負担幅 D［m］	荷重
応力用	屋根 w_1	400	2,100	0.303	－	758N/m
	w_2	0	0	0	－	0
	P	0	0	0	0	0
たわみ用	屋根 w_1	400	1,050	0.303	－	439N/m
	w_2	0	0	0	－	0
	P	0	0	0	0	0

A、Z、Iの低減係数：1.00　変形増大係数：2.00

㊴ 垂木：金属板屋根の等分布荷重（積雪1m）［負担幅455㎜、部材幅45・75・105㎜］

荷重分布

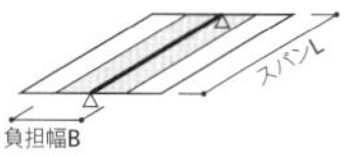

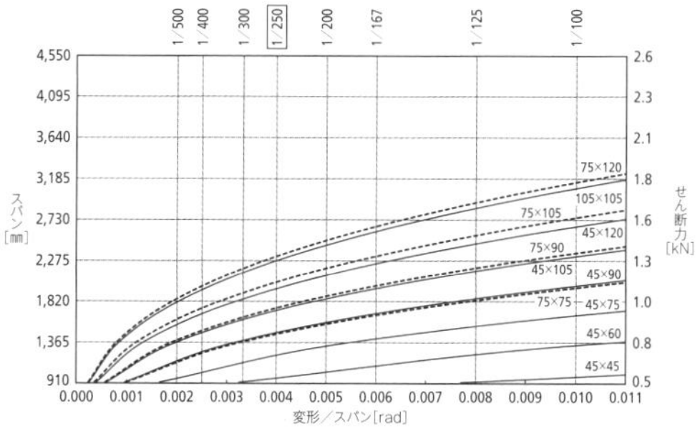

荷重　①：許容曲げ限界　②：許容せん断限界

	部位	固定荷重 DL［N/㎡］	積載荷重 LL［N/㎡］	負担幅 B［m］	負担幅 D［m］	荷重
応力用	屋根 w_1	400	2,100	0.455	－	1,138N/m
	w_2	0	0	0	－	0
	P	0	0	0	0	0
たわみ用	屋根 w_1	400	1,050	0.455	－	660N/m
	w_2	0	0	0	－	0
	P	0	0	0	0	0

A、Z、Iの低減係数：1.00　変形増大係数：2.00

㊵ 垂木：金属板屋根の等分布荷重（積雪1m）［負担幅455㎜、部材幅60・90・120㎜］

荷重分布

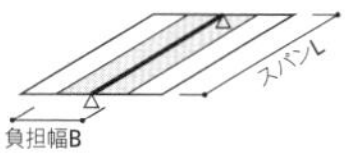

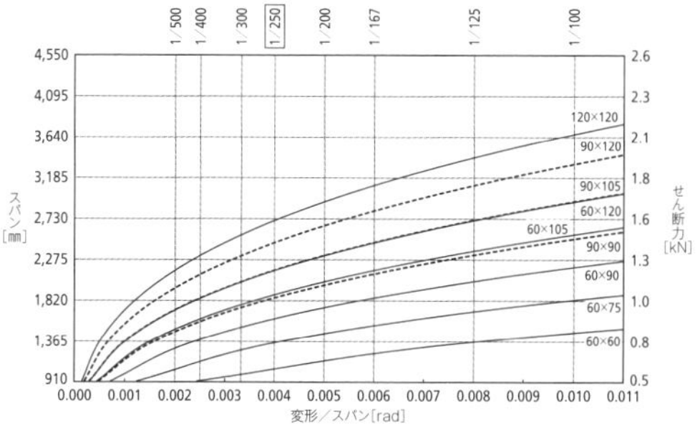

荷重　①：許容曲げ限界　②：許容せん断限界

	部位	固定荷重 DL［N/㎡］	積載荷重 LL［N/㎡］	負担幅 B［m］	負担幅 D［m］	荷重
応力用	屋根 w_1	400	2,100	0.455	－	1,138N/m
	w_2	0	0	0	－	0
	P	0	0	0	0	0
たわみ用	屋根 w_1	400	1,050	0.455	－	660N/m
	w_2	0	0	0	－	0
	P	0	0	0	0	0

A、Z、Iの低減係数：1.00　変形増大係数：2.00

㊶はね出し垂木：瓦屋根の等分布荷重（積雪1m）［負担幅303㎜、部材幅45・75・105㎜］

荷重分布

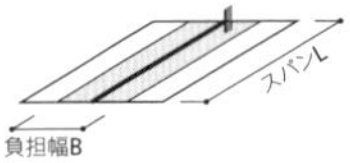

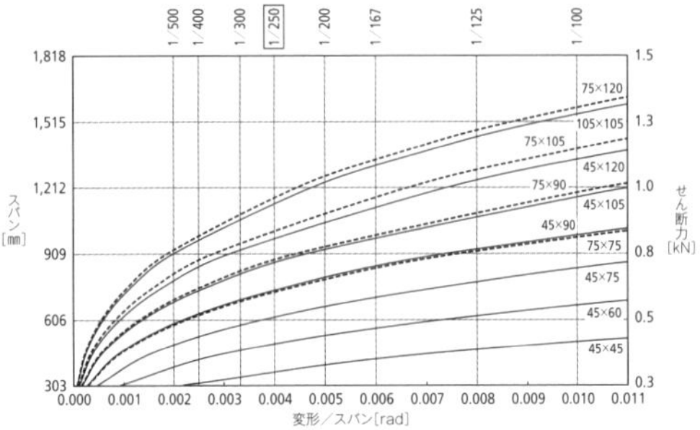

荷重

①：許容曲げ限界　②：許容せん断限界

	部位	固定荷重 DL[N/㎡]	積載荷重 LL[N/㎡]	負担幅 B[m]	負担幅 D[m]	荷重
応力用	屋根 w_1	700	2,100	0.303	–	848N/m
	w_2	0	0	0	–	0
	P	0	0	0	0	0
たわみ用	屋根 w_1	700	1,050	0.303	–	530N/m
	w_2	0	0	0	–	0
	P	0	0	0	0	0

A、Z、Iの低減係数：1.00　変形増大係数：2.00

㊷はね出し垂木：瓦屋根の等分布荷重（積雪1m）［負担幅303㎜、部材幅60・90・120㎜］

荷重分布

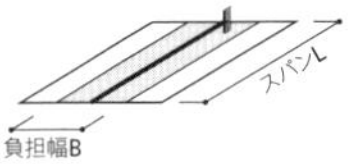

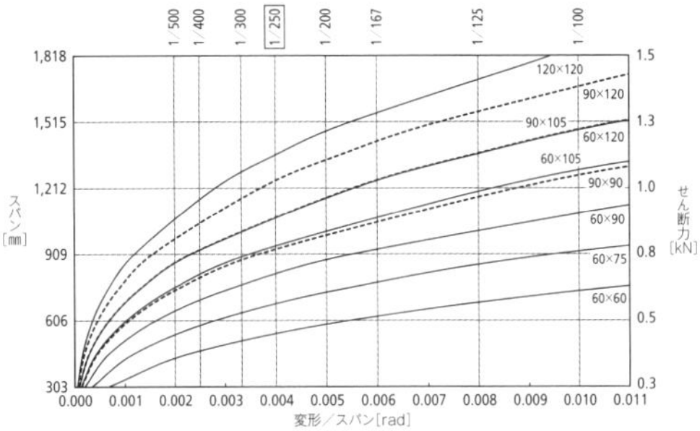

荷重

①：許容曲げ限界　②：許容せん断限界

	部位	固定荷重 DL[N/㎡]	積載荷重 LL[N/㎡]	負担幅 B[m]	負担幅 D[m]	荷重
応力用	屋根 w_1	700	2,100	0.303	–	848N/m
	w_2	0	0	0	–	0
	P	0	0	0	0	0
たわみ用	屋根 w_1	700	1,050	0.303	–	530N/m
	w_2	0	0	0	–	0
	P	0	0	0	0	0

A、Z、Iの低減係数：1.00　変形増大係数：2.00

㊸はね出し垂木：瓦屋根の等分布荷重（積雪1m）［負担幅455㎜、部材幅45・75・105㎜］

荷重分布

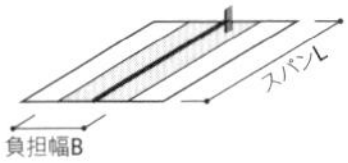

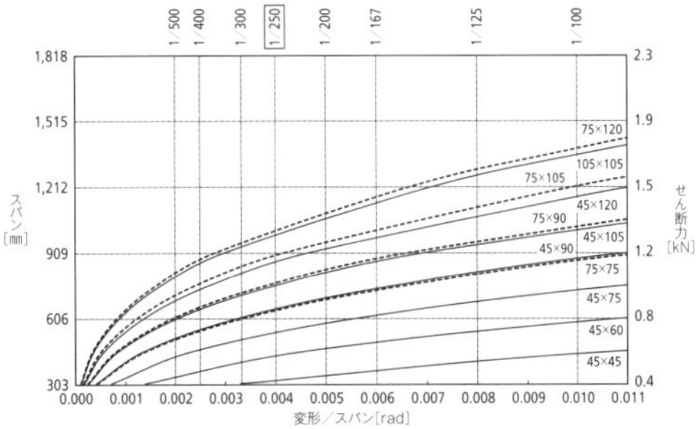

荷重

①：許容曲げ限界　②：許容せん断限界

	部位	固定荷重 DL[N/㎡]	積載荷重 LL[N/㎡]	負担幅 B[m]	負担幅 D[m]	荷重
応力用	屋根 w_1	700	2,100	0.455	–	1,274N/m
	w_2	0	0	0	–	0
	P	0	0	0	0	0
たわみ用	屋根 w_1	700	1,050	0.455	–	796N/m
	w_2	0	0	0	–	0
	P	0	0	0	0	0

A、Z、Iの低減係数：1.00　変形増大係数：2.00

㊹はね出し垂木：瓦屋根の等分布荷重（積雪1m）［負担幅455㎜、部材幅60・90・120㎜］

荷重分布

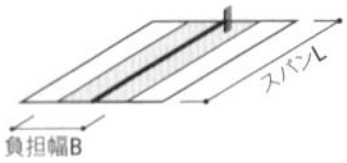

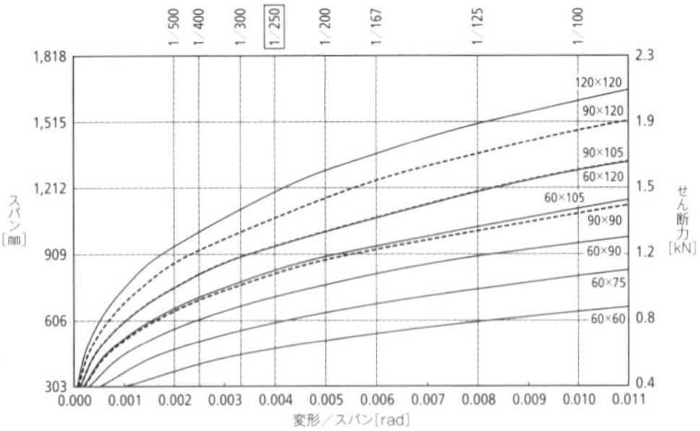

荷重

①：許容曲げ限界　②：許容せん断限界

	部位	固定荷重 DL[N/㎡]	積載荷重 LL[N/㎡]	負担幅 B[m]	負担幅 D[m]	荷重
応力用	屋根 w_1	700	2,100	0.455	–	1,274N/m
	w_2	0	0	0	–	0
	P	0	0	0	0	0
たわみ用	屋根 w_1	700	1,050	0.455	–	796N/m
	w_2	0	0	0	–	0
	P	0	0	0	0	0

A、Z、Iの低減係数：1.00　変形増大係数：2.00

㊺ はね出し垂木：金属板屋根の等分布荷重（積雪1m）［負担幅303㎜、部材幅45・75・105㎜］

荷重分布

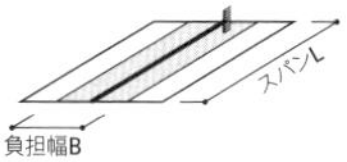

荷重

①：許容曲げ限界　②：許容せん断限界

	部位	固定荷重 DL[N/㎡]	積載荷重 LL[N/㎡]	負担幅 B[m]	負担幅 D[m]	荷重
応力用	屋根 w_1	400	2,100	0.303	−	758N/m
	w_2	0	0	0	−	0
	P	0	0	0	0	0
たわみ用	屋根 w_1	400	1,050	0.303	−	439N/m
	w_2	0	0	0	−	0
	P	0	0	0	0	0

A、Z、Iの低減係数：1.00　変形増大係数：2.00

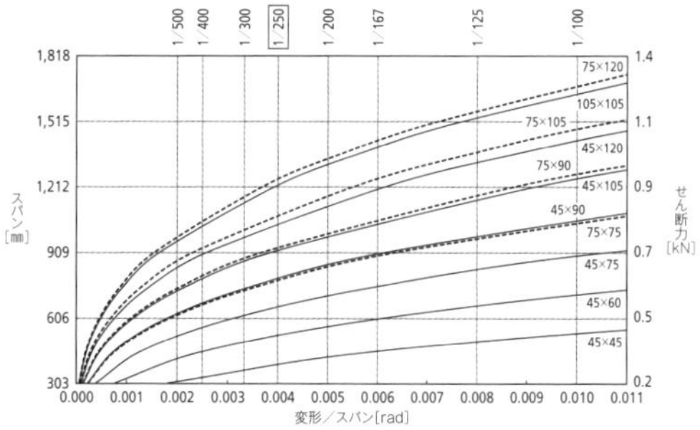

㊻ はね出し垂木：金属板屋根の等分布荷重（積雪1m）［負担幅303㎜、部材幅60・90・120㎜］

荷重分布

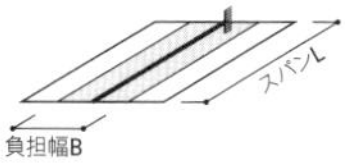

荷重

①：許容曲げ限界　②：許容せん断限界

	部位	固定荷重 DL[N/㎡]	積載荷重 LL[N/㎡]	負担幅 B[m]	負担幅 D[m]	荷重
応力用	屋根 w_1	400	2,100	0.303	−	758N/m
	w_2	0	0	0	−	0
	P	0	0	0	0	0
たわみ用	屋根 w_1	400	1,050	0.303	−	439N/m
	w_2	0	0	0	−	0
	P	0	0	0	0	0

A、Z、Iの低減係数：1.00　変形増大係数：2.00

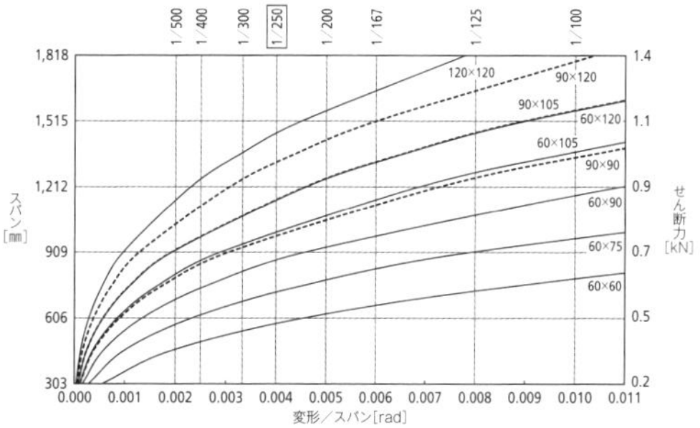

㊼ はね出し垂木：金属板屋根の等分布荷重（積雪1m）［負担幅455㎜、部材幅45・75・105㎜］

荷重分布

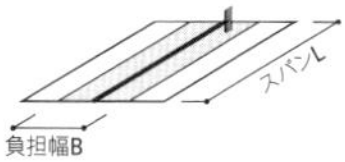

荷重

①：許容曲げ限界　②：許容せん断限界

	部位	固定荷重 DL[N/㎡]	積載荷重 LL[N/㎡]	負担幅 B[m]	負担幅 D[m]	荷重
応力用	屋根 w_1	400	2,100	0.455	−	1,138N/m
	w_2	0	0	0	−	0
	P	0	0	0	0	0
たわみ用	屋根 w_1	400	1,050	0.455	−	660N/m
	w_2	0	0	0	−	0
	P	0	0	0	0	0

A、Z、Iの低減係数：1.00　変形増大係数：2.00

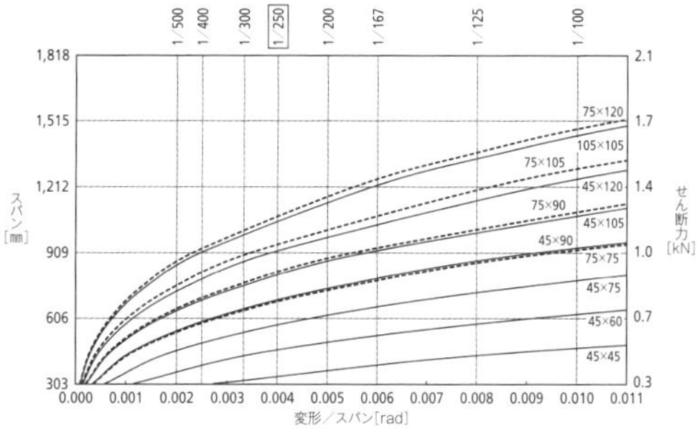

㊽ はね出し垂木：金属板屋根の等分布荷重（積雪1m）［負担幅455㎜、部材幅60・90・120㎜］

荷重分布

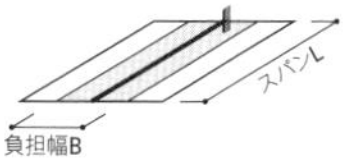

荷重

①：許容曲げ限界　②：許容せん断限界

	部位	固定荷重 DL[N/㎡]	積載荷重 LL[N/㎡]	負担幅 B[m]	負担幅 D[m]	荷重
応力用	屋根 w_1	400	2,100	0.455	−	1,138N/m
	w_2	0	0	0	−	0
	P	0	0	0	0	0
たわみ用	屋根 w_1	400	1,050	0.455	−	660N/m
	w_2	0	0	0	−	0
	P	0	0	0	0	0

A、Z、Iの低減係数：1.00　変形増大係数：2.00

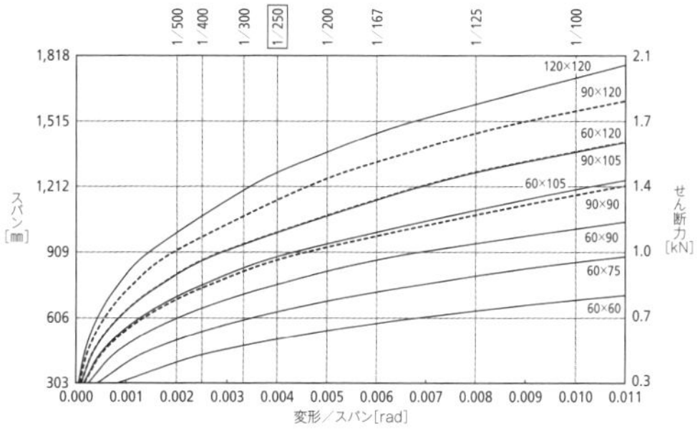

㊾ 垂木：瓦屋根の等分布荷重（積雪2m）［負担幅303㎜、部材幅45・75・105㎜］

荷重分布

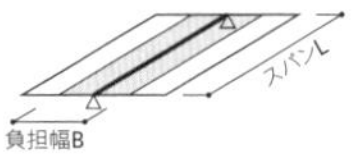

荷重

①：許容曲げ限界　②：許容せん断限界

	部位	固定荷重 DL[N/㎡]	積載荷重 LL[N/㎡]	負担幅 B[m]	負担幅 D[m]	荷重
応力用	屋根 w_1	700	4,200	0.303	－	1,485N/m
	w_2	0	0	0	－	0
	P	0	0	0	0	0
たわみ用	屋根 w_1	700	2,100	0.303	－	848N/m
	w_2	0	0	0	－	0
	P	0	0	0	0	0

A、Z、Iの低減係数：1.00　変形増大係数：2.00

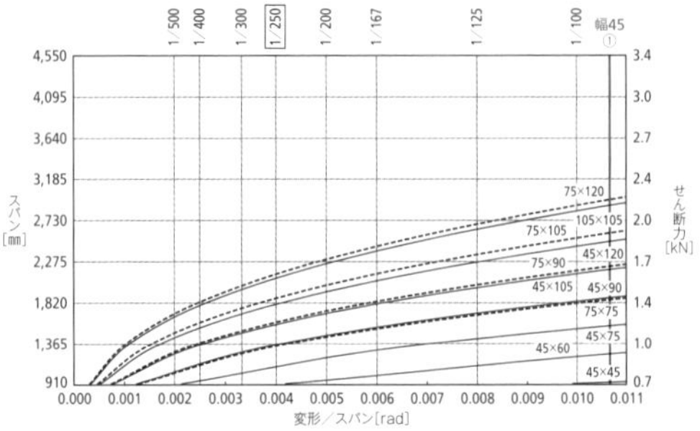

㊿ 垂木：瓦屋根の等分布荷重（積雪2m）［負担幅303㎜、部材幅60・90・120㎜］

荷重分布

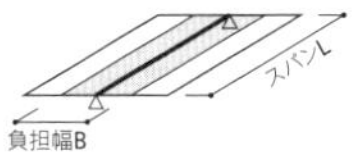

荷重

①：許容曲げ限界　②：許容せん断限界

	部位	固定荷重 DL[N/㎡]	積載荷重 LL[N/㎡]	負担幅 B[m]	負担幅 D[m]	荷重
応力用	屋根 w_1	700	4,200	0.303	－	1,485N/m
	w_2	0	0	0	－	0
	P	0	0	0	0	0
たわみ用	屋根 w_1	700	2,100	0.303	－	848N/m
	w_2	0	0	0	－	0
	P	0	0	0	0	0

A、Z、Iの低減係数：1.00　変形増大係数：2.00

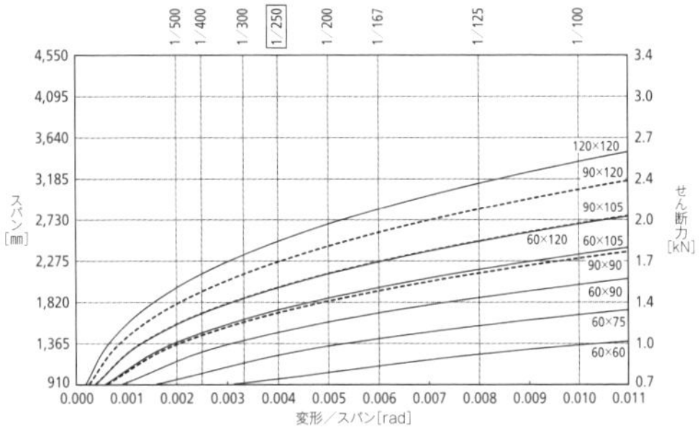

51 垂木：瓦屋根の等分布荷重（積雪2m）［負担幅455㎜、部材幅45・75・105㎜］

荷重分布

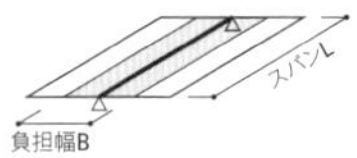

荷重

①：許容曲げ限界　②：許容せん断限界

	部位	固定荷重 DL[N/㎡]	積載荷重 LL[N/㎡]	負担幅 B[m]	負担幅 D[m]	荷重
応力用	屋根 w_1	700	4,200	0.455	－	2,230N/m
	w_2	0	0	0	－	0
	P	0	0	0	0	0
たわみ用	屋根 w_1	700	2,100	0.455	－	1,274N/m
	w_2	0	0	0	－	0
	P	0	0	0	0	0

A、Z、Iの低減係数：1.00　変形増大係数：2.00

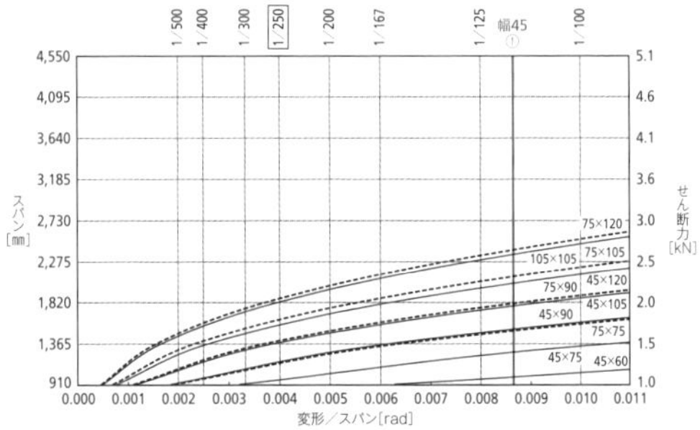

52 垂木：瓦屋根の等分布荷重（積雪2m）［負担幅455㎜、部材幅60・90・120㎜］

荷重分布

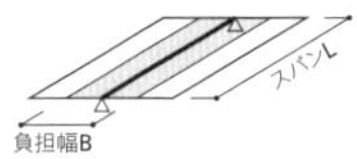

荷重

①：許容曲げ限界　②：許容せん断限界

	部位	固定荷重 DL[N/㎡]	積載荷重 LL[N/㎡]	負担幅 B[m]	負担幅 D[m]	荷重
応力用	屋根 w_1	700	4,200	0.455	－	2,230N/m
	w_2	0	0	0	－	0
	P	0	0	0	0	0
たわみ用	屋根 w_1	700	2,100	0.455	－	1,274N/m
	w_2	0	0	0	－	0
	P	0	0	0	0	0

A、Z、Iの低減係数：1.00　変形増大係数：2.00

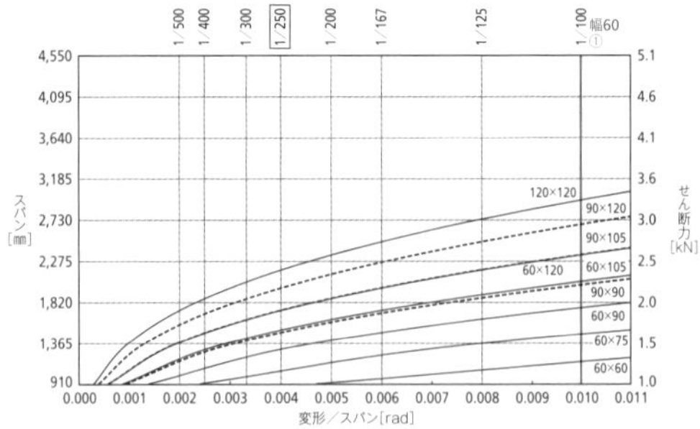

㊸ 垂木：金属板屋根の等分布荷重（積雪2m）［負担幅303㎜、部材幅45・75・105㎜］

荷重分布

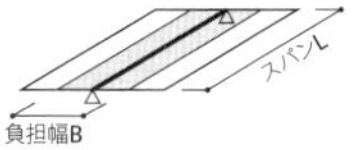

荷重

①：許容曲げ限界　②：許容せん断限界

	部位	固定荷重 DL[N/㎡]	積載荷重 LL[N/㎡]	負担幅 B[m]	負担幅 D[m]	荷重
応力用	屋根 w_1	400	4,200	0.303	−	1,394N/m
	w_2	0	0	0	−	0
	P	0	0	0	0	0
たわみ用	屋根 w_1	400	2,100	0.303	−	758N/m
	w_2	0	0	0	−	0
	P	0	0	0	0	0

A、Z、Iの低減係数：1.00　変形増大係数：2.00

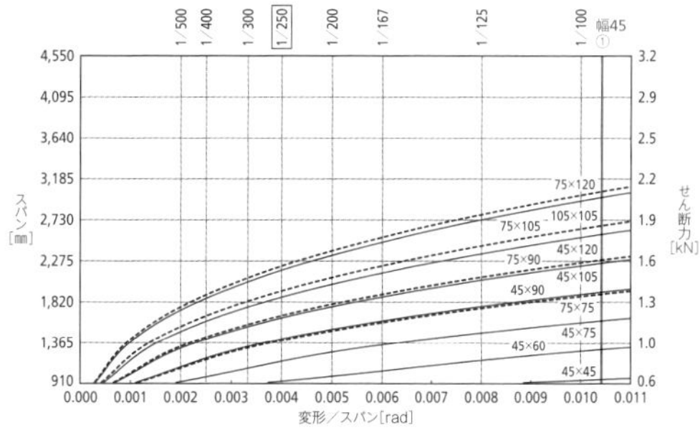

㊹ 垂木：金属板屋根の等分布荷重（積雪2m）［負担幅303㎜、部材幅60・90・120㎜］

荷重分布

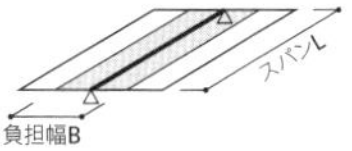

荷重

①：許容曲げ限界　②：許容せん断限界

	部位	固定荷重 DL[N/㎡]	積載荷重 LL[N/㎡]	負担幅 B[m]	負担幅 D[m]	荷重
応力用	屋根 w_1	400	4,200	0.303	−	1,394N/m
	w_2	0	0	0	−	0
	P	0	0	0	0	0
たわみ用	屋根 w_1	400	2,100	0.303	−	758N/m
	w_2	0	0	0	−	0
	P	0	0	0	0	0

A、Z、Iの低減係数：1.00　変形増大係数：2.00

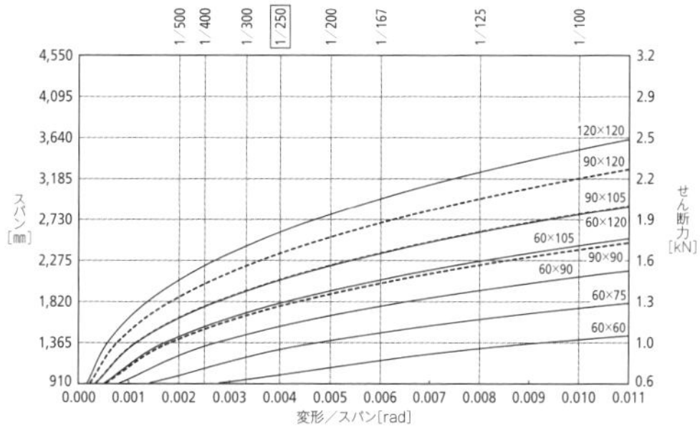

㊺ 垂木：金属板屋根の等分布荷重（積雪2m）［負担幅455㎜、部材幅45・75・105㎜］

荷重分布

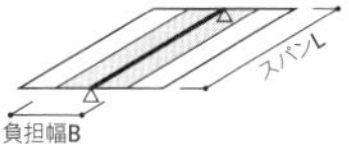

荷重

①：許容曲げ限界　②：許容せん断限界

	部位	固定荷重 DL[N/㎡]	積載荷重 LL[N/㎡]	負担幅 B[m]	負担幅 D[m]	荷重
応力用	屋根 w_1	400	4,200	0.455	−	2,093N/m
	w_2	0	0	0	−	0
	P	0	0	0	0	0
たわみ用	屋根 w_1	400	2,100	0.455	−	1,138N/m
	w_2	0	0	0	−	0
	P	0	0	0	0	0

A、Z、Iの低減係数：1.00　変形増大係数：2.00

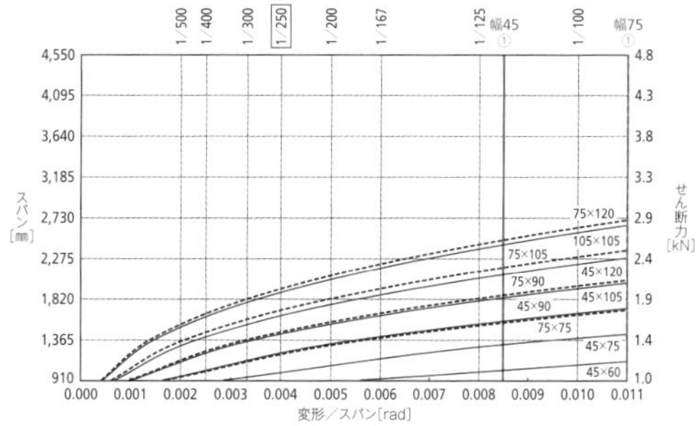

㊻ 垂木：金属板屋根の等分布荷重（積雪2m）［負担幅455㎜、部材幅60・90・120㎜］

荷重分布

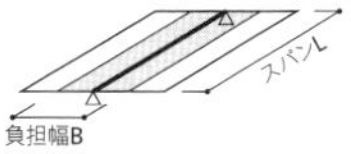

荷重

①：許容曲げ限界　②：許容せん断限界

	部位	固定荷重 DL[N/㎡]	積載荷重 LL[N/㎡]	負担幅 B[m]	負担幅 D[m]	荷重
応力用	屋根 w_1	400	4,200	0.455	−	2,093N/m
	w_2	0	0	0	−	0
	P	0	0	0	0	0
たわみ用	屋根 w_1	400	2,100	0.455	−	1,138N/m
	w_2	0	0	0	−	0
	P	0	0	0	0	0

A、Z、Iの低減係数：1.00　変形増大係数：2.00

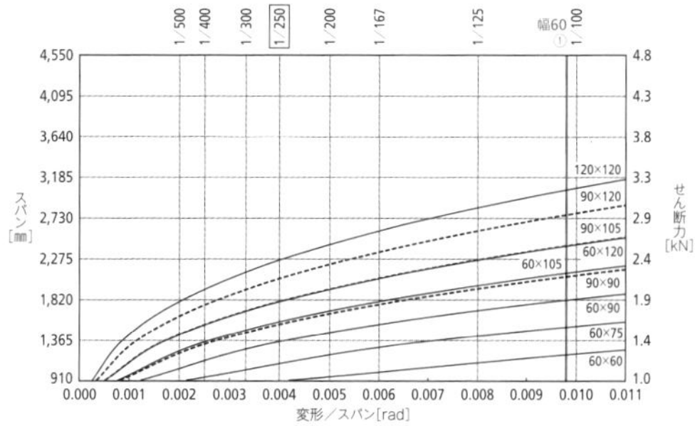

㊼ はね出し垂木：瓦屋根の等分布荷重(積雪2m)[負担幅303㎜、部材幅45・75・105㎜]

荷重分布

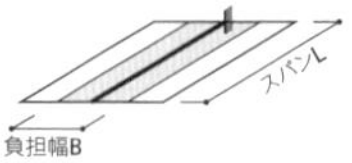

荷重

①:許容曲げ限界　②:許容せん断限界

	部位	固定荷重 DL[N/㎡]	積載荷重 LL[N/㎡]	負担幅 B[m]	負担幅 D[m]	荷重
応力用	屋根 w1	700	4,200	0.303	—	1,485N/m
	w2	0	0	0	—	0
	P	0	0	0	0	0
たわみ用	屋根 w1	700	2,100	0.303	—	848N/m
	w2	0	0	0	—	0
	P	0	0	0	0	0

A、Z、Iの低減係数：1.00　変形増大係数：2.00

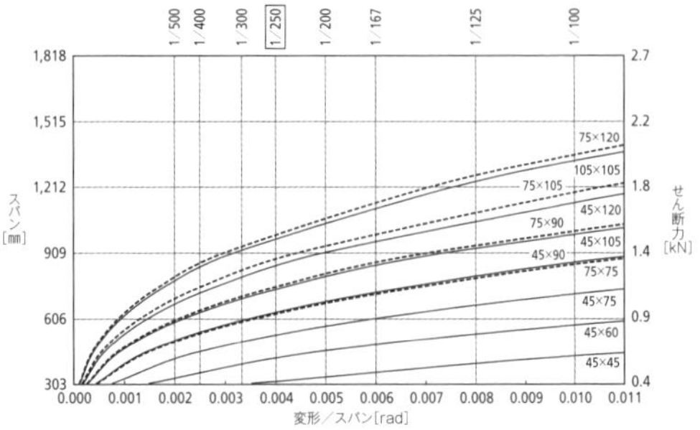

㊽ はね出し垂木：瓦屋根の等分布荷重(積雪2m)[負担幅303㎜、部材幅60・90・120㎜]

荷重分布

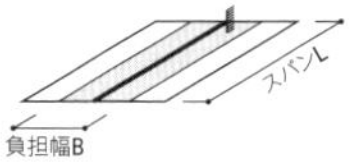

荷重

①:許容曲げ限界　②:許容せん断限界

	部位	固定荷重 DL[N/㎡]	積載荷重 LL[N/㎡]	負担幅 B[m]	負担幅 D[m]	荷重
応力用	屋根 w1	700	4,200	0.303	—	1,485N/m
	w2	0	0	0	—	0
	P	0	0	0	0	0
たわみ用	屋根 w1	700	2,100	0.303	—	848N/m
	w2	0	0	0	—	0
	P	0	0	0	0	0

A、Z、Iの低減係数：1.00　変形増大係数：2.00

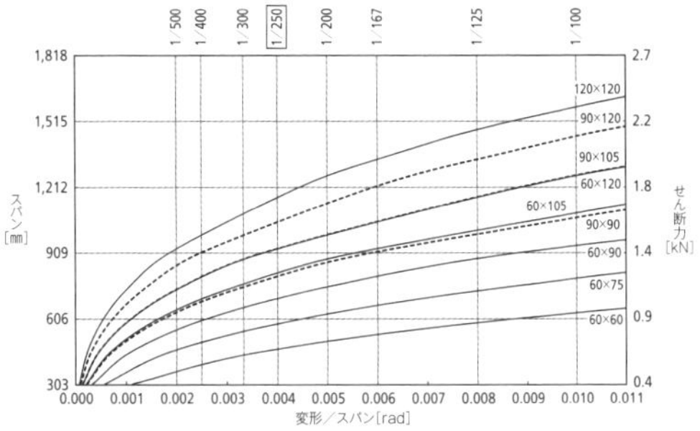

㊾ はね出し垂木：瓦屋根の等分布荷重(積雪2m)[負担幅455㎜、部材幅45・75・105㎜]

荷重分布

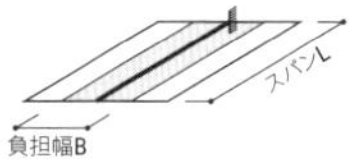

荷重

①:許容曲げ限界　②:許容せん断限界

	部位	固定荷重 DL[N/㎡]	積載荷重 LL[N/㎡]	負担幅 B[m]	負担幅 D[m]	荷重
応力用	屋根 w1	700	4,200	0.455	—	2,230N/m
	w2	0	0	0	—	0
	P	0	0	0	0	0
たわみ用	屋根 w1	700	2,100	0.455	—	1,274N/m
	w2	0	0	0	—	0
	P	0	0	0	0	0

A、Z、Iの低減係数：1.00　変形増大係数：2.00

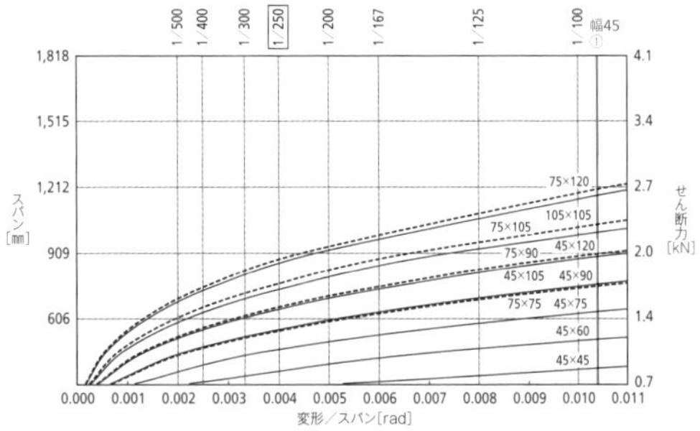

㊿ はね出し垂木：瓦屋根の等分布荷重(積雪2m)[負担幅455㎜、部材幅60・90・120㎜]

荷重分布

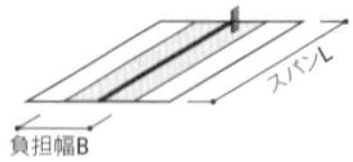

荷重

①:許容曲げ限界　②:許容せん断限界

	部位	固定荷重 DL[N/㎡]	積載荷重 LL[N/㎡]	負担幅 B[m]	負担幅 D[m]	荷重
応力用	屋根 w1	700	4,200	0.455	—	2,230N/m
	w2	0	0	0	—	0
	P	0	0	0	0	0
たわみ用	屋根 w1	700	2,100	0.455	—	1,274N/m
	w2	0	0	0	—	0
	P	0	0	0	0	0

A、Z、Iの低減係数：1.00　変形増大係数：2.00

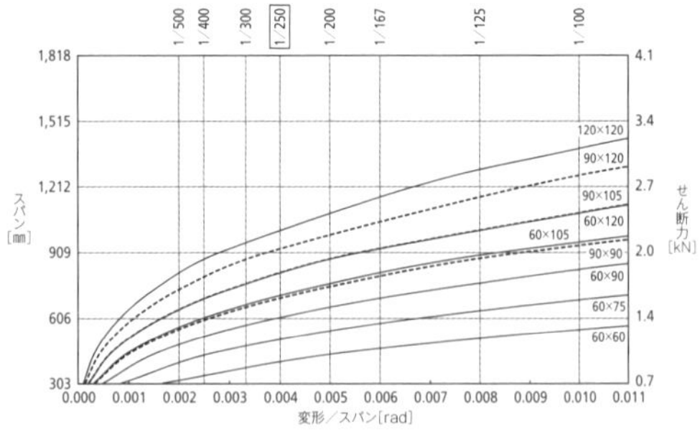

㊶はね出し垂木：金属板屋根の等分布荷重（積雪2m）[負担幅303㎜、部材幅45・75・105㎜]

荷重分布

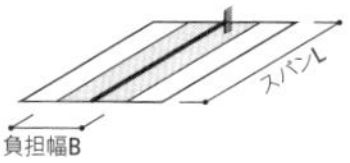

荷重

①：許容曲げ限界　②：許容せん断限界

	部位	固定荷重 DL[N/㎡]	積載荷重 LL[N/㎡]	負担幅 B[m]	負担幅 D[m]	荷重
応力用	屋根 w1	400	4,200	0.303	−	1,394N/m
	w2	0	0	0	−	0
	P	0	0	0	0	0
たわみ用	屋根 w1	400	2,100	0.303	−	758N/m
	w2	0	0	0	−	0
	P	0	0	0	0	0

A、Z、Iの低減係数：1.00　変形増大係数：2.00

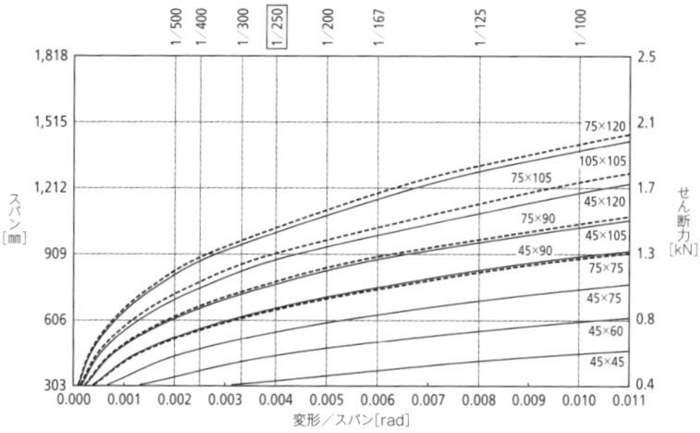

㊷はね出し垂木：金属板屋根の等分布荷重（積雪2m）[負担幅303㎜、部材幅60・90・120㎜]

荷重分布

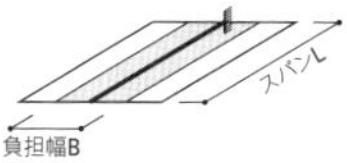

荷重

①：許容曲げ限界　②：許容せん断限界

	部位	固定荷重 DL[N/㎡]	積載荷重 LL[N/㎡]	負担幅 B[m]	負担幅 D[m]	荷重
応力用	屋根 w1	400	4,200	0.303	−	1,394N/m
	w2	0	0	0	−	0
	P	0	0	0	0	0
たわみ用	屋根 w1	400	2,100	0.303	−	758N/m
	w2	0	0	0	−	0
	P	0	0	0	0	0

A、Z、Iの低減係数：1.00　変形増大係数：2.00

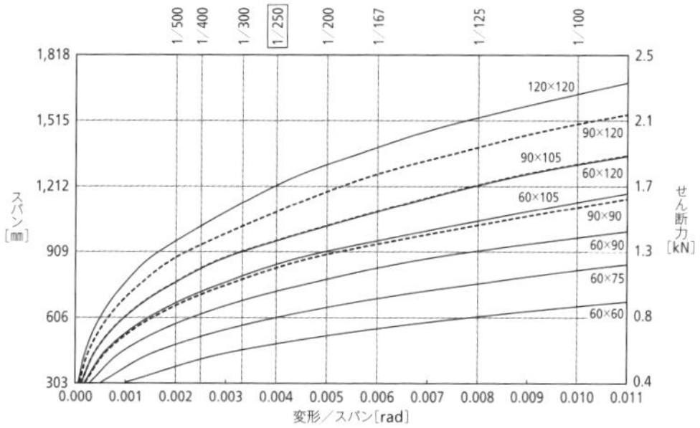

㊸はね出し垂木：金属板屋根の等分布荷重（積雪2m）[負担幅455㎜、部材幅45・75・105㎜]

荷重分布

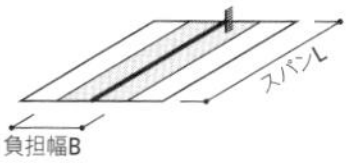

荷重

①：許容曲げ限界　②：許容せん断限界

	部位	固定荷重 DL[N/㎡]	積載荷重 LL[N/㎡]	負担幅 B[m]	負担幅 D[m]	荷重
応力用	屋根 w1	400	4,200	0.455	−	2,093N/m
	w2	0	0	0	−	0
	P	0	0	0	0	0
たわみ用	屋根 w1	400	2,100	0.455	−	1,138N/m
	w2	0	0	0	−	0
	P	0	0	0	0	0

A、Z、Iの低減係数：1.00　変形増大係数：2.00

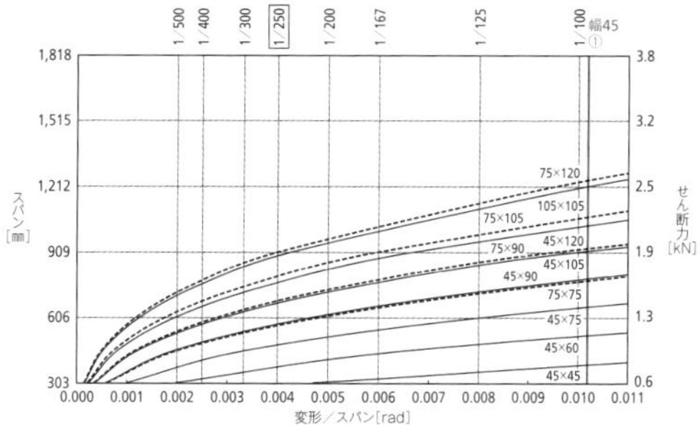

㊹はね出し垂木：金属板屋根の等分布荷重（積雪2m）[負担幅455㎜、部材幅60・90・120㎜]

荷重分布

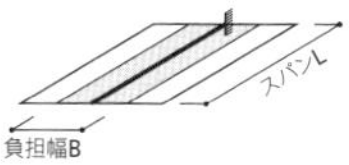

荷重

①：許容曲げ限界　②：許容せん断限界

	部位	固定荷重 DL[N/㎡]	積載荷重 LL[N/㎡]	負担幅 B[m]	負担幅 D[m]	荷重
応力用	屋根 w1	400	4,200	0.455	−	2,093N/m
	w2	0	0	0	−	0
	P	0	0	0	0	0
たわみ用	屋根 w1	400	2,100	0.455	−	1,138N/m
	w2	0	0	0	−	0
	P	0	0	0	0	0

A、Z、Iの低減係数：1.00　変形増大係数：2.00

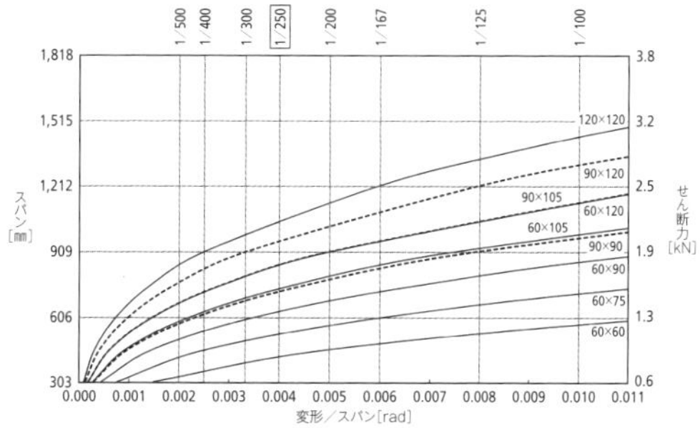

梁−梁接合タイプ BG

レベル3
BG3
長期許容支持耐力
14.8kN

乾燥方法 ： 高温乾燥
加工方法 ： 手加工
ボルト有無 ： Dボルト

受圧面積 5,080㎟
大入れ 30㎜
受け梁の残り 90㎜

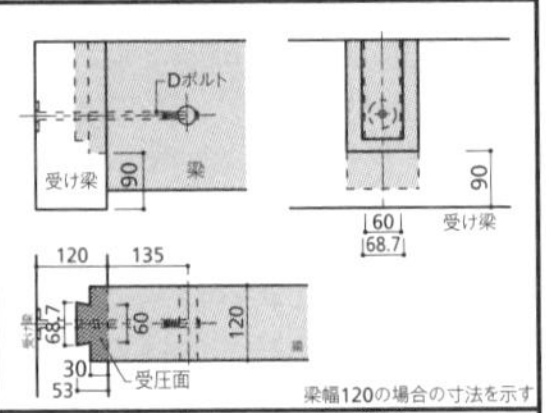

梁幅120の場合の寸法を示す

レベル2
BG2
長期許容支持耐力
11.6kN

乾燥方法 ： 高温乾燥
加工方法 ： プレカット
ボルト有無 ： Dボルト

受圧面積 2,398㎟
大入れ 9㎜
受け梁の残り 60㎜

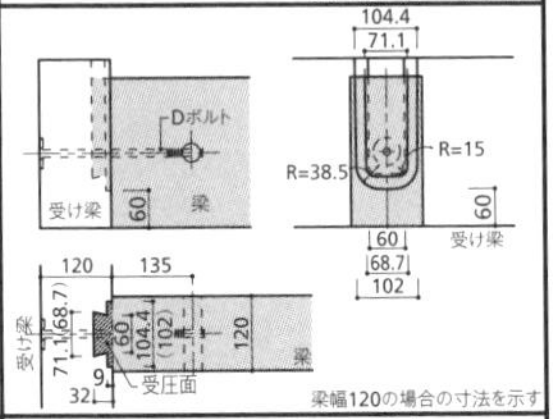

梁幅120の場合の寸法を示す

レベル1
BG1
長期許容支持耐力
9.2kN

乾燥方法 ： 高温乾燥
加工方法 ： プレカット
ボルト有無 ： 無

受圧面積 2,398㎟
大入れ 9㎜
受け梁の残り 60㎜

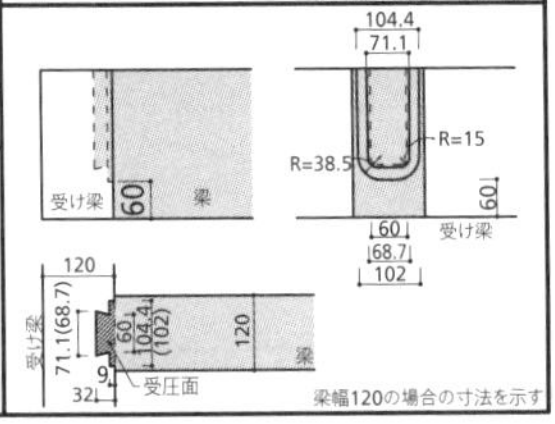

梁幅120の場合の寸法を示す

梁−梁接合タイプ WG

レベル3
WG3
長期許容支持耐力
14.5kN

乾燥方法 ： 中温乾燥
加工方法 ： 手加工
ボルト有無 ： 羽子板ボルト

受圧面積 4,650㎟
大入れ 30㎜
受け梁の残り 90㎜

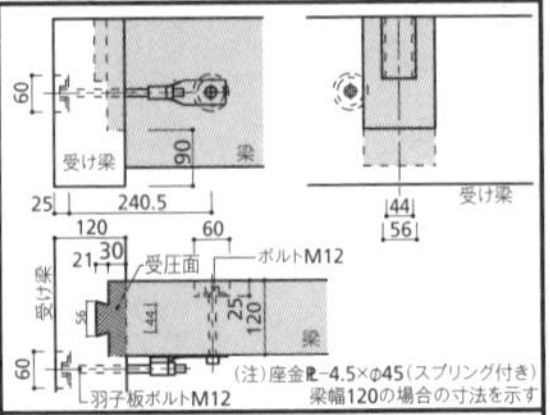

梁幅120の場合の寸法を示す

レベル2
WG2
長期許容支持耐力
13.3kN

乾燥方法 ： 中温乾燥
加工方法 ： プレカット
ボルト有無 ： 羽子板ボルト

受圧面積 2,454㎟
大入れ 12㎜
受け梁の残り 60㎜

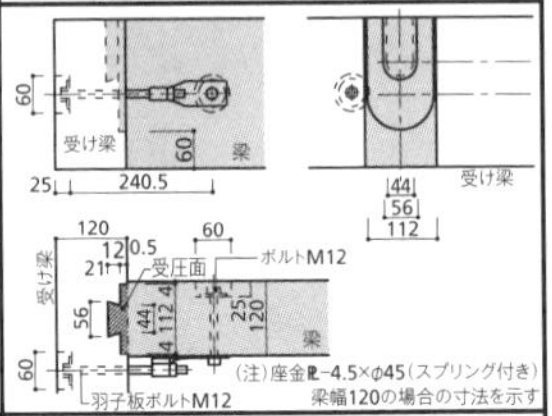

梁幅120の場合の寸法を示す

レベル1
WG1
長期許容支持耐力
9.4kN

乾燥方法 ： 中温乾燥
加工方法 ： プレカット
ボルト有無 ： 無

受圧面積 2,454㎟
大入れ 12㎜
受け梁の残り 60㎜

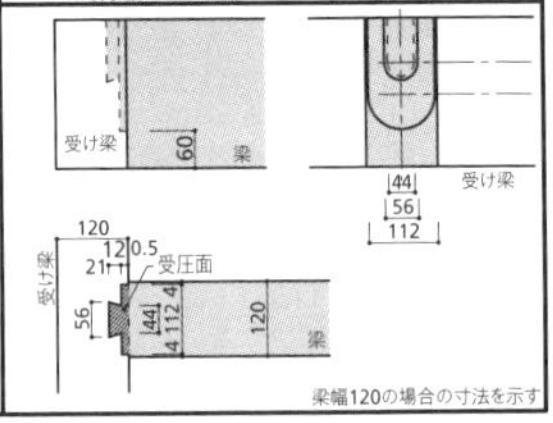

梁幅120の場合の寸法を示す

梁−梁接合タイプ TG

レベル2
TG3
長期許容支持耐力
14.3kN

乾燥方法 ： 天然乾燥
加工方法 ： 手加工
ボルト有無 ： 無

受圧面積 4,912㎟
大入れ 30㎜
受け梁の残り 60㎜

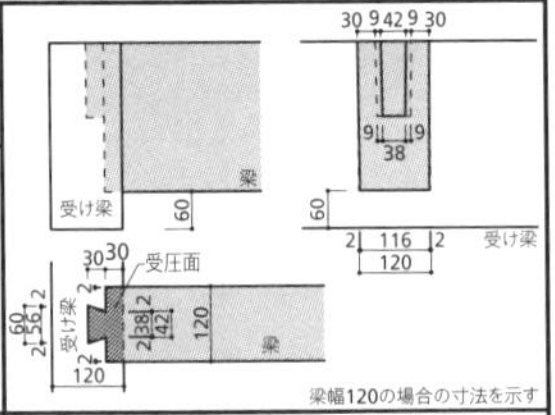

梁幅120の場合の寸法を示す

レベル1
TG2
長期許容支持耐力
11.4kN

乾燥方法 ： 天然乾燥
加工方法 ： 手加工
ボルト有無 ： 無

受圧面積 3,157㎟
大入れ 15㎜
受け梁の残り 60㎜

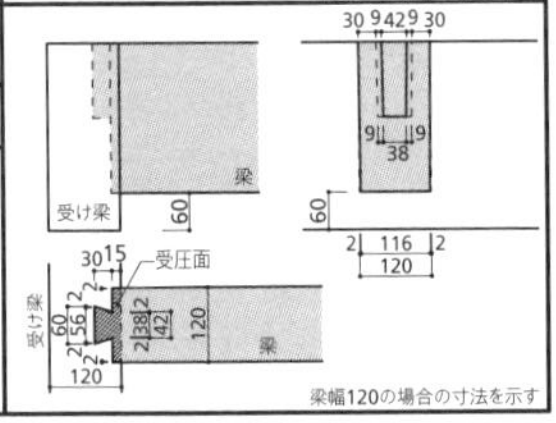

梁幅120の場合の寸法を示す

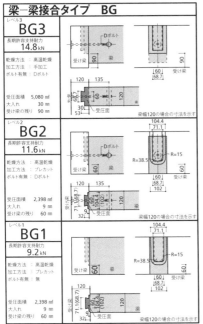

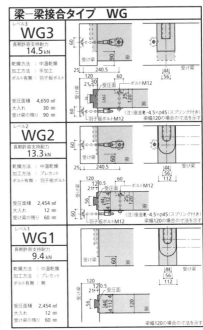

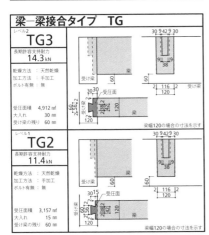

柱―梁接合タイプ　BC

レベル2
BC2
長期許容支持耐力
11.2 kN

乾燥方法　：高温乾燥
加工方法　：手加工
ボルト有無：Dボルト

受圧面積　2,850 ㎟
大入れ　30 ㎜

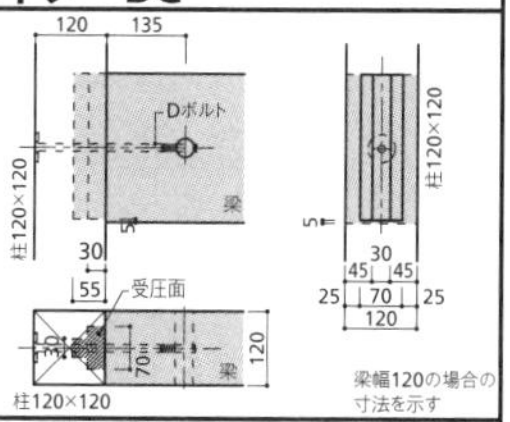

レベル1
BC1
長期許容支持耐力
9.3 kN

乾燥方法　：高温乾燥
加工方法　：プレカット
ボルト有無：Dボルト

受圧面積　1,800 ㎟
大入れ　15 ㎜

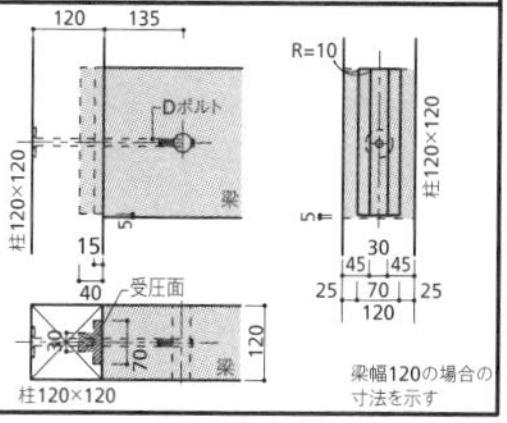

柱―梁接合タイプ　WC

レベル2
WC2
長期許容支持耐力
12.8 kN

乾燥方法　：中温乾燥
加工方法　：プレカット
ボルト有無：軸ボルト

受圧面積　2,060 ㎟
大入れ　16 ㎜

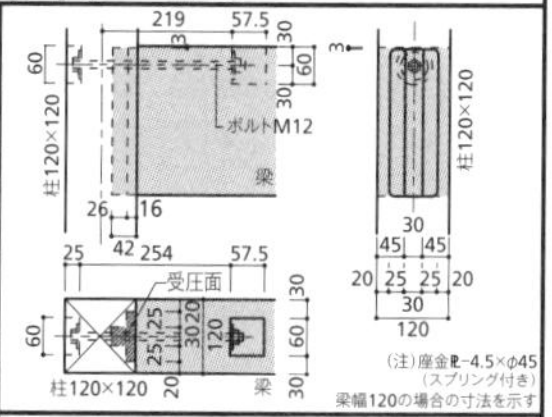

レベル1
WC1
長期許容支持耐力
9.6 kN

乾燥方法　：中温乾燥
加工方法　：プレカット
ボルト有無：無

受圧面積　2,060 ㎟
大入れ　16 ㎜

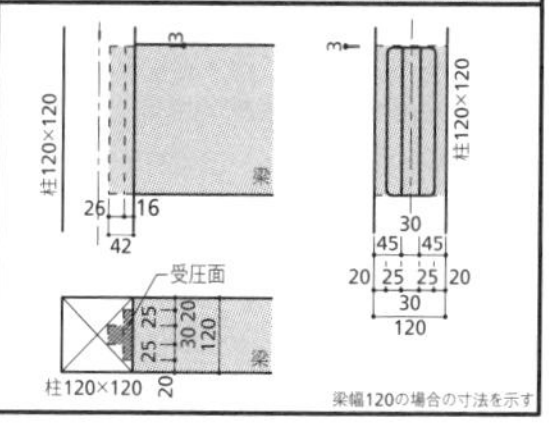

柱―梁接合タイプ　TC

レベル2
TC3
長期許容支持耐力
18.9 kN

乾燥方法　：天然乾燥
加工方法　：手加工
ボルト有無：込栓

受圧面積　5,591 ㎟
大入れ　21 ㎜

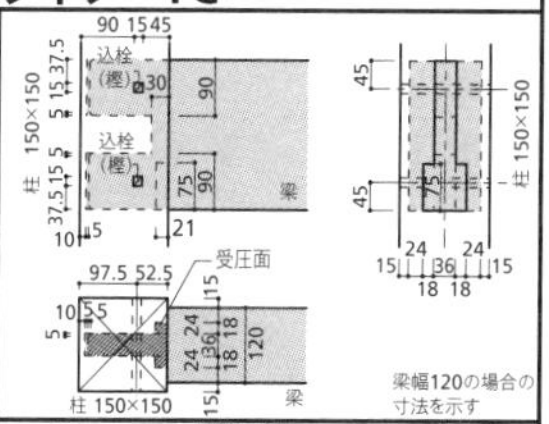

レベル1
TC1
長期許容支持耐力
10.8 kN

乾燥方法　：天然乾燥
加工方法　：手加工
ボルト有無：軸ボルト

受圧面積　2,052 ㎟
大入れ　21 ㎜

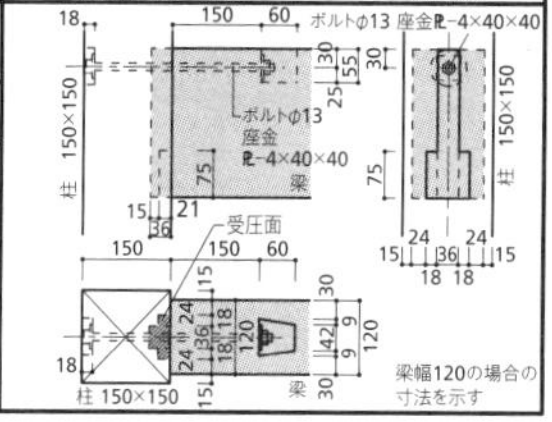

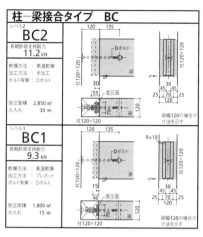

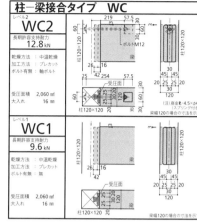

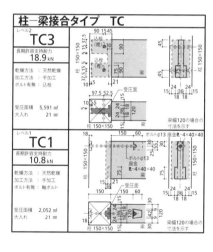

設計データ25 ● 耐風処理

❶ 風圧力に抵抗する外壁面の構造

①柱で支える

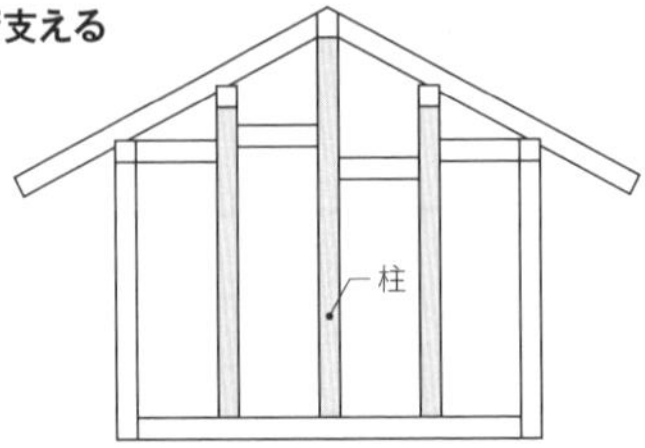

柱が優先して通っていると、梁で受けた風圧力も最終的には柱が支えることになる

②梁で支える

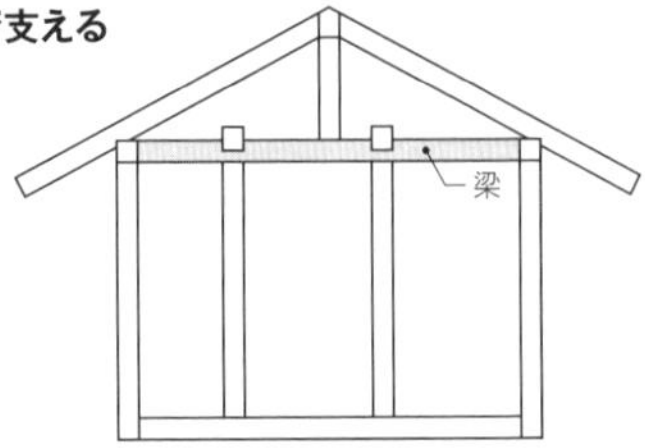

梁が優先して通っていると、柱で受けた風圧力も最終的には梁が支えることになる

❷ 耐風柱の設計方法

①柱断面を大きくする

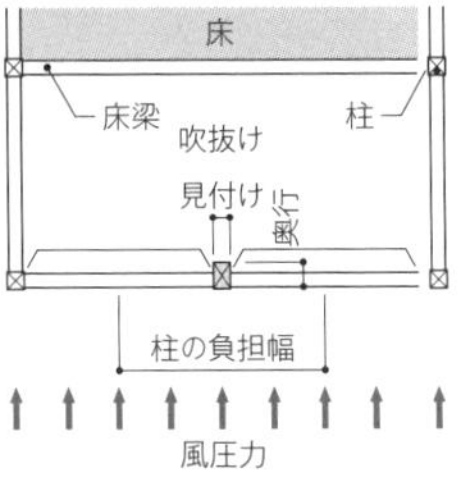

風圧力に対する見付け幅よりも、風圧力の方向と平行になる奥行きを広げたほうが、たわみの軽減効果は高い

②柱の本数を増やす

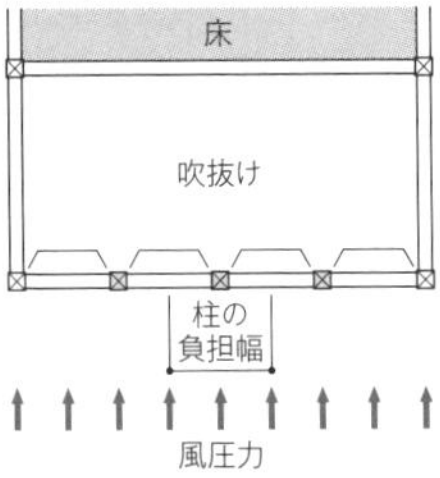

柱1本当たりの負担荷重を減らして、たわみの軽減を図る

③振れ止めを設ける

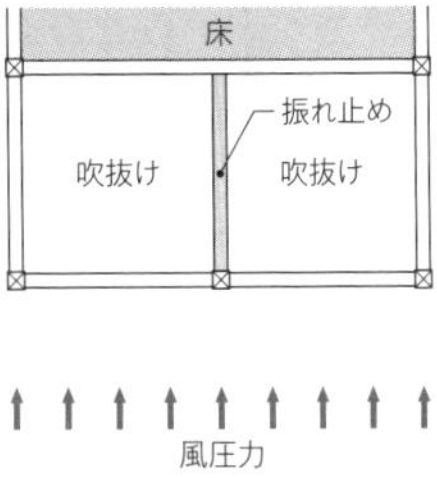

風圧力に対する柱の有効スパン（内法高さ）を短くして、たわみの軽減を図る

❸ 耐風梁の設計方法

①梁断面を大きくする

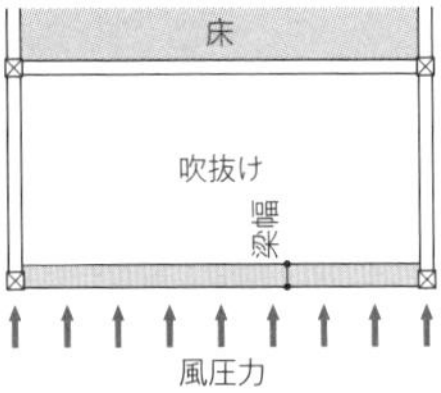

風圧力の方向と平行になる梁幅を広げたほうが、たわみの軽減効果は高い

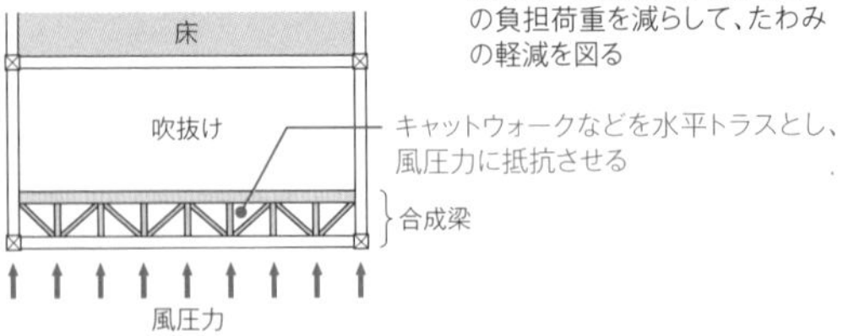

キャットウォークなどの床を設けて合成梁とする方法も一案である

②梁の本数を増やす

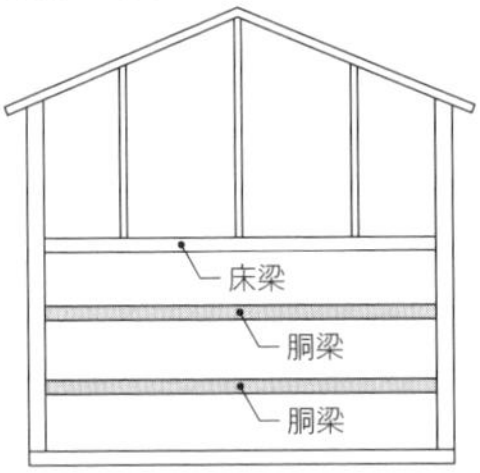

胴梁などを設け、梁1本当たりの負担荷重を減らして、たわみの軽減を図る

③振れ止めや火打ち梁を設ける

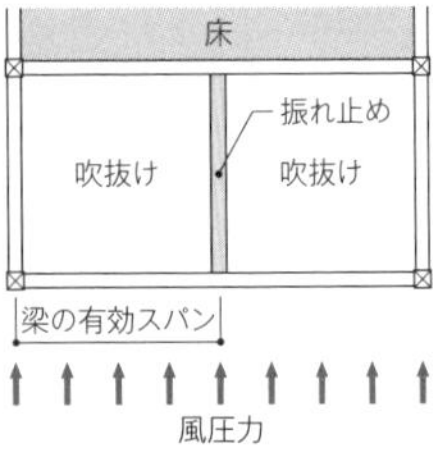

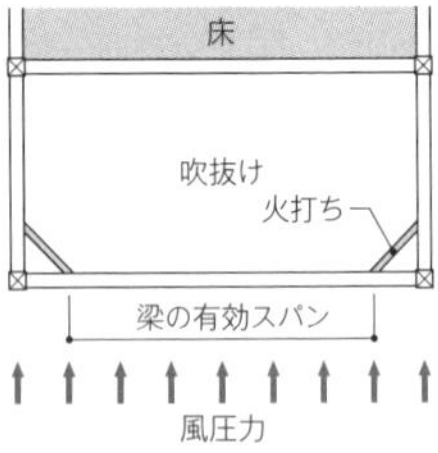

梁の有効スパンを短くして、たわみの軽減を図る

❹風圧力に対する柱・間柱の必要断面

基準風速［m/秒］	柱1			柱2		
	負担幅［㎜］	粗度区分		負担幅［㎜］	粗度区分	
		Ⅱ	Ⅲ		Ⅱ	Ⅲ
V_o=32	1,820	105×105	105×105	910	150×150	150×150
	2,730	120×120	105×105	1,365	180×180	150×150
	3,640	120×120	120×120	1,820	180×180	180×180
V_o=34	1,820	105×105	105×105	910	150×150	150×150
	2,730	120×120	105×105	1,365	180×180	150×150
	3,640	150×150	120×120	1,820	180×180	180×180
V_o=36	1,820	120×120	105×105	910	150×150	150×150
	2,730	120×120	120×120	1,365	180×180	150×150
	3,640	150×150	120×120	1,820	180×180	180×180

基準風速［m/秒］	間柱				
	負担幅［㎜］	粗度区分			
		Ⅱ		Ⅲ	
V_o=32	455	45×90	60×75	45×75	60×75
	606	45×105	60×90	45×90	60×75
	910	45×105	60×105	45×105	60×90
V_o=34	455	45×90	60×90	45×90	60×75
	606	45×105	60×90	45×90	60×90
	910	45×120	60×105	45×105	60×90
V_o=36	455	45×90	60×90	45×90	60×75
	606	45×105	60×90	45×90	60×90
	910	45×120	60×105	45×105	60×90

注1　断面サイズは、B（見付け）×D（奥行）を表す［単位：㎜］
注2　材はスギ（無等級材）、ヤング係数はE70（中間値6,865N／㎟）とした
注3　変形制限は、内法高さh／150以下とした
注4　風圧力は、200・201頁に示す住宅モデル（軒高：5.94m、最高高さ：7.80 m、1階階高：2.80m、2階階高：2.60m）を想定して算出
注5　柱の内法高さは、梁せいを150㎜と仮定し、階高より差し引いた

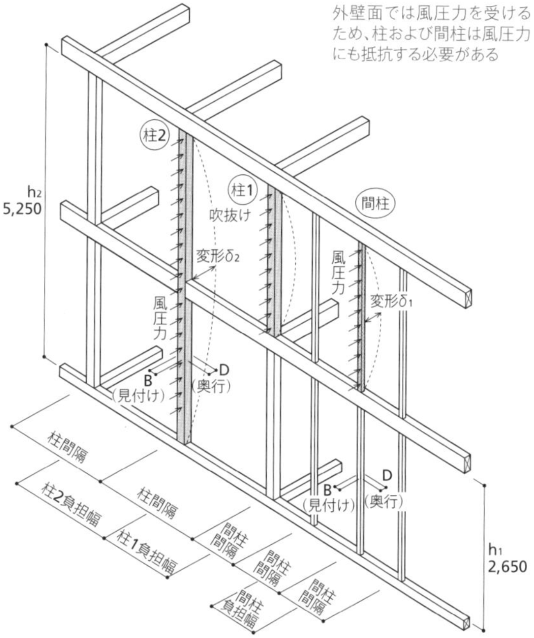

❺耐風梁の断面

基準風速［m/秒］	スギ			ベイマツ		
	スパンL［mm］	粗度区分		スパンL［mm］	粗度区分	
		Ⅱ	Ⅲ		Ⅱ	Ⅲ
$V_o=32$	1,820	120×120	120×120	1,820	120×120	120×120
	2,730	120×120	120×120	2,730	120×120	120×120
	3,640	120×300	120×210	3,640	120×210	120×150
	4,550	−	120×390	4,550	120×390	120×270
		150×300	150×210		150×210	150×150
$V_o=34$	1,820	120×120	120×120	1,820	120×120	120×120
	2,730	120×150	120×120	2,730	120×120	120×120
	3,640	120×330	120×240	3,640	120×240	120×150
	4,550	−	120×420	4,550	120×450	120×300
		150×330	150×240		150×240	150×150
$V_o=36$	1,820	120×120	120×120	1,820	120×120	120×120
	2,730	120×150	120×120	2,730	120×120	120×120
	3,640	120×360	120×240	3,640	120×270	120×180
	4,550	−	120×480	4,550	−	120×330
		150×360	150×240		150×270	150×180

注1　断面サイズは、b×dを表す［単位：mm］
注2　材は無等級材とし、ヤング係数はスギ：E70（中間値6,865N/mm²）、ベイマツ：E100（中間値9,807N/mm²）とした
注3　変形制限は、スパンL/150以下とした
注4　風圧力は、200・201頁に示す住宅モデル（軒高：5.94m、最高高さ：7.80m、1階階高：2.80m、2階階高：2.60m）を想定して算出
注5　2階床梁を想定し、2FL=GL+3.34m、風圧力の負担幅は（2.80+2.60）/2=2.70mとした

断面b×d

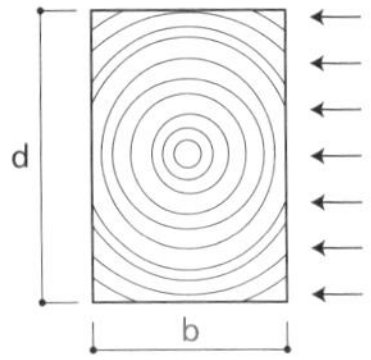

風圧力に対してはbを梁せいとして断面性能を算出する

$I=\frac{d\times b^3}{12}$、$Z=\frac{d\times b^2}{6}$となる

外壁に面する吹抜けと耐風梁

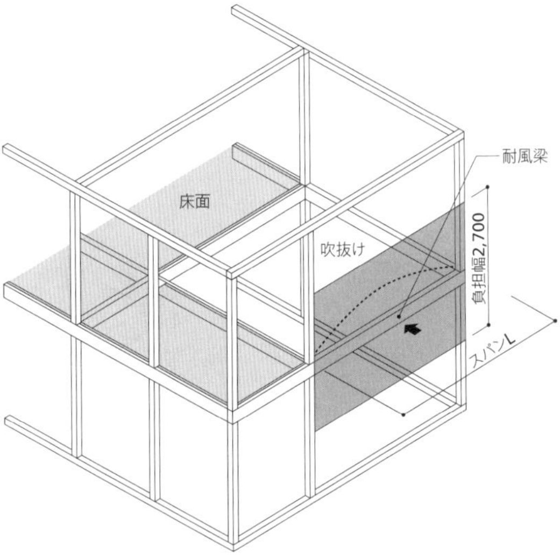

5 耐力壁

設計データ26 ● 耐震設計理念

❶ 耐震設計の基本理念

①稀に発生する震度5弱程度以下の中小地震に対しては、損傷しない ・・・・・・・・・・ (1次設計)
②極めて稀に発生する震度6強程度の大地震に対しては、ある程度の損傷を許容するが倒壊せず、人命と財産を守る ・・・・・・・・・・・・・・・・・・・・・・・・・・・・・・・・・ (2次設計)

❷ 品確法の耐震等級イメージ

上部構造評点	耐震等級1	耐震等級2	耐震等級3
構造躯体の損傷防止(中地震)	建築基準法程度	稀に発生する地震による力の1.25倍の力に対して損傷しない程度	稀に発生する地震による力の1.5倍の力に対して損傷しない程度
構造躯体の倒壊防止(大地震)	建築基準法程度	極めて稀に発生する地震による力の1.25倍の力に対して倒壊・崩壊しない程度	極めて稀に発生する地震による力の1.5倍の力に対して倒壊・崩壊しない程度

注　極めて稀に発生する地震とは、1923年関東地震(最大加速度300～400gal)程度に相当する

❸ 耐震診断の評点と判定

上部構造評点	判定
1.5以上	倒壊しない
1.0以上1.5未満	一応倒壊しない
0.7以上1.0未満	倒壊する可能性がある
0.7未満	倒壊する可能性が高い

❹ 大地震時の損傷状況

損傷ランク		Ⅰ(軽微)	Ⅱ(小破)	Ⅲ(中破)	Ⅳ(大破)	Ⅴ(破壊)
損傷状況	概念図				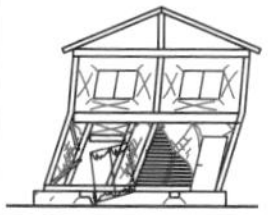	
	建物の傾斜	・層間変形角 1/120以下 ・残留変形なし	・層間変形角 1/120～1/60 ・残留変形なし	・層間変形角 1/60～1/30 ・残留変形あり	・層間変形角 1/30～1/10 ・倒壊は免れる	・層間変形角 1/10以上 ・倒壊
	基礎	換気口廻りのひび割れ:小	換気口廻りのひび割れ:やや大	・ひび割れ:多大 ・破断なし ・仕上げモルタルの剥離	・ひび割れ:多大 ・破断あり ・土台の踏み外し	・破断・移動あり ・周辺地盤の崩壊
	外壁	モルタルの微小なひび割れ	モルタルのひび割れ	モルタル、タイルの剥離	モルタル、タイルの脱落	モルタル、タイルの脱落
	開口部	隅角部に隙間	開閉不能	ガラス破損	建具・サッシの破損、脱落	建具・サッシの破損、脱落
	筋かい	損傷なし	損傷なし	仕口ずれ	折損	折損
	パネル	わずかなずれ	隅角部のひび割れ 一部釘めり込み	パネル相互の著しいずれ 釘めり込み	面外座屈、剥離 釘めり込み	脱落
	修復性	軽微	簡易	やや困難	困難	不可
壁量目安	第1種地盤	品確法 等級3	品確法 等級2	建築基準法×1.0	—	—
	第2種地盤	—	品確法 等級3	品確法 等級2	建築基準法×1.0	—
	第3種地盤	—	—	品確法 等級3	建築基準法×1.5	建築基準法×1.0
耐震診断評定目安		—	上部構造評点≧1.5	上部構造評点≧1.25	上部構造評点≧1.0	上部構造評点<1.0

設計データ 27 ● 必要壁量

❶ 地震力に対する必要壁量（令46条4項）

建築物	床面積に乗ずる数値[cm/㎡]		
軽い屋根	11	15 29	18 34 46
重い屋根	15	21 33	24 39 50

注　軟弱地盤の場合は1.5倍する

❷ 風圧力に対する必要壁量（令46条4項）

	区域	見付面積に乗ずる数値[cm/㎡]
(1)	一般地域	50
(2)	特定行政庁が指定する地域	特定行政庁が定める数値（50を超え75以下）

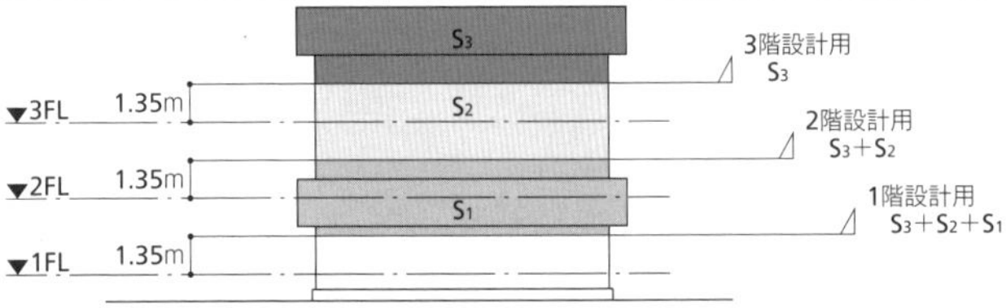

❸ 地震力に対する必要壁量（床面積に乗じる値）

[単位：cm/㎡]

等級	屋根の仕様	階	一般地域	多雪区域 積雪1m	多雪区域 積雪1～2m	多雪区域 積雪2m	多雪区域 積雪3m
基準法＝等級1 [　]内は 2×4規定	軽い屋根	平屋	11	11[25]	[直線的に補間した数値]	11[39]	([53])
		2F	15	15[33]		15[51]	([69])
		1F	29	29[43]		29[57]	([71])
	重い屋根	平屋	15	15[25]		15[39]	([53])
		2F	21	21[33]		21[51]	([69])
		1F	33	33[43]		33[57]	([71])
換算等級1 [※]	軽い屋根	平屋	14Z	27Z	直線的に補間した数値	40Z	53Z
		2F	14 K_2 Z	27 K_2 Z		40 K_2 Z	53 K_2 Z
		1F	36 K_1 Z	(36 K_1+13)Z		(36 K_1+26)Z	(36 K_1+39)Z
	重い屋根	平屋	20Z	33Z		46Z	59Z
		2F	20 K_2 Z	33 K_2 Z		46 K_2 Z	59 K_2 Z
		1F	46 K_1 Z	(46 K_1+13)Z		(46 K_1+26)Z	(46 K_1+39)Z
等級2 (換算等級1×1.25)	軽い屋根	平屋	18Z	34Z	直線的に補間した数値	50Z	66Z
		2F	18 K_2 Z	34 K_2 Z		50 K_2 Z	66 K_2 Z
		1F	45 K_1 Z	(45 K_1+16)Z		(45 K_1+32)Z	(45 K_1+49)Z
	重い屋根	平屋	25Z	41Z		57Z	74Z
		2F	25 K_2 Z	41 K_2 Z		57 K_2 Z	74 K_2 Z
		1F	58 K_1 Z	(58 K_1+16)Z		(58 K_1+32)Z	(58 K_1+49)Z

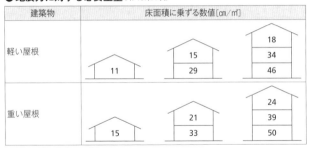

等級	屋根の仕様	階	一般地域	多雪区域 積雪1m	多雪区域 積雪1〜2m	多雪区域 積雪2m	多雪区域 積雪3m
等級3（換算等級1×1.50）	軽い屋根	平屋	22Z	41Z	直線的に補間した数値	60Z	80Z
		2F	22 K_2 Z	41 K_2 Z		60 K_2 Z	80 K_2 Z
		1F	54 K_1 Z	（54 K_1+20）Z		（54 K_1+39）Z	（54 K_1+58）Z
	重い屋根	平屋	30Z	50Z		69Z	88Z
		2F	30 K_2 Z	50 K_2 Z		69 K_2 Z	88 K_2 Z
		1F	69 K_1 Z	（69 K_1+20）Z		（69 K_1+39）Z	（69 K_1+58）Z

K_1=0.4+0.6R_f
　R_f=2階の床面積／1階の床面積
K_2=1.3+0.07／R_f
　ただし、R_f<0.1のときは、K_2=2.0とする
地震地域係数 Z=0.7〜1.0

注　積雪3mの必要壁量は、改正建築基準法および品確法の解説書「建築技術」2000年10月号122〜125頁「壁量と壁倍率」（河合直人）に示された算定式より求めた値を示す。また、2×4規定における積雪3mの必要壁量は、積雪1mと2mの差を直線的に延長して求めた値を示す
※　換算等級1とは、品確法壁量の割増係数を1.0とした場合の値を示す

❹風圧力に対する必要壁量（見付面積に乗じる値）　［単位：㎝／㎡］

基準風速［m／秒］	V_o=30	V_o=32	V_o=34	V_o=36	V_o=38	V_o=40	V_o=42	V_o=44	V_o=46
基準法=等級1	50（特定行政庁が特に強い風が吹くとして定めた区域：50〜75）								
換算等級1［※］	43	49	56	63	70	77	85	93	102
等級2（換算等級1×1.2）	53	60	67	76	84	93	103	113	123

※　換算等級1とは、品確法壁量の割増係数を1.0とした場合の値を示す

❺建築基準法と品確法の壁量比較

建物仕様			建築基準法×1.0	品確法 換算等級1［※］		品確法 等級2		品確法 等級3	
重い屋根	平屋		15	20	=15×1.33	25	=15×1.67	30	=15×2.00
	総2階	2F	21	27	=21×1.29	34	=21×1.62	41	=21×1.95
		1F	33	46	=33×1.39	58	=33×1.76	69	=33×2.09
軽い屋根	平屋		11	14	=11×1.27	18	=11×1.64	22	=11×2.00
	総2階	2F	15	19	=15×1.27	25	=15×1.67	30	=15×2.00
		1F	29	36	=29×1.24	45	=29×1.55	54	=29×1.86

壁量割増の目安	建築基準法×1.3〜1.4	建築基準法×1.6〜1.8	建築基準法×2.0

※　換算等級1とは、品確法壁量の割増係数を1.0とした場合の値を示す

❻外力と抵抗力の方向

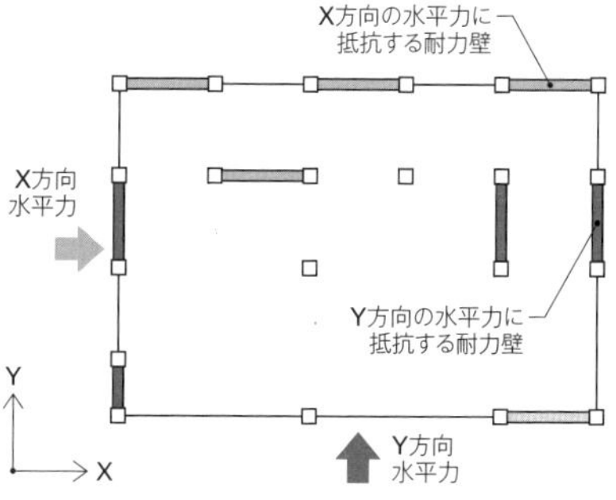

❼各階の耐力壁が負担する荷重

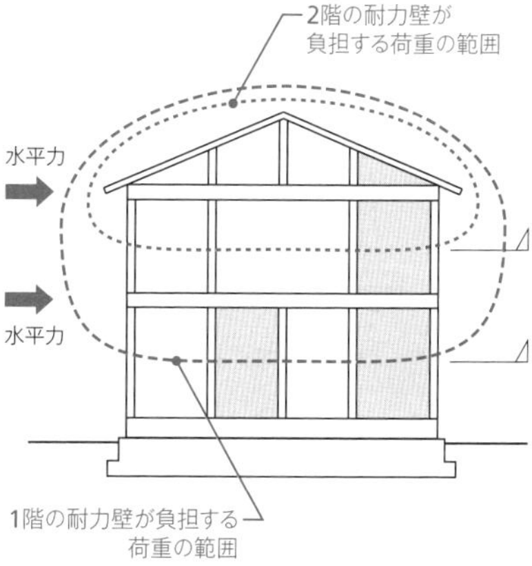

❽床面積の算定に関する注意事項

①小屋裏の扱い

小屋裏利用の物置など(平12建告1351号)

$a=A\times h/2.1$

a：階の床面積に加える面積[単位 ㎡]
A：当該物置などの水平投影面積[単位 ㎡]
h：当該物置などの内法高さの平均値(平均天井高)[単位 m]
ただし、同一階に複数個の物置などを設ける場合はそれぞれのhの最大値をとる

注 Aがその存する階の床面積の1／8以下である場合はa=0とすることができる

2階

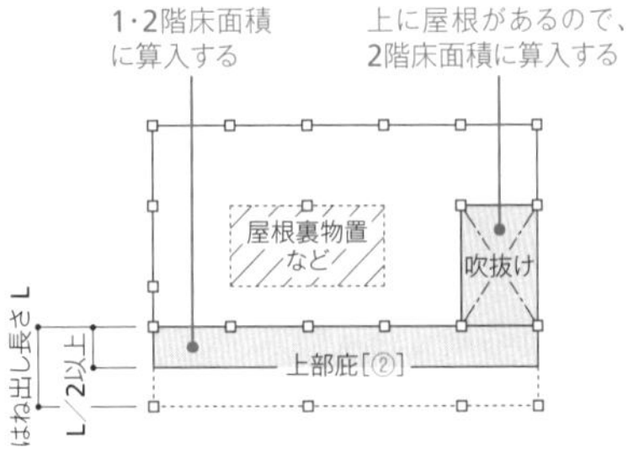

1階

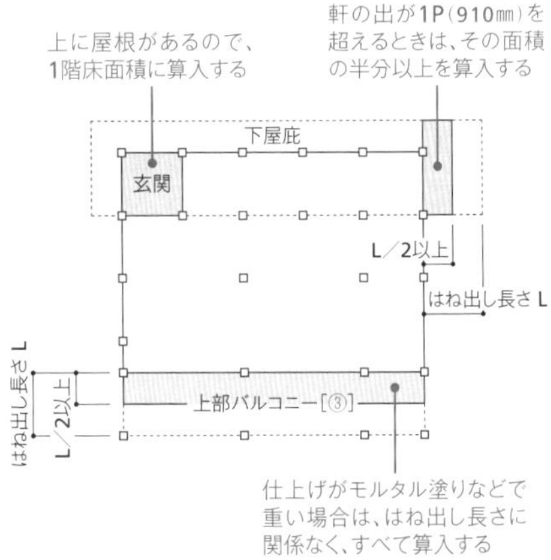

壁量計算時に床面積に算入する部分

②庇の出の考え方

③すのこ程度のバルコニーの扱い

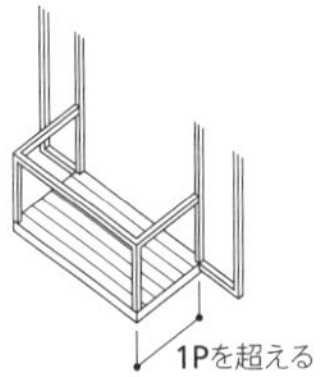

②・③のような場合は、出の半分程度を床面積に算入する

設計データ 28 ● 存在壁量

❶壁倍率

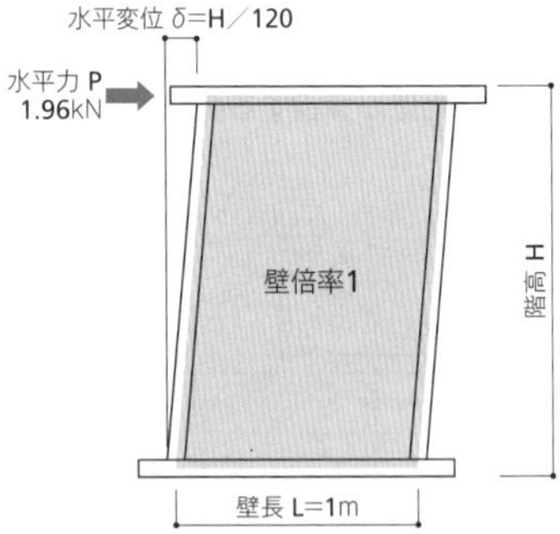

壁倍率1とは、頂部の変形量が階高の1／120のときの耐力が、壁長さ1m当たり1.96kNであることを意味する

建築基準法における片筋かいの壁倍率の考え方

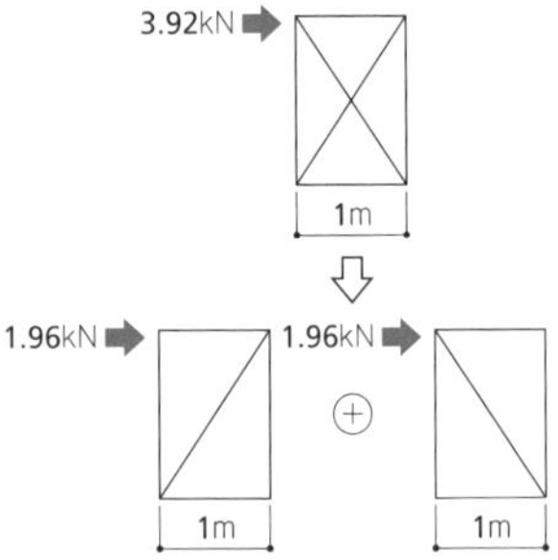

筋かいは1対で働くので、片筋かいの耐力はたすき掛けの半分の1.96kNとしている

❷耐力壁長さの考え方

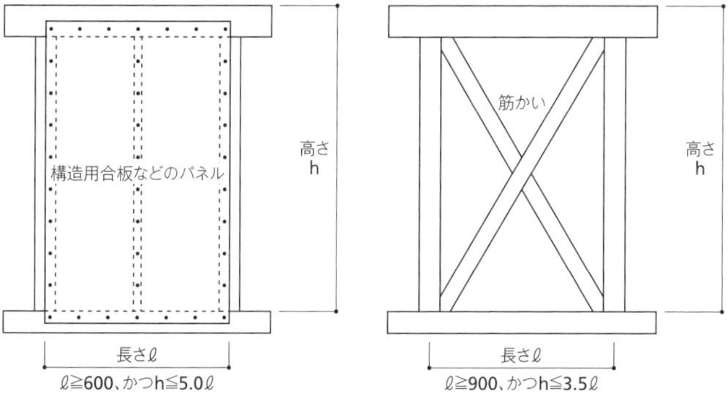

❸平面的に傾斜した耐力壁の壁長のとり方

壁倍率 α、壁長 ℓ、$\theta \leqq 45°$のときに、X方向の壁量に見込める有効壁長 ℓ_xは下式による。

$$\ell_x = \alpha \cdot \ell \cdot \cos^2\theta$$

これは次のような考え方による。

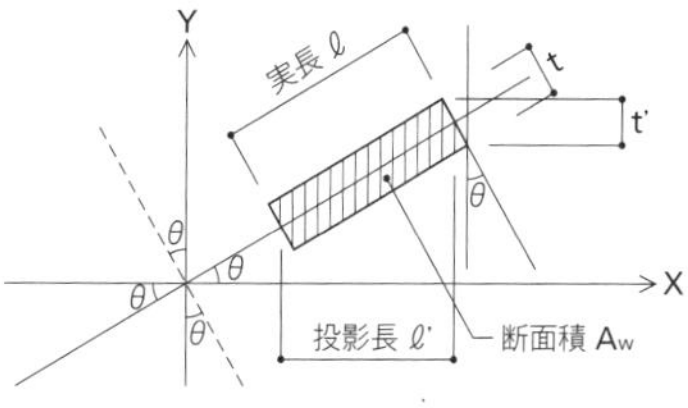

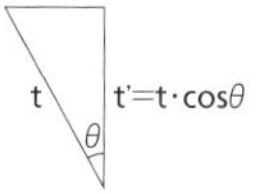

$\theta = 45°$：X・Y方向とも見込める
$\theta < 45°$：X方向のみ見込める
$\theta > 45°$：Y方向のみ見込める

壁の剛性は断面積に換算して考えることができる。左図のように、厚さ t、長さ ℓの壁の剛性（断面積 A_w）は、

$$A_w = t \times \ell$$

この壁のX軸に対する剛性は、X軸に投影したときの断面積 A_w'と読み替えることができる。

投影厚 $t' =$厚さ $t \times \cos\theta$
投影長 $\ell' =$実長 $\ell \times \cos\theta$

よって、

$$A_w' = t' \times \ell'$$
$$= t \cdot \cos\theta \times \ell \cdot \cos\theta$$
$$= t \cdot \ell \cdot \cos^2\theta$$

木造の壁量の場合は、壁倍率 αが厚さ tに該当することになる。

❹耐力壁の小開口の設け方

①筋かいの場合

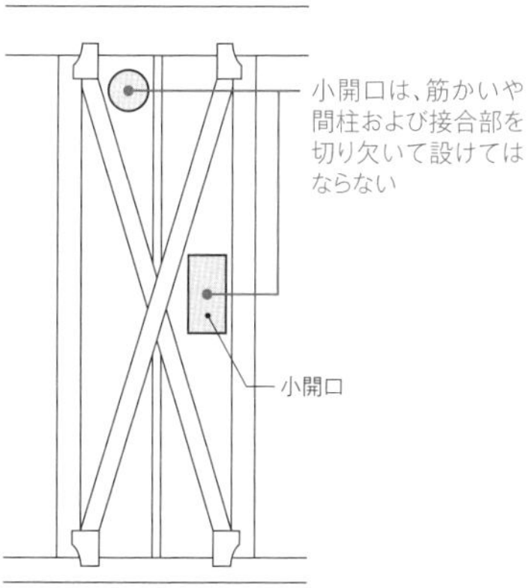

②面材耐力壁の場合

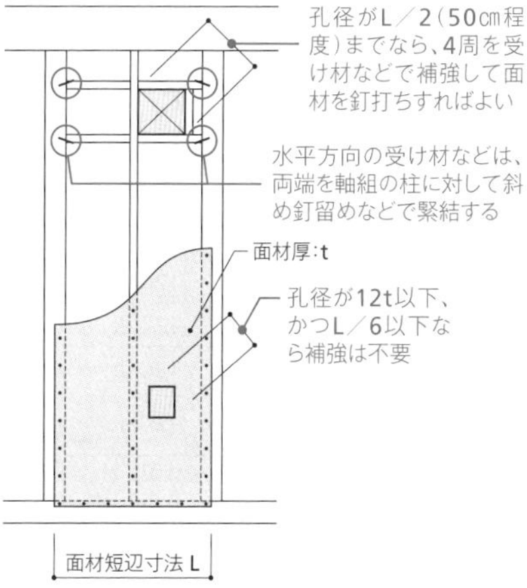

❺ 準耐力壁・腰壁等の仕様と倍率（品確法の評価方法基準告示第5の1-1⑶ホ①表1）

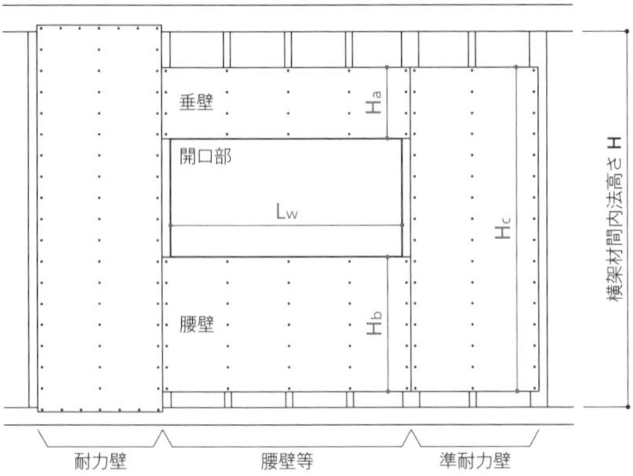

面材張り準耐力壁・腰壁等の成立条件

i）令46条4項表1のうち、壁倍率0.5の木ずりまたは、昭56建告1100号別表第1のうち、壁倍率2.5の構造用合板、パーティクルボード、構造用パネル・構造用パーティクルボード・構造用MDF、または壁倍率0.9の石膏ボードを、同表（ろ）欄に定める釘打ち方法で柱および間柱の片面に打ったもの

ii）面材の高さ（左図のH_a、H_b、H_c）が36㎝以上であること

iii）準耐力壁は、$H_c \geqq 0.8H$であること

iv）腰壁等は、左図の$L_w \leqq 2$m、かつ左右両側が同じ材料の耐力壁または準耐力壁で挟まれていること

注　準耐力壁は、令46条4項の壁量計算に見込むことはできない

準耐力壁・腰壁等の壁倍率

・木摺の場合

$$\text{壁倍率}=0.5\times\frac{\text{面材の高さ}}{\text{横架材間内法高さ}}$$

・面材の場合

$$\text{壁倍率}=\text{昭56建告1100号別表の倍率}\times0.6\times\frac{\text{面材の高さ}}{\text{横架材間内法高さ}}$$

設計データ29 ● 壁・軸組の種類による壁倍率

❶ 昭56建告1100号（最終改正：平成30年3月26日国土交通省告示490号）

① 大壁造　直張りタイプ

	材料	厚さ	釘の種類	釘の間隔	壁倍率
1	構造用パーティクルボード 構造用MDF	―	N50	外周@75以下 ほか@150以下	4.3
2	構造用合板 化粧ばり構造用合板 （屋外壁等は特類）	9以上	CN50		3.7
3	構造用パネル	9以上	N50		3.7
4	構造用合板 化粧ばり構造用合板 （屋外壁等は特類）	5以上 （7.5以上）	N50	@150以下	2.5
5	パーティクルボード 構造用パーティクルボード 構造用MDF 構造用パネル	12以上 ― ― ―	N50	@150以下	2.5
6	ハードボード　450、350	5以上	N50	@150以下	2.5
7	硬質木片セメント板0.9c	12以上			2.0
8	炭酸マグネシウム板	12以上	GNF40 GNC40	@150以下	2.0
9	パルプセメント板	8以上			1.5
10	構造用石膏ボード　A種	12以上		@150以下	1.7
11	構造用石膏ボード　B種	12以上			1.2
12	石膏ボード、強化石膏ボード	12以上			0.9
13	シージングボード	12以上	SN40	外周@100以下 ほか@200以下	1.0
14	ラスシート　角波亜鉛鉄板 　　　　　　メタルラス	0.4以上 0.6以上	N38	@150以下	1.0

②大壁造　胴縁タイプ（胴縁：15×45以上の木材を@310以下に設け、柱・間柱・横架材にN50で打ち付ける）

	材料	厚さ	釘の種類	釘の間隔	壁倍率
1	構造用パーティクルボード 構造用MDF	—	N32	外周@75以下 ほか@150以下	0.5
2	構造用合板 化粧ばり構造用合板 （屋外壁等は特類）	9以上	N32		0.5
3	構造用パネル	9以上	N32		0.5
4	構造用合板 化粧ばり構造用合板 （屋外壁等は特類）	5以上 （7.5以上）	N32	@150以下	0.5
5	パーティクルボード 構造用パーティクルボード 構造用MDF 構造用パネル	12以上 — — —	N32	@150以下	0.5
6	ハードボード　450、350	5以上	N32	@150以下	0.5
7	硬質木片セメント板0.9c	12以上			0.5
8	炭酸マグネシウム板	12以上	GNF32 GNC32	@150以下	0.5
9	パルプセメント板	8以上			0.5
10	構造用石膏ボード　A種	12以上		@150以下	0.5
11	構造用石膏ボード　B種	12以上			0.5
12	石膏ボード、強化石膏ボード	12以上			0.5
13	シージングボード	12以上	SN32	@150以下	0.5
14	ラスシート　角波亜鉛鉄板 メタルラス	0.4以上 0.6以上	N32	@150以下	0.5

③真壁造　受け材タイプ（受け材：30×40以上の木材をN75@300以下で打ち付ける。ただし、仕様1は@120以下、仕様2、3は@200以下とする）　※継目を設ける場合は、石膏プラスターを15以上塗る

	材料	厚さ	釘の種類	釘の間隔	壁倍率
1	構造用パーティクルボード 構造用MDF	—	N50	外周@75以下 ほか@150以下	4.0
2	構造用合板 化粧ばり構造用合板 （屋外壁等は特類）	9以上	CN50		3.3
3	構造用パネル	9以上	N50		3.3
4	構造用合板 化粧ばり構造用合板 （屋外壁等は特類）	7.5以上	N50	@150以下	2.5
5	パーティクルボード 構造用パネル	12以上 —			2.5
6	構造用パーティクルボード 構造用MDF	—	N50	@150以下	2.5
7	石膏ラスボード（※）	9以上	GNF32 GNC32	@150以下	1.5
8	構造用石膏ボード　A種	12以上	GNF40 GNC40	@150以下	1.5
9	構造用石膏ボード　B種	12以上			1.3
10	石膏ボード 強化石膏ボード	12以上			1.0

④**真壁造　貫タイプ**（貫：15×90以上、@610以下、5本以上設ける）

※継目を設ける場合は、石膏プラスターを15以上塗る

	材料	厚さ	釘の種類	釘の間隔	壁倍率
1	構造用パーティクルボード 構造用MDF	—	N50	外周@75以下 ほか@150以下	—
2	構造用合板 化粧ばり構造用合板 （屋外壁等は特類）	9以上	CN50		—
3	構造用パネル	9以上	N50		—
4	構造用合板 化粧ばり構造用合板 （屋外壁等は特類）	7.5以上	N50	@150以下	1.5
5	パーティクルボード 構造用パネル	12以上 —			1.5
6	構造用パーティクルボード 構造用MDF	—	N50	@150以下	1.5
7	石膏ラスボード（※）	9以上	GNF32 GNC32	@150以下	1.0
8	構造用石膏ボード　A種	12以上	GNF32 GNC32	@150以下	0.8
9	構造用石膏ボード　B種	12以上			0.7
10	石膏ボード 強化石膏ボード	12以上			0.5

⑤**大壁造　床勝ちタイプ**（受け材：30×40以上の木材を、床材を介して横架材にN75@300以下で打ち付ける。ただし仕様1～3は受け材を30×60以上とし、仕様1はN75@120以下、仕様2、3はN75@200以下とする。）

	材料	厚さ	釘の種類	釘の間隔	壁倍率
1	構造用パーティクルボード 構造用MDF	—	N50	外周@75以下 ほか@150以下	4.3
2	構造用合板 化粧ばり構造用合板 （屋外壁等は特類）	9以上	CN50		3.7
3	構造用パネル	9以上	N50		3.7
4	構造用合板 化粧ばり構造用合板 （屋外壁等は特類）	5以上 （7.5以上）	N50	@150以下	2.5
5	パーティクルボード 構造用パーティクルボード 構造用MDF 構造用パネル	12以上 — — —	N50	@150以下	2.5
6	構造用石膏ボード　A種	12以上	GNF40 GNC40	@150以下	1.6
7	構造用石膏ボード　B種	12以上			1.0
8	石膏ボード 強化石膏ボード	12以上			0.9

⑥**土塗壁**

	中塗り土の塗り方	土塗壁の塗り方	壁倍率
1	両面塗り	70以上	1.5
2	両面塗り	55以上	1.0
3	片面塗り	55以上	1.0

⑦**土塗垂れ壁**(垂れ壁上下横架材の中心距離750㎜以上。両端柱径が異なる場合は小さい方を柱小径とする)

	柱小径	柱中心間距離L	土塗壁の倍率	壁倍率
1	150未満 両面塗り	450以上 1,500未満	0.5以上1.0未満	0.1/L(m)
2			1.0以上1.5未満	0.2/L(m)
3			1.5以上2.0未満	0.3/L(m)
4		1,500以上	0.5以上2.0未満	0.1/L(m)
5	150以上	450以上	0.5以上1.0未満	0.1/L(m)
6			1.0以上1.5未満	0.2/L(m)
7			1.5以上2.0未満	0.3/L(m)

⑧**土塗垂れ壁および腰壁**(垂れ壁上下横架材の中心距離750㎜以上、腰壁高さ800㎜以上。両端柱径が異なる場合は小さい方を柱小径とする)

	柱小径	柱中心間距離L	土塗壁の倍率	壁倍率
1	130以上 150未満	450以上 1,500未満	0.5以上1.0未満	0.2/L(m)
2			1.0以上1.5未満	0.5/L(m)
3			1.5以上2.0未満	0.8/L(m)
4	150以上	450以上	0.5以上1.0未満	0.2/L(m)
5			1.0以上1.5未満	0.5/L(m)
6			1.5以上2.0未満	0.8/L(m)

⑨**面格子壁**

	見付け幅×厚さ	格子の間隔	壁倍率
1	45以上×90以上	90以上160以下	0.9
2	90以上×90以上	180以上310以下	0.6
3	105以上×105以上	180以上310以下	1.0

⑩**落とし込み板壁**(板厚27以上、継手無し、含水率15%以下)

	板幅	ダボまたは吸付き桟	接合方法	柱・横架材との接合	柱間隔	壁倍率
1	130以上	小径(d)15以上の木ダボ(なら、けやきと同等以上) または、 9φ以上の鋼材ダボ(SR235、SD295と同等以上)	@620以下かつ、 3本以上	柱の溝に板を入れる	1,800以上 2,300以下	0.6
2	200以上		@500以下かつ、 巾900につき2カ所以上 双方の板に長さ3d以上埋込	柱および横架材の溝に入れる 柱にCN75-150以下かつ2本以上 横架材にCN75-@150以下	900以上 2,300以下	2.5
3		小径(d)24以上の木材の吸付き桟 (なら、けやきと同等以上) ※板の片面に深さ15以上の溝を設ける	@300以下かつ、 巾900につき3カ所以上 双方の板に長さ3d以上埋込			3.0

❷2つの軸組併用(昭56建告1100号 別表第9)

	(い)	(ろ)	壁倍率
1	(1)～(5)大壁・真壁造　のうちの1つ	(1)～(5)大壁・真壁造 (10)落とし込み板壁 令46条の4 表1(1)土塗り壁または木摺片面 (2)～(6)の筋かい　のうちの1つ	各数値の和 (ただし、5以下とする)
2	(1)大壁造　直張りタイプ (2)大壁造　胴縁タイプ 令46条の4 表1(1)の木摺片面 (2)の木摺両面または筋かい　のうちの1つ	(6)土塗り壁 (9)面格子壁　のうちの1つ	
3	(10)落とし込み板壁	令46条の4 表1(1)の土塗り壁または木摺片面 (2)～(4)の筋かい (2)(3)のたすき掛け　のうちの1つ	

❸ 3つの軸組併用（昭56建告1100号 別表第9）

	（い）	（ろ）	（は）	壁倍率
1	（1）～（5）大壁・真壁造 のうちの1つ	令46条の4　表1 （1）土塗り壁または木摺片面	令46条の4 表1（2）～（6）の筋かい のうちの1つ	各数値の和 （ただし、5以下とする）
2	（1）大壁造　直張りタイプ （2）大壁造　胴縁タイプ のうちの1つ	令46条の4　表1 （1）の木摺片面	（10）落とし込み板壁	
3	（1）～（5）大壁・真壁造 のうちの1つ	（1）～（5）大壁・真壁造 のうちの1つ	（10）落とし込み板壁 令46条の4 表1（2）～（6）の筋かい のうちの1つ	
4	（1）大壁造　直張りタイプ （2）大壁造　胴縁タイプ のうちの1つ	（1）大壁造　直張りタイプ （2）大壁造　胴縁タイプ 令46条の4 表1（1）の木摺片面 のうちの1つ	（6）土塗り壁 （9）面格子壁　のうちの1つ	
5	（1）大壁造　直張りタイプ （2）大壁造　胴縁タイプ 令46条の4 表1（1）の木摺片面 （2）木摺両面または筋かい のうちの1つ	（10）落とし込み板壁	令46条の4 表1（1）の土塗り壁 （2）～（4）の筋かい （2）（3）のたすき掛け のうちの1つ	

❹ 4つの軸組併用（昭56建告1100号 別表第11）

（い）	（ろ）	（は）	（に）	壁倍率
（1）大壁造 直張りタイプ （2）大壁造 胴縁タイプ のうちの1つ	（6）土塗り壁 （9）面格子壁 のうちの1つ	（10）落とし込み板壁	令46条の4 表1（1）の 土塗り壁 （2）～（4）の筋かい （2）（3）のたすき掛け のうちの1つ	各数値の和 （ただし、5以下とする）

❺ 軸組仕様 参考図［104頁❶①～107頁❶⑩］

（1）大壁造 直張りタイプ

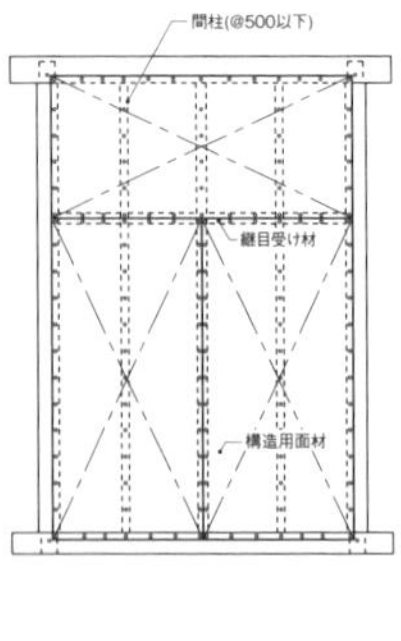

（2）大壁造 胴縁タイプ

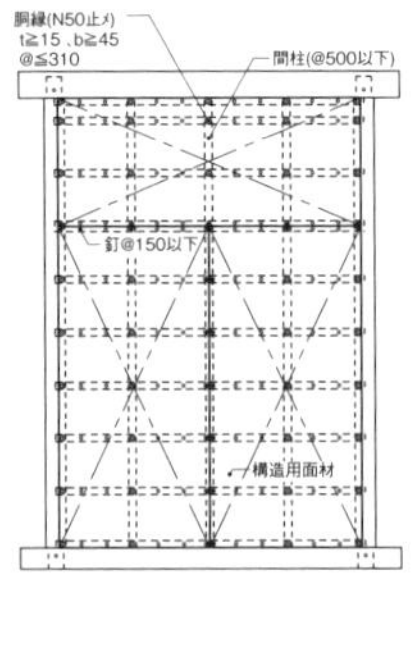

（5）大壁造 床勝ちタイプ

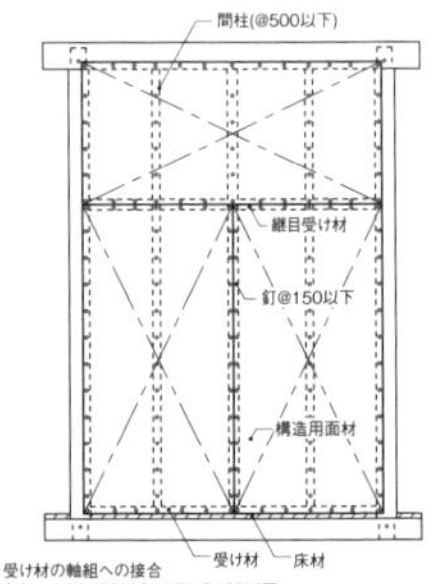

受け材の軸組への接合
（1）　　：30×60以上、N75-@120以下
（2）（3）：30×60以上、N75-@200以下
その他　：30×40以上、N75-@300以下（両面張りは@150以下）

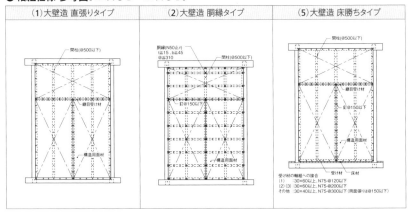

(3)真壁造 受け材タイプ

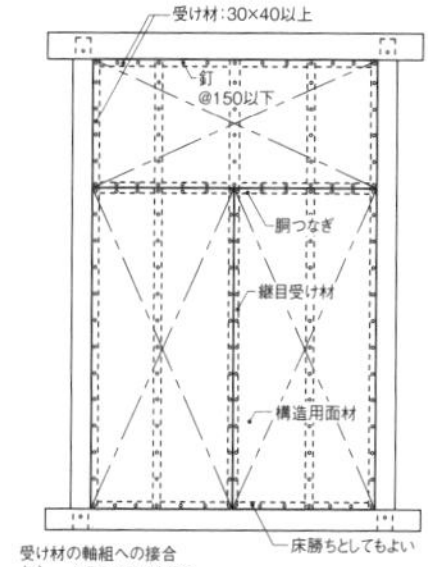

受け材の軸組への接合
(1)　N75-@120以下
(2)(3)N75-@200以下
その他 N75-@300以下(両面張りは@150以下)

(4)真壁造 貫タイプ

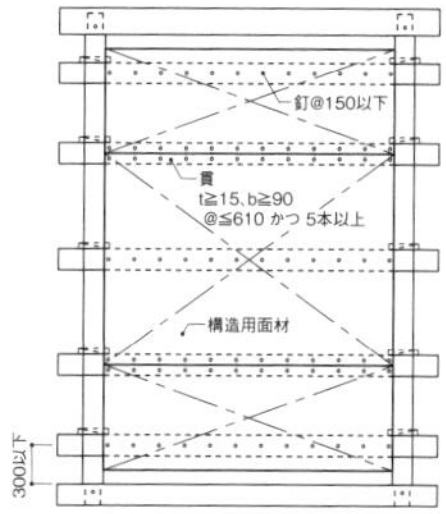

受け材タイプに準ずる貫仕様

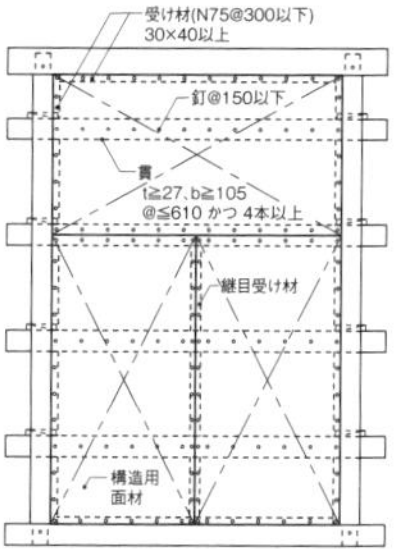

注　構造用面材を両面張りとする場合は、受け材を
N75@150以下で柱・横架材に留める

(6)土塗り壁

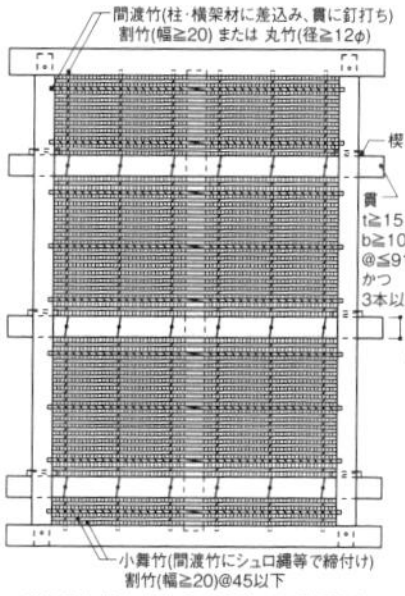

土　:荒木田土、荒土、京土、その他粘性のある砂質粘土
荒　壁:土100ℓ当たり 藁スサ0.4～0.6kgを両面塗り
中塗り:土100ℓ当たり 藁スサ0.4～0.8kg、砂60～150ℓ

(7)土塗り垂れ壁

土塗り壁　壁倍率α　(1)、(5):0.5≦α<1.0、(2)、(6):1.0≦α<1.5
(3)、(7):1.5≦α<2.0、(4):0.5≦α<2.0

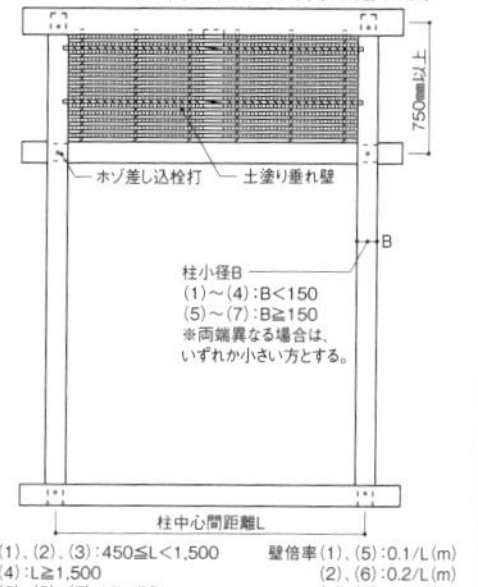

(1)、(2)、(3):450≦L<1,500
(4):L≧1,500
(5)、(6)、(7):L≧450

壁倍率(1)、(5):0.1/L(m)
(2)、(6):0.2/L(m)
(3)、(7):0.3/L(m)
(4)　:0.8/L(m)

(8)土塗り垂れ壁および腰壁

土塗り壁　壁倍率α　(1)、(4):0.5≦α<1.0、(2)、(5):1.0≦α<1.5
(3)、(6):1.5≦α<2.0

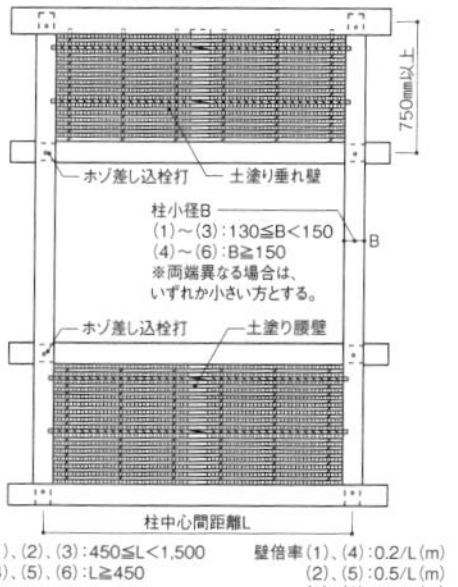

(1)、(2)、(3):450≦L<1,500
(4)、(5)、(6):L≧450

壁倍率(1)、(4):0.2/L(m)
(2)、(5):0.5/L(m)
(3)、(6):0.8/L(m)

(9)面格子壁

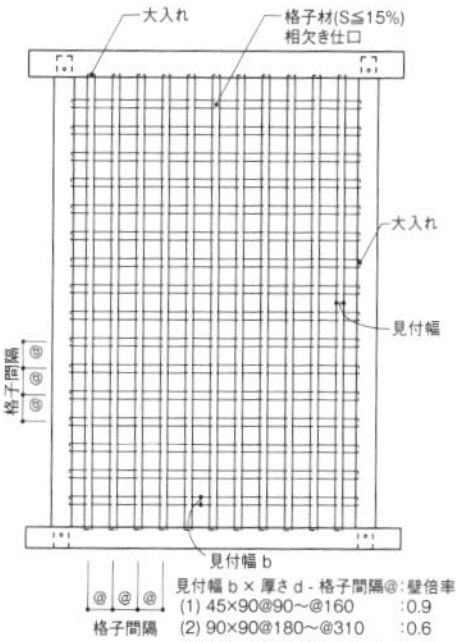

見付幅 b × 厚さ d - 格子間隔@:壁倍率
(1) 45×90@90～@160　:0.9
(2) 90×90@180～@310　:0.6
(3) 105×105@180～@310　:1.0

(10)落とし込み板壁ダボ仕様

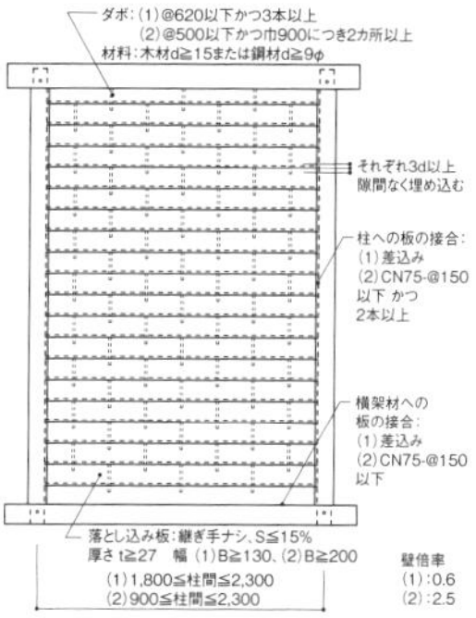

壁倍率
(1):0.6
(2):2.5

(10)-(3)落とし込み板壁吸付き桟仕様

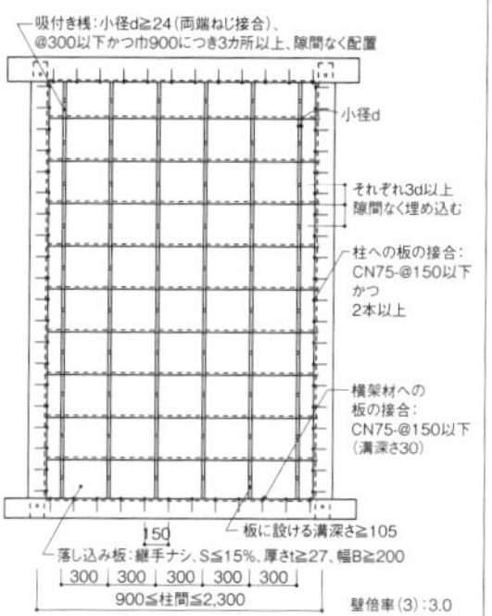

壁倍率(3):3.0

❻ 筋かいの端部と軸組との留付け部（平12建告1460号一号）

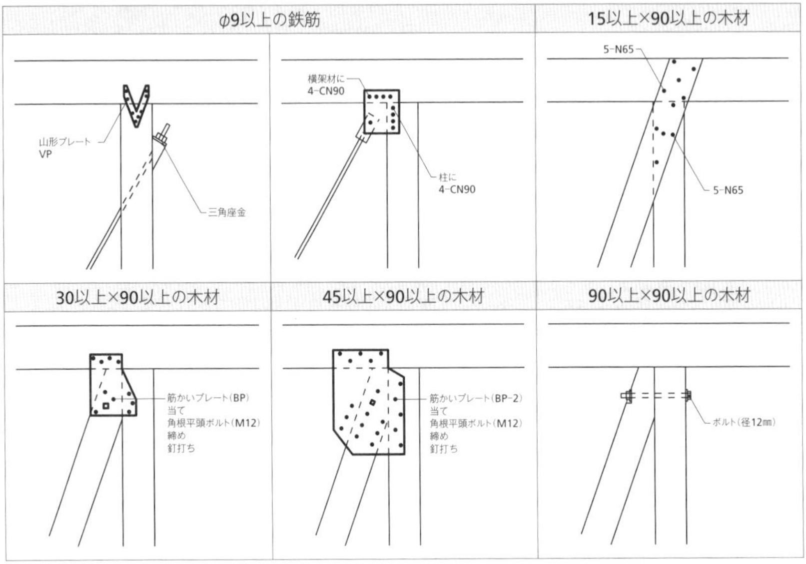

設計データ 30 ● ねじれに対する検討

❶ 四分割法（壁を釣合いよく配置する規定：平12建告1352号）

① 存在壁量と必要壁量の算定

各階・各方向について算定

〈X方向に分割〉

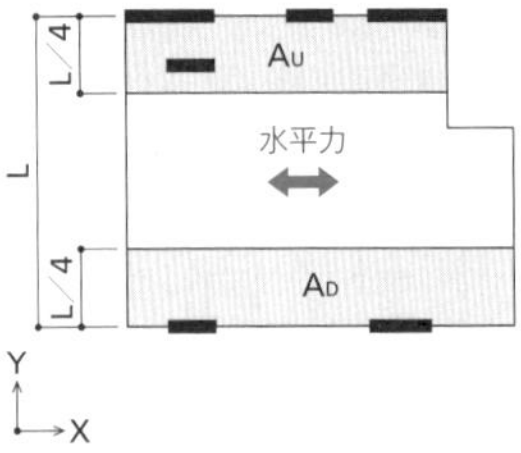

〈Y方向に分割〉

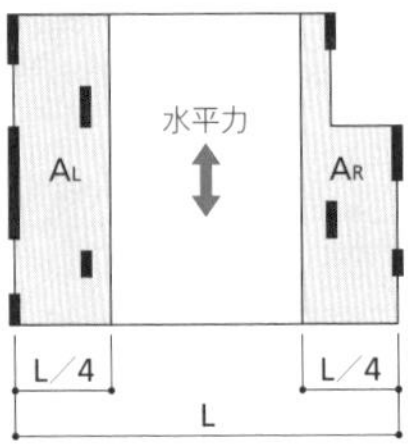

セットバックしている場合

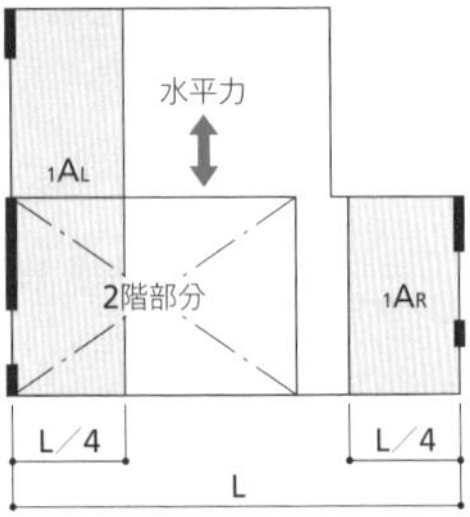

必要壁量：側端部分（　部分）の床面積 ×（地震力に対する）必要壁量

存在壁量：側端部分（　部分）に存在する耐力壁の長さ × 壁倍率

注　X方向に4分割したときはX方向の壁を、Y方向に4分割したときはY方向の壁を見る

$_1A_L$：2階建ての1階として充足率を求める

$_1A_R$：平屋として充足率を求める

凡例　U：上側端部、D：下側端部、L：左側端部、R：右側端部

② 壁量充足率の算定

$$\text{壁量充足率}=\frac{\text{存在壁量}}{\text{必要壁量}}$$

注　壁量充足率が両端とも1を超える場合は、壁率比のチェックは不要

③ 壁比率のチェック

$$\text{壁率比}=\frac{\text{壁量充足率（小さい数値のほう）}}{\text{壁量充足率（大きい数値のほう）}}\geqq 0.5$$

充足率が両端とも1を超えているものの壁率比が0.5未満となる場合は、偏心はしているのでねじれを生ずるが、その値が小さいため、検討を省略してよいことになっている。ただし、耐力壁に水平力（地震力や風圧力）を無理なく均等に伝達するように配置計画を行うこと

❷ねじれ補正

偏心によるねじれを考慮した割増係数 C_e

①四分割法により壁配置の検討を行った場合

a）両側端部の壁量充足率がいずれも1以上の場合（壁率比の検討を必要としない場合）

$C_e = 1.0$

b）壁率比の検討を必要とする場合

$C_e = 2.0 - $壁率比 ……………………………………………………①式

②偏心率計算により壁配置の検討を行った場合

a）偏心率 $R_e \leqq 0.15$の場合

$C_e = 1.0$

b）$0.15 <$ 偏心率 $R_e \leqq 0.3$の場合は、下記ⅰ）・ⅱ）のいずれかとする

ⅰ）$C_e =$ ねじれ補正係数 α　ただし、$\alpha < 1.0$の場合は$C_e = 1.0$とする

$$\alpha_x = 1 + \frac{\Sigma(K_x \cdot e_y)}{K_R}(y - L_y)$$ ：X方向のねじれ補正係数

$$\alpha_y = 1 + \frac{\Sigma(K_y \cdot e_x)}{K_R}(x - L_x)$$ ：Y方向のねじれ補正係数

……②式

K_x、K_y：各方向の水平剛性

e_x、e_y：偏心距離

K_R　：ねじり剛性

x、y　：各壁線の座標

L_x、L_y：剛心の座標

ⅱ）$C_e = 0.5 + \frac{10}{3} \times R_e$ ……………………………………………③式

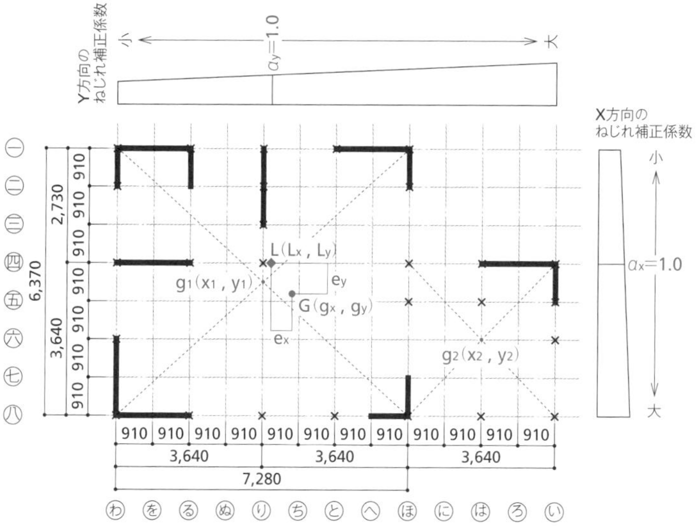

❸令46条4項による軸組計算表

方向		X方向					Y方向				
2階建ての2階部分または平屋建て	必要壁長	面積 ㎡		1㎡当たり必要壁長 m/㎡		必要壁長 m	面積 ㎡		1㎡当たり必要壁長 m/㎡		必要壁長 m
		床面積				i	床面積				i
		見付面積	S_2			①	見付面積	S_2			②
	有効壁長	軸組の種類	軸組長さ m	個所	壁倍率	有効壁長 m	軸組の種類	軸組長さ m	個所	壁倍率	有効壁長 m
		判定	i または ① m≦			イ m	判定	i または ② m≦			ロ m
		安全率（余裕率）	地震力に対して（イ／i）				安全率（余裕率）	地震力に対して（ロ／i）			
			風圧力に対して（イ／①）					風圧力に対して（ロ／②）			
2階建ての1階部分	必要壁長	面積 ㎡		1㎡当たり必要壁長 m/㎡		必要壁長 m	面積 ㎡		1㎡当たり必要壁長 m/㎡		必要壁長 m
		床面積				ii	床面積				ii
		見付面積	S_2+S_1			③	見付面積	S_2+S_1			④
	有効壁長	軸組の種類	軸組長さ m	個所	壁倍率	有効壁長 m	軸組の種類	軸組長さ m	個所	壁倍率	有効壁長 m
		判定	ii または ③ m≦			ハ m	判定	ii または ④ m≦			ニ m
		安全率（余裕率）	地震力に対して（ハ／ii）				安全率（余裕率）	地震力に対して（ニ／ii）			
			風圧力に対して（ハ／③）					風圧力に対して（ニ／④）			

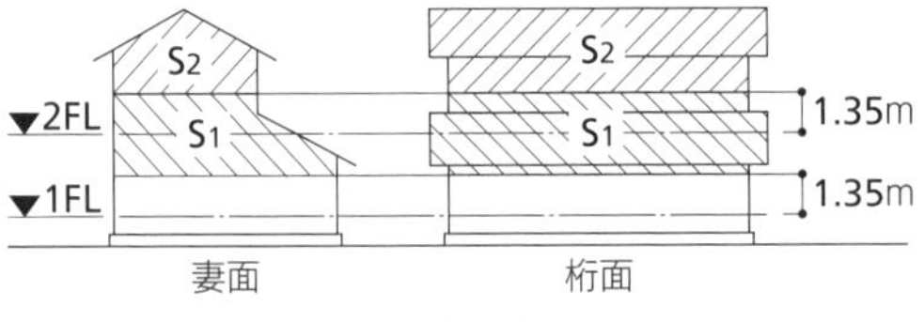

見付面積

建物の種類	床面積に乗ずる数値 cm/㎡	
軽い屋根	11	15 / 29
重い屋根	15	21 / 33

注　軟弱地盤の場合は1.5倍する

❹平12建告1352号 軸組設置基準による壁率比の算定表

方向		X方向					Y方向				
2階建ての2階部分または平屋建て	必要壁長	床面積 ㎡		1㎡当たり必要壁長 m/㎡		必要壁長 m	床面積 ㎡		1㎡当たり必要壁長 m/㎡		必要壁長 m
		$_{2}A_{U}$				i	$_{2}A_{L}$				iii
	有効壁長	軸組の種類	軸組長さ m	個所	壁倍率	有効壁長 m	軸組の種類	軸組長さ m	個所	壁倍率	有効壁長 m
						① m					③ m
		壁量充足率	㊤ ①／i ＝				壁量充足率	㊧ ③／iii ＝			
	必要壁長	床面積 ㎡		1㎡当たり必要壁長 m/㎡		必要壁長 m	床面積 ㎡		1㎡当たり必要壁長 m/㎡		必要壁長 m
		$_{2}A_{D}$				ii	$_{2}A_{R}$				iv
	有効壁長	軸組の種類	軸組長さ m	個所	壁倍率	有効壁長 m	軸組の種類	軸組長さ m	個所	壁倍率	有効壁長 m
						② m					④ m
		壁量充足率	㊦ ②／ii ＝				壁量充足率	㊨ ④／iv ＝			
		壁率比	㊤／㊦または㊦／㊤ ＝				壁率比	㊧／㊨または㊨／㊧ ＝			
2階建ての1階部分	必要壁長	床面積 ㎡		1㎡当たり必要壁長 m/㎡		必要壁長 m	床面積 ㎡		1㎡当たり必要壁長 m/㎡		必要壁長 m
		$_{1}A_{U}$				v	$_{1}A_{L}$				vii
	有効壁長	軸組の種類	軸組長さ m	個所	壁倍率	有効壁長 m	軸組の種類	軸組長さ m	個所	壁倍率	有効壁長 m
						⑤ m					⑦ m
		壁量充足率	㊤ ⑤／v ＝				壁量充足率	㊧ ⑦／vii ＝			
	必要壁長	床面積 ㎡		1㎡当たり必要壁長 m/㎡		必要壁長 m	床面積 ㎡		1㎡当たり必要壁長 m/㎡		必要壁長 m
		$_{1}A_{D}$				vi	$_{1}A_{R}$				viii
	有効壁長	軸組の種類	軸組長さ m	個所	壁倍率	有効壁長 m	軸組の種類	軸組長さ m	個所	壁倍率	有効壁長 m
						⑥ m					⑧ m
		壁量充足率	㊦ ⑥／vi ＝				壁量充足率	㊨ ⑧／viii ＝			
		壁率比	㊤／㊦または㊦／㊤ ＝				壁率比	㊧／㊨または㊨／㊧ ＝			

設計データ 31 ● 柱頭・柱脚接合部の検討

❶引抜力のメカニズム

①水平荷重時の応力

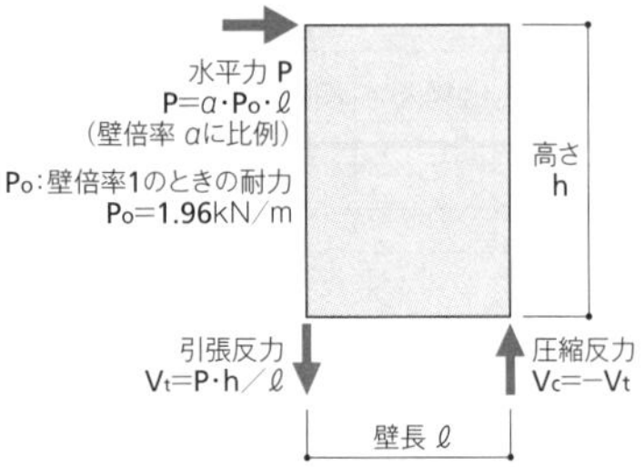

耐力壁が負担する水平力 Pは、

$P=\alpha \cdot P_0 \cdot \ell$[kN]

このとき支点に生じる引張反力 V_tは、

$V_t=P \cdot h / \ell$

$=\alpha \cdot P_0 \cdot \ell \cdot h / \ell$

$=\alpha \cdot P_0 \cdot h$[kN]

となる。

壁長 ℓ=1.0m、高さ h=2.7m(一般的な住宅の階高)、壁倍率 α=1.0としたときの引張反力を求めると、

$V_t=P \cdot h / \ell$

$=\alpha \cdot P_0 \cdot \ell \cdot h / \ell$

$=1.0 \times 1.96 \times 1.0 \times 2.7 / 1.0$

$=5.3$kN

N値計算は、この値をN=1.0としている。

②鉛直荷重時の応力

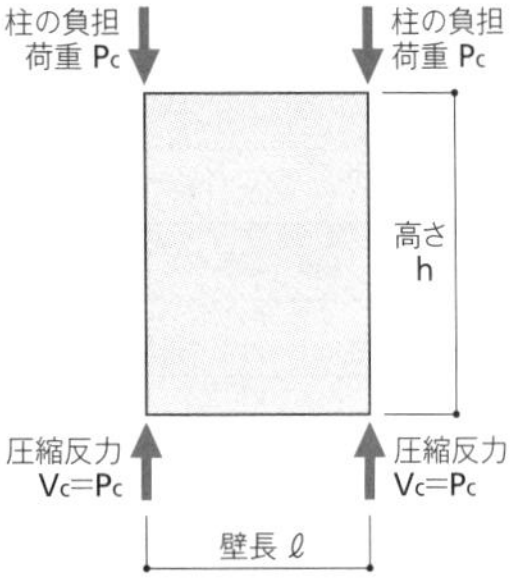

柱には常に作用している鉛直荷重があるので、上記で算出した反力と鉛直荷重を足し合わせると、実際に生じる引抜力が求められる。

柱に常時作用している軸力をP_c[kN]とすると、引抜力は、

$T=V_t-P_c$

$=\alpha \cdot P_0 \cdot h-P_c$[kN]

N値計算におけるL(鉛直荷重の押さえ効果係数)は上式のP_cに相当する。

❷耐力壁端部の柱の仕口

耐力壁の柱は、その耐力壁の仕様に応じて①～③のいずれかにより横架材等に接合する。

①告示表の仕様

②告示式により引抜力を算定する

③構造計算により引抜力を算定する

①耐力壁端部の柱の仕口(平12建告1460号二号表1・2)

壁倍率	耐力壁の種類		平屋、最上階		2階建ての1階		
			出隅の柱	一般	上階:出隅 当該階:出隅	上階:出隅 当該階:一般	上階:一般 当該階:一般
1.0以下	木ずりその他これに類するものを柱及び間柱の片面又は両面に打ち付けた壁		(い)	(い)	(い)	(い)	(い)
1.0	厚さ15以上幅90以上の木筋かい又はφ9以上の鉄筋筋かい		(ろ)	(い)	(ろ)	(い)	(い)
1.5	厚さ30以上幅90以上の木筋かい	筋かいの下部	(ろ)	(い)	(に)	(ろ)	(い)
		その他	(に)	(ろ)			
2.0	厚さ15以上幅90以上の木筋かい(タスキ)又はφ9以上の鉄筋筋かい(タスキ)		(に)	(ろ)	(と)	(は)	(ろ)
2.0	厚さ45以上幅90以上の木筋かい	筋かいの下部	(は)	(ろ)	(と)	(は)	(ろ)
		その他	(ほ)	(ろ)			
2.5	構造用合板等を昭56建告1100号に定める方法で打ち付けた壁		(ほ)	(ろ)	(ち)	(へ)	(は)
3.0	厚さ30以上幅90以上の木筋かい(タスキ)		(と)	(は)	(り)	(と)	(に)
4.0	厚さ45以上幅90以上の木筋かい(タスキ)		(と)	(に)	(ぬ)	(ち)	(と)

②**引抜力算定の略算式**（平12建告1460号の表によらない場合）

下式に示すN値を算出する

引抜力＝N×5.3［kN］

平屋もしくは2階建ての2階の柱

$N = A_1 \times B_1 - L$ ……………… ①式

A_1：当該柱の両側における壁倍率の差。ただし、筋かいを設けた場合は補正を加える

B_1：周辺部材による押さえ効果係数。一般：0.5、出隅：0.8

L：鉛直荷重による押さえ効果係数。一般：0.6、出隅：0.4

2階建ての1階の柱

$N = A_1 \times B_1 + A_2 \times B_2 - L$ …… ②式

A_1：当該柱の両側における壁倍率の差。ただし、筋かいを設けた場合は補正を加える

B_1：周辺部材による押さえ効果係数。一般：0.5、出隅：0.8

A_2：当該柱に連続する2階柱の両側における壁倍率の差。ただし、筋かいを設けた場合は補正を加える

B_2：2階の周辺部材による押さえ効果係数。一般：0.5、出隅：0.8

（当該2階柱の引抜力がほかの柱などにより下階に伝達される場合は0）

L：鉛直荷重による押さえ効果係数。一般：1.6、出隅：1.0

❸N値計算における筋かいの補正値

①筋かいが片側から取り付く柱の場合の補正値

※印は「2015年版建築物の構造関係技術基準解説書」にて改正

取り付く位置 ＼ 筋かいの種類	柱頭部❶（圧縮筋かい）	柱脚部❷（引張筋かい）	備考
15×90以上の木材、φ9以上の鉄筋	0.0	0.0	たすき筋かいの場合は、補正値を0とする❸
30×90以上の木材	0.5	−0.5	
45×90以上の木材	0.5	−0.5	
90×90以上の木材	2.0	−2.0	

❶

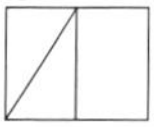

❷

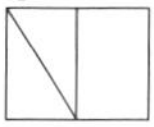

❸

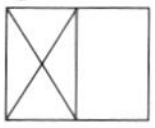

②片筋かいが両側から取り付く柱の場合の補正値❹、（❺※）　（　）内は❺※の値を示す

一方の筋かい ＼ 他方の筋かい	15×90以上の木材、φ9以上の鉄筋	30×90以上の木材	45×90以上の木材	90×90以上の木材	備考
15×90以上の木材、φ9以上の鉄筋	0.0（0.0）	0.5（−0.5）	0.5（−0.5）	2.0（2.0）	両筋かいとも、柱脚部に取り付く場合は補正値を0とする❻
30×90以上の木材	0.5（0.5）	1.0（0.5）	1.0（0.0）	2.5（1.5）	
45×90以上の木材	0.5（0.5）	1.0（0.5）	1.0（0.5）	2.5（1.5）	
90×90以上の木材	2.0（2.0）	2.5（1.5）	2.5（1.5）	4.0（2.0）	

❹

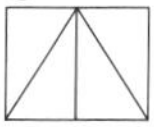

❺※

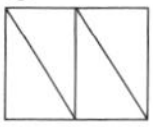

❻

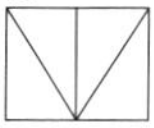

❸N値計算における筋かいの補正値(続き)

③一方にたすき筋かい、他方に片筋かいが取り付く柱の場合の補正値 ❼、❽※

片筋かい ＼ たすき筋かい	15×90以上の木材、φ9以上の鉄筋	30×90以上の木材	45×90以上の木材	90×90以上の木材	片筋かいが柱脚部に取付く場合は補正値を0とする❽※
15×90以上の木材、φ9以上の鉄筋	0.0	0.5	0.5	2.0	
30×90以上の木材	0.0	0.5	0.5	2.0	
45×90以上の木材	0.0	0.5	0.5	2.0	
90×90以上の木材	0.0	0.5	0.5	2.0	

❼

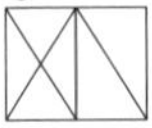

❽※

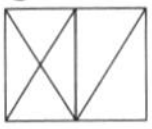

④両側にたすき筋かいが取り付く柱の場合の補正値 ❾

補正値は0とする

❾

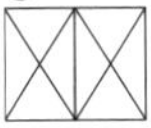

❹筋かいの補正の注意点

①筋かいの壁倍率比較

筋かいの種類	片筋かい					たすき筋かい
	基準法の倍率	圧縮筋かい		引張筋かい		
		実際の壁倍率	基準法との差	実際の壁倍率	基準法との差	
15×90以上の木材	1.0	1.0	0.0	1.0	0.0	2.0
30×90以上の木材	1.5	2.0	+0.5	1.0	−0.5	3.0
45×90以上の木材	2.0	2.5	+0.5	1.5	−0.5	4.0
90×90以上の木材	3.0	5.0	+2.0	1.0	−2.0	5.0

注　筋かいは圧縮と引張で耐力が異なる

②片筋かいの考え方

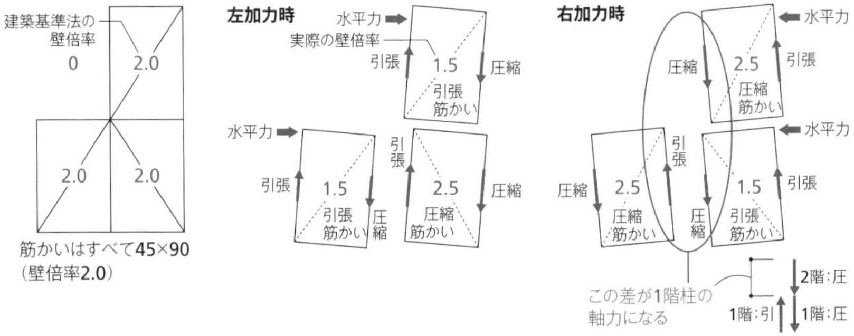

③片筋かいが両側から取り付く柱の場合の補正の考え方

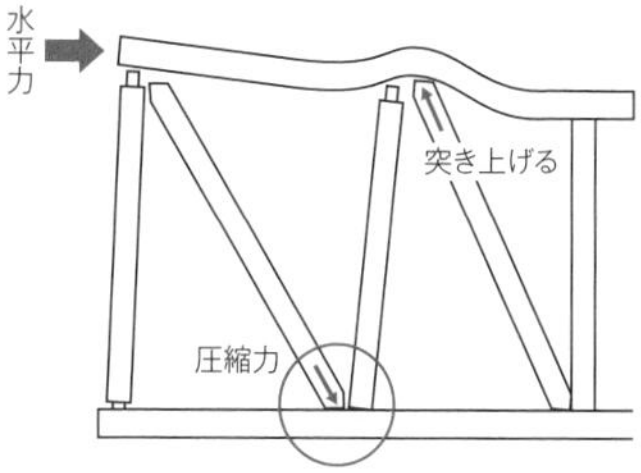

圧縮力のほとんどが土台へ流れるため、右側の筋かいの突上げを押さえる効果は少ない。それを勘案して、補正が+0.5となる

④両筋かいとも柱脚部に取り付く柱の場合の補正の考え方

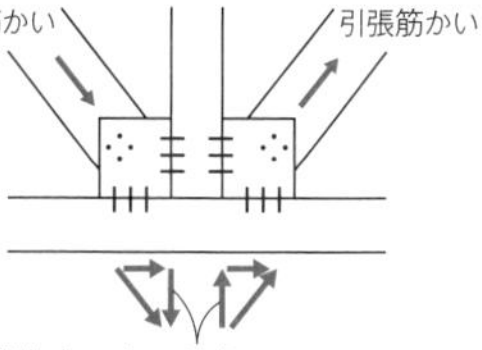

縦方向の力は相殺されるので、補正が0になっている

⑤たすき筋かいと片筋かいが隣接するときの補正

（一方にたすき筋かい、他方に片筋かいが取り付く柱の場合の考え方）

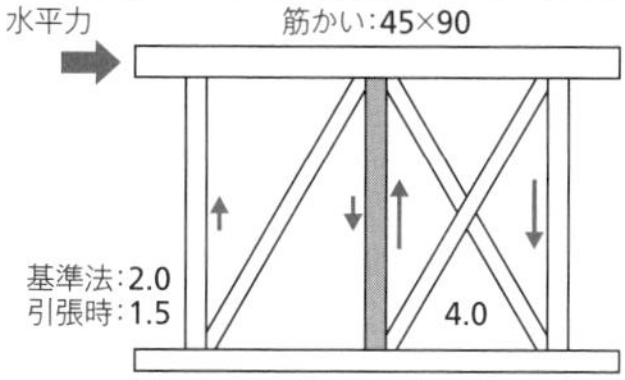

基準法での壁倍率の差：A=4.0−2.0=2.0
実際の壁倍率の差　　：A=4.0−1.5=2.5
よって、+0.5の補正を行う

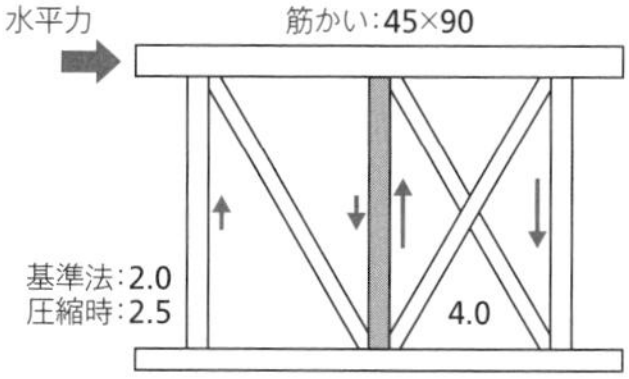

基準法での壁倍率の差：A=4.0−2.0=2.0
実際の壁倍率の差　　：A=4.0−2.5=1.5
よって、補正は−0.5となるが、筋かいに生ずる圧縮力のほとんどが直接土台へ流れるため、安全側として0の補正としている

❺N値計算の注意事項

N値計算は水平荷重時に柱に生じる引抜力を簡略に算定するものである。
市販の計算ソフトや早見表などを利用するうえでの注意点を示す

①市松配置となる場合

図のように、1階と2階で市松状に耐力壁が存在する場合の1階柱に生じる引抜力は、圧縮と引張が相殺されて接合仕様は軽減される。市販のソフトや早見表では上下階の引抜力を加算するため、連層配置と同じように接合仕様が大きくなることが多い

連層配置

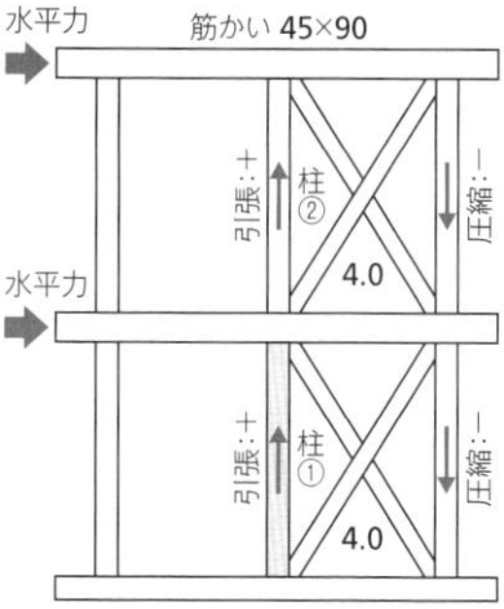

左加力時
2階の壁倍率の差：
　A=4.0−0.0=4.0（引張柱）
1階の壁倍率の差：
　A=4.0−0.0=4.0（引張柱）
∴N=(4.0×0.5)+(4.0×0.5)−1.6
　=2.40（引張）
→ 接合仕様（と）

市松配置

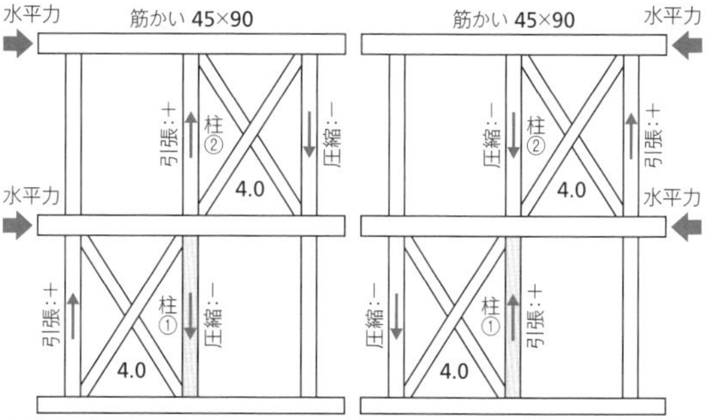

左加力時
2階の壁倍率の差：
　A=4.0−0.0=4.0（引張柱）
1階の壁倍率の差：
　A=0.0−4.0=−4.0（圧縮柱）
∴N=(4.0×0.5)+(−4.0×0.5)−1.6
　=−1.60（圧縮）
→ 接合仕様（い）

右加力時
2階の壁倍率の差：
　A=0.0−4.0=−4.0（圧縮柱）
1階の壁倍率の差：
　A=4.0−0.0=4.0（引張柱）
∴N=(−4.0×0.5)+(4.0×0.5)−1.6
　=−1.60（圧縮）
→ 接合仕様（い）

❺ N値計算の注意事項（続き）

② 下階の接合仕様が上階より軽減される場合

図のように、2階にのみ耐力壁が存在する場合の引抜力は、計算上は下階の接合仕様が軽減される

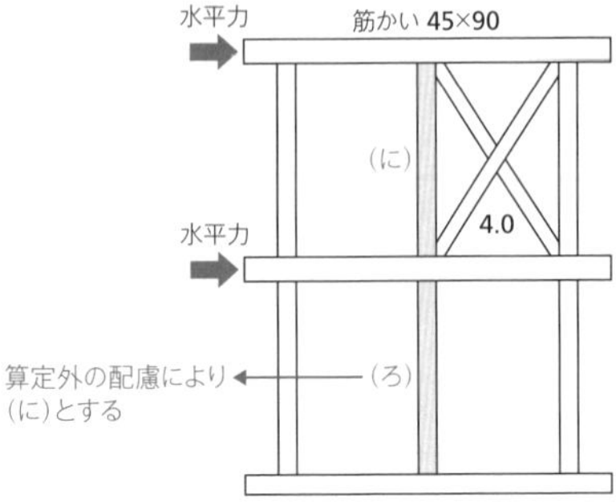

2階の壁倍率の差：A=4.0−0.0=4.0
1階の壁倍率の差：A=0.0
よって、
2階柱のN=4.0×0.5−0.6=1.40
→ 接合仕様（に）
1階柱のN=（0.0×0.5）+（4.0×0.5）−1.6=0.4
→ 接合仕様（ろ）
となり、下階の接合仕様が軽減される。

このような場合、算定外の配慮として、下階も上階と同等以上の接合としたい

③ 1階と2階で柱がずれる場合

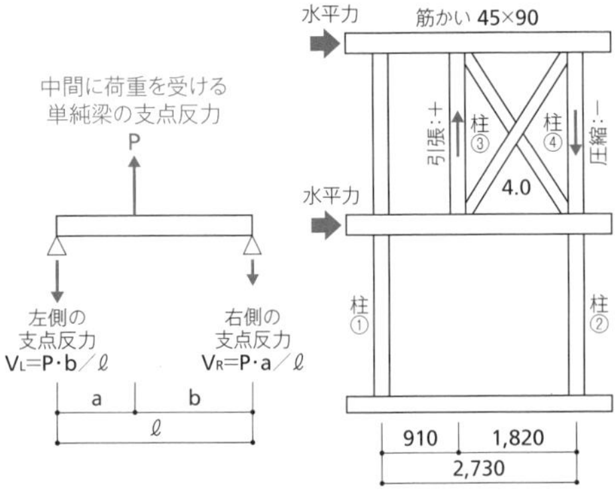

左加力時の柱①と柱②のN値を求めてみる。

柱①
2階の壁倍率の差：A=4.0−0.0=4.0（引張柱）
1階の壁倍率の差：A=0.0
∴N=（0.0×0.5）+｛（4.0×0.5）×1.82／2.73｝−1.6
=−0.27（圧縮）
→ 接合仕様（い）

柱②
2階の壁倍率の差
柱③：A=4.0−0.0=4.0（引張柱）
柱④：A=0.0−4.0=−4.0（圧縮柱）
1階の壁倍率の差：A=0.0
∴N=（0.0×0.5）+｛（4.0×0.5）×0.91／2.73｝+
（−4.0×0.5）−1.6=−2.93（圧縮）
→ 接合仕様（い）

❻N値算定表①

2階の壁倍率の差	2階および1階の柱種別	平屋または2階の柱 N値	2階建ての1階の柱 N値										
			1階の壁倍率の差										
			0.0	0.5	1.0	1.5	2.0	2.5	3.0	3.5	4.0	4.5	5.0
0.0	出隅	−0.40	−1.00	−0.60	−0.20	0.20	0.60	1.00	1.40	1.80	2.20	2.60	3.00
	一般	−0.60	−1.60	−1.35	−1.10	−0.85	−0.60	−0.35	−0.10	0.15	0.40	0.65	0.90
0.5	出隅	0.00	−0.60	−0.20	0.20	0.60	1.00	1.40	1.80	2.20	2.60	3.00	3.40
	一般	−0.35	−1.35	−1.10	−0.85	−0.60	−0.35	−0.10	0.15	0.40	0.65	0.90	1.15
1.0	出隅	0.40	−0.20	0.20	0.60	1.00	1.40	1.80	2.20	2.60	3.00	3.40	3.80
	一般	−0.10	−1.10	−0.85	−0.60	−0.35	−0.10	0.15	0.40	0.65	0.90	1.15	1.40
1.5	出隅	0.80	0.20	0.60	1.00	1.40	1.80	2.20	2.60	3.00	3.40	3.80	4.20
	一般	0.15	−0.85	−0.60	−0.35	−0.10	0.15	0.40	0.65	0.90	1.15	1.40	1.65
2.0	出隅	1.20	0.60	1.00	1.40	1.80	2.20	2.60	3.00	3.40	3.80	4.20	4.60
	一般	0.40	−0.60	−0.35	−0.10	0.15	0.40	0.65	0.90	1.15	1.40	1.65	1.90
2.5	出隅	1.60	1.00	1.40	1.80	2.20	2.60	3.00	3.40	3.80	4.20	4.60	5.00
	一般	0.65	−0.35	−0.10	0.15	0.40	0.65	0.90	1.15	1.40	1.65	1.90	2.15
3.0	出隅	2.00	1.40	1.80	2.20	2.60	3.00	3.40	3.80	4.20	4.60	5.00	5.40
	一般	0.90	−0.10	0.15	0.40	0.65	0.90	1.15	1.40	1.65	1.90	2.15	2.40
3.5	出隅	2.40	1.80	2.20	2.60	3.00	3.40	3.80	4.20	4.60	5.00	5.40	5.80
	一般	1.15	0.15	0.40	0.65	0.90	1.15	1.40	1.65	1.90	2.15	2.40	2.65
4.0	出隅	2.80	2.20	2.60	3.00	3.40	3.80	4.20	4.60	5.00	5.40	5.80	6.20
	一般	1.40	0.40	0.65	0.90	1.15	1.40	1.65	1.90	2.15	2.40	2.65	2.90
4.5	出隅	3.20	2.60	3.00	3.40	3.80	4.20	4.60	5.00	5.40	5.80	6.20	6.60
	一般	1.65	0.65	0.90	1.15	1.40	1.65	1.90	2.15	2.40	2.65	2.90	3.15
5.0	出隅	3.60	3.00	3.40	3.80	4.20	4.60	5.00	5.40	5.80	6.20	6.60	7.00
	一般	1.90	0.90	1.15	1.40	1.65	1.90	2.15	2.40	2.65	2.90	3.15	3.40

❼ N値算定表②（1階と2階の柱種別が異なる場合）

2階の壁倍率の差	2階の柱種別	1階の柱種別	2階建ての1階の柱 N値										
			1階の壁倍率の差										
			0.0	0.5	1.0	1.5	2.0	2.5	3.0	3.5	4.0	4.5	5.0
0.0	一般	出隅	−1.00	−0.60	−0.20	0.20	0.60	1.00	1.40	1.80	2.20	2.60	3.00
	出隅	一般	−1.60	−1.35	−1.10	−0.85	−0.60	−0.35	−0.10	0.15	0.40	0.65	0.90
0.5	一般	出隅	−0.75	−0.35	0.05	0.45	0.85	1.25	1.65	2.05	2.45	2.85	3.25
	出隅	一般	−1.20	−0.95	−0.70	−0.45	−0.20	0.05	0.30	0.55	0.80	1.05	1.30
1.0	一般	出隅	−0.50	−0.10	0.30	0.70	1.10	1.50	1.90	2.30	2.70	3.10	3.50
	出隅	一般	−0.80	−0.55	−0.30	−0.05	0.20	0.45	0.70	0.95	1.20	1.45	1.70
1.5	一般	出隅	−0.25	0.15	0.55	0.95	1.35	1.75	2.15	2.55	2.95	3.35	3.75
	出隅	一般	−0.40	−0.15	0.10	0.35	0.60	0.85	1.10	1.35	1.60	1.85	2.10
2.0	一般	出隅	0.00	0.40	0.80	1.20	1.60	2.00	2.40	2.80	3.20	3.60	4.00
	出隅	一般	0.00	0.25	0.50	0.75	1.00	1.25	1.50	1.75	2.00	2.25	2.50
2.5	一般	出隅	0.25	0.65	1.05	1.45	1.85	2.25	2.65	3.05	3.45	3.85	4.25
	出隅	一般	0.40	0.65	0.90	1.15	1.40	1.65	1.90	2.15	2.40	2.65	2.90
3.0	一般	出隅	0.50	0.90	1.30	1.70	2.10	2.50	2.90	3.30	3.70	4.10	4.50
	出隅	一般	0.80	1.05	1.30	1.55	1.80	2.05	2.30	2.55	2.80	3.05	3.30
3.5	一般	出隅	0.75	1.15	1.55	1.95	2.35	2.75	3.15	3.55	3.95	4.35	4.75
	出隅	一般	1.20	1.45	1.70	1.95	2.20	2.45	2.70	2.95	3.20	3.45	3.70
4.0	一般	出隅	1.00	1.40	1.80	2.20	2.60	3.00	3.40	3.80	4.20	4.60	5.00
	出隅	一般	1.60	1.85	2.10	2.35	2.60	2.85	3.10	3.35	3.60	3.85	4.10
4.5	一般	出隅	1.25	1.65	2.05	2.45	2.85	3.25	3.65	4.05	4.45	4.85	5.25
	出隅	一般	2.00	2.25	2.50	2.75	3.00	3.25	3.50	3.75	4.00	4.25	4.50
5.0	一般	出隅	1.50	1.90	2.30	2.70	3.10	3.50	3.90	4.30	4.70	5.10	5.50
	出隅	一般	2.40	2.65	2.90	3.15	3.40	3.65	3.90	4.15	4.40	4.65	4.90

❽耐力壁端部の柱と主要な横架材との仕口

(い) Nの値:0.0以下 必要耐力:0.0kN

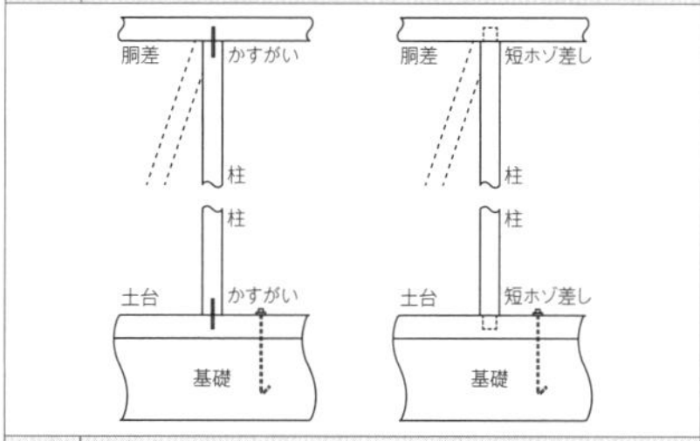

(へ) Nの値:1.8以下 必要耐力:10.0kN

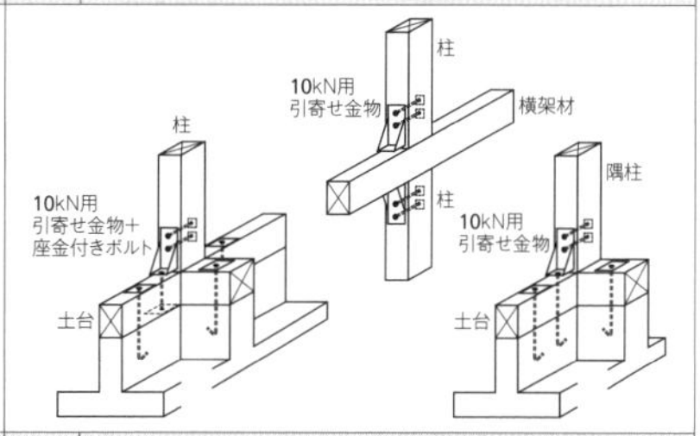

(ろ) Nの値:0.65以下 必要耐力:3.4kN

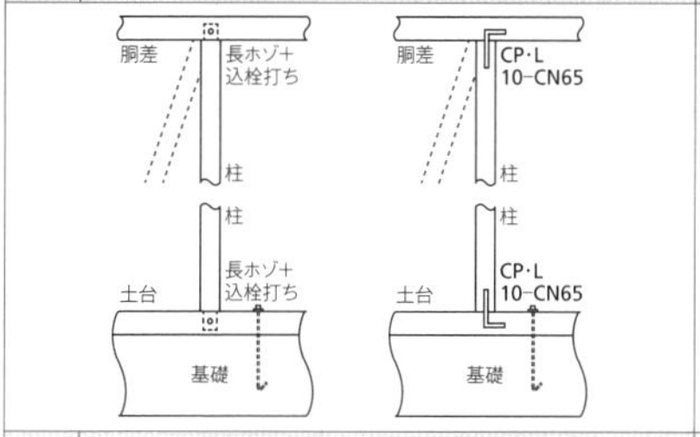

(と) Nの値:2.8以下 必要耐力:15.0kN

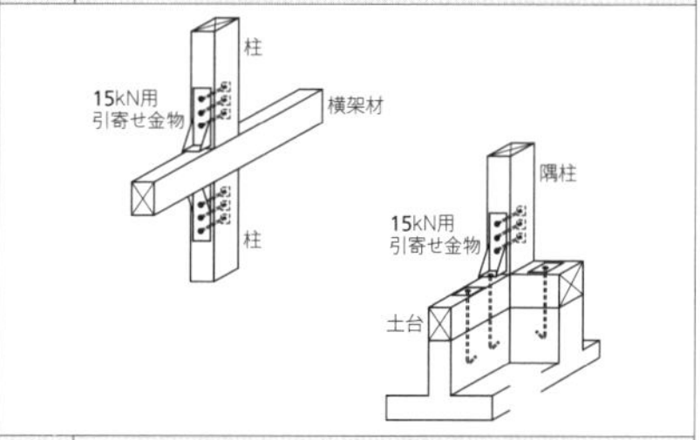

(は) Nの値:1.0以下 必要耐力:5.1kN

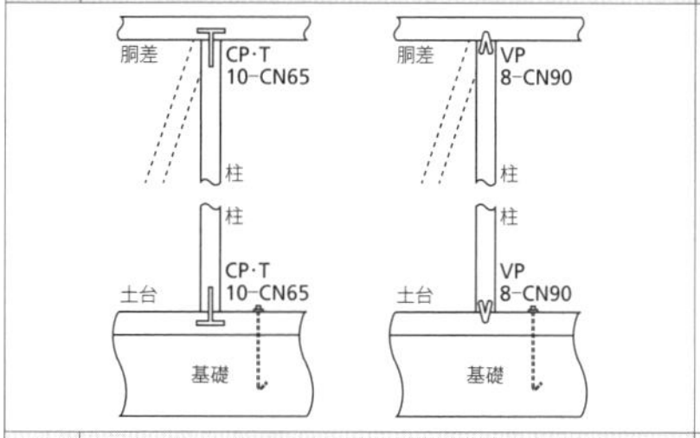

(ち) Nの値:3.7以下 必要耐力:20.0kN

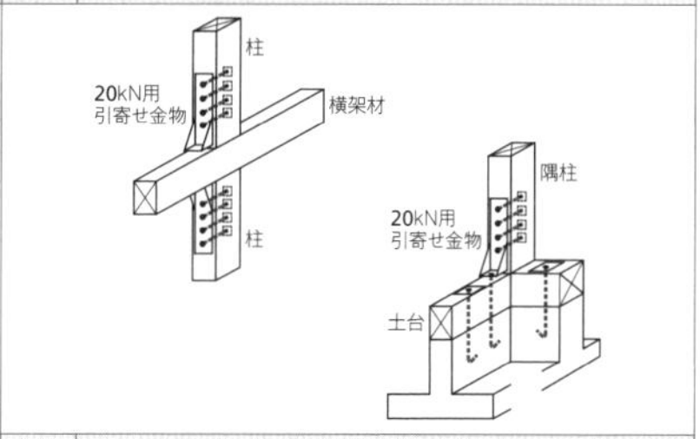

(に) Nの値:1.4以下 必要耐力:7.5kN

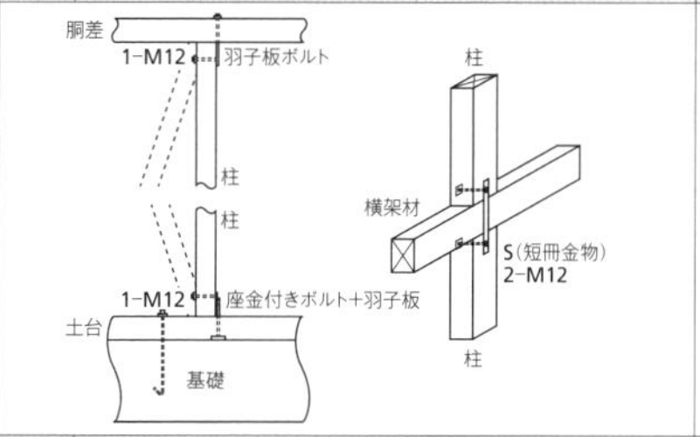

(り) Nの値:4.7以下 必要耐力:25.0kN

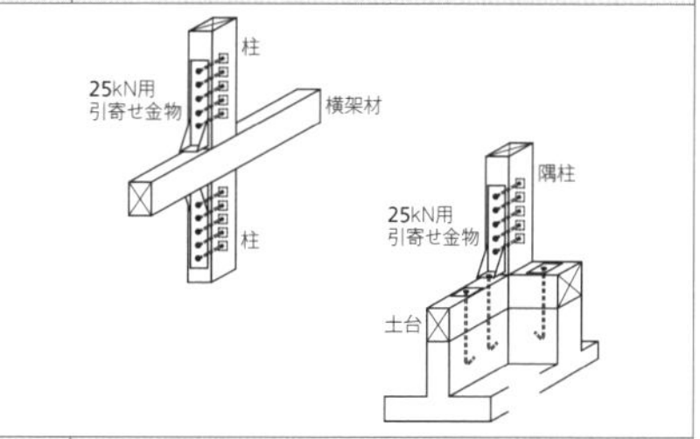

(ほ) Nの値:1.6以下 必要耐力:8.5kN

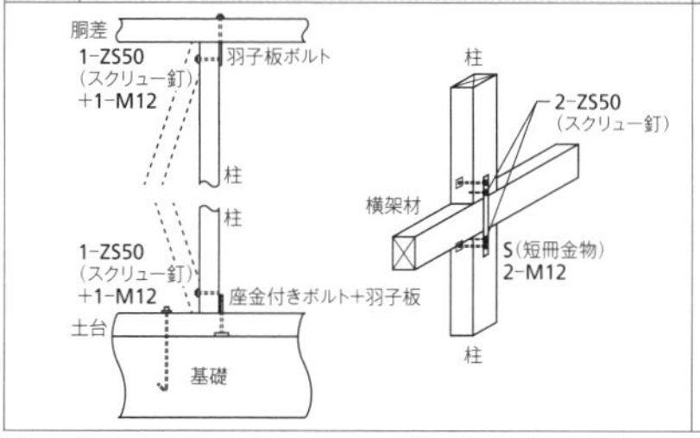

(ぬ) Nの値:5.6以下 必要耐力:30.0kN

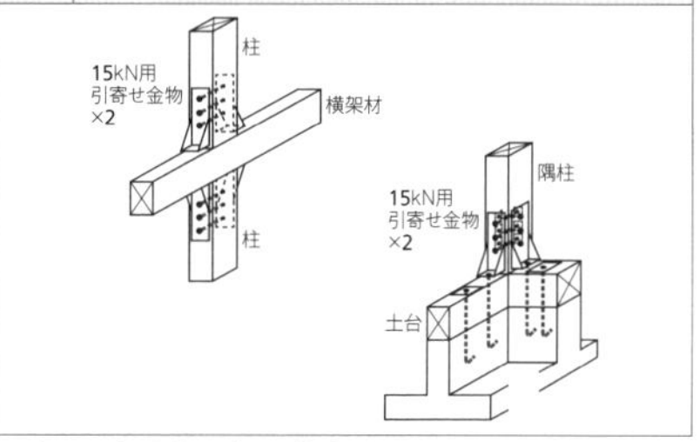

注 N値が5.6を超える場合は、N×5.3[kN]で算出した引抜力よりも大きな引張耐力を有する接合を行う

❾通しボルトの短期許容引張耐力

ボルト径[mm]				12						16			
軸断面積[cm²]				1.13						2.01			
ボルトの許容引張耐力[kN]				20.4（ち）						36.2			
座金寸法[mm]				2.3×30□	4.5×40□	6×50□	4.5×φ45	6×60□	6×φ68	6×54□	9×80□	9×φ90	9×100□
孔径[mm]				14						18			
有効面積[cm²]				7.46	14.46	23.46	14.36	34.46	34.78	26.62	61.46	61.07	97.46
座金の許容めり込み耐力[kN]	樹種	アカマツ クロマツ ベイマツ	耐力	4.5	8.7	14.1	8.6	20.7	20.9	16.0	36.9	36.6	58.5
			N値	N=0.8	N=1.6	N=2.7	N=1.6	N=3.9	N=3.9	N=3.0	N=7.0	N=6.9	N=11.0
			仕様	（ろ）	（ほ）	（へ）	（ほ）	（ち）	（ち）	（と）	－	－	－
		カラマツ ヒノキ ヒバ ベイヒ	耐力	3.9	7.5	12.2	7.5	17.9	18.1	13.8	32.0	31.8	50.7
			N値	N=0.7	N=1.4	N=2.3	N=1.4	N=3.4	N=3.4	N=2.6	N=6.0	N=6.0	N=9.6
			仕様	（ろ）	（に）	（へ）	（に）	（と）	（と）	（へ）	－	－	－
		ツガ ベイツガ	耐力	3.0	5.8	9.4	5.7	13.8	13.9	10.6	24.6	24.4	39.0
			N値	N=0.6	N=1.1	N=1.8	N=1.1	N=2.6	N=2.6	N=2.0	N=4.6	N=4.6	N=7.4
			仕様	（い）	（は）	（ほ）	（は）	（へ）	（へ）	（へ）	（ち）	（ち）	－
		スギ ベイスギ モミ エゾマツ ベニマツ トドマツ スプルース	耐力	3.0	5.8	9.4	5.7	13.8	13.9	10.6	24.6	24.4	39.0
			N値	N=0.6	N=1.1	N=1.8	N=1.1	N=2.6	N=2.6	N=2.0	N=4.6	N=4.6	N=7.4
			仕様	（い）	（は）	（ほ）	（は）	（へ）	（へ）	（へ）	（ち）	（ち）	－

注　■部分は、ボルトの許容引張耐力で耐力が決定するものを示す

通しボルト接合の短期許容引張耐力は、下記のいずれか最小の値で決定する

①ボルトの許容引張耐力

②座金の許容めり込み耐力

各耐力の算定式は下記による

①ボルトの許容引張耐力

＝ボルトの軸断面積×ボルトの許容引張応力度

ボルトの短期許容引張応力度 ${}_sf_t$=18[kN/cm²]

注　ねじ部の断面積を考慮して、許容応力度を3/4低減

②座金の許容めり込み耐力

＝座金の有効面積×木材の許容めり込み応力度

各樹種の短期許容めり込み応力度 ${}_sf_{cv}$[kN/cm²]

- アカマツ、クロマツ、ベイマツ：0.60[kN/cm²]
- カラマツ、ヒノキ、ヒバ、ベイヒ：0.52[kN/cm²]
- ツガ、ベイツガ：0.40[kN/cm²]
- スギ、ベイスギ、モミ、エゾマツ、ベニマツ、トドマツ、スプルース：0.40[kN/cm²]

N値と仕様は、許容引張耐力を下式により換算した参考値である

N値＝引張力[kN]/5.30[kN]

材質

- ボルト：SS400中ボルトまたは丸鋼SR235
- 座金：SS400
- ナット、高ナット：SS400
- 木材：無等級材

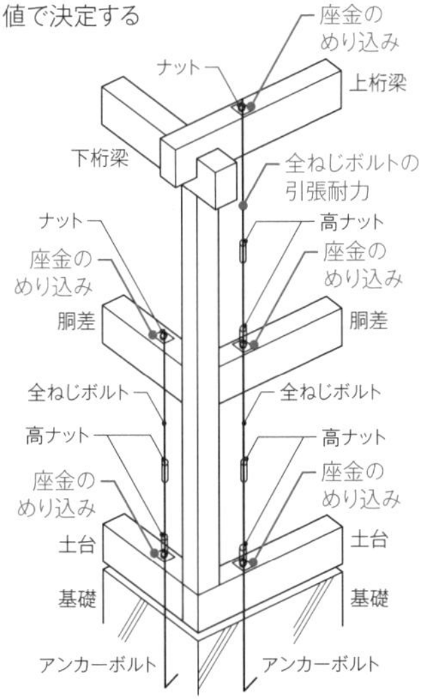

（2階の梁天端までとする場合）　（桁まで通す場合）

注　胴差は通し柱にホゾ差しのうえ、金物などにより引抜けを防止する。また、桁梁も同様に、柱からの抜け出しを防ぐように接合する

アンカーボルトのコンクリートへの埋込長さは、上記許容引張耐力よりも大きな付着耐力が確保できるように決定する

例：コンクリートの基準強度がFc=21（N/m²）の場合、127頁⑦より

ボルトM12短期許容引張耐力以上の付着耐力以上の付着耐力を確保するための埋込長さは、300以上

ボルトM16短期許容引張耐力以上の付着耐力以上の付着耐力を確保するための埋込長さは、400以上　となる

⑩軸ボルトの短期許容引張耐力（座金のめり込み耐力）

ボルト径[mm]			12						16			
軸断面積[㎠]			1.13						2.01			
ボルトの許容引張耐力[kN]			20.4（ち）						36.2			
座金寸法[mm]			2.3×30□	4.5×40□	6×50□	4.5×φ45	6×60□	6×φ68	6×54□	9×80□	9×φ90	9×100□
孔径[mm]			14						18			
有効面積[㎠]			7.46	14.46	23.46	14.36	34.46	34.78	26.62	61.46	61.07	97.46
座金の許容めり込み耐力[kN] 樹種	アカマツ クロマツ ベイマツ	耐力	11.0	21.4	34.7	21.3	51.0	51.5	39.4	91.0	90.4	144.2
		N値	N=2.1	N=4.0	N=6.6	N=4.0	N=9.6	N=9.7	N=7.4	N=17.2	N=17.1	N=27.2
		仕様	（へ）	（ち）	（ぬ）	（ち）	—	—	—	—	—	—
	カラマツ ヒノキ ヒバ ベイヒ	耐力	10.3	20.0	32.4	19.8	47.6	48.0	36.7	84.8	84.3	134.5
		N値	N=1.9	N=3.8	N=6.1	N=3.7	N=9.0	N=9.1	N=6.9	N=16.0	N=15.9	N=25.4
		仕様	（へ）	（ち）	（ぬ）	（と）	—	—	—	—	—	—
	ツガ ベイツガ	耐力	9.5	18.5	30.0	18.4	44.1	44.5	34.1	78.7	78.2	124.7
		N値	N=1.8	N=3.5	N=5.7	N=3.5	N=8.3	N=8.4	N=6.4	N=14.8	N=14.7	N=23.5
		仕様	（ほ）	（と）	（り）	（と）	—	—	（ぬ）	—	—	—
	スギ ベイスギ モミ エゾマツ ベニマツ トドマツ スプルース	耐力	8.8	17.1	27.7	17.0	40.7	41.0	31.4	72.5	72.1	115.0
		N値	N=1.7	N=3.2	N=5.2	N=3.2	N=7.7	N=7.7	N=5.9	N=13.7	N=13.6	N=21.7
		仕様	（ほ）	（と）	（り）	（と）	—	—	（ぬ）	—	—	—

注　■部分は、ボルトの許容引張耐力で耐力が決定するものを示す

軸ボルト接合の短期許容引張耐力は、下記の何れか最小の値で決定する

①ボルトの許容引張耐力

②座金の許容めり込み耐力

③端あき部分の許容せん断耐力（124頁参照）

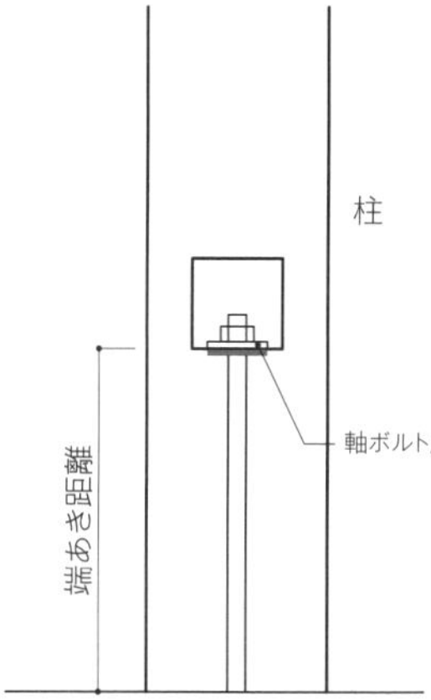

各耐力の算定式は下記による

①ボルトの許容引張耐力

＝ボルトの軸断面積×ボルトの許容引張応力度

ボルトの短期許容引張応力度 $_{s}f_{t}$=18[kN／㎠]

注　ねじ部の断面積を考慮して、許容応力度を3／4低減

②座金の許容めり込み耐力

＝座金の有効面積×木材の許容圧縮応力度

各樹種の短期許容圧縮応力度 $_{s}f_{c}$[kN／㎠]

- アカマツ、クロマツ、ベイマツ：1.48[kN／㎠]
- カラマツ、ヒノキ、ヒバ、ベイヒ：1.38[kN／㎠]
- ツガ、ベイツガ：1.28[kN／㎠]
- スギ、ベイスギ、モミ、エゾマツ、ベニマツ、トドマツ、スプルース：1.18[kN／㎠]

N値と仕様は、許容引張耐力を下式により換算した参考値である

N値＝引張力[kN]／5.30[kN]

⓫ 軸ボルトの短期許容引張耐力（端あき距離から求められる許容引張耐力）

座金寸法[㎜]				4.5×40□				6×54□				9×80□			
端あき距離[㎜]				150	200	250	300	150	200	250	300	150	200	250	300
（2面）せん断面積[㎠]				120	160	200	240	162	216	270	324	240	320	400	480
端あき部分の許容せん断耐力[kN]	樹種	アカマツ クロマツ ベイマツ	耐力	19.2	25.6	32.0	38.4	25.9	34.6	43.2	51.8	38.4	51.2	64.0	76.8
			N値	N=3.6	N=4.8	N=6.0	N=7.2	N=4.9	N=6.5	N=8.2	N=9.8	N=7.2	N=9.7	N=12.1	N=14.5
			仕様	（と）	（り）	（ぬ）	—	（り）	（ぬ）	—	—	—	—	—	—
		カラマツ ヒノキ ヒバ ベイヒ	耐力	16.8	22.4	28.0	33.6	22.7	30.2	37.8	45.4	33.6	44.8	56.0	67.2
			N値	N=3.2	N=4.2	N=5.3	N=6.3	N=4.3	N=5.7	N=7.1	N=8.6	N=6.3	N=8.5	N=10.6	N=12.7
			仕様	（と）	（ち）	（り）	（ぬ）	（ち）	（ぬ）	—	—	（ぬ）	—	—	—
		ツガ ベイツガ	耐力	16.8	22.4	28.0	33.6	22.7	30.2	37.8	45.4	33.6	44.8	56.0	67.2
			N値	N=3.2	N=4.2	N=5.3	N=6.3	N=4.3	N=5.7	N=7.1	N=8.6	N=6.3	N=8.5	N=10.6	N=12.7
			仕様	（と）	（ち）	（り）	（ぬ）	（ち）	（ぬ）	—	—	（ぬ）	—	—	—
		スギ ベイスギ モミ エゾマツ ベニマツ トドマツ スプルース	耐力	14.4	19.2	24.0	28.8	19.4	25.9	32.4	38.9	28.8	38.4	48.0	57.6
			N値	N=2.7	N=3.6	N=4.5	N=5.4	N=3.7	N=4.9	N=6.1	N=7.3	N=5.4	N=7.2	N=9.1	N=10.9
			仕様	（へ）	（と）	（ち）	（り）	（と）	（り）	（ぬ）	—	（り）	—	—	—

各耐力の算定式は下記による

③端あき部分の許容せん断耐力
＝2面×座金の幅×端あき距離×木材の許容せん断応力度

各樹種の短期許容せん断応力度 $_sf_s$[kN／㎠]
- アカマツ、クロマツ、ベイマツ：0.16[kN／㎠]
- カラマツ、ヒノキ、ヒバ、ベイヒ：0.14[kN／㎠]
- ツガ、ベイツガ：0.14[kN／㎠]
- スギ、ベイスギ、モミ、エゾマツ、ベニマツ、トドマツ、スプルース：0.12[kN／㎠]

N値＝引張力[kN]／5.30[kN]

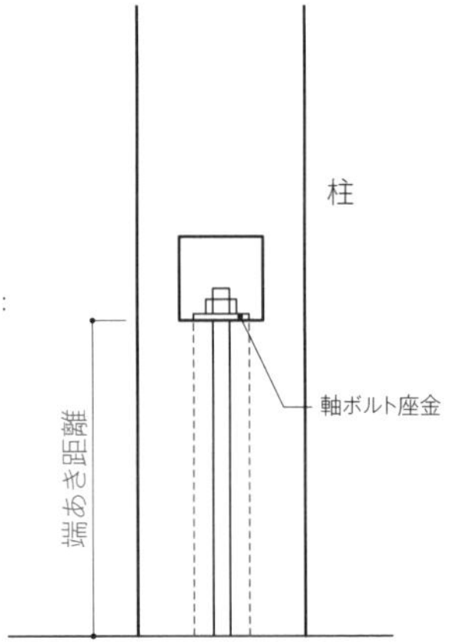

アンカーボルトのコンクリートへの埋込長さは、上記許容引張耐力よりも大きな付着耐力が確保できるように決定する
例：コンクリートの基準強度がFc=21（N／㎡）の場合、127頁⑦より
ボルトM12短期許容引張耐力以上の付着耐力以上の付着耐力を確保するための埋込長さは、300以上
ボルトM16短期許容引張耐力以上の付着耐力以上の付着耐力を確保するための埋込長さは、400以上　となる

設計データ 32 ● アンカーボルトの設計

❶土台のめり込み耐力から決まる柱の許容軸力（$N_{ca}=f_{cv}\times A_{ci}$）

樹種	基準めり込み強度 F_{cv}［N/㎟］	長期許容めり込み応力度 $_Lf_{cv}=1.1F_{cv}/3$［N/㎟］	短期許容めり込み応力度 $_sf_{cv}=2.0F_{cv}/3$［N/㎟］	長期許容軸力 $_LN_{ca}$［kN］		短期許容軸力 $_sN_{ca}$［kN］	
				柱105㎜角	柱120㎜角	柱105㎜角	柱120㎜角
ヒノキ ヒバ	7.8	2.9	5.2	23.8	33.5	43.3	60.8
ベイツガ	6.0	2.2	4.0	18.3	25.7	33.3	46.8
クリ	10.8	4.0	7.2	33.0	46.3	59.9	84.2

注　柱のホゾは30×90㎜とする

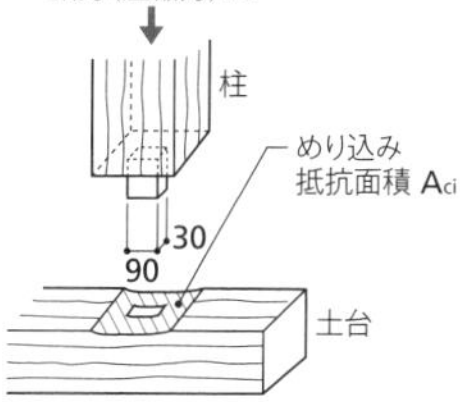

❷柱の圧縮耐力から決まる柱の許容軸力（$N_{ca}=\eta\cdot f_c\times A_c$）

樹種	基準圧縮強度 F_c［N/㎟］	長期許容圧縮応力度 $_Lf_c=1.1F_c/3$［N/㎟］	短期許容圧縮応力度 $_sf_c=2.0F_c/3$［N/㎟］	長期許容軸力 $_LN_{ca}$［kN］		短期許容軸力 $_sN_{ca}$［kN］	
				柱105㎜角	柱120㎜角	柱105㎜角	柱120㎜角
ヒノキ ヒバ	20.7	7.6	13.8	34.3	57.0	62.4	103.6
ベイツガ	19.2	7.0	12.8	31.8	52.9	57.9	96.1
クリ	17.7	6.5	11.8	29.4	48.7	53.4	88.6

注1　柱の座屈長さは2,700㎜とする
注2　柱材は無等級材とする
注3　ηの算定式は57頁の設計データ 19❶を参照のこと

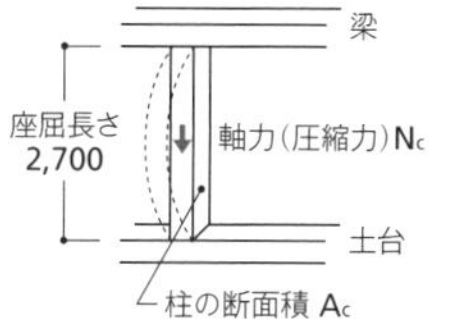

❸土台のせん断耐力から決まる柱の許容軸力（$N_{ta}\leqq A_d\cdot {}_sf_s$）

樹種	基準せん断強度 F_s［N/㎟］	短期許容せん断応力度 $_sf_s=2.0F_s/3$［N/㎟］	短期許容軸力［kN］			
			アンカーボルトM12		アンカーボルトM16	
			土台105㎜角	土台120㎜角	土台105㎜角	土台120㎜角
ヒノキ ヒバ	2.1	1.4	13.38	17.81	12.64	16.97
ベイツガ	2.1	1.4	13.38	17.81	12.64	16.97
クリ	3.0	2.0	19.11	25.44	18.06	24.24

注1　アンカーボルトM12の孔径は14㎜、M16は19㎜と仮定
注2　土台105㎜角、アンカーボルトM12のときの断面積 A_d=（105−14）×105=9,555㎟
注3　許容せん断耐力以上の引抜力となる場合は、引抜力を基礎へ直接伝達する接合仕様とする

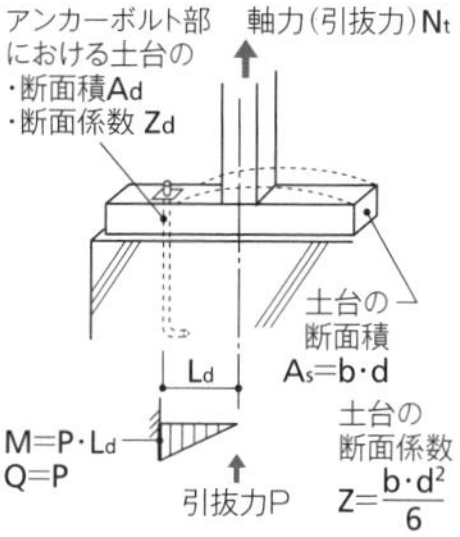

❹土台の曲げ耐力から決まるアンカーボルトの位置

$L_d \leqq Z_d \cdot {}_s f_b / N_t$、かつ300㎜以下

N_t：柱脚の接合仕様における短期許容引張耐力[N]

(『木造軸組工法住宅の許容応力度設計(2017年版)』[(公財)日本住宅・木材技術センター]より)

①アンカーボルトM12

樹種	基準曲げ強度 F_b[N/㎟]	短期許容曲げ応力度 ${}_s f_b = 2.0F_b/3$ [N/㎟]	柱心からアンカーボルト心までの許容距離 L_d[㎜]									
			土台105㎜角					土台120㎜角				
			N_t=10[kN]	N_t=15[kN]	N_t=20[kN]	N_t=25[kN]	N_t=30[kN]	N_t=10[kN]	N_t=15[kN]	N_t=20[kN]	N_t=25[kN]	N_t=30[kN]
ヒノキ ヒバ	26.7	17.8	298	198	149	119	99	453	302	226	181	151
ベイツガ	25.2	16.8	281	187	140	112	94	427	285	214	171	142
クリ	29.4	19.6	328	218	164	131	109	499	332	249	199	166

注1 アンカーボルトの孔径は14㎜と仮定
注2 断面係数 Z_dは、土台105㎜角が$Z_d=(105-14)\times105^2/6=167,212$㎣、土台120㎜角が$Z_d=(120-14)\times120^2/6=254,400$㎣
注3 ■は、計算値が300㎜を超えるので、L_d=300㎜とする
注4 ■は、L_d<100㎜なので、柱に生じる引抜力を基礎へ直接伝達する接合仕様とする

②アンカーボルトM16

樹種	基準曲げ強度 F_b[N/㎟]	短期許容曲げ応力度 ${}_s f_b = 2.0F_b/3$ [N/㎟]	柱心からアンカーボルト心までの許容距離 L_d[㎜]									
			土台105㎜角					土台120㎜角				
			N_t=10[kN]	N_t=15[kN]	N_t=20[kN]	N_t=25[kN]	N_t=30[kN]	N_t=10[kN]	N_t=15[kN]	N_t=20[kN]	N_t=25[kN]	N_t=30[kN]
ヒノキ ヒバ	26.7	17.8	281	188	141	113	94	431	288	216	173	144
ベイツガ	25.2	16.8	265	177	133	106	88	407	271	204	163	136
クリ	29.4	19.6	310	206	155	124	103	475	317	238	190	158

注1 アンカーボルトの孔径は19㎜と仮定
注2 断面係数 Z_dは、土台105㎜角が$Z_d=(105-19)\times105^2/6=158,025$㎣、土台120㎜角が$Z_d=(120-19)\times120^2/6=242,400$㎣
注3 ■は、計算値が300㎜を超えるので、L_d=300㎜とする
注4 ■は、L_d<100㎜なので、柱に生じる引抜力を基礎へ直接伝達する接合仕様とする

❺座金のめり込み耐力から決まる柱の許容軸力(引抜力)($N_{ta}=f_{cv}\times A_{ci}$)

樹種	基準めり込み強度 F_{cv}[N/㎟]	短期許容めり込み応力度 ${}_s f_{cv}=2.0F_{cv}/3$ [N/㎟]	短期許容軸力 ${}_s N_{ta}$[kN]						
			座金40㎜角	座金45㎜径	座金60㎜角	座金68㎜φ	座金54㎜角	座金80㎜角	座金90㎜径
ヒノキ ヒバ	7.8	5.2	7.5	7.5	17.9	18.1	13.8	32.0	31.8
ベイツガ	6.0	4.0	5.8	5.7	13.8	13.9	10.6	24.6	24.4
クリ	10.8	7.2	10.4	10.3	24.8	25.0	19.2	44.2	44.0

注1 M12用の座金は40㎜角、φ45㎜、60㎜角、φ68㎜で、孔径はφ14㎜ として算定
注2 M16用の座金は54㎜角、80㎜角、φ90㎜で、孔径はφ18㎜として算定
注3 「木造軸組工法住宅の許容応力度設計」では、ボルト穴の欠損は見込まなくてもよいとしている

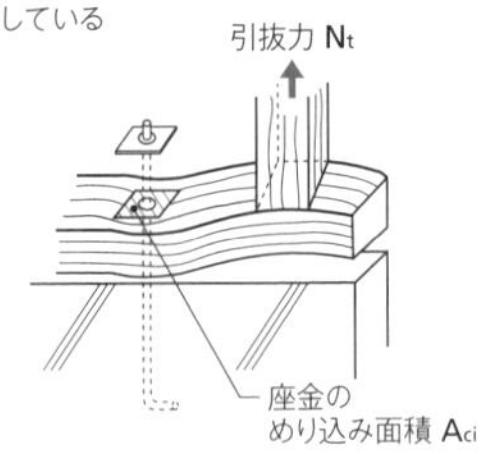

❻アンカーボルトの引張耐力($N_{ta}=f_t\times A_g$)

基準強度 F[N/㎟]	短期許容引張応力度 ${}_s f_t$=F[N/㎟]	短期許容軸力 ${}_s N_{ta}$[kN]	
		M12	M16
240	240.0	20.4	36.2

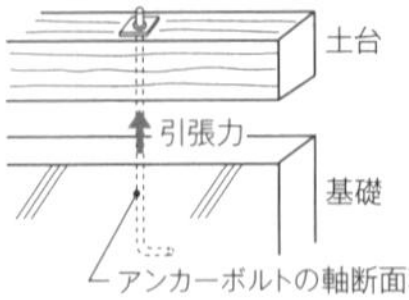
アンカーボルトの軸断面積 A_g(ねじ切りによる欠損を考慮[274～277頁参照])

❼ アンカーボルトの埋込み長さと付着耐力（$N_{ta}=f_a\times\psi\times\ell$）

コンクリート基準強度	付着に対する短期許容応力度 $_sf_a$（N／㎟）	アンカーボルト	付着耐力＝許容引抜力 $_sN_{ta}$［kN］								
			ℓ＝100㎜	ℓ＝150㎜	ℓ＝200㎜	ℓ＝250㎜	ℓ＝300㎜	ℓ＝350㎜	ℓ＝360㎜	ℓ＝400㎜	ℓ＝450㎜
F_c18	1.62	M12	6.1	9.2	12.2	15.3	18.3	21.4	22.0	24.4	27.5
	1.62	M16	8.1	12.2	16.3	20.4	24.4	28.5	29.3	32.6	36.6
F_c21	1.89	M12	7.1	10.7	14.3	17.8	21.4	24.9	25.7	28.5	32.1
	1.89	M16	9.5	14.3	19.0	23.8	28.5	33.3	34.2	38.0	42.8

注　丸鋼の付着に対する短期許容応力度（『鉄筋コンクリート構造計算規準・同解説 』［（社）日本建築学会］）

$${}_sf_a=1.5\times\left(\frac{6}{100}F_c\ \text{かつ}1.35\text{以下}\right)\ [\text{N／㎟}]$$

F_c18：F_c＝18N／㎟　$\frac{6\times18}{100}$＝1.08N／㎟＜1.35
よって、$_sf_a$＝1.5×1.08N／㎟＝1.62N／㎟

F_c21：F_c＝21N／㎟　$\frac{6\times21}{100}$＝1.26N／㎟＜1.35
よって、$_sf_a$＝1.5×1.26N／㎟＝1.89N／㎟

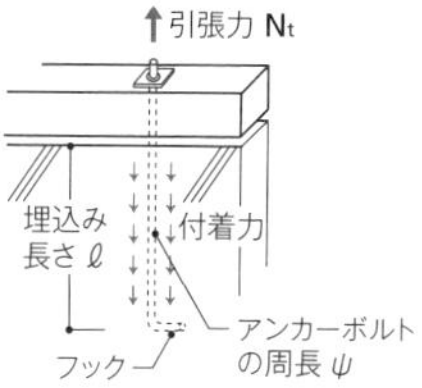

❽ アンカーボルトのせん断耐力（$Q_a=f_s\times A_g$）

アンカーボルトの許容せん断耐力

（『木質構造設計規準・同解説 2006』［（社）日本建築学会］のボルトの降伏耐力算定式のうち、接合形式Eにより算出）

$Q_a={}_jK_d\cdot{}_jK_m\cdot{}_jK_o\cdot C\cdot F_e\cdot d\cdot\ell$

$_jK_d$：荷重継続期間影響係数。長期：1.1、中長期：1.43、中短期：1.60、短期：2.00（$_jK_d$＝2.00）
$_jK_m$：含水率影響係数。常時湿潤または施工時含水率20％以上：0.7、断続的湿潤：0.8（$_jK_m$＝1.0）
$_jK_o$：基準化係数。接合部のクリープ破壊特性にもとづき決定する。通常の場合は0.5（$_jK_o$＝0.5）
C ：接合形式と破壊形式によって定まる接合形式係数
（接合形式：E、破壊形式：ℓ／d＝105／16＝6.5より、モードⅣ→$C=d\times\sqrt{(2\gamma／3)}／\ell$）
F_e ：主材の基準支圧強度［N／㎟］（基準強度は無等級材の圧縮強度による［※］）
d ：接合具（ボルト）径［㎜］
ℓ ：主材厚［㎜］
γ：接合具の基準材料強度と主材の基準支圧強度の比（F／F_e）（鋼材の基準強度 F＝235N／㎟）

樹種	支圧の基準強度 F_e［N／㎟］	許容せん断耐力［kN］			
		アンカーボルトM12		アンカーボルトM16	
		土台105㎜角	土台120㎜角	土台105㎜角	土台120㎜角
ヒノキ ヒバ	22.4	8.6	8.6	15.3	15.3
ベイツガ	22.4	8.6	8.6	15.3	15.3
クリ	25.4	9.3	9.3	16.3	16.3

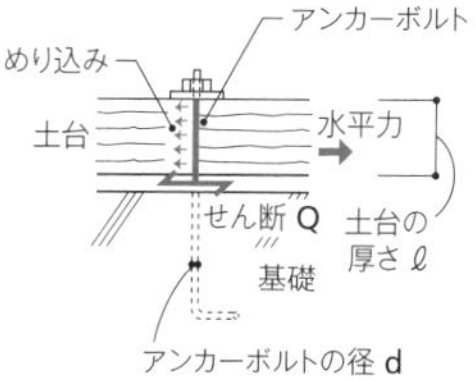

※　「学会規準2006」および「木造軸組工法住宅の許容応力度設計」では樹種を比重に応じ、3グループに分け、支圧強度を示しているが、針葉樹のみとなっている。クリについては、J1グループの値を採用

上表の使い方

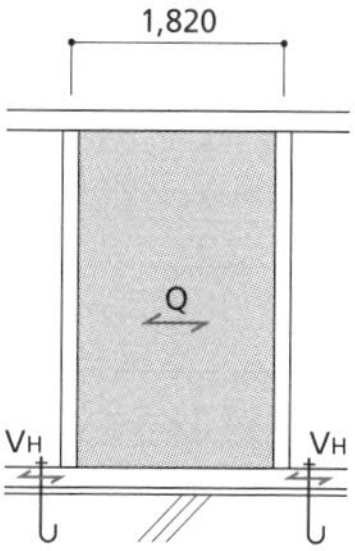

左図のような柱間1,820㎜の耐力壁の両端部にアンカーボルトを設けたときの検討をしてみる。

壁倍率4.0のとき、耐力壁の許容せん断耐力は、
Q＝4.0×1.96×1.82＝14.27kN
アンカーボルトにかかる水平力（せん断力）は、
V_H＝Q／2＝7.13kN ＜Pa＝8.6kN（ベイツガ、土台105㎜角、アンカーボルトM12）
よって、アンカーボルトM12を1間間隔で設けてあれば、特に問題はない。

壁倍率が5.0のときは、
Q＝5.0×1.96×1.82＝17.84kN
V_H＝Q／2＝8.92kN ＞Pa＝8.6kN
よって、壁倍率5.0のときは、M12を910㎜間隔で3本設ける（Q／3＝5.95kN ＜ Pa＝8.6 kN）か、アンカーボルトをM16（Q／2＝7.9kN ＜ Pa＝15.3kN）とする

❾ 基礎と土台の接合

①アンカーボルトの心出しは型板を用いて基準墨に合わせ、適当な機器などで正確に行い、適切な補助材で型枠の類に固定したうえで、コンクリート打設を行う
②アンカーボルトは衝撃などにより有害な曲がりを生じないように取り扱う
③コンクリート打ちが2回以上になる場合は、後打ちとなる部分の鉄筋およびアンカーボルトにセメントペーストが付着しないように留意する
④アンカーボルトの埋設位置
　(イ)耐力壁の両端の柱の下部に近接した位置
　(ロ)土台切れ部
　(ハ)土台継手および土台仕口の端部
　(ニ)(イ)～(ハ)以外については、3m(3階建ては2m)以内の間隔とする

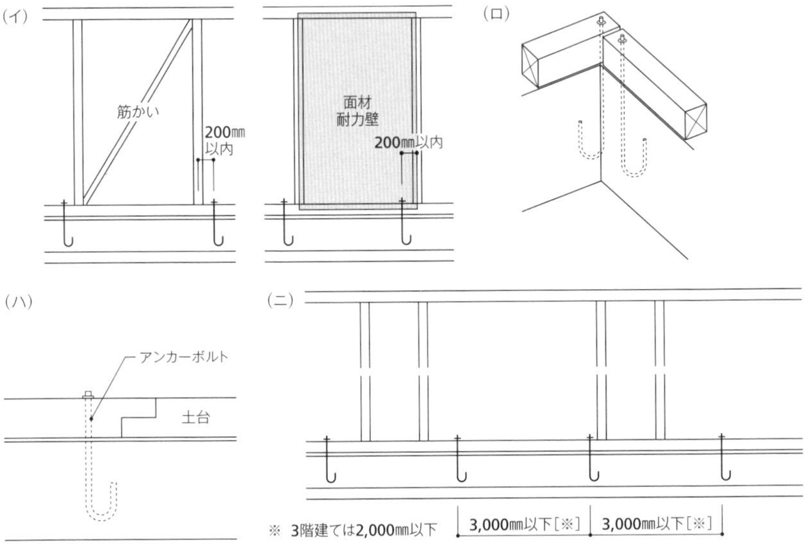

❿ アンカーボルトのナットからの抜出し防止策

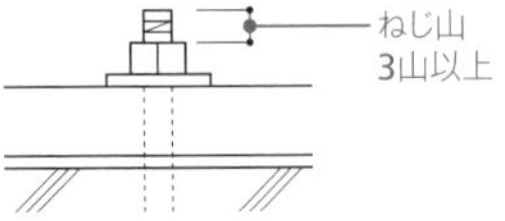

やむを得ず不足する場合

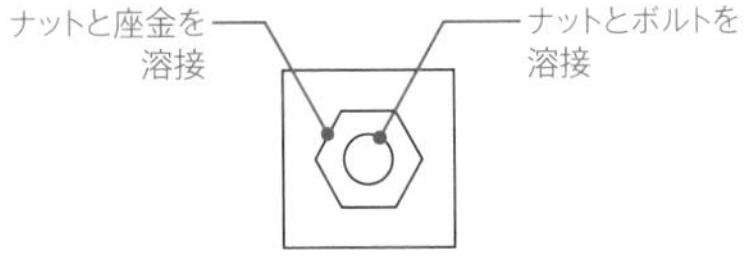

⓫ フック部分のかぶり確保

あばら筋(縦筋)のフックがかぶり不足となる場合は、(ロ)のように斜めにするか、基礎幅を増す

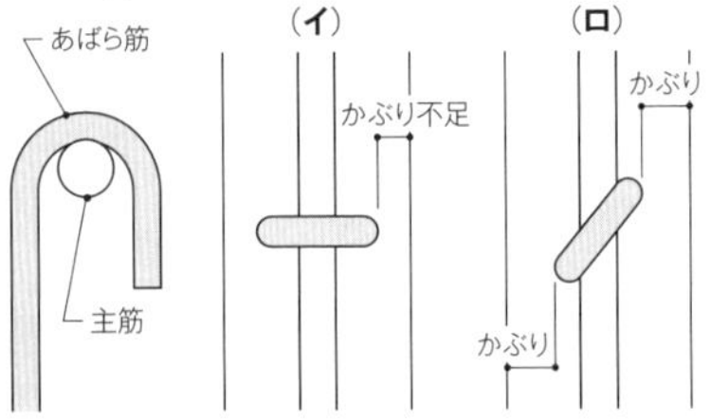

⓬ 土台継手の設け方

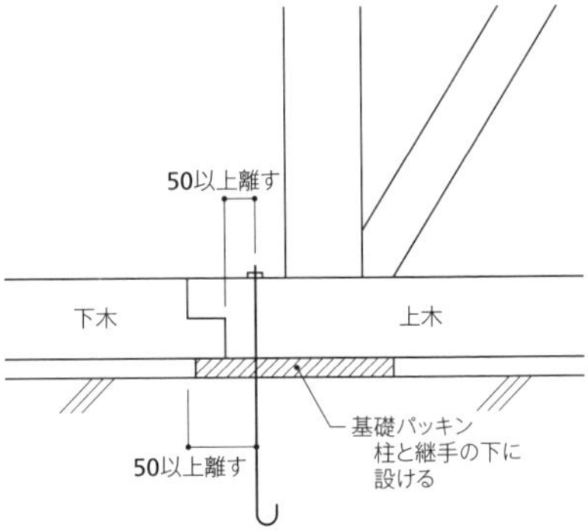

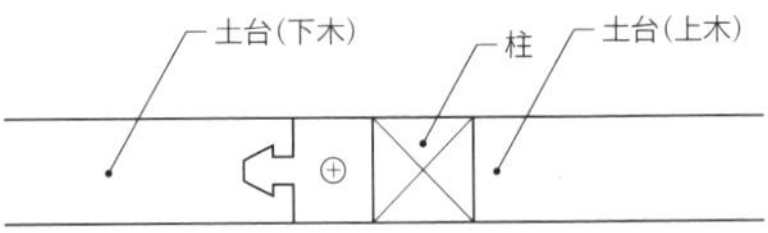

土台の継手を柱際に設け、柱に近いほうを上木とすると、引抜対応と継手対応が兼用できる

設計データ 33 ● 耐力壁・水平構面のブレース置換

応力解析プログラムを使用する場合の、耐力壁および水平構面のせん断剛性と等価なブレースに置換する方法

耐力壁のせん断剛性について

せん断変形角が1／120のときに壁長1m当たり壁倍率×1.96kNのせん断耐力を有するものとする。

壁倍率 α、壁長 ℓ[cm]、高さ H[cm]の耐力壁は、$Q=1.96\cdot\alpha\cdot\ell$[kN]の水平力時に$d_o=H/150$[cm]の水平変位を生じる。

$$K_w=\frac{Q}{d_o}=\frac{P_o\cdot\alpha\cdot\ell}{H/150}=\frac{1.96\cdot150\cdot\alpha\cdot\ell}{H}=\frac{294\cdot\alpha}{\tan\theta}\ [\mathrm{kN/cm}]$$

このような耐力壁の剛性と等価なブレース（たすき）の軸剛性を求める。

ブレースの軸剛性 EA、壁長 ℓ、ブレース長 ℓ_bとし、水平力 Qが作用したときに水平変位d_oが生じた場合、ブレース長さの伸縮は、

$$\Delta\ell=d_o\cdot\cos\theta$$

よってブレースの軸力はそれぞれ

$$P_b=\frac{E\cdot A\cdot\Delta\ell}{\ell_b}=\frac{E\cdot A\cdot d_o\cdot\cos^2\theta}{\ell}\ [\mathrm{kN}]$$

水平力との釣合いから

$$Q=2\cdot P_b\cdot\cos\theta$$

以上から、等価なブレース軸組の剛性は

$$K_b=\frac{Q}{d_o}=\frac{2\cdot E\cdot A\cdot\cos^3\theta}{\ell}\ [\mathrm{kN/cm}]$$

よって$K_w=K_b$とすると等価なブレースの軸剛性EAが下記のように求められる。

$$EA=\frac{K_w\cdot\ell}{2\cdot\cos^3\theta}=\frac{1.96\cdot150\cdot\alpha\cdot\ell^2}{2\cdot H\cdot\cos^3\theta}\ [\mathrm{kN}]$$

ゆえに等価なブレースの軸断面積Aは、

$$A=\frac{1.96\cdot150\cdot\alpha\cdot\ell^2}{2\cdot E\cdot H\cdot\cos^3\theta}\ [\mathrm{cm^2}]$$

床面の水平剛性をブレース置換する場合も同様に床倍率を等価な軸断面積に換算する。

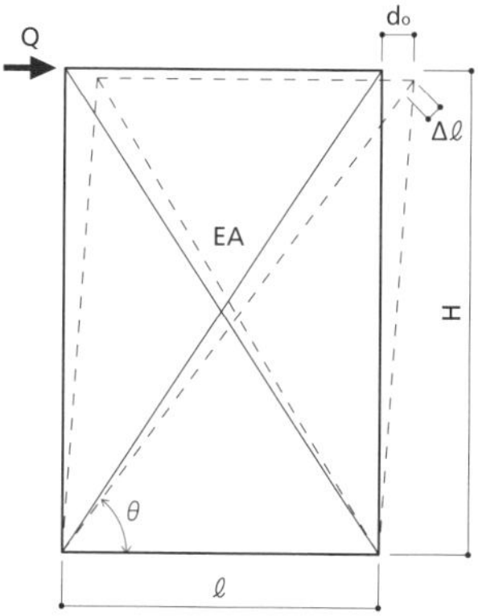

注　耐力壁の短期許容せん断耐力時の剛性は、「木造軸組工法住宅の許容応力度設計（2017年版）」によると、筋かいおよび面材張りの場合、H／150。木摺、土壁、落し込み板壁、面格子壁の場合、H／120と示されている

参考文献

「阪神淡路大震災における建築物の被害状況調査を踏まえた『建築物耐震基準・設計の解説』講習会における質問と回答」（『ビルディングレター』1996年5月号、（財）日本建築センター発行）

6 | 水平構面

設計データ34 ● 床組の設計

❶水平構面の仕様と床倍率

番号		水平構面の仕様	床倍率	⊿Q_a [kN/m]
1	面材張り床面	構造用合板または構造用パネル12㎜以上、根太@340以下、落とし込み、N50-@150以下	2.00	3.92
2		構造用合板または構造用パネル12㎜以上、根太@340以下、半欠き、N50-@150以下	1.60	3.14
3		構造用合板または構造用パネル12㎜以上、根太@340以下、転ばし、N50-@150以下	1.00	1.96
4		構造用合板または構造用パネル12㎜以上、根太@500以下、落とし込み、N50-@150以下	1.40	2.74
5		構造用合板または構造用パネル12㎜以上、根太@500以下、半欠き、N50-@150以下	1.12	2.20
6		構造用合板または構造用パネル12㎜以上、根太@500以下、転ばし、N50-@150以下	0.70	1.37
7		構造用合板24㎜以上、根太なし直張り4周釘打ち、N75-@150以下	4.00	7.84
8		構造用合板24㎜以上、根太なし直張り川の字釘打ち、N75-@150以下	1.80	3.53
9		幅180㎜スギ板12㎜以上、根太@340以下、落とし込み、N50-@150以下	0.39	0.76
10		幅180㎜スギ板12㎜以上、根太@340以下、半欠き、N50-@150以下	0.36	0.71
11		幅180㎜スギ板12㎜以上、根太@340以下、転ばし、N50-@150以下	0.30	0.59
12		幅180㎜スギ板12㎜以上、根太@500以下、落とし込み、N50-@150以下	0.26	0.51
13		幅180㎜スギ板12㎜以上、根太@500以下、半欠き、N50-@150以下	0.24	0.47
14		幅180㎜スギ板12㎜以上、根太@500以下、転ばし、N50-@150以下	0.20	0.39
15	面材張り屋根面	30°以下、構造用合板9㎜以上、垂木@500以下、転ばし、N50-@150以下	0.70	1.37
16		45°以下、構造用合板9㎜以上、垂木@500以下、転ばし、N50-@150以下	0.50	0.98
17		30°以下、構造用合板9㎜以上、垂木@500以下、転ばし、N50-@150以下、転び止めあり	1.00	1.96
18		45°以下、構造用合板9㎜以上、垂木@500以下、転ばし、N50-@150以下、転び止めあり	0.70	1.37
19		30°以下、幅180㎜スギ板9㎜以上、垂木@500以下、転ばし、N50-@150以下	0.20	0.39
20		45°以下、幅180㎜スギ板9㎜以上、垂木@500以下、転ばし、N50-@150以下	0.10	0.20
21	火打水平構面	Zマーク鋼製火打または木製火打90×90以上、平均負担面積 2.5㎡以下、梁せい240㎜以上	0.80	1.57
22		Zマーク鋼製火打または木製火打90×90以上、平均負担面積 2.5㎡以下、梁せい150㎜以上	0.60	1.18
23		Zマーク鋼製火打または木製火打90×90以上、平均負担面積 2.5㎡以下、梁せい105㎜以上	0.50	0.98
24		Zマーク鋼製火打または木製火打90×90以上、平均負担面積 3.75㎡以下、梁せい240㎜以上	0.48	0.94
25		Zマーク鋼製火打または木製火打90×90以上、平均負担面積 3.75㎡以下、梁せい150㎜以上	0.36	0.71
26		Zマーク鋼製火打または木製火打90×90以上、平均負担面積 3.75㎡以下、梁せい105㎜以上	0.30	0.59
27		Zマーク鋼製火打または木製火打90×90以上、平均負担面積 5.0㎡以下、梁せい240㎜以上	0.24	0.47
28		Zマーク鋼製火打または木製火打90×90以上、平均負担面積 5.0㎡以下、梁せい150㎜以上	0.18	0.35
29		Zマーク鋼製火打または木製火打90×90以上、平均負担面積 5.0㎡以下、梁せい105㎜以上	0.15	0.29

注1　上表の床倍率は、『木造軸組工法住宅の許容応力度設計（2017年版）』（（公財）日本住宅・木材技術センター）に示された短期許容せん断耐力⊿Q_aを、1.96［kN/m］で除した値である

注2　上表最左欄の番号は参考文献と順序が異なっている

根太の納め方

落とし込み

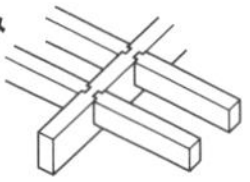

半欠き
（渡り腮）

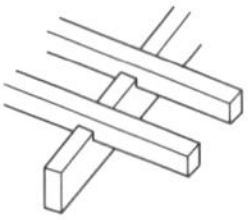

転ばし

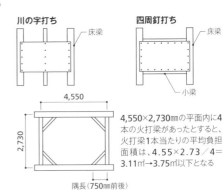

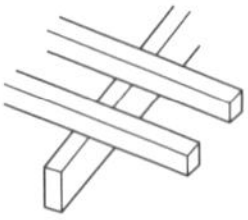

川の字打ち

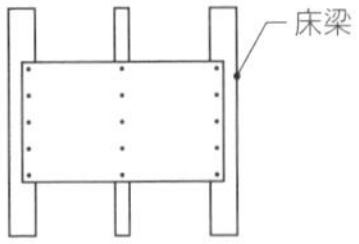

四周釘打ち

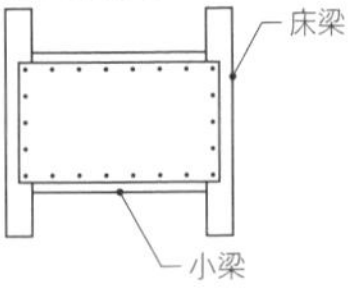

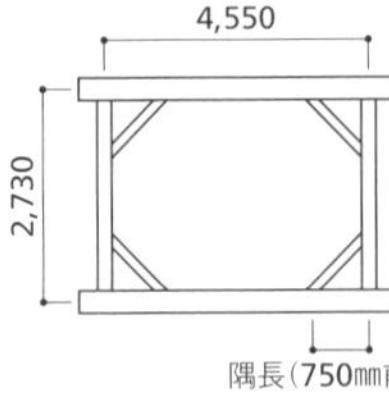

4,550×2,730㎜の平面内に4本の火打梁があったとすると、火打梁1本当たりの平均負担面積は、4.55×2.73／4＝3.11㎡→3.75㎡以下となる

❷接合部倍率一覧

接合記号	接合部の仕様		接合部倍率
	名称	Zマーク表示金物の例	
(い)	短ホゾ差し かすがい打ち	― かすがい C	0.0
(ろ)	長ホゾ差し込栓打ち L字型のかど金物	― かど金物 CP・L	0.7
(は)	T字型のかど金物 山型プレート金物	山形プレート VP かど金物 CP・T	1.0
(に)	羽子板ボルト 短冊金物 かね折り金物[※1]	羽子板ボルト SB・E2、SB・F2 短ざく金物 S かね折り金物 SA	1.4
(ほ)	羽子板ボルト+スクリュー釘50 短冊金物+スクリュー釘50	羽子板ボルト SB・E、SB・F+スクリュー釘 ZS50 短ざく金物 S+スクリュー釘 ZS50	1.6
(へ)	10kN用引寄せ金物	引寄せ金物 HD-B10、S-HD10	1.8
(と)	15kN用引寄せ金物	引寄せ金物 HD-B15、S-HD15	2.8
(ち)	20kN用引寄せ金物	引寄せ金物 HD-B20、S-HD20	3.7
(り)	25kN用引寄せ金物	引寄せ金物 HD-B25、S-HD25	4.7
(ぬ)	15kN用引寄せ金物×2組	引寄せ金物 HD-B15、S-HD15を2組用いたもの	5.6
(る)	腰掛け蟻または鎌継ぎ+短冊金物[※1] 大入れ蟻掛け+羽子板ボルト[※1]		1.9
(を)	腰掛け蟻または鎌継ぎ+短冊金物×2組[※1] 大入れ蟻掛け+羽子板ボルト×2組[※1]		3.0

※1 『木造軸組工法住宅の許容応力度設計(2017年版)』((公財)日本住宅・木材技術センター)に示された継手・仕口の短期許容引張耐力を接合部倍率に換算したもの

❸床倍率・耐力壁線間距離と接合部の仕様

存在床倍率	耐力壁線間距離[m]				
	4	6	8	10	12
0.5	(ろ)	(ろ)	(は)	(は)	(に)
1.0	(は)	(に)	(ほ)	(る)	(を)
1.5	(に)	(る)	(を)	(を)	(ち)
2.0	(ほ)	(を)	(を)	(ち)	(り)
2.5	(る)	(を)	(ち)	(り)	(ぬ)
3.0	(を)	(ち)	(り)	(ぬ)	―
3.5	(を)	(り)	(ぬ)	―	―

❹品確法における水平構面接合部のチェック

部位	必要接合部倍率
下屋の付け根の接合部[①]	必要接合部倍率=存在床倍率×耐力壁線間距離×0.185 (0.7以下のときは0.7とする)
建物の最外周の耐力壁線から1.5mを超える位置にある入隅部の接合部[②]	
耐力壁線間距離が4mを超える床・屋根面の中間の接合部[③]	
そのほかの接合部	0.7

①下屋の付け根の接合部

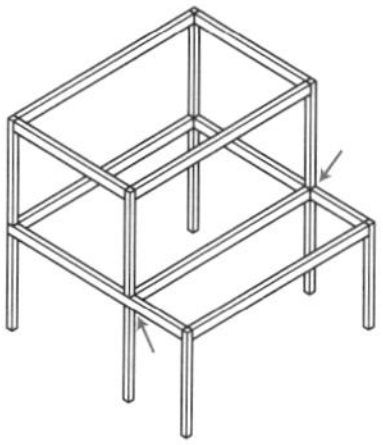

②建物の最外周の耐力壁線から1.5mを超える位置にある入隅部の接合部

・入隅部を含む床区画
・入隅が耐力壁線となる場合は、その両側の床区画

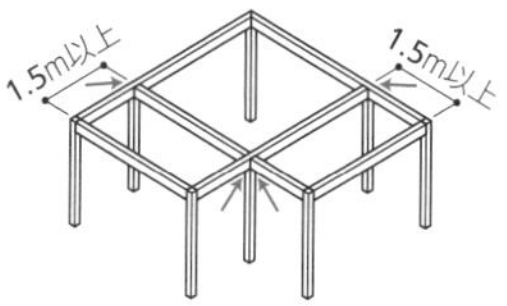

③耐力壁線間距離4mを超える床・屋根面の中間にある接合部

設計データ35 ● 地震力に対する設計

水平構面スパン表の前提条件

①各階床面に作用する地震力は令88条による

$w=C_i \cdot \Sigma W_i=Z \cdot R_t \cdot A_i \cdot C_o \cdot \Sigma W_i$

w ：各階床面に作用する地震力[N/㎡]

C_i ：地震層せん断力係数

W_i：各階の地震力算定用建物重量[N/㎡]

Z ：地震地域係数(昭55建告1793号による)

R_t ：振動特性係数(昭55建告1793号による)

A_i ：高さ方向の分布係数(昭55建告1793号による)

C_o ：標準せん断力係数

②地震地域係数は$Z=1.0$

③振動特性係数は、低層住宅であるから、$R_t=1.0$

④A_i分布は総2階建ての場合を想定し、$A_1=1.0$、$A_2=1.5$とする

⑤標準せん断力係数は$C_o=0.2$とする

注　特定行政庁が定める軟弱地盤区域に建設する場合は、本グラフにより求めた必要床倍率に1.5を乗じる

⑥建物重量は下記による

金属板屋根	0.60kN/㎡	
瓦屋根	0.90kN/㎡	
2階床	1.70kN/㎡	間仕切壁：0.30kN/㎡、積載荷重：0.60kN/㎡(居室)
外壁(床面積当たり)	1.00kN/㎡	2階(1層分)：1.00kN/㎡、屋根面(半層分)：0.50kN/㎡

多雪地域については、上記の屋根荷重に下記の積雪荷重を加算する

単位積雪荷重は30N/㎝/㎡とし、積雪量は1mと2mについて検討する

屋根形状係数(勾配による低減係数 μb)は考慮しないこととする($\mu b=1.0$)

積雪1m　0.35×100×30=1,050N/㎡=1.05kN/㎡

積雪2m　0.35×200×30=2,100N/㎡=2.10kN/㎡

⑦必要床倍率は下式による

$\alpha_f=Q_f/P_o$

α_f ：必要床倍率

Q_f ：耐力壁構面端に生じる床面のせん断力[kN/m]

$Q_f=w \cdot L_f/2$

w ：各階床面に作用する地震力[N/㎡]

L_f ：耐力壁線間距離[m]

P_o ：基準せん断耐力[kN/m]

$P_o=1.96$[kN/m]

⑧耐震等級は1とする

耐震等級2とする場合は、当該スパン表で求めた床倍率に1.25を乗じる

耐震等級3とする場合は、当該スパン表で求めた床倍率に1.5を乗じる

⑨検討部位は、2階建ての屋根面と2階床面、および平屋の屋根面の3種類とする

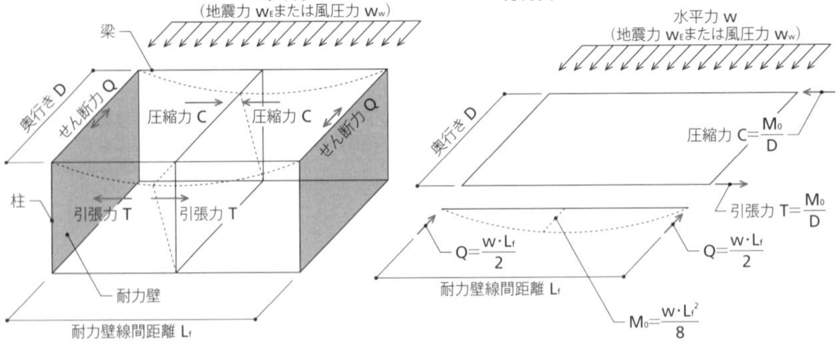

❶地震力に対する水平構面スパン表①積雪：一般、耐震等級1

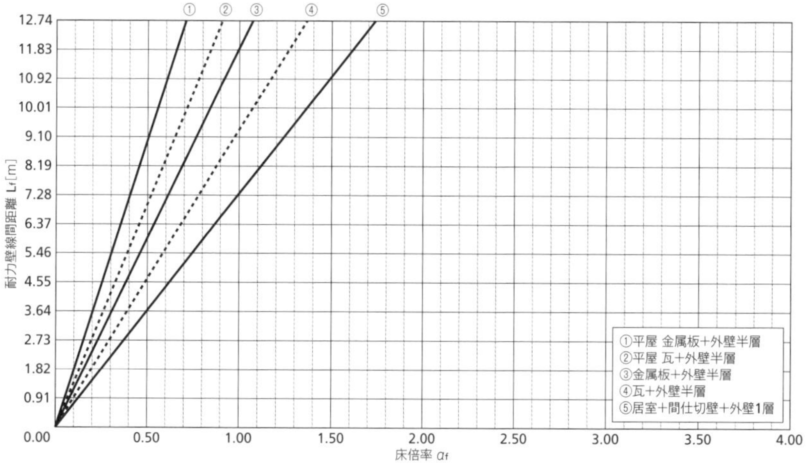

❷地震力に対する水平構面スパン表②多雪区域、耐震等級1

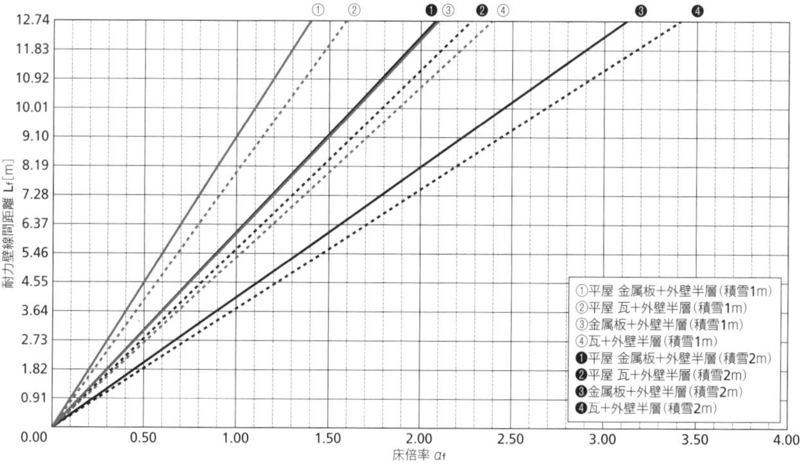

水平構面スパン表の前提条件

①各階床面に作用する風圧力は令87条による

$w=q\cdot C_f$

　w：各階床面に作用する風圧力［N／㎡］

　q：速度圧［N／㎡］

　　$q=0.6\cdot E\cdot V_o^2$

　　　E：速度圧の高さ方向の分布係数（平12建告1454号第1による）

　　　V_o：基準風速（平12建告1454号第2による）［m／秒］

　C_f：風力係数（平12建告1454号第3による）

　　　本設計では、閉鎖型の建築物を想定して、$C_f=0.8\cdot k_z-(-0.4)=1.2$としている

②地表面粗度区分は、一般的な住宅地を想定して、ⅡとⅢについて検討している

③必要床倍率は下式による

$\alpha_f=Q_f／P_o$

　α_f：必要床倍率

　Q_f：耐力壁構面端に生じる床面のせん断力［kN／m］

　　$Q_f=w\cdot h_i\cdot L_f／2\cdot D$

　　　w：各階床面に作用する風圧力［N／㎡］

　　　h_i：各階の風圧力の負担幅［m］

　　　L_f：耐力壁線間距離［m］

　　　D：水平構面の奥行き［m］

　P_o：基準せん断耐力［kN／m］

　　$P_o=1.96$［kN／m］

④耐風等級は1とする

　耐風等級2とする場合は、当該スパン表で求めた床倍率に1.2を乗じる

⑤風圧力の負担幅は、200・201頁に示す住宅モデルを想定し、2階床面：2.8m、屋根面：2.6mとしている

本設計における速度圧一覧表

基準風速 V_o［m／秒］		30	32	34	36	38	40	42	44	46
速度圧 q［kN／㎡］	粗度区分Ⅱ	1.047	1.192	1.345	1.508	1.681	1.862	2.053	2.253	2.463
	粗度区分Ⅲ	0.725	0.824	0.931	1.043	1.163	1.288	1.420	1.559	1.704

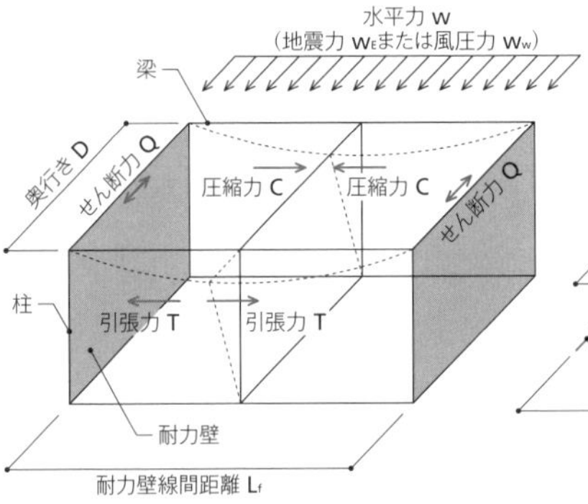

応力図

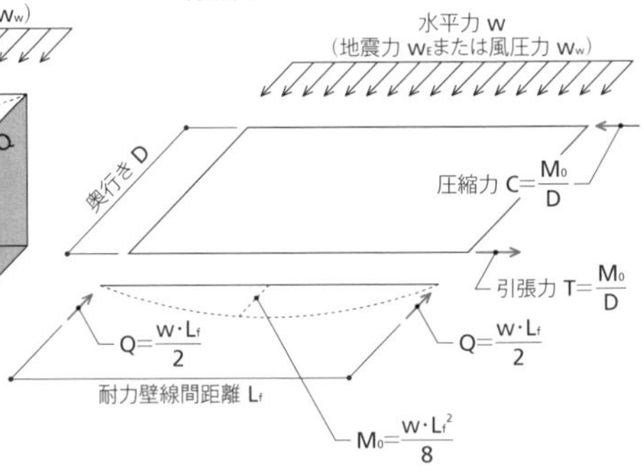

❶風圧力に対する水平構面スパン表①粗度区分Ⅱ、耐風等級1

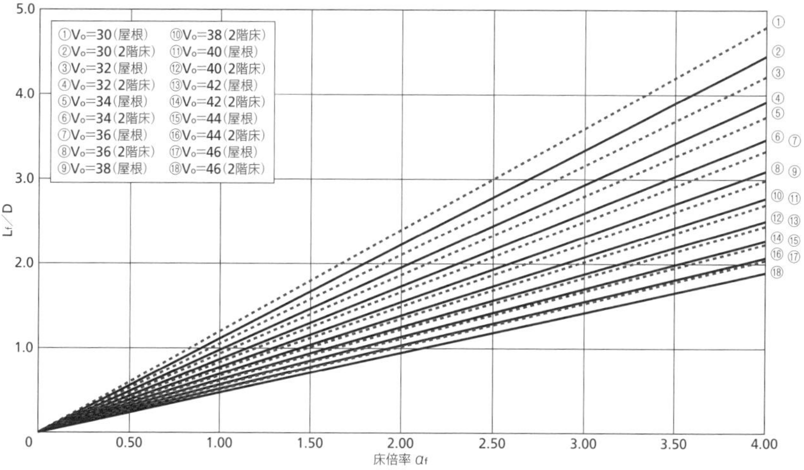

❷風圧力に対する水平構面スパン表②粗度区分Ⅱ、耐風等級1（スパン表❶の拡大版）

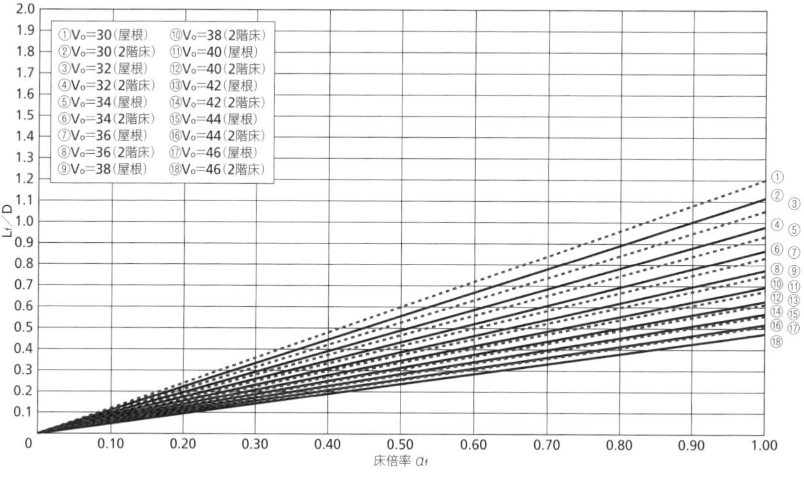

❸風圧力に対する水平構面スパン表③粗度区分Ⅲ、耐風等級1

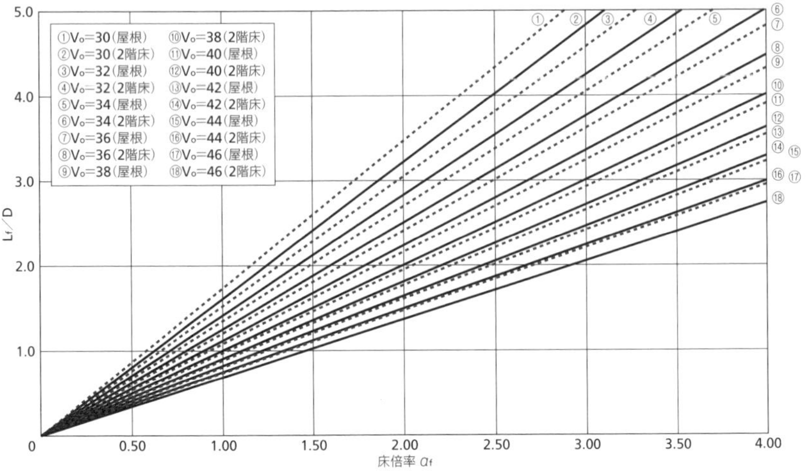

❹風圧力に対する水平構面スパン表④粗度区分Ⅲ、耐風等級1(スパン表❸の拡大版)

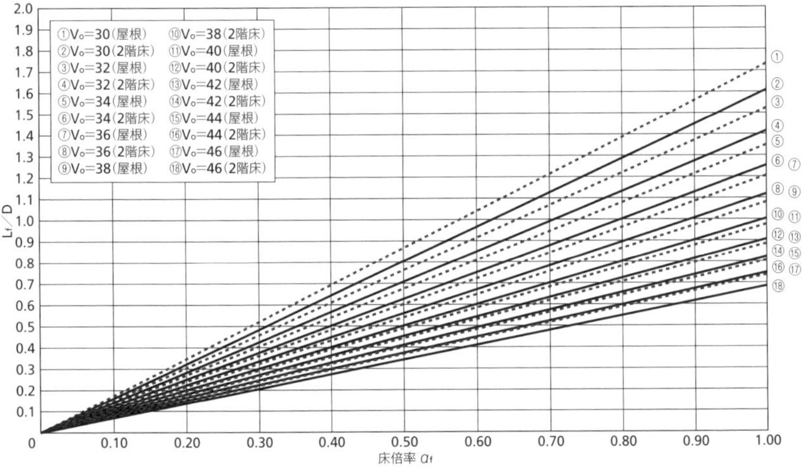

設計データ 37 ● 上下階の構面ずれに対する設計

2階と1階の壁線が一致しない場合の水平構面スパン表

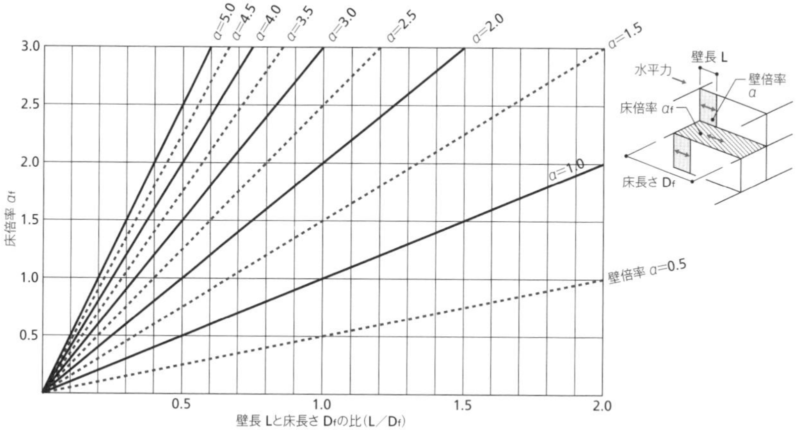

設計データ 38 ● 軒先の設計

❶ 寄棟屋根におけるはね出しの注意点

寄棟屋根の場合は、出隅部分の支持方法に特に注意が必要である。「片持梁になっていない垂木」は、先端の破風板（鼻隠し）と隅木の両方で支える必要があるため、破風板（鼻隠し）も重要な構造材である。

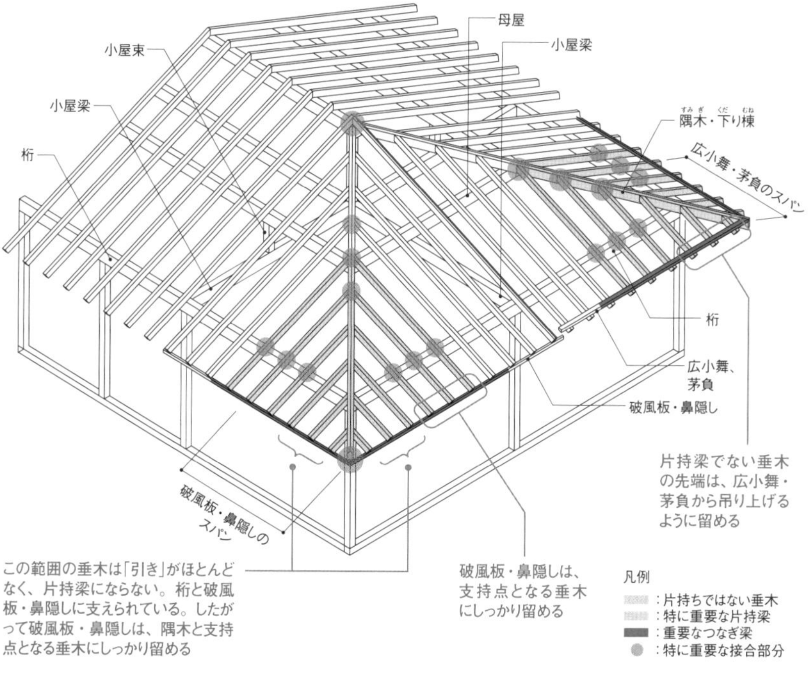

❷切妻屋根におけるけらばはね出しの注意点

切妻屋根のケラバを薄く見せたいときは、寄棟屋根と同様に出隅部分の「片持梁になっていない垂木」の支持方法に注意が必要である。同様に、トップライトまわりや小庇も、「片持ちでない部材」があるということを強く認識すべきである。

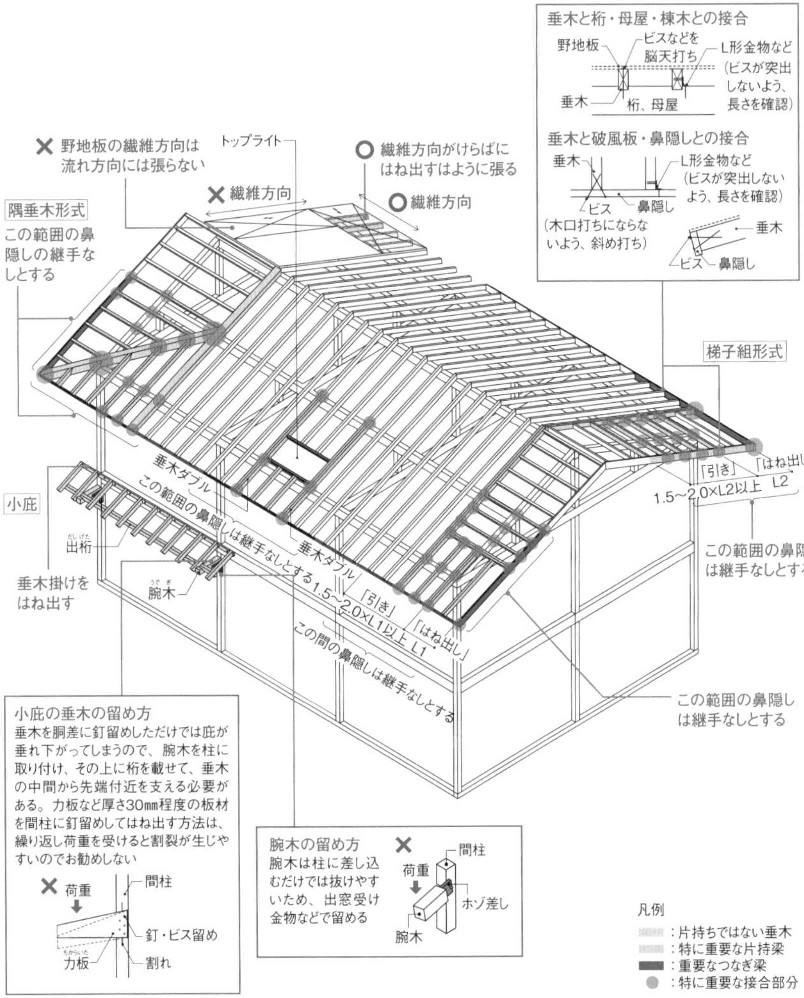

❸軒先の荷重を支える垂木の基本

梁の一端に支持点がなく、もう一端は固定された梁を片持梁という。庇やバルコニーなどのはね出し部分がこれに該当する。そこから、片持梁は「はね出し梁」とも呼ばれる。はね出し梁で注意しなければならないのが、固定側の支持状況である。たとえば、①のように通し柱の中間に差し込んだはね出し梁や、②のようなはね出し長さに対して「引き」の長さが短い梁は、構造的に片持梁とはみなしにくい。なぜなら、このような梁に荷重がかかると、よほど支持点をしっかり固定していない限り、不安定で落下してしまうからである。したがって、はね出し梁は③に示すように、はね出し長さに対する「引き」長さを1.5～2倍以上確保し、各支持点が抜けないようしっかりと接合しておく必要がある。

①通し柱の中間からのはね出し

通し柱の中間に取り付く場合は、方杖を設けるか、L形金物で留める。胴差や小屋梁に取り付くときも同様

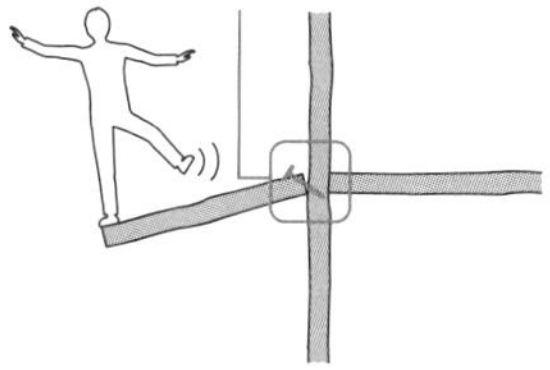

②「引き」が少ないはね出し

引きが少ない場合、支点の留め方が非常に難しくなる

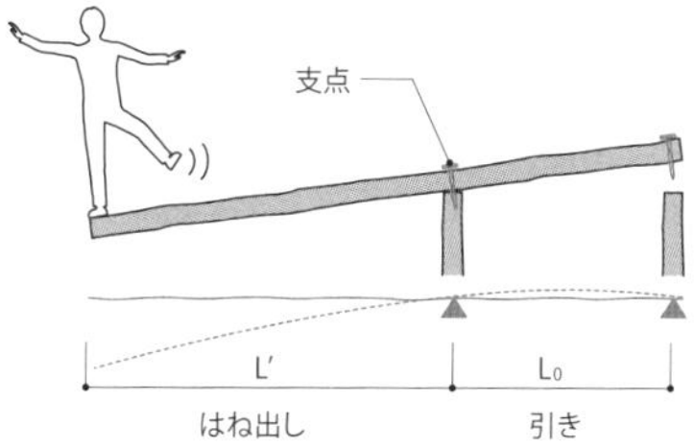

③充分な「引き」があるはね出し

L0≧1.5～2×L'の場合、支点がはね上がらないようにする

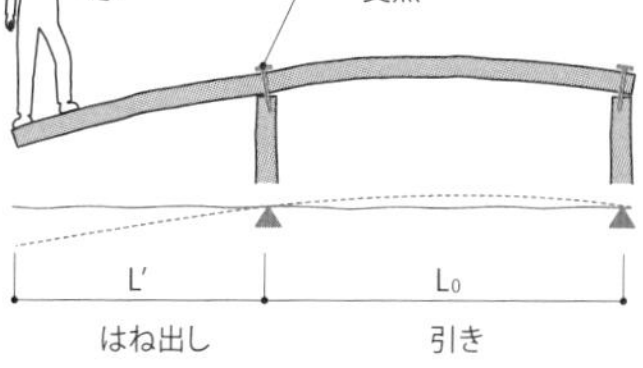

❹垂木・登り梁のはね出しの支持点に生じる吹上げ力

軒の出[mm]	間隔[mm]	はね出しの支持点に生じる吹上げ力[kN]					
		屋根の仕様：軽い屋根					
		地表面粗度区分：Ⅱ			地表面粗度区分：Ⅲ		
		V_o=32	V_o=34	V_o=36	V_o=32	V_o=34	V_o=36
600	360	0.30	0.35	0.41	0.18	0.22	0.26
	455	0.38	0.45	0.51	0.23	0.28	0.32
	910	0.77	0.89	1.03	0.46	0.55	0.65
910	360	0.46	0.54	0.62	0.28	0.33	0.39
	455	0.58	0.68	0.78	0.35	0.42	0.49
	910	1.16	1.35	1.56	0.70	0.84	0.98
1,210	360	0.61	0.71	0.82	0.37	0.44	0.52
	455	0.77	0.90	1.04	0.47	0.56	0.65
	910	1.54	1.80	2.07	0.94	1.11	1.30
1,365	360	0.69	0.80	0.92	0.42	0.50	0.58
	455	0.87	1.01	1.17	0.53	0.63	0.73
	910	1.74	2.03	2.34	1.06	1.26	1.47

軒の出[mm]	間隔[mm]	はね出しの支持点に生じる吹上げ力[kN]					
		屋根の仕様：重い屋根					
		地表面粗度区分：Ⅱ			地表面粗度区分：Ⅲ		
		V_o=32	V_o=34	V_o=36	V_o=32	V_o=34	V_o=36
600	360	0.24	0.29	0.34	0.12	0.15	0.19
	455	0.30	0.36	0.43	0.15	0.19	0.24
	910	0.60	0.73	0.86	0.30	0.39	0.48
910	360	0.36	0.44	0.52	0.18	0.23	0.29
	455	0.46	0.55	0.65	0.23	0.29	0.37
	910	0.91	1.10	1.31	0.46	0.59	0.73
1,210	360	0.48	0.58	0.69	0.24	0.31	0.38
	455	0.61	0.73	0.87	0.30	0.39	0.49
	910	1.21	1.47	1.74	0.61	0.78	0.97
1,365	360	0.54	0.66	0.78	0.27	0.35	0.43
	455	0.68	0.83	0.98	0.34	0.44	0.55
	910	1.37	1.66	1.96	0.68	0.88	1.10

注1　吹上げ力は、200・201頁に示す住宅モデル（軒高**5,940**㎜、最高高さ**7,800**㎜）を想定して算出したものである
注2　速度圧 q[kN/㎡]は下表による

基準風速		V_o=32	V_o=34	V_o=36
地表面粗度区分	Ⅱ	1.201	1.356	1.520
	Ⅲ	0.833	0.941	1.055

注3　屋根の固定荷重は23・24頁より、軽い屋根：**0.40**[kN/㎡]、重い屋根：**0.70**[kN/㎡]として算出

❺ 釘接合の短期許容引抜耐力

釘	胴部径 d [mm]	短期許容引抜耐力 $_sP_a$[kN]					
		J1 ベイマツ類		J2 ヒノキ類		J3 スギ類	
		ℓ_r=L／2	ℓ_r=6d	ℓ_r=L／2	ℓ_r=6d	ℓ_r=L／2	ℓ_r=6d
N19	1.50	0.03	0.03	0.02	0.02	0.02	0.02
N22	1.50	0.04	0.03	0.03	0.02	0.02	0.02
N25	1.70	0.05	0.04	0.04	0.03	0.03	0.02
N32	1.90	0.07	0.05	0.05	0.04	0.04	0.03
N38	2.15	0.10	0.07	0.07	0.05	0.05	0.03
N45	2.45	0.13	0.08	0.09	0.06	0.07	0.04
N50	2.75	0.16	0.11	0.12	0.08	0.08	0.05
N65	3.05	0.23	0.13	0.17	0.10	0.12	0.07
N75	3.40	0.30	0.16	0.22	0.12	0.15	0.08
N90	3.75	0.40	0.20	0.29	0.14	0.20	0.10
N100	4.20	0.49	0.25	0.36	0.18	0.25	0.13
N115	4.20	0.57	0.25	0.41	0.18	0.29	0.13
N125	4.60	0.68	0.30	0.49	0.22	0.34	0.15
N150	5.20	0.92	0.38	0.67	0.28	0.46	0.19
CN45	2.51	0.13	0.09	0.10	0.06	0.07	0.05
CN50	2.87	0.17	0.12	0.12	0.08	0.09	0.06
CN55	2.87	0.19	0.12	0.14	0.08	0.10	0.06
CN65	3.33	0.25	0.16	0.18	0.11	0.13	0.08
CN70	3.33	0.27	0.16	0.20	0.11	0.14	0.08
CN75	3.76	0.34	0.20	0.25	0.15	0.17	0.10
CN85	3.76	0.37	0.20	0.27	0.15	0.19	0.10
CN90	4.11	0.43	0.24	0.31	0.17	0.22	0.12
CN100	4.88	0.58	0.34	0.42	0.24	0.30	0.17

釘接合の短期許容引抜耐力は下式による

釘接合単位接合部の許容引抜耐力算定式(『木質構造設計規準』((社)日本建築学会)

$P_a=(1/3)\cdot {}_jK_d\cdot {}_jK_m\cdot(44.1\gamma_o^{2.5}\cdot d\cdot \ell_r)$

P_a ：釘接合の設計用許容引抜耐力[単位：N]

$_jK_d$：荷重継続期間影響係数

長期：1.1、中長期：1.43、中短期：1.6、短期：2.0→2.0を採用

$_jK_m$：含水率影響係数→0.7を採用

0.7：常時湿潤(使用環境Ⅰ)または施工時含水率≧20%

0.8：断続的に湿潤状態(使用環境Ⅱ)

γ_o ：木材の基準比重

0.42：J1(ベイマツ、クロマツ、アカマツ、カラマツ、ツガなど比重が0.50程度のもの)

0.37：J2(ベイヒ、ベイツガ、ヒバ、ヒノキ、モミなど比重が0.44程度のもの)

0.32：J3(トドマツ、エゾマツ、ベニマツ、スプルース、スギ、ベイスギなど比重が0.38程度のもの)

d ：釘の胴部径[単位：mm]

ℓ_r ：釘の主材への有効打込長[単位：mm]→L／2と6dのときを算定

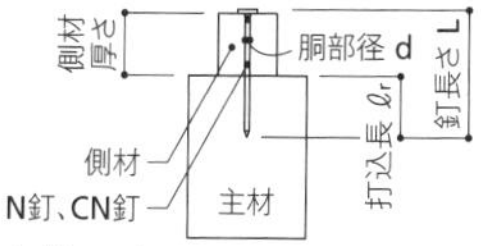

・主材への打込み長さは、6d以上とする
・呼び名の数値は、釘長さ Lを示す
・算定外の配慮として、実際の施工は両側面から斜め打ちとする

注1 構造上主要な部分において、釘を引抜方向に抵抗させることは極力避ける
注2 木材の木口面に打たれた釘を引抜力に抵抗させることはできない
注3 特殊な表面処理を施した釘の許容引抜耐力は、実験によって定める

上記引抜耐力は釘1本当たりの値であるが、繰返し荷重を受けることや経年劣化に配慮して、両側面から斜め打ちで施工することを原則とする

❻コーチボルト接合の短期許容引抜耐力

胴部径 d [mm]	首下長さ L [mm]	ねじ長さ ℓ_1 [mm]	短期許容引抜耐力 $_sP_a$[kN] J1 ベイマツ類	J2 ヒノキ類	J3 スギ類
9	90	60.0	2.23	2.01	1.79
	125	83.3	3.09	2.80	2.49
	150	100.0	3.71	3.36	2.99
	180	120.0	4.46	4.03	3.59
	210	140.0	5.20	4.70	4.18
	240	160.0	5.94	5.37	4.78
	270	180.0	6.68	6.04	5.38
	300	200.0	7.43	6.71	5.98
	330	220.0	8.17	7.38	6.57
	360	240.0	8.91	8.05	7.17
	390	260.0	9.66	8.72	7.77
12	90	60.0	2.97	2.68	2.39
	125	83.3	4.13	3.73	3.32
	150	100.0	4.95	4.47	3.98
	180	120.0	5.94	5.37	4.78
	210	140.0	6.93	6.26	5.58
	240	160.0	7.92	7.16	6.37
	270	180.0	8.91	8.05	7.17
	300	200.0	9.90	8.95	7.97
	330	220.0	10.89	9.84	8.76
	360	240.0	11.88	10.74	9.56
	390	260.0	12.87	11.63	10.36
	420	280.0	13.86	12.53	11.15
	450	300.0	14.86	13.42	11.95

コーチボルトの短期許容引抜耐力は下式による

ラグスクリュー接合単位接合部の許容引抜耐力算定式

(『木質構造設計規準』((社)日本建築学会)

$P_a=(1/3)\cdot {}_jK_d\cdot {}_jK_m\cdot(17.7\gamma_0^{0.8}\cdot d\cdot \ell_1)$

P_a :ねじ部の設計用許容引抜耐力[単位:N]

$_jK_d$:荷重継続期間影響係数

長期:1.1、中長期:1.43、中短期:1.6、短期:2.0 →2.0を採用

$_jK_m$:含水率影響係数→0.7を採用

0.7:常時湿潤(使用環境Ⅰ)または施工時含水率≧20%

0.8:断続的に湿潤状態(使用環境Ⅱ)

γ_0 :木材の基準比重

0.42:J1(ベイマツ、クロマツ、アカマツ、カラマツ、ツガなど比重が0.50程度のもの)

0.37:J2(ベイヒ、ベイツガ、ヒバ、ヒノキ、モミなど比重が0.44程度のもの)

0.32:J3(トドマツ、エゾマツ、ベニマツ、スプルース、スギ、ベイスギなど比重が0.38程度のもの)

d :ラグスクリューの直径[単位:mm]

ℓ_1:ねじ部分の長さ[単位:mm]

注1　この算定式は、側材が鋼板である場合に適用するもので、側材が木材の場合は適用できない。ただし、木材どうしの接合に用いる場合は、引抜耐力と同等以上のめり込み耐力を有するように座金の大きさを確保すれば、問題ないと思われる(座金の大きさの参考値:ボルト径φ9なら50角またはφ60、ボルト径φ12なら60角またはφ70)

注2　左表はねじ長さを首下長さの2/3とし、その全長が主材に埋め込まれるとして算定している。もしも主材への埋込長が首下長さの2/3未満である場合は、実際の埋込長と等しいネジ長さの耐力値を採用すればよい

注3　日本におけるラグスクリューの規格は胴部径12mmのみで、長さの種類も少ない。一方、コーチボルトはラグスクリューと形状が似ており、径・長さともに種類が多いが、JIS規格がない

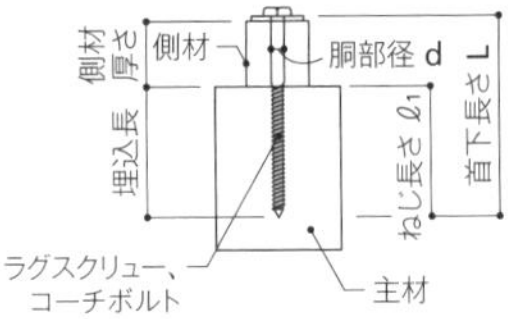

・主材への埋込長は、8d以上とする
・側材が木材の場合は、側材厚さを3d以上とする
・座金を使用する

❼Zマーク金物の種類ごとの短期引抜耐力

名称	記号	使用接合具	短期許容引抜耐力 $_sP_a$[kN] J1 ベイマツ類	J2 ヒノキ類	J3 スギ類
ひねり金物	ST-9	4-ZN40	1.73	1.55	1.35
	ST-12	4-ZN40	1.73	1.55	1.35
	ST-15	6-ZN40	2.59	2.32	2.03
折曲げ金物	SF	6-ZN40	2.59	2.32	2.03
くら金物	SS	6-ZN40	5.18	4.65	4.06
かすがい	C-120	―	1.27	1.18	1.08
	C-150	―	1.27	1.18	1.08

注　左表は『木造住宅用接合金物の使い方』((財)日本住宅・木材技術センター)に示されたもので、接合具1本当たりの短期許容せん断耐力より算出した参考値である。各メーカーの試験値があれば、その値を用いて設計すればよい

7 耐震診断

設計データ 39 ● 耐震診断・耐震補強のポイント

❶耐震診断のチェックポイント

項目	チェックポイント
地盤・基礎	・ひび割れ：不同沈下、鉄筋の有無 ・基礎形式と配置（上部構造との対応）
建物形状	・平面形状：L、T、コの字、大きな吹抜けなど ・立面形状：セットバック、オーバーハングなど ・屋根形状：切妻、寄棟、入母屋など
耐力壁の配置	・偏っていないか ・距離が離れていないか（床面との対応）
耐力壁の量	・建物重量に見合った量があるか ・天井面で切れていないか（壁の強さに関係） ・小屋筋かいはあるか
接合方法	・柱と土台・梁、継手の方法 ・アンカーボルトの有無と配置
老朽度	・湿気がちではないか（水廻り、1階床下、小屋裏） ・部材が腐っていないか ・シロアリの被害はないか

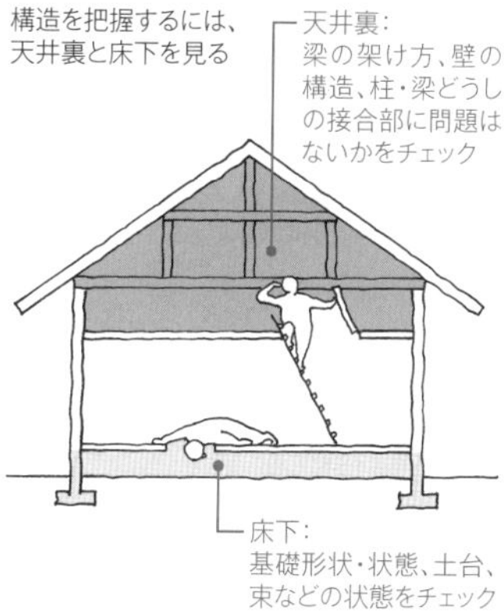

構造を把握するには、天井裏と床下を見る

❷調査項目チェックリスト

項目	内容	割増・低減係数など
建物仕様	構造、階数	混構造の場合：1.2
平面図	・平面図の作成 ・主とする軸組の確認 ・形状割増係数（短辺長さ：4m未満、4～6m、6m以上）	一般診断法：1.13 精密診断法：1.3、1.15、1.0
築年数	築10年以上か10年以内か（劣化度）	—
劣化状況	建物内外部の劣化状況	劣化低減0.7～1.0
床面積	必要壁量算定用の各階床面積（吹抜けを含む）	—
地域係数	令88条（昭55建告1793号第1）にもとづく地震地域係数	Z=0.7～1.0
積雪の深さ	・1mのとき：0.26[kN/㎡] ・2mのとき：0.52[kN/㎡] ・雪下ろしの状況に応じて積雪1.0mまで減らすことができる	—
地盤	軟弱地盤の場合	1.5
敷地の状況	高低差、土留めの種類と建物からの距離	—
基礎	・基礎形式：Ⅰ、Ⅱ、Ⅲ ・基礎の種類 ・その他現況	—
仕上げ表	外部および各室の仕上げ表	—
壁下地	各部・各室の仕上げ下地	—
壁の耐力	・無開口の壁の配置状況、壁基準耐力を調べる ・有開口壁の配置状況（掃出し型：0.3kN/m、窓型：0.6kN/m）	最大：10.0kN/m（一般診断法） 不明の場合：2.0kN/m
床仕様	・床仕様：Ⅰ、Ⅱ、Ⅲ ・吹抜けの有無（1辺4m以上）	—
水平構面	2階床組、小屋組	水平剛性、床倍率
接合部	柱頭・柱脚の接合部の種類：Ⅰ、Ⅱ、Ⅲ、Ⅳ	低減係数
	横架材の接合、加工および金物	接合倍率
伝統構法の場合	柱の寸法：12㎝以上	—
	天井の高さ	垂れ壁
	土壁の厚さ（施工状態）	壁基準耐力
	基礎と1階床組	—

注 ▒部分は、必要耐力の算出に係る項目を示す

❸一般診断のフロー

①必要耐力の算定 Q_r

↓

②保有する耐力の算定 $_{ed}Q_u = Q_u \cdot {}_eK_{fl} \cdot {}_dK$

壁・柱の耐力 $Q_u = Q_w + Q_e$

無開口壁の耐力 Q_w
その他の耐震要素の耐力 Q_e
方法1：有開口壁の耐力 Q_{wo}
方法2：柱の耐力 Q_c

耐力要素の配置等による低減係数 $_eK_{fl}$
劣化度による低減係数 $_dK$

↓

③診断結果

上部構造評点＝保有する耐力 $_{ed}Q_u$／必要耐力 Q_r
地盤・基礎の注意事項

設計データ 40 ● 一般診断における必要耐力 Q_rの算出方法

必要耐力 Q_rの算出方法としては以下の4つが挙げられる。

略算法1…床面積に係数を乗じて必要耐力を算出する方法：一般診断法のみ
略算法2…各階の床面積比を考慮して必要耐力を算出する方法：一般診断法、精密診断法1
精算法1…建物重量を略算的に求める方法：精密診断法1
精算法2…建物重量から地震力を算出する方法：精密診断法1・2

注　上記の略算法1・2、精算法1・2とは、算出方法の実態に応じて筆者が分類した手法の呼称である

❶略算法1による床面積当たりの必要耐力 Q_r

［単位：kN／㎡］

対象建物		軽い建物	重い建物	非常に重い建物
平屋建て		0.28・Z	0.40・Z	0.64・Z
2階建て	2階	0.37・Z	0.53・Z	0.78・Z
	1階	0.83・Z	1.06・Z	1.41・Z
3階建て	3階	0.43・Z	0.62・Z	0.91・Z
	2階	0.98・Z	1.25・Z	1.59・Z
	1階	1.34・Z	1.66・Z	2.07・Z

注1　各建物の仕様（想定する荷重）は以下のとおりとする
・軽い建物　屋根：石綿スレート葺き［950N／㎡］、外壁：ラスモルタル［750N／㎡］、内壁：ボード壁［200N／㎡］
・重い建物　屋根：桟瓦葺き［1,300N／㎡］、外壁：土塗り壁［1,200N／㎡］、内壁：ボード壁［200N／㎡］
・非常に重い建物　屋根：土葺き瓦［2,400N／㎡］、外・内壁：土塗り壁［1,200+450N／㎡］
・各建物共通　床荷重［600N／㎡］、積載荷重［600N／㎡］
注2　Zは昭55建告1793号に規定する地震地域係数を示す
注3　地盤が非常に軟弱な場合は、必要耐力を1.5倍割り増すものとする
注4　短辺長さが4m未満の場合、その階の必要耐力を1.13倍割り増すものとする（最上階を除く）
注5　1階がS造またはRC造である混構造の場合は、木造部分の必要耐力を1.2倍割り増すものとする
注6　多雪区域では以下の値を加算する。ただし、雪下ろしの状況に応じて、垂直積雪量を1mまで減らすことができる
・1m：0.26・Z
・1～2m：直線補間
・2m：0.52・Z

❷略算法2による床面積当たりの必要耐力 Q_r

［単位：kN／㎡］

対象建物		軽い建物	重い建物	非常に重い建物
平屋建て		$0.28 \cdot Z$	$0.40 \cdot Z$	$0.64 \cdot Z$
2階建て	2階	$0.28 \cdot {}_{Q}K_{fl2} \cdot Z$	$0.40 \cdot {}_{Q}K_{fl2} \cdot Z$	$0.64 \cdot {}_{Q}K_{fl2} \cdot Z$
	1階	$0.72 \cdot {}_{Q}K_{fl1} \cdot Z$	$0.92 \cdot {}_{Q}K_{fl1} \cdot Z$	$1.22 \cdot {}_{Q}K_{fl1} \cdot Z$
3階建て	3階	$0.28 \cdot {}_{Q}K_{fl6} \cdot Z$	$0.40 \cdot {}_{Q}K_{fl6} \cdot Z$	$0.64 \cdot {}_{Q}K_{fl6} \cdot Z$
	2階	$0.72 \cdot {}_{Q}K_{fl4} \cdot {}_{Q}K_{fl5} \cdot Z$	$0.92 \cdot {}_{Q}K_{fl4} \cdot {}_{Q}K_{fl5} \cdot Z$	$1.22 \cdot {}_{Q}K_{fl4} \cdot {}_{Q}K_{fl5} \cdot Z$
	1階	$1.16 \cdot {}_{Q}K_{fl3} \cdot Z$	$1.44 \cdot {}_{Q}K_{fl3} \cdot Z$	$1.80 \cdot {}_{Q}K_{fl3} \cdot Z$

注1　各建物の仕様（想定する荷重）は以下のとおりとする
- 軽い建物　屋根：石綿スレート葺き［950N／㎡］、外壁：ラスモルタル［750N／㎡］、内壁：ボード壁［200N／㎡］
- 重い建物　屋根：桟瓦葺き［1,300N／㎡］、外壁：土塗り壁［1,200N／㎡］、内壁：ボード壁［200N／㎡］
- 非常に重い建物　屋根：土葺き瓦［2,400N／㎡］、外・内壁：土塗り壁［1,200+450N／㎡］
- 各建物共通　床荷重［600N／㎡］、積載荷重［600N／㎡］

注2　Zは昭55建告1793号に規定する地震地域係数を示す

注3　${}_{Q}K_{fl1}$～${}_{Q}K_{fl6}$は下表による

係数	軽い建物	重い建物	非常に重い建物
${}_{Q}K_{fl1}$	$0.40+0.60 \cdot R_{f1}$	$0.40+0.60 \cdot R_{f1}$	$0.53+0.47 \cdot R_{f1}$
${}_{Q}K_{fl2}$	$1.30+0.07/R_{f1}$	$1.30+0.07/R_{f1}$	$1.06+0.15/R_{f1}$
${}_{Q}K_{fl3}$	$(0.25+0.75 \cdot R_{f1}) \times (0.65+0.35 \cdot R_{f2})$	$(0.25+0.75 \cdot R_{f1}) \times (0.65+0.35 \cdot R_{f2})$	$(0.36+0.64 \cdot R_{f1}) \times (0.68+0.32 \cdot R_{f2})$
${}_{Q}K_{fl4}$	$0.40+0.60 \cdot R_{f2}$	$0.40+0.60 \cdot R_{f2}$	$0.53+0.47 \cdot R_{f2}$
${}_{Q}K_{fl5}$	$1.03+0.10/R_{f1}+0.08/R_{f2}$	$1.03+0.10/R_{f1}+0.08/R_{f2}$	$0.98+0.10/R_{f1}+0.05/R_{f2}$
${}_{Q}K_{fl6}$	$1.23+0.10/R_{f1}+0.23/R_{f2}$	$1.23+0.10/R_{f1}+0.23/R_{f2}$	$1.04+0.13/R_{f1}+0.24/R_{f2}$

R_{f1}=2階の床面積／1階の床面積　ただし、0.1を下回る場合は0.1とする
R_{f2}=3階の床面積／2階の床面積　ただし、0.1を下回る場合は0.1とする

注4　地盤が非常に軟弱な場合は、必要耐力を1.5倍割り増すものとする

注5　短辺長さが6m未満の場合、その階より下のすべての階（その階は含まない）の必要耐力は、以下の割増し係数を乗じて算出する（Lは短辺長さを表す）。ただし、複数の階の短辺長さが6m未満の場合は、大きいほうの割増し係数を乗じる
- $L<4m$：1.30
- $4m \leqq L<6m$：1.15
- $6m \leqq L$：1.00

注6　1階がS造またはRC造である混構造の場合は、木造部分の必要耐力を1.2倍割り増すものとする

注7　多雪区域では以下の値を加算する。ただし、雪下ろしの状況に応じて、垂直積雪量を1mまで減らすことができる
- 1m：$0.26 \cdot Z$
- 1～2m：直線補間
- 2m：$0.52 \cdot Z$

設計データ 41 ● 保有する耐力 ${}_{ed}Q_u$の算定

❶算定式

${}_{ed}Q_u = Q_u \cdot {}_eK_{fl} \cdot {}_dK$

Q_u：壁・柱の耐力

$Q_u = Q_w + Q_e$

Q_w：無開口壁の耐力[kN]

$Q_w = \Sigma (F_w \cdot L \cdot Kj)$

F_w：壁基準耐力[kN/m]

L：壁長[m]

K_j：柱接合部による低減係数

Q_e：その他の耐震要素の耐力[kN]

①壁を主な耐震要素とする建物の場合

$Q_e = Q_{wo}$：有開口壁の耐力[kN]

1）有開口壁長による算定

$Q_{wo} = \Sigma (F_w \cdot L_w)$

F_w：壁基準耐力[kN/m]

窓型開口の場合：$F_w = 0.6$kN/m

掃出し型開口の場合：$F_w = 0.3$kN/m

L_w：開口壁長[m]。ただし、連続する開口壁長は3m以下とする

2）無開口壁率による算定

$Q_{wo} = \alpha_w \cdot Q_r$

$\alpha_w = 0.25 - 0.2 \cdot K_n$

ただし、K_n（無開口壁率）は、各方向のうち小さいほうの値を用いる。

また、垂れ壁・腰壁を補強しない補強診断においては$\alpha_w = 0.10$とする

Q_r：必要耐力[kN]

②太い柱や垂れ壁を主な耐震要素とする建物の場合

$Q_e = \Sigma Q_c$：柱の耐力

${}_eK_{fl}$：耐力要素の配置などによる低減係数

${}_dK$：劣化度による低減係数

❷壁基準耐力 F_w（一般診断用）

工法の種類			壁基準耐力 F_w[kN/m]		
			標準	胴縁仕様	枠組壁工法
土塗り壁	塗り厚40㎜以上50㎜未満	横架材まで達する場合	2.4	—	—
		横架材間7割以上	1.5	—	—
	塗り厚50㎜以上70㎜未満	横架材まで達する場合	2.8	—	—
		横架材間7割以上	1.8	—	—
	塗り厚70㎜以上90㎜未満	横架材まで達する場合	3.5	—	—
		横架材間7割以上	2.2	—	—
	塗り厚90㎜以上	横架材まで達する場合	3.9	—	—
		横架材間7割以上	2.5	—	—
筋かい鉄筋 φ9㎜			1.6	—	—
筋かい木材 15×90㎜以上		びんた伸ばし	1.6	—	—
筋かい木材 30×90㎜以上		BPまたは同等品	2.4	—	—
		釘打ち	1.9	—	—
筋かい木材 45×90㎜以上		BP-2または同等品	3.2	—	—
		釘打ち	2.6	—	—
筋かい木材 90×90㎜以上		M12ボルト	4.8	—	—
筋かい製材 18×89㎜以上（枠組壁工法用）			—	—	1.3
木摺を釘打ちした壁			0.8	—	—
構造用合板（耐力壁仕様）			5.2	1.5	5.4
構造用合板（準耐力壁仕様）			3.1	1.5	—
構造用パネル（OSB）			5.0	1.5	5.9

工法の種類	壁基準耐力 F_w[kN/m]		
	標準	胴縁仕様	枠組壁工法
ラスシートモルタル塗り	2.5	1.5	—
木摺下地モルタル塗り	2.2	—	—
窯業系サイディング張り	1.7	1.3	—
石膏ボード張り(9㎜厚以上)	1.1	1.1	—
石膏ボード張り(12㎜厚以上[枠組壁工法用])	—	—	2.6
合板(3㎜厚以上)	0.9	0.9	—
ラスボード	1.0	—	—
ラスボード下地漆喰塗り	1.3	—	—
仕様不明(壁倍率1程度の耐力を見込めるものに限る)	2.0	—	—

無開口壁の取扱い

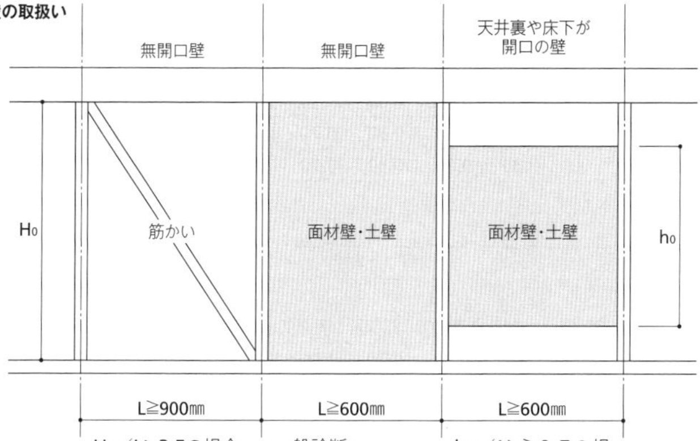

$H_0/L>3.5$の場合、基準耐力と剛性に以下の低減係数を乗じる
$K_b=3.5L_d/H_0$

一般診断:
$\Sigma F_w \leqq 10.0$kN/m
精密診断:
$\Sigma F_w \leqq 14.0$kN/m

$h_0/H_0 \geqq 0.7$の場合、基準耐力と剛性に以下の低減係数を乗じる
$K_b=h_0/H_0 \times 0.9$

注　低減係数K_bは、精密診断法1より引用

開口壁の取扱い

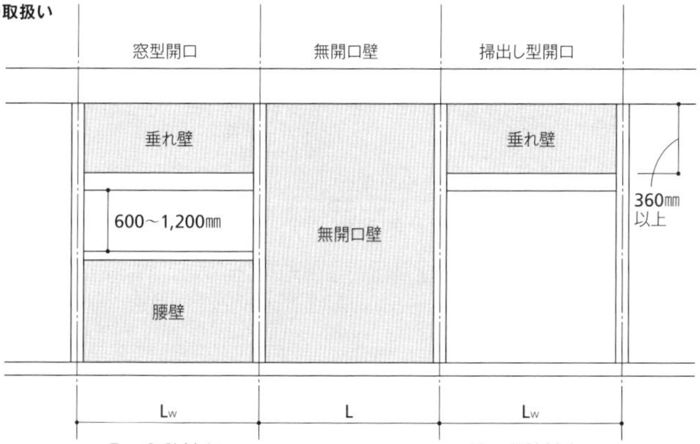

$F_w=0.6$kN/m　　$F_w=0.3$kN/m

注1　耐力を見込むことができる開口壁は、無開口壁に隣接していることを原則とする
注2　連続する開口壁長の長さは、$L_w \leqq 3.0$mとする
注3　無開口壁率による算定方法を採用する場合は、『2012年改訂版 木造住宅の耐震診断と補強方法』((財)日本建築防災協会)を参照すること

❸柱接合部による低減係数 K_j[積雪を考慮しない場合](一般診断用)

①2階建ての2階、3階建ての3階

接合部仕様	壁基準耐力[kN/m]			
	2.0	3.0	5.0	7.0
接合部Ⅰ	1.00	1.00	1.00	1.00
接合部Ⅱ	1.00	0.80	0.65	0.50
接合部Ⅲ	0.70	0.60	0.45	0.35
接合部Ⅳ	0.70	0.35	0.25	0.20

②2階建ての1階、3階建ての1階および3階建ての2階

接合部仕様	壁基準耐力[kN/m]											
	2.0			3.0			5.0			7.0		
	基礎Ⅰ	基礎Ⅱ	基礎Ⅲ	基礎Ⅰ	基礎Ⅱ	基礎Ⅲ	基礎Ⅰ	基礎Ⅱ	基礎Ⅲ	基礎Ⅰ	基礎Ⅱ	基礎Ⅲ
接合部Ⅰ	1.00	1.00	1.00	1.00	0.90	0.80	1.00	0.85	0.70	1.00	0.80	0.60
接合部Ⅱ	1.00	1.00	1.00	1.00	0.90	0.80	0.90	0.80	0.70	0.80	0.70	0.60
接合部Ⅲ	1.00	1.00	1.00	0.80	0.80	0.80	0.70	0.70	0.70	0.60	0.60	0.60
接合部Ⅳ	1.00	1.00	1.00	0.80	0.80	0.80	0.70	0.70	0.70	0.60	0.60	0.60

③平屋建て

接合部仕様	壁基準耐力[kN/m]											
	2.0			3.0			5.0			7.0		
	基礎Ⅰ	基礎Ⅱ	基礎Ⅲ	基礎Ⅰ	基礎Ⅱ	基礎Ⅲ	基礎Ⅰ	基礎Ⅱ	基礎Ⅲ	基礎Ⅰ	基礎Ⅱ	基礎Ⅲ
接合部Ⅰ	1.00	0.85	0.70	1.00	0.85	0.70	1.00	0.80	0.70	1.00	0.80	0.70
接合部Ⅱ	1.00	0.85	0.70	0.90	0.75	0.70	0.85	0.70	0.65	0.80	0.70	0.60
接合部Ⅳ	0.70	0.70	0.70	0.60	0.60	0.60	0.50	0.50	0.50	0.30	0.30	0.30

注1　壁基準耐力が上表に掲げた数値の中間の場合、その上下の壁基準耐力の低減係数から直線補間して算出する
注2　壁基準耐力が2kN/m未満のものは2kN/mの値を用い、7kN/m以上のものは7kN/mの値を用いる
注3　壁基準耐力が1kN/m未満のものの低減係数は1.0とする
注4　接合部の仕様は下記による
- 接合部Ⅰ:平12建告1460号に適合する仕様
- 接合部Ⅱ:羽子板ボルト、山形プレート VP、かど金物 CP-T、CP-L、込栓
- 接合部Ⅲ:ホゾ差し、釘打ち、かすがいなど(構面の両端が通し柱の場合)
- 接合部Ⅳ:ホゾ差し、釘打ち、かすがいなど

注5　基礎の仕様は下表による。ただし、3階建ての2階に対しては基礎Ⅰの欄の数値を用いる

基礎仕様	仕様と健全度	耐震性能
基礎Ⅰ	健全なRC造布基礎またはベタ基礎	地震動時に曲げ・せん断による崩壊や、アンカーボルト・引寄せ金物の抜出しが生じることなく建物の一体性を保ち、上部構造の耐震性能が十分に発揮できる性能を有する基礎
基礎Ⅱ	ひび割れのあるRC造の布基礎またはベタ基礎、無筋コンクリート造の布基礎、柱脚に足固めを設けRC造底盤に柱脚または足固めなどを緊結した玉石基礎、軽微なひび割れのある無筋コンクリート造の基礎	基礎Ⅰおよび基礎Ⅲ以外のもの
基礎Ⅲ	玉石、石積、ブロック基礎、ひび割れのある無筋コンクリート造の基礎など	地震時にバラバラになるおそれがあり、建物の一体性を保つことができない基礎

❹ 柱接合部による低減係数 K_j［多雪区域：垂直積雪量1mの場合］（一般診断用）

① 2階建ての2階、3階建ての3階

接合部仕様	壁基準耐力［kN/m］			
	2.0	3.0	5.0	7.0
接合部Ⅰ	1.00	1.00	1.00	1.00
接合部Ⅱ	1.00	0.90	0.85	0.75
接合部Ⅲ	1.00	0.75	0.65	0.55
接合部Ⅳ	1.00	0.75	0.60	0.50

② 2階建ての1階、3階建ての1階および3階建ての2階

接合部仕様	壁基準耐力［kN/m］											
	2.0			3.0			5.0			7.0		
	基礎Ⅰ	基礎Ⅱ	基礎Ⅲ	基礎Ⅰ	基礎Ⅱ	基礎Ⅲ	基礎Ⅰ	基礎Ⅱ	基礎Ⅲ	基礎Ⅰ	基礎Ⅱ	基礎Ⅲ
接合部Ⅰ	1.00	1.00	1.00	1.00	1.00	1.00	1.00	0.90	0.85	1.00	0.85	0.75
接合部Ⅱ	1.00	1.00	1.00	1.00	1.00	1.00	0.95	0.90	0.85	0.95	0.85	0.75
接合部Ⅲ	1.00	1.00	1.00	1.00	1.00	1.00	0.85	0.85	0.85	0.75	0.75	0.75
接合部Ⅳ	1.00	1.00	1.00	1.00	1.00	1.00	0.85	0.85	0.85	0.75	0.75	0.75

③ 平屋建て

接合部仕様	壁基準耐力［kN/m］											
	2.0			3.0			5.0			7.0		
	基礎Ⅰ	基礎Ⅱ	基礎Ⅲ	基礎Ⅰ	基礎Ⅱ	基礎Ⅲ	基礎Ⅰ	基礎Ⅱ	基礎Ⅲ	基礎Ⅰ	基礎Ⅱ	基礎Ⅲ
接合部Ⅰ	1.00	1.00	1.00	1.00	0.85	0.75	1.00	0.80	0.70	1.00	0.80	0.70
接合部Ⅱ	1.00	1.00	1.00	0.90	0.80	0.75	0.85	0.70	0.65	0.80	0.70	0.60
接合部Ⅳ	1.00	1.00	1.00	0.75	0.75	0.75	0.65	0.65	0.65	0.35	0.35	0.35

❺ 柱接合部による低減係数 K_j［多雪区域：垂直積雪量2mの場合］（一般診断用）

① 2階建ての2階、3階建ての3階

接合部仕様	壁基準耐力［kN/m］			
	2.0	3.0	5.0	7.0
接合部Ⅰ	1.00	1.00	1.00	1.00
接合部Ⅱ	1.00	0.95	0.85	0.80
接合部Ⅲ	1.00	0.85	0.75	0.70
接合部Ⅳ	1.00	0.85	0.75	0.70

② 2階建ての1階、3階建ての1階および3階建ての2階

接合部仕様	壁基準耐力［kN/m］											
	2.0			3.0			5.0			7.0		
	基礎Ⅰ	基礎Ⅱ	基礎Ⅲ	基礎Ⅰ	基礎Ⅱ	基礎Ⅲ	基礎Ⅰ	基礎Ⅱ	基礎Ⅲ	基礎Ⅰ	基礎Ⅱ	基礎Ⅲ
接合部Ⅰ	1.00	1.00	1.00	1.00	1.00	1.00	1.00	0.95	0.95	1.00	0.95	0.90
接合部Ⅱ	1.00	1.00	1.00	1.00	1.00	1.00	1.00	0.95	0.95	1.00	0.95	0.90
接合部Ⅲ	1.00	1.00	1.00	1.00	1.00	1.00	0.95	0.95	0.95	0.90	0.90	0.90
接合部Ⅳ	1.00	1.00	1.00	1.00	1.00	1.00	0.95	0.95	0.95	0.90	0.90	0.90

③ 平屋建て

接合部仕様	壁基準耐力［kN/m］											
	2.0			3.0			5.0			7.0		
	基礎Ⅰ	基礎Ⅱ	基礎Ⅲ	基礎Ⅰ	基礎Ⅱ	基礎Ⅲ	基礎Ⅰ	基礎Ⅱ	基礎Ⅲ	基礎Ⅰ	基礎Ⅱ	基礎Ⅲ
接合部Ⅰ	1.00	1.00	1.00	1.00	0.90	0.85	1.00	0.85	0.75	1.00	0.85	0.75
接合部Ⅱ	1.00	1.00	1.00	0.95	0.90	0.85	0.85	0.80	0.75	0.80	0.75	0.70
接合部Ⅳ	1.00	1.00	1.00	0.85	0.85	0.85	0.80	0.80	0.75	0.50	0.50	0.50

❻柱接合部による低減係数 Kj [多雪区域：垂直積雪量2.5mの場合]（一般診断用）

①2階建ての2階、3階建ての3階

接合部 仕様	壁基準耐力[kN/m]			
	2.0	3.0	5.0	7.0
接合部Ⅰ	1.00	1.00	1.00	1.00
接合部Ⅱ	1.00	0.95	0.90	0.85
接合部Ⅲ	1.00	0.90	0.80	0.75
接合部Ⅳ	1.00	0.90	0.80	0.75

②2階建ての1階、3階建ての1階および3階建ての2階

接合部 仕様	壁基準耐力[kN/m]											
	2.0			3.0			5.0			7.0		
	基礎Ⅰ	基礎Ⅱ	基礎Ⅲ	基礎Ⅰ	基礎Ⅱ	基礎Ⅲ	基礎Ⅰ	基礎Ⅱ	基礎Ⅲ	基礎Ⅰ	基礎Ⅱ	基礎Ⅲ
接合部Ⅰ	1.00	1.00	1.00	1.00	1.00	1.00	1.00	0.95	0.95	1.00	0.95	0.90
接合部Ⅱ	1.00	1.00	1.00	1.00	1.00	1.00	1.00	0.95	0.95	1.00	0.95	0.90
接合部Ⅲ	1.00	1.00	1.00	1.00	1.00	1.00	0.95	0.95	0.95	0.90	0.90	0.90
接合部Ⅳ	1.00	1.00	1.00	1.00	1.00	1.00	0.95	0.95	0.95	0.90	0.90	0.90

③平屋建て

接合部 仕様	壁基準耐力[kN/m]											
	2.0			3.0			5.0			7.0		
	基礎Ⅰ	基礎Ⅱ	基礎Ⅲ	基礎Ⅰ	基礎Ⅱ	基礎Ⅲ	基礎Ⅰ	基礎Ⅱ	基礎Ⅲ	基礎Ⅰ	基礎Ⅱ	基礎Ⅲ
接合部Ⅰ	1.00	1.00	1.00	1.00	1.00	1.00	1.00	0.95	0.95	1.00	0.90	0.80
接合部Ⅱ	1.00	1.00	1.00	1.00	1.00	1.00	1.00	0.95	0.95	1.00	0.75	0.70
接合部Ⅳ	1.00	1.00	1.00	1.00	1.00	1.00	0.90	0.90	0.90	0.60	0.60	0.60

❼柱の耐力 Qc（一般診断用）

①垂れ壁付き独立柱1本当たりの耐力 dQc（Le＝1.2m未満の場合）

柱の小径	垂れ壁の基準耐力[kN/m]					
	1.0以上 2.0未満	2.0以上 3.0未満	3.0以上 4.0未満	4.0以上 5.0未満	5.0以上 6.0未満	6.0以上
120mm未満	0.00	0.00	0.00	0.00	0.00	0.00
120mm以上135mm未満	0.20	0.36	0.49	0.60	0.70	0.48
135mm以上150mm未満	0.22	0.39	0.54	0.68	0.80	0.92
150mm以上180mm未満	0.23	0.42	0.59	0.75	0.89	1.02
180mm以上240mm未満	0.24	0.45	0.65	0.84	1.02	1.19
240mm以上	0.24	0.48	0.71	0.93	1.15	1.36

②垂れ壁付き独立柱1本当たりの耐力 dQc（Le＝1.2m以上の場合）

柱の小径	垂れ壁の基準耐力[kN/m]					
	1.0以上 2.0未満	2.0以上 3.0未満	3.0以上 4.0未満	4.0以上 5.0未満	5.0以上 6.0未満	6.0以上
120mm未満	0.00	0.00	0.00	0.00	0.00	0.00
120mm以上135mm未満	0.36	0.48	0.45	0.44	0.43	0.43
135mm以上150mm未満	0.39	0.68	0.71	0.66	0.64	0.64
150mm以上180mm未満	0.42	0.75	1.02	1.02	0.94	0.94
180mm以上240mm未満	0.45	0.84	1.19	1.50	1.79	2.06
240mm以上	0.48	0.93	1.36	1.77	2.17	2.54

注1　上表において ■■■ 部分は柱の折損の可能性があることを示す
注2　120mm未満の柱は折損の可能性が高いため、耐力を算定しない
注3　左右に隣接する壁の仕様が異なる場合は、それぞれの値を算出し（柱の折損も考慮）、安全側の値を採用する

③垂れ壁・腰壁付き独立柱1本当たりの耐力 $_wQ_c$（L_e=1.2m未満の場合）

柱の小径	垂れ壁・腰壁の基準耐力[kN/m]					
	1.0以上 2.0未満	2.0以上 3.0未満	3.0以上 4.0未満	4.0以上 5.0未満	5.0以上 6.0未満	6.0以上
120㎜未満	0.00	0.00	0.00	0.00	0.00	0.00
120㎜以上135㎜未満	0.51	0.90	1.26	1.59	1.53	0.66
135㎜以上150㎜未満	0.54	0.98	1.37	1.73	2.08	2.42
150㎜以上180㎜未満	0.56	1.05	1.48	1.87	2.25	2.61
180㎜以上240㎜未満	0.59	1.13	1.64	2.11	2.56	2.98
240㎜以上	0.61	1.20	1.77	2.33	2.87	3.40

④垂れ壁・腰壁付き独立柱1本当たりの耐力 $_wQ_c$（L_e=1.2m以上の場合）

柱の小径	垂れ壁・腰壁の基準耐力[kN/m]					
	1.0以上 2.0未満	2.0以上 3.0未満	3.0以上 4.0未満	4.0以上 5.0未満	5.0以上 6.0未満	6.0以上
120㎜未満	0.00	0.00	0.00	0.00	0.00	0.00
120㎜以上135㎜未満	0.90	1.59	0.66	0.53	0.50	0.48
135㎜以上150㎜未満	0.98	1.73	2.42	1.08	0.85	0.76
150㎜以上180㎜未満	1.05	1.87	2.61	3.31	3.97	1.38
180㎜以上240㎜未満	1.13	2.11	2.98	3.77	4.52	5.25
240㎜以上	1.20	2.33	3.40	4.43	5.43	6.39

注1　上表において▒部分は柱の折損の可能性があることを示す
注2　120㎜未満の柱は折損の可能性が高いため、耐力を算定しない
注3　左右に隣接する壁の仕様が異なる場合は、それぞれの値を算出し（柱の折損も考慮）、安全側の値を採用する

垂れ壁付き独立柱

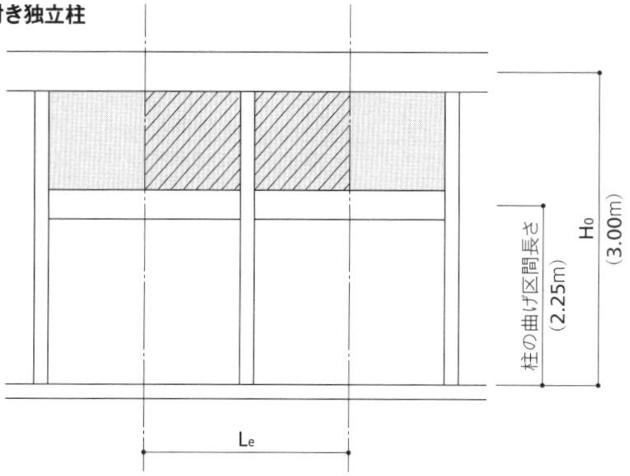

垂れ壁・腰壁付き独立柱

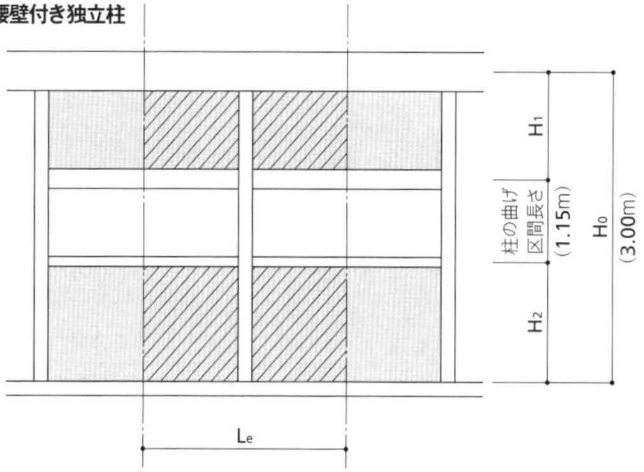

・L_eは、隣接する柱との中間の距離とする
・(　)内の数値は、当該表を作成した仮定条件を示す。なお、柱材はスギ（F_b=22.2N/㎟）、断面係数は差鴨居との仕口の断面欠損を考慮して全断面の75%、曲げ変形については断面欠損を考慮しないものとしている

❽耐力要素の配置等による低減係数 eKfl（一般診断用）

①四分割法による場合

1）水平構面の剛性が剛な場合（床仕様Ⅰ相当）

${}_eK_1/{}_eK_2 \geqq 0.5$ の場合　${}_eK_{fl}=1.0$

${}_eK_1/{}_eK_2 < 0.5$ の場合　${}_eK_{fl}=\dfrac{{}_eK_1+{}_eK_2}{2.0\cdot{}_eK_2}$

2）水平構面の剛性が中間の場合（床仕様Ⅱ相当）

${}_eK_{fl}=1$）と3）の平均値

3）水平構面の剛性が柔な場合（床仕様Ⅲ相当）

${}_eK_1$、${}_eK_2 \geqq 1.0$ の場合　${}_eK_{fl}=1.0$

その他の場合　${}_eK_{fl}=\dfrac{{}_eK_1+{}_eK_2}{2.5\cdot{}_eK_2}$

${}_eK_1$：充足率の小さいほう

${}_eK_2$：充足率の大きいほう

一端の充足率		他端の充足率				
		0.33未満	0.33以上 0.66未満	0.66以上 1.00未満	1.00以上 1.33未満	1.33以上
0.33未満	床仕様Ⅰ	1.00	0.70	0.65	0.60	0.55
	床仕様Ⅱ	0.90	0.65	0.60	0.55	0.50
	床仕様Ⅲ	0.80	0.60	0.55	0.50	0.45
0.33以上 0.66未満	床仕様Ⅰ	0.70	1.00	1.00	0.75	0.70
	床仕様Ⅱ	0.65	0.90	0.90	0.70	0.65
	床仕様Ⅲ	0.60	0.80	0.80	0.60	0.55
0.66以上 1.00未満	床仕様Ⅰ	0.65	1.00	1.00	1.00	1.00
	床仕様Ⅱ	0.60	0.90	0.90	0.90	0.90
	床仕様Ⅲ	0.55	0.80	0.80	0.80	0.80
1.00以上 1.33未満	床仕様Ⅰ	0.60	0.75	1.00	1.00	1.00
	床仕様Ⅱ	0.55	0.70	0.90	1.00	1.00
	床仕様Ⅲ	0.50	0.60	0.80	1.00	1.00
1.33以上	床仕様Ⅰ	0.55	0.70	1.00	1.00	1.00
	床仕様Ⅱ	0.50	0.65	0.90	1.00	1.00
	床仕様Ⅲ	0.45	0.55	0.80	1.00	1.00

注1　床の仕様と想定する床倍率は下記による

・床仕様Ⅰ　合板：床倍率1.0以上

・床仕様Ⅱ　火打＋荒板：床倍率0.5以上1.0未満

・床仕様Ⅲ　火打なし：0.5未満

注2　4m以上の吹抜けがある場合には、床仕様を1段階下げる

注3　壁量充足率を算出する場合は、有開口壁の耐力 Q_{wo} を評価しないこととする

②偏心率による場合

平均床倍率	偏心率				
	$R_e<0.15$	$0.15\leqq R_e<0.3$	$0.3\leqq R_e<0.45$	$0.45\leqq R_e<0.6$	$0.6\leqq R_e$
1.0以上			$\dfrac{3.3-R_e}{3\times(3.33\cdot R_e+0.5)}$	$\dfrac{3.3-R_e}{6}$	0.450
0.5以上 1.0未満	1.0	$\dfrac{1}{3.33\cdot R_e+0.5}$	$\dfrac{2.3-R_e}{2\times(3.33\cdot R_e+0.5)}$	$\dfrac{2.3-R_e}{4}$	0.425
0.5未満			$\dfrac{3.6-2\cdot R_e}{3\times(3.33\cdot R_e+0.5)}$	$\dfrac{3.6-2\cdot R_e}{6}$	0.400

❾ 劣化度による低減係数 $_dK$（一般診断用）

老朽度の調査部位と診断項目 チェックシート

部位	材料・部材等	劣化事象	存在点数 築10年未満	存在点数 築10年以上	劣化点数
屋根葺き材	金属板	変退色、さび、さび穴、ずれ、めくれがある	2	2	
	瓦・スレート	割れ、欠け、ずれ、欠落がある			
樋	軒・呼び樋	変退色、さび、割れ、ずれ、欠落がある	2	2	
	縦樋	変退色、さび、割れ、ずれ、欠落がある	2	2	
外壁仕上げ	木製板、合板	水浸み痕、こけ、割れ、抜け節、ずれ、腐朽がある	4	4	
	窯業系サイディング	こけ、割れ、ずれ、欠落、シール切れがある			
	金属サイディング	変退色、さび、さび穴、ずれ、めくれ、目地空き、シール切れがある			
	モルタル	こけ、0.3㎜以上の亀裂、剝落がある			
露出した躯体		水浸み痕、こけ、腐朽、蟻道、蟻害がある	2	2	
バルコニー 手摺壁	木製板、合板	水浸み痕、こけ、割れ、抜け節、ずれ、腐朽がある	—	1	
	窯業系サイディング	こけ、割れ、ずれ、欠落、シール切れがある			
	金属サイディング	変退色、さび、さび穴、ずれ、めくれ、目地空き、シール切れがある			
	外壁との接合部	外壁面との接合部に亀裂、隙間、緩み、シール切れ、剝離がある	—	1	
バルコニー 床排水		壁面を伝って流れている、または排水の仕組みがない	—	1	
内壁 一般室	内壁・窓下	水浸み痕、はがれ、亀裂、カビがある	2	2	
内壁 浴室	タイル壁	目地の亀裂、タイルの割れがある	2	2	
	タイル以外	水浸み痕、変色、亀裂、カビ、腐朽、蟻害がある			
床 床面	一般室	傾斜、過度の振動、床鳴りがある	2	2	
	廊下	傾斜、過度の振動、床鳴りがある	—	1	
床 床下		基礎のひび割れや床下部材に腐朽、蟻道、蟻害がある	2	2	
		合計			
		劣化度による低減係数 $_dK$＝1−劣化点数／存在点数＝			

注1　算出結果が0.7未満の場合には、0.7とする

注2　一般診断法により補強設計を行う場合は、補修後の診断における劣化低減係数を0.9以下とする

設計データ 42 ● 耐震診断 判定・評価表

❶地盤・基礎の注意事項

部位	形式	状態	注意すべき事項など
立地条件			
基礎			

❷上部構造評点の判定

上部構造評点

階	方向	必要耐力 Q_r[kN]	壁・柱の耐力 Q_u[kN]	偏心による低減係数 $_eK_{fl}$	劣化度による低減係数 $_dK$	保有する耐力 $_{ed}Q_u$[kN]	上部構造評点 $_{ed}Q_u$／Q_r	判定
3	X							
	Y							
2	X							
	Y							
1	X							
	Y							

上部構造の耐震性の評価

判定	上部構造評点	判定
Ⅰ	1.5以上	倒壊しない
Ⅱ	1.0以上1.5未満	一応倒壊しない
Ⅲ	0.7以上1.0未満	倒壊する可能性がある
Ⅳ	0.7未満	倒壊する可能性が高い

❸総合評価

建物の形状や使用状況等を考慮した総合評価

地盤・基礎	造成状況、液状化の可能性 形状と損傷状況 アンカーボルトの有無	
軸組	主な樹種・断面 腐朽・蟻害・断面欠損等	
耐力壁	仕様と軸組への取付け状況 建物形状と配置状況 柱頭・柱脚の接合状況	
水平構面	主な仕様 耐力壁配置との関係 引張に対する接合状況 小屋組の状況	
その他	屋根葺き材の脱落等 外壁の損傷・劣化	
補強の要否		

注　上表は一例である。各自が内容を適宜判断して記述すること

設計データ 43 ● 地盤・基礎に関する参考資料

❶ 一般診断法に示された地盤・基礎の診断表

部位	形式	状況	記入欄
地形	平坦・普通		
	がけ地・急斜面	コンクリート擁壁	
		石積	
		特別な対策は行っていない	
地盤	良い・普通の地盤		
	悪い地盤		
	非常に悪い地盤（埋立地、盛土、軟弱地盤）	表層の地盤改良を行っている	
		杭基礎である	
		特別な対策は行っていない	
基礎形式	鉄筋コンクリート基礎	健全	
		ひび割れが生じている	
	無筋コンクリート基礎	健全	
		軽微なひび割れが生じている	
		ひび割れが生じている	
	玉石基礎	足固めあり	
		足固めなし	
	その他（ブロック基礎など）		

❷ 精密診断法１に示された基礎の評価

地盤の分類	杭基礎、布基礎、ベタ基礎		玉石、石積、ブロック基礎など
	鉄筋入り	無筋	
良い・普通の地盤	安全である	ひび割れが入るおそれがある	玉石などが移動したり、傾く可能性がある
悪い地盤	ひび割れが入るおそれがある	亀裂が入るおそれがある	玉石などが移動したり、傾く可能性がある
非常に悪い地盤	・ひび割れが入るおそれがある ・住宅が傾く可能性がある	・大きな亀裂が入るおそれがある ・住宅が傾く可能性が高い	・玉石などが移動したり、不陸が生じる ・住宅が傾く可能性が高い

❸ 地盤の種類

地盤の分類	判断基準	昭55建告1793号
良い・普通の地盤	洪積台地または同等以上の地盤	第1種地盤
	設計仕様書のある地盤改良（ラップル、表層改良、柱状改良など）	
	長期許容支持力 50kN／㎡以上	
	下記以外	
悪い地盤	沖積層の厚さが30m未満	第2種地盤
	埋立地および盛土地で、大規模な造成工事によるもの（宅地造成等規制法・同施行令に適合するもの）	
	長期許容支持力 20kN／㎡以上50kN／㎡未満	
非常に悪い地盤	海・川・池・沼・水田等の埋立地および丘陵地の盛土地で小規模な造成工事による軟弱地盤	第3種地盤
	沖積層の厚さが30m以上	

8 混構造

設計データ44 ● 混構造の分類と構造特性

❶ 混構造(併用構造)の分類

①X・Y方向で異なる構造

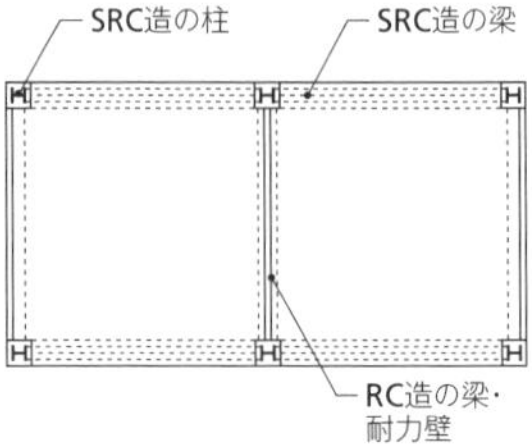

②高さ方向に異なる構造
(立面混構造)

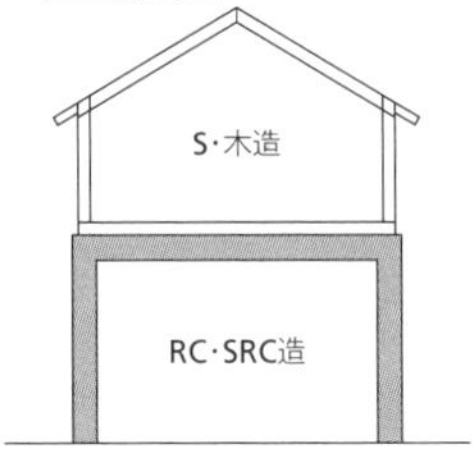

③平面的に異なる構造
(平面混構造)

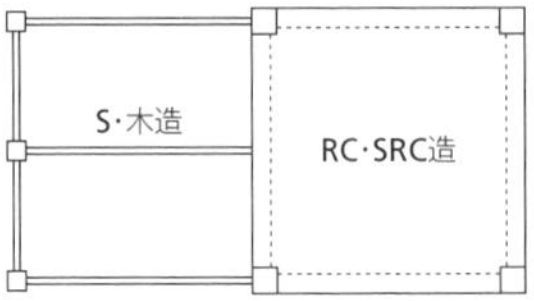

④部材が異なる構造

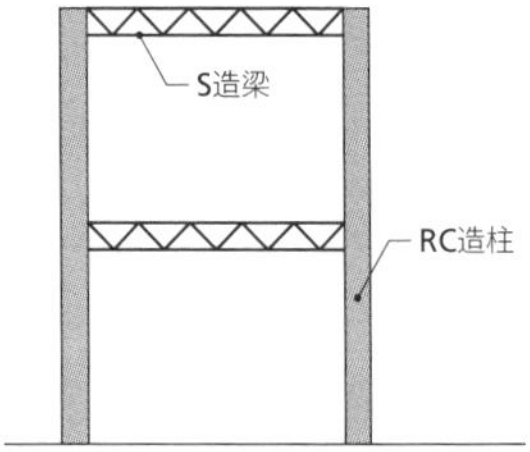

小屋組のみが異なる構造

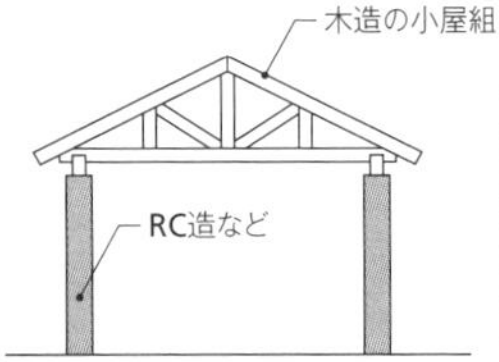

小屋組のみが木造で、そのほかの部分がRC造などの場合、RC造などの部分は小屋組の重量を考慮して通常の方法で設計すればよい(『2020年版 建築物の構造関係技術基準解説書』[国土交通省住宅局建築指導課ほか監修])
→④に分類される

❷ 木造と異種構造の剛重比と振動性状

①木造と異種構造との重量および剛重比が近似している場合

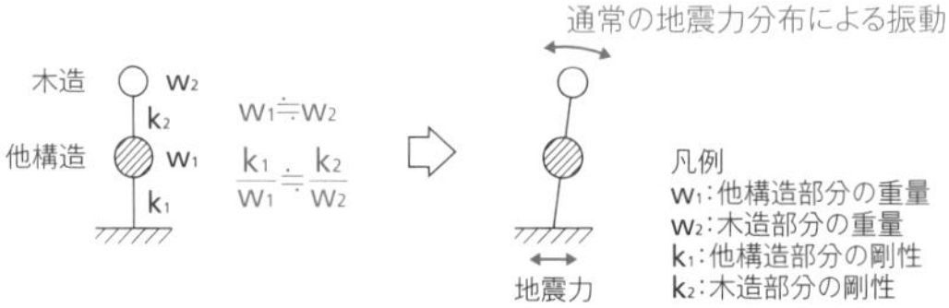

②木造部分に比べて異種構造部分の重量および剛重比が非常に大きい場合

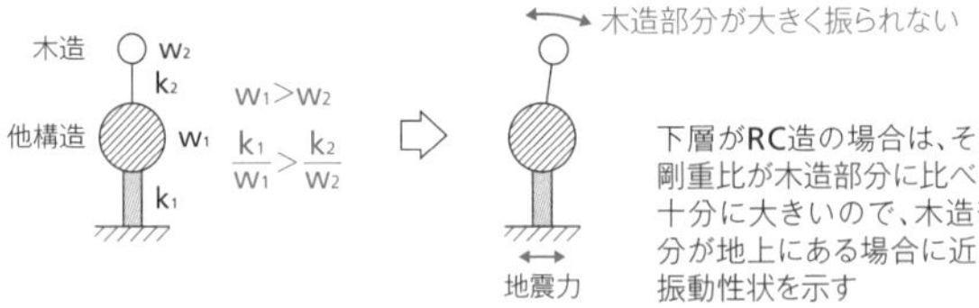

下層がRC造の場合は、その剛重比が木造部分に比べて十分に大きいので、木造部分が地上にある場合に近い振動性状を示す

③木造と異種構造の剛重比は近似しているが、異種構造部分の重量が木造部分に比べて大きい場合

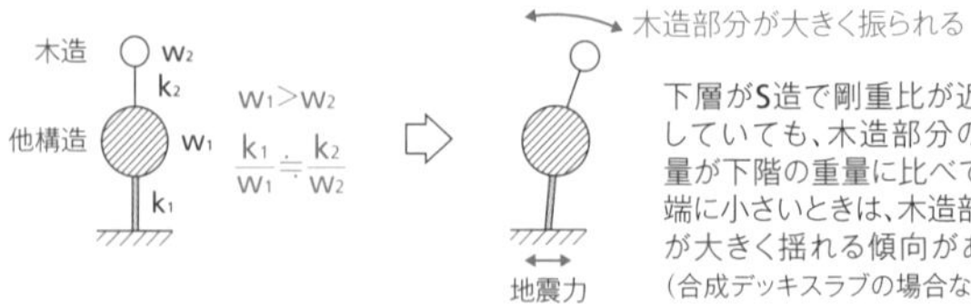

下層がS造で剛重比が近似していても、木造部分の重量が下階の重量に比べて極端に小さいときは、木造部分が大きく揺れる傾向がある(合成デッキスラブの場合など)

部分的に鋼材を用いた木造の例

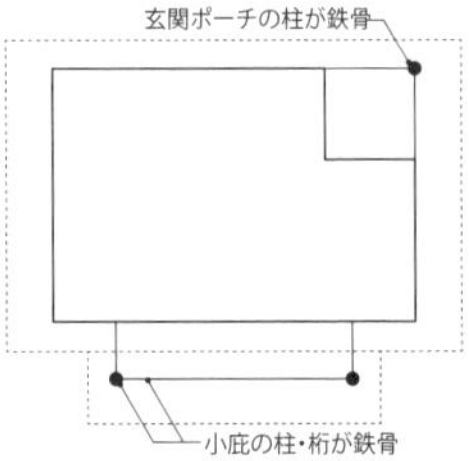

スパンの長い梁や荷重負担の大きい梁材を鉄骨とする、あるいは鉄骨で補強する場合や、雨掛りとなる部位(玄関ポーチやバルコニー、小庇など)に鉄骨を用いる場合など、その異種構造部分が水平抵抗要素(耐力壁)でない場合は、技術的には建築物全体を混構造ではなく木造として設計を行えばよい(部材が一部異なる構造として扱う)。

❶S造との混構造

注　設計ルートは全階同一とする(方向別に異なるのは可。ただし組合せ制限あり)

スタート

建物規模

高さ≦13m、軒高≦9m、延床面積≦500㎡、階数≦3(地階を除く)
注　平面混構造で500㎡以内ごとにエキスパンションジョイント等で分離されている場合は、分離されている部分ごとに適用できる

→ YES：S造部分の設計へ／NO：高さ≦31m、塔状比≦4 へ

S造部分の設計[令63~70条]

平19国交告593号三号

スパン≦6m(両方向とも)

→ YES：ルート1へ／NO：高さ≦31m、塔状比≦4 へ

平19国交告593号三号　ルート1

①C_0≧0.3として許容応力度計算[令82条各号、令82条の4]
②冷間成形角形鋼管柱の場合は、割増係数考慮
③筋かい接合部の先行破壊防止(保有耐力接合)
注　S造のルート1-2は混構造に適用不可のため省略

→ YES：木造部分の設計へ／NO：高さ≦31m、塔状比≦4 へ

高さ≦31m
塔状比≦4[昭55建告1791号第1四号]

→ YES：ルート2へ／NO：ルート3へ

ルート2

①許容応力度計算[令82条各号、令82条の4]
②剛性率≧0.6[令82条の6]
③偏心率≦0.15[令82条の6]
④筋かい架構のβ割増[昭55建告1791号第2]
⑤柱がSTKR材の場合は、1階柱脚に、割増係数考慮
⑥筋かい接合部の先行破壊防止(保有耐力接合)
⑦柱・梁の幅厚比規定
⑧仕口・継手は保有耐力接合
⑨梁の保有耐力横補剛
⑩柱脚部の破断防止
⑪冷間成形角形鋼管柱の耐力比確保
⓬基礎コンクリートの破壊防止等の確認

→ YES：層間変形角≦1/200(1/120)[令82条の2]／NO：ルート3へ

ルート3

①許容応力度計算[令82条各号、令82条の4]
②保有水平耐力の確認[令82条の3]
③冷間成形角形鋼管柱の設計[平19国交告594第4]
STKR材の場合
・柱の耐力比確保
・1階柱脚に割増係数考慮
STRK材以外の場合
・崩壊形の判定(全体or局部)
・局部崩壊時は柱耐力を低減
④塔状比>4の場合、転倒の検討
❺基礎コンクリートの破壊防止等の確認

→ 層間変形角≦1/200(1/120)[令82条の2]

木造部分の設計[令40~49条]

①壁量計算[令46条1・4項、平12建告1351号、昭56建告1100号]
軟弱地盤区域[※]は地震の必要壁量を1.5倍割増
②耐力壁の配置:四分割法または偏心率≦0.3[平12建告1352号]
③火打材または木板の設置[令46条3項]
④接合部の規定[令47条、平12建告1460号]
⑤壁量規定除外は下記のとおり[令46条2項、昭62建告1898号、昭62建告1899号]
・層間変形角≦1/200(1/120)(C_0≧0.3で設計なら検討不要)
・偏心率≦0.15(0.30))(偏心率>0.15の場合、偏心率≦0.3でねじれ補正もしくはFe割増、または保有水平耐力計算)

ルート1

①許容応力度計算[令82条各号、令82条の4]
軟弱地盤区域[※]はC_0≧0.3[令88条](令46条2項一号に掲げる基準に適合するものは除く)
②準耐火構造は層間変形角≦1/150[令109条の2の2]

ルート2

①許容応力度計算[令82条各号、令82条の4]
軟弱地盤区域[※]はC_0≧0.3[令88条]
②層間変形角≦1/200(1/120)[令82条の2、令109条の2の2]
準耐火構造は層間変形角≦1/150
③偏心率≦0.15[令82条の6]
④剛性率≧0.6[令82条の6]
⑤筋かい架構のβ割増[昭55建告1791号第1]
⑥木材筋かいのせん断破壊防止
⑦筋かい接合部の破断防止
⑧柱・梁・接合部の耐力低下防止

ルート3

①許容応力度計算[令82条各号、令82条の4]
軟弱地盤区域[※]はC_0≧0.3
②層間変形角≦1/200(1/120)[令82条の2、令109条の2の2]
準耐火構造は層間変形角≦1/150
③保有水平耐力の確認[令82条の3]
④塔状比>4の場合、転倒の検討[平19国交告594第4]

※　軟弱地盤区域とは、特定行政庁が特に軟弱と指定した区域[令88条2項]
上記のほか、特定天井に該当する場合は、関係基準への適合を図る必要がある。(特定天井とは、居室・廊下など日常人が立ち入る場所に設けられる吊り天井で、高さ>6mかつ水平投影面積>200㎡かつ構成部材等の質量>2kg/㎡のものをいう)
注1　本図フローの矢印は、上から下にほぼ垂直につなぐものとする
注2　番号を白抜きで示した項目は、建築基準法令には記載されていないが、構造計算の推奨項目として必要なものである。

1 木材
2 荷重
3 地盤・基礎
4 軸組
5 耐力壁
6 水平構面
7 耐震診断
8 混構造
9 その他
10 使い方

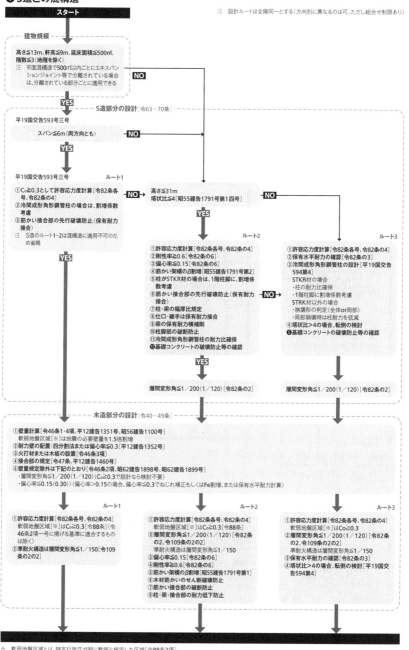

❷RC造との混構造

注　設計ルートは全階同一とする（方向別に異なるのは可）

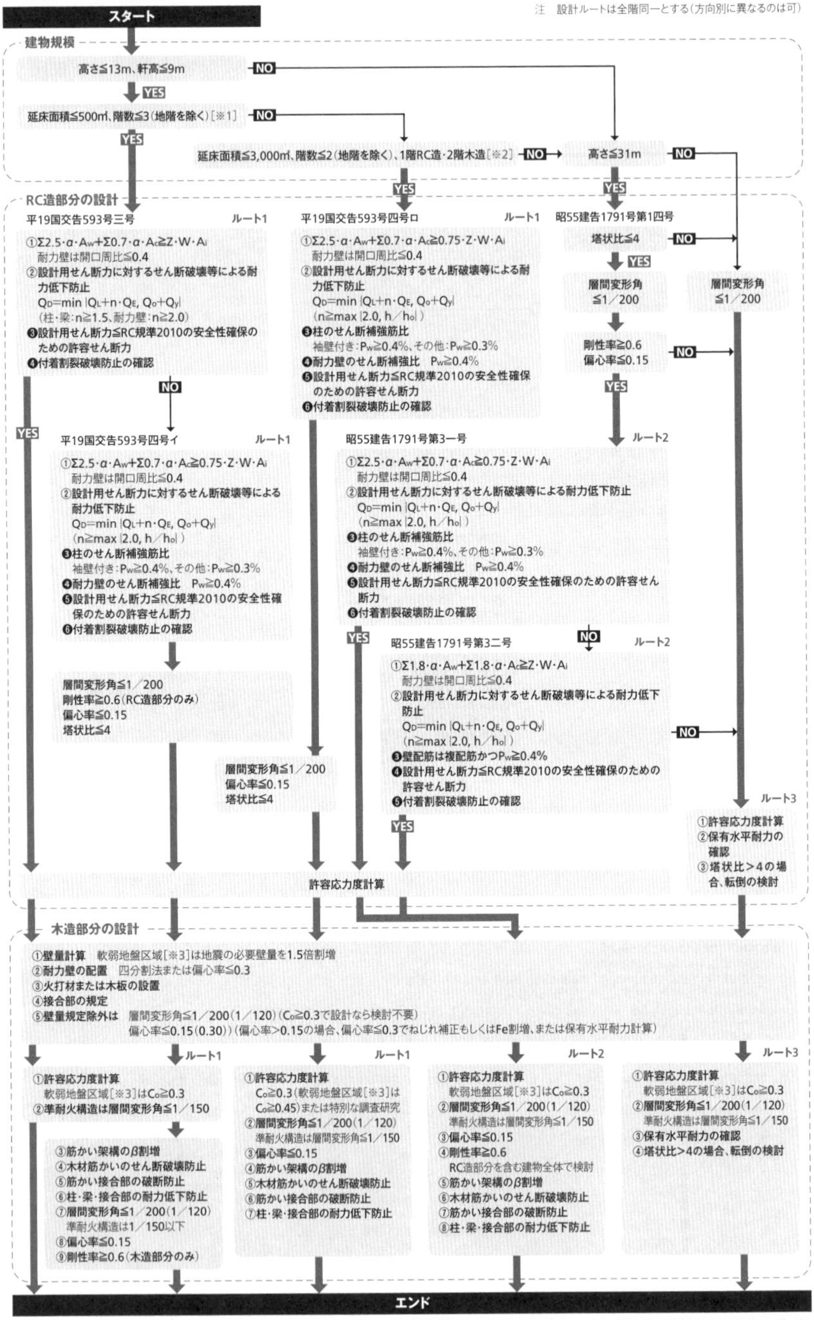

注　番号を白抜きで示した項目は、建築基準法令には記載されていないが、構造計算の推奨項目として必要なものである　※1　500㎡以内ごとにエキスパンションジョイント等で分離されている場合は、分離されている部分ごとに適用できる　※2　3,000㎡以内ごとにエキスパンションジョイント等で分離されている場合は、分離されている部分ごとに適用できる　※3　軟弱地盤区域とは、特定行政庁が特に軟弱と指定した区域[令88条2項]

上記のほか、特定天井に該当する場合は、関係基準への適合を図る必要がある。（特定天井とは、居室・廊下など日常人が立ち入る場所に設けられる吊り天井で、高さ＞6mかつ水平投影面積＞200㎡かつ構成部材等の質量＞2kg／㎡のものをいう）

注1　本図フローの矢印は、上から下にほぼ垂直につなぐものとする

設計データ46 ● 木造部分の構造計画ポイント

❶平19国交告593号四号ロに該当する混構造における木造部分の構造計算

計算方法	本則	特別な調査・研究	
	簡易法	水平構面 略算法	水平構面 精算法
鉛直構面	C_o=0.3 ・耐力壁線間距離≦10.8m ・耐力壁線で囲まれる面積≦60㎡	C_o=0.2 ・耐力壁区画の壁量充足率≧3／4	C_o=0.2 ・耐力壁区画の壁量充足率≧3／4
水平構面	C_o=0.3 ・構面全体を同じ性能で設計 ・平面形の切欠き：1／6以下	C_o=0.3 ・構面全体を同じ性能で設計 ・耐力壁区画ごとに設計 ・切欠き平面のパネルゾーンは応力割増し	C_o=0.3 ・負担荷重と振動性状を考慮 ・耐力壁区画ごとに設計 ・切欠き平面のパネルゾーンは応力割増し
概念図	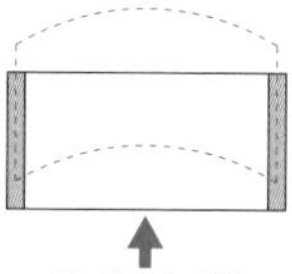 $Q=0.3A_i \cdot W$	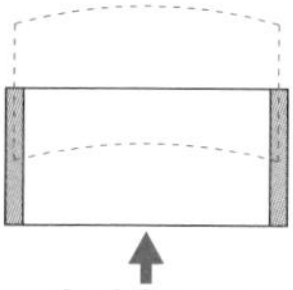 $Q=0.3A_i \cdot W$	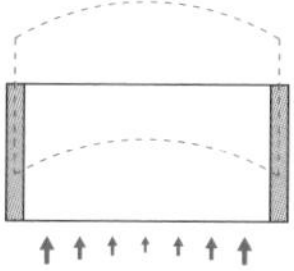 $Q_i=0.3A_i \cdot \Sigma w_i$

❷壁量充足率と耐力壁線間距離

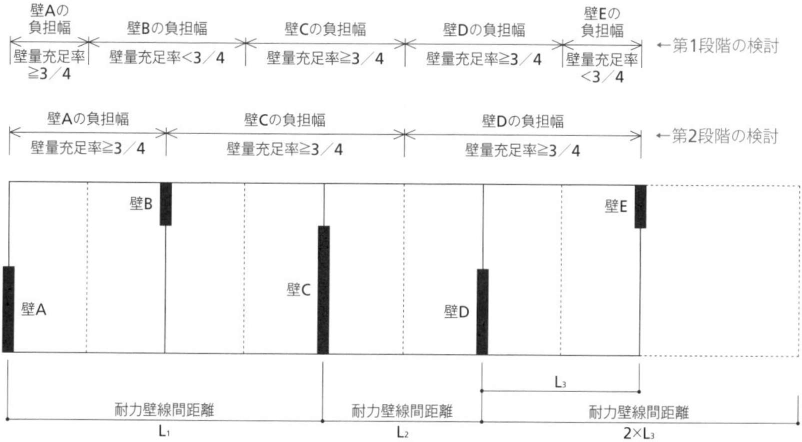

耐力壁線とみなせる条件：負担範囲の必要壁量（水平力）の3／4以上の耐力壁長を有していること

❸切欠きを有する平面形の応力割増し

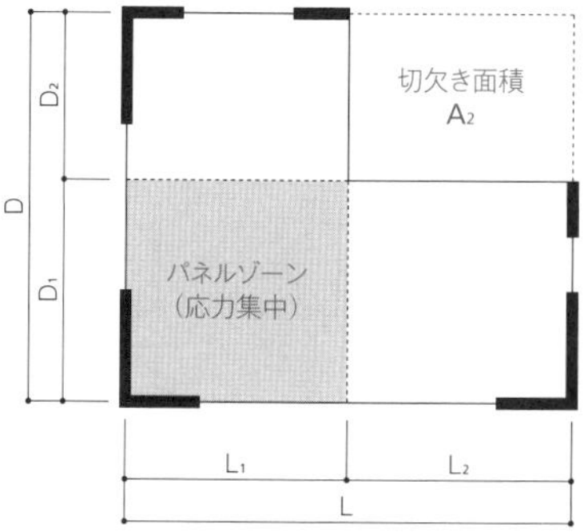

D×Lの平面の外周にのみ耐力壁が配置される場合で、$A_2=L_2 \times D_2 > (L \times D)/6$となる場合は、応力集中部（パネルゾーン）の水平力を1.5倍割り増して設計する

設計データ47 ● S造部分の構造計画ポイント

❶ S造部分の水平剛性

①デッキプレート使用の合成床の参考例

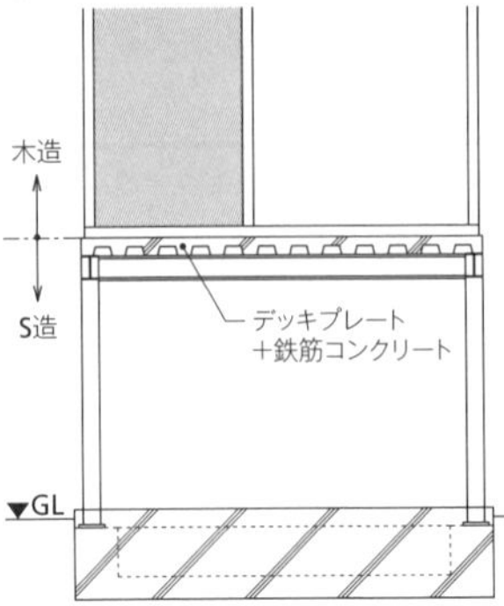

合成スラブ(デッキプレート+鉄筋コンクリート)と梁との接合は、地震時または暴風時に、合成スラブに作用する面内せん断力を梁に伝達できるように、下図に示す方法のいずれかとする

a)焼抜き栓溶接　**b)頭付きスタッド**　**c)打込み鋲**

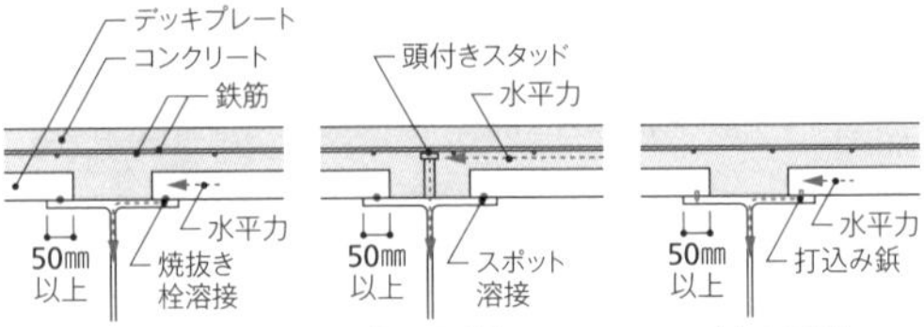

〈力の伝達〉
合成スラブ
→焼抜き栓溶接
→梁

〈力の伝達〉
合成スラブ
→頭付きスタッド
→梁

〈力の伝達〉
合成スラブ
→打込み鋲
→梁

②床ブレース使用の非合成床の参考例

梁伏図

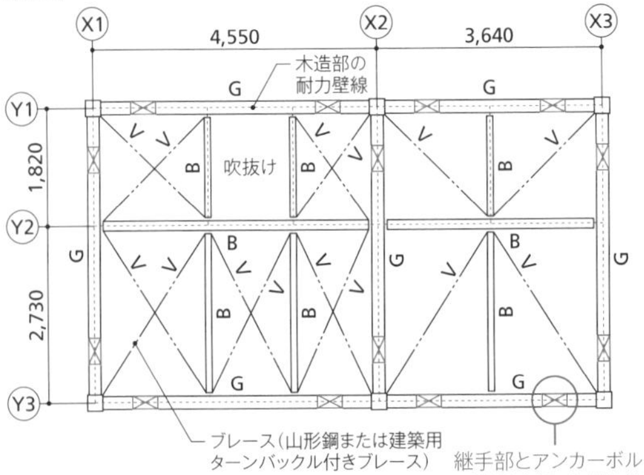
継手部とアンカーボルトが干渉しないように注意する
(摩擦接合部の加熱は厳禁)

ブレースの取付け要領

Y-Y断面図

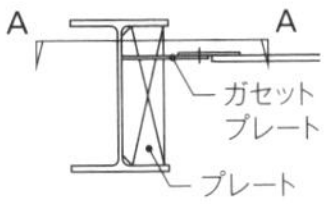

A-A断面図

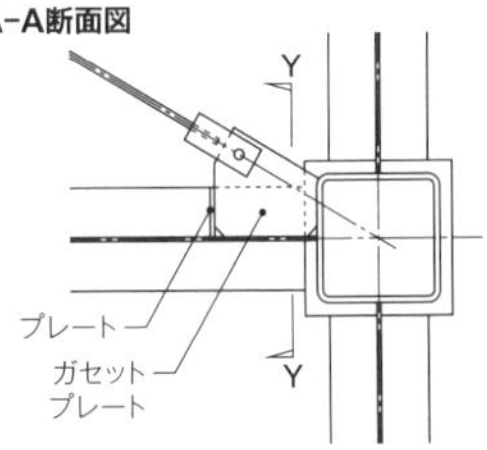

❷ 外壁仕上げと躯体との納まり例

①角形鋼管柱とALC版の納まり例

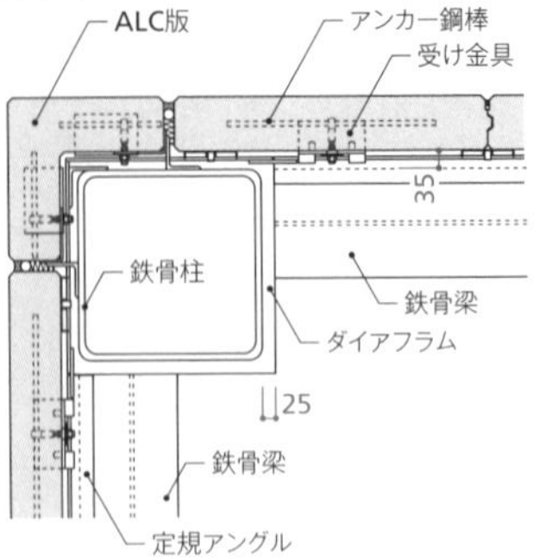

②外壁脚部の納まり例

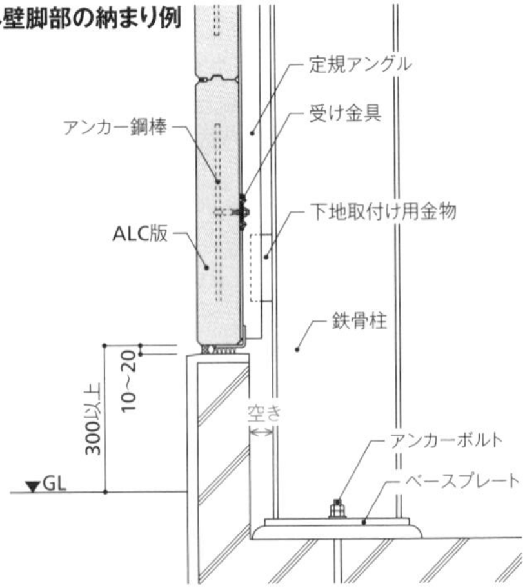

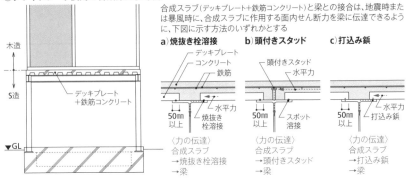

❸運搬可能な長さの規定

①許可取得区分(凡例)

1) 許可不要

2) 特殊車両通行許可証取得(トレーラーなどは積載の寸法にかかわらず、すべて特殊車両通行許可証取得)

3) 特殊車両通行許可証+制限外積載許可証(警察署)取得

②本図に示す積載寸法は、一般的許可限度の最大値を示したものであるが、各図示の値以下であっても道路との関係においてさらに制限されるので、個別に確認の必要がある

③積荷の高さ(車両+積荷)は車両長×1.1倍までを標準とし、かつ、17m以内を限度とする

④積荷の幅は、車両荷台幅以内を標準とするが、積荷の分割が不可能な場合には、3.5mを限度とする

⑤積荷の高さは(3.8m−車両荷台高さ−台木高さ[0.1m])を標準とするが、分割不可能な場合には車両積載高さで4.3mを限度とする

⑥総重量は車両の積載能力以内であっても総重量40.0t以下を限度とする

a)トラック許可範囲(10t積み)

車両総重量19.995t

車両:9.995t+積載10t

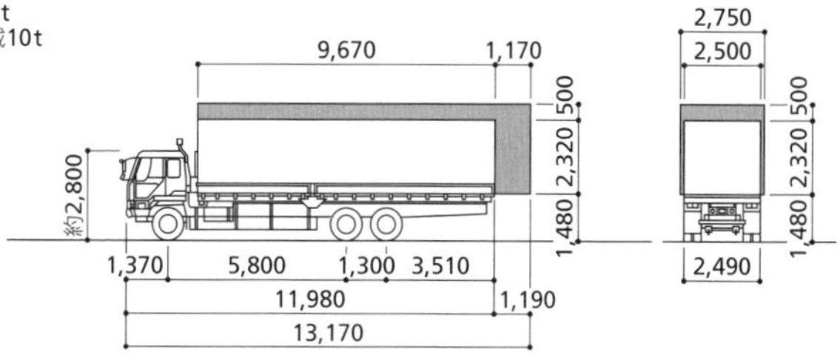

b)トラック馬積み通行許可範囲(10t積み)

車両総重量19.995t

車両:9.995t+積載10t

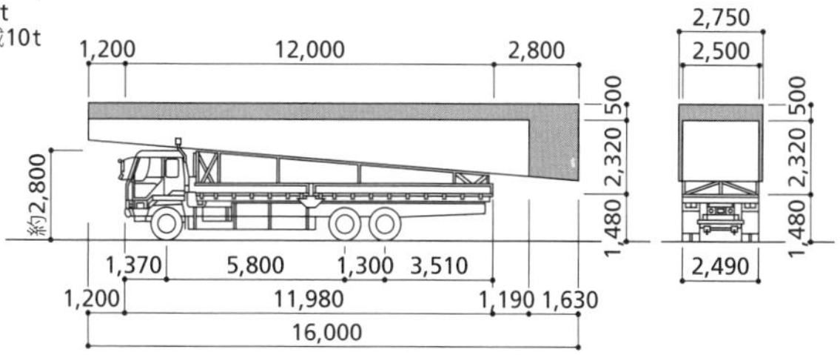

出典:『2008年版 輸送マニュアル』((社)日本橋梁建設協会)

RC造部分の構造計画ポイント

❶RC造との混構造の構造形式

<table>
<tr><th>構造形式</th><th>RC造スラブあり</th><th>RC造スラブなし</th></tr>
<tr><td>RC造</td><td>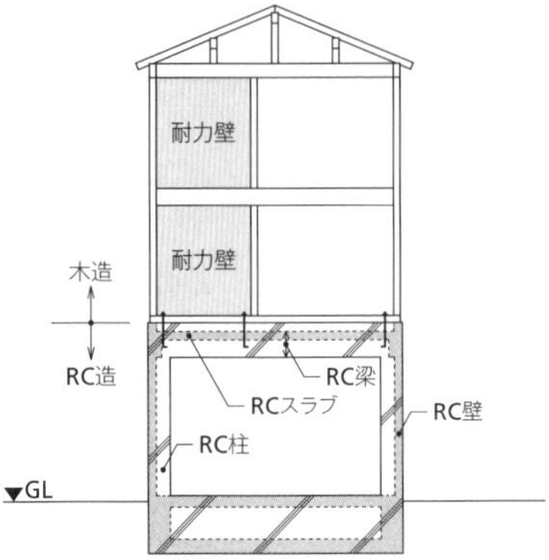
</td><td>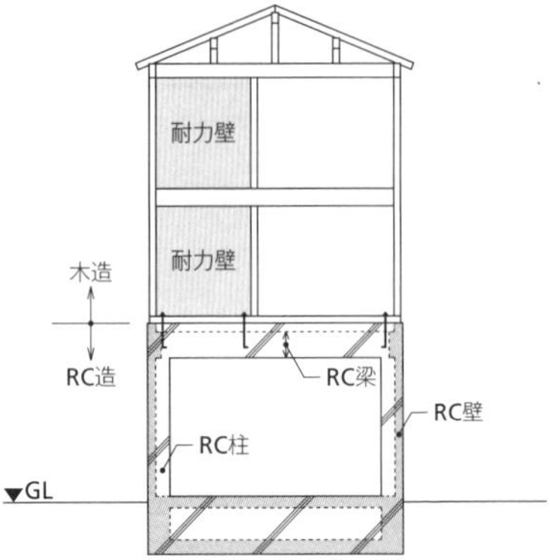

注　2階床面の水平剛性および木造の床梁断面に留意する</td></tr>
<tr><td>WRC造</td><td>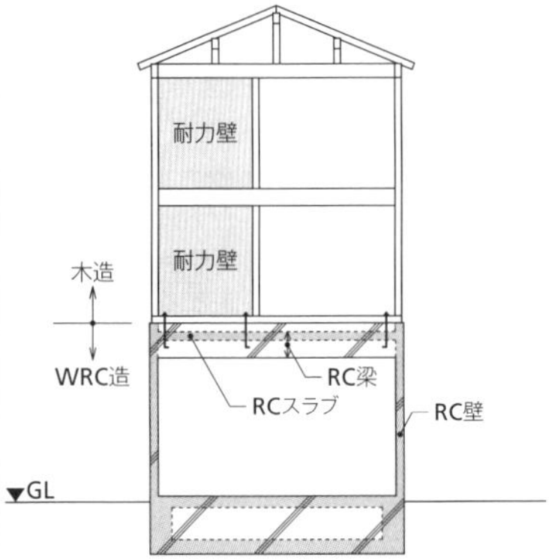
</td><td>WRC造（壁式鉄筋コンクリート造）で床スラブがない階を有する場合は、保有水平耐力計算（平13国交告1026号）ただし、地下階のない最上階の床または屋根版は、条件付きでRC造でなくてもよい場合がある（『壁式鉄筋コンクリート造設計施工指針』［（財）日本建築センター］の運用）</td></tr>
</table>

❷RC造でスラブがない場合の構造計画

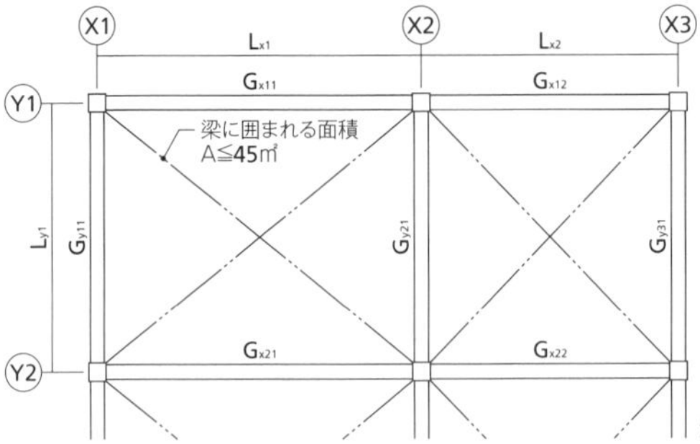

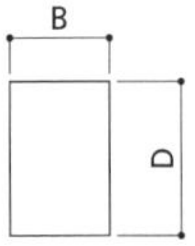

梁符号	梁幅B
G_{x11}、G_{x21}	$\geqq \frac{L_{x1}}{20}$
G_{x12}、G_{x22}	$\geqq \frac{L_{x2}}{20}$
G_{y11}、G_{y21}、G_{y31}	$\geqq \frac{L_{y1}}{20}$

注　L_x、L_y≦8mが望ましい

①柱間隔は8m以下、大梁によって囲まれる面積は45㎡以下（推奨）
②梁せいは45cm以上、梁幅は柱間隔の1／20以上（（一社）日本建築学会のWRC規準に準じる）
③構造的に一体となっている部分ごとに、下式を満足する（構造計算ルート1）

$$\Sigma 2.5\alpha \cdot A_w + \Sigma 0.7\alpha \cdot A_c \geqq Z \cdot W \cdot A_i$$

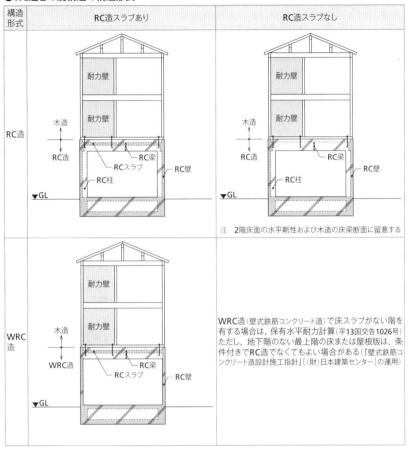

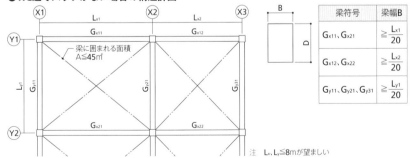

設計データ49 ● 混構造のA_i分布

❶解析モデル

①1階S造+2・3階木造の解析モデル

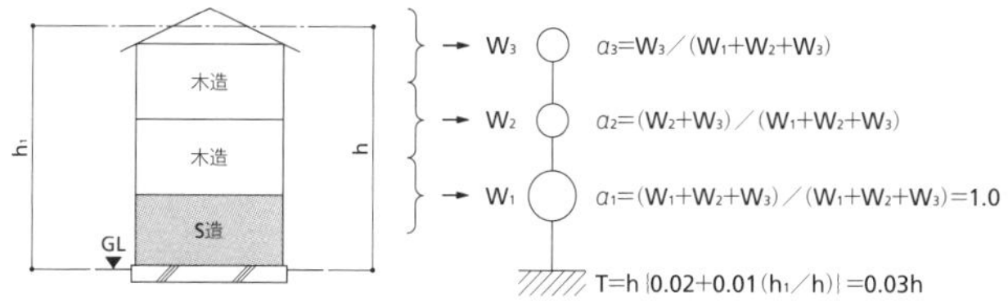

②1階RC造+2・3階木造の解析モデル

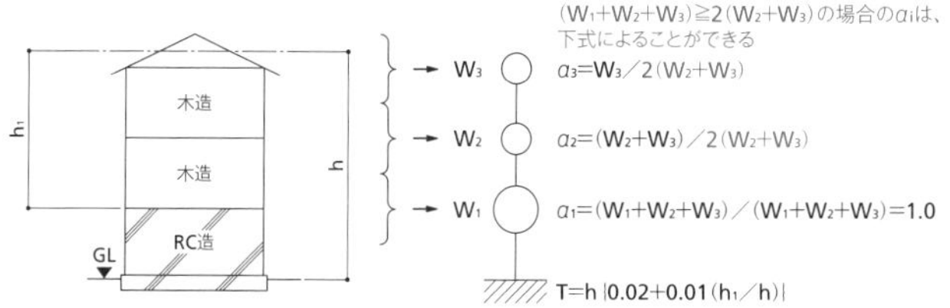

③1・2階RC造+3階木造の解析モデル

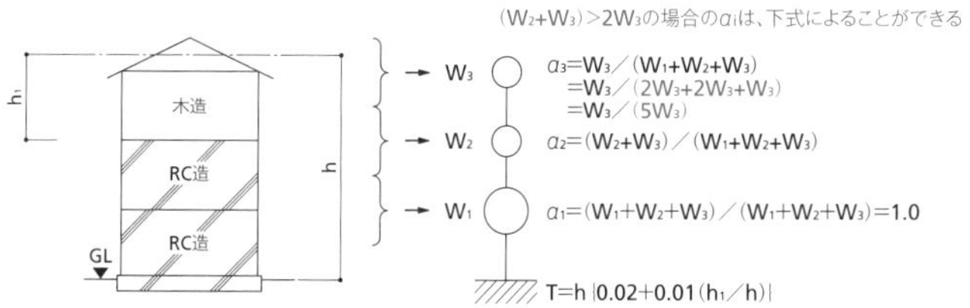

④地階の解析モデル

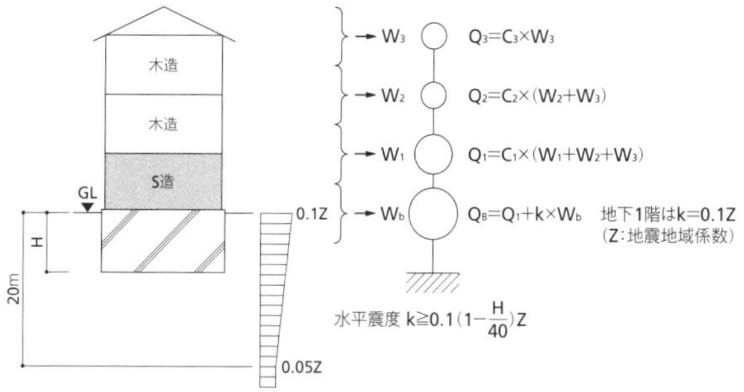

❷ルート判別用とT計算用の建物高さ

出典:『建築基準法改正に基づく構造設計Q&A集』
((社)日本建築士事務所協会連合会編)

敷地の地盤に傾斜などがある場合のルート判定に用いる高さは、平均地盤面からの高さをとる(令2条1項六号)。

1次固有周期については、地下階の階高の2/3以上がすべて地盤に接している場合、または地下部分の外周囲が図のように全周囲の75%以上地盤に接している場合はHをとる

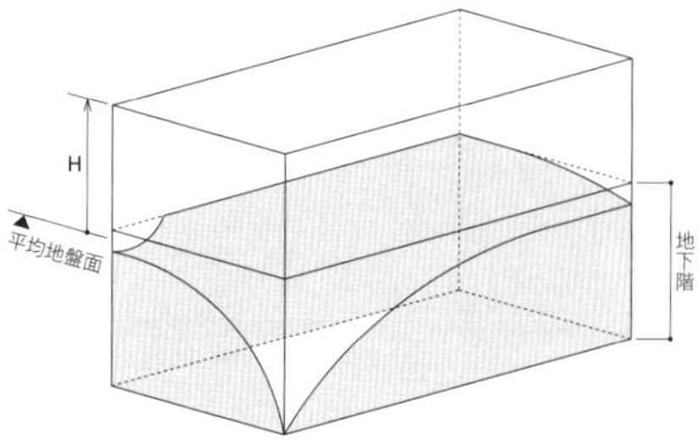

1 木材
2 荷重
3 地盤・基礎
4 軸組
5 耐力壁
6 水平構面
7 耐震診断
8 混構造
9 その他
10 使い方

設計データ 50 ● 異種構造部分との接合

❶ 異種構造との接合に用いる主な接合具

① 六角ボルト　② 座金付きボルト　③ L形ボルト　④ ガセットプレート

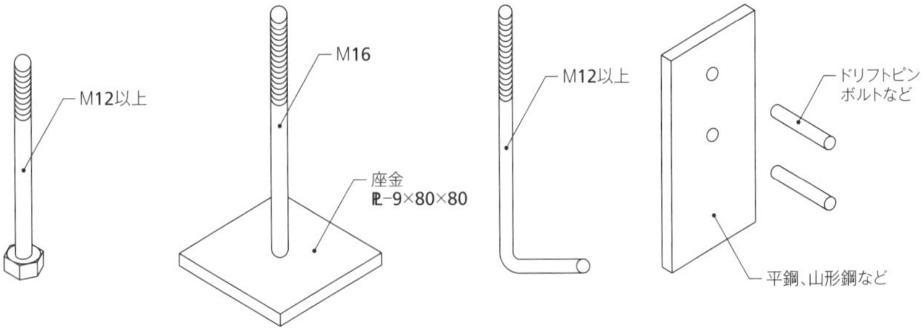

❷ S造部分との接合例

① 鉄骨梁に土台を緊結

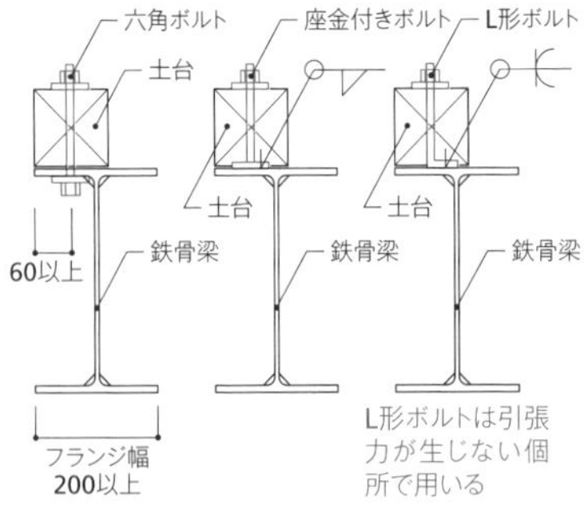

② 鉄骨梁に柱を緊結

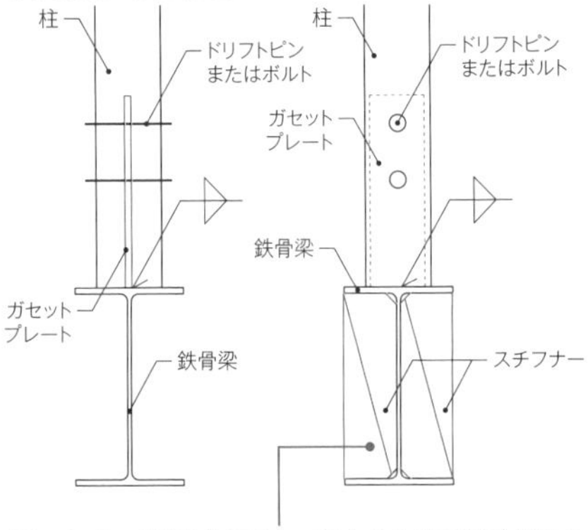

ガセットプレートは鉄骨梁のウェブ心に合わせて取り付けるのが望ましいが、直交する場合はスチフナーを設ける

③ 鉄骨梁・合成床に土台・柱を緊結

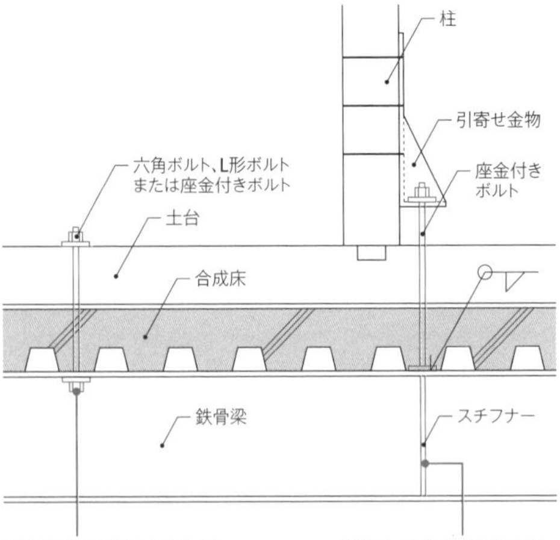

L形ボルトは引抜力の生じる個所には使用しない

引抜力の生じる個所には、スチフナーを設ける

④ RC造スラブに土台を緊結

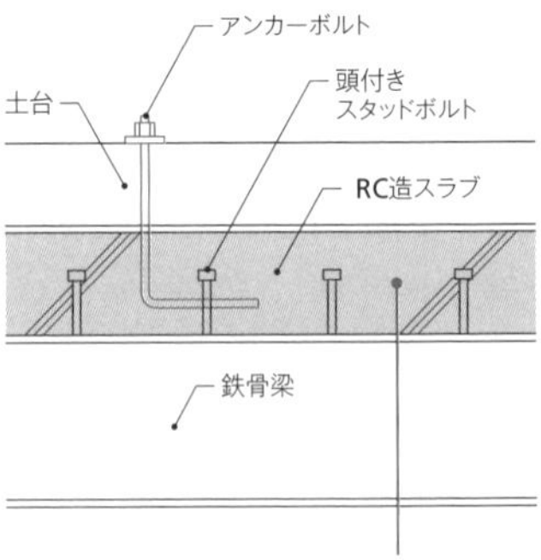

スラブ厚さを十分確保する

❸RC造部分との接合例

①大梁・小梁に土台を緊結

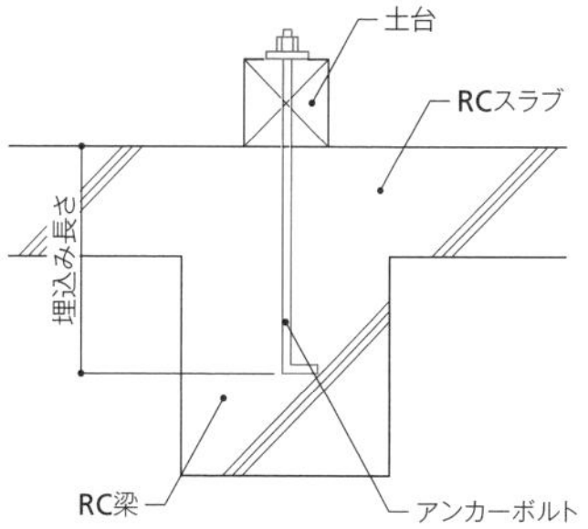

②立上がりに土台を緊結

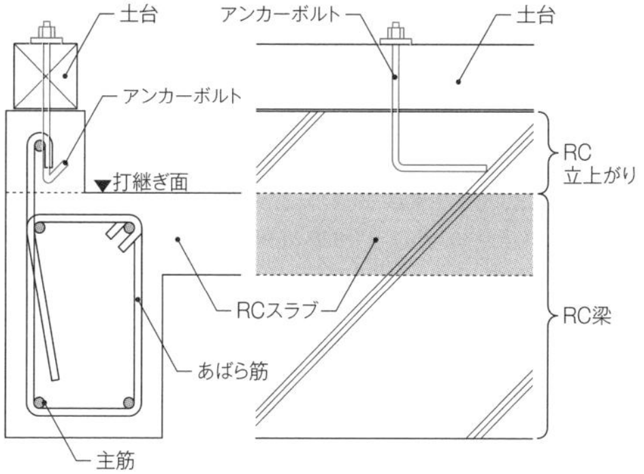

③スラブに土台を緊結

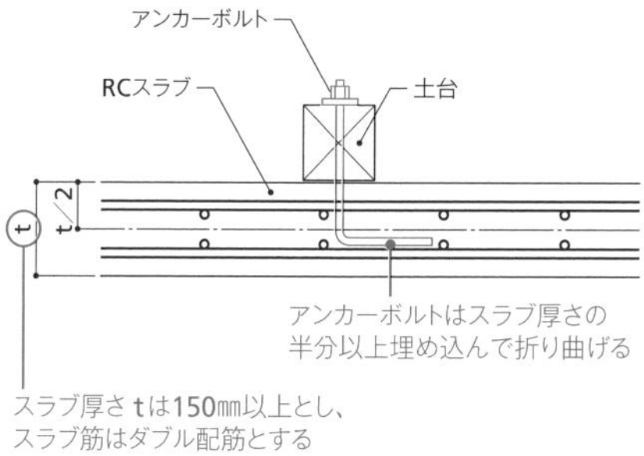

パンチングの検討における有効幅

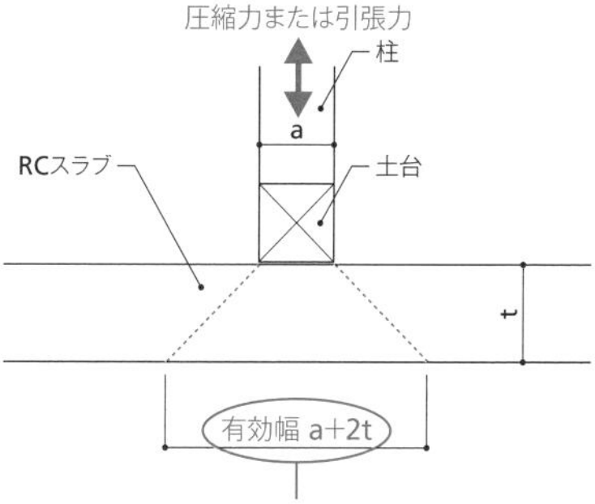

スラブに作用する局部荷重は、土台の側端から45°方向に広がりながら伝達する。したがって、パンチングシャー（押抜きせん断力）に対して抵抗するコンクリート断面の幅は、「土台幅 a+スラブ厚さ t×2」となる。曲げ補強筋はこの有効幅内に必要鉄筋を配置する

❹アンカーボルトの垂直埋込み長さが短い場合の検討

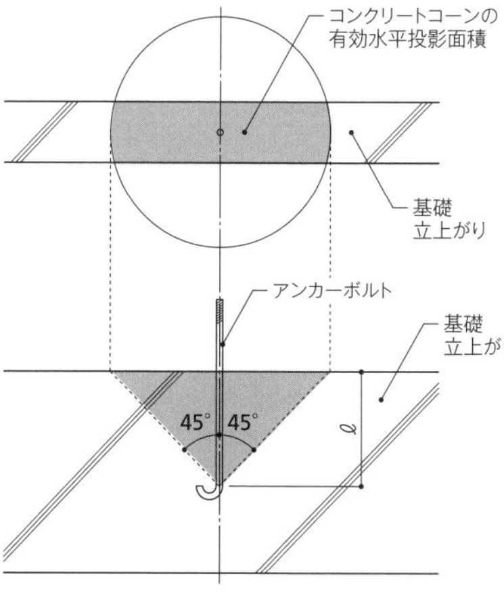

コンクリートの短期許容コーン破壊耐力

$T_a \leqq 0.6 \times A_c \times \sqrt{(9.8F_c/100)}$

T_a：アンカーボルトの短期引張耐力［N］

A_c：コンクリートのコーン状破壊面の有効投影面積［㎟］

F_c：コンクリートの設計基準強度［N/㎟］

出典：『各種合成構造設計指針・同解説』
（（社）日本建築学会）

9 その他

設計データ51 ● 単位換算表

❶長さ・面積・荷重など

m	尺	間	インチ	フィート	ヤード
1	3.3000	0.5500	39.370	3.2808	1.0936
0.3030	1	0.1667	11.930	0.9942	0.3314
1.8182	6.000	1	71.582	5.9652	1.9884
0.0254	0.0838	0.0140	1	0.0833	0.0278
0.3048	1.0058	0.1676	12.000	1	0.3333
0.9144	3.0175	0.5029	36.000	3.0000	1

1m=100㎝=1,000㎜
1間=6尺、1丈=10尺、1尺=10寸
1ヤード=3フィート、1フィート=12インチ、1マイル=1,760ヤード
1坪=36尺^2=3.3058㎡
1a=100㎡、1ha=100a、1㎢=100ha
1kgf=9.80665N、1tf=9.80665kN
1kgf/㎠=9.80665/100N/㎟
1N/㎟=0.1kN/㎠

❷SI単位

項目		従来単位	g=9.80665	SI単位
設計強度		kg/㎠	×g/100	N/㎟
許容応力度		kg/㎠	×g/100	N/㎟(=0.1kN/㎠)
弾性係数		t/㎠	×g	kN/㎠
荷重、重量		kg/㎡	×g	N/㎡
		kg	×g	N
		t	×g	kN
		t/m	×g	kN/m
		t/㎡	×g	kN/㎡
単位重量		t/㎥	×g	kN/㎥
		kg/㎥	×g	N/㎥
		kg/m	×g	N/m
応力 反力 耐力	曲げモーメント	t・m	×g	kN・m
	軸力	t	×g	kN
	せん断力	t	×g	kN
応力度		kg/㎠	×g/100	N/㎟(=MPa)
剛性		t/cm	×g	kN/cm
		t・m/rad	×g	kN・m/rad

設計データ 52 ● 木材の規格

❶JASによる構造用製材の標準寸法

① **角材**

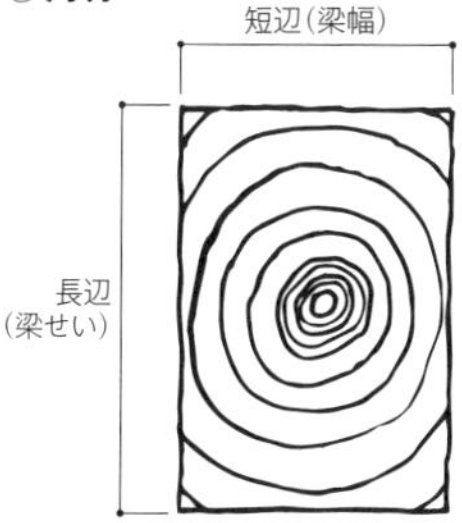

② **太鼓梁**（太鼓落し）

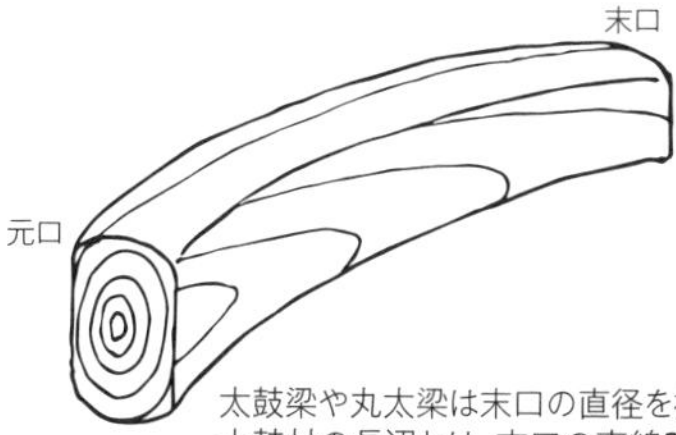

太鼓梁や丸太梁は末口の直径を指定する。
太鼓材の長辺とは、末口の直線2辺の短いほうとする

❷構造用製材の標準寸法（仕上げ材にあっては規定寸法）

［単位：㎜］

木口の短辺	木口の長辺																						
15									90		105	120											
18									90		105	120											
21									90		105	120											
24									90		105	120											
27			45		60		75		90		105	120											
30		39	45		60		75		90		105	120											
36	36	39	45		60	66	75		90		105	120											
39		39	45		60		75		90		105	120											
45			45	55	60		75		90		105	120											
60					60		75		90		105	120											
75							75		90		105	120											
80								80	90		105	120											
90									90		105	120	135	150	180		210	240	270	300	330	360	
100										100	105	120	135	150	180		210	240	270	300	330	360	390
105											105	120	135	150	180		210	240	270	300	330	360	390
120												120	135	150	180		210	240	270	300	330	360	390
135													135	150	180		210	240	270	300	330	360	390
150														150	180		210	240	270	300	330	360	390
180															180		210	240	270	300	330	360	390
200																200	210	240	270	300	330	360	390
210																	210	240	270	300	330	360	390
240																		240	270	300	330	360	390
270																			270	300	330	360	390
300																				300	330	360	390

構造用製材の表示寸法との許容誤差

［単位：㎜］

木口寸法			辺長<75	75≦辺長<105	105≦辺長
人工乾燥材	仕上げ材		−0〜+1.0	−0〜+1.5	−0〜+2.0
		SD15	−0.5〜+1.5	−0.5〜+2.0	−0.5〜+2.0
	未仕上げ材		−0〜+1.5	−0〜+2.0	−0〜+5.0
人工乾燥未処理材			−0〜+2.0	−0〜+3.0	−0〜+5.0

注　材長は−0以上とする（+制限はない）

❸枠組壁工法（2×4工法）構造用製材の寸法型式（JAS）

［単位：㎜］

寸法型式	未乾燥材（D>19%）の規定寸法		乾燥材（D≦19%）の規定寸法		備考
	厚さ	幅	厚さ	幅	
104	20	90	19	89	許容誤差：±1.5㎜
106	20	143	19	140	
203	40	65	38	64	
204	40	90	38	89	
205	40	117	38	114	
206	40	143	38	140	
208	40	190	38	184	
210	40	241	38	235	
212	40	292	38	286	
304	65	90	64	89	
306	65	143	64	140	
404	90	90	89	89	
405	90	143	89	140	
408	90	190	89	184	

注　枠組壁工法構造用製材とは、枠組壁工法建築物の構造耐力上主要な部分に使用する材面に調整を施した針葉樹の製材をいう

❹床根太の欠込み制限

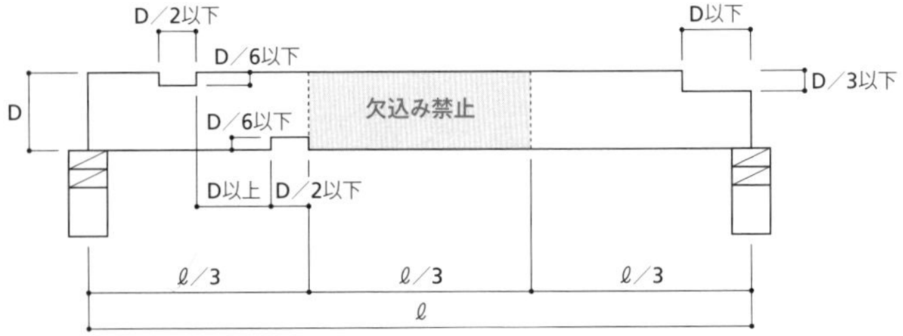

❺構造用合板の標準寸法と生産品目

①標準寸法

［単位：㎜］

	幅	長さ
寸法［㎜］	900	1,800
	900	1,818
	910	1,820
	910	2,130
	910	2,440
	910	2,730
	910	3,030
	955	1,820
	1,000	2,000
	1,220	2,440
	1,220	2,730
厚さ［㎜］	5.0、5.5、6.0、7.5、9.0、12.0、15.0、18.0、21.0、24.0、28.0、30.0、35.0	

出典：『構造用合板の手引き』（日本合板工業組合連合会）
注1　実付き合板：920㎜×1,820㎜、1,010㎜×2,000㎜
注2　縦継ぎ構造用合板
　9㎜厚：910㎜×2,430㎜、2,730㎜、3,030㎜、3,330㎜、3,630㎜
　12㎜厚：910㎜×2,730㎜、3,030㎜

②生産品目

屋根下地		9㎜、12㎜、15㎜、18㎜、24㎜、28㎜以上
壁下地		7.5㎜、9㎜、12㎜、24㎜
床下地	根太仕様	12㎜、15㎜、18㎜、21㎜
	根太省略仕様	24㎜、28㎜以上
その他		5㎜、5.5㎜、6㎜
等級		1級、2級
ホルムアルデヒド放散量		F☆☆☆☆、F☆☆☆
主な樹種		スギ、カラマツ、アカマツ、ヒノキ、トドマツ、ラーチ、ベイマツ、ラジアータパイン、ラワンなど

設計データ 53 ● 釘の規格

❶普通鉄丸くぎの形状と寸法(JIS A 5508：2009)

［単位：mm］

呼び	長さL		胴部径d		先端部の長さS	頭部径D		頭部角度θ(参考)
	寸法	許容差	寸法	許容差		寸法	許容差	
N19	19	±1.0	1.50	±0.05	1.2以上　3.0未満	3.6	±0.36	120°
N22	22	±1.5						
N25	25		1.70		1.4以上　3.4未満	4.0	±0.40	
N32	32	±2.0	1.90		1.5以上　3.8未満	4.5	±0.45	
N38	38		2.15	±0.06	1.7以上　4.3未満	5.1	±0.51	
N45	45	±2.5	2.45		2.0以上　4.9未満	5.8	±0.58	
N50	50		2.75		2.2以上　5.5未満	6.6	±0.66	
N65	65	±3.0	3.05	±0.08	2.4以上　6.1未満	7.3	±0.73	
N75	75	±3.5	3.40		2.7以上　6.8未満	7.9	±0.79	
N90［※］	90	±4.0	3.75		3.0以上　7.5未満	8.8	±0.88	
N100	100	±4.5	4.20	±0.10	3.4以上　8.4未満	9.8	±0.98	
N115	115	±5.0						
N125	125		4.60		3.7以上　9.2未満	10.3	±1.03	
N150	150		5.20		4.2以上　10.4未満	11.5	±1.15	

※　N90の頭部径は、2012年3月31日までは参考値としてもよい。ただし、その場合、呼びは"N90：2005"とする

a)鉄丸くぎの形状

頭部の形状	皿頭網目付き 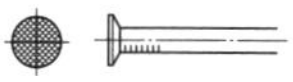
胴部および先端部の形状	スムース 

b)鉄丸くぎの寸法

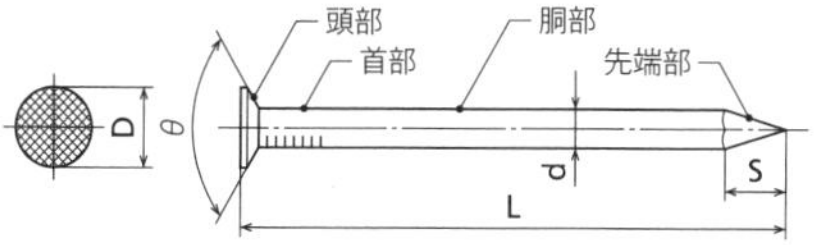

❷太め鉄丸くぎの形状と寸法(JIS A 5508：2009)

［単位：mm］

呼び	長さL		胴部径d		先端部の長さS	頭部径D		頭部厚さt(参考)
	寸法	許容差	寸法	許容差		寸法	許容差	
CN45	44.5	±1.6	2.51	±0.10	2.0以上　5.0未満	6.35	±0.64	1.1
CN50	50.8		2.87		2.3以上　5.7未満	6.76	±0.68	1.3
CN55	57.2							
CN65	63.5		3.33		2.7以上　6.7未満	7.14	±0.71	1.5
CN70	69.9	±2.4						
CN75	76.2		3.76		3.0以上　7.5未満	7.92	±0.79	1.7
CN85	82.6							
CN90	88.9		4.11		3.3以上　8.2未満	8.74	±0.87	1.9
CN100	101.6		4.88		3.9以上　9.8未満	10.31	±1.03	2.2

a)太め鉄丸くぎの形状

頭部の形状	平頭フラット 
胴部および先端部の形状	スムース 

b)太め鉄丸くぎの寸法

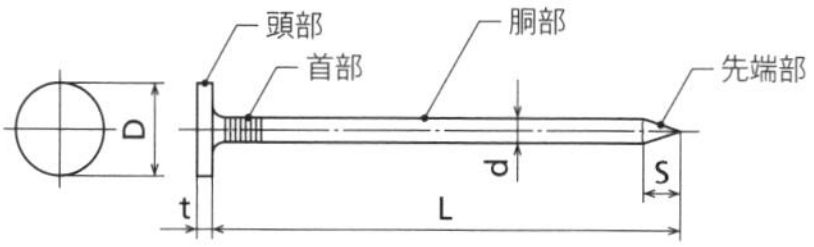

❸板に対する釘配置等の最小間隔（d：釘径[㎝]）

加力が繊維方向の場合	加力方向	釘間隔	12d	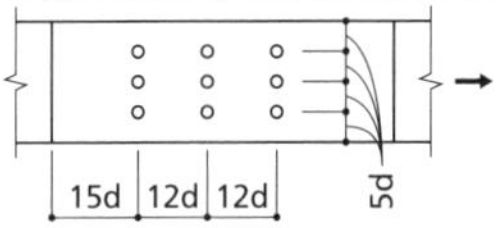
		釘側圧縮の作用する側の端距離	15d	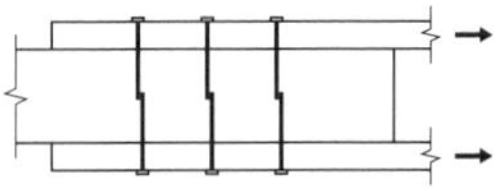
	加力に直角方向	釘列間隔	5d	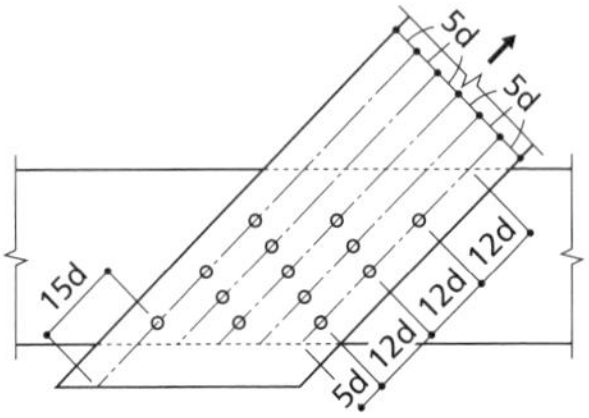
		縁距離	5d	
加力が繊維に直角方向の場合	加力方向	釘間隔	8d	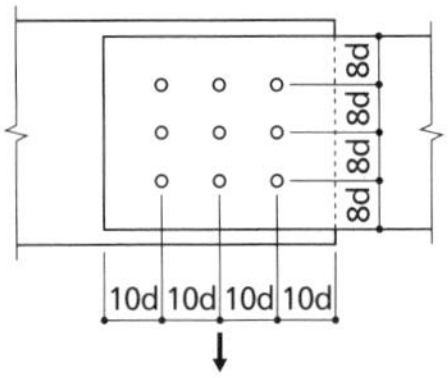
		縁距離	8d	
	加力に直角方向	同一繊維上釘間隔	10d	
		端距離	10d	

出典：『木質構造設計規準・同解説（2002年版）』（（社）日本建築学会）

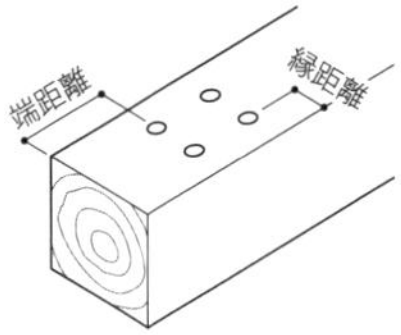

設計データ 54 ● ボルトの許容せん断耐力を求める計算図表

下図における接合形式A1～Eに対応する耐力図において、中央主材厚（木材に座金彫りのある場合は、有効材厚）とボルト径の比 ℓ/d および主材の樹種グループに対応する P_a/d^2 の値を読み、これよりボルトの長期許容耐力 P_a を求める。なお、木材を側材とする接合形式で、側材厚と主材厚の比 α が0.5と1の間にある場合はA1とA2の耐力図の中間値を、α が1を超える場合はA2の耐力図の値を用いてよい。また、β の値は側材と主材の基準支圧強度の比で、ここでは $\beta=1$（繊維方向）および $\beta=3$（繊維直角方向）の値を示している。

ボルトの短期許容耐力は長期許容耐力の2倍とする。

❶ せん断を受けるボルト接合部の接合形式

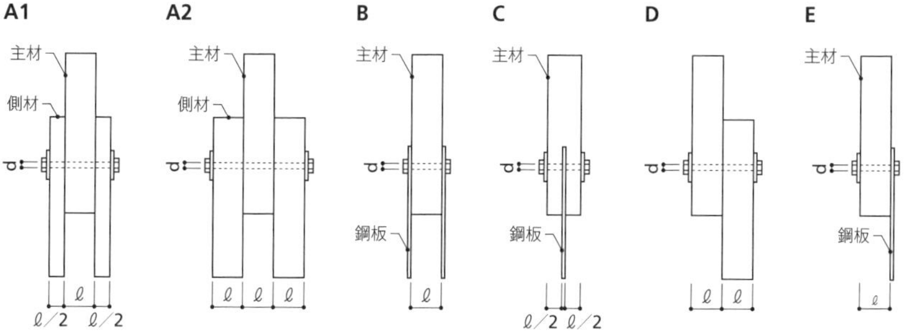

❷ せん断を受けるボルトの配置

距離・間隔	加力方向		
	繊維方向	繊維に直角方向	中間角度
s	7d以上	3d（ℓ／d=2） 3d～5d（2≦ℓ／d<6） 5d以上（ℓ／d≧6）	角度に応じて繊維方向と繊維に直角方向の値の中間値をとる
r	3d以上	4d以上	
e_1	7d以上（荷重負担側） 4d以上（荷重非負担側）	7d以上	
e_2	1.5d以上 ℓ／d>6のときは1.5d以上かつr／2以上	4d以上（荷重負担側） 1.5d以上（荷重非負担側） ただし、（6.2）式［本書では略］による検討を行う	

注　d：ボルト径　　ℓ：主材厚

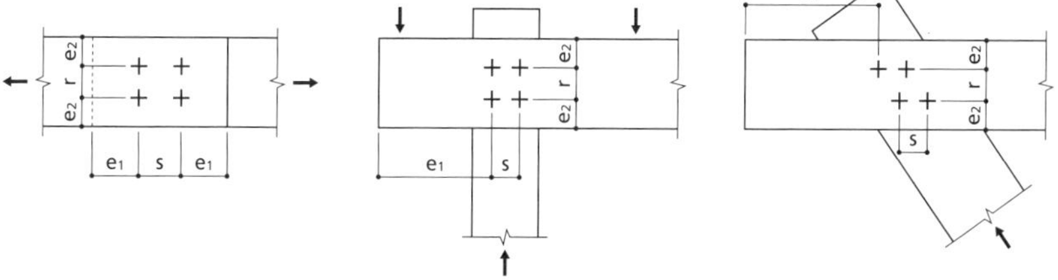

❸ 接合部の設計における基準比重および基準支圧強度と対応樹種グループ

グループ	対応する樹種グループ	比重		基準支圧強度［N／㎟］	
		平均値	下限値	繊維方向	繊維直角方向
J1	ベイマツ、クロマツ、アカマツ、カラマツ、ツガ	0.50	0.42	22.2	9.0
J2	ベイヒ、ベイツガ、ヒバ、ヒノキ、モミ	0.44	0.37	20.0	7.8
J3	トドマツ、エゾマツ、ベニマツ、スプルース、スギ、ベイスギ	0.38	0.32	17.7	6.0

171～174頁図表　出典：『木質構造設計規準・同解説（2002年版）』（（社）日本建築学会）

❹ボルト接合部の許容せん断耐力[接合形式A1、繊維方向加力、長期]

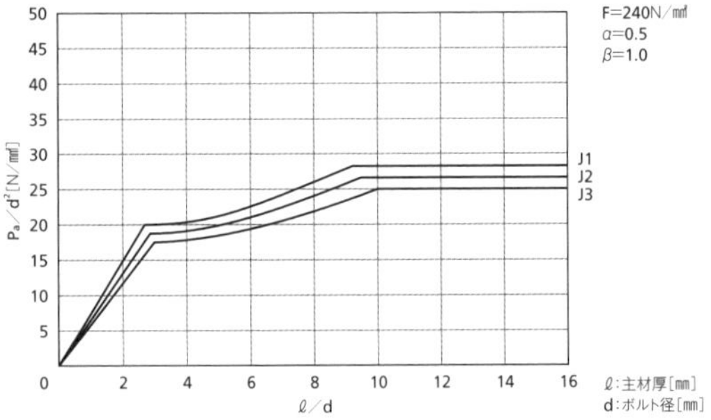

❺ボルト接合部の許容せん断耐力[接合形式A2、繊維方向加力、長期]

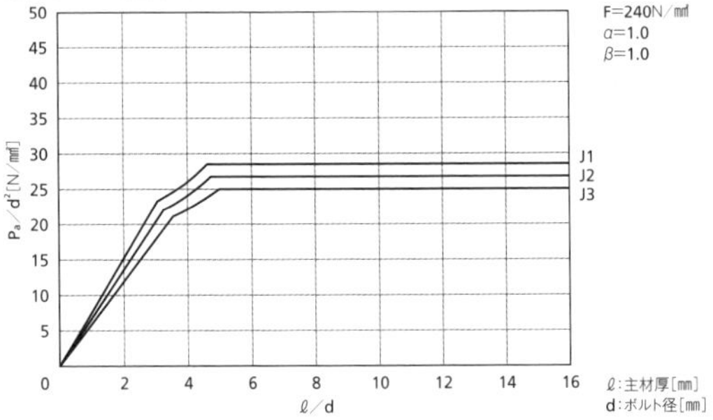

❻ボルト接合部の許容せん断耐力[接合形式B、繊維方向加力、長期]

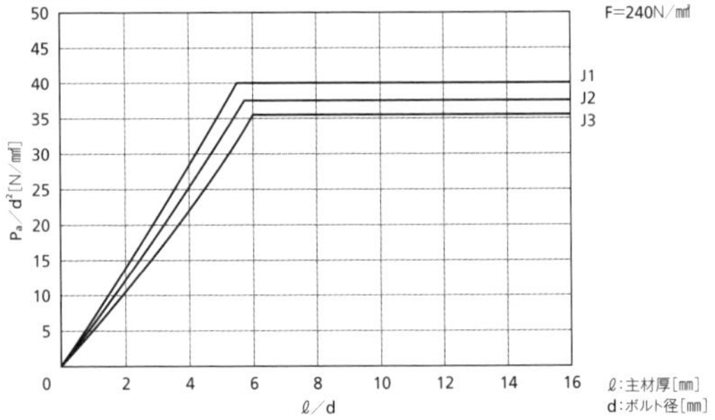

❼ボルト接合部の許容せん断耐力[接合形式C、繊維方向加力、長期]

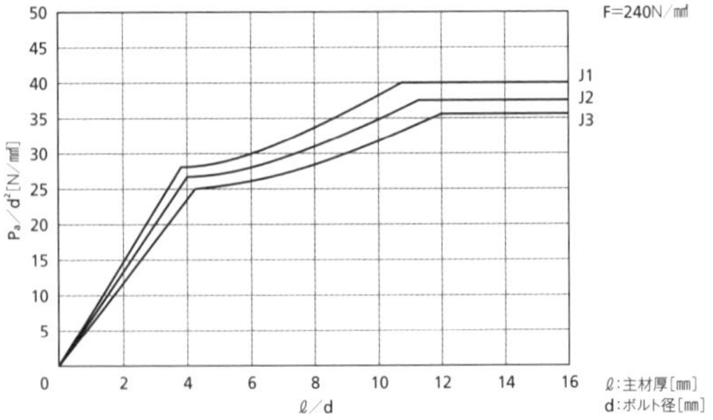

❽ボルト接合部の許容せん断耐力[接合形式D、繊維方向加力、長期]

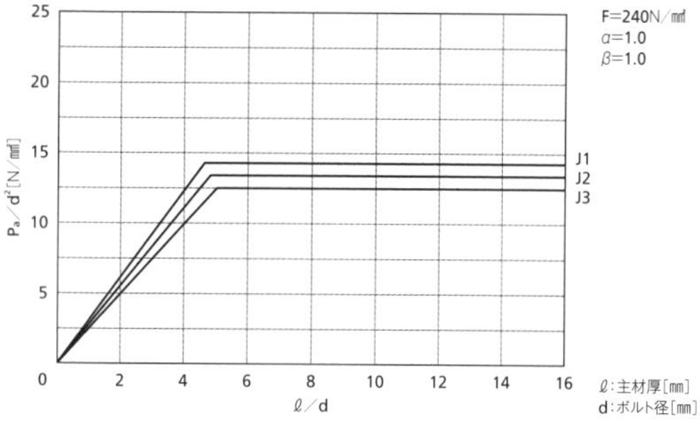

❾ボルト接合部の許容せん断耐力[接合形式E、繊維方向加力、長期]

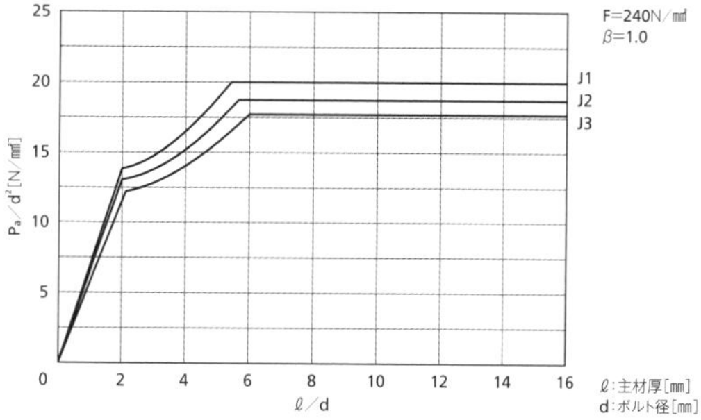

❿ボルト接合部の許容せん断耐力[接合形式A1、繊維直角方向加力、長期]

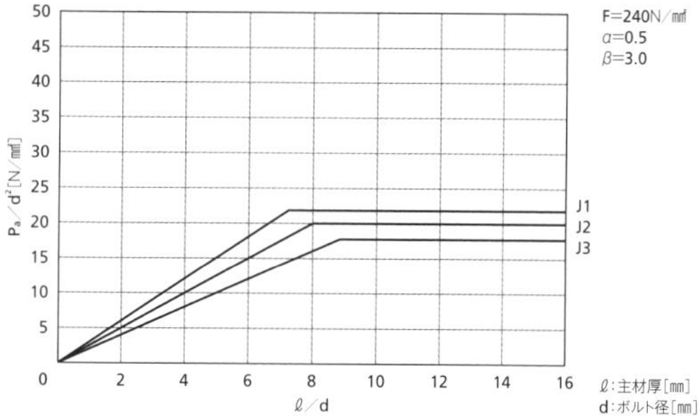

⓫ボルト接合部の許容せん断耐力[接合形式A2、繊維直角方向加力、長期]

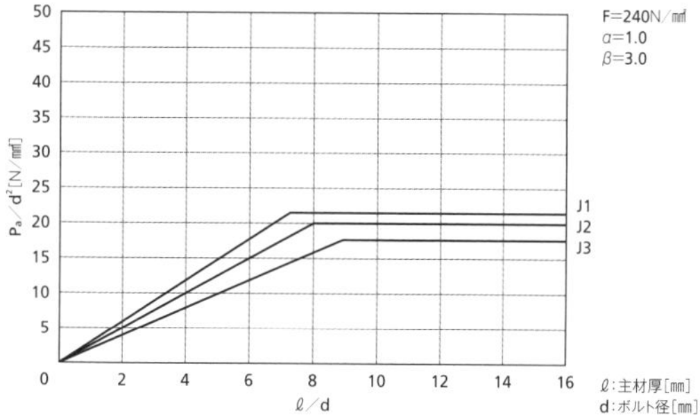

⑫ボルト接合部の許容せん断耐力[接合形式B、繊維直角方向加力、長期]

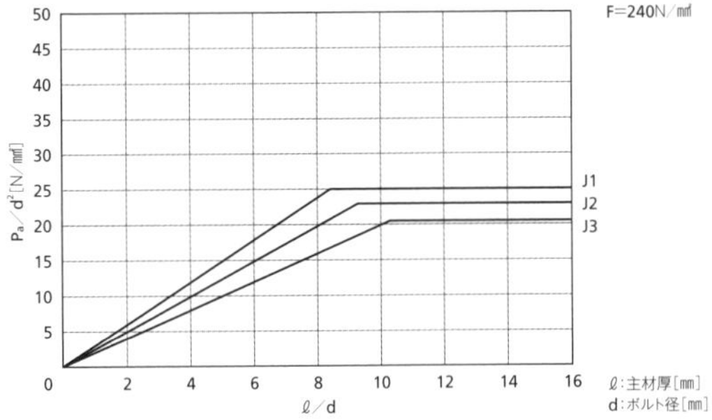

⑬ボルト接合部の許容せん断耐力[接合形式C、繊維直角方向加力、長期]

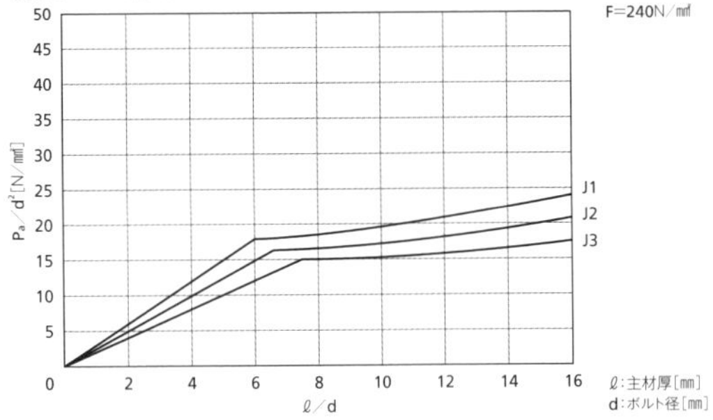

⑭ボルト接合部の許容せん断耐力[接合形式D、繊維直角方向加力、長期]

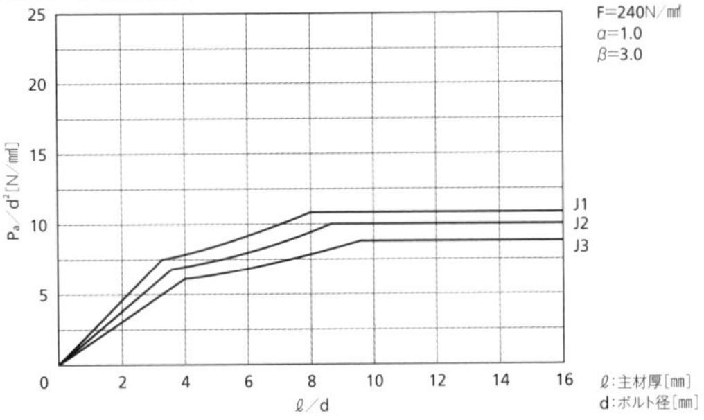

⑮ボルト接合部の許容せん断耐力[接合形式E、繊維直角方向加力、長期]

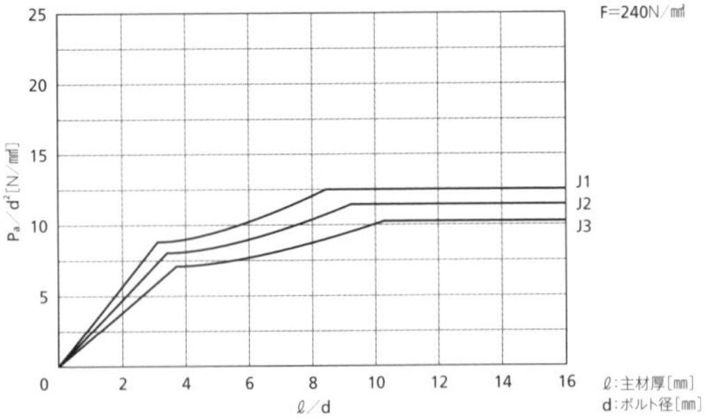

設計データ 55 ● 鋼材の規格

❶鋼材の定数

材料	ヤング係数[N／㎟]	せん断弾性係数[N／㎟]	ポアソン比	線膨張係数[1／℃]
鋼・鋳鋼・鍛鋼	2.05×10^{5}	0.79×10^{5}	0.3	1.2×10^{-5}

❷400N／㎟鋼材の許容応力度(F=235N／㎟、t≦40㎜)

［単位：N／㎟］

板厚 t ［㎜］	基準強度 F ［N／㎟］	長期許容応力度				短期許容応力度			
		圧縮 F／1.5	引張 F／1.5	曲げ F／1.5	せん断 $F/1.5\sqrt{3}$	圧縮 F	引張 F	曲げ F	せん断 $F/\sqrt{3}$
40以下	235	156	156	156	90	235	235	235	135

❸400N／㎟鋼材(F=235N／㎟、t≦40㎜)の長期許容圧縮応力度 f_c

［単位：N／㎟］

細長比 λ_c	0	1	2	3	4	5	6	7	8	9
0	156.9	156.7	156.6	156.6	156.5	156.4	156.3	156.2	156.1	155.9
10	155.7	155.6	155.3	155.1	154.9	154.6	154.3	154.0	153.7	153.4
20	153.0	152.7	152.3	151.9	151.4	151.0	150.6	150.1	149.6	149.1
30	148.6	148.1	147.5	147.0	146.4	145.8	145.2	144.6	143.9	143.3
40	142.6	141.9	141.2	140.5	139.8	139.1	138.4	137.6	136.8	136.1
50	135.3	134.5	133.7	132.8	132.0	131.2	130.3	129.5	128.6	127.7
60	126.8	125.9	125.0	124.1	123.2	122.2	121.3	120.3	119.4	118.4
70	117.4	116.5	115.5	114.5	113.5	112.5	111.5	110.5	109.5	108.4
80	107.4	106.4	105.4	104.3	103.3	102.2	101.2	100.1	99.1	98.0
90	97.0	95.9	94.8	93.8	92.7	91.6	90.6	89.5	88.4	87.3
100	86.3	85.2	84.1	83.0	82.0	80.9	79.8	78.7	77.7	76.6
110	75.5	74.4	73.4	72.3	71.2	70.2	69.1	68.0	67.0	65.9
120	64.9	63.8	62.8	61.7	60.7	59.8	58.8	57.9	57.0	56.1
130	55.3	54.4	53.6	52.8	52.0	51.3	50.5	49.8	49.0	48.3
140	47.7	47.0	46.3	45.7	45.0	44.4	43.8	43.2	42.6	42.1
150	41.5	41.0	40.4	39.9	39.4	38.9	38.4	37.9	37.4	36.9
160	36.5	36.0	35.6	35.2	34.7	34.3	33.9	33.5	33.1	32.7
170	32.3	31.9	31.6	31.2	30.9	30.5	30.2	29.8	29.5	29.2
180	28.8	28.5	28.2	27.9	27.6	27.3	27.0	26.7	26.4	26.1
190	25.9	25.6	25.3	25.1	24.8	24.6	24.3	24.1	23.8	23.6
200	23.4	23.1	22.9	22.7	22.4	22.2	22.0	21.8	21.6	21.4
210	21.2	21.0	20.8	20.6	20.4	20.2	20.0	19.8	19.7	19.5
220	19.3	19.1	19.0	18.8	18.6	18.5	18.3	18.1	18.0	17.8
230	17.7	17.5	17.4	17.2	17.1	16.9	16.8	16.6	16.5	16.4
240	16.2	16.1	15.9	15.8	15.7	15.6	15.4	15.3	15.2	15.1
250	14.9	—	—	—	—	—	—	—	—	—

注　設計データ❸〜⓮に掲載した数値は、下記文献を参考にしている。
・設計データ❸〜⓭：『建設用資材ハンドブック』(新日鉄住金)
・設計データ⓮：『フルブレースカタログ』(フルサト工業)
なお、鋼材の規格は変更になることがある。また、メーカーによっても異なるので、実施設計にあたっては、最新のカタログを取り寄せるようにすること

❹400N/㎟鋼材(F=235N/㎟、t≦40㎜)の長期許容曲げ応力度 f_b

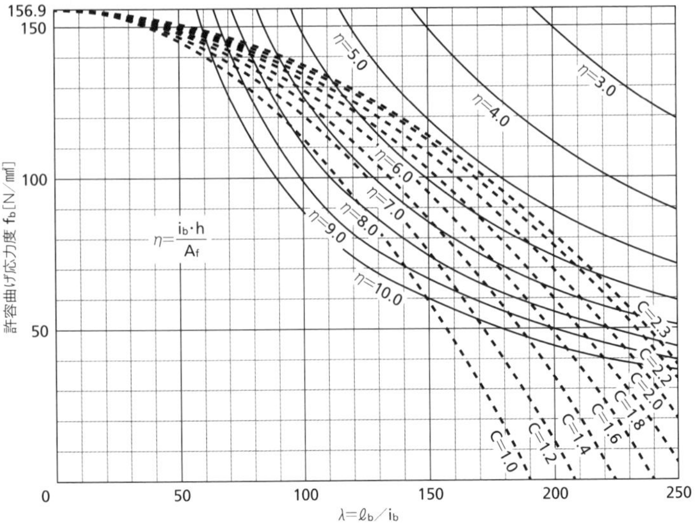

❺H形鋼の断面性能

①広幅系列(抜粋)

呼称寸法(高さ×辺)[mm]	寸法[mm]					断面積[㎠]	単位質量[kg/m]	断面2次モーメント[cm^4]		断面2次半径[cm]		断面係数[cm^3]		横座屈用断面2次半径 i [cm]	$\eta = \dfrac{i \cdot A}{B \cdot t_2}$
	A	B	t_1	t_2	r			I_x	I_y	i_x	i_y	Z_x	Z_y		
100×100	100	100	6	8	8	21.59	16.9	378	134	4.18	2.49	75.6	26.7	2.75	3.44
125×125	125	125	6.5	9	8	30.00	23.6	839	293	5.29	3.13	134	46.9	3.45	3.84
150×150	150	150	7	10	8	39.65	31.1	1,620	563	6.70	3.77	216	75.1	4.15	4.15
175×175	175	175	7.5	11	13	51.43	40.4	2,900	984	7.50	4.37	331	112	4.80	4.36
200×200	200	200	8	12	13	63.53	49.9	4,720	1,600	8.62	5.02	472	160	5.50	4.59
250×250	250	250	9	14	13	91.43	71.8	10,700	3,650	10.8	6.32	860	292	6.91	4.93
300×300	300	300	10	15	13	118.5	93.0	20,200	6,750	13.1	7.55	1,350	450	8.28	5.52

②中幅系列(抜粋)

呼称寸法(高さ×辺)[mm]	寸法[mm]					断面積[㎠]	単位質量[kg/m]	断面2次モーメント[cm^4]		断面2次半径[cm]		断面係数[cm^3]		横座屈用断面2次半径 i [cm]	$\eta = \dfrac{i \cdot A}{B \cdot t_2}$
	A	B	t_1	t_2	r			I_x	I_y	i_x	i_y	Z_x	Z_y		
150×100	148	100	6	9	8	26.35	20.7	1,000	150	6.17	2.39	135	30.1	2.71	4.46
200×150	194	150	6	9	8	38.11	29.9	2,630	507	8.30	3.65	271	67.6	4.09	5.87
250×175	244	175	7	11	13	55.49	43.6	6,040	984	10.4	4.21	495	112	4.72	5.99
300×200	294	200	8	12	13	71.05	55.8	11,100	1,600	12.5	4.75	756	160	5.38	6.59
350×250	340	250	9	14	13	99.53	78.1	21,200	3,650	14.6	6.05	1,250	292	6.79	6.60

③細幅系列（抜粋）

呼称寸法（高さ×辺）[mm]	寸法[mm]					断面積[cm²]	単位質量[kg/m]	断面2次モーメント[cm⁴]		断面2次半径[cm]		断面係数[cm³]		横座屈用断面2次半径 i [cm]	$\eta=\frac{i\cdot A}{B\cdot t_2}$
	A	B	t_1	t_2	r			I_x	I_y	i_x	i_y	Z_x	Z_y		
150×75	150	75	5	7	8	17.85	14.0	666	49.5	6.11	1.60	88.8	13.2	1.96	5.60
175×90	175	90	5	8	8	22.90	18.0	1,210	97.5	7.26	2.06	138	21.7	2.39	5.81
200×100	200	100	5.5	8	8	26.67	20.9	1,810	134	8.23	2.24	181	26.7	2.63	6.57
250×125	250	125	6	9	8	36.97	29.0	3,960	294	10.4	2.82	317	47.0	3.30	7.33
300×150	300	150	6.5	9	13	46.78	36.7	7,210	508	12.4	3.29	481	67.7	3.87	8.61
350×175	350	175	7	11	13	62.91	49.4	13,500	984	14.6	3.96	771	112	4.60	8.35

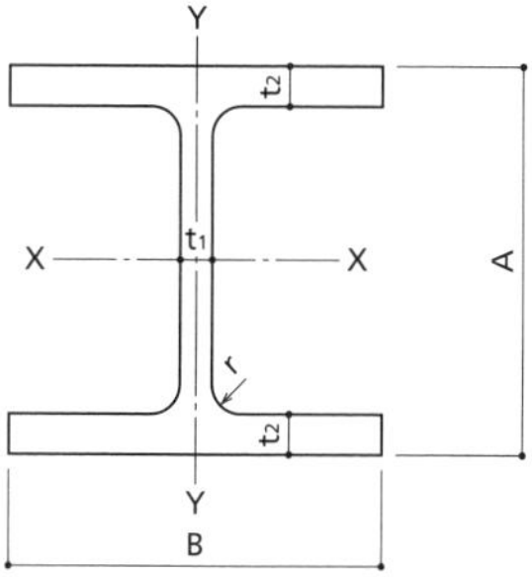

❻等辺山形鋼の断面性能

寸法[mm] A×B×t	断面積[cm²]	単位質量[kg/m]	重心位置[cm]	断面2次モーメント[cm⁴]			断面2次半径[cm]			断面係数[cm³]
			$C_x=C_y$	$I_x=I_y$	最大 I_u	最小 I_v	$i_x=i_y$	最大 i_u	最小 i_v	$Z_x=Z_y$
20×20×3	1.127	0.885	0.60	0.39	0.61	0.16	0.59	0.74	0.38	0.28
25×25×3	1.427	1.12	0.72	0.80	1.26	0.33	0.75	0.94	0.48	0.45
30×30×3	1.727	1.36	0.84	1.42	2.26	0.59	0.91	1.14	0.59	0.66
30×30×5	2.746	2.16	0.92	2.14	3.37	0.90	0.88	1.11	0.57	1.03
40×40×3	2.336	1.83	1.09	3.53	5.60	1.46	1.23	1.55	0.79	1.21
40×40×5	3.755	2.95	1.17	5.42	8.59	2.25	1.20	1.51	0.77	1.91
45×45×4	3.492	2.74	1.24	6.50	10.3	2.70	1.36	1.72	0.88	2.00
50×50×4	3.892	3.06	1.37	9.06	14.4	3.76	1.53	1.92	0.98	2.49
50×50×5	4.802	3.77	1.41	11.1	17.5	4.58	1.52	1.91	0.97	3.08
50×50×6	5.644	4.43	1.44	12.6	20.0	5.23	1.50	1.88	0.96	3.55
60×60×4	4.692	3.68	1.61	16.0	25.4	6.62	1.85	2.33	1.19	3.66
60×60×5	5.802	4.55	1.66	19.6	31.2	8.09	1.84	2.32	1.18	4.52
60×60×6	6.862	5.41	1.70	23.0	36.6	9.51	1.83	2.30	1.17	5.36
65×65×6	7.527	5.91	1.81	29.4	46.6	12.2	1.98	2.49	1.27	6.26
65×65×8	9.761	7.66	1.88	36.8	58.3	15.3	1.94	2.44	1.25	7.96
70×70×5	6.837	5.37	1.89	31.5	49.9	13.0	2.15	2.70	1.38	6.61
70×70×6	8.127	6.38	1.93	37.1	58.9	15.3	2.14	2.69	1.37	7.33
75×75×5	7.337	5.76	2.01	39.0	61.9	16.2	2.31	2.90	1.48	7.11
75×75×6	8.727	6.85	2.06	46.1	73.2	19.0	2.30	2.90	1.48	8.47
75×75×9	12.69	9.96	2.17	64.4	102	26.7	2.25	2.84	1.45	12.1
75×75×12	16.56	13.0	2.29	81.9	129	34.5	2.22	2.79	1.44	15.7
80×80×6	9.327	7.32	2.18	56.4	89.6	23.2	2.46	3.10	1.58	9.70
90×90×6	10.55	8.28	2.42	80.7	128	33.4	2.77	3.48	1.78	12.3
90×90×7	12.22	9.59	2.46	93.0	148	38.3	2.76	3.48	1.77	14.2

❻ 等辺山形鋼の断面性能（続き）

寸法[mm] A×B×t	断面積 [cm^2]	単位質量 [kg/m]	重心位置 [cm]	断面2次モーメント [cm^4]			断面2次半径 [cm]			断面係数 [cm^3]
			$C_x=C_y$	$I_x=I_y$	最大 I_u	最小 I_v	$i_x=i_y$	最大 i_u	最小 i_v	$Z_x=Z_y$
90×90×8	13.82	11.0	2.50	102	165	39.7	2.72	3.46	1.69	15.7
90×90×10	17.00	13.3	2.57	125	199	51.7	2.71	3.42	1.74	19.5
90×90×13	21.71	17.0	2.69	156	248	65.3	2.68	3.38	1.73	24.8
100×100×6	11.75	9.22	2.66	112	178	46.3	3.09	3.89	1.98	15.3
100×100×7	13.62	10.7	2.71	129	205	53.2	3.08	3.88	1.98	17.7
100×100×8	15.42	12.2	2.75	145	230	59.3	3.07	3.86	1.96	20.0
100×100×10	19.00	14.9	2.82	175	278	72.0	3.04	3.83	1.95	24.4
100×100×13	24.31	19.1	2.94	220	348	91.1	3.00	3.78	1.94	31.1
120×120×8	18.76	14.7	3.24	258	410	106	3.71	4.67	2.38	29.5
130×130×9	22.74	17.9	3.53	366	583	150	4.01	5.06	2.57	38.7
130×130×10	25.15	19.7	3.57	403	641	165	4.00	5.05	2.56	42.8
130×130×12	29.76	23.4	3.64	467	743	192	3.96	5.00	2.54	49.9
130×130×15	36.75	28.8	3.76	568	902	234	3.93	4.95	2.53	61.5
150×150×10	29.21	22.9	4.05	627	997	258	4.63	5.84	2.97	57.3
150×150×12	34.77	27.3	4.14	740	1,180	304	4.61	5.82	2.96	68.1
150×150×15	42.74	33.6	4.24	888	1,410	365	4.56	5.75	2.92	82.6
150×150×19	53.38	41.9	4.40	1,090	1,730	451	4.52	5.69	2.91	103

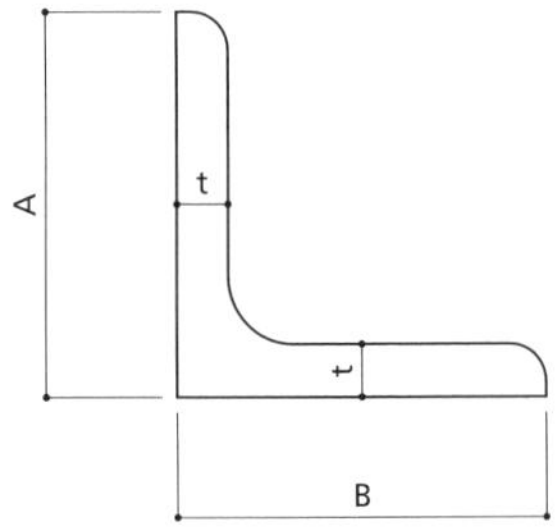

❼ 不等辺山形鋼の断面性能

寸法[mm] A×B×t	断面積 [cm^2]	単位質量 [kg/m]	重心位置 [cm]		断面2次モーメント [cm^4]				断面2次半径 [cm]				tan α	断面係数 [cm^3]	
			C_x	C_y	I_x	I_y	最大 I_u	最小 I_v	i_x	i_y	最大 i_u	最小 i_v		Z_x	Z_y
90×75×6	9.63	7.56	2.63	1.89	77	48.6	101	34.2	2.88	2.25	3.24	1.59	0.680	12.1	8.7
90×75×9	14.04	11.0	2.75	2.00	109	68.1	143	34.1	2.78	2.20	3.19	1.56	0.676	17.4	12.4
90×75×12	18.36	14.4	2.86	2.12	139	86.7	182	44.0	2.75	2.17	3.14	1.55	0.671	22.6	16.1
100×75×7	11.87	9.32	3.06	1.83	118	56.9	144	30.8	3.15	2.19	3.49	1.61	0.548	17.0	10.0
100×75×10	16.50	13.0	3.17	1.94	159	76.1	194	41.3	3.11	2.15	3.43	1.58	0.543	23.3	13.7
100×75×13	21.06	16.5	3.30	2.06	199	94.7	242	52.2	3.08	2.12	3.39	1.57	0.537	29.7	17.4
125×75×7	13.62	10.7	4.10	1.64	219	60.4	243	36.4	4.01	2.11	4.23	1.64	0.362	26.1	10.3
125×75×10	19.00	14.9	4.22	1.75	299	80.8	330	49.0	3.96	2.06	4.17	1.61	0.357	36.1	14.1
125×75×13	24.31	19.1	4.35	1.87	376	101	415	61.9	3.93	2.04	4.13	1.60	0.352	46.1	17.9
125×90×7	14.67	11.5	3.83	2.11	233	102	279	56.3	3.99	2.64	4.36	1.96	0.509	26.9	14.8
125×90×9	18.54	14.6	3.91	2.18	289	126	345	69.2	3.95	2.60	4.32	1.93	0.505	33.6	18.4
125×90×10	20.50	16.1	3.95	2.22	318	138	380	76.2	3.94	2.59	4.30	1.93	0.505	37.2	20.3
125×90×13	26.26	20.6	4.07	2.34	401	173	477	96.3	3.91	2.57	4.26	1.91	0.501	47.5	25.9
150×90×9	20.94	16.4	4.95	1.99	485	133	537	80.4	4.81	2.52	5.06	1.96	0.361	48.2	19.0

寸法[mm] A×B×t	断面積 [㎠]	単位質量 [kg/m]	重心位置 [cm]		断面2次モーメント [cm^4]				断面2次半径 [cm]				tan α	断面係数 [cm^3]	
			C_x	C_y	I_x	I_y	最大 I_u	最小 I_v	i_x	i_y	最大 i_u	最小 i_v		Z_x	Z_y
150×90×12	27.36	21.5	5.07	2.10	619	167	685	102	4.76	2.47	5.00	1.93	0.357	62.3	24.3
150×90×15	33.75	26.5	5.19	2.22	753	202	331	124	4.72	2.45	5.96	1.91	0.353	76.8	29.8
150×100×9	21.84	17.1	4.76	2.30	502	181	579	104	4.79	2.88	5.15	2.18	0.439	49.1	23.5
150×100×12	28.56	22.4	4.88	2.41	642	228	738	132	4.74	2.83	5.09	2.15	0.435	63.4	30.1
150×100×15	35.25	27.7	5.00	2.53	782	276	897	161	4.71	2.80	5.04	2.14	0.431	78.2	37.0

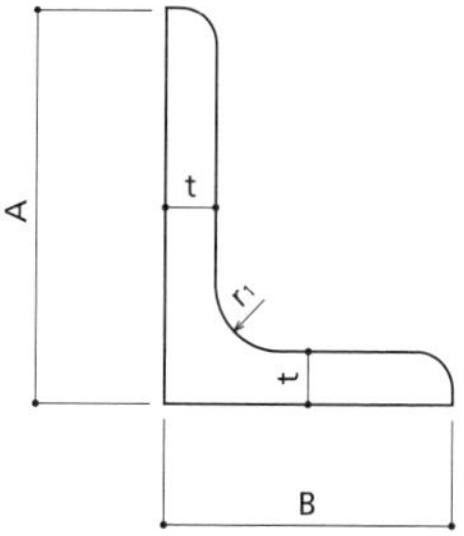

❽ 溝形鋼の断面性能

寸法[mm] A×B×t_1×t_2	断面積 [㎠]	単位質量 [kg/m]	重心位置 [cm] C_y	断面2次モーメント [cm^4]		断面2次半径 [cm]		断面係数 [cm^3]	
				I_x	I_y	i_x	i_y	Z_x	Z_y
75×40×5×7	8.818	6.92	1.28	75.3	12.2	2.92	1.17	20.1	4.47
100×50×5×7.5	11.92	9.36	1.54	188	26.0	3.97	1.48	37.6	7.52
125×65×6×8	17.11	13.4	1.90	424	61.8	4.98	1.90	67.8	13.4
150×75×6.5×10	23.71	18.6	2.28	861	117	6.03	2.22	115	22.4
150×75×9×12.5	30.59	24.0	2.31	1,050	147	5.86	2.19	140	28.3
180×75×7×10.5	27.20	21.4	2.13	1,380	131	7.12	2.19	153	24.3
200×80×7.5×11	31.33	24.6	2.21	1,950	168	7.88	2.32	195	29.1
200×90×8×13.5	38.65	30.3	2.74	2,490	277	8.02	2.68	249	44.2
250×90×9×13	44.07	34.6	2.40	4,180	294	9.74	2.58	334	44.5
250×90×11×14.5	51.17	40.2	2.40	4,680	329	9.56	2.54	374	49.9
300×90×9×13	48.57	38.1	2.22	6,440	309	11.5	2.52	429	45.7
300×90×10×15.5	55.74	43.8	2.34	7,410	360	11.5	2.54	494	54.1
300×90×12×16	61.90	48.6	2.28	7,870	379	11.3	2.48	525	56.4
380×100×10.5×16	69.39	54.5	2.41	14,500	535	14.5	2.78	763	70.5
380×100×13×20	85.71	67.3	2.54	17,600	655	14.3	2.76	926	87.8

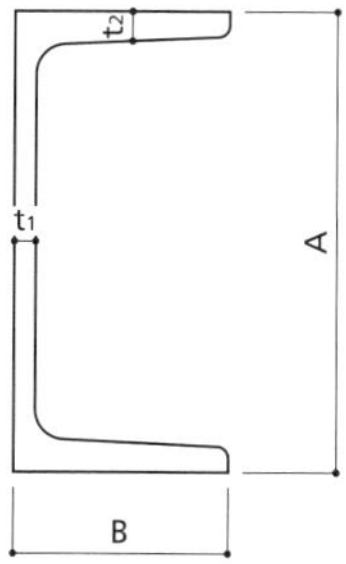

❾平鋼の標準断面寸法

標準断面寸法[㎜]		断面積 [㎠]	単位質量 [kg/m]
厚さ t	幅 b		
3	32	0.960	0.754
	38	1.140	0.895
	44	1.320	1.04
	50	1.500	1.18
	65	1.950	1.53
	75	2.250	1.77
	90	2.700	2.12
	100	3.000	2.36
	125	3.750	2.94
	150	4.500	3.53
4.5	25	1.125	0.883
	32	1.440	1.13
	38	1.710	1.34
	44	1.980	1.55
	50	2.250	1.77
	65	2.925	2.30
	75	3.375	2.65
	90	4.050	3.18
	100	4.500	3.53
	125	5.625	4.42
	150	6.750	5.30
	180	8.100	6.36
	200	9.000	7.06
6	25	1.500	1.18
	32	1.920	1.51
	38	2.280	1.79
	44	2.640	2.07
	50	3.000	2.36
	65	3.900	3.06
	75	4.500	3.53
	90	5.400	4.24
	100	6.000	4.71
	125	7.500	5.89
	150	9.000	7.06
	180	10.800	8.48
	200	12.000	9.42
	250	15.000	11.80
	300	18.000	14.10
9	25	2.250	1.77
	32	2.880	2.26
	38	3.420	2.68
	44	3.960	3.11
	50	4.500	3.53
	65	5.850	4.59
	75	6.750	5.30
	90	8.100	6.36
	100	9.000	7.06
	125	11.250	8.83
	150	13.500	10.60
9	180	16.200	12.70
	200	18.000	14.10
	250	22.500	17.70
	300	27.000	21.20
12	25	3.000	2.36
	32	3.840	3.01
	38	4.560	3.58
	44	5.280	4.14
	50	6.000	4.71
	65	7.800	6.12
	75	9.000	7.06
	90	10.800	8.48
	100	12.000	9.42
	125	15.000	11.80
	150	18.000	14.10
	180	21.600	17.00
	200	24.000	18.80
	250	30.000	23.60
	300	36.000	28.30
16	25	4.000	3.14
	32	5.120	4.02
	38	6.080	4.77
	44	7.040	5.53
	50	8.000	6.28
	65	10.400	8.16
	75	12.000	9.42
	90	14.400	11.30
	100	16.000	12.60
	125	20.000	15.70
	150	24.000	18.80
	180	28.800	22.60
	200	32.000	25.10
	250	40.000	31.40
	300	48.000	37.70
19	25	4.750	3.73
	32	6.080	4.77
	38	7.220	5.67
	44	8.360	6.56
	50	9.500	7.46
	65	12.350	9.69
	75	14.250	11.20
	90	17.100	13.40
	100	19.000	14.90
	125	23.750	18.60
	150	28.500	22.40
	180	34.200	26.80
	200	38.000	29.80
	250	47.500	37.30
	300	57.000	44.70

⑩一般構造用炭素鋼鋼管の断面性能

外径 D [mm]	厚さ t [mm]	単位質量 W [kg/m]	断面積 A [cm²]	断面2次モーメント I [cm⁴]	断面係数 Z [cm³]	断面2次半径 i [cm]
21.7	2.0	0.972	1.182	0.585	0.539	0.703
27.2	2.0	1.24	1.583	1.26	0.930	0.890
	2.3	1.41	1.799	1.41	1.03	0.880
34.0	2.3	1.80	2.291	2.89	1.70	1.12
42.7	2.3	2.29	2.919	5.97	2.80	1.43
	2.5	2.48	3.157	6.40	3.00	1.42
	3.2	3.12	3.971	7.80	3.65	1.40
48.6	2.3	2.63	3.345	8.99	3.70	1.64
	2.5	2.84	3.621	9.65	3.97	1.63
	2.8	3.16	4.029	10.6	4.36	1.62
	3.2	3.58	4.564	11.8	4.86	1.61
60.5	2.3	3.30	4.205	17.8	5.90	2.06
	3.2	4.52	5.760	23.7	7.84	2.03
	4.0	5.57	7.100	28.5	9.41	2.00
76.3	2.8	5.08	6.465	43.7	11.5	2.60
	3.2	5.77	7.349	49.2	12.9	2.59
	4.0	7.13	9.085	59.5	15.6	2.58
89.1	2.8	5.96	7.591	70.7	15.9	3.05
	3.2	6.78	8.636	79.8	17.9	3.04
101.6	3.2	7.76	9.892	120	23.6	3.48
	4.0	9.63	12.26	146	28.8	3.45
	5.0	11.9	15.17	177	34.9	3.42
114.3	3.2	8.77	11.17	172	30.2	3.93
	3.5	9.56	12.18	187	32.7	3.92
	4.5	12.2	15.52	234	41.0	3.89
139.8	3.6	12.1	15.40	357	51.1	4.82
	4.0	13.4	17.07	394	56.3	4.80
	4.5	15.0	19.13	438	62.7	4.79
	6.0	19.8	25.22	566	80.9	4.74
165.2	4.5	17.8	22.72	734	88.9	5.68
	5.0	19.8	25.16	808	97.8	5.67
	6.0	23.6	30.01	952	115	5.63
	7.1	27.7	35.26	1,100	134	5.60
190.7	4.5	20.7	26.32	1,140	120	6.59
	5.3	24.2	30.87	1,330	139	6.56
	6.0	27.3	34.82	1,490	156	6.53
	7.0	31.7	40.40	1,710	179	6.50
	8.2	36.9	47.01	1,960	206	6.46
216.3	4.5	23.5	29.94	1,680	155	7.49
	5.8	30.1	38.36	2,130	197	7.45
216.3	6.0	31.1	39.64	2,190	203	7.44
	7.0	36.1	46.03	2,520	233	7.40
	8.0	41.1	52.35	2.840	263	7.37
	8.2	42.1	53.61	2,910	269	7.36
267.4	6.0	38.7	49.27	4,210	315	9.24
	6.6	42.4	54.08	4,600	344	9.22
	7.0	45.0	57.26	4,860	363	9.21
	8.0	51.2	65.19	5,490	411	9.18
	9.0	57.3	73.06	6,110	457	9.14
	9.3	59.2	75.41	6,290	470	9.13

⑩一般構造用炭素鋼鋼管の断面性能（続き）

外径 D［㎜］	厚さ t［㎜］	単位質量 W［kg/m］	断面積 A［㎠］	断面2次モーメント I［cm^4］	断面係数 Z［cm^3］	断面2次半径 i［cm］
318.5	6.0	46.2	58.91	7,190	452	11.1
	6.9	53.0	67.55	8,200	515	11.0
	8.0	61.3	78.04	9,410	591	11.0
	9.0	68.7	87.51	10,500	659	10.9
	10.3	78.3	99.73	11,900	744	10.9
355.6	6.4	55.1	70.21	10,700	602	12.3
	7.9	67.7	86.29	13,000	734	12.3
	9.0	76.9	98.00	14,700	828	12.3
	9.5	81.1	103.3	15,500	871	12.2
	12.0	102	129.5	19,100	1,080	12.2
	12.7	107	136.8	20,100	1,130	12.1

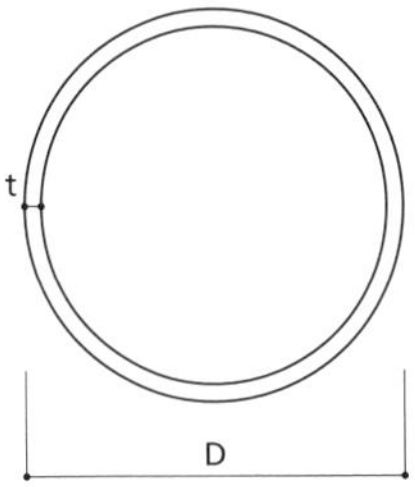

⑪一般構造用角形鋼管の断面性能

寸法［㎜］		単位質量［kg/m］	断面積［㎠］	断面2次モーメント［cm^4］		断面係数［cm^3］		断面2次半径［cm］	
A×B	t			I_x	I_y	Z_x	Z_y	i_x	i_y
50×50	1.6	2.38	3.032	11.7	11.7	4.68	4.68	1.96	1.96
	2.3	3.34	4.252	15.9	15.9	6.34	6.34	1.93	1.93
	3.2	4.90	5.727	20.4	20.4	8.16	8.16	1.89	1.89
	4.5	6.02	7.669	25.5	25.5	10.2	10.2	1.82	1.82
	6.0	7.56	9.633	29.5	29.5	11.8	11.8	1.75	1.75
60×60	1.6	2.88	3.672	20.7	20.7	6.89	6.89	2.37	2.37
	2.3	4.06	5.172	28.3	28.3	9.44	9.44	2.34	2.34
	3.2	5.50	7.007	36.9	36.9	12.3	12.3	2.30	2.30
	4.5	7.43	9.469	47.2	47.2	15.7	15.7	2.23	2.23
	6.0	9.45	12.03	56.1	56.1	18.7	18.7	2.16	2.16
75×75	1.6	3.64	4.623	41.3	41.3	11.0	11.0	2.99	2.99
	2.3	5.14	6.552	57.1	57.1	15.2	15.2	2.95	2.95
	3.2	7.01	8.927	75.5	75.5	20.1	20.1	2.91	2.91
	4.5	9.55	12.17	98.6	98.6	26.3	26.3	2.85	2.85
	6.0	12.3	15.63	120	120	32.0	32.0	2.77	2.77
80×80	1.6	3.89	4.952	50.4	50.4	12.6	12.6	3.19	3.19
	2.3	5.50	7.012	69.9	69.9	17.5	17.5	3.16	3.16
	3.2	7.51	9.567	92.7	92.7	23.2	23.2	3.11	3.11
	4.5	10.3	13.07	122	122	30.4	30.4	3.05	3.05
90×90	2.3	6.23	7.932	101	101	22.4	22.4	3.56	3.56
	3.2	8.51	10.85	135	135	29.9	29.9	3.52	3.52

寸法 [mm]		単位質量 [kg/m]	断面積 [cm^2]	断面2次モーメント [cm^4]		断面係数 [cm^3]		断面2次半径 [cm]	
A×B	t			I_x	I_y	Z_x	Z_y	i_x	i_y
100×100	1.6	4.89	6.232	100	100	17.7	17.7	4.01	4.01
	2.3	6.95	8.852	140	140	27.9	27.9	3.97	3.97
	3.2	9.52	12.13	187	187	37.5	37.5	3.93	3.93
	4.5	13.1	16.67	249	249	49.9	49.9	3.87	3.87
	6.0	17.0	21.63	311	311	62.3	62.3	3.79	3.79
	9.0	24.1	30.67	408	408	81.6	81.6	3.65	3.65
	12.0	30.2	38.53	471	471	94.3	94.3	3.50	3.50
125×125	2.3	8.75	11.15	278	278	42.9	42.9	4.99	4.99
	3.2	12.0	15.33	376	376	60.1	60.1	4.95	4.95
	4.5	16.6	21.17	506	506	80.9	80.9	4.89	4.89
	6.0	21.7	27.63	641	641	103	103	4.82	4.82
	9.0	31.1	39.67	865	865	138	138	4.67	4.67
	12.0	39.7	50.53	1,030	1,030	165	165	4.52	4.52
150×150	3.2	14.5	18.53	661	661	88.1	88.1	5.97	5.97
	4.5	20.1	25.67	896	896	120	120	5.91	5.91
	5.0	22.3	28.36	982	982	131	131	5.89	5.89
	6.0	26.4	33.63	1,150	1,150	153	153	5.84	5.84
	9.0	38.2	48.67	1,580	1,580	210	210	5.69	5.69
	12.0	49.1	62.53	1,920	1,920	256	256	5.54	5.54
175×175	4.5	23.7	30.17	1,450	1,450	166	166	6.93	6.93
	6.0	31.1	39.63	1,860	1,860	213	213	6.86	6.86
	9.0	45.3	57.67	2,600	2,600	297	297	6.71	6.71
	12.0	58.5	74.53	3,210	3,210	367	367	6.57	6.57
200×200	6.0	35.8	45.63	2,830	2,830	283	283	7.88	7.88
	8.0	46.9	59.79	3,620	3,620	362	362	7.78	7.78
	9.0	52.3	66.67	3,990	3,990	399	399	7.73	7.73
	12.0	67.9	86.53	4,980	4,980	498	498	7.59	7.59
	16.0	87.3	111.2	6,080	6,080	608	608	7.39	7.39
250×250	6.0	45.2	57.63	5,670	5,670	454	454	9.92	9.92
	9.0	66.5	84.67	8,090	8,090	647	647	9.78	9.78
	12.0	86.8	110.5	10,300	10,300	820	820	9.63	9.63
	16.0	112	143.2	12,800	12,800	1,020	1,020	9.44	9.44
	19.0	131	166.3	14,400	14,400	1,150	1,150	9.29	9.29
300×300	6.0	54.7	69.93	9,960	9,960	664	664	12.0	12.0
	9.0	80.6	102.7	14,300	14,300	956	956	11.8	11.8
	12.0	106	134.5	18,300	18,300	1,220	1,220	11.7	11.7
	16.0	138	175.2	23,100	23,100	1,540	1,540	11.5	11.5
	19.0	160	204.3	26,200	26,200	1,750	1,750	11.3	11.3

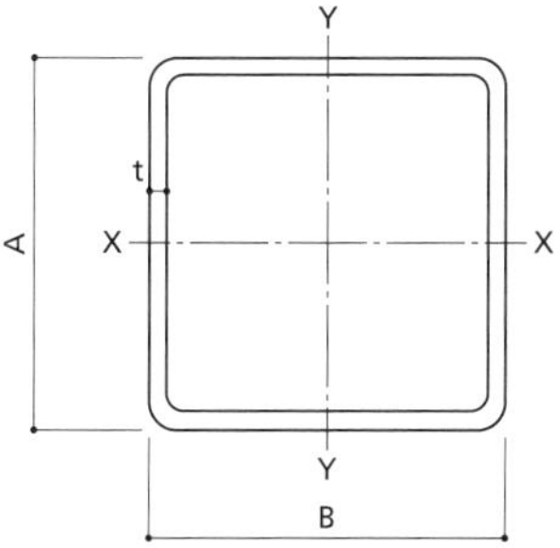

⓬リップ溝形鋼の断面性能

寸法 [mm]		単位質量 [kg/m]	断面積 [㎠]	重心位置 [cm]		断面2次モーメント [cm^4]		断面2次半径 [cm]		断面係数 [cm^3]		せん断中心 [cm]	
H×A×C	t			C_x	C_y	I_x	I_y	i_x	i_y	Z_x	Z_y	S_x	S_y
250×75×25	4.5	14.9	18.92	0	2.07	1,690	129	9.44	2.62	135	23.8	5.1	0
	4.0	13.3	16.95	0	2.07	1,520	118	9.48	2.64	122	21.8	5.2	0
250×75×20	4.5	14.5	18.47	0	1.95	1,640	117	9.42	2.52	131	21.0	4.9	0
	4.0	13.0	16.55	0	1.95	1,480	107	9.46	2.54	118	19.3	4.8	0
200×75×25	4.5	13.1	16.67	0	2.32	990	121	7.71	2.69	99.0	23.3	5.6	0
	4.0	11.7	14.95	0	2.32	895	110	7.74	2.72	89.5	21.3	5.7	0
	3.2	9.52	12.13	0	2.33	736	92.3	7.79	2.76	73.6	17.8	5.7	0
200×75×20	4.5	12.7	16.22	0	2.19	963	109	7.71	2.60	96.3	20.6	5.3	0
	4.0	11.4	14.55	0	2.19	871	100	7.74	2.62	87.1	18.9	5.3	0
	3.2	9.27	11.81	0	2.19	716	84.1	7.79	2.67	71.6	15.8	5.4	0
175×50×20	3.2	7.38	9.407	0	1.43	406	29.7	6.57	1.78	46.4	8.31	3.6	0
	2.3	5.41	6.897	0	1.43	304	23.0	6.64	1.82	34.7	6.43	3.6	0
150×75×25	4.5	11.3	14.42	0	2.65	501	109	5.90	2.75	66.9	22.5	6.3	0
	4.0	10.2	12.95	0	2.65	455	99.8	5.93	2.78	60.6	20.6	6.3	0
	3.2	8.27	10.53	0	2.66	375	83.6	5.97	2.82	50.0	17.3	6.4	0
150×75×20	4.5	11.0	13.97	0	2.50	489	99.2	5.92	2.66	65.2	19.8	6.0	0
	4.0	9.85	12.55	0	2.51	444	90.9	5.95	2.69	59.2	18.2	6.0	0
	3.2	8.01	10.21	0	2.51	366	76.4	5.99	2.74	48.9	15.3	6.1	0
	2.3	5.87	7.472	0	2.52	273	57.9	6.04	2.78	36.4	11.6	6.1	0
150×65×20	4.5	10.3	13.07	0	2.10	441	69.2	5.81	2.30	58.8	15.7	5.1	0
	4.0	9.22	11.75	0	2.11	401	63.7	5.84	2.33	53.5	14.5	5.1	0
	3.2	7.51	9.567	0	2.11	332	53.8	5.89	2.37	44.3	12.2	5.1	0
	2.3	5.50	7.012	0	2.12	248	41.1	5.94	2.42	33.0	9.37	5.2	0
150×50×20	4.5	9.20	11.72	0	1.54	368	35.7	5.60	1.75	49.0	10.5	3.7	0
	4.0	8.28	10.55	0	1.54	337	33.1	5.65	1.77	44.9	9.57	3.8	0
	3.2	6.76	8.607	0	1.54	280	28.3	5.71	1.81	37.4	8.19	3.8	0
	2.3	4.96	6.322	0	1.55	210	21.9	5.77	1.86	28.0	6.33	3.8	0
125×50×20	4.5	8.32	10.59	0	1.68	238	33.5	4.74	1.78	38.0	10.0	4.0	0
	4.0	7.50	9.548	0	1.68	217	31.1	4.77	1.81	34.7	9.38	4.0	0
	3.2	6.13	7.807	0	1.68	181	26.6	4.82	1.85	29.0	8.02	4.0	0
	2.3	4.51	5.747	0	1.69	137	20.6	4.88	1.89	21.9	6.22	4.1	0
120×60×25	3.2	6.76	8.607	0	2.26	191	45.2	4.71	2.29	31.8	12.1	5.4	0
	2.3	4.96	6.322	0	2.27	143	34.5	4.76	2.34	23.9	9.23	5.5	0
120×60×20	4.5	8.85	11.27	0	2.11	245	52.2	4.67	2.15	40.9	13.4	4.9	0
	4.0	7.97	10.15	0	2.12	224	48.2	4.69	2.18	37.3	12.4	4.9	0
	3.2	6.51	8.287	0	2.12	186	40.9	4.74	2.22	31.0	10.5	4.9	0
	2.3	4.78	6.092	0	2.13	140	31.3	4.79	2.27	23.3	8.10	5.1	0
100×50×20	3.2	5.50	7.007	0	1.86	107	24.5	3.90	1.87	21.3	7.81	4.4	0
	2.3	4.06	5.172	0	1.86	80.7	19.0	3.95	1.92	16.1	6.06	4.4	0
	1.6	2.88	3.672	0	1.87	58.4	14.0	3.99	1.95	11.7	4.47	4.5	0
75×45×15	2.3	3.25	4.137	0	1.72	37.1	11.8	3.00	1.69	9.90	4.24	4.0	0
	1.6	2.32	2.952	0	1.72	27.1	8.71	3.03	1.72	7.24	3.13	4.1	0
60×30×10	2.3	2.25	2.872	0	1.06	15.6	3.32	2.33	1.07	5.20	1.71	2.5	0
	1.6	1.63	2.072	0	1.06	11.6	2.56	2.37	1.11	3.88	1.32	2.5	0

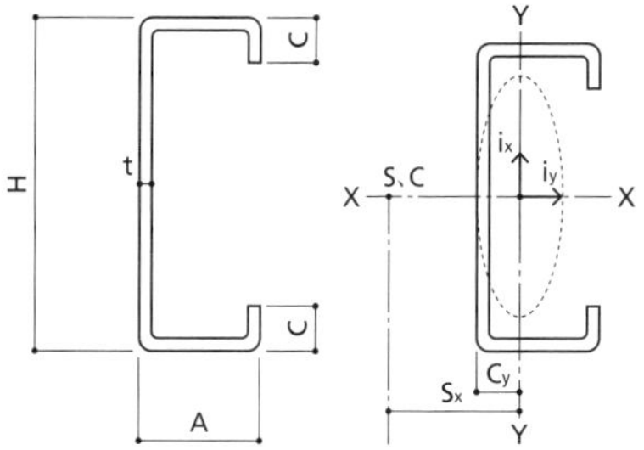

⓭軽溝形鋼の断面性能

寸法 [mm]		単位質量 [kg/m]	断面積 [cm²]	重心位置 [cm]		断面2次モーメント [cm⁴]		断面2次半径 [cm]		断面係数 [cm³]		せん断中心 [cm]	
H×A	t			C_x	C_y	I_x	I_y	i_x	i_y	Z_x	Z_y	S_x	S_y
450×75	6.0	27.3	34.82	0	1.19	8,400	122	15.5	1.87	374	19.4	2.7	0
	4.5	20.7	26.33	0	1.13	6,430	94.3	15.6	1.89	286	14.8	2.7	0
	4.0	18.4	23.47	0	1.11	5,760	84.6	15.7	1.90	256	13.2	2.7	0
450×50	6.0	25.0	31.82	0	0.71	6,930	36.9	14.8	1.08	308	8.61	1.4	0
	4.5	18.9	24.08	0	0.65	5,320	28.7	14.9	1.09	236	6.59	1.4	0
	4.0	16.9	21.47	0	0.63	4,760	25.8	14.9	1.10	212	5.90	1.4	0
400×75	6.0	25.0	31.82	0	1.28	6,230	120	14.0	1.94	312	19.2	2.9	0
	4.5	18.9	24.08	0	1.21	4,780	92.2	14.1	1.96	239	14.7	2.9	0
	4.0	16.9	21.47	0	1.19	4,280	82.8	14.1	1.96	214	13.1	2.9	0
400×50	6.0	22.6	28.82	0	0.75	5,070	36.3	13.3	1.12	253	8.54	1.5	0
	4.5	17.1	21.83	0	0.69	3,900	28.2	13.4	1.14	195	6.54	1.5	0
	4.0	15.3	19.47	0	0.67	3,490	25.4	13.4	1.14	175	5.86	1.5	0
350×75	6.0	22.6	28.82	0	1.38	4,450	116	12.4	2.01	254	19.0	3.2	0
	4.5	17.1	21.83	0	1.32	3,420	89.8	12.5	2.03	196	14.5	3.2	0
	4.0	15.3	19.47	0	1.29	3,070	80.6	12.5	2.03	175	13.0	3.2	0
	3.2	12.3	15.66	0	1.26	2,480	65.5	12.6	2.04	142	10.5	3.2	0
350×50	6.0	20.3	25.82	0	0.81	3,570	35.3	11.8	1.17	204	8.44	1.6	0
	4.5	15.4	19.58	0	0.75	2,750	27.5	11.9	1.19	157	6.48	1.6	0
	4.0	13.7	17.47	0	0.73	2,470	24.8	11.9	1.19	141	5.81	1.6	0
	3.2	11.0	14.06	0	0.69	2,000	20.3	11.9	1.20	115	4.71	1.7	0
300×75	6.0	20.3	25.82	0	1.51	3,040	112	10.8	2.08	202	18.7	3.5	0
	4.5	15.4	19.58	0	1.44	2,340	86.7	10.9	2.10	156	14.3	3.5	0
	4.0	13.7	17.47	0	1.42	2,100	77.9	11.0	2.11	140	12.8	3.5	0
	3.2	11.0	14.06	0	1.38	1,700	63.3	11.0	2.12	114	10.4	3.5	0
300×50	6.0	17.9	22.82	0	0.87	2,390	34.5	10.2	1.23	159	8.36	1.8	0
	4.5	13.6	17.33	0	0.82	1,850	26.8	10.3	1.24	123	6.41	1.8	0
300×50	4.0	12.1	15.47	0	0.80	1,660	24.1	10.4	1.25	111	5.74	1.8	0
	3.2	9.78	12.46	0	0.76	1,350	19.8	10.4	1.26	90.0	4.66	1.8	0
250×75	6.0	17.9	22.82	0	1.66	1,940	107	9.23	2.17	155	18.4	3.7	0
	4.5	13.6	17.33	0	1.60	1,500	82.9	9.31	2.19	120	14.0	3.8	0
	4.0	12.1	15.47	0	1.58	1,350	74.5	9.34	2.19	108	12.6	3.8	0
	3.2	9.78	12.46	0	1.54	1,100	60.6	9.38	2.20	87.7	10.2	3.8	0
250×50	6.0	15.6	19.82	0	0.97	1,500	33.1	8.69	1.29	120	8.20	2.0	0
	4.5	11.8	15.08	0	0.91	1,160	25.9	8.78	1.31	93.0	6.31	2.0	0
	4.0	10.6	13.47	0	0.88	1,050	23.3	8.81	1.32	83.7	5.66	2.0	0
	3.2	8.53	10.86	0	0.85	852	19.1	8.86	1.33	68.2	4.6	2.0	0

⓭ 軽溝形鋼の断面性能（続き）

寸法 [mm]		単位質量 [kg/m]	断面積 [cm^2]	重心位置 [cm]		断面2次モーメント [cm^4]		断面2次半径 [cm]		断面係数 [cm^3]		せん断中心 [cm]	
H×A	t			C_x	C_y	I_x	I_y	i_x	i_y	Z_x	Z_y	S_x	S_y
200×75	6.0	15.6	19.82	0	1.87	1,130	101	7.56	2.25	113	17.9	4.1	0
	4.5	11.8	15.08	0	1.80	881	78.0	7.64	2.27	88.1	13.7	4.2	0
	4.0	10.6	13.47	0	1.78	792	70.1	7.67	2.28	79.2	12.3	4.2	0
	3.2	8.53	10.86	0	1.75	645	57.0	7.71	2.29	64.5	9.92	4.2	0
200×50	6.0	13.2	16.82	0	1.09	852	31.4	7.12	1.37	85.2	8.03	2.2	0
	4.5	10.1	12.83	0	1.03	666	24.6	7.20	1.38	66.6	6.19	2.2	0
	4.0	9.00	11.47	0	1.00	600	22.2	7.23	1.39	60.0	5.55	2.2	0
	3.2	7.27	9.263	0	0.97	490	18.2	7.28	1.40	49.0	4.51	2.3	0
150×75	6.0	13.2	16.82	0	2.15	573	91.9	5.84	2.34	76.4	17.2	4.6	0
	4.5	10.1	12.83	0	2.08	448	71.4	5.91	2.36	59.8	13.2	4.6	0
	4.0	9.00	11.47	0	2.06	404	64.2	5.93	2.36	53.9	11.8	4.6	0
	3.2	7.27	9.263	0	2.02	330	52.3	5.97	2.38	44.0	9.55	4.7	0
150×50	6.0	10.8	13.82	0	1.25	417	29.2	5.50	1.45	55.6	7.77	2.6	0
	4.5	8.31	10.58	0	1.20	329	22.8	5.58	1.47	43.9	5.99	2.6	0
	4.0	7.44	9.474	0	1.17	297	20.6	5.60	1.47	39.6	5.38	2.6	0
	3.2	6.02	7.663	0	1.14	244	16.9	5.64	1.48	32.5	4.37	2.6	0
	2.3	4.38	5.576	0	1.10	181	12.5	5.69	1.50	24.1	3.20	2.6	0
120×40	3.2	4.76	6.063	0	0.94	122	8.43	4.48	1.18	20.3	2.75	2.1	0
	2.3	3.47	4.426	0	0.90	90.8	6.28	4.53	1.19	15.1	2.02	2.1	0
100×50	3.2	4.76	6.063	0	1.40	93.6	14.9	3.93	1.57	18.7	4.15	3.1	0
	2.3	3.47	4.426	0	1.36	69.9	11.1	3.97	1.58	14.0	3.04	3.1	0
100×40	3.2	4.26	5.423	0	1.03	78.6	7.99	3.81	1.21	15.7	2.69	2.2	0
	2.3	3.11	3.966	0	0.99	58.9	5.96	3.85	1.23	11.8	1.98	2.2	0
80×40	2.3	2.75	3.506	0	1.11	34.9	5.56	3.16	1.26	8.73	1.92	2.4	0
60×30	2.3	2.03	2.586	0	0.86	14.2	2.27	2.34	0.94	4.72	1.06	1.8	0
	1.6	1.44	1.836	0	0.82	10.3	1.64	2.37	0.95	3.45	0.75	1.8	0
40×40	3.2	2.75	3.503	0	1.51	9.21	5.72	1.62	1.28	4.60	2.30	3.0	0
40×20	2.3	1.31	1.666	0	0.61	3.86	0.63	1.52	0.61	1.93	0.45	1.2	0
	1.6	0.939	1.196	0	0.57	2.90	0.46	1.56	0.62	1.45	0.32	1.2	0

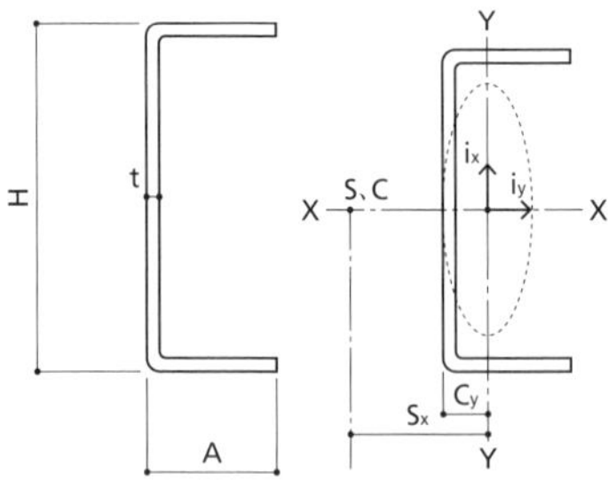

⓮ブレース（建築用ターンバックル）の諸性能

①ブレースの各部寸法

［単位：mm］

ねじの呼び D	標準径 d_1	ねじ長さ S	中あき m	羽子板サイズ									取付けボルト	
				厚さ t	幅 b	全長 a	端あき e_1	縁あき e_2	e_3	溶接長さW	溶接部ビード幅 k	孔径 R	ねじ呼び	本数 n
M10	8.9	75	70	4.5	40	115	30	19	40	35	5	13	M12	1
M12	10.7	100	100	6	52	155	40	25	52	40	6	17	M16	1
M14	12.5	115	115	6	52	155	40	25	52	50	6	17	M16	1
M16	14.5	125	120	6	52	170	45	25	59	55	7	17	M16	1
M18	16.2	140	140	9	67	190	50	32.5	66	60	8	21.5	M20	1
M20	18.2	150	150	9	67	205	50	32.5	66	75	8	21.5	M20	1
M22	20.2	165	165	9	77	230	55	37.5	73	85	9	23.5	M22	1

注1　取付けボルトはJIS B 1186に規定する2種高力ボルト（F10T）、もしくはJIS B 1180に規定する呼び径六角ボルトの機械的性質10.9

注2　溶融亜鉛めっき付き炭素鋼製品の場合は、JIS B 1186に規定する1種F8TAに準じるものを使用する

注3　羽子板とガセットプレートの接合は、上表に示す取付けボルトを使用し、一面せん断（支圧）接合とする。せん断部にねじ部がかからない取付けボルトを選定しなければならない

注4　溶接部は、溶融亜鉛めっき付き炭素鋼製品の場合、全周溶接とする

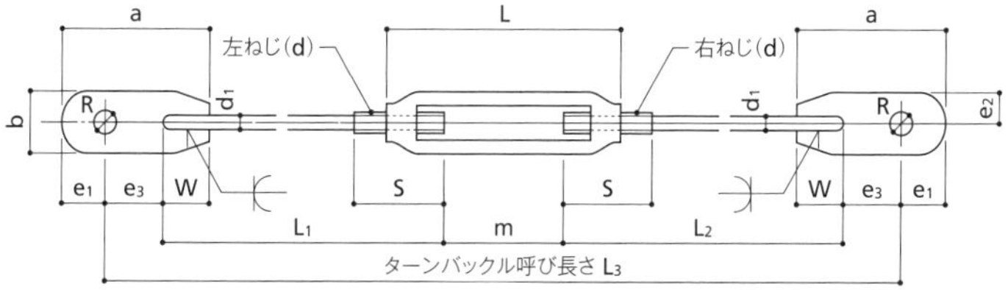

溶接規格

②ターンバックル胴の各部寸法

［単位：mm］

ねじの呼び D	ターンバックル胴		割枠式	パイプ式
	全長 L	頭長 A	胴部幅 B	外径 B'
M10	150	14	31.0	15.9
M12	200	17	38.6	19.5
M14	230	20	42.5	23.6
M16	250	23	46.0	25.4
M18	280	25	52.0	31.8
M20	300	28	59.0	33.4
M22	330	31	62.5	34.0

割枠式ターンバックル

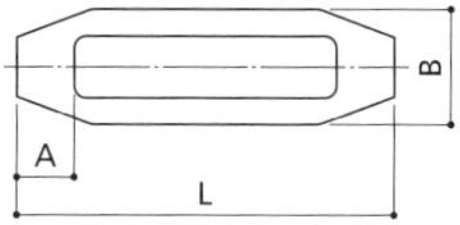

パイプ式ターンバックル

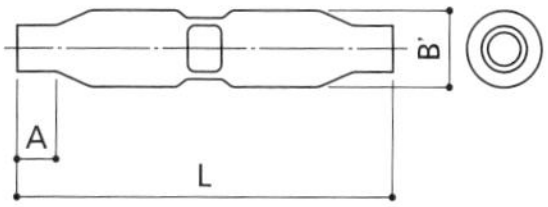

③ブレースの設計耐力

［単位：kN］

ねじの呼び	軸部断面積（最小）［㎟］	主材			羽子板	ターンバックル胴
		短期許容耐力	長期許容耐力	引張強度最小値	支圧耐力	引張強度最小値
	A_b	$A_b \cdot F$	$A_b \cdot F / 1.5$	$A_b \cdot {}_b\sigma_B$	$1.25(1.5F)A_f$	$A_b \cdot \sigma_u$
M10	60.5	14.2	9.5	24.2	23.8	30.9
M12	88.0	20.7	13.8	35.2	42.3	44.9
M14	121	28.4	18.9	48.4	42.3	61.7
M16	163	38.3	25.5	65.2	42.3	83.1
M18	203	47.6	31.8	81.1	79.3	103.0
M20	256	60.2	40.2	103.0	79.3	131.0
M22	316	74.3	49.5	126.0	87.2	161.0

材料

・ターンバックルボルト用丸棒鋼
M12～M22：JIS G 3138（建築構造用圧延棒鋼）のSNR400B、M10：JIS G 3101（一般構造用圧延鋼材）のSS400

・ターンバックルボルト用平鋼
M12～M22：JIS G 3136（建築構造用圧延鋼材）のSN400B、M10：JIS G 3101（一般構造用圧延鋼材）のSS400

・ターンバックルボルト胴
割枠式　M12～M22：IS G 3138（建築構造用圧延棒鋼）のSNR400 Aまたは400B、M10：JIS G 3101（一般構造用圧延鋼材）のSS400
パイプ式 M12～M22：JIS G 3475（建築構造用炭素鋼鋼管）のSTKN400Wまたは400B
M10：JIS G 3445（機械構造用炭素鋼鋼管）のSTKM11A～14Aのいずれか

凡例

A_b：軸部断面積［㎟］

$A_b = \dfrac{\pi \cdot d_1^2}{4}$

d_1：軸径の基準値［mm］

F：基準強度［N/㎟］（＝235N/㎟）

A_f：$n \cdot d_f \cdot t$［㎟］

n：高力ボルトの本数［本］

d_f：高力ボルトの軸径［mm］

t：羽子板の板厚［mm］

σ_B：材料の引張強さ［N/㎟］（＝400N/㎟）

σ_u：材料の引張強さ上限［N/㎟］（＝510N/㎟）

④2次設計

［単位：kN］

ねじの呼び	必要終局耐力	ブレース軸部で破断	羽子板有効断面積で破断	羽子板端あき部分で破断	羽子板溶接部で破断	取付けボルトの破断（F10T）	取付けボルトの破断（F8T）
	$P_u = 1.2A_b \cdot F$ $(P_u \leqq P_1 \sim P_6)$	$P_1 = A_b \cdot {}_b\sigma_B$	$P_2 = (B-R) \cdot t \cdot {}_p\sigma_B$	$P_3 = n \cdot e_1 \cdot t \cdot {}_p\sigma_B$	$P_4 = \Sigma 0.7S \cdot \ell_e \cdot \tau_B$	$P_5 = n \cdot {}_fA_b \cdot {}_t\sigma_B / \sqrt{3}$	$P_6 = n \cdot {}_fA_b \cdot {}_t\sigma_B / \sqrt{3}$
M10	17.1	24.2	48.6	54.0	35.6	65.2	52.2
M12	24.8	35.2	84.0	96.0	48.5	116.0	92.9
M14	34.1	48.4	84.0	96.0	62.1	116.0	92.9
M16	46.0	65.2	84.0	108.0	79.3	116.0	92.9
M18	57.3	81.1	164.0	180.0	98.4	181.0	145.0
M20	72.2	103.0	164.0	180.0	125.0	181.0	145.0
M22	89.1	126.0	193.0	198.0	160.0	219.0	176.0

凡例

A_b：軸部断面積［㎟］

$A_b = \dfrac{\pi \cdot d_1^2}{4}$

d_1：軸径の基準値［mm］

F：基準強度［N/㎟］（＝235N/㎟）

${}_b\sigma_B$：材料の引張強さ［N/㎟］（＝400N/㎟）

B：羽子板幅［mm］

R：孔径［mm］

t：羽子板板厚［mm］

${}_p\sigma_B$：羽子板材の引張強さ［N/㎟］（＝400N/㎟）

n：ボルトの本数［本］

e_1：端あき距離［mm］

S：等脚すみ肉溶接のサイズ（＝0.7k）

k：ビード幅

ℓ_e：有効溶接長［mm］（＝2ℓ−1.4k）

ℓ：溶接長さ［mm］

τ_B：羽子板溶接部のせん断力［N/㎟］（$= {}_b\sigma_B / \sqrt{3}$）

${}_fA_b$：高力ボルトの軸断面積［㎟］

${}_t\sigma_B$：高力ボルトの引張強さ［N/㎟］（F10Tの場合：${}_t\sigma_B$＝1,000N/㎟、F8Tの場合：${}_t\sigma_B$＝800N/㎟）

⑮ボルトの長期許容耐力

呼称	ボルト軸径［mm］	ボルト孔径［mm］	ボルト軸断面積［㎟］	許容せん断力［kN］		許容支圧力［kN］										許容引張力［kN］
						板厚［mm］										
				1面せん断	2面せん断	1.6	2.3	3.2	4.0	4.5	6.0	8.0	9.0	10.0	12.0	
M12	12	12.5	113	7.9	15.8	5.6	8.1	11.3	14.1	15.9	21.2	−	−	−	−	13.6
M16	16	16.5	201	14.1	28.1	7.5	10.8	15.0	18.8	21.2	28.2	37.6	−	−	−	24.1
M20	20	20.5	314	22.0	44.0	9.4	13.5	18.8	23.5	26.4	35.3	47.0	52.9	58.8	−	37.7
M22	22	22.5	380	26.6	53.2	10.3	14.9	20.7	25.9	29.1	38.8	51.7	58.2	64.6	77.6	45.6
M24	24	24.5	452	31.7	63.3	11.3	16.2	22.6	28.2	31.7	42.3	56.4	63.5	70.5	84.6	54.3

注1　ボルトの材質4Tの場合の長期許容耐力を示す

注2　短期許容耐力は長期の1.5倍とする

❶木造建築物の構造計算フロー（混構造は除く）

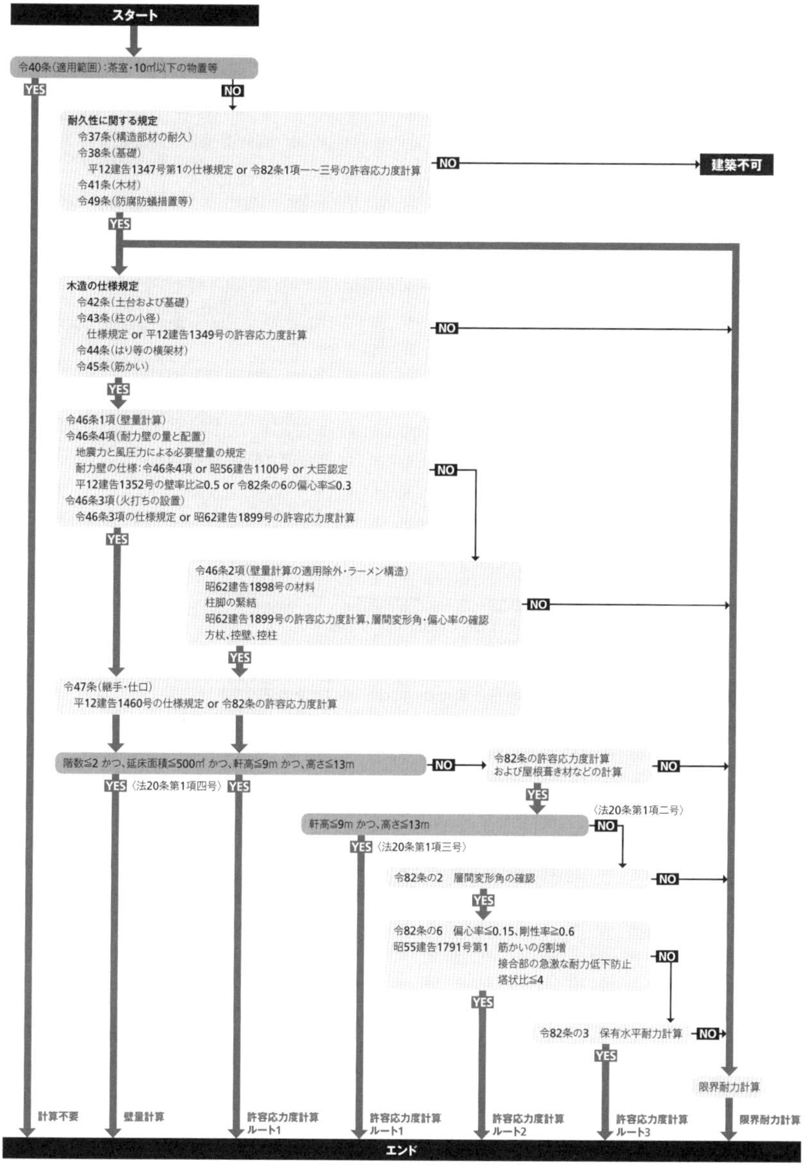

❷主な災害と木構造基準の変遷

主な災害	被害の内容	木構造基準の主な内容
濃尾地震 1891(明治24).10.28 M8.0	れんが造、石造の被害大 【木造の耐震研究が始まる】 1897(明治30) 【鉄骨造・鉄筋コンクリート造が伝来】	1894(明治27)「木造耐震家屋構造要領」など ①基礎構造に注意する ②木材の切欠きをできるだけ避ける ③接合部には鉄材(金物)を用いる ④筋かいなどの斜材を用いて三角形の架構をつくる 1920(大正9)「市街地建築物法」施行 ①高さ制限(15.2m以下、3階建て以下) ②木材の防腐措置 ③ボルトなどによる継手・仕口の緊着 ④掘立柱の禁止、柱下への土台の設置 ⑤土台、敷桁の隅部への火打材の使用 ⑥柱の小径の規定 ⑦柱の切欠きに対する補強 ⑧筋かいの使用(3階建てのみ) ⑨張付石(基礎)の厚さと軸部への緊結
関東地震 (関東大震災) 1923(大正12).9.1 M7.9	火災による2次被害 れんが造、石造の倒壊率が80%を超える 提起された問題点 ・地盤が悪い ・基礎:石積み、玉石 ・壁量・筋かい不足 ・柱が細く、少ない ・柱・梁・土台の緊結が不十分 ・土台・仕口の腐朽 【鉄骨鉄筋コンクリート造の開発】 【剛柔論争(1926~1936[大正15~昭和11])】	1924(大正13)「市街地建築物法」改正 ①柱の小径の強化 ②筋かい、方杖の設置義務付け(3階建てのみ) ③高さ制限(12.6m以下)
室戸台風 1934(昭和9).9.21	木造小学校の被害大	計算方法の見直し ・長期と短期の2段階 ・終局強度型の計算
福井地震 1948(昭和23).6.28 M7.1	直下型地震 木造家屋の被害甚大(軟弱地盤)	1950(昭和25)「建築基準法」 ①筋かいの必要量の規定 ②梁中央部下端の切欠き禁止
新潟地震 1964(昭和39).6.16 M7.5	液状化現象	1959(昭和34)「建築基準法」一部改正 必要壁量の強化
十勝沖地震 1968(昭和43).5.16 M7.9	鉄筋コンクリート造の短柱のせん断破壊	1971(昭和46)「建築基準法施行令」改正 ①基礎を鉄筋コンクリート造とする ②木材の有効細長比≦150 ③風圧力による必要壁量の規定 ④ボルト締めにおける必要座金の規定 ⑤防腐・防蟻措置
宮城沖地震 1978(昭和53).6.12 M7.4	ピロティの破壊 偏心の影響 ブロック塀の倒壊被害	1981(昭和56)「建築基準法施行令」改正 (新耐震設計法) ①軟弱地盤における基礎の強化 ②必要壁量の強化(層間変形角の制限) ③風圧力の見付面積算定法の変更

主な災害	被害の内容	木構造基準の主な内容
日本海中部地震 1983(昭和58).5.26 M7.7	津波 液状化	1987(昭和62) ①柱、土台と基礎をアンカーボルトで緊結する ②集成材の規定 ③3階建て建築物の壁量、計算規定
兵庫県南部地震 (阪神・淡路大震災) 1995(平成7).1.17 M7.3	大都市直下型地震(活断層、上下動) ピロティの破壊 中層建物の中間層破壊 鉄骨極厚柱の脆性破壊 木造(軸組)建物の破壊	2000(平成12)「建築基準法」改正 ①耐力壁の釣合いのよい配置の規定 ②柱、筋かい、土台、梁の仕口緊結方法の規定 ③基礎形状(配筋)の規定
鳥取県西部地震 2000(平成12).10.6 M7.3	最大加速度926gal(日野町NS) 被害は微少	2000(平成12)「住宅の品質確保の促進等に関する法律(品確法)」 耐震、耐風、耐積雪の等級を示す
芸予地震 2001(平成13).3.24 M6.7	地盤被害 2次部材の落下	
宮城県沖地震 2003(平成15).5.26 M7.1	最大加速度1,105.5gal(大船渡EW):速度は小 余震も震度6を超える 1978年の地震による耐震改修建物の補強効果を確認	2003(平成15).7 24時間換気の義務付け
十勝沖地震 2003(平成15).9.26 M8.0		2004(平成16) JAS製材規定 製材による壁量規定を外した構造計算が可能に
新潟県中越地震 2004(平成16).10.23 M6.8	中山間地の直下型地震	2004(平成16).7 防火規定告示の改正
構造計算書偽装事件 2005(平成17).11	マンションの耐震強度偽装 木造建物の計算ミス発覚	2007(平成19).6.20「建築基準法」「建築士法」改正 ①建築確認時の審査方法の厳格化 構造計算適合性判定制度の導入 ②指定確認検査機関に対する監督強化 ③建築士・建築士事務所に対する罰則強化
能登半島地震 2007(平成19).3.25 M6.9	古い木造家屋の倒壊 天井材の落下	
新潟県中越沖地震 2007(平成19).7.16 M6.8	液状化 原発の安全性疑問視	2009(平成21)～「建築基準法」「建築士法」改正 ①構造設計、設備設計一級建築士の創設 ②定期講習の受講義務付け ③管理業務の適正化
東北地方太平洋沖地震 (東日本大震災) 2011(平成23).3.11 M9.0	大津波 余震の多発、長期化 原発の被災 液状化 2次部材の落下・損傷 長周期地震動(超高層ビル)	2009(平成21).10.1「特定住宅瑕疵担保責任の履行の確保等に関する法律(住宅瑕疵担保履行法)」
熊本地震 2016(平成28).4.14 M7.3(4.16の観測値)	3つの断層帯で地震が連鎖 一連の地震において震度7が2回 大規模な斜面崩壊	

注 【 】内は研究などを示す

❸ エキスパンションの設け方

① 上部構造のエキスパンション

揺れ方が異なる建物どうしは、エキスパンションを設ける

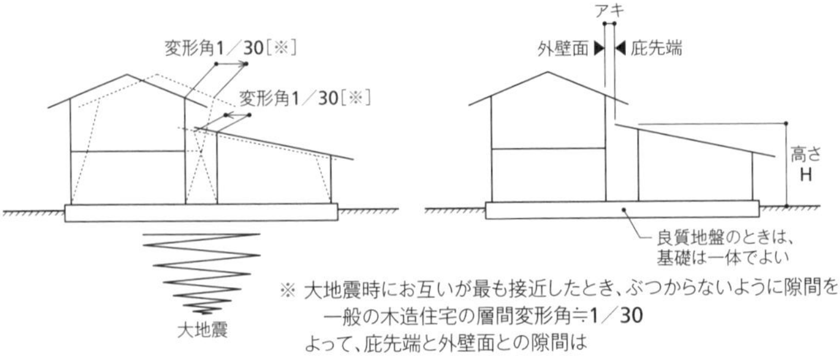

※ 大地震時にお互いが最も接近したとき、ぶつからないように隙間をあける
一般の木造住宅の層間変形角≒1／30
よって、庇先端と外壁面との隙間は
2×H／30=H／15 以上とする

② 基礎のエキスパンション

軟弱地盤のときは、基礎にもエキスパンションを設ける

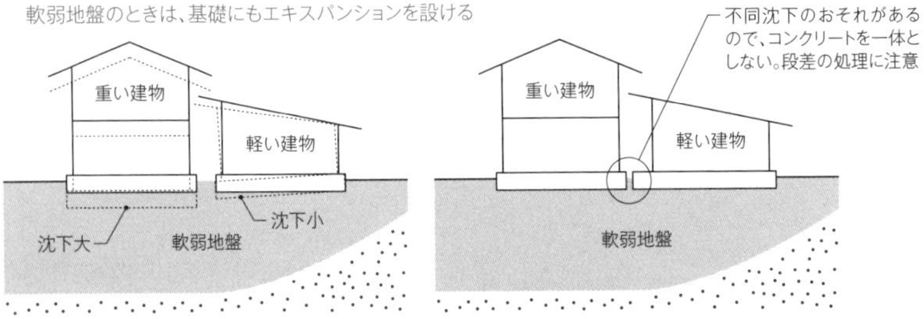

❹ 燃えしろ設計

① 燃えしろ設計の例

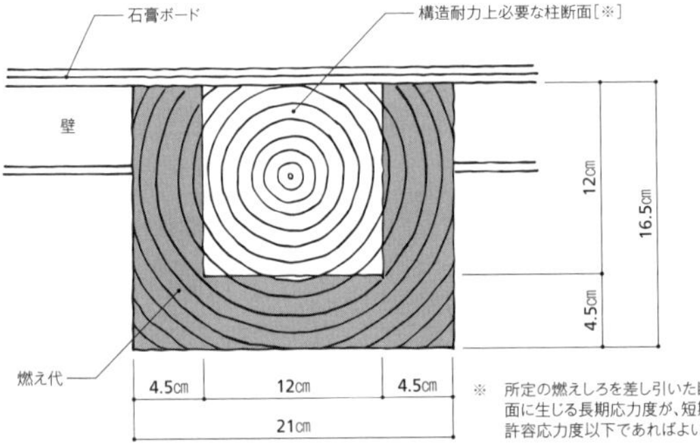

※ 所定の燃えしろを差し引いた断面に生じる長期応力度が、短期許容応力度以下であればよい

② 柱・梁の燃えしろ一覧

耐火構造種別	関係法令	集成材・LVL・CLT	製材
大規模木造建築物（30分）	昭62建告1901・1902号	2.5㎝	3.0㎝
準耐火構造（45分）	平12建告1358号	3.5㎝	4.5㎝
1時間準耐火構造（60分）	令元国交告195号	4.5㎝	6.0㎝
75分準耐火構造（75分）	令元国交告193号	6.5㎝（8.5㎝）	—

注1 75分準耐火構造の燃えしろは、接着剤がフェノール樹脂などの場合を示し、カッコ内はフェノール樹脂以外の場合を示す。また、燃えしろを差し引いた残りの断面の小径は200mm以上とする

注2 令和元年6月25日施行された法21条第1項の改正では、建築物全体の耐火性能を高めることで、構造用部材の木材を露しにすることができる範囲を拡大した。高さ16m超または4階建て以上の建物で、燃え代設計と消火設備設計において一定の基準を満たす事務所、劇場、ホテル、共同住宅などを、燃え代設計で建築可能とした。具体的な仕様を令元国交告193号に定められており、主要構造部と接着剤の種別に応じて規定している

各部の設計手順とデータの使い方

1 地盤・基礎

基礎の設計

検討手順

1 ● 地盤の許容支持力を求める

地盤調査結果から許容支持力を求める。また、地盤改良の要否・方法と基礎形式を決定する。

2 ● 建物の総重量を算出する

基礎から屋根までの建物重量の総計を算出する。

3 ● 接地圧を検討する

建物の重さに対して、地盤が耐えられるかを検討する。

4 ● 基礎の仕様を決定する

基礎にかかる応力を求め、必要な厚さや配筋などの仕様を決定する。

▶基礎に流れる力

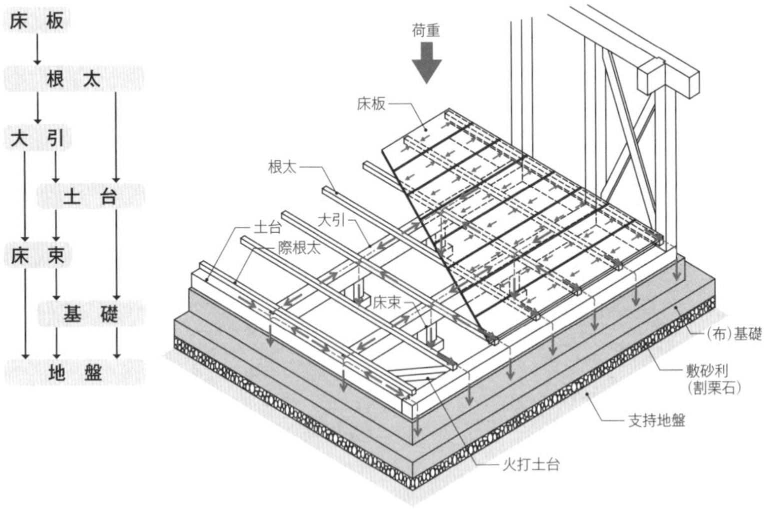

基礎形式選択までのフロー

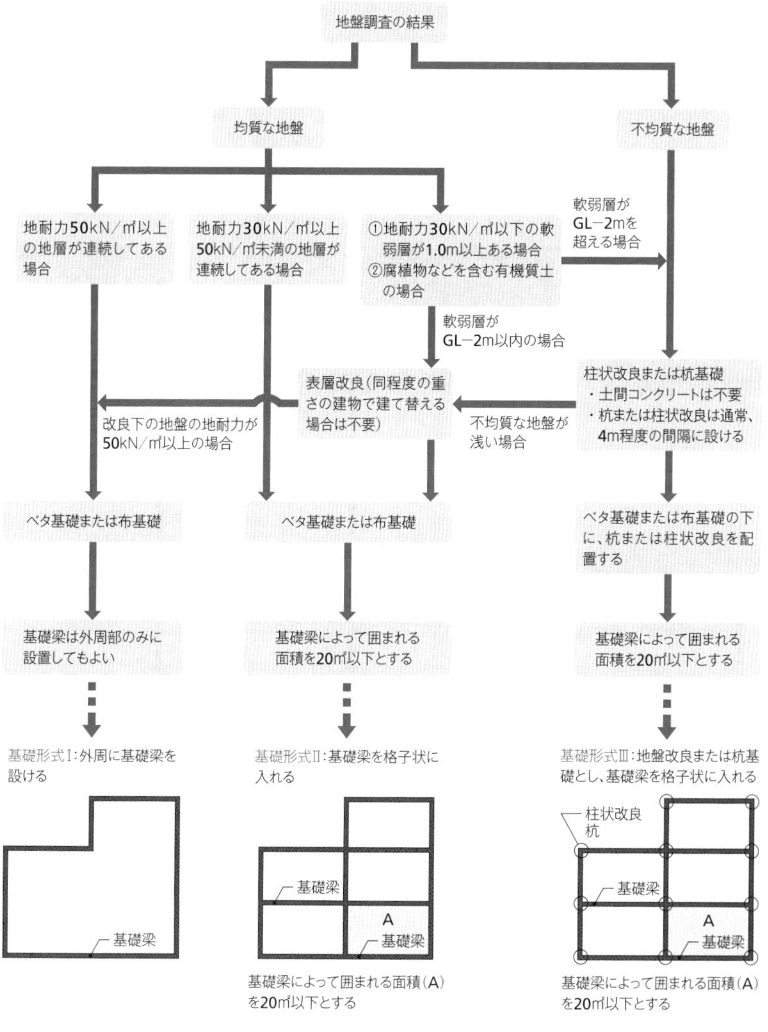
地盤調査の結果
均質な地盤
不均質な地盤
地耐力50kN／㎡以上の地層が連続してある場合
地耐力30kN／㎡以上50kN／㎡未満の地層が連続してある場合
①地耐力30kN／㎡以下の軟弱層が1.0m以上ある場合
②腐植物などを含む有機質土の場合
軟弱層がGL−2mを超える場合
軟弱層がGL−2m以内の場合
表層改良（同程度の重さの建物で建て替える場合は不要）
改良下の地盤の地耐力が50kN／㎡以上の場合
柱状改良または杭基礎
・土間コンクリートは不要
・杭または柱状改良は通常、4m程度の間隔に設ける
不均質な地盤が浅い場合
ベタ基礎または布基礎
ベタ基礎または布基礎
ベタ基礎または布基礎の下に、杭または柱状改良を配置する
基礎梁は外周部のみに設置してもよい
基礎梁によって囲まれる面積を20㎡以下とする
基礎梁によって囲まれる面積を20㎡以下とする
基礎形式Ⅰ：外周に基礎梁を設ける
基礎形式Ⅱ：基礎梁を格子状に入れる
基礎形式Ⅲ：地盤改良または杭基礎とし、基礎梁を格子状に入れる
基礎梁
基礎梁
A
基礎梁
基礎梁によって囲まれる面積（A）を20㎡以下とする
柱状改良
杭
基礎梁
A
基礎梁
基礎梁によって囲まれる面積（A）を20㎡以下とする

基礎設計のフロー

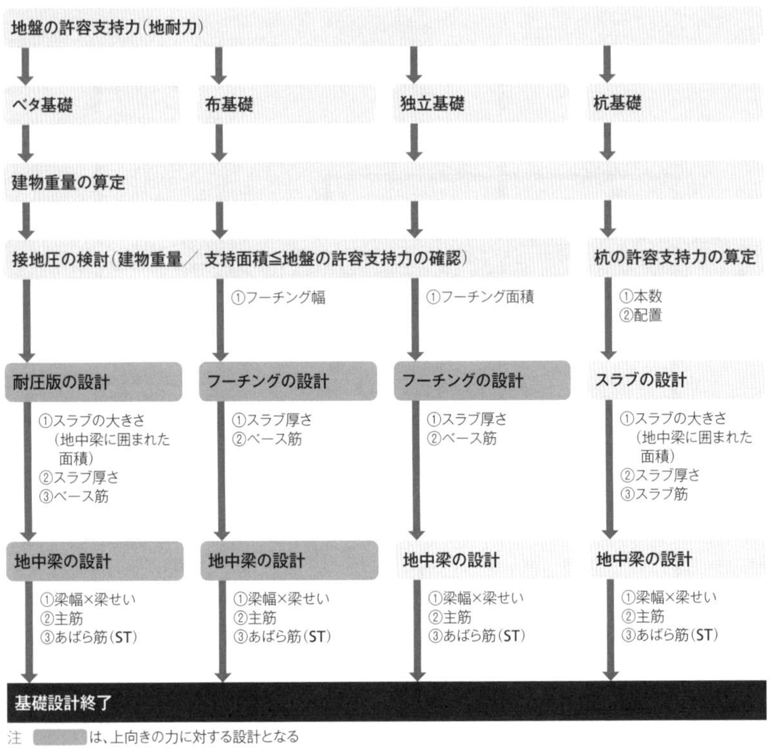
地盤の許容支持力(地耐力)
ベタ基礎
布基礎
独立基礎
杭基礎
建物重量の算定
接地圧の検討(建物重量/支持面積≦地盤の許容支持力の確認)
杭の許容支持力の算定
①フーチング幅
①フーチング面積
①本数
②配置
耐圧版の設計
フーチングの設計
フーチングの設計
スラブの設計
①スラブの大きさ
(地中梁に囲まれた
面積)
②スラブ厚さ
③ベース筋
①スラブ厚さ
②ベース筋
①スラブ厚さ
②ベース筋
①スラブの大きさ
(地中梁に囲まれた
面積)
②スラブ厚さ
③スラブ筋
地中梁の設計
地中梁の設計
地中梁の設計
地中梁の設計
①梁幅×梁せい
②主筋
③あばら筋(ST)
①梁幅×梁せい
②主筋
③あばら筋(ST)
①梁幅×梁せい
②主筋
③あばら筋(ST)
①梁幅×梁せい
②主筋
③あばら筋(ST)
基礎設計終了
注　は、上向きの力に対する設計となる

スクリューウエイト貫入試験データの活用

ここでは筆者が実際に行った設計事例を挙げて、地層構成概念図の描き方と、基礎形式の決定に至る要点について解説する。
下表は、埼玉県朝霞市にあるT邸を設計する際に行ったスクリューウエイト貫入試験のデータである。

スクリューウエイト貫入試験　記録用紙

調査名（T）邸　敷地（埼玉県朝霞市）　試験年月日 R2年12月1日
天候（晴）　測定地点（No.2）　最終貫入深さ（8.2m）　水位（GL−1.8m）

荷重 W_{sw} [kN]	半回転数 N_a [回]	貫入深さ D [m]	貫入量 L [cm]	1m当たりの半回転数 N_{sw}[回]	推定土質 推定水位	備考	推定支持力 f_e [kN/㎡]
0.00	0	0.25	25	0		掘削	
0.50	0	0.50	25	0		無回転緩速	
0.75	0	0.75	25	0	粘性土	無回転緩速	
1.00	2	1.00	25	8	〃	−	43
1.00	8	1.25	25	32	〃	−	58
1.00	5	1.50	25	20	〃	−	51
1.00	0	1.75	25	0	〃	無回転緩速	
1.00	0	2.00	25	0	〃	無回転緩速	
0.75	0	2.25	25	0	〃	無回転緩速	
0.75	0	2.50	25	0	〃	無回転緩速	
0.75	0	2.75	25	0	〃	無回転緩速	
1.00	3	3.00	25	12	〃	−	46
1.00	4	3.25	25	16	〃	−	48
1.00	5	3.50	25	20	〃	−	51
1.00	0	3.75	25	0	〃	無回転緩速	
1.00	0	4.00	25	0	〃	無回転緩速	
1.00	0	4.25	25	0	〃	無回転緩速	
1.00	0	4.50	25	0	〃	無回転緩速	
1.00	0	4.75	25	0	〃	無回転緩速	
1.00	0	5.00	25	0	〃	無回転緩速	
1.00	28	5.25	25	112	〃	−	110
1.00	36	8.00	25	144	〃	−	130
1.00	99	8.20	25	495	〃	−	355

・スクリューポイントにローム付着
・1回目のすぐ近くで表土を掘削してから測定　GL=1回目GL−110

※ ［網掛け］の部分は、半回転数0部分（自沈層）を示す

調査は敷地内の3ポイントで行ったが、ばらつきは見られなかった。このデータを見ると、以下のことが分かる。

・**土質**

GL−0.75mから粘性土となっている。

・**荷重** W_{sw}

表土部分とGL−2.25〜2.75mの範囲が0.75kN以下で、そのほかは1.00kNである。

・**1m当たりの半回転数** N_{sw}

GL−0.75mまでと、GL−1.5〜2.75mの範囲、およびGL−3.5〜5.0mまでは0、そのほかは8以上。

以上のデータから、下図のような地層構成概念図を描いてみると、自沈層と良質地盤とが互層になった複雑な地盤であることが分かる。

自沈層が存在しているときは、表や概念図の自沈層部分に色を塗るなどしておくと、より理解しやすい。

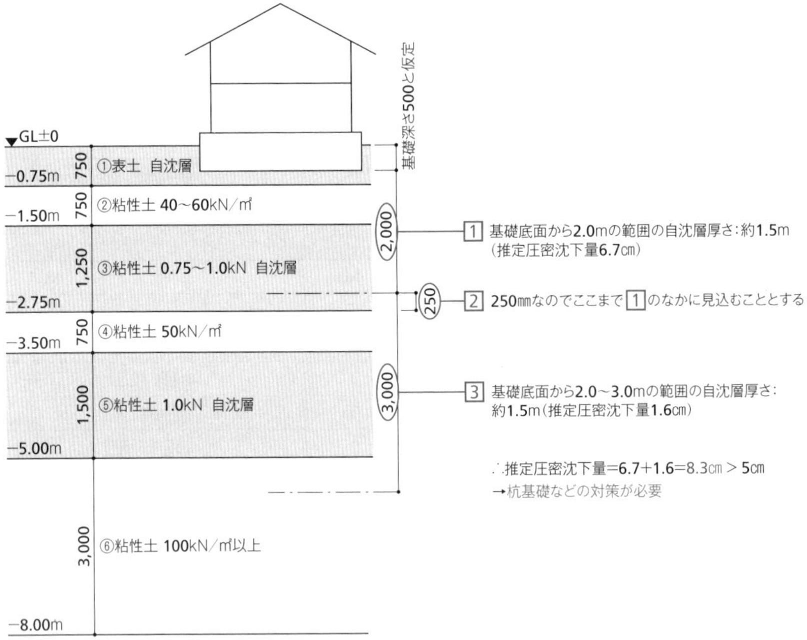

地盤の支持力は、各層の1m当たりの半回転数 N_{sw}から、「**設計データ 10 ● 地盤調査**」の「**❻スクリューウエイト貫入試験 長期許容支持力換算表**」▶36頁により算定する。

●設計データ 10❻ ▶36頁

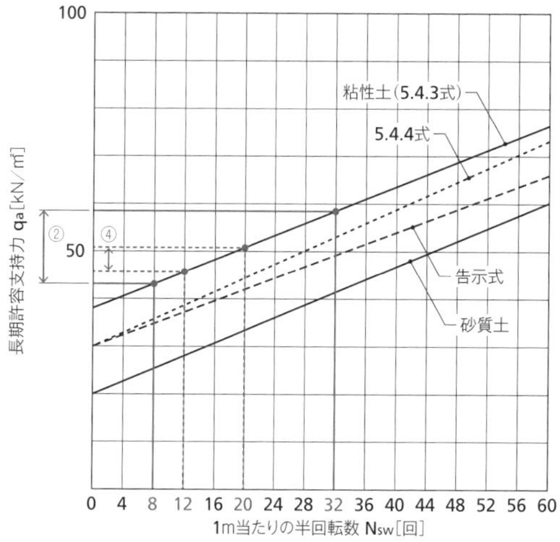

支持力算定式

・粘性土

$q_a=38W_{sw}+0.64N_{sw}$

・砂質土

$q_a=20W_{sw}+0.67N_{sw}$

注　②・④は198頁図の地層の番号に対応

自沈層については、同「**❼スクリューウエイト貫入試験 自沈層の圧密沈下量推定表**」▶37頁から沈下量を推定する。基礎下端をGL−500と仮定し、そこから2.0mまでの範囲でラインを引く。ラインの直下にわずかに自沈層があるので、安全を見てGL−2.75mまでを基礎下2mの範囲に含めることとする(ライン直下の自沈層は基礎下2.0〜5.0mの範囲に含めてもよい)。この範囲における自沈層厚さは1.50mで、推定沈下量は6.7㎝となる。

●設計データ 10❼ ▶37頁

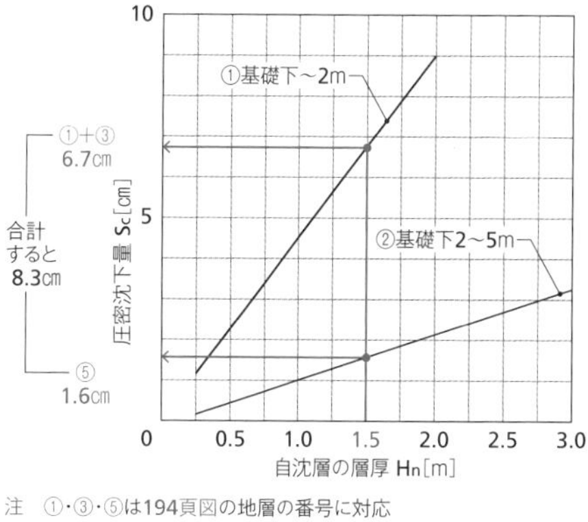

注　①・③・⑤は194頁図の地層の番号に対応

検査対象となる自沈層

(1)基礎底面から2mまでの間にW_{sw}≦1.00kNで沈下する層

(2)基礎下2〜5mまでの間にW_{sw}≦0.50kNで沈下する層

許容沈下量の目安

(1)即時沈下 2㎝以下

(2)圧密沈下 10㎝以下

圧密沈下量算定式(粘性土)

$S_c=\Sigma m_v \cdot \Delta P \cdot H_n$

$m_v=1.0\times10^{-5}\cdot w_n^{A}$

$A=1.2-0.0015(P_o+\Delta P/2)$

地盤の自然含水率比:W_n=70%

住宅荷重:q=30kN/㎡

①:ΔP=30kN/㎡　P_o=0kN/㎡

②:ΔP=8.6kN/㎡　P_o=18kN/㎡×2.0m

=36kN/㎡として左表を作成

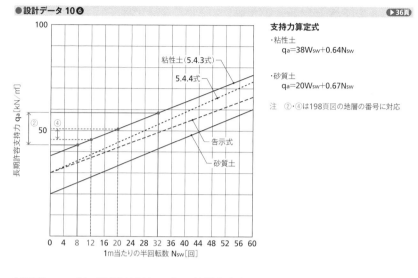

検討するモデル住宅

ここからは、下図に示すモデル住宅を使って、さまざまな基礎の設計例を紹介する。モデル住宅の仕様は、屋根は瓦葺き、外壁はモルタル塗りの2階建て木造住宅である。

❶2階平面図

❷1階平面図

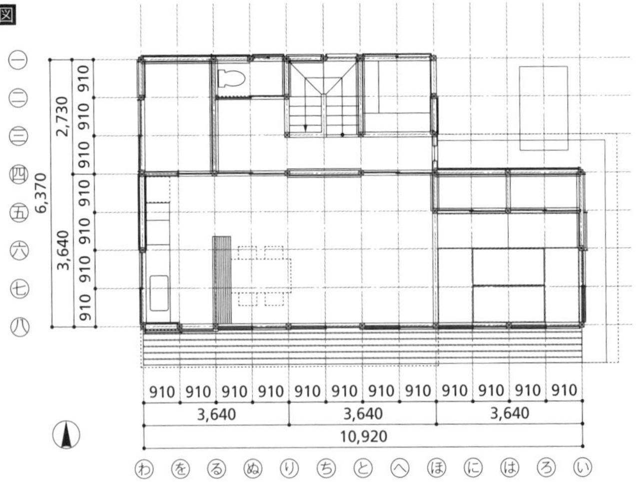

❸南立面図

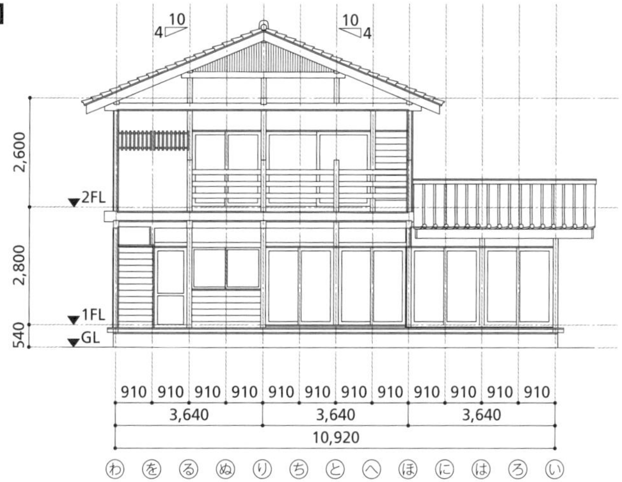
10
4
10
4
2,600
2FL
2,800
1FL
540
GL
910 910 910 910 910 910 910 910 910 910 910 910
3,640 3,640 3,640
10,920
㋻ ㋾ ㋽ ㋦ ㋷ ㋠ ㋣ ㋬ ㋭ ㋥ ㋩ ㋺ ㋐

❹西立面図

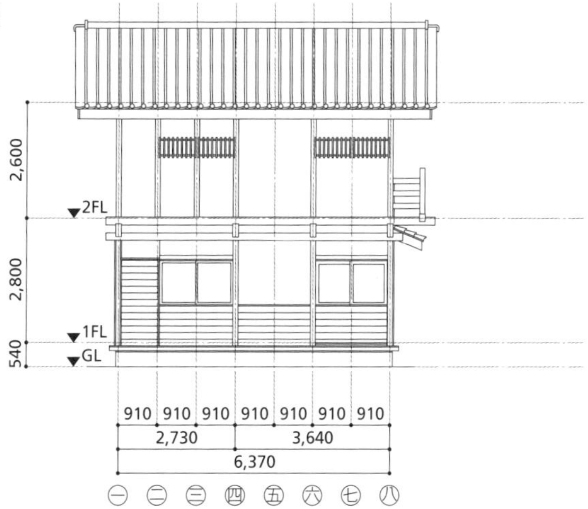
2,600
2FL
2,800
1FL
540
GL
910 910 910 910 910 910 910
2,730 3,640
6,370
㊀ ㊁ ㊂ ㊃ ㊄ ㊅ ㊆ ㊇

ベタ基礎耐圧版の設計

設計例

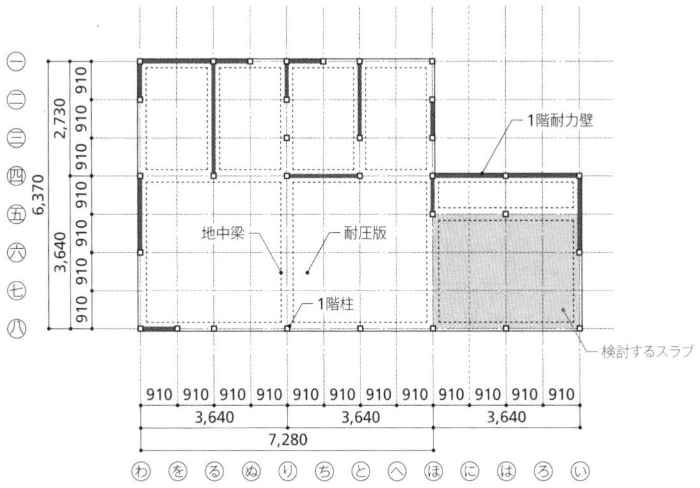

1 ● スラブの大きさ・設計用荷重の設定

スラブの大きさは地中梁で囲まれた内法寸法でよいが、本例では少し余裕をみて、通り心間距離で設計を行うこととする。したがって、スラブの短辺および長辺の長さは以下のとおりとなる。

　短辺長さ $\ell_x=2.73$ m

　長辺長さ $\ell_y=3.64$ m

スラブ設計用荷重は、建物重量から自重を差し引いて求める。モデル住宅は瓦葺き屋根＋モルタル外壁であるので、「**設計データ 15 ● 基礎設計用の建物重量**」▶50頁より、単位床面積当たりの建物重量は11.0kN／㎡（11,000N／㎡）となる。

● 設計データ 15 ▶50頁

仕様		単位荷重［N／㎡］				平屋建て		2階建て	
		屋根	2階床	1階床	基礎	合計	設計値	合計	設計値
I	屋根：瓦葺き 外壁：ラスモルタル	~~1,800~~	~~3,500~~	~~3,200~~	~~5,000~~	~~10,000~~ →	11,000	13,500	15,000

スラブの自重は、鉄筋コンクリートの比重×スラブ厚さにより求められる。鉄筋コンクリートの比重は24kN/㎥。スラブ厚さを本例では0.15m(150㎜)とすると、スラブ設計用荷重 Wは以下のとおりとなる。

$W = 11.0\ \mathrm{kN/m^2} - (24\ \mathrm{kN/m^3} \times 0.15\ \mathrm{m})$

$\quad = 11.0\ \mathrm{kN/m^2} - 3.6\ \mathrm{kN/m^2} = 7.4\ \mathrm{kN/m^2}$

2 ● スラブに生じる応力の算定

「**設計データ 17 ● スラブに生じる応力**」の応力グラフ「**❶ 等分布荷重時4辺固定スラブの応力と中央点のたわみ**」▶52頁から、曲げモーメント Mとせん断力 Qを算出するための係数を求める。このグラフは辺長比との関係を表しているので、スラブの大きさから辺長比 λを求める。

$$\lambda = \frac{\ell_y}{\ell_x} = \frac{3.64\,\mathrm{m}}{2.73\,\mathrm{m}} = 1.33$$

等分布荷重時4辺固定スラブの応力グラフよりM_{x1}、M_{x2}、M_{y1}、M_{y2}の係数を求め、以下の式にあてはめて各部位に発生する曲げモーメント Mを算定する

$M = 係数 \times 荷重 \times (短辺長さ)^2$

各係数は、$M_{x1} = 0.063$、$M_{x2} = 0.043$、$M_{y1} = 0.042$、$M_{y2} = 0.028$。荷重が7.4kN/㎡、短辺長さが2.73mなので、

$M_{x1} = 0.063 \times 7.4 \times 2.73^2 = 3.47\ \mathrm{kN \cdot m/m} = 347\ \mathrm{kN \cdot cm/m}$

$M_{x2} = 0.043 \times 7.4 \times 2.73^2 = 2.37\ \mathrm{kN \cdot m/m} = 237\ \mathrm{kN \cdot cm/m}$

$M_{y1} = 0.042 \times 7.4 \times 2.73^2 = 2.32\ \mathrm{kN \cdot m/m} = 232\ \mathrm{kN \cdot cm/m}$

$M_{y2} = 0.028 \times 7.4 \times 2.73^2 = 1.54\ \mathrm{kN \cdot m/m} = 154\ \mathrm{kN \cdot cm/m}$

● 設計データ 17❶ ▶52頁

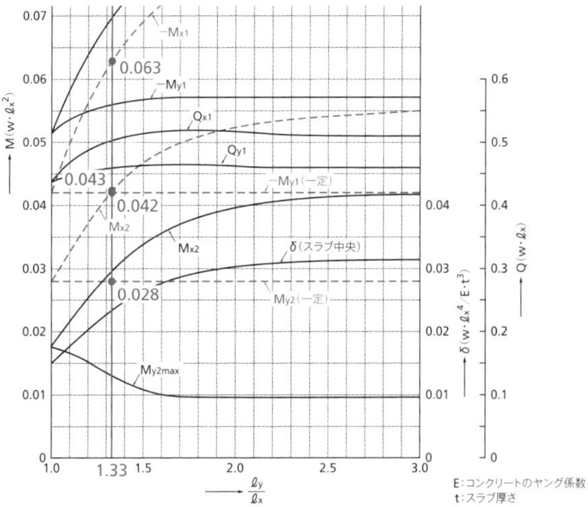

同様にして、応力グラフよりQ_{x1}、Q_{y1}の係数を求め、以下の式にあてはめて各部位に発生するせん断力 Qを算定する。

　Q=係数×荷重×短辺長さ

応力グラフよりQ_{x1}=0.51、Q_{y1}=0.46なので、

　Q_{x1}=0.51×7.4×2.73=10.30 kN/m

　Q_{y1}=0.46×7.4×2.73=9.29 kN/m

なお、上記応力はスラブ1m当たりの値となっている。

●設計データ 17❶ ▶52頁

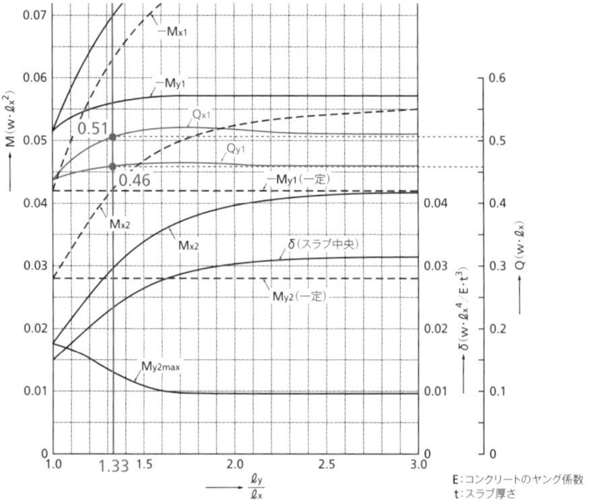

3 ● 断面算定①曲げモーメントに対する設計

M_{x1}はスラブ下側が引張となるので、右図のように有効せい d を求める。

一方、M_{x2}はスラブ上側が引張となるので、有効せいはスラブ下端から下筋の中心までの距離となる。したがって、M_{x2}に対する有効せいは、M_{x1}に対する値より小さくなるが、本例では計算の合理化を図り、M_{x1}用の応力中心距離 jで必要断面積を算定する。そのため、配筋決定に際しては十分な余裕を見込むこととする（一般に、応力の大きいM_{x1}のほうで配筋が決定するので問題はない）。

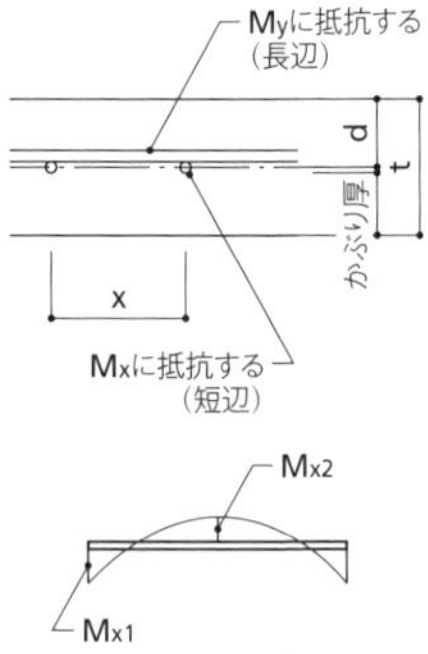

鉄筋径をD13とすると、「**設計データ 14●配筋・施工要領**」の「**❹異形棒鋼の規格**」▶45頁より、鉄筋の最外径 D_1＝1.4㎝(14㎜)。また、スラブ厚さ t＝15㎝(150㎜)、シングル配筋とすると、梁の有効せい dと応力中心距離 jは以下のように求められる。

d ＝スラブ厚さ－(かぶり厚＋鉄筋の半径[中心])

＝15－(6＋1.4／2)＝8.3 ㎝

→設計値8.0㎝とする(数値の丸め方は設計者の判断による)

$$j=\frac{7}{8}d=\frac{7}{8}\times 8.0=7.0\ \text{cm}$$

M_{x2}に対するdとjも、前述の理由からこれに準ずることとする。

●設計データ 14❹ ▶45頁

呼び名	公称直径 d [㎜]	最外径 D [㎜]	単位重量 w [kg/m]	軸断面積 A_g [㎠]	周長 ψ [㎝]	主筋間隔 [㎜]
D10	9.53	11.0	0.560	0.71	3.0	43
D13	12.70	14.0	0.995	1.27	4.0	46

引張鉄筋の必要断面積を下式より求める。

$$a_t=\frac{M}{f_t\cdot j}\ \cdots\cdots\cdots ❶$$

a_t：引張鉄筋の必要断面積[㎠]

M：曲げモーメント[kN・㎝]

f_t：鉄筋の許容応力度[kN／㎠]

j：応力中心距離[㎝]

このうちf_tについては、「**設計データ 13●鉄筋・コンクリートの許容応力度**」の「**❷鉄筋の許容応力度**」▶43頁より、SD295：f_t＝19.5kN／㎠(195N／㎟[長期])とする。

●設計データ 13❷ ▶43頁

材料種別	長期			短期		
	圧縮	引張	せん断	圧縮	引張	せん断
SR235	155	155	155	235	235	235
SD295	195	195	195	295	295	295

❶式で求められた値はスラブ幅1mの範囲に必要な断面積であるので、鉄筋の間隔を下式により求める。

$$x=\frac{a_o}{a_t}\times 100\ \cdots\cdots\cdots ❷$$

x：鉄筋の間隔[㎝]

a_o：1本の断面積[㎠]

a_t：引張鉄筋の必要断面積[㎠]

100：スラブ幅1m(＝100㎝)

a_0については、「**設計データ 14●配筋・施工要領**」の「**❹異形棒鋼の規格**」▶45頁より、D10：0.71 ㎠、D13：1.27 ㎠とする。

●設計データ 14❹ ▶45頁

呼び名	公称直径 d [mm]	最外径 D [mm]	単位重量 w [kg/m]	軸断面積 A_g [㎠]	周長 ψ [cm]	主筋間隔 [mm]
D10	9.53	11.0	0.560	0.71	3.0	43
D13	12.70	14.0	0.995	1.27	4.0	46

よって、曲げ応力に対して必要なスラブ筋は以下のとおりとなる。

短辺方向　端部 下筋：a_{tx1}=347／(19.5×7.0)=2.54 ㎠／m
D10–@279(200)[※]
中央 上筋：a_{tx2}=237／(19.5×7.0)=1.74 ㎠／m
D10–@408(200)[※]

長辺方向　端部 下筋：a_{ty1}=232／(19.5×7.0)=1.70 ㎠／m
D10–@417(200)[※]
中央 上筋：a_{ty2}=154／(19.5×7.0)=1.13 ㎠／m
D10–@628(200)[※]

※（ ）内の数値は設計値を表す

4●断面算定②せん断力に対する設計

コンクリートのせん断強度に対するスラブ厚さを検証する。具体的には、下式によりコンクリートの許容せん断応力度以下であることを確認する。

$$\tau=\frac{Q}{B\cdot j}\leqq f_s$$

τ：せん断応力度[kN／㎠]
Q：せん断力[kN]
B：スラブ幅[cm](=100cm)
j：応力中心距離[cm]
f_s：コンクリートの許容せん断応力度[kN／㎠]

f_sについては、「**設計データ 13●鉄筋・コンクリートの許容応力度**」の「**❶普通コンクリートの許容応力度**」▶43頁より、F_c=21N／㎟：f_s=0.07kN／㎠(0.70N／㎟[長期])とする。

●設計データ 13❶ ▶43頁

設計基準強度	長期				短期			
	圧縮	せん断	付着		圧縮	せん断	付着	
			曲げ材上端	曲げ材一般			曲げ材上端	曲げ材一般
Fc18	6.0	0.60	1.20	1.80	12.0	0.90	1.80	2.70
Fc21	7.0	0.70	1.40	2.10	14.0	1.05	2.10	3.15

せん断力の大きいQ_xについて検討すると、

$$\tau=\frac{10.30}{100\times7.0}=0.015\ \mathrm{kN/cm^2}<f_s=0.07\ \mathrm{kN/cm^2}\rightarrow \mathrm{OK}$$

次に、鉄筋とコンクリートの付着について検討する。まず下式により、コンクリートの付着に必要な鉄筋の周長を求める。

$$\psi=\frac{Q}{f_a\cdot j}$$

ψ：必要周長［cm］

f_a：鉄筋の許容付着応力度［kN/cm²］

j：応力中心距離［cm］

f_aについては、「**設計データ13●鉄筋・コンクリートの許容応力度**」の「**❶普通コンクリートの許容応力度**」▶43頁より、F_c=21N/mm²：曲げ材 一般　f_a=0.21kN/cm²（2.10N/mm²［長期］）とする。

●設計データ13❶ ▶43頁

設計基準強度	長期				短期			
	圧縮	せん断	付着		圧縮	せん断	付着	
			曲げ材 上端	曲げ材 一般			曲げ材 上端	曲げ材 一般
Fc18	6.0	0.60	1.20	1.80	12.0	0.90	1.80	2.70
Fc21	7.0	0.70	1.40	2.10	14.0	1.05	2.10	3.15

上式で求められた値は、スラブ幅1mの範囲に必要な周長であるので、鉄筋の間隔を下式により求める。

$$x=\frac{\psi_o}{\psi}\times100$$

x　：鉄筋の間隔［cm］

ψ_o：1本の周長［cm］

100：スラブ幅1m（=100cm）

ψ_oについては、「**設計データ14●配筋・施工要領**」の「**❹異形棒鋼の規格**」▶45頁より、D10：3.0cm、D13：4.0cmとする。

●設計データ14❹ ▶45頁

呼び名	公称直径 d［mm］	最外径 D［mm］	単位重量 w［kg/m］	軸断面積 A_g［cm²］	周長 ψ［cm］	主筋間隔［mm］
D10	9.53	11.0	0.560	0.71	3.0	43
D13	12.70	14.0	0.995	1.27	4.0	46

よって、付着に対して必要なスラブ筋は以下のとおりとなる。

短辺方向：ψ_x=10.30/(0.21×7.0)=7.01cm/m　D10-@428

長辺方向：ψ_y=　9.29/(0.21×7.0)=6.32cm/m　D10-@474

∴ 手順**3**で求めた間隔のほうが小さいので、スラブ配筋は曲げ応力で決定する。

ベタ基礎の地中梁の設計

設計例

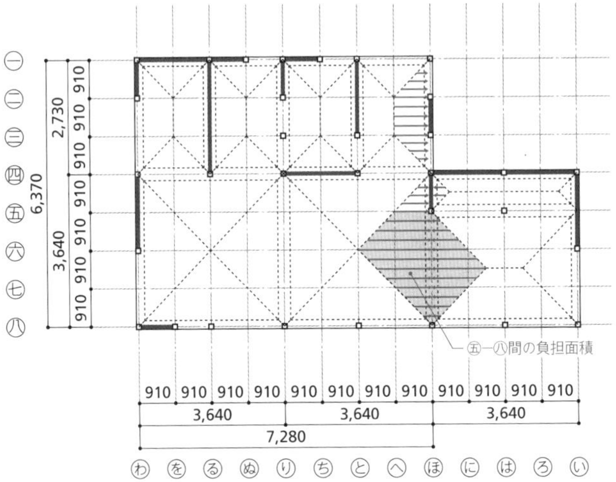

1 ● 応力の算定

200・201頁に示す住宅モデルを使い、上図に示すほ通り・㊄—㊇間の地中梁を設計する。

まず、建物重量から基礎の重量を差し引いて地中梁設計用荷重を求める。モデル住宅は瓦葺き屋根＋モルタル外壁であるので、「**設計データ 15 ● 基礎設計用の建物重量**」▶50頁より、単位床面積当たりの建物重量は、2階建て部分は**15.0**kN／㎡(**15,000**N／㎡)、平屋部分は**11.0**kN／㎡(**11,000**N／㎡)となる。また、基礎の重量は**5.0**kN／㎡(**5,000**N／㎡)なので、地中梁設計用荷重は以下のとおりとなる。

2階建て部分 W'_2＝**15.0** kN／㎡－**5.0** kN／㎡＝**10.0** kN／㎡

1階建て部分 W'_1＝**11.0** kN／㎡－**5.0** kN／㎡＝ **6.0** kN／㎡

●設計データ 15 ▶50頁

仕様		単位荷重[N／㎡]				平屋建て		2階建て	
		屋根	2階床	1階床	基礎	合計	設計値	合計	設計値
Ⅰ	屋根：瓦葺き 外壁：ラスモルタル	1,800	3,500	3,200	5,000	10,000	11,000	13,500	15,000

㊄—㊇間の負担面積は208頁図の色付きの範囲となるが、ここでは計算を簡略化するため、下図のように、梁に作用する面荷重を等価な等分布荷重に置き換えて算定する(面積が等しくなるように負担幅 Bを求める)。

2階建て側の負担面積 $A_2=3.64\times1.82/2-0.91^2/2$
$=2.90\,\text{m}^2$

等価な負担幅 $B_2=A_2/\ell=2.90/2.73=1.06\,\text{m}$

よって、$W_2=W'_2\times B_2=10.0\times1.06=10.6\,\text{kN/m}$

平屋側の負担面積 $A_1=2.73\times1.365/2=1.86\,\text{m}^2$

等価な負担幅 $B_1=A_1/\ell=1.86/2.73=0.68\,\text{m}$

よって、$W_1=W'_1\times B_1=6.0\times0.68=4.1\,\text{kN/m}$

(ほ)通りは、柱を支点として以下のようにモデル化できる

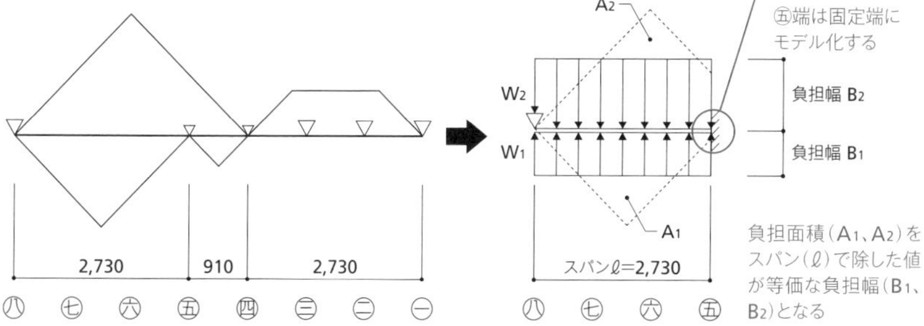

以上の値を元に、両端固定としたときの端部に生じる曲げモーメント C、両端ピンとしたときの中央部に生じる曲げモーメント M_0、両端ピンとしたときの端部に生じるせん断力 Qをそれぞれ算定する。

・両端固定としたときの端部に生じる曲げモーメント

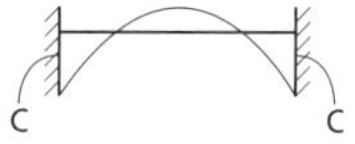

$C=\frac{1}{12}W\ell^2$より、

$C=\frac{1}{12}(W_1+W_2)\ell^2=\frac{1}{12}(4.1+10.6)\times2.73^2=9.13\,\text{kN}\cdot\text{m}$

・両端ピンとしたときの中央部に生じる曲げモーメント

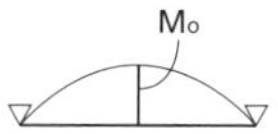

$M_0=\frac{1}{8}W\ell^2$より、

$M_0=\frac{1}{8}(W_1+W_2)\ell^2=\frac{1}{8}(4.1+10.6)\times2.73^2=13.69\,\text{kN}\cdot\text{m}$

・両端ピンとしたときの端部に生じるせん断力

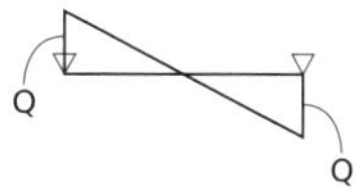

$Q=\frac{1}{2}W\ell$より、

$Q=\frac{1}{2}(W_1+W_2)\ell=\frac{1}{2}(4.1+10.6)\times2.73=20.07\,\text{kN}$

学会式により設計用応力を求める。

・曲げモーメント

㊇端：$M_8 = 0.6C = 0.6 \times 9.13 = 5.48$ kN・m$=548$ kN・㎝

中央：$M_c = M_o - 0.65C = 13.69 - (0.65 \times 9.13)$

$= 7.76$ kN・m$=776$ kN・㎝

㊄端：$M_5 = 1.2C = 1.2 \times 9.13 = 10.96$ kN・m$=1{,}096$ kN・㎝

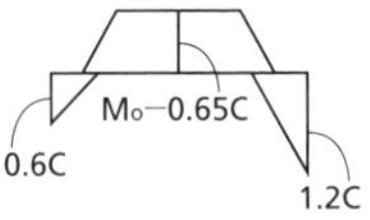

・せん断力

㊇端：$Q_8 = Q_o - (M_5 - M_8) / \ell$

$= 20.07 - (10.96 - 5.48) / 2.73 = 18.06$ kN

㊄端：$Q_5 = Q_o + (M_5 - M_8) / \ell$

$= 20.07 + (10.96 - 5.48) / 2.73 = 22.08$ kN

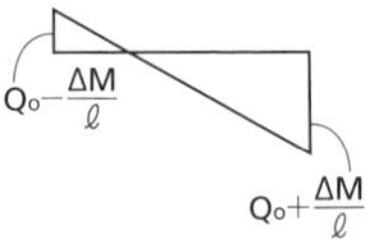

2 ● 断面算定①曲げモーメントに対する設計

引張鉄筋（主筋）の必要断面積は、スラブと同様、下式により求められる。

$$a_t = \frac{M}{f_t \cdot j}$$

a_t：引張鉄筋の必要断面積［㎠］

M：曲げモーメント［kN・㎝］

f_t：主筋の許容引張応力度［kN／㎠］

j：応力中心距離［㎝］

このうちf_tについては、「**設計データ 13 ● 鉄筋・コンクリートの許容応力度**」の「**❷鉄筋の許容応力度**」▶43頁より、D10からD16：SD295 長期$f_t = 19.5$kN／㎠（195N／㎟）とする。

●設計データ 13❷ ▶43頁

材料種別	長期			短期		
	圧縮	引張	せん断	圧縮	引張	せん断
SR235	155	155	155	235	235	235
SD295	195	195	195	295	295	295

梁幅b×梁せいD＝30㎝×45㎝と仮定すると、

有効せい $d = D - 8$㎝$=37.0$㎝

応力中心距離 $j = \frac{7}{8}d = 32.3$㎝

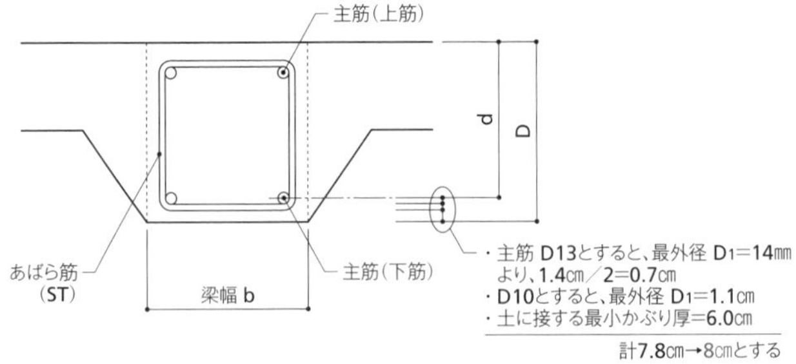

以上の数値を元に主筋を算定すると、以下のとおりとなる。

㋩端 下筋：$a_t = \dfrac{M_8}{f_t \cdot j}$ ＝ 548／(19.5×32.3)＝0.87㎠

1-D13 (a_t＝1.27㎠)

中央 上筋：$a_t = \dfrac{M_c}{f_t \cdot j}$ ＝ 776／(19.5×32.3)＝1.23㎠

1-D13

㊄端 下筋：$a_t = \dfrac{M_5}{f_t \cdot j}$ ＝1,096／(19.5×32.3)＝1.74㎠

2-D13 (a_t＝2.54㎠)

主筋本数が求められたら、下図または「**設計データ 14●配筋・施工要領**」の「**❺鉄筋本数と梁幅の最小寸法**(地中梁)」▶45頁により梁幅を決定する。

主筋の間隔とかぶり厚さから必要最小限の梁幅を求める

①**主筋の径**
D13→公称直径 d_1＝12.7㎜
最外径 D_1＝14.0㎜

②**あばら筋の径**
D10→公称直径 d_2＝9.53㎜
最外径 D_2＝11.0㎜

③**粗骨材最大寸法**
d'＝25㎜

④**主筋間隔**
max{・d×2.7 ………… A
　　・d'×1.25＋D … B
上記より
A＝12.7×2.7＝34.29㎜
→35㎜
B＝25×1.25＋14.0＝45.25㎜
→46㎜
よって、Bで決定する。

⑤**かぶり厚さ**
土に接する梁は50㎜

⑥**あばら筋の曲げ加工誤差**
それぞれ10㎜ずつ見込む

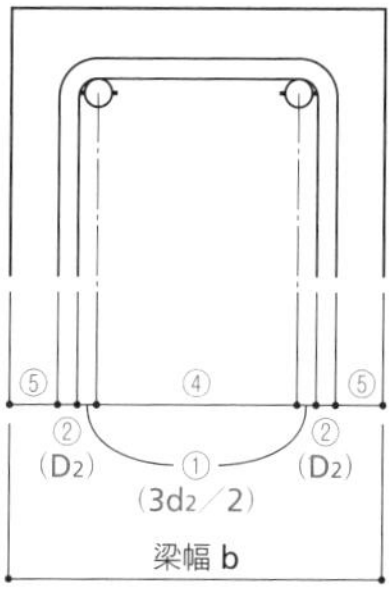

梁幅の算定

2×⑤＝2×50	＝100.0
2×②＝2×D_2＝2×11.0	＝ 22.0
2×①＝2×3d_2／2＝3d_2	＝ 28.6
1×④	＝ 46.0
2×⑥＝2×10	＝ 20.0
	計216.6㎜

注　①～⑤は43～48頁を参照のこと

「**設計データ 14●配筋・施工要領**」の「**❺鉄筋本数と梁幅の最小寸法**(地中梁)」▶45頁を用いると、主筋D13、あばら筋D10、主筋本数2本なので、必要梁幅は217㎜となる。
∴ 施工性を考慮して、梁幅 b＝220㎜とする(各自で判断)。

●設計データ 14❺ ▶45頁

主筋	あばら筋	主筋本数								
		2	3	4	5	6	7	8	9	10
D13	D10	217	263	309	355	401	447	493	539	585
	D13	232	278	324	370	416	462	508	554	600
D16	D10	221	271	321	371	421	471	521	571	621
	D13	236	286	336	386	436	486	536	586	636
D19	D10	224	277	330	383	436	489	542	595	648
	D13	239	292	345	398	451	504	557	610	663

3 ● 断面算定②せん断力に対する設計

下式により、せん断応力度を算定し、あばら筋の径および間隔を決定する。

$$\tau=\frac{Q}{b\cdot j}$$

τ：せん断応力度[kN／㎠]
Q：せん断力[kN]
b：梁幅[㎝]
j：応力中心距離[㎝]

あばら筋(スターラップ)の量は、下式で表される。

$$P_w=\frac{a_w}{b\cdot x}$$

P_w：あばら筋比
a_w：1組のあばら筋の断面積[㎠]
b：梁幅[㎝]
x：あばら筋の間隔[㎝]

せん断応力度を算定した結果、$\tau \leqq \alpha\cdot f_s$の場合は、コンクリートのみでせん断力を処理できるが、学会規準に則り、$P_w \geqq 0.2\%$としてあばら筋を入れる。
一方、$\tau > \alpha\cdot f_s$の場合は、次式によりあばら筋を設計する。

$$P_w=\frac{\tau-\alpha\cdot f_s}{0.5{}_wf_s}+0.002$$

ただし、$\alpha=\dfrac{4}{\dfrac{M}{Q\cdot d}+1}$ かつ $1\leqq\alpha\leqq2$

α：梁のせん断スパン比$\dfrac{M}{Q\cdot d}$による割増係数
f_s：コンクリートの許容せん断応力度[kN／㎠]
→F_c=21N／㎟：長期f_s=0.07 kN／㎠
${}_wf_s$：あばら筋のせん断補強用許容引張応力度[kN／㎠]
→SD295：長期${}_wf_s$=19.5 kN／㎠
M：設計する梁の最大曲げモーメント
Q：設計する梁のせん断力

せん断力が大きい㊄端で計算すると、以下のとおりとなる。

$$\tau=\frac{Q_5}{b\cdot j}=22.08/(22\times32.3)$$
$$=0.031\ \text{kN/cm}^2 < f_s=0.07\ \text{kN/cm}^2 \rightarrow \text{OK}$$

よって、コンクリート断面だけでせん断力が処理できるので、あばら筋は特に必要ない。しかし、収縮ひび割れなどを考慮し、P_w=0.2%を目安に配筋することとする。

あばら筋：D10とすると、

$a_w = 2\times 0.71 = 1.42$ ㎠

必要なあばら筋の間隔は

$$x \leqq \frac{a_w}{b \cdot P_w} = 1.42／(22\times 0.002) = 32.3\text{㎝}$$

以上より、あばら筋は2−D10−@200とする。
さらに、施工性を考慮して、地中梁は下図のとおりとする。

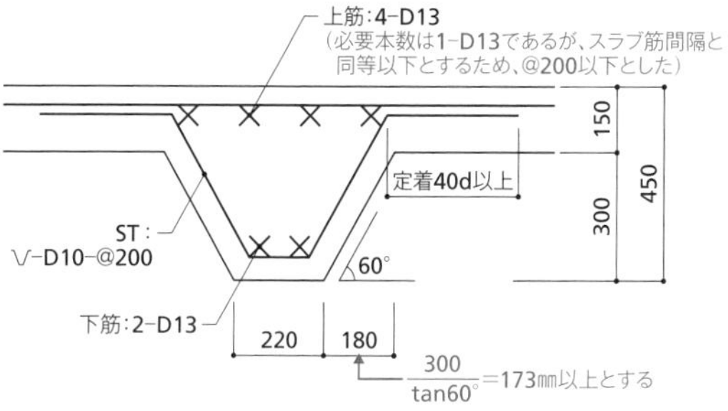

なお、$\tau > f_s$となったときは、せん断補強筋として有効に働くために、平均幅で$P_w \geqq 0.2\%$とする。その場合は、b＝22＋18＝40㎝より、以下のとおりとなる。

D10の場合　2−D10−@178（150）

D13の場合　2−D13−@317（200）

布基礎の設計

設計例

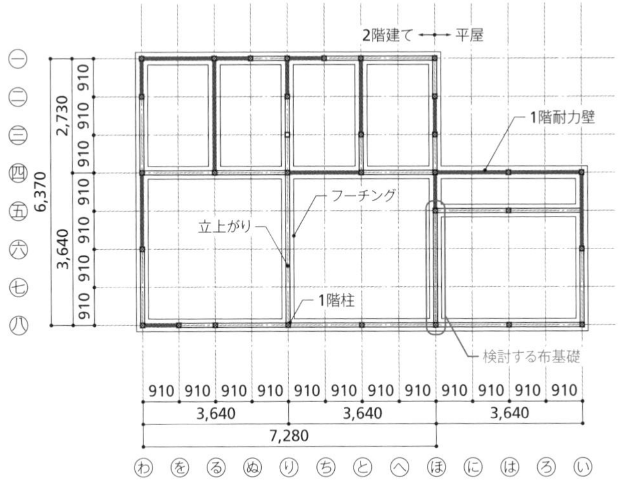

1 ● 布基礎幅（フーチング幅）の算定

200・201頁に示す住宅モデルを使い、地耐力が50kN／㎡以上の均一な良好地盤で布基礎を採用した場合の設計を行う。なお、本例では、2階建て部分と平屋部分とにブロック分けを行い、2階建て部分のほうについて設計する。

必要フーチング幅 Bは下式により求められる。

$$B \geqq \frac{\Sigma W}{f_e \cdot \Sigma L}$$

ΣW：建物重量［kN］
f_e：地耐力［kN／㎡］
ΣL：布基礎長さ［m］

モデル住宅は瓦葺き屋根＋モルタル外壁であるので、「**設計データ 15 ● 基礎設計用の建物重量**」▶50頁より、2階建て部分の単位床面積当たりの建物重量は15.0kN／㎡。また、2階建て部分の寸法は7.28×6.37mとなるため、建物重量は以下のとおりとなる。

ΣW_2＝15.0 kN／㎡×7.28 m×6.37 m
＝695.6 kN（基礎重量を含む）
→基礎重量はフーチングの上に載る土の重量も含む

また、布基礎の長さは以下のとおりとなる。

$\Sigma L = 3 \times 7.28\,\mathrm{m} + 3 \times 6.37\,\mathrm{m} + 2 \times 2.73\,\mathrm{m} = 46.41\,\mathrm{m}$

以上の値を上式に当てはめて算定すると、

$B' \geqq 695.6\,\mathrm{kN} / (50\,\mathrm{kN/m^2} \times 46.41\,\mathrm{m}) = 0.30\,\mathrm{m}$

平12建告1347号に規定される、50kN/㎡≦f_e<70kN/㎡のときの2階建て建築物のフーチングの最小幅は0.36m(36㎝)なので、フーチング幅 B=0.36mとする(「**設計データ12●基礎の告示仕様**」の「**❷布基礎の底盤の幅**」▶42頁参照)。

●設計データ 12❷ ▶42頁

地盤の長期に生ずる力に対する許容応力度 [kN/㎡]	建築物の種類		
	木造またはS造その他これに類する重量の小さな建築物		その他の建築物
	平屋建て	2階建て	
30以上50未満	30㎝	45㎝	60㎝
50以上70未満	24㎝	36㎝	45㎝

2●フーチングの設計①応力の算定

まず、フーチング設計用荷重を求める。
フーチングに作用する荷重の算定に必要な地反力 σ_eおよびフーチングの自重 W_oは、

$$\sigma_e = \frac{\Sigma W}{B \cdot \Sigma L} = 695.6\,\mathrm{kN} / (0.36\,\mathrm{m} \times 46.41\,\mathrm{m}) = 41.6\,\mathrm{kN/m^2}$$

$$W_o = 24\,\mathrm{kN/m^3} \times 0.15\,\mathrm{m} = 3.6\,\mathrm{kN/m^2}$$

よって、フーチングに作用する荷重 W'は、

$$W' = \sigma_e - W_o = 41.6 - 3.6 = 38.0\,\mathrm{kN/m^2}$$

フーチングの設計は、基礎梁(立上がり)からはね出した部分を、右図のように片持梁としてモデル化して、1m当たりの応力を算定して行うこととする。したがって、設計用荷重 Wは以下のとおりとなる。

$$W = W' \times 1.0\,\mathrm{m} = 38.0\,\mathrm{kN/m}$$

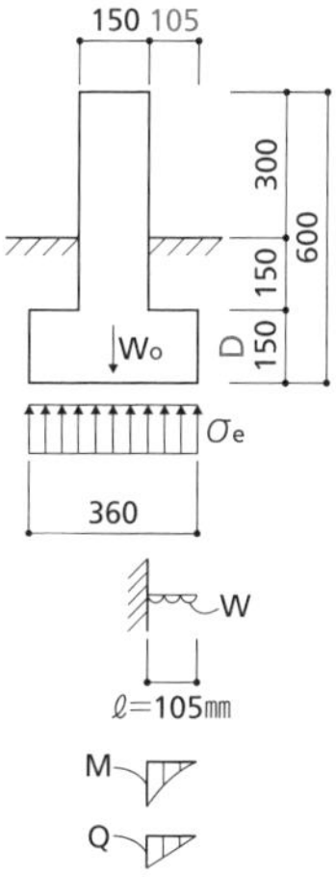

この値を元に曲げモーメント Mとせん断力 Qを求める。

$$M = \frac{W \cdot \ell^2}{2} = \frac{38.0 \times 0.105^2}{2} = 0.21\,\mathrm{kN \cdot m} = 21\,\mathrm{kN \cdot cm}$$

$$Q = W \cdot \ell = 38.0 \times 0.105 = 3.99\,\mathrm{kN}$$

3 ● フーチングの設計②曲げモーメントに対する設計（ベース筋の設計）

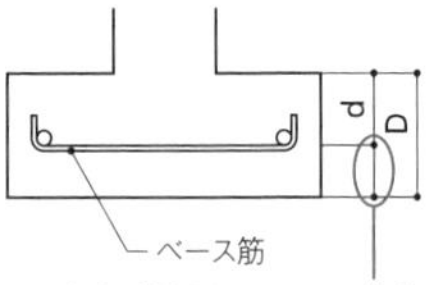

かぶり厚6.0cm、ベース筋をD13とすると、
最外径 D_1＝1.4cm
∴6.0＋1.4／2＝6.7cm
→7.0cmとする

鉄筋の必要断面積を算定する。

フーチングせい D＝15.0cmとすると、有効せい dおよび応力中心距離 jは、

$$d = 15.0 - 7.0 = 8.0\,\mathrm{cm}$$

$$j = \frac{7}{8}d = 7.0\,\mathrm{cm}$$

よって、鉄筋の必要断面積 a_tは、

$$a_t = \frac{M}{f_t \cdot j} = 21\,\mathrm{kN \cdot cm} / (19.5\,\mathrm{kN/cm^2} \times 7.0\,\mathrm{cm}) = 0.15\,\mathrm{cm^2}$$

これは1m当たりに必要な断面積であるので、ベース筋をD10（a_o=0.71cm²）とすると、鉄筋間隔 Xは、

$$X = \frac{100\,\mathrm{cm}}{a_t} \times a_o$$

$$= (100 / 0.15) \times 0.71 = 473.3\,\mathrm{cm}$$ …………………………… ❶

4 ● フーチングの設計②せん断力に対する設計

スラブ幅 B＝100cmとしてせん断応力度 τを算定し、これがコンクリートの許容せん断応力度 f_s以下となるようにフーチングせいを決定する。

$$\tau = \frac{Q}{B \cdot j} = 3.99\,\mathrm{kN} / (100\,\mathrm{cm} \times 7.0\,\mathrm{cm})$$

$$= 0.0057\,\mathrm{kN/cm^2} < f_s = 0.07\,\mathrm{kN/cm^2}$$

→フーチング厚さは15cmでOK

コンクリートの付着に必要な鉄筋の周長 ψを求め、付着に対して必要なベース筋を決定する。

$$\psi = \frac{Q}{f_a \cdot j} = 3.99\,\mathrm{kN} / (0.21\,\mathrm{kN/cm^2} \times 7.0\,\mathrm{cm}) = 2.71\,\mathrm{cm}$$

ベース筋をD10（1本の周長 ψ_o＝3.0cm）とすると、鉄筋間隔 Xは、

$$X = \frac{100\,\mathrm{cm}}{\psi} \times \psi_o = (100 / 2.71) \times 3.0 = 110.7\,\mathrm{cm}$$ ………… ❷

❶・❷より、ひび割れなどを考慮して、ベース筋はD10-@200とする。

5 ● 地中梁の設計①応力の算定

本例では、(ほ)通り・㊄ー㊇間の地中梁を設計する。

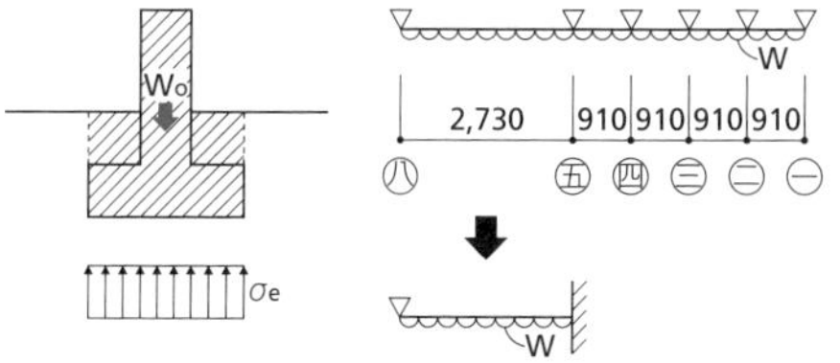

地反力から基礎重量を差し引いて地中梁設計用荷重を求める。

地反力 σ_e=41.6 kN/㎡ ・・・・・・・・上向き

基礎重量 W_o=5.0 kN/㎡ ・・・・・・ 下向き(土重量も含む)

フーチング幅 B=0.36 m

よって、地中梁に作用する荷重は、

$W=(\sigma_e-W_o)\times B=(41.6-5.0)\times 0.36=13.2\ \mathrm{kN/m}$

「**ベタ基礎の地中梁の設計**」▶208頁と同様に各応力を求める。

$$C=\frac{1}{12}w\cdot \ell^2=\frac{1}{12}\times 13.2\times 2.73^2=8.20\ \mathrm{kN\cdot m}$$

$$M_o=\frac{1}{8}w\cdot \ell^2=\frac{1}{8}\times 13.2\times 2.73^2=12.30\ \mathrm{kN\cdot m}$$

$$Q=\frac{1}{2}w\cdot \ell=\frac{1}{2}\times 13.2\times 2.73=18.0\ \mathrm{kN}$$

学会式により設計用応力を求める。

・曲げモーメント

㊇端:$M_8=0.6C=0.6\times 8.20=4.92\ \mathrm{kN\cdot m}=492\ \mathrm{kN\cdot cm}$

中央:$M_c=M_o-0.65C=12.30-(0.65\times 8.20)$

$=6.97\ \mathrm{kN\cdot m}=697\ \mathrm{kN\cdot cm}$

㊄端:$M_5=1.2C=1.2\times 8.20=9.84\ \mathrm{kN\cdot m}=984\ \mathrm{kN\cdot cm}$

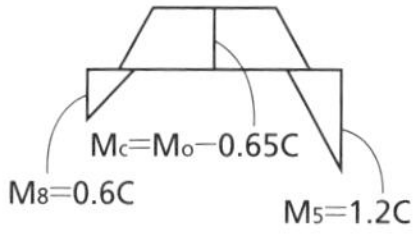

・せん断力

㊇端:$Q_8=Q_o-(M_5-M_8)/\ell=18.0-(9.84-4.92)/2.73$

$=16.2\ \mathrm{kN}$

㊄端:$Q_5=Q_o+(M_5-M_8)/\ell=18.0+(9.84-4.92)/2.73$

$=19.8\ \mathrm{kN}$

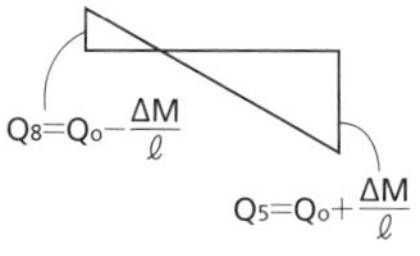

6 ● 地中梁の設計②曲げモーメントに対する設計（主筋の算定）

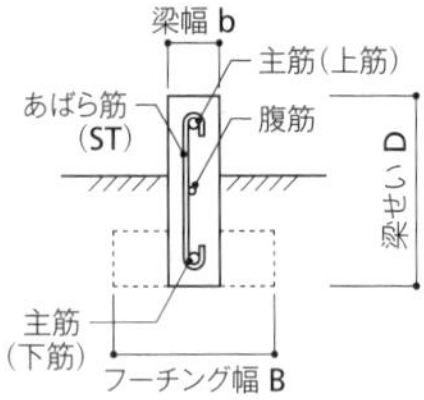

鉄筋の必要断面積を算定する。

梁幅 b×梁せい D=15㎝×60㎝、梁下端から主筋中心までの距離は、ベース筋の上に主筋が載るので、6.0+1.1（ベース筋D10の最外径）+1.4／2≒8.0㎝とすると、有効せい dおよび応力中心距離 jは、

$d=D-8\,\text{cm}=52\,\text{cm}$

$j=\frac{7}{8}d=45.5\,\text{cm}$

上記の数値を元に主筋を算定すると、以下のとおりとなる。

㊇端 下筋：$a_t=\frac{M_8}{f_t \cdot j}=492/(19.5\times45.5)=0.55\,\text{cm}^2$　1-D13
（$a_t=1.27\,\text{cm}^2$）

中央 上筋：$a_t=\frac{M_c}{f_t \cdot j}=697/(19.5\times45.5)=0.78\,\text{cm}^2$　1-D13

㊄端 下筋：$a_t=\frac{M_5}{f_t \cdot j}=984/(19.5\times45.5)=1.11\,\text{cm}^2$　1-D13

7 ● 地中梁の設計③せん断力に対する設計（梁幅・あばら筋の算定）

せん断力が大きい㊄端でせん断応力度を算定し、梁幅およびあばら筋の径・間隔を決定する。

$\tau=\frac{Q_5}{b \cdot j}=19.8/(15\times45.5)$

$=0.029\,\text{kN/cm}^2 < f_s=0.07\,\text{kN/cm}^2$ → OK

よって、あばら筋をD10とすると、$P_w \geqq 0.2\%$より、

$x=\frac{a_w}{b \cdot P_w}=0.71/(15\times0.002)=23.6\,\text{cm}$

以上より、あばら筋は1-D10-@200とする。

また、布基礎の形状および配筋は下図のように決定する。

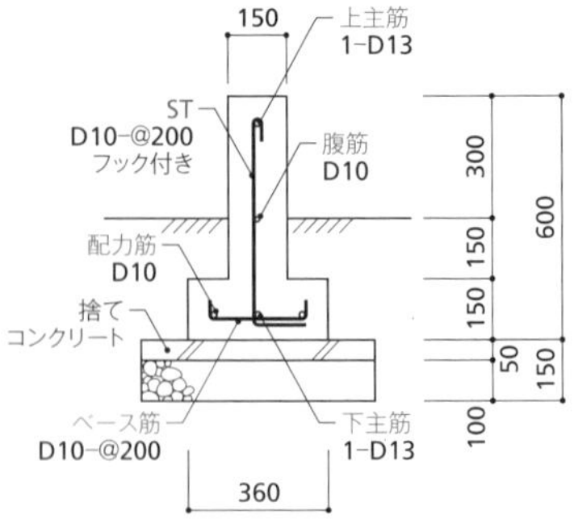

腹筋はひび割れ防止のため、鉄筋間隔が250㎜以下となるように配筋するとよい

杭基礎の設計

200・201頁に示す住宅モデルの地盤調査データを元に、柱状改良を採用したと仮定して、改良体の配置を検討する。

スクリューウエイト貫入試験　記録用紙

調査名（Y）邸　敷地（埼玉県朝霞市）　試験年月日 R2年12月1日
天候（晴）　測定地点（No.1）　最終貫入深さ（8.2m）　水位（GL−1.8m）

荷重 W_{sw} [kN]	半回転数 N_a [回]	貫入深さ D [m]	貫入量 L [cm]	1m当たりの半回転数 N_{sw} [回]	推定土質 推定水位	備考	推定支持力 f_e [kN/㎡]
0.00	0	0.25	25	0		掘削	
0.50	0	0.50	25	0		無回転緩速	
0.75	0	0.75	25	0	粘性土	無回転緩速	
1.00	2	1.00	25	8	〃	−	43
1.00	8	1.25	25	32	〃	−	58
1.00	5	1.50	25	20	〃	−	51
1.00	0	1.75	25	0	〃	無回転緩速	
1.00	0	2.00	25	0	〃	無回転緩速	
0.75	0	2.25	25	0	〃	無回転緩速	
0.75	0	2.50	25	0	〃	無回転緩速	
1.00	3	2.75	25	12	〃	−	46
1.00	3	3.00	25	12	〃	−	46
1.00	4	3.25	25	16	〃	−	48
1.00	5	3.50	25	20	〃	−	51
1.00	0	3.75	25	0	〃	無回転緩速	
1.00	0	4.00	25	0	〃	無回転緩速	
1.00	2	4.25	25	8	〃	−	43
1.00	0	4.50	25	0	〃	無回転緩速	
1.00	0	4.75	25	0	〃	無回転緩速	
1.00	0	5.00	25	0	〃	無回転緩速	
1.00	28	5.25	25	112	〃	−	110
1.00	36	8.00	25	144	〃	−	130
1.00	99	8.20	25	495	〃	−	355

・スクリューポイントにローム付着
・1回目のすぐ近くで表土を掘削してから測定　GL=1回目GL−110

調査データを元にした地層構成概念図

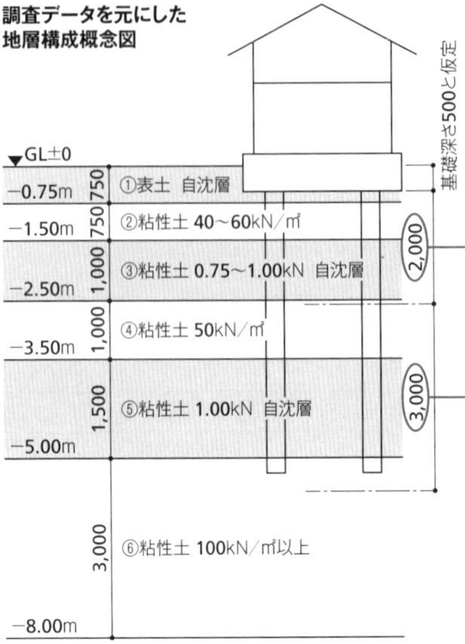

1 基礎下〜2.0mの範囲の自沈層厚さ：1.25m
（推定圧密沈下量5.6㎝）

2 基礎下2.0〜5.0mの範囲の自沈層厚さ：1.5m
（推定圧密沈下量1.6㎝）

∴推定圧密沈下量 計5.6+1.6=7.2㎝ > 5.0㎝

よって、許容値を超えるので、杭または柱状改良を行うこととする。
支持層はGL−5.25m付近の粘性土とする。

注 本例題では、柱状改良を採用したときの支持力で設計を行うこととする

1 ● 建物重量の算定

モデル住宅は瓦葺き屋根+モルタル外壁であるので、「**設計データ15 ● 基礎設計用の建物重量**」▶50頁より、単位床面積当たりの建物重量は、2階建て部分は15.0 kN/㎡、平屋部分は11.0 kN/㎡となる。また、2階建て部分の面積は7.28×6.37㎡、平屋部分は3.64×3.64㎡となるため、建物重量は以下のとおりとなる。

2階建て部分 W_2=15.0 kN/㎡×7.28 m×6.37 m=695.6 kN

平屋部分 W_1=11.0 kN/㎡×3.64 m×3.64 m=145.7 kN

● 設計データ 15 ▶50頁

仕様		単位荷重［N/㎡］				平屋建て		2階建て	
		屋根	2階床	1階床	基礎	合計	設計値	合計	設計値
I	屋根：瓦葺き 外壁：ラスモルタル	1,800	3,500	3,200	5,000	10,000	11,000	13,500	15,000

2 ● 改良体の許容鉛直支持力の算定

『改訂版 建築物のための改良地盤の設計及び品質管理指針』（（財）日本建築センター）の「深層混合処理工法のための設計指針」にもとづき、改良体が独立して支持するとした場合の、改良体1本当たりの許容支持力 R_aを下式より求める。

$$R_a=\frac{1}{3}R_u$$

R_a：改良体単体の長期許容鉛直支持力［kN］

R_u：改良体の極限鉛直支持力［kN］

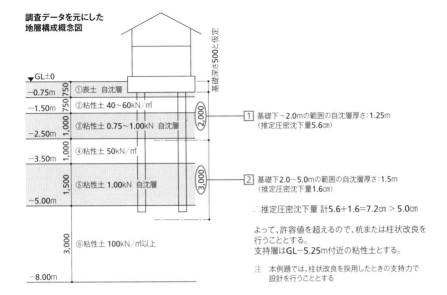

このうち、改良体単体の極限鉛直支持力 R_uは下式より求める。

$$R_u=R_{pu}+\phi\cdot\Sigma\tau_{di}\cdot h_i$$

R_{pu}：改良体先端部における極限鉛直支持力[kN]

①粘性土の場合

$$R_{pu}=6\cdot c\cdot A_p=6\cdot\frac{q_u}{2}\cdot A_p=3\cdot q_u\cdot A_p$$

c ：粘着力[kN／㎡]

q_u：粘性土の一軸圧縮強さ[kN／㎡]

A_p：改良体の先端有効断面積[㎡]

②砂質土の場合

$$R_{pu}=75\cdot\bar{N}\cdot A_p$$

$\bar{N}$ ：先端±1Dの平均N値

A_p：改良体の先端有効断面積[㎡]

$\phi\cdot\Sigma\tau_{di}\cdot h_i$：周面摩擦力[kN]

ϕ ：改良体の周長[m]

τ_{di}：極限周面摩擦力度[kN／㎡]

粘性土：$\tau_{di}=c$または$\dfrac{q_u}{2}$　　砂質土：$\tau_{di}=\dfrac{10\cdot N}{3}$

h_i ：層厚[m]

・改良体の諸係数

改良長 L=4.75m（GL−5.25mを支持層とする）

直径 D=500㎜

周長 $\phi=\pi\cdot D=3.14\times0.5\,\text{m}=1.571\,\text{m}$

底面積 $A_p=\dfrac{\pi\cdot D^2}{4}=\dfrac{3.14\times0.5^2}{4}=0.196$㎡

・先端支持力の算定

改良体先端の粘性土層の一軸圧縮強さは、219頁の地盤調査データより129.0kN／㎡[※]であるので、R_{pu}は以下のとおりとなる。

$R_{pu}=3\cdot q_u\cdot A_p=3\times129.0$ kN／㎡$\times0.196$㎡$=75.9$ kN …❶

・周面摩擦力の算定

粘性土の周面摩擦応力度は、地盤調査データを元にして、下表のように求める。

W_{sw} [kN]	N_{sw} [回]	q_u [※]	τ_{di}(=q_u／2) [kN／㎡]	h_i [m]	$\tau_{di}\cdot h_i$
1.0	8	51.0	25.5	0.25	6.38
1.0	32	69.0	34.5	0.25	8.63
1.0	20	60.0	30.0	0.25	7.50
1.0	12	54.0	27.0	0.25	6.75
1.0	12	54.0	27.0	0.25	6.75
1.0	16	57.0	28.5	0.25	7.13
1.0	20	60.0	30.0	0.25	7.50
					$\Sigma\tau_{di}\cdot h_i=50.64$

※　$q_u=45W_{sw}+0.75N_{sw}$にて算出

よって、周面摩擦力は以下のとおりとなる。

$\phi \cdot \Sigma \tau_{di} \cdot h_i = 1.571\,\mathrm{m} \times 50.64 = 79.56\,\mathrm{kN}$ ……………………❷

・許容支持力の算定

❶・❷より、R_uは以下のとおりとなる。

$R_u = R_{pu} + \phi \cdot \Sigma \tau_{di} \cdot h_i = 75.9\,\mathrm{kN} + 79.56\,\mathrm{kN} = 155.46\,\mathrm{kN}$

よって、許容支持力 R_aは以下のとおりとなる。

$$R_a = \frac{1}{3} R_u = \frac{1}{3} \times 155.46\,\mathrm{kN} = 51.8\,\mathrm{kN}$$

3 ● 建物全体における必要本数の算定

1・2での算定結果を元に、建物全体における改良体の必要本数を算定する。

2階建て部分 $n_2 = \dfrac{W_2}{R_a} = \dfrac{695.6}{51.8} = 13.4$本 → 14本

平屋部分 $n_1 = \dfrac{W_1}{R_a} = \dfrac{145.7}{51.8} = 2.8$本 → 3本

以上の結果から、本建物に改良体を配置すると下図のようになる。

2階建て部分 $n_2 = 14$本

平屋部分 $n_1 = 3$本

注 ㊃−(ほ)、㊇−(ほ)の杭は、2階建て部分と平屋部分に半分ずつ見込む

柱状改良仕様

直径 D=500㎜

改良長 L=4.75m

(支持層 GL−5.25m)

支持力 R_a=51.8kN/本

本数 n=17本

(㊀通り:5本

㊃通り:6本

㊇通り:6本)

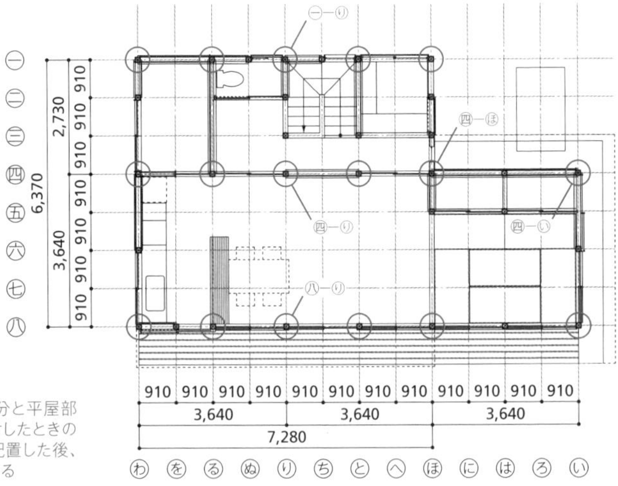

重量の異なる2階建て部分と平屋部分とにゾーニングして検討したときの配置である。出隅部分に配置した後、各通りに均等に配置している

4● 各負担荷重に対する検討

通常は以上の検討で設計を終了するが、参考までに、222頁図に示す5カ所について、各負担荷重に対する検討を行ってみる。

・㊀ー(り)の負担荷重

$W=15.0\times1.365\times1.82=37.3\,\text{kN}<R_a(=51.8\,\text{kN})$ → OK

・㊃ー(り)の負担荷重

$W=15.0\times3.185\times1.82=87.0\,\text{kN}>R_a$ → NG

必要本数 $n=\dfrac{86.3\,\text{kN}}{51.8\,\text{kN/本}}=1.7$ 本以上

→改良体を910㎜間隔に設ける

・㊃ー(ほ)の負担荷重

$W=15.0\times3.185\times0.910+11.0\times1.82\times1.82$

$=79.9\,\text{kN}>R_a$ → NG

必要本数 $n=\dfrac{79.9\,\text{kN}}{51.8\,\text{kN/本}}=1.5$ 本以上

→㊃ー(へ)および㊅ー(ほ)に改良体を設ける

・㊃ー(い)の負担荷重

$W=11.0\times1.82\times1.82=36.4\,\text{kN}<R_a$ → OK

・㊇ー(り)の負担荷重

$W=15.0\times(1.82+0.5)\times1.82=63.3\,\text{kN}>R_a$ → NG

必要本数 $n=\dfrac{63.3\,\text{kN}}{51.8\,\text{kN/本}}=1.2$ 本以上

→改良体を1,213㎜間隔に設ける

以上の検討の結果、各負担荷重を考慮した場合は、改良体を下図に示すように配置する。

- ㊀通りは変更なし
- ㊃通りは、2階建てとなる(ほ)－(わ)間の本数を増やして、10本とする
- ㊅通りに1本追加する
- ㊇通りは、2階建てとなる(ほ)－(わ)間の本数を増やして、8本とする

柱状改良仕様
直径 D=500㎜
改良長 L=4.75m
(支持層 GL−5.25m)
支持力 R_a=51.8kN/本
本数 n=24本
(㊀通り：5本
㊃通り：10本
㊅通り：1本
㊇通り：8本)

改良体1本当たりの負担荷重を考慮したときの配置である。構造的には、通りごとの負担幅(荷重)に応じて配置すると合理的。このときは地中梁を連続して通すことが重要。地中梁を格子状に設けて基礎の剛性を高めておけば、荷重が分散する(1カ所が沈むことはない)ので、均等配置としても問題はない

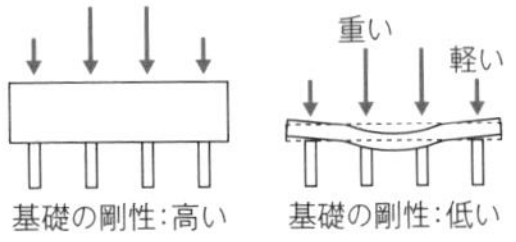

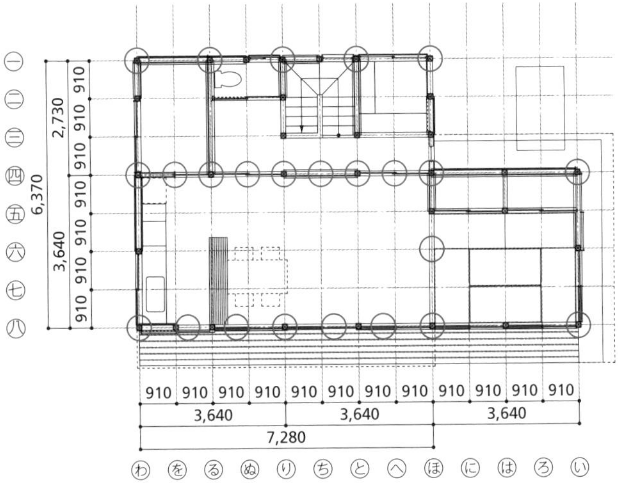

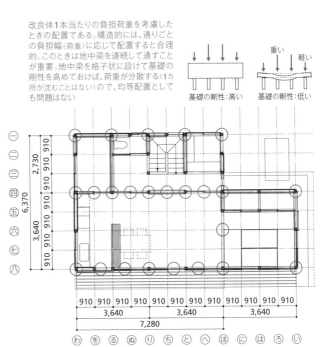

柱の断面設計

検討手順

1 ● 柱の負担軸力を算定する

柱に流れてくる荷重を求める（伏図を作成し、力の流れを読む）。

2 ● 柱の座屈を検討する

圧縮力に対して、柱が座屈しないように検討を行う。

3 ● 土台へのめり込みを検討する

柱が土台にめり込まないように検討を行う。

▶ **柱に流れる力**

床板
↓
根太
↓
甲乙梁
↓
床梁
↓
柱
↓
土台
↓
基礎

（根太→床梁、柱→基礎）

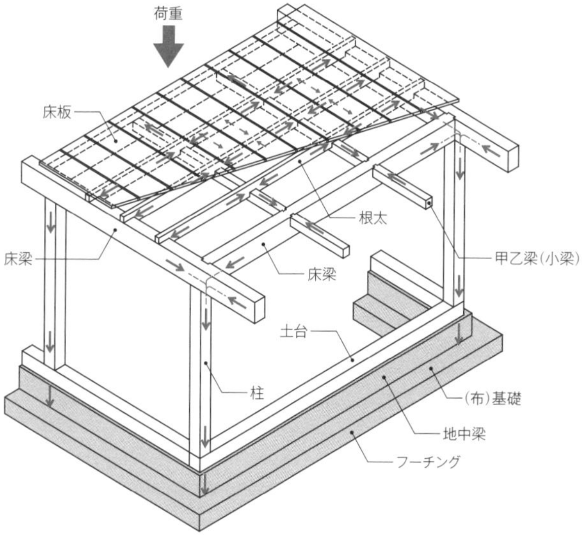

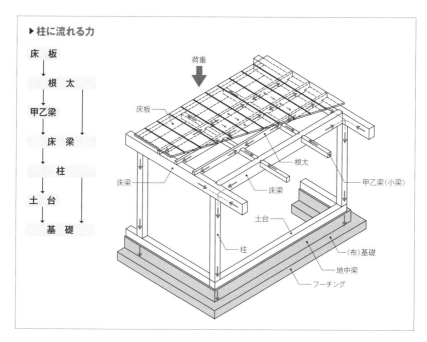

検討フロー

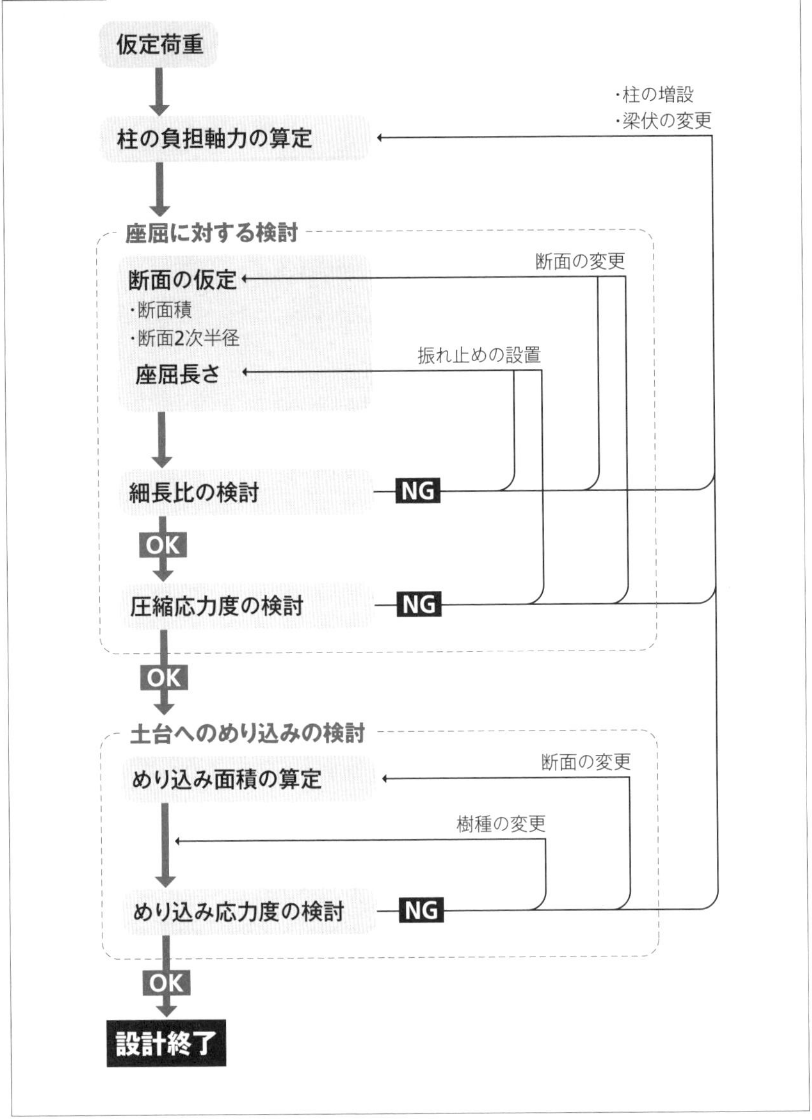

仮定荷重
柱の負担軸力の算定
・柱の増設
・梁伏の変更
座屈に対する検討
断面の仮定
・断面積
・断面2次半径
座屈長さ
断面の変更
振れ止めの設置
細長比の検討
NG
OK
圧縮応力度の検討
NG
OK
土台へのめり込みの検討
めり込み面積の算定
断面の変更
樹種の変更
めり込み応力度の検討
NG
OK
設計終了

検討するモデル住宅

検討する住宅モデルは200・201頁に示すものと同じで、屋根は瓦葺き、外壁はモルタル塗りの2階建て木造住宅である。

❶1階平面図

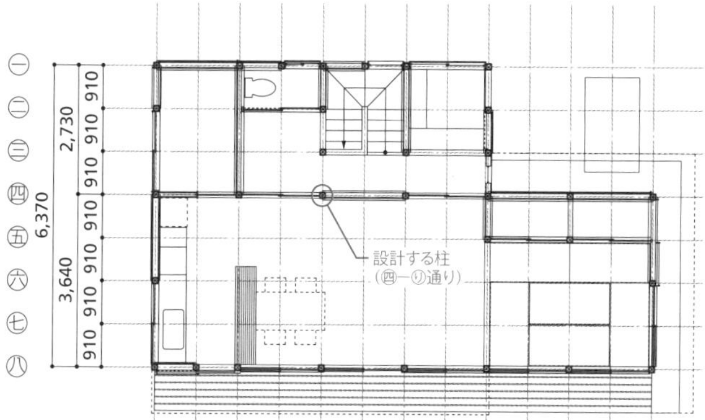

❷屋根梁伏図

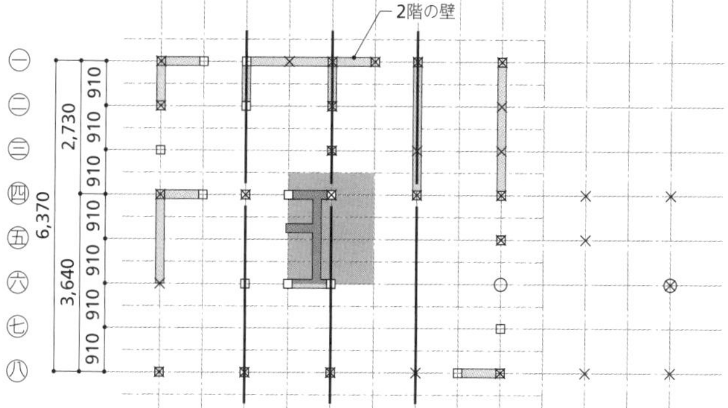

❸2階梁伏図

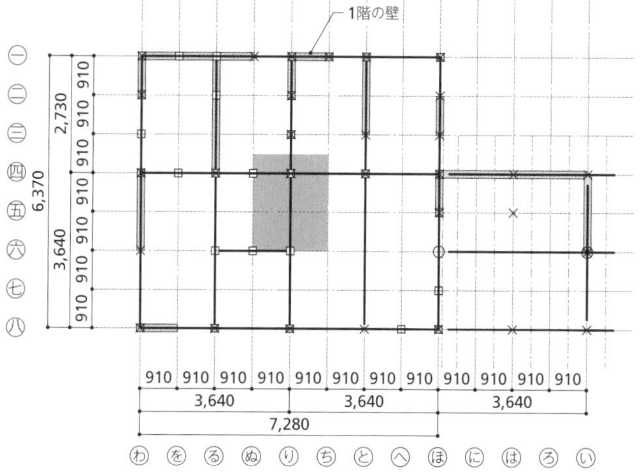

×1階柱　□2階柱　○小屋束　■当該柱の荷重負担範囲

柱断面の算定手順

1 ● 柱の負担軸力の算定

㊃－㋷通りの柱の負担軸力を算定する。

当該柱の荷重負担範囲は、227頁に示す屋根梁伏図・2階梁伏図の色付きの部分となる。この範囲にある屋根・2階床・各階壁などの重量の合計が負担軸力となる。

屋根は瓦葺き、2階床の固定荷重(DL)を0.80kN／㎡、積載荷重(LL)を1.30kN／㎡とすると、

屋根：瓦葺き 0.90 kN／㎡

　　負担面積 1.82m×2.275m＝4.14㎡

2階床：(DL)0.80＋(LL)1.30＝2.10 kN／㎡

　　負担面積 1.82m×2.275m＝4.14㎡

内壁：0.60 kN／㎡

　　2階負担面積　0.91m×2.60m×4枚＝9.5㎡

　　1階負担面積　0.91m×2.80m＝2.5㎡

∴柱の負担軸力 N_cは、

N_c＝0.90×4.14＋2.10×4.14＋0.60×(9.5＋2.5)＝19.62 kN

2 ● 柱の座屈に対する検討

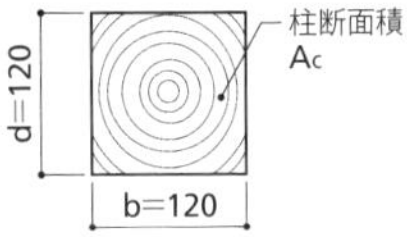

まず、検討部材(120㎜角のヒノキ材)の断面形から、断面積 A_cと断面2次半径 iを算出する。「**設計データ 19 ● 柱の設計**」の「**❶ 座屈長さと許容圧縮力**」▶57頁の算定式より、

A_c＝120㎜×120㎜＝14.4×10³ ㎟

i＝D／3.46＝120／3.46＝34.6㎜

本例はb=dなので、Dの値はbでもdでもよい。

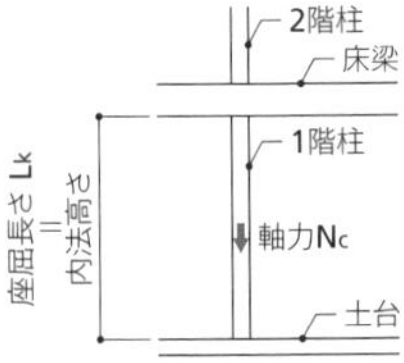

次に、座屈長さと断面2次半径から細長比 λを算出し、座屈低減係数 ηを求める。座屈長さ L_kは横架材間の内法長さをとる。2階床梁せいを300㎜とすると、

L_k＝2,800－300＝2,500㎜

よって、細長比は、

λ＝L_k／i＝2,500／34.6＝72.3

30＜λ≦100より、座屈低減係数は、

η＝1.3－0.01×λ＝1.3－0.01×72.3＝0.58

この座屈低減係数を、樹種ごとに示されている許容圧縮応力度に乗じて、座屈を考慮した許容圧縮応力度を求め、柱の負担圧縮応力度以下であることを確認する。

●設計データ 19❶ ▶57頁

座屈を考慮した柱の許容圧縮力は下式により求める

許容圧縮力 $N_{ca}=\eta\cdot f_c\cdot A_c$

f_c：許容圧縮応力度

A_c：柱の断面積

η：座屈低減係数。細長比により下記の値とする

$\lambda\leqq30$のとき　$\eta=1.0$

$30<\lambda\leqq100$のとき　$\eta=1.3-0.01\lambda$

$100<\lambda$のとき　$\eta=3{,}000／\lambda^2$

λ：細長比で、下式による

$\lambda=\ell_k／i\leqq150$

ℓ_k：座屈長さ

i：断面2次半径

$i=\sqrt{I／A}$

$=D／3.46$（長方形断面）

$D／4.0$（円形断面）

I：断面2次モーメント

A：断面積

D：1辺の長さ、または直径

「**設計データ 1❶木材**（製材）**の繊維方向の基準強度・許容応力度**」の「**❺無等級材**（日本農林規格に定められていない木材）」▶19頁より、ヒノキ（無等級材）の長期許容圧縮応力度 f_cは、

$f_c=7.6\,N／mm^2$

∴柱の長期許容圧縮力 N_{ca}は、

$N_{ca}=\eta\cdot f_c\cdot A_c=0.58\times7.6\times14.4\times10^3$

$=63.5\,kN>N_c=19.62\,kN$ → OK

●設計データ 1❺ ▶19頁

	樹種	圧縮			引張			曲げ			せん断		
		基準強度 F_c	長期 $_Lf_c$（$1.1F_c$／3）	短期 $_sf_c$（$2.0F_c$／3）	基準強度 F_t	長期 $_Lf_t$（$1.1F_t$／3）	短期 $_sf_t$（$2.0F_t$／3）	基準強度 F_b	長期 $_Lf_b$（$1.1F_b$／3）	短期 $_sf_b$（$2.0F_b$／3）	基準強度 F_s	長期 $_Lf_s$（$1.1F_s$／3）	短期 $_sf_s$（$2.0F_s$／3）
針葉樹	アカマツ、クロマツ、ベイマツ	22.2	8.1	14.8	17.7	6.5	11.8	28.2	10.3	18.8	2.4	0.88	1.60
	カラマツ、ヒバ、ヒノキ、ベイヒ、ベイヒバ	~~20.7~~→	7.6	13.8	16.2	5.9	10.8	26.7	9.8	17.8	2.1	0.77	1.40
	ツガ、ベイツガ	19.2	7.0	12.8	14.7	5.4	9.8	25.2	9.2	16.8	2.1	0.77	1.40

または、負担軸力を柱断面積で除した圧縮応力度 σ_cが、許容圧縮応力度以下であることを確認してもよい。

$\sigma_c=N_c／A_c=19.62\times10^3\,N／14.4\times10^3\,mm^2=1.4\,N／mm^2$

$<\eta\cdot f_c=0.58\times7.6\,N／mm^2=4.4\,N／mm^2$ → OK

ちなみに、検定比で示すと、

$\sigma_c／(\eta\cdot f_c)=1.4\,N／mm^2／4.4\,N／mm^2=0.32$

以上から、許容値に対して3割程度の応力で収まっており、十分な余裕があることが分かる。

3 ● 土台へのめり込みの検討

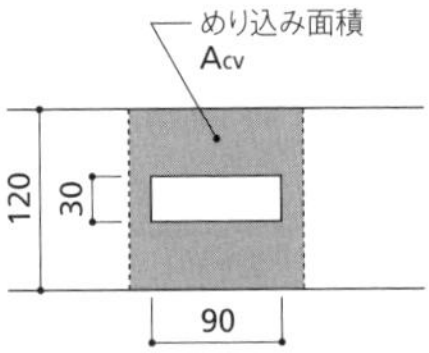

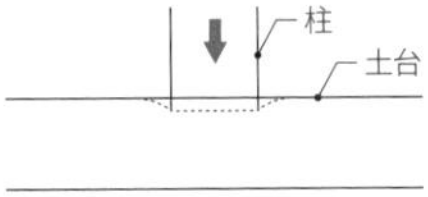

柱と土台の接触面積(めり込み面積 A_{cv})を算出し、柱の負担軸力を除した値(めり込み応力度 f_{cv})が許容応力度以下であることを確認する。

土台は120㎜角のヒノキ(無等級材)である。めり込み面積 A_{cv}は、本例では安全を見て、ホゾ断面を差し引いた値とする。

$A_{cv}=120\times120-(30\times90)=11.7\times10^3\ \mathrm{mm}^2$

柱付近に土台継手が設けられる可能性があるので、材端部の許容応力度で検討を行うこととする。なお、近くにほかの柱も存在するので、少量のめり込みが生じても支障がないものとみなす。

「設計データ 19 ● **柱の設計**」の「**❷土台梁桁—柱の許容めり込み耐力**」▶58頁より、材端部の長期許容めり込み応力度 f_{cv}は、

$f_{cv}=3.12\ \mathrm{N/mm}^2$

∴土台の長期許容めり込み圧縮力 N_{cva}は、

$N_{cva}=f_{cv}\cdot A_{cv}=3.12\times11.7\times10^3=36.5\times10^3\ \mathrm{N}=36.5\ \mathrm{kN}$

$>$ 柱の負担圧縮力 $N_c=19.62\ \mathrm{kN}$ → OK

●設計データ 19❷ ▶58頁

②材端部に柱が載る場合((社)日本建築学会『木質構造設計規準・同解説』2006年版)

横架材の樹種	基準強度 F_{cv} [N/㎟]	めり込み変形を許容しない場合			少量のめり込みを許容する場合		
		許容応力度 $\alpha\cdot1.1F_{cv}/3$ [N/㎟]	許容めり込み耐力[kN]		許容応力度 $\alpha\cdot1.5F_{cv}/3$ [N/㎟]	許容めり込み耐力[kN]	
			柱105㎜角	柱120㎜角		柱105㎜角	柱120㎜角
スギ・ツガ	6.0	1.76	15.4	20.0	2.40	21.1	27.2
ヒノキ・ヒバ	7.8	2.29	20.1	25.9	3.12	27.4	35.4
クリ	10.8	2.97	26.1	33.7	4.05	35.5	45.9

または、負担軸力をめり込み断面積で除しためり込み応力度 σ_{cv}が、許容めり込み応力度以下であることを確認してもよい。

$\sigma_{cv}=N_c/A_{cv}=19.62\times10^3\ \mathrm{N}/11.7\times10^3\ \mathrm{mm}^2=1.7\ \mathrm{N/mm}^2$

検定比で示すと、

$\sigma_{cv}/f_{cv}=1.7\ \mathrm{N/mm}^2/3.12\ \mathrm{N/mm}^2=0.54$

許容値に対して6割弱の応力で収まっていることが分かる。

以上の検討から、柱材の座屈および土台へのめり込みのいずれに対しても許容値以内であるので、柱断面は120㎜角で問題ないことが確認された。

2 軸組

横架材の断面設計

検討手順

1 ● 梁にかかる荷重を算定する

梁に流れてくる荷重を求める（伏図を作成し、力の流れを読む）。

2 ● 梁に生じる応力と変形を検討する

梁に生じる応力（曲げモーメントとせん断力）と変形を検討する。

3 ● 端部の支持力を検討する

せん断力に対して接合部の鉛直支持力が上回るように仕口形状を決定する。

▶**梁に流れる力**

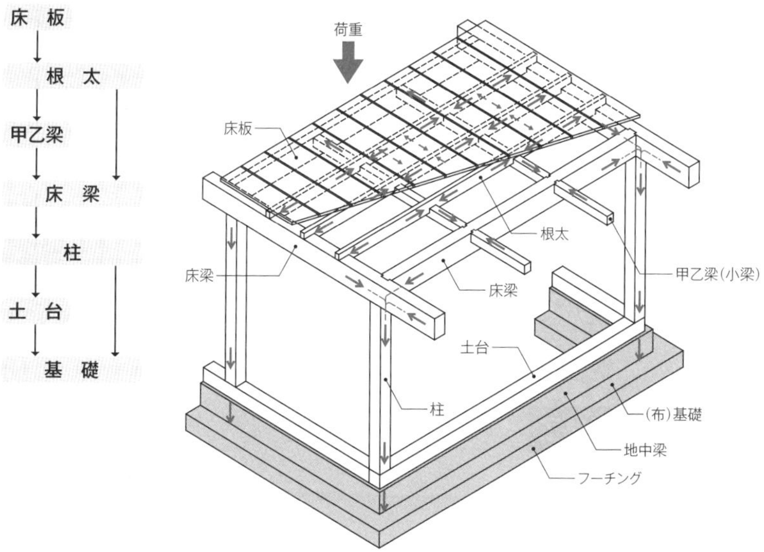

検討フロー

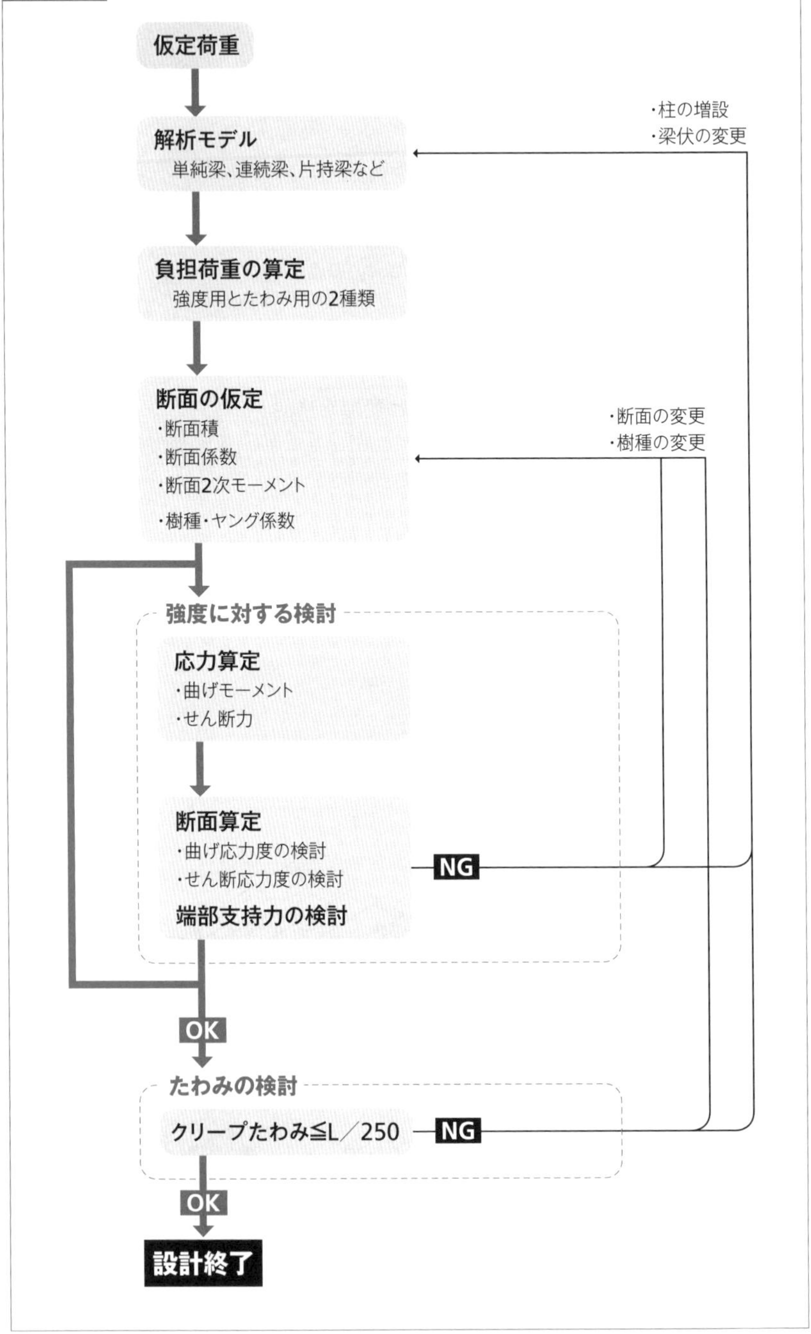

仮定荷重
解析モデル
単純梁、連続梁、片持梁など
・柱の増設
・梁伏の変更
負担荷重の算定
強度用とたわみ用の2種類
断面の仮定
・断面積
・断面係数
・断面2次モーメント
・樹種・ヤング係数
・断面の変更
・樹種の変更
強度に対する検討
応力算定
・曲げモーメント
・せん断力
断面算定
・曲げ応力度の検討
・せん断応力度の検討
端部支持力の検討
NG
OK
たわみの検討
クリープたわみ≦L／250
NG
OK
設計終了

床梁断面の算定手順

設計例

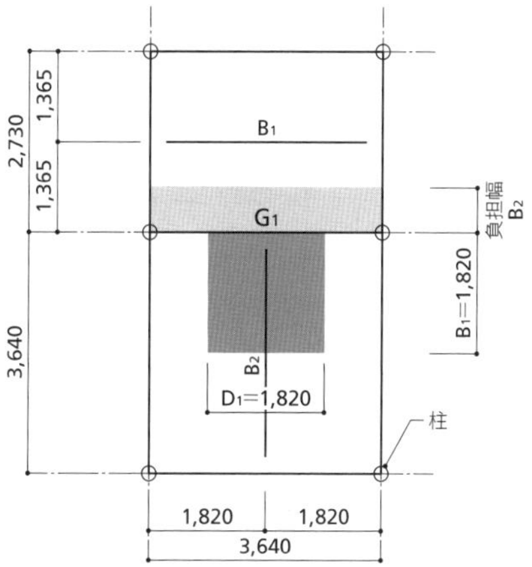

1 ● 梁にかかる荷重の算定

本例では、上図に示す2階の床梁 G_1の設計を行う。
まず、床梁 G_1にかかる荷重を算定する。「**設計データ 4 ● 一般的な木造住宅の仮定荷重**」の「**❸ 設計用荷重**(TL=DL+LL)」▶24頁より、2階床(居室)の荷重を以下のとおりと仮定する。

　固定荷重 DL=800 N/㎡
　積載荷重 LL =600 N/㎡：たわみ算定用
　積載荷重 LL =1,300 N/㎡：強度検討用
∴たわみ算定用荷重 TL=DL+LL=800+600=1,400 N/㎡
　　　　　　　　　　=1.4 kN/㎡
　強度検討用荷重　TL=DL+LL=800+1,300=2,100 N/㎡
　　　　　　　　　　=2.1 kN/㎡

● 設計データ 4❸ ▶24頁

瓦屋根	垂木・野地板用		700+　0=　700	[70 kg/㎡]
	母屋・小屋梁用		900+　0=　900	[90 kg/㎡]
金属板屋根	垂木・野地板用		400+　0=　400	[40 kg/㎡]
	母屋・小屋梁用		600+　0=　600	[60 kg/㎡]
2階床	根太用		400+1,800=2,200	[220 kg/㎡]
	床梁用	強度用	800+1,300=2,100	[210 kg/㎡]
		たわみ用	800+　600=1,400	[140 kg/㎡]
外壁用	(壁面当たり)		1,200+　0=1,200	[120 kg/㎡]
内壁用	(壁面当たり)		600+　0=　600	[60 kg/㎡]

以上の値を元に、床梁G_1にかかる等分布荷重 wと集中荷重 P を算定する。

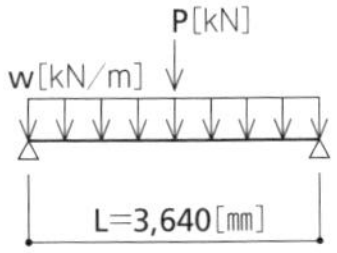

w=TL×負担幅B_2

たわみ用 w=1.4 kN/㎡×(1.365/2)m=1.0 kN/m

強度用　w=2.1 kN/㎡×(1.365/2)m=1.4 kN/m

P=TL×負担面積(B1×D1)

たわみ用 P=1.4 kN/㎡×(1.82×1.82)㎡=4.6 kN

強度用　P=2.1 kN/㎡×(1.82×1.82)㎡=7.0 kN

注　等分布荷重の単位は「kN/m」、集中荷重の単位は「kN」

2 ● 断面性能の算定

梁部材を以下のとおりと仮定し、断面積 A、断面係数 Z、断面2次モーメント I を算出する。

部材のヤング係数 E70：E=70 t/㎠=6,865 N/㎟

=6.865 kN/㎟　スギ

注　E70は、本州産のスギの標準的なヤング係数である

部材断面 b×d=120×300㎜

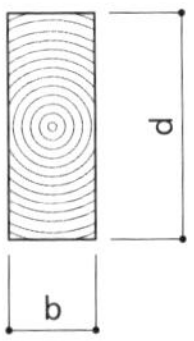

$A=b\times d=120\times 300=36\times 10^3$ ㎟

$Z=\dfrac{b\times d^2}{6}=\dfrac{120\times 300^2}{6}=1.8\times 10^6$ ㎣

$I=\dfrac{b\times d^3}{12}=\dfrac{120\times 300^3}{12}=0.27\times 10^9$ mm^4

「設計データ 1 ● 木材(製材)の繊維方向の基準強度・許容応力度」の「❺ 無等級材(日本農林規格に定められていない木材)」▶19頁より、許容応力度は、

スギ 無等級材

長期許容曲げ応力度 $_Lf_b$=8.1 N/㎟

長期許容せん断応力度 $_Lf_s$=0.66 N/㎟

●設計データ 1❺ ▶19頁

樹種		圧縮			引張			曲げ			せん断		
		基準強度 F_c	長期 $_Lf_c$ ($1.1F_c/3$)	短期 $_Sf_c$ ($2.0F_c/3$)	基準強度 F_t	長期 $_Lf_t$ ($1.1F_t/3$)	短期 $_Sf_t$ ($2.0F_t/3$)	基準強度 F_b	長期 $_Lf_b$ ($1.1F_b/3$)	短期 $_Sf_b$ ($2.0F_b/3$)	基準強度 F_s	長期 $_Lf_s$ ($1.1F_s/3$)	短期 $_Sf_s$ ($2.0F_s/3$)
針葉樹	アカマツ、クロマツ、ベイマツ	22.2	8.1	14.8	17.7	6.5	11.8	28.2	10.3	18.8	2.4	0.88	1.60
	カラマツ、ヒバ、ヒノキ、ベイヒ、ベイヒバ	20.7	7.6	13.8	16.2	5.9	10.8	26.7	9.8	17.8	2.1	0.77	1.40
	ツガ、ベイツガ	19.2	7.0	12.8	14.7	5.4	9.8	25.2	9.2	16.8	2.1	0.77	1.40
	モミ、スギ、エゾマツ、トドマツ、ベニマツ、ベイスギ、スプルース	17.7	6.5	11.8	13.5	5.0	9.0	22.2	8.1	14.8	1.8	0.66	1.20

3 ● 強度の検討

以上の値を元に各応力を算定し、許容値以内であるか確認する。

曲げモーメント $M=\frac{wL^2}{8}+\frac{PL}{4}=\frac{1.4\times3.64^2}{8}+\frac{7.0\times3.64}{4}$

$=2.3+6.4=8.7$ kN・m $=8.7\times10^6$ N・㎜

曲げ応力度 $\sigma=\frac{M}{Z}=\frac{8.7\times10^6}{1.8\times10^6}=4.83$ N/㎟

検定比 $\frac{\sigma}{{}_Lf_b}=\frac{4.83}{8.1}=0.60\leqq1.0\rightarrow$ OK

せん断力 $Q=\frac{wL}{2}+\frac{P}{2}=\frac{1.4\times3.64}{2}+\frac{7.0}{2}=2.5+3.5$

$=6.0$ kN $=6.0\times10^3$ N

せん断応力度 $\tau=\frac{1.5Q}{A}=\frac{1.5\times6.0\times10^3}{36\times10^3}=0.25$ N/㎟

検定比 $\frac{\tau}{{}_Lf_s}=\frac{0.25}{0.66}=0.38\leqq1.0\rightarrow$ OK

4 ● たわみの検討

たわみを算定し、許容値以内であるか確認する。

$$\delta=\frac{5wL^4}{384EI}+\frac{PL^3}{48EI}=\frac{5(wL)L^3}{384EI}+\frac{PL^3}{48EI}$$

$$=\frac{5\times(1.0\times3.64)\times(3.64\times10^3)^3}{384\times6.865\times0.27\times10^9}+\frac{4.6\times(3.64\times10^3)^3}{48\times6.865\times0.27\times10^9}$$

$=1.2+2.5=3.7$㎜

変形角(スパンに対する比):$\delta/L=3.7/3{,}640=1/983$

上記の値を元にクリープを考慮したたわみを算定すると、

変形増大係数:2より、$2\delta=2\times3.7=7.4$㎜

変形角 $2\delta/L=7.4/3{,}640=1/491<1/250\rightarrow$ OK

たとえば、梁直下に建具が入るため、クリープ後の変形量を5㎜以下に抑えたいという場合には、以下のように検討するとよい。

上記の算定結果 2δと、設計したい変形 $2\delta_o$との比率は、

$2\delta/2\delta_o=7.4/5.0=1.48$

- ヤング係数を指定するなら、$E_o\geqq1.48\times70=103.6$ t/㎠
  →120×300(E110)とする
- 断面をアップするなら、$I_o\geqq1.48\times0.27\times10^9=0.40\times10^9$㎜^{4}

よって必要梁せいは、

$$D_o\geqq\sqrt[3]{\frac{I_o\times12}{b}}=\sqrt[3]{\frac{0.40\times10^9\times12}{120}}=\sqrt[3]{0.04}\times10^3=342㎜$$

→ 120×360(E70)とする

変形制限を設計できるスパン表の使い方

1●スパン表の概要

通常、木造の梁スパン表は、荷重条件と材料を選択すれば断面が決まるようになっている。しかし多くの場合、あらかじめ変形制限を一定にして作成されているため、断面にどのくらいの余裕があるのかが判別できなかったり、利用者が変形制限を自由に設定できないといった難点があった。

「**設計データ 22●長期荷重に対するスパン表**」(▶62頁)および「**設計データ 23●積雪荷重**(中長期)**に対するスパン表**」(▶77頁)は、設計者がさまざまな条件を設定することで合理的な設計が行えるように改良を加えたものである。概要は以下のとおりである。

- モジュールは910㎜
- 縦軸はスパンまたは負担幅、横軸は変形角を示す
- スパン表 タイプAは負担幅を910㎜と1,820㎜の場合に限定し、スパンを910～4,550㎜まで縦軸にとっている
- スパン表 タイプBはスパンを2,730㎜と3,640㎜の場合に限定し、負担幅を910～3,640㎜まで縦軸にとっている

グラフ中の線①は曲げ強度から決まる限界値、線②はせん断強度から決まる限界値を示している。このときの断面性能は小梁が全断面有効、そのほかは小梁などによる欠損を考慮して低減している(小屋梁・軒桁・胴差は90%、大梁は80%に低減)。

グラフ右にスパンに応じたせん断力(支点反力)を示しているので、梁受け金物を使用した場合はそのせん断耐力と照らし合わせ、表の値より大きいせん断耐力の金物を使用するようにする。在来軸組構法の仕口の場合は、「**設計データ 24●梁端接合部の支持耐力一覧**」(▶94頁)の長期許容支持耐力を照合するとよい。

また、このグラフはE50(スギ無等級材)とした場合の値で、変形量はクリープなどによる変形増大係数を「2」として算定している。ヤング係数を変えて断面を小さくしたり、変形量を小さく抑えたい場合は、「**設計データ 21●変形制限を選択できるスパン表:前提条件**」の「**❶ヤング係数と変形角換算表**」(▶60頁)を併用する。たとえば、E50で変形角が1／250である場合、ヤング係数をE70にすると変形角は1／350となる。さらにE90にすれば変形角は1／450に抑えられる。

変形角ではなく変形量を抑えたい場合は、同「**❷スパンと変形量**」(▶60頁)を参照する。たとえば、スパンが3,640㎜のときの中央部におけるたわみ量を5㎜以下に抑えたい場合は、変形角の制限を1／750とすることになる。

❶梁スパン表 タイプA

負担幅を910㎜(0.91m)のときと
1,820㎜(1,82m)のときに限定

梁幅120㎜

⑩2階床梁:床の等分布荷重、外壁1層[負担幅1,820㎜][部材幅120㎜]

荷重分布

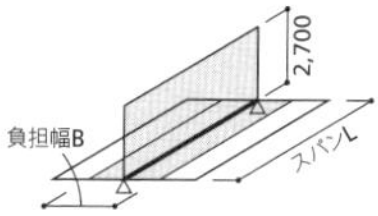

荷重

①:長期曲げ限界　②:長期せん断限界

	部位	固定荷重 DL[N/㎡]	積載荷重 LL[N/㎡]	負担幅 B[m]	負担幅 D[m]	荷重
応力用	2階床 w_1	800	1,300	1.82	−	3,822N/m
	壁 w_2	1,200	0	2.70	−	3,240N/m
	屋根 P	0	0	0	0	0
たわみ用	2階床 w_1	800	600	1.82	−	2,548N/m
	壁 w_2	1,200	0	2.70	−	3,240N/m
	屋根 P	0	0	0	0	0

荷重条件

梁せい　変形角

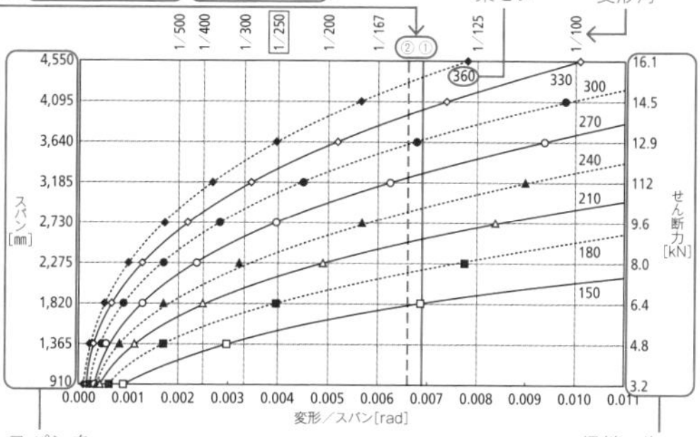

スパンを
変数としている

梁端に生じる
せん断力
(反力)

注　タイプAの梁スパン表は63〜67・78〜81頁を参照のこと

❷梁スパン表 タイプB

スパンを2,730㎜(2.73m)のときと
3,640㎜(3.64m)のときに限定

梁幅120㎜

⑲2階床梁:床の等分布荷重[スパン2,730㎜][部材幅120㎜]

荷重分布

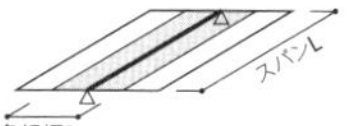

荷重

①:長期曲げ限界　②:長期せん断限界

	部位	固定荷重 DL[N/㎡]	積載荷重 LL[N/㎡]	負担幅 B[m]	負担幅 D[m]	荷重
応力用	2階床 w_1	800	1,300	B	−	2,100N/㎡
	壁 w_2	0	0	0	−	0
	屋根 P	0	0	0	0	0
たわみ用	2階床 w_1	800	600	B	−	1,400N/㎡
	壁 w_2	0	0	0	−	0
	屋根 P	0	0	0	0	0

荷重条件

梁せい　変形角

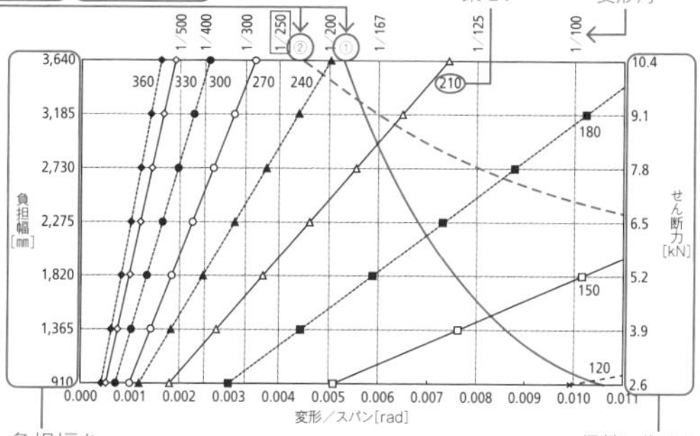

負担幅を
変数としている

梁端に生じる
せん断力
(反力)

注　タイプBの梁スパン表は67〜71・82〜85頁を参照のこと

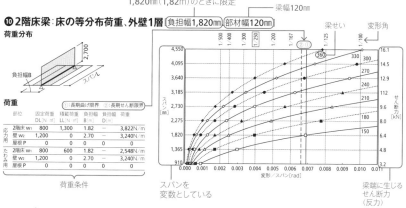

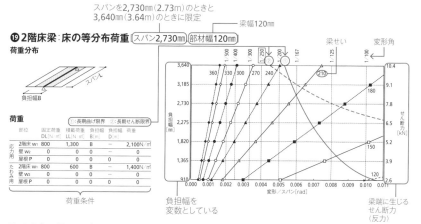

2 ● スパン表の活用例①（CASE 1）

ここからは、CASE 1～7を例題に、スパン表を活用して2階床の大梁を設計する方法について解説する。

・**設計条件**

下図に示す2階床の大梁で、スパンが3.64m、負担幅が1.82mのとき、変形制限を建築基準法ギリギリの1／250で設計する。材料はスギ、ヤング係数はE50、梁幅を120㎜とする。

・**断面設計手順**

❶設計条件から、「**設計データ 22 ● 長期荷重に対するスパン表**」の「**❷2階床梁：床の等分布荷重**［負担幅1,820㎜、部材幅120㎜］」▶63頁をみる
❷縦軸のスパン3.64mのラインを右に進み、上横軸の1／250と交わる点をみる
❸その点より左側にある曲線をみると、梁せいは300㎜となる
❹ちなみに、スパンの1／250のときの変形量は、「**設計データ 21 ● 変形制限を選択できるスパン表：前提条件**」の「**❷スパンと変形量**」▶60頁より、14.6㎜
❺梁端部の支持点に生じるせん断力は7.0kNである（スパン3,640㎜のときのグラフの右側をみる）
❻120×300㎜としたときのスパン中央部のたわみは、変形角が0.003rad≒1／333
❼このときの変形量は、δ＝3,640／333＝10.9㎜である

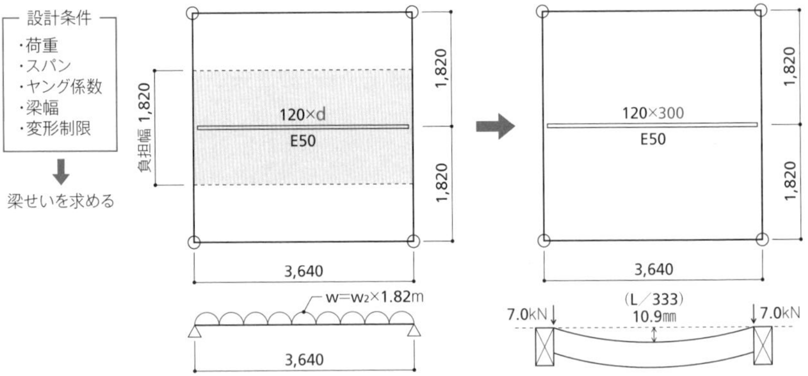

●設計データ 21❶

▶60頁

機械等級	E50（無等級）	E70	E90	E110
ヤング係数［N／㎟］	4,903	6,865	8,826	10,787
E50との比	1.00	1.40	1.80	2.20
換算変形角	1／500	1／700	1／900	1／1,100
	1／400	1／560	1／720	1／880
	1／357	1／500	1／643	1／786
	1／286	1／400	1／514	1／629
	1／278	1／389	1／500	1／611
	1／250	1／350	1／450	1／550
	1／227	1／318	1／409	1／500
	1／222	1／311	1／400	1／489
	1／182	1／255	1／327	1／400
	1／179	1／250	1／321	1／393
	1／139	1／194	1／250	1／306
	1／114	1／159	1／205	1／250
	1／100	1／140	1／180	1／220

●設計データ 21❷

▶60頁

スパンL	変形角							
	1／100	1／150	1／250	1／300	1／500	1／600	1／750	1／1,000
1,365	13.7	9.1	5.5	4.6	2.7	2.3	1.8	1.4
1,820	18.2	12.1	7.3	6.1	3.6	3.0	2.4	1.8
2,275	22.8	15.2	9.1	7.6	4.6	3.8	3.0	2.3
2,730	27.3	18.2	10.9	9.1	5.5	4.6	3.6	2.7
3,185	31.9	21.2	12.7	10.6	6.4	5.3	4.2	3.2
3,640	36.4	24.3	14.6 ❹	12.1	7.3	6.1	4.9	3.6
4,095	41.0	27.3	16.4	13.7	8.2	6.8	5.5	4.1
4,550	45.5	30.3	18.2	15.2	9.1	7.6	6.1	4.6
5,005	50.1	33.4	20.0	16.7	10.0	8.3	6.7	5.0
5,460	54.6	36.4	21.8	18.2	10.9	9.1	7.3	5.5

●設計データ 22❷

▶63頁

❷2階床梁：床の等分布荷重［負担幅1,820㎜、部材幅120㎜］ ❶

荷重分布

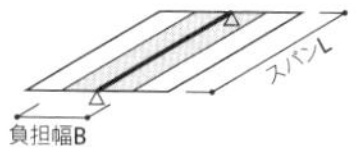

荷重

①：長期曲げ限界　②：長期せん断限界

	部位	固定荷重 DL［N／㎡］	積載荷重 LL［N／㎡］	負担幅 B［m］	負担幅 D［m］	荷重
応力用	2階床 w_1	800	1,300	1.82	－	3,822N／m
	壁 w_2	0	0	0	－	0
	屋根 P	0	0	0	0	0
たわみ用	2階床 w_1	800	600	1.82	－	2,548N／m
	壁 w_2	0	0	0	－	0
	屋根 P	0	0	0	0	0

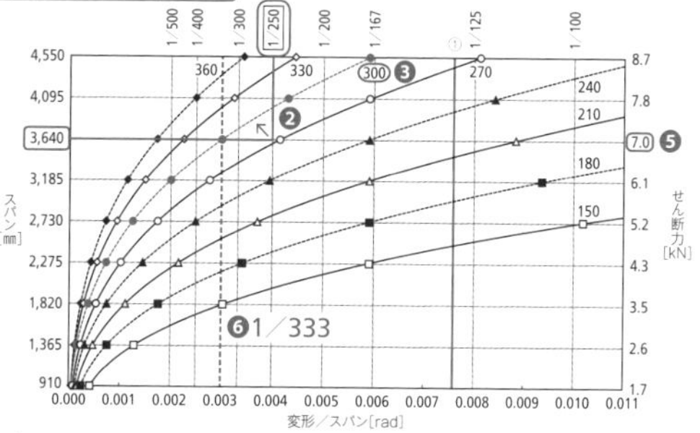

注　上図表中の❶～❻は、238頁の断面設計手順の番号を示す

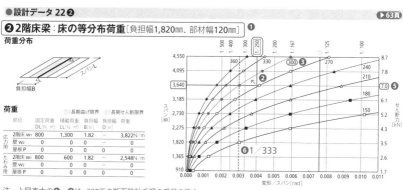

3●スパン表の活用例②（CASE 2）

・設計条件

CASE 1と条件は同じであるが、居住性に配慮して変形制限を1／500とする。

・断面設計手順

❶設計条件から、「**設計データ 22●長期荷重に対するスパン表**」の「**❷2階床梁：床の等分布荷重**［負担幅1,820㎜、部材幅120㎜］」▶63頁をみる

❷縦軸のスパン**3.64**mのラインを右に進み、上横軸の**1／500**との交点を求める

❸交点より左側にある曲線をみると、梁せいは**360**㎜となる

❹ちなみに、スパンの**1／500**のときの変形量は、「**設計データ 21●変形制限を選択できるスパン表：前提条件**」の「**❷スパンと変形量**」▶60頁より、**7.3**㎜

❺梁端部に生じるせん断力は**7.0**kNである

❻**120×360**㎜としたときの変形角は、**0.0018**rad≒**1／555**

❼このときの変形量は、δ=**3,640／555=6.6**㎜である

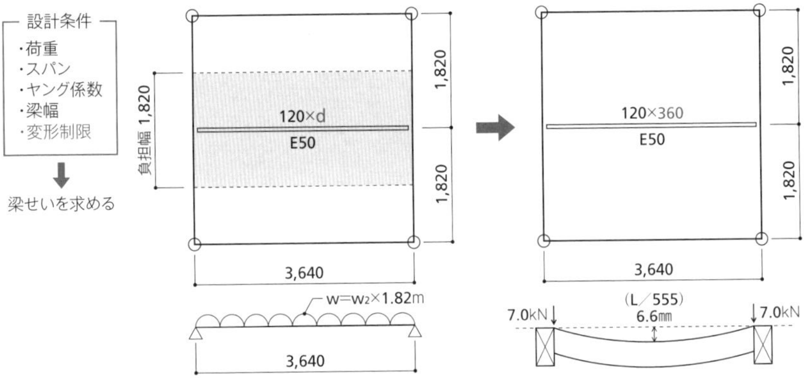

●設計データ 21❶

▶60頁

機械等級	E50（無等級）	E70	E90	E110
ヤング係数［N／㎟］	4,903	6,865	8,826	10,787
E50との比	1.00	1.40	1.80	2.20
	1／500	1／700	1／900	1／1,100
	1／400	1／560	1／720	1／880
	1／357	1／500	1／643	1／786
	1／286	1／400	1／514	1／629
	1／278	1／389	1／500	1／611
	1／250	1／350	1／450	1／550
換算変形角	1／227	1／318	1／409	1／500
	1／222	1／311	1／400	1／489
	1／182	1／255	1／327	1／400
	1／179	1／250	1／321	1／393
	1／139	1／194	1／250	1／306
	1／114	1／159	1／205	1／250
	1／100	1／140	1／180	1／220

●設計データ 21❷

▶60頁

スパンL	変形角							
	1／100	1／150	1／250	1／300	1／500	1／600	1／750	1／1,000
1,365	13.7	9.1	5.5	4.6	2.7	2.3	1.8	1.4
1,820	18.2	12.1	7.3	6.1	3.6	3.0	2.4	1.8
2,275	22.8	15.2	9.1	7.6	4.6	3.8	3.0	2.3
2,730	27.3	18.2	10.9	9.1	5.5	4.6	3.6	2.7
3,185	31.9	21.2	12.7	10.6	6.4	5.3	4.2	3.2
3,640	36.4	24.3	14.6	12.1	7.3 ❹	6.1	4.9	3.6
4,095	41.0	27.3	16.4	13.7	8.2	6.8	5.5	4.1
4,550	45.5	30.3	18.2	15.2	9.1	7.6	6.1	4.6
5,005	50.1	33.4	20.0	16.7	10.0	8.3	6.7	5.0
5,460	54.6	36.4	21.8	18.2	10.9	9.1	7.3	5.5

●設計データ 22❷

▶63頁

❷2階床梁：床の等分布荷重［負担幅1,820㎜、部材幅120㎜］❶

荷重分布

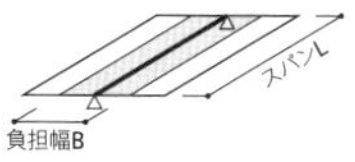

荷重

①：長期曲げ限界　②：長期せん断限界

	部位	固定荷重 DL［N／㎡］	積載荷重 LL［N／㎡］	負担幅 B［m］	負担幅 D［m］	荷重
応力用	2階床 w_1	800	1,300	1.82	−	3,822N／m
	壁 w_2	0	0	0	−	0
	屋根 P	0	0	0	0	0
たわみ用	2階床 w_1	800	600	1.82	−	2,548N／m
	壁 w_2	0	0	0	−	0
	屋根 P	0	0	0	0	0

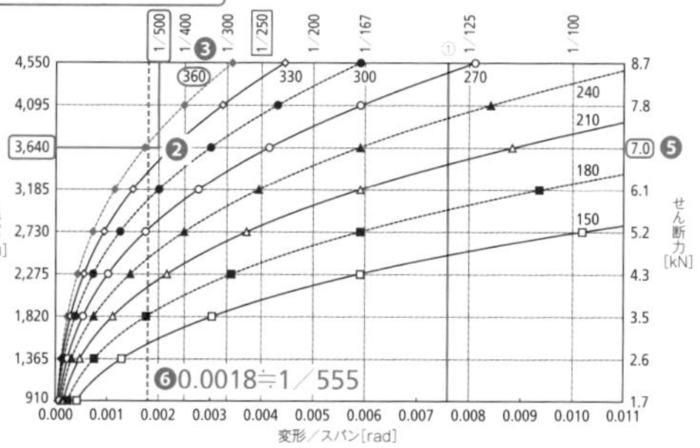

注　上図表中の❶～❻は、240頁の断面設計手順の番号を示す

4●スパン表の活用例③（CASE 3）

・設計条件

CASE 2の検討結果を得たが、梁せいを300㎜に抑えたい。その場合、ヤング係数をいくつに指定したらよいかを検討する。

・断面設計手順

❶「設計データ 22●**長期荷重に対するスパン表**」の「❷**2階床梁：床の等分布荷重**［負担幅1,820㎜、部材幅120㎜］」▶63頁の縦軸3.64mのラインを右に進み、梁せい300㎜の曲線との交点を求める

❷交点から垂直に上に進むと、変形角は約1／330である

❸設計したい変形角1／500との比率は、500／330≒1.5

❹スパン表はヤング係数E50の平均値で作成しているので、必要なヤング係数は4,903×1.5＝7,355N／㎟

❺「設計データ 21●**変形制限を選択できるスパン表：前提条件**」の「❶**ヤング係数と変形角換算表**」▶60頁より、E70であればよい

❻材料のヤング係数をE70と指定する

❼ちなみに、スパンの1／500のときの変形量は、「設計データ 21●**変形制限を選択できるスパン表：前提条件**」の「❷**スパンと変形量**」▶60頁より、7.3㎜

❽梁端部のせん断力は7.0kNである

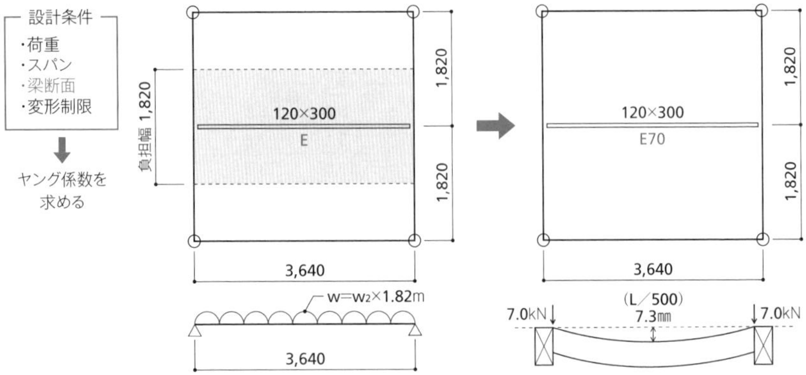

●設計データ 21❶

▶60頁

機械等級	E50（無等級）	E70	E90	E110
ヤング係数［N/㎟］	4,903	6,865	8,826	10,787
E50との比	1.00	1.40	1.80	2.20
換算変形角	1／500	1／700	1／900	1／1,100
	1／400	1／560	1／720	1／880
	1／357	1／500	1／643	1／786
	1／286	1／400	1／514	1／629
	1／278	1／389	1／500	1／611
	1／250	1／350	1／450	1／550
	1／227	1／318	1／409	1／500
	1／222	1／311	1／400	1／489
	1／182	1／255	1／327	1／400
	1／179	1／250	1／321	1／393
	1／139	1／194	1／250	1／306
	1／114	1／159	1／205	1／250
	1／100	1／140	1／180	1／220

❸～❻

●設計データ 21❷

▶60頁

スパン L	変形角							
	1／100	1／150	1／250	1／300	1／500	1／600	1／750	1／1,000
1,365	13.7	9.1	5.5	4.6	2.7	2.3	1.8	1.4
1,820	18.2	12.1	7.3	6.1	3.6	3.0	2.4	1.8
2,275	22.8	15.2	9.1	7.6	4.6	3.8	3.0	2.3
2,730	27.3	18.2	10.9	9.1	5.5	4.6	3.6	2.7
3,185	31.9	21.2	12.7	10.6	6.4	5.3	4.2	3.2
3,640	36.4	24.3	14.6	12.1	7.3 ❼	6.1	4.9	3.6
4,095	41.0	27.3	16.4	13.7	8.2	6.8	5.5	4.1
4,550	45.5	30.3	18.2	15.2	9.1	7.6	6.1	4.6
5,005	50.1	33.4	20.0	16.7	10.0	8.3	6.7	5.0
5,460	54.6	36.4	21.8	18.2	10.9	9.1	7.3	5.5

●設計データ 22❷

▶63頁

❷2階床梁：床の等分布荷重［負担幅1,820㎜、部材幅120㎜］

荷重分布

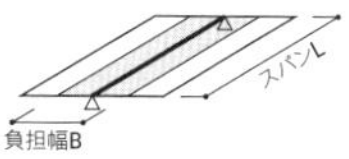

荷重

①：長期曲げ限界　②：長期せん断限界

	部位	固定荷重 DL［N/㎡］	積載荷重 LL［N/㎡］	負担幅 B［m］	負担幅 D［m］	荷重
応力用	2階床 w_1	800	1,300	1.82	—	3,822N/m
	壁 w_2	0	0	0	—	0
	屋根 P	0	0	0	0	0
たわみ用	2階床 w_1	800	600	1.82	—	2,548N/m
	壁 w_2	0	0	0	—	0
	屋根 P	0	0	0	0	0

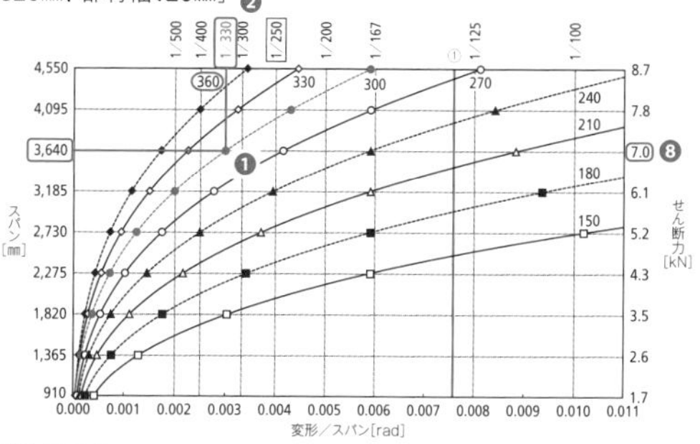

注　上図表中の❶～❽は、242頁の断面設計手順の番号を示す

1 木材
2 荷重
3 地盤・基礎
4 軸組
5 耐力壁
6 水平構面
7 耐震診断
8 混構造
9 その他
10 使い方

5 ● スパン表の活用例④（CASE 4）

・設計条件

CASE 1と荷重条件は同じであるが、梁の直下に建具が入るため、たわみを5㎜以下に抑えたい。ヤング係数E90とすると、梁せいはどのくらい必要となるかを検討する。

・断面設計手順

❶スパン3,640㎜／5㎜＝728より、変形角の制限値は1／728

❷スパン表はE50で作成しているので、使用部材とのヤング係数比は1.80

❸スパン表における換算変形角は728／1.80＝404より、変形制限を1／400とする

❹「**設計データ 22 ● 長期荷重に対するスパン表**」の「**❷2階床梁：床の等分布荷重**［負担幅1,820㎜、部材幅120㎜］」▶63頁からスパン3.64mと変形角1／400の交点を求め、それより左側の曲線をみると、梁せいは330㎜となる

❺ちなみに、梁端部のせん断力は7.0kNである

❻120×330㎜としたときの変形角は、0.0022rad≒1／450。これはE50のときの値なので、E90とすると、1／（450×1.80）＝1／810

❼このときの変形量は、δ＝3,640／810＝4.5㎜である

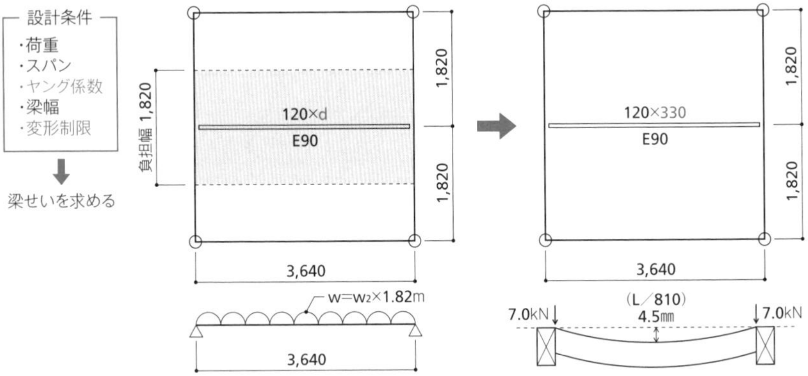

●設計データ 21❶

▶60頁

機械等級	E50（無等級）	E70	E90	E110
ヤング係数［N／㎟］	4,903	6,865	8,826	10,787
E50との比	1.00	1.40	1.80 ❷	2.20
換算変形角	1／500	1／700	1／900	1／1,100
	❷・❸ 1／400	1／560	1／720	1／880
	1／357	1／500		1／786
	1／286	1／400		1／629
	1／278	1／389	1／500	1／611
	1／250	1／350	1／450	1／550
	1／227	1／318	1／409	1／500
	1／222	1／311	1／400	1／489
	1／182	1／255	1／327	1／400
	1／179	1／250	1／321	1／393
	1／139	1／194	1／250	1／306
	1／114	1／159	1／205	1／250
	1／100	1／140	1／180	1／220

E50に換算すると

●設計データ 21❷

▶60頁

スパンL	変形角						❶	
	1／100	1／150	1／250	1／300	1／500	1／600	1／750	1／1,000
1,365	13.7	9.1	5.5	4.6	2.7	2.3	1.8	1.4
1,820	18.2	12.1	7.3	6.1	3.6	3.0	2.4	1.8
2,275	22.8	15.2	9.1	7.6	4.6	3.8	3.0	2.3
2,730	27.3	18.2	10.9	9.1	5.5	4.6	3.6	2.7
3,185	31.9	21.2	12.7	10.6	6.4	5.3	4.2	3.2
3,640	36.4	24.3	14.6	12.1	7.3	6.1	4.9	3.6
4,095	41.0	27.3	16.4	13.7	8.2	6.8	5.5	4.1
4,550	45.5	30.3	18.2	15.2	9.1	7.6	6.1	4.6
5,005	50.1	33.4	20.0	16.7	10.0	8.3	6.7	5.0
5,460	54.6	36.4	21.8	18.2	10.9	9.1	7.3	5.5

●設計データ 22❷

▶63頁

❷2階床梁：床の等分布荷重［負担幅1,820㎜、部材幅120㎜］

荷重分布

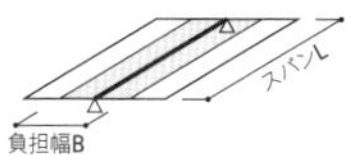

荷重

	部位	固定荷重 DL［N／㎡］	積載荷重 LL［N／㎡］	負担幅 B［m］	負担幅 D［m］	荷重
応力用	2階床 w_1	800	1,300	1.82	−	3,822N／m
	壁 w_2	0	0	0	−	0
	屋根 P	0	0	0	0	0
たわみ用	2階床 w_1	800	600	1.82	−	2,548N／m
	壁 w_2	0	0	0	−	0
	屋根 P	0	0	0	0	0

①：長期曲げ限界　②：長期せん断限界

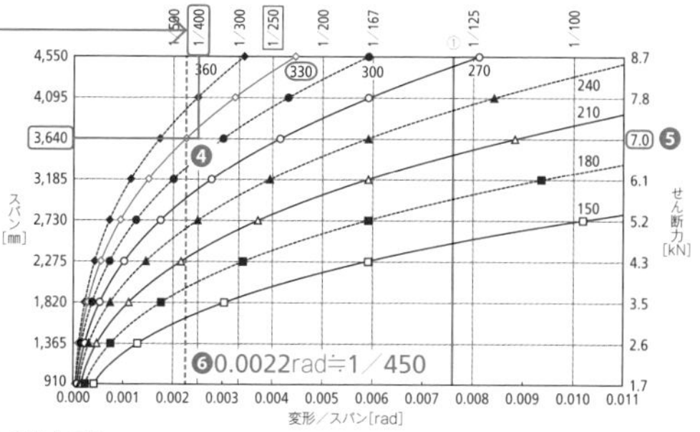

注　上図表中の❶〜❻は、244頁の断面設計手順の番号を示す

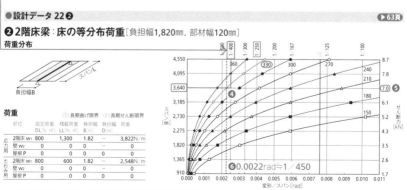

6 ● スパン表の活用例⑤(CASE 5)

・ 設計条件

CASE 4と同条件で、梁せいを300㎜にしたときのたわみ量を求める。

・ 断面設計手順

❶「**設計データ 22 ● 長期荷重に対するスパン表**」の「**❷ 2階床梁：床の等分布荷重**［負担幅1,820㎜、部材幅120㎜］」▶63頁をみる

❷縦軸のスパン3.64mのラインを右に進み、梁せい300㎜との交点をみる

❸交点より上横軸をみると、約1／330

❹実際に使用する梁材のヤング係数はE90なので、変形角は1.80×330=594より、1／594

❺よって、たわみ量は3,640㎜／594=6.1㎜となる

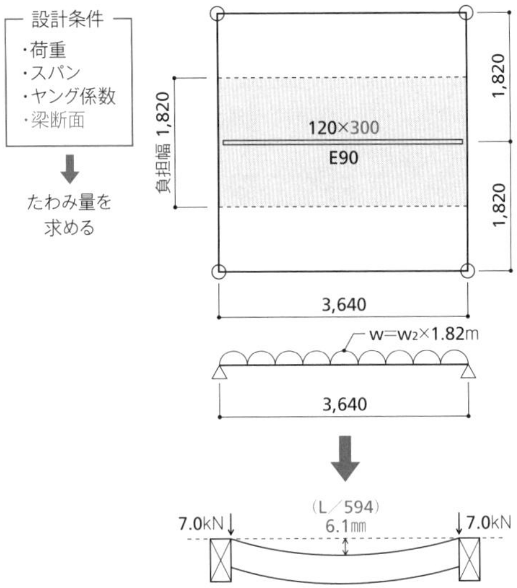

●設計データ 21❶

▶60頁

機械等級	E50（無等級）	E70	E90	E110
ヤング係数 [N/㎟]	4,903	6,865	8,826	10,787
E50との比	1.00	1.40	1.80	2.20
換算変形角	1／500	1／700	1／900	1／1,100
	1／400	1／560	1／720	1／880
1／330	1／357	1／500	1／643 1／594	
	1／286	1／400	1／514 ❹	1／629
	1／278	1／389	1／500	1／611
	1／250	1／350	1／450	1／550
	1／227	1／318	1／409	1／500
	1／222	1／311	1／400	1／489
	1／182	1／255	1／327	1／400
	1／179	1／250	1／321	1／393
	1／139	1／194	1／250	1／306
	1／114	1／159	1／205	1／250
	1／100	1／140	1／180	1／220

●設計データ 21❷

▶60頁

スパンL	変形角 1／594							
	1／100	1／150	1／250	1／300	1／500	1／600	1／750	1／1,000
1,365	13.7	9.1	5.5	4.6	2.7	2.3	1.8	1.4
1,820	18.2	12.1	7.3	6.1	3.6	3.0	2.4	1.8
2,275	22.8	15.2	9.1	7.6	4.6	3.8	3.0	2.3
2,730	27.3	18.2	10.9	9.1	5.5	4.6	3.6	2.7
3,185	31.9	21.2	12.7	10.6	6.4	5.3	4.2	3.2
3,640	36.4	24.3	14.6	12.1	7.3	6.1 ❺	4.9	3.6
4,095	41.0	27.3	16.4	13.7	8.2	6.8	5.5	4.1
4,550	45.5	30.3	18.2	15.2	9.1	7.6	6.1	4.6
5,005	50.1	33.4	20.0	16.7	10.0	8.3	6.7	5.0
5,460	54.6	36.4	21.8	18.2	10.9	9.1	7.3	5.5

●設計データ 22❷

▶63頁

❷2階床梁：床の等分布荷重［負担幅1,820㎜、部材幅120㎜］ ❶

荷重分布

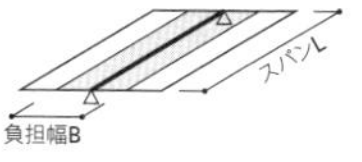

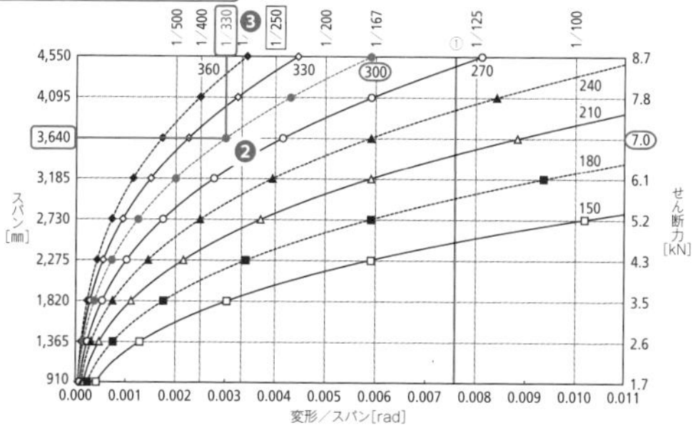

荷重

①：長期曲げ限界　②：長期せん断限界

	部位	固定荷重 DL［N/㎡］	積載荷重 LL［N/㎡］	負担幅 B［m］	負担幅 D［m］	荷重
応力用	2階床 w_1	800	1,300	1.82	－	3,822N/m
	壁 w_2	0	0	0	－	0
	屋根 P	0	0	0	0	0
たわみ用	2階床 w_1	800	600	1.82	－	2,548N/m
	壁 w_2	0	0	0	－	0
	屋根 P	0	0	0	0	0

注　上図表中の❶～❺は、246頁の断面設計手順の番号を示す

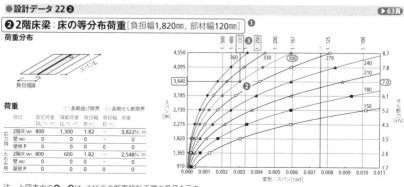

7 ● スパン表の活用例⑥（CASE 6）

・設計条件

荷重条件と変形制限はCASE 1と同じであるが、ヤング係数をE110としたときの梁せいを求める。

・断面設計手順

❶E110のE50に対する比率は、「**設計データ 21 ● 変形制限を選択できるスパン表：前提条件**」の「**❶ ヤング係数と変形角換算表**」▶60頁より、2.20である

❷250／2.20＝114より、「**設計データ 22 ● 長期荷重に対するスパン表**」の「**❷ 2階床梁：床の等分布荷重**［負担幅1,820㎜、部材幅120㎜］」▶63頁の変形角1／100をみる

❸長期曲げ限界を示す直線①を超えてしまうので、変形角は0.0076rad以下に抑える必要がある
0.0076rad＝1／（1／0.0076）＝1／131

❹スパン3.64mと直線①との交点より左側にある曲線をみると、梁せいは240㎜となる

❺このときの実際のたわみ量を求めると、曲線240㎜と3.64mとの交点の変形角は、0.0059rad＝1／（1／0.0059）＝1／169

❻ヤング係数がE110なので、実際の変形角は、1／（169×2.20）＝1／372

❼よって、たわみ量は3,640㎜／372＝9.8㎜となる

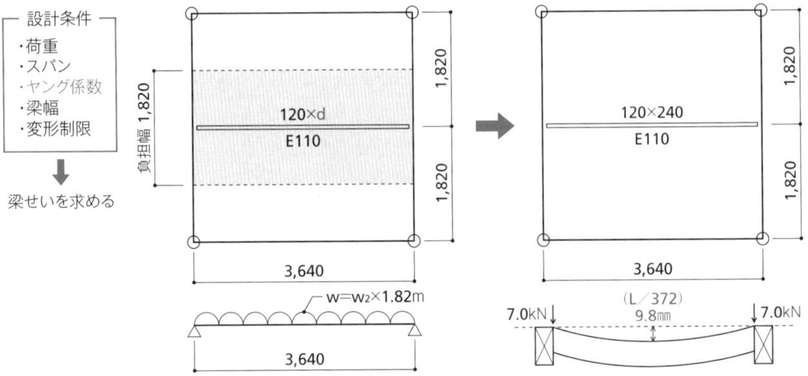

●設計データ 21❶

▶60頁

機械等級	E50（無等級）	E70	E90 ❷	E110
ヤング係数［N／㎟］	4,903	6,865	8,826	10,787
E50との比	1.00	1.40	1.80 ❶	2.20
換算変形角	1／500	1／700	1／900	1／1,100
	1／400	1／560	1／720	1／880
	1／357	1／500	1／643	1／786
	1／286	1／400	1／514	1／629
	1／278	1／389	1／500	1／611
	1／250	1／350	1／450	1／550
	1／227	1／318	1／409	1／500
	1／222	1／311	1／400	1／489
	1／182	1／255	1／327 ❻	1／400
❺ 1／169	1／179	1／250	1／372	1／393
	1／139	1／194	1／250	1／306
	1／114	1／159	1／205	1／250
	1／100	1／140	1／180	1／220

このラインより下は
曲げ強度がNGになる

●設計データ 21❷

▶60頁

スパン L	変形角 1／100	1／150	1／250	1／300	1／500	1／600	1／750	1／1,000
1,365	13.7	9.1	5.5	4.6	2.7	2.3	1.8	1.4
1,820	18.2	12.1	7.3	6.1	3.6	3.0	2.4	1.8
2,275	22.8	15.2	9.1	7.6	4.6	3.8	3.0	2.3
2,730	27.3	18.2	10.9	9.1	5.5	4.6	3.6	2.7
3,185	31.9	21.2	12.7	10.6 ❼	6.4	5.3	4.2	3.2
3,640	36.4	24.3	14.6	12.1	7.3	6.1	4.9	3.6
4,095	41.0	27.3	16.4	13.7	8.2	6.8	5.5	4.1
4,550	45.5	30.3	18.2	15.2	9.1	7.6	6.1	4.6
5,005	50.1	33.4	20.0	16.7	10.0	8.3	6.7	5.0
5,460	54.6	36.4	21.8	18.2	10.9	9.1	7.3	5.5

●設計データ 22❷

▶63頁

❷2階床梁：床の等分布荷重［負担幅1,820㎜、部材幅120㎜］

荷重分布

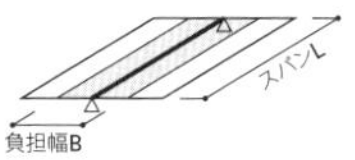

荷重

①：長期曲げ限界　②：長期せん断限界

	部位	固定荷重 DL［N／㎡］	積載荷重 LL［N／㎡］	負担幅 B［m］	負担幅 D［m］	荷重
応力用	2階床 w_1	800	1,300	1.82	—	3,822N／m
	壁 w_2	0	0	0	—	0
	屋根 P	0	0	0	0	0
たわみ用	2階床 w_1	800	600	1.82	—	2,548N／m
	壁 w_2	0	0	0	—	0
	屋根 P	0	0	0	0	0

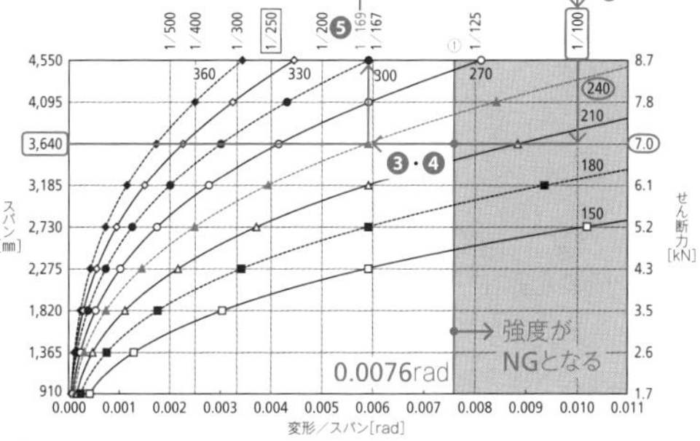

注　上図表中の❶～❼は、248頁の断面設計手順の番号を示す

8●スパン表の活用例⑦（CASE 7）

・設計条件

スパン3.64m、ヤング係数E50で、変形制限を1／400としたときの幅120㎜×せい270㎜の床梁間隔を求める。

・断面設計手順

❶負担幅を縦軸にした「**設計データ 22●長期荷重に対するスパン表**」の「**⑳2階床梁：床の等分布荷重**［スパン3,640㎜、部材幅120㎜］」▶67頁をみる

❷上横軸の変形角1／400と、梁せい270㎜の交点をみる

❸交点から左へ進み、縦軸の目盛りを読むと、約1.1m。したがって、梁間隔は910㎜となる

❹ちなみに、120×270㎜と負担幅910㎜との交点を見ると、変形角は約1／500である

❺このときの変形量は、3,640／500=7.3㎜

❻また、梁端部に生じるせん断力は3.5kNである

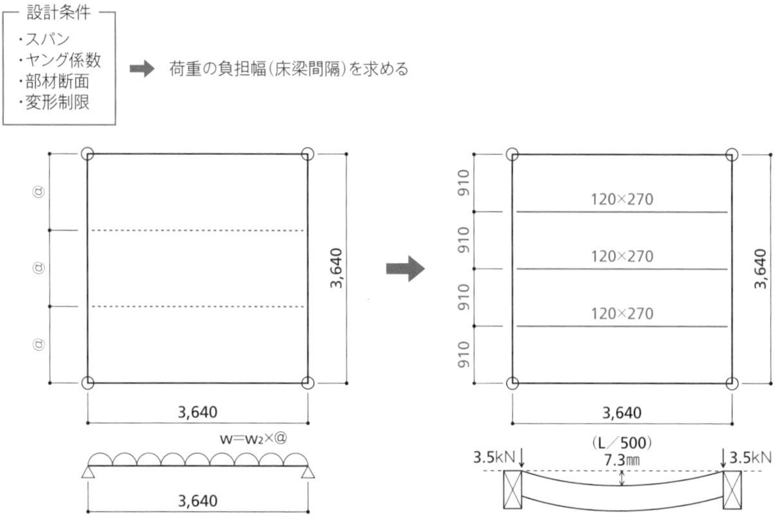

●設計データ21❶

▶60頁

機械等級	E50（無等級）	E70	E90	E110
ヤング係数[N/㎟]	4,903	6,865	8,826	10,787
E50との比	1.00	1.40	1.80	2.20
換算変形角	1/500	1/700	1/900	1/1,100
	1/400	1/560	1/720	1/880
	1/357	1/500	1/643	1/786
	1/286	1/400	1/514	1/629
	1/278	1/389	1/500	1/611
	1/250	1/350	1/450	1/550
	1/227	1/318	1/409	1/500
	1/222	1/311	1/400	1/489
	1/182	1/255	1/327	1/400
	1/179	1/250	1/321	1/393
	1/139	1/194	1/250	1/306
	1/114	1/159	1/205	1/250
	1/100	1/140	1/180	1/220

●設計データ21❷

▶60頁

スパンL	変形角							
	1/100	1/150	1/250	1/300	1/500	1/600	1/750	1/1,000
1,365	13.7	9.1	5.5	4.6	2.7	2.3	1.8	1.4
1,820	18.2	12.1	7.3	6.1	3.6	3.0	2.4	1.8
2,275	22.8	15.2	9.1	7.6	4.6	3.8	3.0	2.3
2,730	27.3	18.2	10.9	9.1	5.5	4.6	3.6	2.7
3,185	31.9	21.2	12.7	10.6	6.4	5.3	4.2	3.2
3,640	36.4	24.3	14.6	12.1	7.3	6.1	4.9	3.6
4,095	41.0	27.3	16.4	13.7	8.2	6.8	5.5	4.1
4,550	45.5	30.3	18.2	15.2	9.1	7.6	6.1	4.6
5,005	50.1	33.4	20.0	16.7	10.0	8.3	6.7	5.0
5,460	54.6	36.4	21.8	18.2	10.9	9.1	7.3	5.5

●設計データ22⑳

▶67頁

⑳2階床梁：床の等分布荷重［スパン3,640㎜、部材幅120㎜］❶

荷重分布

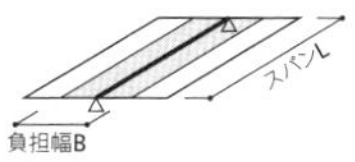

荷重

①：長期曲げ限界　②：長期せん断限界

	部位	固定荷重 DL[N/㎡]	積載荷重 LL[N/㎡]	負担幅 B[m]	負担幅 D[m]	荷重
応力用	2階床 w_1	800	1,300	B	–	2,100N/㎡
	壁 w_2	0	0	0	–	0
	屋根 P	0	0	0	0	0
たわみ用	2階床 w_1	800	600	B	–	1,400N/㎡
	壁 w_2	0	0	0	–	0
	屋根 P	0	0	0	0	0

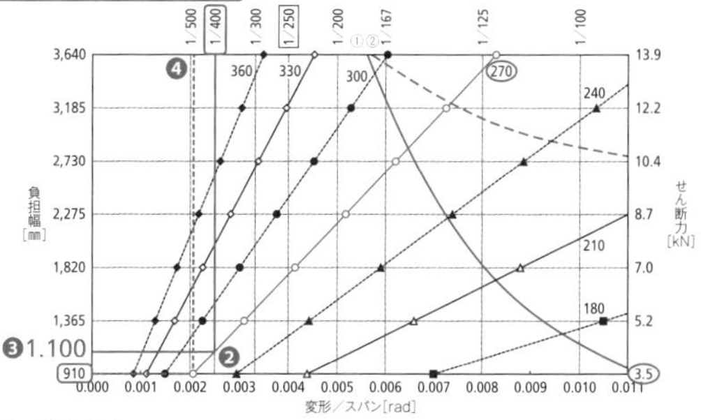

注　上図表中の❶～❼は、250頁の断面設計手順の番号を示す

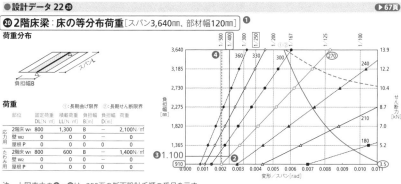

3 | 耐力壁

耐力壁の設計

検討手順

1 ● 水平力を算定する

建物にかかる水平力を求める。地震力は床面積、風圧力は見付面積から算出する。

2 ● 水平耐力を検討する

水平力に対して抵抗する耐力壁の量を確保する。

3 ● ねじれを検討する

水平力を受けたときに建物がねじれないように、耐力壁がバランスよく配置されているかを検討する。

4 ● 柱頭・柱脚接合部を検討する

耐力壁が水平力を受けたときに柱が抜けないように、接合方法を検討する。

5 ● アンカーボルトを検討する

引抜力に対して建物がずれないように、アンカーボルトを設置する。

▶耐力壁に流れる力

床　板
↓
根　太
↓
床　梁
↓
1階耐力壁
↓
柱･土台
↓
アンカーボルト
↓
基　礎
↓
地　盤

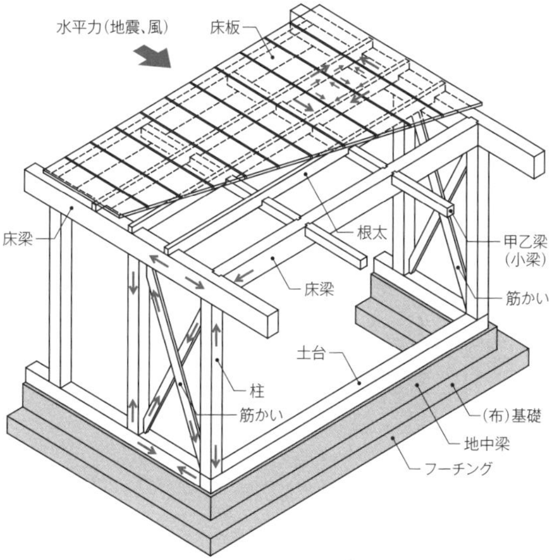

検討フロー

耐力壁の配置
↓
水平力の算定
必要壁量の算定
地震力、風圧力の算定
↓
水平耐力の検討
存在壁量≧必要壁量 の確認
水平耐力≧水平力 の確認
(層間変形角の確認)
↓
ねじれに対する検討
四分割法(壁率比≦0.5 の確認)
偏心率≦0.30 の確認
↓
柱頭･柱脚接合部の検討
告示仕様表
N値計算
許容応力度計算
↓
アンカーボルトの検討
↓
設計終了

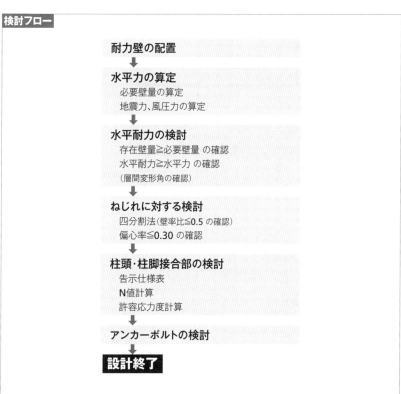

検討するモデル住宅

検討するモデル住宅は、200・201頁に示すものと同じ2階建て木造住宅である。屋根は瓦葺き、外壁はモルタル塗り、内壁は板張りとし、主な耐力壁は45×90㎜の筋かいとする。

❶2階平面図

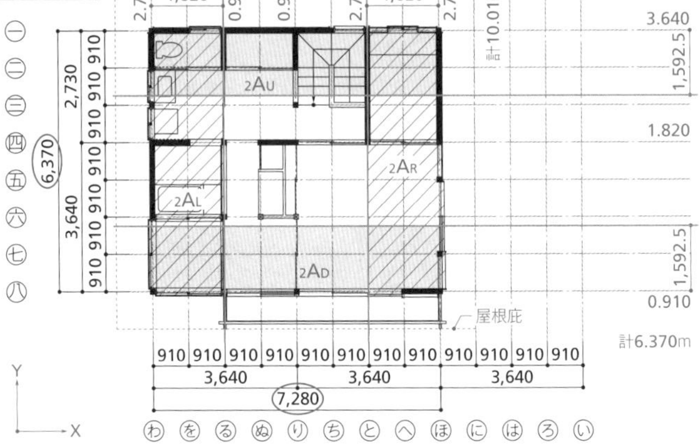

❷1階平面図

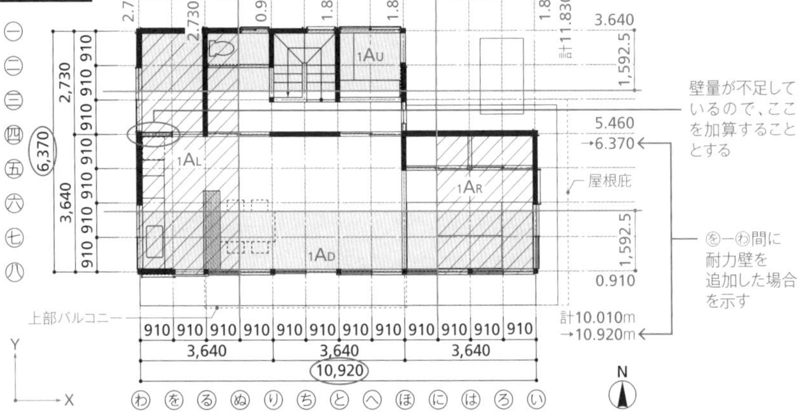

壁量検討用床面積の算定

2階 ${}_2A=7.28\times6.37=46.4$㎡

1階 ${}_1A=7.28\times6.37+3.64\times3.64=59.6$㎡

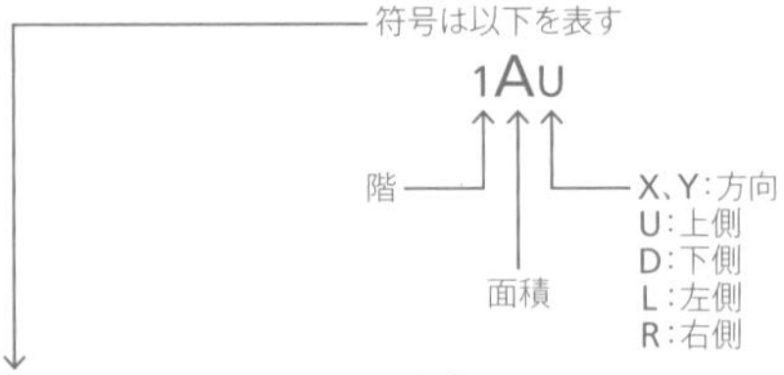

壁配置の検討用床面積の算定

庇およびバルコニーは、はね出しが1P(910㎜)以下なので、床面積に算入しないこととする

2階 ${}_2A_U=7.280\times1.5925=11.6$㎡

${}_2A_D=7.280\times1.5925=11.6$㎡

${}_2A_L=1.820\times6.370=11.6$㎡

${}_2A_R=1.820\times6.370=11.6$㎡

1階 ${}_1A_U=7.280\times1.5925=11.6$㎡

${}_1A_D=10.920\times1.5925=17.4$㎡

${}_1A_L=2.730\times6.370=17.4$㎡

${}_1A_R=2.730\times3.640=9.9$㎡

❸西立面図

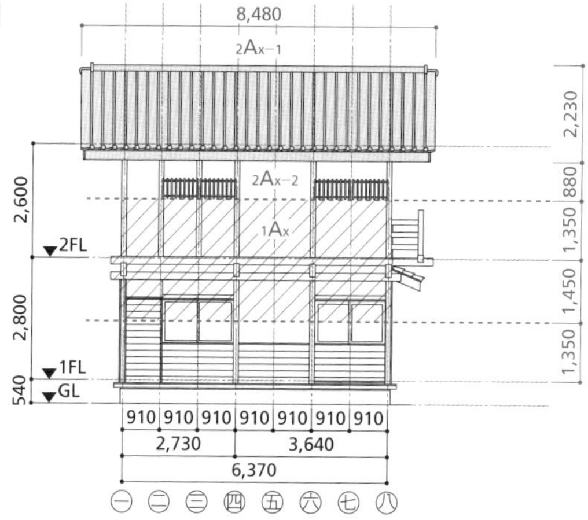

❹南立面図

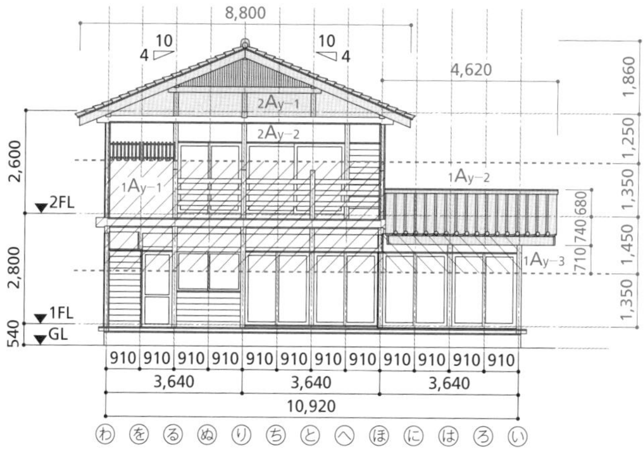

壁量検討用見付面積の算定

X方向　2階　${}_2A_{x-1}=8.480\times2.230=18.9$㎡

${}_2A_{x-2}=6.370\times0.880=5.6$㎡

${}_2A_x=24.5$㎡……………… 2階検討用

1階　${}_1A_x=6.370\times2.800=17.8$㎡

${}_2A_x+{}_1A_x=42.3$㎡……………… 1階検討用

Y方向　2階　${}_2A_{y-1}=8.800\times1.860/2=8.2$㎡

${}_2A_{y-2}=7.280\times1.250=9.1$㎡

${}_2A_y=17.3$㎡………… 2階検討用

1階　${}_1A_{y-1}=7.280\times2.800=20.4$㎡

${}_1A_{y-2}=4.620\times1.420=6.6$㎡

${}_1A_{y-3}=3.640\times0.710=2.6$㎡

${}_1A_y=29.6$㎡

${}_2A_y+{}_1A_y=46.9$㎡………… 1階検討用

壁量計算の手順

1 ● 床面積の算定

2階床面積、1階床面積を算定する。このとき、平面図にその階の上に存在する小屋裏物置や庇・バルコニーの範囲を破線などで示しておくと、これらの面積の算入漏れを防ぐことができる[254頁図参照]。

また、平面図にはX・Yの方向を記入し、偏心チェック用に建物長さの1／4ラインを引いたうえで、側端部分の床面積も算定しておくとよい。

2 ● 見付面積の算定

立面図にFLとFL+1.35mのラインを引き、見付面積を算定する。このとき、図面名称の下に「X方向検討用」などと記載し、面積ごとに階と方向が分かるような符合を記入しておくと、方向の誤りを防げる[255頁図参照]。この例では、西面がX方向の風圧力、南面がY方向の風圧力に相当する。

なお、1階の検討用面積は$_1A+_2A$なので、あらかじめ算定しておくとよい。

3 ● 必要壁量の算定

「**設計データ 30 ● ねじれに対する検討**」の「**❸ 令46条4項による軸組計算表**」▶112頁は、筆者の事務所で作成した壁量計算表である。この計算表の特徴は、最上段の方向欄にXまたはY方向というように力の方向を記入することと、判定欄の下に安全率(余裕率)の欄を設けていることである。

壁量計算を行うときは、まず同表の最上段にある「方向」欄にXまたはY方向と記入して、外力の方向を意識する。次に、地震力に対する必要壁量「床面積×必要壁量」[同表ⅰ・ⅱ欄]、風圧力に対する必要壁量「見付面積×必要壁量」[同表①～④欄]をそれぞれ求める。このどちらか大きいほうの値が、建物に必要な壁量となる[同表「判定」欄]。

4 ● 存在壁量の算定

存在壁量は、有効壁長「壁倍率×耐力壁長さ」の和となる。

平面図に耐力壁と、通りごとの耐力壁長を書き込む[254頁図参照]。複数の壁倍率が混在するときには、倍率×実長を記入する。こうすると、耐力壁が不足していたときなどに変更しやすいうえ、後で偏心チェックを行うのにも便利である。また、通りごとに記入することで「構面」が意識され、架構が整理されているかどうかを確認することもできる。

▶112頁

2階建ての2階部分 または平屋建て

方向	X方向					Y方向				
必要壁長	面積 ㎡		1㎡当たり必要壁長 m/㎡		必要壁長 m	面積 ㎡		1㎡当たり必要壁長 m/㎡		必要壁長 m
	床面積	46.4	0.21		i 9.75	床面積	46.4	0.21		i 9.75
	見付面積	S2 24.5	**0.50**		① 12.25	見付面積	S2 17.3	**0.50**		② 8.65
有効壁長	軸組の種類	軸組長さ m	個所	壁倍率	有効壁長 m	軸組の種類	軸組長さ m	個所	壁倍率	有効壁長 m
	45×90 片筋かい	0.91	5	2.0	9.10	45×90 片筋かい	0.91	3	2.0	5.46
	45×90 片筋かい	1.82	1	2.0	3.64	45×90 片筋かい	1.82	1	2.0	3.64
						45×90 片筋かい	2.73	2	2.0	10.92
判定	~~i または~~ ① 12.25 m≦				イ 12.74 m	~~i または~~ ② 9.75 m≦				ロ 20.02 m
安全率（余裕率）	地震力に対して（イ／i）				1.31	地震力に対して（ロ／i）				2.05
	風圧力に対して（イ／①）				1.04	風圧力に対して（ロ／②）				2.31

2階建ての1階部分

方向	X方向					Y方向				
必要壁長	面積 ㎡		1㎡当たり必要壁長 m/㎡		必要壁長 m	面積 ㎡		1㎡当たり必要壁長 m/㎡		必要壁長 m
	床面積	59.6	0.33		ii 19.67	床面積	59.6	0.33		ii 19.67
	見付面積	S2+S1 42.3	**0.50**		③ 21.15	見付面積	S2+S1 46.9	**0.50**		④ 23.45
有効壁長	軸組の種類	軸組長さ m	個所	壁倍率	有効壁長 m	軸組の種類	軸組長さ m	個所	壁倍率	有効壁長 m
	45×90 片筋かい	0.91	3	2.0	5.46	45×90 片筋かい	0.91	5	2.0	9.10
	45×90 片筋かい	1.82	4	2.0	14.56	45×90 片筋かい	1.82	4	2.0	14.56
	→㊃通り㋾－㋻間に45×90 片筋かいを増設する									
		0.91	1	2.0	(1.82)					
					(21.84)					
判定	~~ii または~~ ③ 21.15 m≦				ハ 20.02 m ↑(21.84)	~~ii または~~ ④ 23.45 m≦				ニ 23.66 m
安全率（余裕率）	地震力に対して（ハ／ii）				(1.11)←1.02	地震力に対して（ニ／ii）				1.20
	風圧力に対して（ハ／③）				(1.03)←[0.95]→NG	風圧力に対して（ニ／④）				1.01

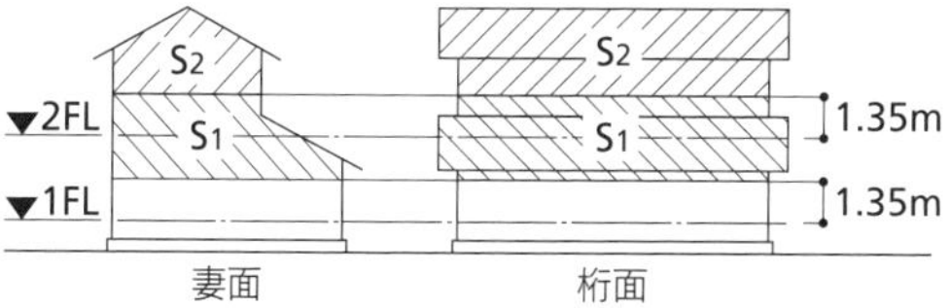

見付面積

建物の種類	床面積に乗ずる数値 cm/㎡	
軽い屋根	平屋 11	2階建て 2階 15 / 1階 29
重い屋根	平屋 15	2階建て 2階 21 / 1階 33

注　軟弱地盤の場合は1.5倍する

例題の算定表では、耐力壁の単位長さを設定し、それが何枚あるかカウントして存在壁量を算出している。これは、後で壁の増減を行うときに対応しやすいからであるが、同時に耐力壁の種類をなるべく集約して、架構を整理する(施工の合理性も図る)ことも意識している。また、平面図上で行った耐力壁長の合計と照らし合わせて検算も行うようにしている。
算定の仕方は1つではないので、各自が工夫して間違えないようにすればよい。

5 ● 壁量の検定

手順3で求めた必要壁量よりも、手順4で求めた存在壁量が大きいことを確認する。これで建物全体の水平耐力が確保されたことになる。
以上で壁量計算は終了するが、例題の算定表の「安全率」欄のように、地震力および風圧力それぞれの必要壁量に対する存在壁量の余裕率を算定しておくと、設計の目安となる。ここで、地震力に対する余裕率が1.5以上となっていれば、軟弱地盤上に建設するときの壁量割増し規定(令46条4項)を満足していることになる。

6 ● 壁配置の検定

「**設計データ 30 ● ねじれに対する検討**」の「**❹ 平12建告1352号軸組設置基準による壁率比の算定表**」▶113頁は、筆者の事務所で作成した壁配置の検討表である。この検討表も、壁量計算表と同様、力の方向を明確にするため、最上段にある「方向」欄に方向(XまたはY)を記入する。
次に、手順1で求めた側端部分の床面積にそれぞれの階の必要壁量を乗じて、必要壁長を算定する[同表「必要壁長」欄]。これに対して側端部分に存在する壁量がどのくらいかを算定する[同表「壁量充足率」欄]。
このとき、上下の側端部面積はX方向の地震力を、左右の側端部面積はY方向の地震力を算定していることになる。したがって、存在壁量はこの方向を間違えないよう注意する。
壁量充足率がいずれも1以上(X方向検討時なら、上側と下側)であれば、十分なねじれ剛性を有しているので、壁率比のチェックは不要である。どちらか一方でも壁量充足率が1未満であるときは、壁率比の検討を行う。
壁率比の検討は、充足率の小さいほうの値を大きいほうの値で除した値が0.5以上であれば、有害なねじれは生じないとみなせる。この例題のX方向のように、壁率比が0.5未満となるときは、壁率比≧0.5、あるいは上下ともに充足率≧1となるように対策を講じる。

▶113頁

方向		X方向					Y方向				
2階建ての2階部分または平屋建て	必要壁長	床面積 ㎡		1㎡当たり必要壁長 m/㎡		必要壁長 m	床面積 ㎡		1㎡当たり必要壁長 m/㎡		必要壁長 m
		$_2A_U$	11.6	0.21		i 2.44	$_2A_L$	11.6	0.21		iii 2.44
	有効壁長	軸組の種類	軸組長さ m	個所	壁倍率	有効壁長 m	軸組の種類	軸組長さ m	個所	壁倍率	有効壁長 m
		45×90 片筋かい	0.91	2	2.0	3.64	45×90 片筋かい	0.91	2	2.0	3.64
		45×90 片筋かい	1.82	1	2.0	3.64	45×90 片筋かい	1.82	1	2.0	3.64
						① 7.28 m					③ 7.28 m
	壁量充足率	㊤ ①/i ＝ 2.98 > 1.0					㊧ ③/iii ＝ 2.98 > 1.0				
	必要壁長	床面積 ㎡		1㎡当たり必要壁長 m/㎡		必要壁長 m	床面積 ㎡		1㎡当たり必要壁長 m/㎡		必要壁長 m
		$_2A_D$	11.6	0.21		ii 2.44	$_2A_R$	11.6	0.21		iv 2.44
	有効壁長	軸組の種類	軸組長さ m	個所	壁倍率	有効壁長 m	軸組の種類	軸組長さ m	個所	壁倍率	有効壁長 m
		45×90 片筋かい	0.91	1	2.0	1.82	45×90 片筋かい	2.73	2	2.0	10.92
						② 1.82 m					④ 10.92 m
	壁量充足率	㊦ ②/ii ＝ 0.75 < 1.0 → 壁率比の検討を行う					㊨ ④/iv ＝ 4.48 > 1.0 (OK)				
	壁率比	~~㊤/㊦または~~㊦/㊤ ＝ 0.25 < 0.5 NG					（㊧/㊨~~または㊨/㊧~~ ＝ 0.67 > 0.5）				
2階建ての1階部分	必要壁長	床面積 ㎡		1㎡当たり必要壁長 m/㎡		必要壁長 m	床面積 ㎡		1㎡当たり必要壁長 m/㎡		必要壁長 m
		$_1A_U$	11.6	0.33		v 3.83	$_1A_L$	17.4	0.33		vii 5.74
	有効壁長	軸組の種類	軸組長さ m	個所	壁倍率	有効壁長 m	軸組の種類	軸組長さ m	個所	壁倍率	有効壁長 m
		45×90 片筋かい	0.91	2	2.0	3.64	45×90 片筋かい	0.91	2	2.0	3.64
		45×90 片筋かい	1.82	1	2.0	3.64	45×90 片筋かい	1.82	2	2.0	7.28
						⑤ 7.28 m					⑦ 10.92 m
	壁量充足率	㊤ ⑤/v ＝ 1.90 > 1.0					㊧ ⑦/vii ＝ 1.90 > 1.0				
	必要壁長	床面積 ㎡		1㎡当たり必要壁長 m/㎡		必要壁長 m	床面積 ㎡		1㎡当たり必要壁長 m/㎡		必要壁長 m
		$_1A_D$	17.4	0.33		vi 5.74	$_1A_R$	9.9	0.15		viii 1.49
	有効壁長	軸組の種類	軸組長さ m	個所	壁倍率	有効壁長 m	軸組の種類	軸組長さ m	個所	壁倍率	有効壁長 m
		45×90 片筋かい	0.91	1	2.0	1.82	45×90 片筋かい	1.82	1	2.0	3.64
						⑥ 1.82 m					⑧ 3.64 m
	壁量充足率	㊦ ⑥/vi ＝0.32 < 1.0 → 壁率比の検討を行う					㊨ ⑧/viii ＝ 2.44 > 1.0 (OK)				
	壁率比	~~㊤/㊦または~~㊦/㊤ ＝ 0.17 < 0.5 NG					（㊧/㊨~~または㊨/㊧~~ ＝ 0.78 > 0.5）				

注1　X方向は1・2階とも、壁率比が規定値を下回るので、耐力壁の配置を再検討する必要がある

注2　Y方向はいずれも壁量充足率が1.0以上であるため、壁率比の検討は不要であるが、参考値として（　）付けで示している

7 ● 壁率比がNGになった場合

壁率比がNGとなった場合の対策としては、下記の2つが考えられる。
①壁率比≧0.5となるようにする
②各々の壁量充足率≧1.0とする

方法としては、次のものが考えられる。
a）耐力壁を増設する
b）壁倍率を高くする
c）充足率の高いほうの壁長を減らす（ただし、全体の壁量は満足している必要がある）

2階の場合を例に、考えられる対策を以下に挙げる。

①壁率比≧0.5とする方法
㊦の壁量充足率が㊤の0.5倍以上となるために必要な壁長は、
　㊦≧2.98×0.5＝1.49
　②≧2.44×1.49＝3.64m
したがって、以下の2ケースの対策が考えられる。
　→ Case 1：壁倍率2.0×0.91m増設
　　Case 2：壁倍率を4.0とする（たすき掛け）

②壁量充足率≧1.0とする方法
㊤・㊦とも壁量充足率が1以上であれば壁率比の検討は不要である。㊦の充足率を1以上とするには、有効壁長≧必要壁長となればよい。
　②≧2.44m
したがって、以下の2ケースの対策が考えられる。
　→ Case 3：壁倍率1.0×0.91m増設
　　Case 4：壁倍率を3.0とする（30×90 たすき掛け）

③全体の壁量が十分ある場合に、壁率比≧0.5とする方法
全体の壁量が十分ある場合は、㊦／㊤≧0.5となるように、㊤側の壁量充足率を小さくする方法も考えられる。このときの①の有効壁長は、
　㊤≦0.75／0.5＝1.5
　①≦2.44×1.5＝3.66m
したがって、以下の2ケースの対策が考えられる。
　→ Case 5：1.82m壁を減らす
　　Case 6：壁倍率を1.0とする

2階平面図

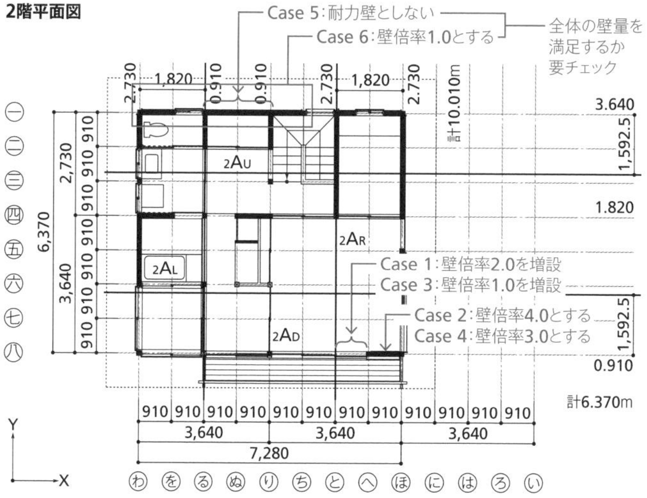

このモデルプランでは、X方向の全体の壁量が基準値に対してギリギリであるので［257頁表参照］、下表のように、Case 4の対策をとった場合について再検討を行ってみた。

方向		X方向				
2階建ての2階部分または平屋建て	必要壁長	床面積 ㎡		1㎡当たり必要壁長 m/㎡		必要壁長 m
		2AU	11.6	0.21		i 2.44
	有効壁長	軸組の種類	軸組長さ m	個所	壁倍率	有効壁長 m
		45×90 片筋かい	0.91	2	2.0	3.64
		45×90 片筋かい	1.82	1	2.0	3.64
						① 7.28 m
		壁量充足率	㊤ ①／i ＝ 2.98 > 1.0			
	必要壁長	床面積 ㎡		1㎡当たり必要壁長 m/㎡		必要壁長 m
		2AD	11.6	0.21		ii 2.44
	有効壁長	軸組の種類	軸組長さ m	個所	壁倍率	有効壁長 m
		30×90 たすき掛け	0.91	1	3.0	2.73
						② 2.73 m
		壁量充足率	㊦ ②／ii ＝ 1.12 > 1.0 (OK)			
		壁率比	（~~㊤／㊦または~~㊦／㊤ ＝ 0.38 < 0.5）			

偏心率の検討

偏心率は、S造やRC造の構造計算でも使用される方法だが、この計算方法は水平構面が剛であることを前提としている。ここでは254・255頁に示す住宅モデルを例に、計算方法の手順を解説する。

設計例

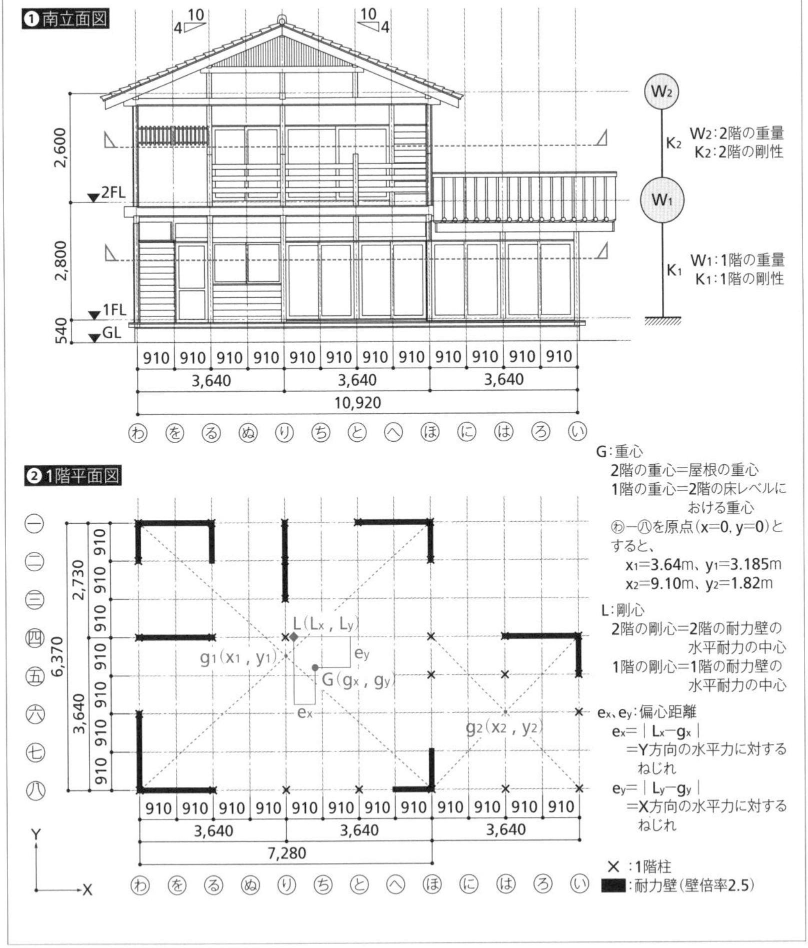

1 ● 重心の算定

262頁図に示す平面形の1階の重心 Gを求める。
床面積当たりの重量を、屋根：1.15kN／㎡、壁：0.60kN／㎡、2階床：1.40kN／㎡と仮定すると、平屋部分の重量 W_2と2階建て部分の重量 W_1は以下のとおりとなる。

$$W_2=(1.15+0.60)\ \mathrm{kN/m^2}\times3.64\,\mathrm{m}\times3.64\,\mathrm{m}=23.2\,\mathrm{kN}$$

$$W_1=(1.15+1.40+2\times0.60)\ \mathrm{kN/m^2}\times7.28\,\mathrm{m}\times6.37\,\mathrm{m}$$
$$=173.9\,\mathrm{kN}$$

以上から重心を求めると、

$$g_x=\frac{W_1\cdot x_1+W_2\cdot x_2}{\Sigma W_i}=\frac{173.9\times3.64+23.2\times9.10}{(173.9+23.2)}=4.3\,\mathrm{m}$$

$$g_y=\frac{W_1\cdot y_1+W_2\cdot y_2}{\Sigma W_i}=\frac{173.9\times3.185+23.2\times1.82}{(173.9+23.2)}=3.0\,\mathrm{m}$$

ただし、x_1、y_1：W_1の重心の座標
x_2、y_2：W_2の重心の座標

2 ● 剛心の算定

262頁図に示す平面形の1階の剛心 Lを求める。

$$L_x=\frac{(\text{Y方向の水平剛性}\times\text{X座標})\text{の和}}{\text{Y方向の水平剛性の和}}=\frac{\Sigma K_y\cdot x}{\Sigma K_y}$$

$$=\frac{2.73\times2.5\times0.0+0.91\times2.5\times1.82+1.82\times2.5\times3.64+1.82\times2.5\times7.28\times0.91\times2.5\times10.92}{(2.73+0.91+1.82+1.82+0.91)\times2.5}$$

$$=\frac{78.670}{20.475}=3.84\,\mathrm{m}$$

$$L_y=\frac{(\text{X方向の水平剛性}\times\text{Y座標})\text{の和}}{\text{X方向の水平剛性の和}}=\frac{\Sigma K_x\cdot y}{\Sigma K_x}$$

$$=\frac{2.73\times2.5\times0.0+3.64\times2.5\times3.64+3.64\times2.5\times6.37}{(2.73+3.64+3.64)\times2.5}$$

$$=\frac{91.091}{25.025}=3.64\,\mathrm{m}$$

3 ● 偏心距離の算定

上記で求めた値から偏心距離 eを算定する。

$$e_x=|L_x-g_x|=|3.84-4.3|=0.46\,\mathrm{m}$$

$$e_y=|L_y-g_y|=|3.64-3.0|=0.64\,\mathrm{m}$$

4 ● ねじり剛性の算定

263頁で求めた値からねじり剛性 K_Rを算定する。

$$K_R=K_{Rx}+K_{Ry}=\Sigma(K_x\cdot\overline{y}^2)+\Sigma(K_y\cdot\overline{x}^2)$$
$$=\Sigma\{K_x\times(g_y-y_i)^2\}+\Sigma\{K_y\times(g_x-x_i)^2\}$$

$$\Sigma(K_x\cdot\overline{y}^2)=2.73\times2.5\times(3.64-0.0)^2$$
$$+3.64\times2.5\times(3.64-3.64)^2$$
$$+3.64\times2.5\times(3.64-6.37)^2$$
$$=158.25$$

$$\Sigma(K_y\cdot\overline{x}^2)=2.73\times2.5\times(3.84-0.0)^2$$
$$+0.91\times2.5\times(3.84-1.82)^2$$
$$+1.82\times2.5\times(3.84-3.64)^2$$
$$+1.82\times2.5\times(3.84-7.28)^2$$
$$+0.91\times2.5\times(3.84-10.92)^2$$
$$=277.98$$

$$K_R=158.25+277.98=436.23$$

5 ● 弾力半径の算定

X・Y各方向について弾力半径を求める。

$$\gamma_{ex}=\sqrt{\frac{K_R}{\Sigma K_x}}=\sqrt{\frac{436.23}{25.025}}=4.18\mathrm{m}$$

$$\gamma_{ey}=\sqrt{\frac{K_R}{\Sigma K_y}}=\sqrt{\frac{436.23}{20.475}}=4.62\mathrm{m}$$

6 ● 偏心率の算定

X・Y各方向について偏心率 Rを算定し、R≦0.3であることを確認する。

$$R_{ex}=\frac{e_y}{\gamma_{ex}}=\frac{0.64}{4.18}=0.15<0.3\rightarrow \mathrm{OK}$$

$$R_{ey}=\frac{e_x}{\gamma_{ey}}=\frac{0.46}{4.62}=0.10<0.3\rightarrow \mathrm{OK}$$

柱頭・柱脚接合部の検討

1 ● 告示仕様とN値計算の比較

254・255頁に示す住宅モデルの㊃通りの軸組を例として、耐力壁を構造用合板としたときの仕口金物を告示仕様によって選択する場合と、N値計算法によって選択する場合とを比較してみる。

・告示仕様による場合

「**設計データ 31 ● 柱頭・柱脚接合部の検討**」の「**❷ 耐力壁端部の柱の仕口**」の告示表▶114頁で、「耐力壁の種類」が構造用合板の行を見る。

● 設計データ 31 ❷ ▶114頁

① 耐力壁端部の柱の仕口（平12建告1460号）

壁倍率	耐力壁の種類	平屋、最上階		2階建ての1階		
		出隅の柱	一般	上階：出隅 当該階：出隅	上階：出隅 当該階：一般	上階：一般 当該階：一般
2.5	構造用合板等を昭和56年建告第1100号に定める方法で打ち付けた壁	（ほ）	（ろ）	（ち）	（へ）	（は）

2階の耐力壁が取り付く柱はすべて「一般」の柱なので、「平屋、最上階」の「一般」の欄を見ると、接合仕様は（ろ）となる。

1階(ほ)−(わ)間の各柱は「2階建ての1階」で、当該階も上階も「一般」なので、仕様は（は）となる。

1階(は)通りの柱は「平屋・最上階」の「一般」で、仕様は（ろ）。

1階(い)通りの柱は「平屋・最上階」の「出隅」で、仕様は（ほ）となる。

㊃通り軸組図（告示表による場合）

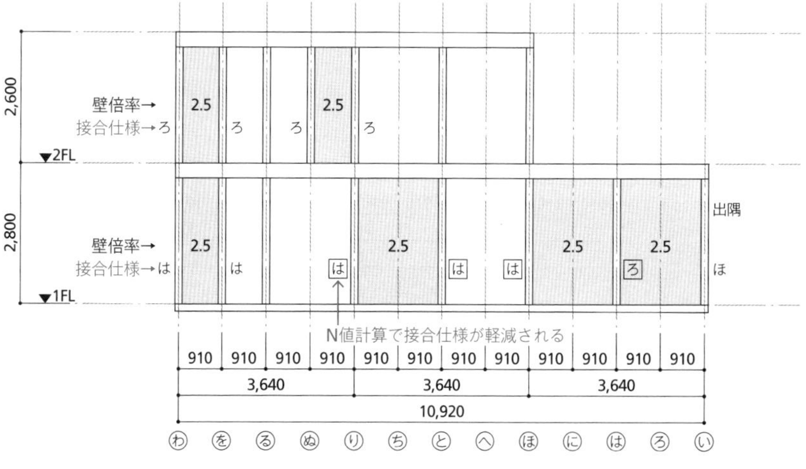

・N値計算法による場合

2階の耐力壁付き柱はすべて「一般」なので、B_1=0.5、L=0.6である。壁倍率の差は検討する柱の両側の壁倍率の差であるが、どの柱も片側にだけ耐力壁が取り付くので、差A_1は2.5−0.0=2.5となる。したがって、N=0.65で、「**設計データ 31● 柱頭・柱脚接合部の検討**」の「**❽耐力壁端部の柱と主要な横架材との仕口**」▶121頁より、接合仕様は(ろ)となる。

1階を・わ通りの柱は、耐力壁が連層になっているので、1階と2階の「壁倍率差×押さえ効果係数」を加算するとN=0.90で、Nの値が1.0以下に該当するため、仕様は(は)となる。

1階い通りの柱は、最上階で出隅となるので、B1=0.8、L=0.4でN=1.60となり、仕様は(ほ)となる。

以上は告示表による場合と同じ結果となったが、以下に解説する柱は接合仕様が軽減される。

1階ほ・と通りの柱は、2階の壁倍率差が0.0なので、N=−0.35となり、引抜きは生じない。また、は通りの柱も壁倍率差が0.0となるので、やはり引抜きは生じない。したがって、いずれも接合仕様は(い)となる。

四通り軸組図(N値計算法による場合)

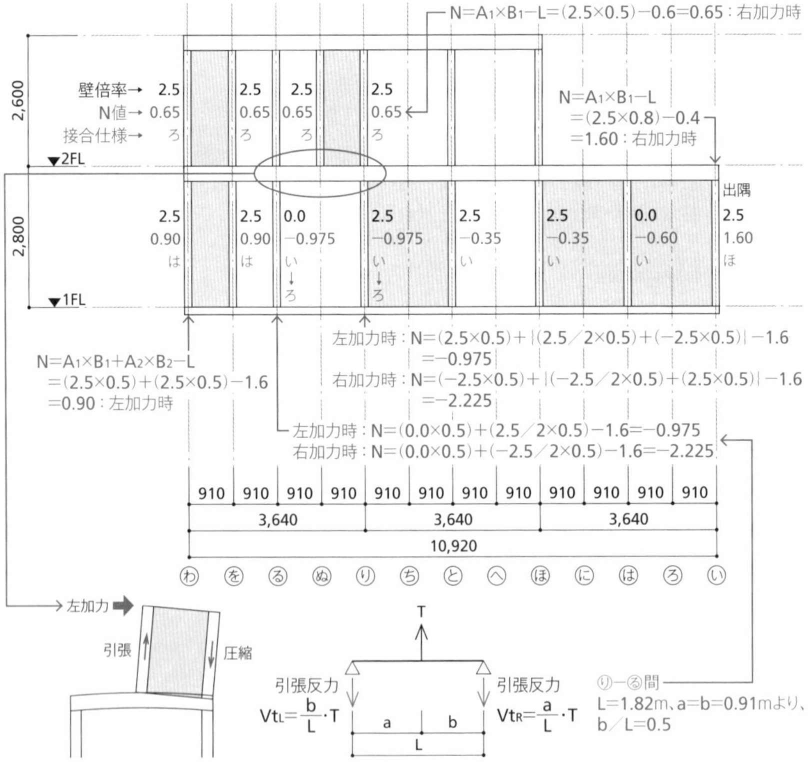

▶121頁

（い） Nの値：0.0以下　必要耐力：0.0kN

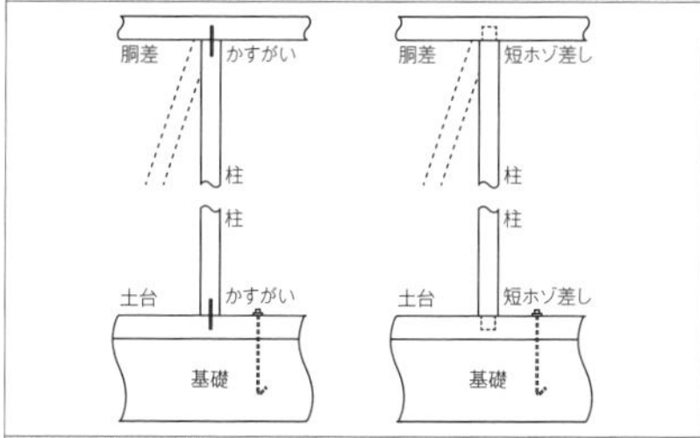

（ろ） Nの値：0.65以下　必要耐力：3.4kN

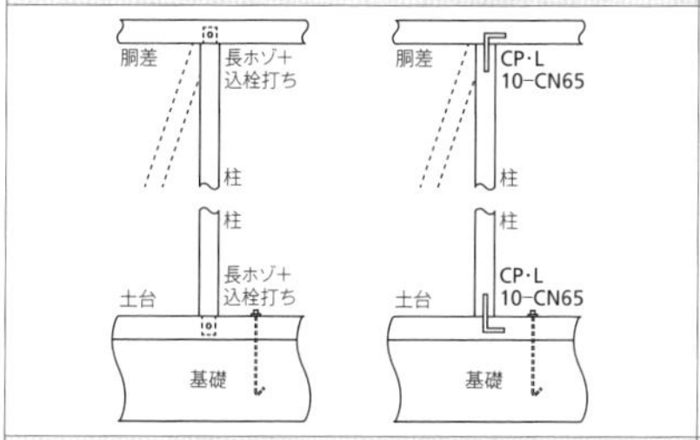

（は） Nの値：1.0以下　必要耐力：5.1kN

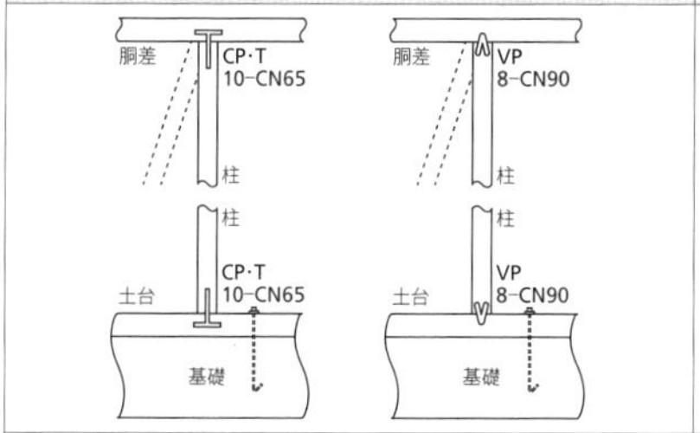

（に） Nの値：1.4以下　必要耐力：7.5kN

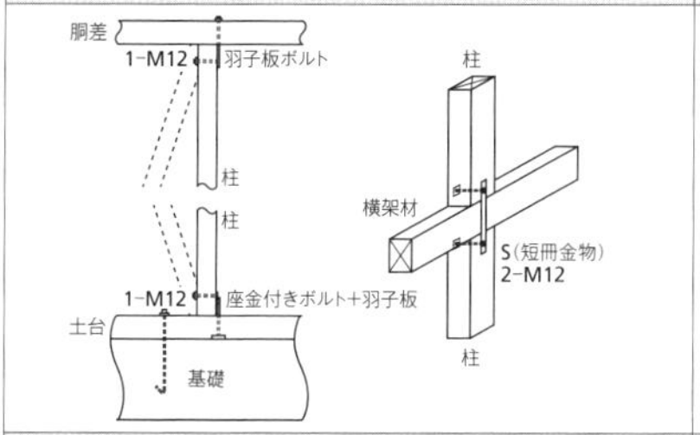

（ほ） Nの値：1.6以下　必要耐力：8.5kN

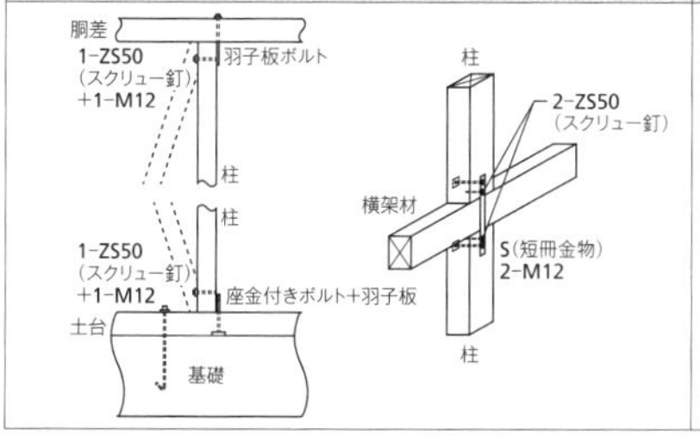

（へ） Nの値：1.8以下　必要耐力：10.0kN

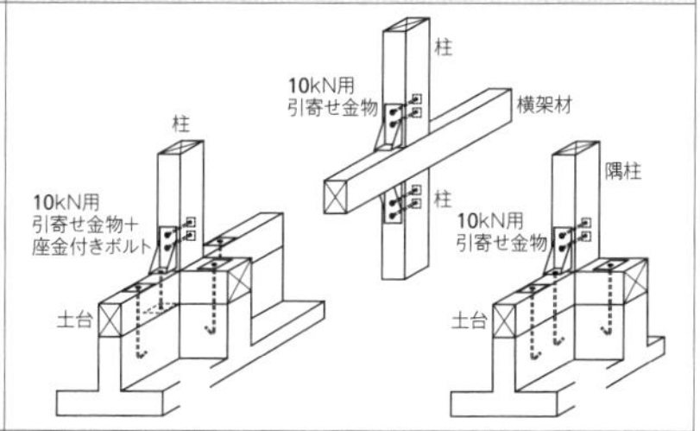

（と） Nの値：2.8以下　必要耐力：15.0kN

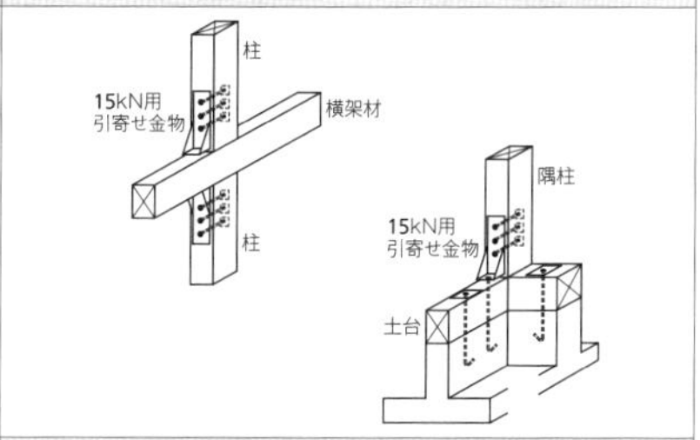

（ち） Nの値：3.7以下　必要耐力：20.0kN

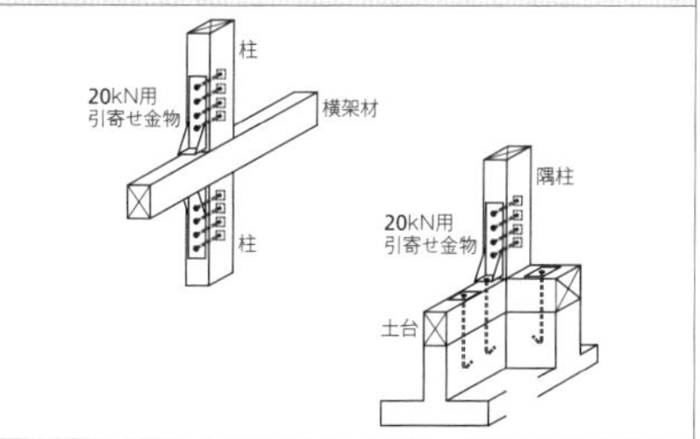

（り） Nの値：4.7以下　必要耐力：25.0kN

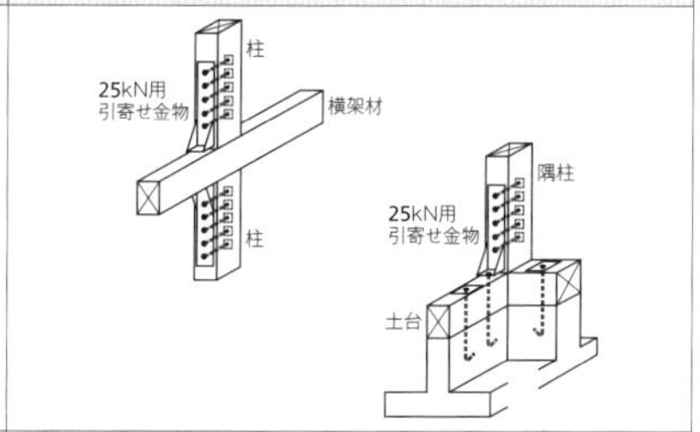

（ぬ） Nの値：5.6以下　必要耐力：30.0kN

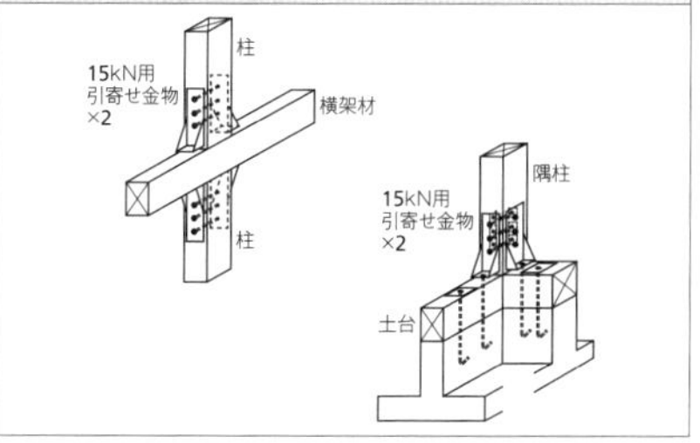

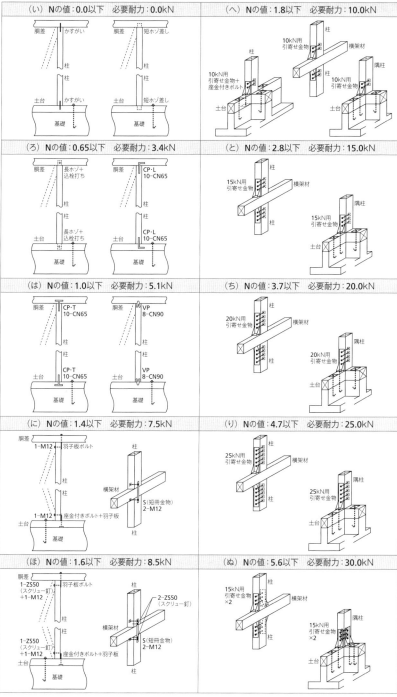

る⃝通りの柱は、耐力壁は取り付いていないが、2階を見るとり⃝－ぬ⃝間の壁が梁上耐力壁となっている。したがって、この耐力壁による2階る⃝通りの柱に生じる軸力は、床梁を介してる⃝およびり⃝通りの柱に半分ずつ伝達される。これを考慮すると、1階る⃝通りの柱はN=－0.975となり、引抜きは生じない結果となる。
一方、り⃝通りの柱は、上下階で耐力壁が市松状に配置されているので、左加力時と右加力時の両方向の検討を行い、N値の大きいほうで接合仕様を決定する。
たとえば、左加力時は2階ぬ⃝通りの柱は引張(＋)、2階り⃝通りの柱は圧縮(－)、1階り⃝通りの柱は引張(＋)、鉛直の押さえ効果係数 Lは圧縮(－)となり、N=－0.975。右加力時は各柱の符号が逆転し、N=－2.225。したがって、左加力時で接合仕様を決定する。いずれにしても引抜きは生じないので、仕様は(い)でよい。
しかし、一般的な力の流れを考えると、下層階ほど応力が大きくなるため、筆者は安全をみて2階と同等以上の接合仕様にしている[114～120頁参照]。

2●筋かいのときのN値計算

同様に、㊃通りで耐力壁を筋かいとした場合の検討を行ってみる。筋かいを使用するときは、同一軸組内で圧縮筋かいと引張筋かいの量がほぼ等しくなるように配置する。このような一対配置は階ごとに行えばよく、上下階で「<」または「>」形状に配置する必要はない。

・2階わ⃝通り柱
この柱に引抜きが生じるのは左加力時なので、筋かいは引張筋かいとなる。したがって、「**設計データ 31●柱頭・柱脚接合部の検討**」の「**❹筋かいの補正の注意点**」の壁倍率表▶116頁より、実際の壁倍率は1.5で、壁倍率差は1.5となる。N=0.15より、仕様は(ろ)となる。

●設計データ 31❹ ▶116頁

①筋かいの壁倍率

筋かいの種類	基準法の倍率	片筋かい				たすき筋かい
		圧縮筋かい		引張筋かい		
		実際の壁倍率	基準法との差	実際の壁倍率	基準法との差	
15×90以上の木材	1.0	1.0	0.0	1.0	0.0	2.0
30×90以上の木材	1.5	2.0	+0.5	1.0	−0.5	3.0
45×90以上の木材	2.0	2.5	+0.5	1.5	−0.5	4.0
90×90以上の木材	3.0	5.0	+2.0	1.0	−2.0	5.0

・2階（を）通り柱

この柱に引抜きが生じるのは右加力時なので、筋かいは圧縮筋かいとなる。したがって、実際の壁倍率は2.5で、壁倍率差は2.5となる。N=0.65より、仕様は(ろ)となる。

・1階（わ）通り柱

この柱に引抜きが生じるのは、左加力時である。1階の筋かいは圧縮筋かい、2階は引張筋かいとなる。したがって、実際の壁倍率は1階が2.5、2階が1.5となり、N=0.40より仕様は(ろ)となる。

・1階（り）通り柱

上下階で耐力壁が市松状に配置されているので、左加力時と右加力時の検討を行う[「❹筋かいの補正の注意点」▶116頁参照]。左加力時の耐力壁は、2階が圧縮筋かい、1階が引張筋かいとなる。2階（ぬ）通り柱の反力も考慮すると、N=−1.475。右加力時は、2階が引張筋かい、1階が圧縮筋かいとなり、N=−2.475。左加力時で決定し、接合仕様は(い)となる。

しかし筆者は、前述したとおり、1階柱の仕様は2階柱の仕様と同等の(ろ)にしている。

・1階（は）通り柱

両側に筋かいが取り付く場合は、補正の考え方に注意が必要である。V字形のときは補正は必要ないが、N字形またはハの字形となるときは+補正となる[「❸N値計算における筋かいの補正値」の「②片筋かいが両側から取り付く柱の場合の補正値」▶115頁参照]。

㊃通り軸組のN値計算

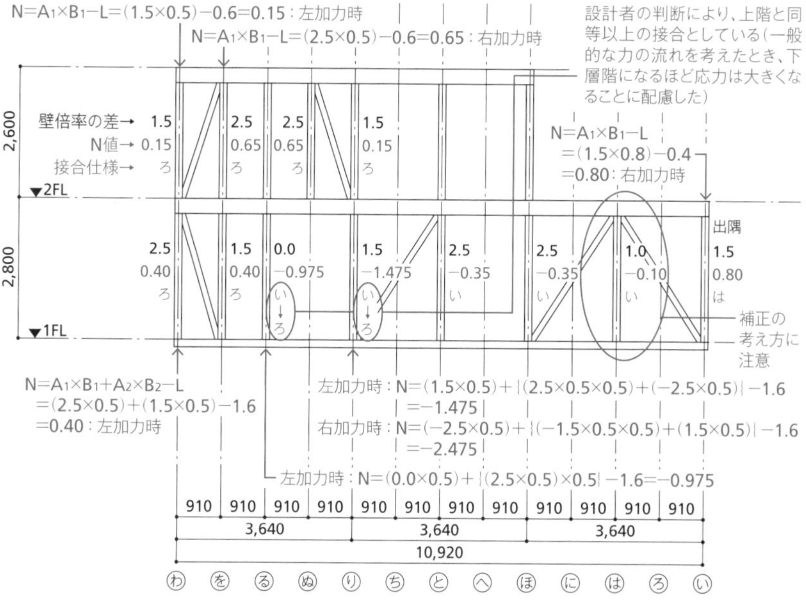

3 ● N値計算早見表の使い方

「**設計データ 31 ● 柱頭・柱脚接合部の検討**」の「**❻ N値算定表①**」と「**❼ N値算定表②**」▶119・120頁は、N値計算の結果を一覧表にしたものである。

「**❻ N値算定表①**」は、2階建ての2階柱および平屋建ての柱と、総2階のときの1階柱で、1・2階とも出隅または1・2階とも一般である場合に使用する。

「**❼ N値算定表②**」は、セットバックあるいはオーバーハングしている場合で、2階は出隅でも1階は一般、またはその逆で1階は出隅でも2階は一般である場合に使用する。どちらも上下同じ位置に耐力壁が存在することを前提としているので、市松配置には適用できない。

・N値算定表①の引き方

㊃通りの2階および1階㋻通り柱を例に使い方を解説する。

まず、2階㋻通り柱に引抜きが生じるのは左加力時で、筋かいは引張筋かいである。したがって、実際の壁倍率は1.5で、壁倍率差は1.5となる。

よって、表最左欄「2階の壁倍率の差」は「1.5」、その右欄「2階および1階の柱種別」は「一般」となるので、N=0.15。「**設計データ 31 ● 柱頭・柱脚接合部の検討**」の「**❽ 耐力壁端部の柱と主要な横架材との仕口**」▶121頁より、仕様は(ろ)となる。

一方、1階㋻通り柱に引抜きが生じるのは、左加力時である。2階は引張筋かいで倍率差は1.5。よって、表最左欄「2階の壁倍率の差」は「1.5」、その右欄「2階および1階の柱種別」は「一般」を選択し、そのまま右へ進む。

1階は圧縮筋かいで、倍率差は2.5であるので、「1階の壁倍率の差」が「2.5」との交点を見ると、N値は「0.40」となる。したがって、「**❽ 耐力壁端部の柱と主要な横架材との仕口**」▶121頁より接合仕様は(ろ)となり、268・269頁で計算した結果と合致する。

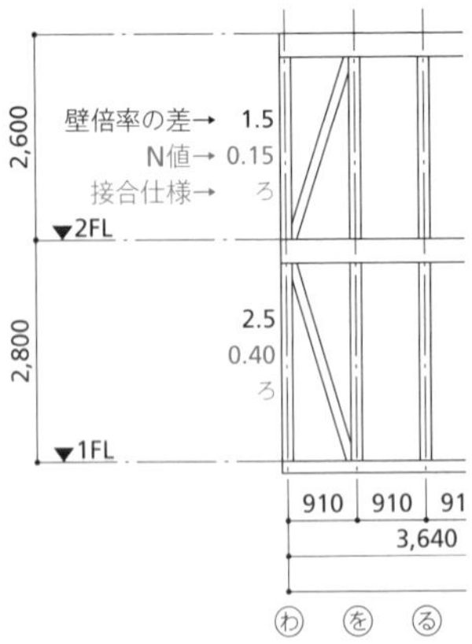

❻N値算定表①

2階の壁倍率の差	2階および1階の柱種別	平屋または2階の柱 N値	2階建ての1階の柱 N値										
			1階の壁倍率の差										
			0.0	0.5	1.0	1.5	2.0	2.5	3.0	3.5	4.0	4.5	5.0
0.0	出隅	−0.40	−1.00	−0.60	−0.20	0.20	0.60	1.00	1.40	1.80	2.20	2.60	3.00
	一般	−0.60	−1.60	−1.35	−1.10	−0.85	−0.60	−0.35	−0.10	0.15	0.40	0.65	0.90
0.5	出隅	0.00	−0.60	−0.20	0.20	0.60	1.00	1.40	1.80	2.20	2.60	3.00	3.40
	一般	−0.35	−1.35	−1.10	−0.85	−0.60	−0.35	−0.10	0.15	0.40	0.65	0.90	1.15
1.0	出隅	0.40	−0.20	0.20	0.60	1.00	1.40	1.80	2.20	2.60	3.00	3.40	3.80
	一般	−0.10	−1.10	−0.85	−0.60	−0.35	−0.10	0.15	0.40	0.65	0.90	1.15	1.40
1.5	出隅	0.80	0.20	0.60	1.00	1.40	1.80	2.20	2.60	3.00	3.40	3.80	4.20
	一般	0.15	−0.85	−0.60	−0.35	−0.10	0.15	0.40	0.65	0.90	1.15	1.40	1.65
2.0	出隅	1.20	0.60	1.00	1.40	1.80	2.20	2.60	3.00	3.40	3.80	4.20	4.60
	一般	0.40	−0.60	−0.35	−0.10	0.15	0.40	0.65	0.90	1.15	1.40	1.65	1.90
2.5	出隅	1.60	1.00	1.40	1.80	2.20	2.60	3.00	3.40	3.80	4.20	4.60	5.00
	一般	0.65	−0.35	−0.10	0.15	0.40	0.65	0.90	1.15	1.40	1.65	1.90	2.15
3.0	出隅	2.00	1.40	1.80	2.20	2.60	3.00	3.40	3.80	4.20	4.60	5.00	5.40
	一般	0.90	−0.10	0.15	0.40	0.65	0.90	1.15	1.40	1.65	1.90	2.15	2.40
3.5	出隅	2.40	1.80	2.20	2.60	3.00	3.40	3.80	4.20	4.60	5.00	5.40	5.80
	一般	1.15	0.15	0.40	0.65	0.90	1.15	1.40	1.65	1.90	2.15	2.40	2.65
4.0	出隅	2.80	2.20	2.60	3.00	3.40	3.80	4.20	4.60	5.00	5.40	5.80	6.20
	一般	1.40	0.40	0.65	0.90	1.15	1.40	1.65	1.90	2.15	2.40	2.65	2.90
4.5	出隅	3.20	2.60	3.00	3.40	3.80	4.20	4.60	5.00	5.40	5.80	6.20	6.60
	一般	1.65	0.65	0.90	1.15	1.40	1.65	1.90	2.15	2.40	2.65	2.90	3.15
5.0	出隅	3.60	3.00	3.40	3.80	4.20	4.60	5.00	5.40	5.80	6.20	6.60	7.00
	一般	1.90	0.90	1.15	1.40	1.65	1.90	2.15	2.40	2.65	2.90	3.15	3.40

㊃通り㋻ 2階柱

㊃通り㋻ 1階柱

・N値算定表②の引き方

254・255頁に示す住宅モデルの㊇通りの1階㋭通り柱を例にとり、使い方を解説する。

この柱は左右に梁が連続しているので「一般」となるが、2階は出隅である。この柱の左右には耐力壁がないので、壁倍率の差は0である。しかし、その直上の柱の左側に耐力壁が付いているため、引抜が生じるのは右加力時である。このときの2階の筋かいは圧縮筋かいとなるので、壁倍率は2.5。

よって、表最左欄「2階の壁倍率の差」は「2.5」、その右欄「2階の柱種別」は「出隅」、さらに右の「1階の柱種別」は「一般」を選択し、そのまま右へ移動する。「1階の壁倍率の差」が「0.0」との交点を見ると、N値は「0.40」となる。したがって、「**❽耐力壁端部の柱と主要な横架材との仕口**」▶121頁より接合仕様は(ろ)、長ホゾ差し込栓打ちまたはCP-L金物留めとする。

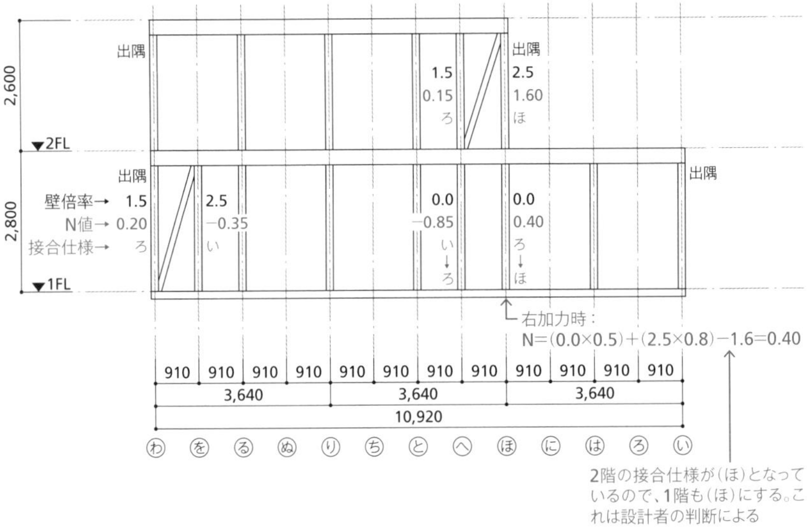

 ▶120頁

❼N値算定表②

2階の壁倍率の差	2階の柱種別	1階の柱種別	2階建ての1階の柱 N値 1階の壁倍率の差 0.0	0.5	1.0	1.5	2.0	2.5	3.0	3.5	4.0	4.5	5.0
0.0	一般	出隅	−1.00	−0.60	−0.20	0.20	0.60	1.00	1.40	1.80	2.20	2.60	3.00
	出隅	一般	−1.60	−1.35	−1.10	−0.85	−0.60	−0.35	−0.10	0.15	0.40	0.65	0.90
0.5	一般	出隅	−0.75	−0.35	0.05	0.45	0.85	1.25	1.65	2.05	2.45	2.85	3.25
	出隅	一般	−1.20	−0.95	−0.70	−0.45	−0.20	0.05	0.30	0.55	0.80	1.05	1.30
1.0	一般	出隅	−0.50	−0.10	0.30	0.70	1.10	1.50	1.90	2.30	2.70	3.10	3.50
	出隅	一般	−0.80	−0.55	−0.30	−0.05	0.20	0.45	0.70	0.95	1.20	1.45	1.70
1.5	一般	出隅	−0.25	0.15	0.55	0.95	1.35	1.75	2.15	2.55	2.95	3.35	3.75
	出隅	一般	−0.40	−0.15	0.10	0.35	0.60	0.85	1.10	1.35	1.60	1.85	2.10
2.0	一般	出隅	0.00	0.40	0.80	1.20	1.60	2.00	2.40	2.80	3.20	3.60	4.00
	出隅	一般	0.00	0.25	0.50	0.75	1.00	1.25	1.50	1.75	2.00	2.25	2.50
2.5	一般	出隅	0.25	0.65	1.05	1.45	1.85	2.25	2.65	3.05	3.45	3.85	4.25
	出隅	一般	0.40	0.65	0.90	1.15	1.40	1.65	1.90	2.15	2.40	2.65	2.90
3.0	一般	出隅	0.50	0.90	1.30	1.70	2.10	2.50	2.90	3.30	3.70	4.10	4.50
	出隅	一般	0.80	1.05	1.30	1.55	1.80	2.05	2.30	2.55	2.80	3.05	3.30
3.5	一般	出隅	0.75	1.15	1.55	1.95	2.35	2.75	3.15	3.55	3.95	4.35	4.75
	出隅	一般	1.20	1.45	1.70	1.95	2.20	2.45	2.70	2.95	3.20	3.45	3.70
4.0	一般	出隅	1.00	1.40	1.80	2.20	2.60	3.00	3.40	3.80	4.20	4.60	5.00
	出隅	一般	1.60	1.85	2.10	2.35	2.60	2.85	3.10	3.35	3.60	3.85	4.10
4.5	一般	出隅	1.25	1.65	2.05	2.45	2.85	3.25	3.65	4.05	4.45	4.85	5.25
	出隅	一般	2.00	2.25	2.50	2.75	3.00	3.25	3.50	3.75	4.00	4.25	4.50
5.0	一般	出隅	1.50	1.90	2.30	2.70	3.10	3.50	3.90	4.30	4.70	5.10	5.50
	出隅	一般	2.40	2.65	2.90	3.15	3.40	3.65	3.90	4.15	4.40	4.65	4.90

└(八)通り(ほ) 1階柱

アンカーボルト・土台の設計

柱に生じる引抜力をアンカーボルトから基礎へ伝達するには、アンカーボルト自体の引張耐力と、アンカーボルトのコンクリートに対する付着耐力のそれぞれが引抜力よりも大きい値である必要がある。

ここでは、266頁図に示す㋻通り1階柱付近におけるアンカーボルトと土台の設計を行う。

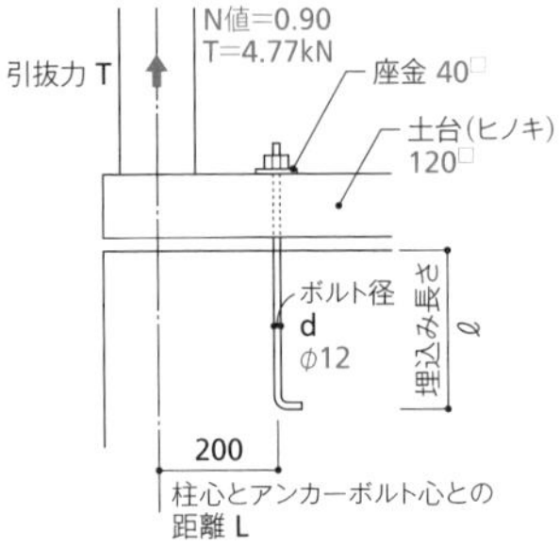

1 ● アンカーボルトの設計①設計荷重の算定

柱に生じる引抜力 Tは、N=0.90より、

$T=0.90\times5.3=4.77$ kN

［N=1.0の基準耐力 5.3kNの根拠は、「**設計データ 31 ● 柱頭・柱脚接合部の検討**」の「**❶ 引抜力のメカニズム**」① ▶114頁を参照のこと］

よって、この値よりも大きくなるように、ボルト径およびコンクリートへの埋込み長さを設計する。

2 ● アンカーボルトの設計②アンカーボルト径の設計

アンカーボルトの許容引張耐力 T_aは、下式により求める。

$T_a={}_sf_t\cdot A_g$

${}_sf_t$：ボルトの短期許容引張応力度

JIS B 1180（強度区分4.6を満足する炭素鋼）の場合、

${}_sf_t=240$ N／㎟

A_g：アンカーボルトの軸断面積

ねじを切った丸鋼の場合は、$A_g=0.75\pi\cdot d^2/4$となる。

M12の$A_g=0.75\pi\times12^2/4=84.8$ ㎟

以上より、アンカーボルト M12の引張耐力は、

$T_a=240\times84.8=20{,}352=20.4$ kN $>4.77\rightarrow$ OK

［「**設計データ 32 ● アンカーボルトの設計**」の「**❻ アンカーボルトの引張耐力**」▶126頁参照］

●設計データ 32❻ ▶126頁

基準強度 F[N/㎟]	短期許容引張応力度 $_sf_t=F$[N/㎟]	短期許容軸力 $_sN_{ta}$[kN]	
		M12	M16
240	240.0	20.4	36.2

3 ● アンカーボルトの設計③コンクリートへの埋込み長さの算定

必要埋込み長さ ℓは下式により求める。

$$\ell=\frac{T}{_sf_a\cdot\psi}$$

ℓ：コンクリートへの埋込み長さ[㎜]

T：柱に生じる引抜力[N]

$_sf_a$：コンクリートの短期許容付着応力度[N/㎟]

丸鋼の場合は、$\frac{6}{100}$Fまたは1.35のうち、いずれか小さい値の1.5倍とする（(一社)日本建築学会RC規準2018年版による。平13国交告1024号では、短期の許容応力度を長期の2.0倍としている）

$F_c=21$N/㎟のとき、$\frac{6}{100}F=1.26<1.35$

よって、$_sf_a=1.5\times1.26=1.89$N/㎟

ψ：アンカーボルトの周長[㎜]

アンカーボルトM12の直径 d=12㎜より、

$\psi=\pi\times d=3.14\times12=37.7$㎜

M16のときは、d=16㎜、$\psi=50.3$㎜

以上より、アンカーボルトのコンクリートへの必要埋込み長さは、

$$\ell=\frac{4.77\times10^3}{1.89\times37.7}=66.9\text{㎜}\rightarrow250\text{㎜とする}$$

[「設計データ 32 ● アンカーボルトの設計」の「❼アンカーボルトの埋込み長さと付着耐力」▶127頁参照]

ちなみに、一般的なM12の埋込み長さ≧250㎜のときの許容引抜力は、

$$T_a={}_sf_a\cdot\psi\cdot\ell=1.89\times37.7\times250=17{,}813N=17.8kN$$

●設計データ 32❼ ▶127頁

コンクリート基準強度	付着に対する短期許容応力度 $_sf_a$(N/㎟)	アンカーボルト	付着耐力=許容引抜力$_sN_{ta}$[kN]								
			ℓ=100㎜	ℓ=150㎜	ℓ=200㎜	ℓ=250㎜	ℓ=300㎜	ℓ=350㎜	ℓ=360㎜	ℓ=400㎜	ℓ=450㎜
F_c18	1.62	M12	6.1	9.2	12.2	15.3	18.3	21.4	22.0	24.4	27.5
	1.62	M16	8.1	12.2	16.3	20.4	24.4	28.5	29.3	32.6	36.6
F_c21	1.89	M12	7.1	10.7	14.3	17.8	21.4	24.9	25.7	28.5	32.1
	1.89	M16	9.5	14.3	19.0	23.8	28.5	33.3	34.2	38.0	42.8

4 ● アンカーボルトの設計③座金の検討（めり込みに対する検討）

座金から決まる許容引抜力は、下式により求める。

$T_a = {}_sf_{cv} \cdot A_{cv}$

T_a：許容引抜力［N］

${}_sf_{cv}$：土台の短期許容めり込み応力度［N／㎟］

ヒノキの場合、${}_sf_{cv}=5.2$ N／㎟

A_{cv}：座金の有効めり込み面積［㎟］

座金 40㎜角、M12用の孔をφ14㎜とすると、

$A_{cv}=40\times40-3.14\times14^2/4=1{,}446$ ㎟

以上より、座金40×40㎜から決まる許容引抜力は、

$T_a=5.2\times1{,}446=7{,}519\ \mathrm{N}=7.5\ \mathrm{kN} > T=4.77\ \mathrm{kN}$ → OK

5 ● 土台の設計①応力と断面性能の算定

土台の設計では、許容応力度計算により、曲げおよびせん断に対する検討を行う。

土台の樹種はヒノキ（無等級材）、断面寸法を120㎜角、アンカーボルトはM12（ボルト孔はφ14）とする。

・応力の算定

$P=T=4.77\ \mathrm{kN}$

$M=P\cdot L=4.77\times0.20=0.954\ \mathrm{kN\cdot m}=0.954\times10^6\ \mathrm{N\cdot mm}$

$Q=P=4.77\ \mathrm{kN}$

・断面性能の算定

アンカーボルトによる欠損を考慮すると、

断面積 $A=b\times d=(120-14)\times120=12.72\times10^3$ ㎟

断面係数 $Z=b\times d^2/6=(120-14)\times120^2/6$

$=0.25\times10^6$ ㎣

6 ● 土台の設計②断面の検討

・曲げ応力度の検討

$$\sigma_b=\frac{M}{Z}=\frac{0.954\times10^6}{0.25\times10^6}$$

$=3.82$ N／㎟ $<$ ${}_sf_b=17.8$ N／㎟ → OK

検定比は、$\dfrac{\sigma_b}{{}_sf_b}=\dfrac{3.82}{17.8}=0.21<1.0$ → OK

・せん断応力度の検討

$$\tau=\frac{1.5Q}{A}=\frac{1.5\times4.77\times10^3}{12.72\times10^3}$$

$=0.56$ N／㎟ $<{}_sf_s=1.40$ N／㎟ → OK

検定比は、$\frac{\tau}{{}_sf_s}=\frac{0.56}{1.40}=0.40<1.0$ → OK

ちなみに、「**設計データ 32 ● アンカーボルトの設計**」の「**❸ 土台のせん断耐力から決まる柱の許容軸力**」▶125頁、および同「**❹ 土台の曲げ耐力から決まるアンカーボルトの位置**」▶126頁で検討してみると、下記のようになる。

・曲げ応力度の検討

アンカーボルト位置が柱心から200㎜のときの許容引抜力は、

$N_{ta}=20$ kN強 $>T=4.77$ → OK

●設計データ 32❹ ▶126頁

① アンカーボルトM12

樹種	基準曲げ強度 F_b[N／㎟]	短期許容曲げ応力度 ${}_sf_b=2.0F_b/3$ [N／㎟]	柱心からアンカーボルト心までの許容距離 L_d[㎜]									
			土台105㎜角					土台120㎜角				
			$N_t=10$ [kN]	$N_t=15$ [kN]	$N_t=20$ [kN]	$N_t=25$ [kN]	$N_t=30$ [kN]	$N_t=10$ [kN]	$N_t=15$ [kN]	$N_t=20$ [kN]	$N_t=25$ [kN]	$N_t=30$ [kN]
ヒノキ ヒバ	26.7	17.8	298	198	149	119	99	453	302	226	181	151
ベイツガ	25.2	16.8	281	187	140	112	94	427	285	214	171	142
クリ	29.4	19.6	328	218	164	131	109	499	332	249	199	166

・せん断応力度の検討

樹種はヒノキ(無等級材)、断面寸法120㎜角なので、

$N_{ta}=17.81$ kN $>T=4.77$ → OK

●設計データ 32❸ ▶125頁

樹種	基準せん断強度 F_s[N／㎟]	短期許容せん断応力度 ${}_sf_s=2.0F_s/3$ [N／㎟]	短期許容軸力[kN]			
			アンカーボルトM12		アンカーボルトM16	
			柱105㎜角	柱120㎜角	柱105㎜角	柱120㎜角
ヒノキ ヒバ	2.1	1.4	13.38	17.81	12.64	16.97
ベイツガ	2.1	1.4	13.38	17.81	12.64	16.97
クリ	3.0	2.0	19.11	25.44	18.06	24.24

水平構面の設計

検討手順

1 ● 耐力壁線を判定する

耐力壁が配置された構面が「耐力壁線」として有効か否かを判断する。

2 ● 水平力を算定する

建物にかかる水平力を求める。

3 ● 水平耐力を検討する

屋根・床面が水平力を耐力壁に伝達するのに十分な強度があるかを検討する。

4 ● 接合部を検討する

屋根・床面の外周梁が外れないように、継手・仕口の強度を確保する。

▶**床面に流れる力**

床　板
↓
根　太
↓
床　梁
↓
1階耐力壁
↓
柱・土台
↓
アンカーボルト
↓
基　礎
↓
地　盤

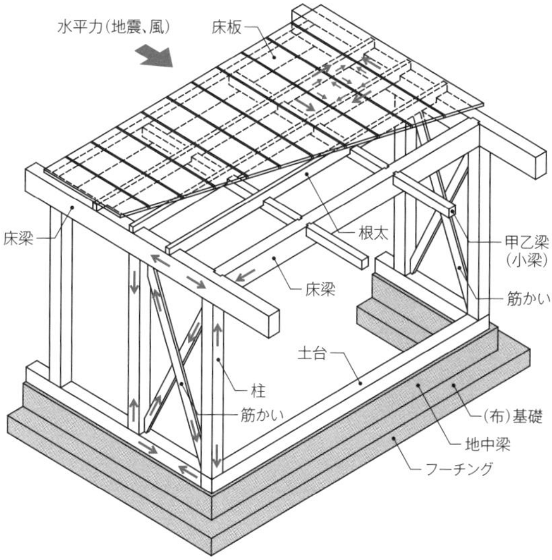

検討フロー

耐力壁の配置
耐力壁線の判定
耐力壁線間距離の特定

↓

水平力の算定
地震力、風圧力の算定
2階耐力壁の負担水平力の算定（構面にずれがある場合）

↓

水平耐力の検討
許容せん断力≧水平力 の確認
床倍率≧必要床倍率 の確認

↓

接合部の検討
継手・仕口の許容引張耐力≧縁応力（引張力）の確認
継手・仕口の接合部倍率≧必要接合部倍率 の確認

↓

設計終了

1 木材
2 荷重
3 地盤・基礎
4 軸組
5 耐力壁
6 水平構面
7 耐震診断
8 混構造
9 その他
10 使い方

2階床面の検討手順

設計例

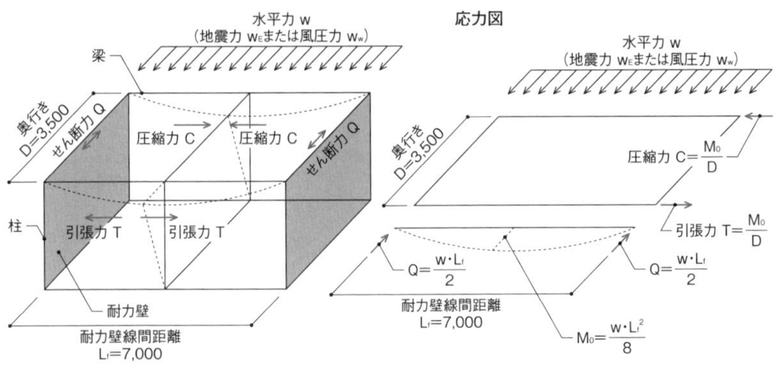

1 ● 耐力壁の配置

上図に示す建物について、Y方向に水平力が作用したときの2階床面の検討例を示す。

水平構面の設計には耐力壁の配置が密接に関わってくる。そのため、まず耐力壁が配置された構面が「耐力壁線」として有効か否かを判断する必要がある。本例では、両端部の耐力壁が存在する構面は、耐力壁線とみなせるものとする[耐力壁線については、「**設計データ 46 ● 木造部分の構造計画ポイント**」の「**❷壁量充足率と耐力壁線間距離**」▶157頁 を参照のこと]。

本例の耐力壁線間距離 L_fは7.0m、水平力に対する奥行き Dは3.5mである。階高は、200・201頁などに示す住宅モデルと同様、1階を2.8m、2階を2.6mとする。2階床面には吹抜けなどの開口はなく、1・2階の耐力壁線はそろっているものとする。

2 ● 2階床面に作用する水平力の算定

・地震力の算定

本件建物の2階床の重量を1.40kN/㎡、壁の重量を0.60kN/㎡とすると、建物重量 Wは2.00kN/㎡。よって、2階床面に作用する地震力 w_Eは、

$w_E = C_i \times W = 0.2 \times 2.00$ kN/㎡ $\times 3.5$ m $= 1.40$ kN/m …… ❶

・風圧力の算定

本件建物の階高は1階：2.8m、2階：2.6mである。建設地の基準風速 V_o=34m／s、地表面粗度区分：Ⅲとすると、速度圧 qは0.95kN／㎡、風力係数 C_fは1.10となる［qとC_fの算出方法は『ヤマベの木構造 新版DVD付』218頁を参照のこと］。また、負担幅 B=2.8／2+2.6／2=2.7mとなるので、2階床面に作用する風圧力 w_Wは、

$$w_W = q \times C_f \times B = 0.95\ \mathrm{kN/m^2} \times 1.10 \times 2.7\ \mathrm{m}$$
$$= 2.82\ \mathrm{kN/m} \cdots\cdots ❷$$

❶・❷より、地震力より風圧力のほうが大きいので、風圧力（$w = w_W$=2.82 kN／m）により設計を行うこととする。

3 ● 床面に生じる応力の算定

床面中央部に生じる曲げ応力 M_o、壁際端に生じるせん断力 Q、外周梁に生じる軸力 CおよびTを算定すると、以下のとおりとなる。

$$M_o = \frac{w \times L_f^2}{8} = \frac{2.82 \times 7.0^2}{8} = 17.27\ \mathrm{kN \cdot m}$$

$$Q = \frac{w \times L_f}{2} = \frac{2.82 \times 7.0}{2} = 9.87\ \mathrm{kN}$$

$$C = T = \frac{M_o}{D} = \frac{17.27}{3.5} = 4.93\ \mathrm{kN}$$

4 ● 必要床倍率の算定

水平力を耐力壁に伝達するために必要な床の水平剛性（せん断耐力および床倍率）を算定する。

床面の必要せん断耐力 $Q' = \frac{Q}{D} = \frac{9.87}{3.5} = 2.82\ \mathrm{kN/m}$

必要床倍率 $\alpha_f = \frac{Q'}{P_o} = \frac{2.82}{1.96} = 1.44$

→「**設計データ 34 ● 床組の設計**」の「**❶ 水平構面の仕様と床倍率**」▶130頁より、床の仕様は「No.2」——すなわち、根太@303 半欠き 構造用合板張り（床倍率1.60）とする。

● 設計データ 34 ❶ ▶130頁

番号	水平構面の仕様	床倍率	ΔQ_a [kN／m]
1	構造用合板または構造用パネル12㎜以上、根太@340以下、落とし込み、N50−@150以下	2.00	3.92
2	構造用合板または構造用パネル12㎜以上、根太@340以下、半欠き、N50−@150以下	1.60	3.14
3	構造用合板または構造用パネル12㎜以上、根太@340以下、転ばし、N50−@150以下	1.00	1.96
4	構造用合板または構造用パネル12㎜以上、根太@500以下、落とし込み、N50−@150以下	1.40	2.74
5	構造用合板または構造用パネル12㎜以上、根太@500以下、半欠き、N50−@150以下	1.12	2.20

5 ● 必要接合部倍率の算定

外周梁に生じる軸力＝外周梁に必要な短期引張耐力となるため、接合部に必要とされる接合部倍率は、

$$必要接合部倍率 = \frac{T}{基準耐力} = \frac{4.93}{5.3} = 0.93$$

→「**設計データ 34 ● 床組の設計**」の「**❷接合部倍率一覧**」▶131頁より、接合仕様は（は）とする

［N＝1.0の基準耐力 5.3kNの根拠は、「**設計データ 31 ● 柱頭・柱脚接合部の検討**」の「**❶引抜力のメカニズム**」① ▶114頁を参照のこと］

●設計データ 34❷ ▶131頁

接合記号	接合部の仕様		接合部倍率
	名称	Zマーク表示金物の例	
（い）	短ホゾ差し かすがい打ち	― かすがい C	0.0
（ろ）	長ホゾ差し込栓打ち L字型のかど金物	― かど金物 CP・L	0.7
（は）	T字型のかど金物 山型プレート金物	山形プレート VP かど金物 CP・T	1.0
（に）	羽子板ボルト 短冊金物 かね折り金物［※1］	羽子板ボルト SB・E2、SB・F2 短ざく金物 S かね折り金物 SA	1.4

なお、手順2で求めた地震力は中地震時の値であり、大地震時にはこの3～3.5倍の応力となる。よって、接合部には3.5×4.93×2.82／1.4＝34.8 kNの引張強度（終局引張耐力あるいは最大耐力）が必要となる。また、継手や仕口については、短期許容耐力のほかに、最大耐力も確認しておく必要がある。

上下階の耐力壁線がずれている場合の検討手順

設計例

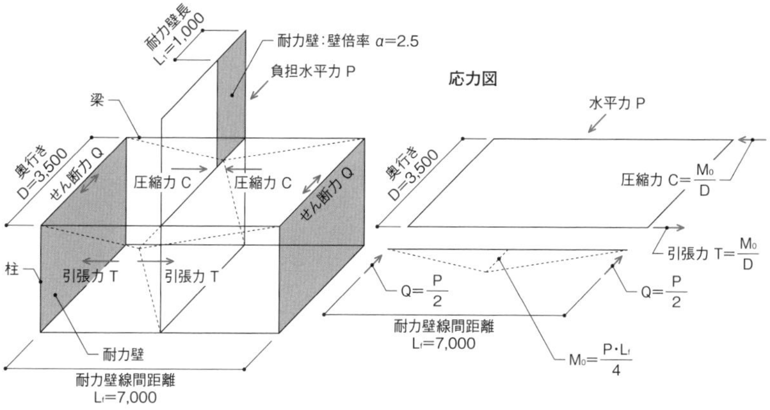

構面にずれがある場合は、地震力・風圧力の水平力のほかに、2階耐力壁が負担する水平力が加算される。ここでは、上図のような2階の中央部に耐力壁が載った建物の水平構面の設計を行うが、地震力と風圧力に対する検討は280～282頁の2階床面の検討と同じなので省略する。

1 ● 2階耐力壁の負担水平力の算定

2階耐力壁の壁倍率 α=2.5、2階耐力壁の壁長 L_1=1.0mとすると、有効壁長は、

$\alpha \times L_1 = 2.5 \times 1.0 = 2.5$ m

したがって、この壁の短期許容せん断耐力 Q_aは、

$Q_a = \alpha \times L_1 \times P_o = 2.5 \times 1.0 \times 1.96 = 4.90$ kN

これが床の中央集中荷重 Pとなる。

2 ● 床面に生じる応力の算定

床面中央部に生じる曲げ応力 M_o、壁際端に生じるせん断力 Q、外周梁に生じる軸力 CおよびTを算定する。

$$M_o=\frac{P\times L_f}{4}=\frac{4.90\times 7.0}{4}=8.58\ \mathrm{kN\cdot m}$$

$$Q=\frac{P}{2}=\frac{4.90}{2}=2.45\ \mathrm{kN}$$

$$C=T=\frac{M_o}{D}=\frac{8.58}{3.5}=2.45\ \mathrm{kN}$$

3 ● 必要床倍率の算定

2階耐力壁の負担水平力を伝達するために必要な床の短期許容せん断耐力 Q'および床倍率 α_fを算定する。

$$Q'=\frac{Q}{D}=\frac{2.45}{3.5}=0.70\ \mathrm{kN/m}$$

$$\alpha_f=\frac{Q'}{P_o}=\frac{0.70}{1.96}=0.36$$

床面の必要耐力は、本検討結果と、280〜282頁の検討で風圧力から求めた必要耐力を加算する。よって、

床面の必要せん断耐力 $Q'=2.82+0.70=3.52$ kN/m

必要床倍率 $\alpha_f=1.44+0.36=1.80$

→「設計データ 34 ● **床組の設計**」の「❶ **水平構面の仕様と床倍率**」▶130頁より、床の仕様は「No.1」——すなわち、根太@303 落し込み 構造用合板張り(床倍率2.00)とする。

● 設計データ 34❶ ▶128頁

番号	水平構面の仕様	床倍率	⊿Q_a [kN/m]
1	構造用合板または構造用パネル12mm以上、根太@340以下、落とし込み、N50−@150以下	2.00	3.92
2	構造用合板または構造用パネル12mm以上、根太@340以下、半欠き、N50−@150以下	1.60	3.14
3	構造用合板または構造用パネル12mm以上、根太@340以下、転ばし、N50−@150以下	1.00	1.96
4	構造用合板または構造用パネル12mm以上、根太@500以下、落とし込み、N50−@150以下	1.40	2.74
5	構造用合板または構造用パネル12mm以上、根太@500以下、半欠き、N50−@150以下	1.12	2.20

4 ● 必要接合部倍率の算定

2階耐力壁の水平力のみに対する外周梁に必要な短期引張耐力 T=2.45 kNであるから、

$$\text{必要接合部倍率}=\frac{T}{\text{基準耐力}}=\frac{2.45}{5.3}=0.46$$

281頁の検討結果と本検討結果を加算すると、外周梁に必要な短期引張耐力 Tは、

T=4.93+2.45=7.38 kN

よって、必要とされる接合部倍率は、

必要接合部倍率=0.93+0.46=1.39

→「設計データ 34 ● 床組の設計」の「❷ 接合部倍率一覧」▶131頁

より、接合仕様は（に）とする

● 設計データ 34❷ ▶131頁

接合記号	接合部の仕様		接合部倍率
	名称	Zマーク表示金物の例	
（い）	短ホゾ差し かすがい打ち	ー かすがい C	0.0
（ろ）	長ホゾ差し込栓打ち L字型のかど金物	ー かど金物 CP・L	0.7
（は）	T字型のかど金物 山型プレート金物	山形プレート VP かど金物 CP・T	1.0
（に）	羽子板ボルト 短冊金物 かね折り金物［※1］	羽子板ボルト SB・E2、SB・F2 短ざく金物 S かね折り金物 SA	1.4
（ほ）	羽子板ボルト+スクリュー釘50 短冊金物+スクリュー釘50	羽子板ボルト SB・E、SB・F+スクリュー釘 ZS50 短ざく金物 S+スクリュー釘 ZS50	1.6

水平構面スパン表を用いた設計

ここでは、200・201頁などに示す住宅モデルを例に、132〜137頁に掲載する水平構面スパン表を用いた水平構面の検討例を示す。

設計例

2階平面図

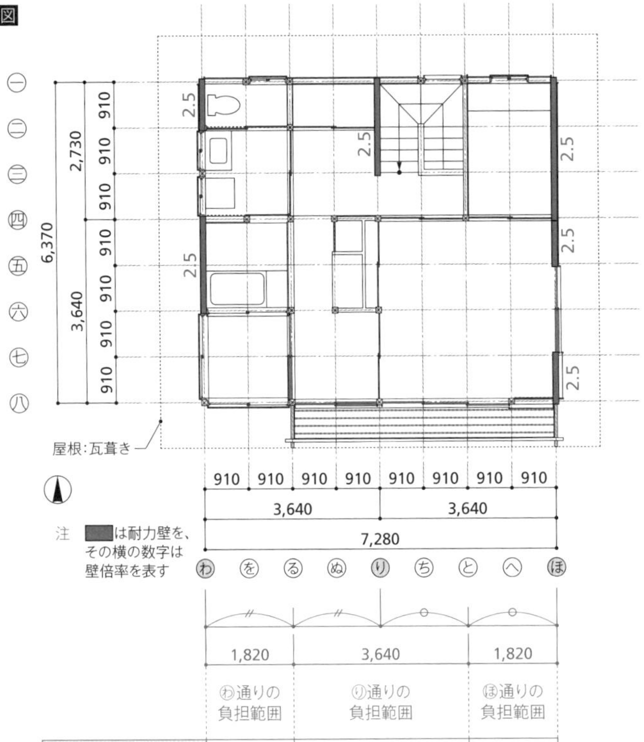

	わ	り	ほ
負担面積 A	1.82×6.37 =11.59㎡	3.64×6.37=23.19㎡	1.82×6.37 =11.59㎡
必要壁量	0.21m/㎡	0.21m/㎡	0.21m/㎡
必要壁長 L	2.43m	4.87m	2.43m
存在壁長 ℓ	2.5×2.730 =6.825m	2.5×1.820=4.55m	2.5×4.55 =11.375m
充足率 ℓ/L	2.81	0.93	4.68
耐力壁線判定(≧0.75)	OK	OK	OK

		わ〜り	り〜ほ
耐力壁線間距離 L_f		3.64m	3.64m
必要床倍率	地震力	0.39	0.39
	風圧力	0.48	0.48

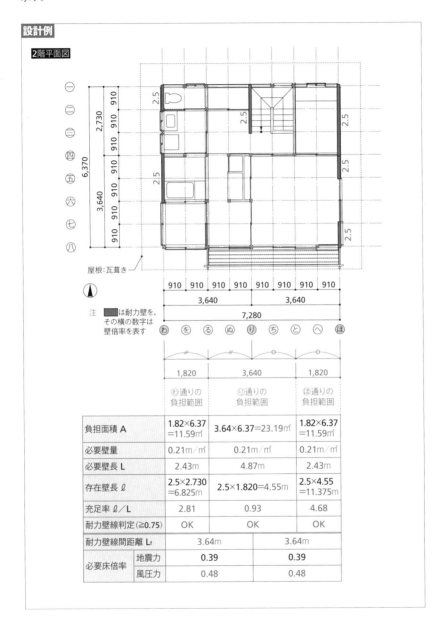

水平構面スパン表は、①地震力に対応するもの、②風圧力に対応するもの、③構面ずれに対応するもの、の3種類を用意している。このうち、地震力と風圧力に対応するスパン表は、総2階建ての木造住宅を想定して地震力や風圧力を算出し、許容応力度計算によって必要床倍率を求めたものである［前提条件は132・134頁を参照のこと］。また、垂直積雪量が1m以上となる多雪区域については、積雪量が1mの場合と2mの場合の2種類を用意している。積雪量が中間値となる場合は、直線補間により求める。

1 ● 耐力壁線の判定

耐力壁線間距離を求めるため、耐力壁が存在する構面を抽出し、それぞれの構面に存在する有効壁長を算出する。
次に、隣り合う構面の中間で床を区切り、各構面の負担面積を求め、その負担面積ごとに地震力による必要壁量を算出する。
各構面の存在壁長が必要壁量の75%以上であれば、耐力壁線とみなすことができる。75%未満であった場合は、その構面の耐力壁を無視して再度、負担面積を算出し、同様の判定を行う。

2 ● 地震力に対する設計

本例の耐震等級は1、積雪は一般区域とする。スパン表は、「**設計データ 35 ● 地震力に対する設計**」の「**❶ 地震力に対する水平構面スパン表①積雪：一般、耐震等級1**」▶133頁を用いる。
2階の耐力壁線間距離 L_fはいずれも3.64m。スパン表の縦軸：3.64mの点から水平線を引き、「瓦+外壁半層」の直線との交点を求める。この交点から垂直線を引いて横軸の目盛を読むと、必要床倍率は「0.39」となる。

● 設計データ 35❶ ▶133頁

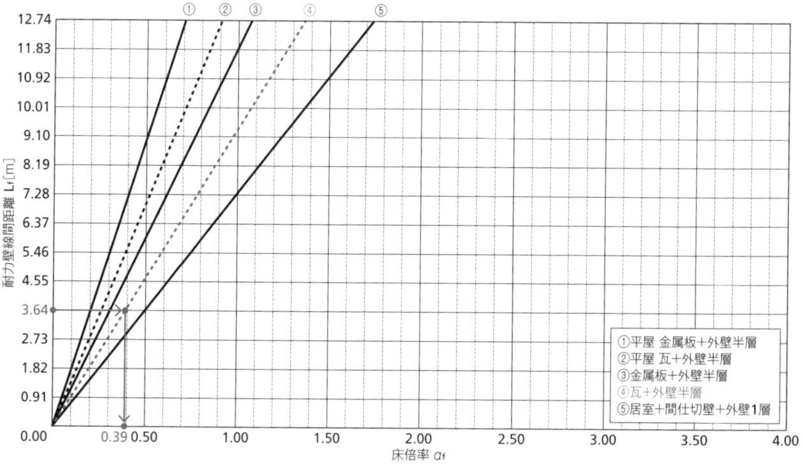

3● 風圧力に対する設計

基準風速 V_o=34m／s、地表面粗度区分はⅢとする。スパン表は、「**設計データ 36● 風圧力に対する設計**」の「**❹風圧力に対する水平構面スパン表④粗度区分Ⅲ、耐風等級1**（スパン表❸の拡大版）」▶136頁を用いる。

2階の耐力壁線間距離 L_fはいずれも3.64m。屋根面にトップライトはないので、この範囲の奥行き Dは6.37m。よって、辺長比 L_f／D=3.64／6.37=0.57。スパン表の縦軸：0.57の点から水平線を引き、「V_o=34（屋根）」の直線との交点を求める。この交点から垂直線を引いて横軸の目盛を読むと、必要床倍率は「0.43」となる。

●設計データ 36❹ ▶136頁

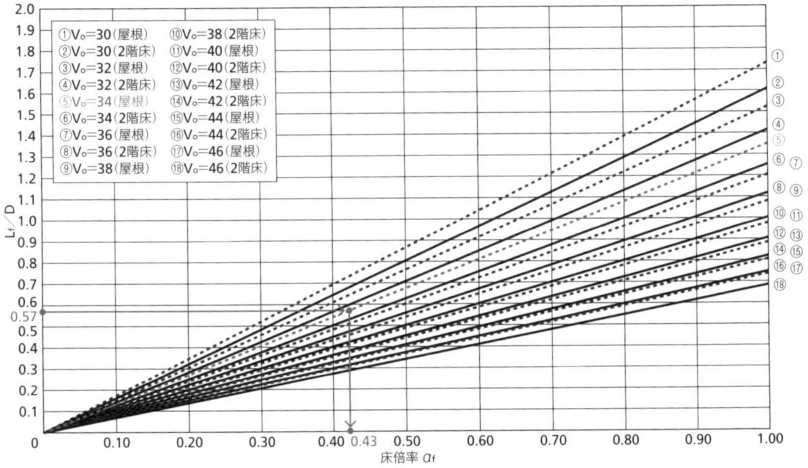

4● 水平構面仕様の決定

地震力で求めた値よりも風圧力による値のほうが大きいため、屋根面・小屋梁面の仕様は風圧力により決定する。

仕様は「**設計データ 34● 床組の設計**」の「**❶水平構面の仕様と床倍率**」▶130頁を使って決定する。本事例では、同表の「No. 19」ならびに「No.26」の仕様（床倍率：0.20+0.30=0.50>0.43）とする（屋根勾配4寸→$\theta=\tan^{-1}(4／10)=21.8°$）。

●設計データ 34❶ ▶130頁

番号		水平構面の仕様	床倍率	ΔQ_a [kN/m]
1		構造用合板または構造用パネル12㎜以上、根太@340以下、落とし込み、N50−@150以下	2.00	3.92
15	面材張り屋根面	30°以下、構造用合板9㎜以上、垂木@500以下、転ばし、N50−@150以下	0.70	1.37
16	面材張り屋根面	45°以下、構造用合板9㎜以上、垂木@500以下、転ばし、N50−@150以下	0.50	0.98
17	面材張り屋根面	30°以下、構造用合板9㎜以上、垂木@500以下、転ばし、N50−@150以下、転び止めあり	1.00	1.96
18	面材張り屋根面	45°以下、構造用合板9㎜以上、垂木@500以下、転ばし、N50−@150以下、転び止めあり	0.70	1.37
19	面材張り屋根面	30°以下、幅180㎜スギ板9㎜以上、垂木@500以下、転ばし、N50−@150以下	0.20	0.39
20	面材張り屋根面	45°以下、幅180㎜スギ板9㎜以上、垂木@500以下、転ばし、N50−@150以下	0.10	0.20
21	火打水平構面	Zマーク鋼製火打または木製火打90×90以上、平均負担面積 2.5㎡以下、梁せい240㎜以上	0.80	1.57
22	火打水平構面	Zマーク鋼製火打または木製火打90×90以上、平均負担面積 2.5㎡以下、梁せい150㎜以上	0.60	1.18
23	火打水平構面	Zマーク鋼製火打または木製火打90×90以上、平均負担面積 2.5㎡以下、梁せい105㎜以上	0.50	0.98
24	火打水平構面	Zマーク鋼製火打または木製火打90×90以上、平均負担面積 3.75㎡以下、梁せい240㎜以上	0.48	0.94
25	火打水平構面	Zマーク鋼製火打または木製火打90×90以上、平均負担面積 3.75㎡以下、梁せい150㎜以上	0.36	0.71
26	火打水平構面	Zマーク鋼製火打または木製火打90×90以上、平均負担面積 3.75㎡以下、梁せい105㎜以上	0.30	0.59
27	火打水平構面	Zマーク鋼製火打または木製火打90×90以上、平均負担面積 5.0㎡以下、梁せい240㎜以上	0.24	0.47
28	火打水平構面	Zマーク鋼製火打または木製火打90×90以上、平均負担面積 5.0㎡以下、梁せい150㎜以上	0.18	0.35
29	火打水平構面	Zマーク鋼製火打または木製火打90×90以上、平均負担面積 5.0㎡以下、梁せい105㎜以上	0.15	0.29

5 ● 外周梁の接合部の設計

前述の風圧力によって外周梁(桁梁)に生じる軸力(圧縮力 Cと引張力 T)を下式により算定する[算定の要領は『ヤマベの木構造 新版DVD付』252頁図5を参照のこと]。

$$C=T=\frac{M}{D}=\frac{\alpha_f \cdot P_o \cdot L_f}{2}$$

$$=\frac{0.43\times 1.96\times 3.64}{2}=1.53\ \mathrm{kN}$$

これを接合部倍率に換算すると、1.53／5.3=0.29。「**設計データ34 ● 床組の設計**」の「**❷接合部倍率一覧**」▶131頁より、接合仕様は(ろ)と同等以上、あるいは許容引張耐力が1.53kN以上の接合方法であればよい。

●設計データ 34❷ ▶131頁

接合記号	接合部の仕様		接合部倍率
	名称	Zマーク表示金物の例	
(い)	短ホゾ差し かすがい打ち	― かすがい C	0.0
(ろ)	長ホゾ差し込栓打ち L字型のかど金物	― かど金物 CP・L	0.7
(は)	T字型のかど金物 山型プレート金物	山形プレート VP かど金物 CP・T	1.0

6 • 上下階の構面ずれに対する設計

下図のように、1階と2階の構面が一致せず、ずれてしまう場合は、地震力・風圧力によって求めた床倍率のほかに、2階の耐力壁が負担した水平力を加算する必要がある。以下、同じ住宅モデルで、2階の（と）通り㊀ー㊃間の壁を壁倍率1.5の耐力壁にした場合の検討を行ってみる。

㊀ー㊃間の構面の有効壁長は、

　壁倍率×長さ=1.5 m×2.73 m=4.095 m

この構面の短期許容せん断耐力を水平力 Pとみなすと、

　P=4.095 m×1.96 kN/m=8.03 kN

❶ 2階平面図

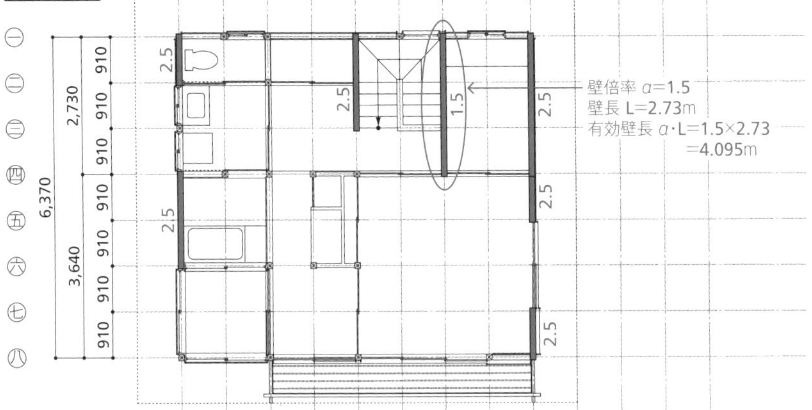

❷ 1階平面図

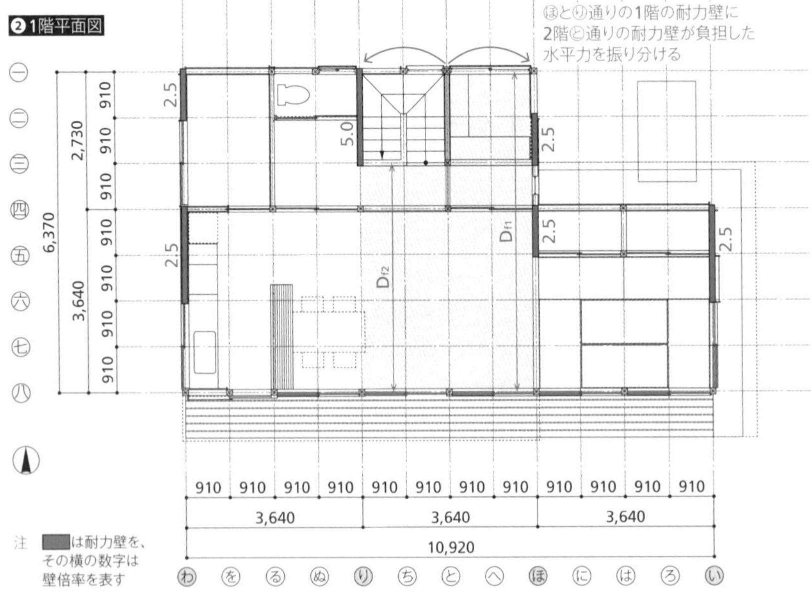

注 ■は耐力壁を、その横の数字は壁倍率を表す

この壁の水平力は、床面を介して1階の㋭通りと㋷通りの耐力壁に伝達しなければならないが、その配分方法としては次の3タイプが考えられる。

・タイプ1：構面間隔に応じて振り分ける
・タイプ2：1階耐力壁の剛性に応じて振り分ける
・タイプ3：床の接する長さに応じて振り分ける

いずれにしても、1階のそれぞれの構面が負担面積分の必要壁量を満足している必要がある。

ここでは、タイプ1の構面間隔に応じて振り分ける場合について検討例を示す［そのほかのタイプは『ヤマベの木構造 新版DVD付』を参照のこと］。

㋣通りは㋭と㋷の中心となるため、㋭通りと㋷通りそれぞれに配分される水平力 Qは有効壁長の半分ずつで

$Q=1.5\times2.73\times1.96／2=4.01$ kN

㋷通りの構面に接する床長さをD_{f2}とすると、$D_{f2}=4.55$mであるので、伝達するせん断力 Q'は、

$Q'=Q／D_{f2}=4.01／4.55=0.88$ kN／m

これを床倍率に換算すると、

$\alpha_f'\geqq Q'／P_o=0.45$

したがって、㋣ー㋷間の必要床倍率は、㋭ー㋷間の2階床面の検討で求めた値にα_f'を加算する（本例の場合、$\alpha_f=0.50+0.45=0.95$となる）。
ちなみに、「**設計データ 37●上下階の構面ずれに対する設計**」▶137頁のスパン表を用いる場合は、壁倍率 $\alpha=1.5$、壁長さ $L=2.73／2=1.365$m、床長さ $D_f=4.55$mより、$L／D_f=0.30$。スパン表の横軸：0.30から垂直線を引き、$\alpha=1.5$との交点を読むと必要床倍率「0.45」が求められる。

●設計データ 37 ▶137頁

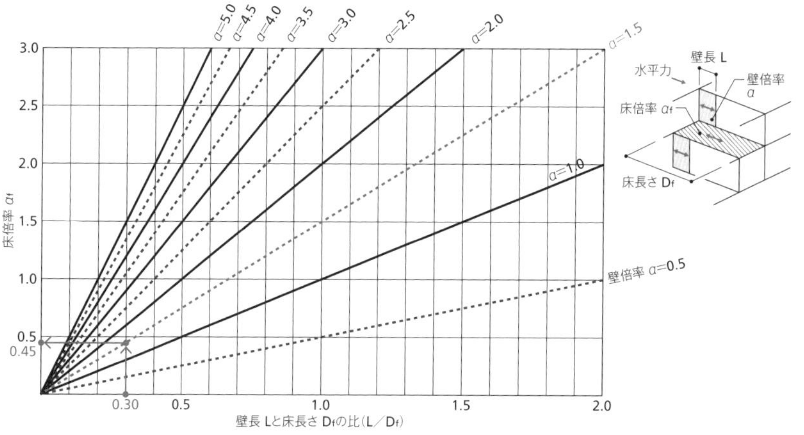

4 | 水平構面

軒先の設計

検討手順

1 ● 吹上げ力の決定

軒の出（スパン）と垂木の間隔（負担幅）、屋根仕上げ（鉛直方向の押さえ）から垂木1本当たりに働く吹上げ力を決定する。

2 ● 接合仕様の検討

吹上げ力に対して、垂木が外れないように接合方法を検討する。

▶軒先に流れる力

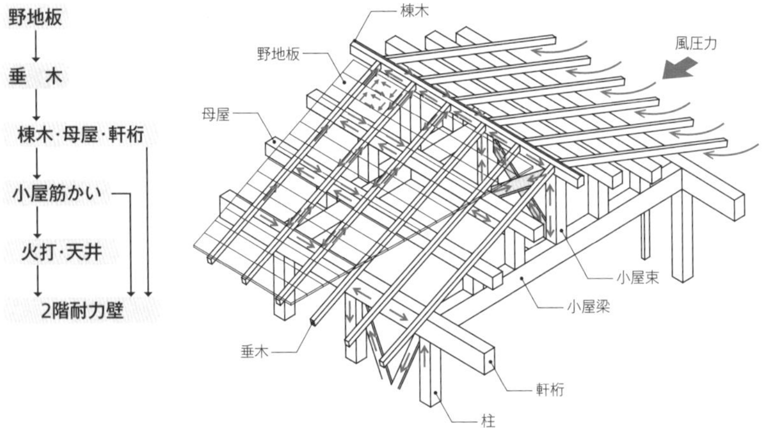

軒先の設計手順

ここでは、200・201頁などに示す住宅モデルを例に、垂木の軒先の吹上げに対する接合仕様の設計を行う。

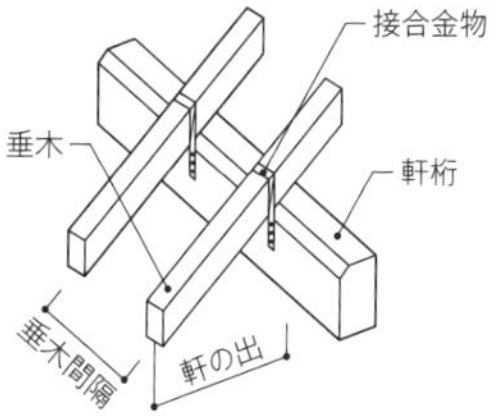

1● 吹上げ力の決定

まず、垂木1本当たりに働く吹上げ力を決定する。
本例の屋根の仕様、軒の出、垂木の間隔、建設地などは以下のとおりとする。

屋根　瓦葺き(重い屋根)
軒の出　910㎜
垂木間隔　455㎜
建設地　東京23区内の住宅地とする
基準風速　V_o=34m/s
地表面粗度区分　Ⅲ

「設計データ 38●軒先の設計」の「❷垂木・登り梁のはね出しの支持点に生じる吹上げ力」▶140頁より、垂木の軒桁部における吹上げ力 Q_tは以下のとおりとなる。

Q_t=0.29 kN

●設計データ 38❷ ▶140頁

軒の出［㎜］	間隔［㎜］	はね出しの支持点に生じる吹上げ力[kN]					
		屋根の仕様：重い屋根					
		地表面粗度区分：Ⅱ			地表面粗度区分：Ⅲ		
		V_o=32	V_o=34	V_o=36	V_o=32	V_o=34	V_o=36
600	360	0.24	0.29	0.34	0.12	0.15	0.19
	455	0.30	0.36	0.43	0.15	0.19	0.24
	910	0.60	0.73	0.86	0.30	0.39	0.48
910	360	0.36	0.44	0.52	0.18	0.23	0.29
	455	0.46	0.55	0.65	0.23	0.29	0.37
	910	0.91	1.10	1.31	0.46	0.59	0.73

2 ● 接合仕様の検討

桁梁の樹種はスギとする。軒先は繰返し荷重を受けることや、経年変化に配慮して安全率を2以上（検定比≦0.5）となるように設計することとする。

・釘留めとする場合

釘長の半分以上を桁梁に打ち込むこととする。

桁梁の樹種はスギなので、「**設計データ 38 ● 軒先の設計**」の「**❸ 釘接合の短期許容引抜耐力**」▶141頁より、「J3スギ類」のうち、「ℓ_r=L／2」の耐力が0.29kN以上となっているものを探す。

→ N115またはCN100

安全率を2としたので、2-N115または2-CN100を垂木の両側面から斜め打ちとする。

●設計データ 38❸ ▶141頁

釘	胴部径 d［mm］	短期許容引抜耐力 ${}_sP_a$［kN］					
		J1 ベイマツ類		J2 ヒノキ類		J3 スギ類	
		ℓ_r=L／2	ℓ_r=6d	ℓ_r=L／2	ℓ_r=6d	ℓ_r=L／2	ℓ_r=6d
N19	1.50	0.03	0.03	0.02	0.02	0.02	0.02
N100	4.20	0.49	0.25	0.36	0.18	0.25	0.13
N115	4.20	0.57	0.25	0.41	0.18	0.29	0.13
N125	4.60	0.68	0.30	0.49	0.22	0.34	0.15
N150	5.20	0.92	0.38	0.67	0.28	0.46	0.19
CN45	2.51	0.13	0.09	0.10	0.06	0.07	0.05
CN90	4.11	0.43	0.24	0.31	0.17	0.22	0.12
CN100	4.88	0.58	0.34	0.42	0.24	0.30	0.17

［参考］

2-N115とすると、接合部の許容引抜耐力は、

${}_sP_a=2\times0.29=0.58$ kN

吹上げ力はQ_t=0.29kNであるから、

検定比：$\dfrac{Q_t}{{}_sP_a}=0.29／0.58=0.50\leqq0.50$ → OK

・コーチボルト留めとする場合

安全率を2としたので、必要耐力は、

$2 \times Q_t = 0.58$ kN

桁梁の樹種はスギなので、「**設計データ 38 ● 軒先の設計**」の「**❹コーチボルト接合の短期許容引抜耐力**」▶142頁より、「J3スギ類」で**0.58**kN以上となっているものを探す。

→ φ9、φ12とも桁梁に埋め込むねじ長さを60㎜以上とすればよい

垂木断面を60×90㎜であるとすると、必要な首下長さは以下のとおりとなる。

垂木のせい＋埋込み長＝90＋60＝150㎜

●設計データ 38❹ ▶142頁

胴部径 d [㎜]	首下長さ L [㎜]	ねじ長さ ℓ_1 [㎜]	短期許容引抜耐力 $_sP_a$[kN]		
			J1 ベイマツ類	J2 ヒノキ類	J3 スギ類
	90	60.0	2.23	2.01	1.79
	125	83.3	3.09	2.80	2.49
	150	100.0	3.71	3.36	2.99
	180	120.0	4.46	4.03	3.59
	210	140.0	5.20	4.70	4.18
9	240	160.0	5.94	5.37	4.78
	390	260.0	9.66	8.72	7.77
	90	60.0	2.97	2.68	2.39
	125	83.3	4.13	3.73	3.32
	150	100.0	4.95	4.47	3.98
	180	120.0	5.94	5.37	4.78
	210	140.0	6.93	6.26	5.58
	240	160.0	7.92	7.16	6.37
12	270	180.0	8.91	8.05	7.17

［参考］

φ9（L＝150㎜）で桁梁への埋込み長を60㎜以上とすると、接合部の許容引抜耐力は、「**設計データ 38 ● 軒先の設計**」の「**❹コーチボルト接合の短期許容引抜耐力**」▶142頁より、

$_sP_a = 1.79$ kN

吹上げ力は$Q_t = 0.29$kNであるから、

検定比：$\dfrac{Q_t}{_sP_a} = 0.29 / 1.79 = 0.16 \leqq 0.50$ → OK

・金物留めとする場合

桁梁の樹種はスギなので、「**設計データ 38●軒先の設計**」の「**❺ Zマーク金物の種類ごとの短期引抜耐力**」▶142頁より、「J3 スギ類」で**0.58**kN以上となっているものを探す。

→ いずれの金物も十分な耐力を有している

本例ではひねり金物**ST−9**を使用することとする。

●設計データ 38❺ ▶142頁

名称	記号	使用接合具	短期許容引抜耐力 $_sP_a$[kN]		
			J1 ベイマツ類	J2 ヒノキ類	J3 スギ類
ひねり金物	ST−9	4−ZN40	1.73	1.55	1.35
	ST−12	4−ZN40	1.73	1.55	1.35
	ST−15	6−ZN40	2.59	2.32	2.03
折曲げ金物	SF	6−ZN40	2.59	2.32	2.03
くら金物	SS	6−ZN40	5.18	4.65	4.06
かすがい	C−120	−	1.27	1.18	1.08
	C−150	−	1.27	1.18	1.08

［参考］

ST−9の接合部の許容引抜耐力は、

$_sP_a$＝1.35 kN

吹上げ力はQ_t＝**0.29**kNであるから、

検定比：$\frac{Q_t}{_sP_a}$＝**0.29／1.35**＝0.21 ≦ **0.50** → OK

鋼材を使った設計

木材と鋼材の接合部の検討

本例では、下図に示すように、床梁の補強材として溝形鋼をボルトで柱に留める場合の接合部の検討を行う。設計条件は233頁に示すモデルと同様で、2階の床梁 G_1を溝形鋼とした場合を想定する。

設計例

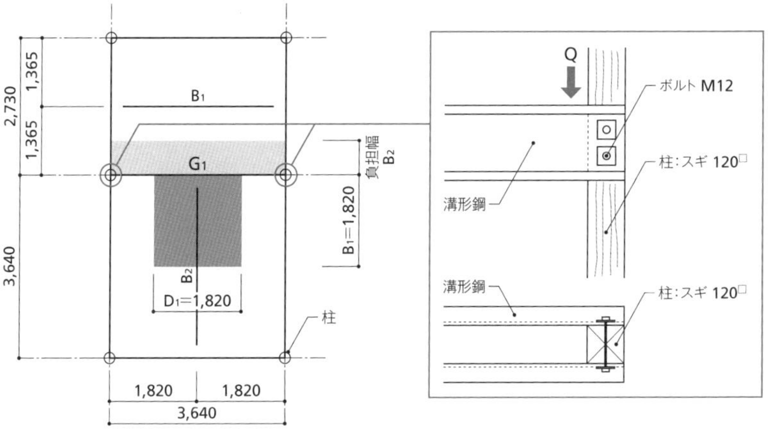

1● 梁端部に生じるせん断力の算定

まず、梁端部に生じるせん断力(柱に伝達する力)を算定する。

「**設計データ 4● 一般的な木造住宅の仮定荷重**」の「**❸設計用荷重**(TL=DL+LL)」▶24頁より、2階床(居室)の荷重を以下のとおりと仮定する。

固定荷重 DL=800N/㎡

積載荷重 LL =1,300N/㎡(強度検討用)

∴強度検討用荷重　TL=DL+LL=800+1,300=2,100N/㎡

=2.1kN/㎡

●設計データ 4❸ ▶24頁

瓦屋根	垂木・野地板用		700+　0=　700	[70 kg/㎡]
	母屋・小屋梁用		900+　0=　900	[90 kg/㎡]
金属板屋根	垂木・野地板用		400+　0=　400	[40 kg/㎡]
	母屋・小屋梁用		600+　0=　600	[60 kg/㎡]
2階床	根太用		400+1,800=2,200	[220 kg/㎡]
	床梁用	強度用	800+1,300=2,100	[210 kg/㎡]
		たわみ用	800+　600=1,400	[140 kg/㎡]
外壁用	(壁面当たり)		1,200+　0=1,200	[120 kg/㎡]
内壁用	(壁面当たり)		600+　0=　600	[60 kg/㎡]

床梁 G_1にかかる等分布荷重 wと集中荷重 Pは、

$w=2.1\ \mathrm{kN/m^2}\times(1.365/2)\ \mathrm{m}=1.4\ \mathrm{kN/m}$

$P=2.1\ \mathrm{kN/m^2}\times(1.82\times1.82)\ \mathrm{m^2}=7.0\ \mathrm{kN}$

よって、梁端部に生じるせん断力 Qは、

$$Q=\frac{wL}{2}+\frac{P}{2}=\frac{1.4\times3.64}{2}+\frac{7.0}{2}=6.05\times10^3\ \mathrm{N}=6.05\ \mathrm{kN}$$

2●ボルトの許容せん断力の算定

「**設計データ 54●ボルトの許容せん断耐力を求める計算図表**」の「**❶せん断を受けるボルト接合部の接合形式**」▶171頁より、ボルトの接合形式はBである。ボルトをM12とすると、ボルト径d=12㎜。柱は120㎜角なので主材厚 ℓは120㎜。よって、

$\ell/d=10$

●設計データ 54❶ ▶171頁

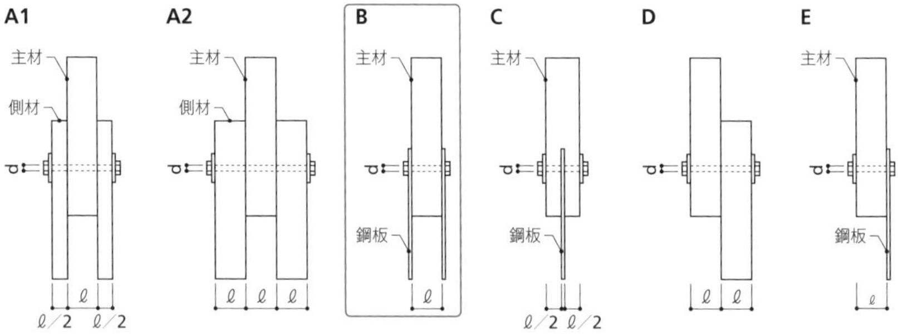

せん断力は柱の繊維方向に作用するため、「**設計データ 54●ボルトの許容せん断耐力を求める計算図表**」の「**❻ボルト接合部の許容せん断耐力**[接合形式B、繊維方向加力、長期]」▶172頁より、許容せん断耐力を算出する。

柱の樹種はスギなので、同「**❸接合部の設計における基準比重および基準支圧強度と対応樹種グループ**」▶171頁より、樹種グループは「**J3**」となる。

●設計データ 54❸ ▶171頁

グループ	対応する樹種グループ	比重		基準支圧強度[N/㎟]	
		平均値	下限値	繊維方向	繊維直角方向
J1	ベイマツ、クロマツ、アカマツ、カラマツ、ツガ	0.50	0.42	22.2	9.0
J2	ベイヒ、ベイツガ、ヒバ、ヒノキ、モミ	0.44	0.37	20.0	7.8
J3	トドマツ、エゾマツ、ベニマツ、スプルース、スギ、ベイスギ	0.38	0.32	17.7	6.0

$\ell / d = 10$とJ3のグラフとの交点を読むと、$P_a / d^2 = 35.5$N/㎟である。

●設計データ 54❻ ▶172頁

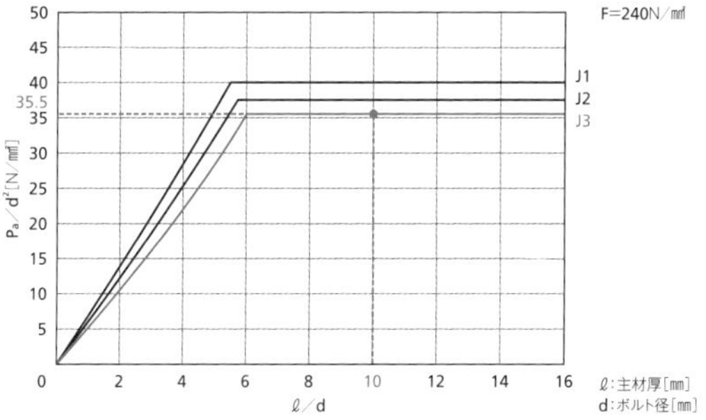

d=12㎜なので、ボルト1本当たりの長期許容せん断耐力 Paは、

$P_a = (P_a / d^2) \times d^2 = 35.5 \times 12^2 = 5{,}112\,\mathrm{N} \fallingdotseq 5.1\,\mathrm{kN}$

したがって、必要なボルト本数は、

$n \geqq Q / P_a = 6.05 / 5.1 = 1.2$ → 2本とする

ちなみに、検定比で示すと、以下のとおりとなる。

$Q / 2 \times P_a = 6.05 / (2 \times 5.1) = 0.59$

注　「2」はボルトの本数「2本」を表す

3 ● ボルト間隔の検討

木材にボルト接合した場合は、木材の割裂を防ぐため、十分な端距離と縁距離を確保する必要がある。

加力方向は繊維方向である。「**設計データ 54 ● ボルトの許容せん断耐力を求める計算図表**」の「**❷ せん断を受けるボルトの配置**」▶171頁より、

$s \geqq 7d = 7 \times 12 = 84$ ㎜ → 100とする

$e_2 \geqq 1.5d = 1.5 \times 12 = 18$ ㎜ → 60㎜とする

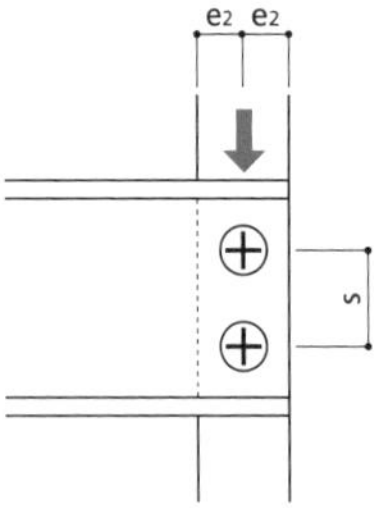

ちなみに、M22までの場合、鋼材側のへりあきは40㎜以上を標準とする。M24以上のボルトを使用する場合は、別途検討を行う必要がある。

●設計データ 54❷ ▶171頁

距離・間隔	加力方向		
	繊維方向	繊維に直角方向	中間角度
s	7d以上	3d（ℓ／d=2） 3d～5d（2≦ℓ／d<6） 5d以上（ℓ／d≧6）	角度に応じて繊維方向と繊維に直角方向の値の中間値をとる
r	3d以上	4d以上	
e_1	7d以上（荷重負担側） 4d以上（荷重非負担側）	7d以上	
e_2	1.5d以上 ℓ／d>6のときは1.5d以上かつr／2以上	4d以上（荷重負担側） 1.5d以上（荷重非負担側） ただし、（6.2）式［本書では略］による検討を行う	

注　d：ボルト径
　　ℓ：主材厚

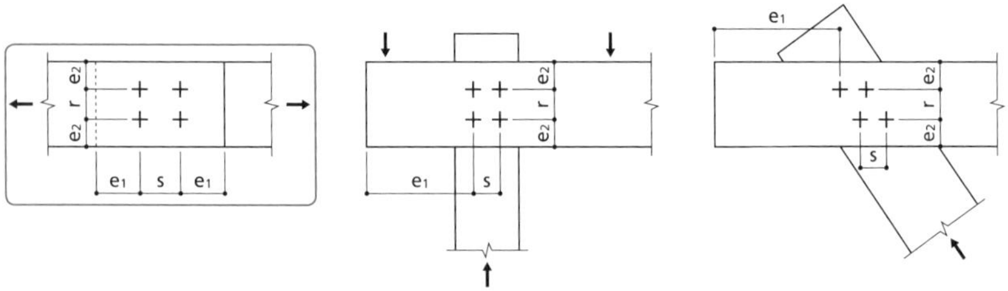

鉄骨柱の検討

1 ● 柱の負担軸力の算定

ここでは、玄関ポーチの支柱など、水平力を負担しない鉄骨柱の検討例を示す。

当該柱の荷重負担範囲は右図に示す色付きの部分となる。この範囲にある屋根の重量が負担軸力となる。

屋根：瓦葺き 0.90 kN/㎡

負担面積 1.82 m×1.82 m= 3.31 ㎡

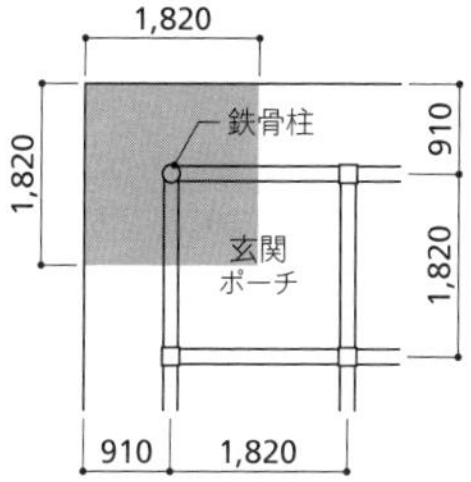

∴柱の負担軸力 N_cは、

N_c=0.90×3.31=2.98 kN

2 ● 柱の座屈に対する検討

使用する鋼材は、φ60.5×3.2のSTK400（一般構造用炭素鋼鋼管）とする。「**設計データ 55 ● 鋼材の規格**」の「**⑩ 一般構造用炭素鋼鋼管の断面性能**」▶181頁より、この鋼材の断面積 A_cと断面2次半径 i を求めると、

A_c=5.76 ㎠=0.576×10^3 ㎟

i=2.03 ㎝

● 設計データ 55 ⑩ ▶181頁

外径 D ［㎜］	厚さ t ［㎜］	単位質量 W ［kg/m］	断面積 A ［㎠］	断面2次モーメント I ［㎝⁴］	断面係数 Z ［㎝³］	断面2次半径 i ［㎝］
21.7	2.0	0.972	1.182	0.585	0.539	0.703
48.6	2.3	2.63	3.345	8.99	3.70	1.64
	2.5	2.84	3.621	9.65	3.97	1.63
	2.8	3.16	4.029	10.6	4.36	1.62
	3.2	3.58	4.564	11.8	4.86	1.61
60.5	2.3	3.30	4.205	17.8	5.90	2.06
	3.2	4.52	5.760	23.7	7.84	2.03
	4.0	5.57	7.100	28.5	9.41	2.00
76.3	2.8	5.08	6.465	43.7	11.5	2.60
	3.2	5.77	7.349	49.2	12.9	2.59

次に、座屈長さと断面2次半径から細長比 λを算出し、座屈低減係数 ηを求める。

座屈長さ L_kは横架材間の内法長さをとる。右図より、

L_k=300 ㎝

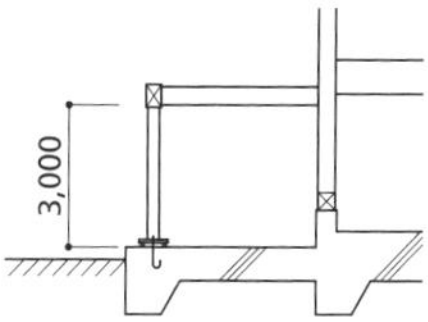

よって、細長比は、

$$\lambda=\frac{L_k}{i}=\frac{300}{2.03}=147.8$$

「**設計データ 55●鋼材の規格**」の「**❸400N/㎟鋼材**（F=235N/㎟、t≦40㎜）**の長期許容圧縮応力度 fc**」▶175頁より、λ=148のときの許容応力度は、

f_c=42.6N/㎟

●設計データ 55❸ ▶175頁

細長比 λ_c	0	1	2	3	4	5	6	7	8	9
0	156.9	156.7	156.6	156.6	156.5	156.4	156.3	156.2	156.1	155.9
130	55.3	54.4	53.6	52.8	52.0	51.3	50.5	49.8	49.0	48.3
140	47.7	47.0	46.3	45.7	45.0	44.4	43.8	43.2	42.6	42.1
150	41.5	41.0	40.4	39.9	39.4	38.9	38.4	37.9	37.4	36.9
160	36.5	36.0	35.6	35.2	34.7	34.3	33.9	33.5	33.1	32.7

∴柱の長期許容圧縮力 N_{ca}は、

$$N_{ca}=f_c\cdot A_c=42.6\times0.576\times10^3=24.5\times10^3\,\text{N}$$
$$=24.5\,\text{kN}>N_c=2.98\,\text{kN}\rightarrow\text{OK}$$

または、負担軸力を柱断面積で除した圧縮応力度 σ_cが、許容圧縮応力度以下であることを確認してもよい。

$$\sigma_c=\frac{N_c}{A_c}=\frac{2.98\times10^3\,\text{N}}{0.576\times10^3\,\text{mm}^2}=5.17\,\text{N/mm}^2$$
$$<f_c=42.6\,\text{N/mm}^2\rightarrow\text{OK}$$

ちなみに、検定比で示すと、

$$\frac{\sigma_c}{f_c}=\frac{5.17\,\text{N/mm}^2}{42.6\,\text{N/mm}^2}=0.12$$

以上から、許容値に対して十分な余裕があることが確認された。

注　錆止め塗装を亜鉛めっきとする場合は、板厚やガス抜き孔の径などの制限により最低寸法が決定することがあるので、あらかじめ確認しておくとよい

鉄骨梁の検討

設計例

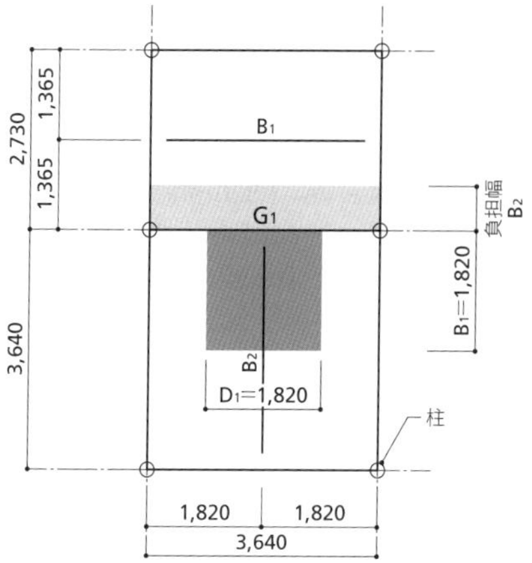

1 ● 梁にかかる荷重の算定

ここでは、上図に示す2階の床梁 G_1を鉄骨梁で設計する場合の検討例を解説する。

まず、床梁 G_1にかかる荷重を算定する。「**設計データ 4 ● 一般的な木造住宅の仮定荷重**」の「**❸ 設計用荷重**(TL=DL+LL)」▶24頁より、2階床(居室)の荷重を以下のとおりと仮定する。

固定荷重 DL=800 N/㎡

積載荷重 LL =600 N/㎡:たわみ算定用

積載荷重 LL =1,300 N/㎡:強度検討用

∴たわみ算定用荷重 TL=DL+LL=800+600=1,400 N/㎡

=1.4 kN/㎡

強度検討用荷重　TL=DL+LL=800+1,300=2,100 N/㎡

=2.1 kN/㎡

●設計データ 4❸ ▶24頁

瓦屋根	垂木・野地板用		700+　0=　700[70 kg/㎡]
	母屋・小屋梁用		900+　0=　900[90 kg/㎡]
金属板屋根	垂木・野地板用		400+　0=　400[40 kg/㎡]
	母屋・小屋梁用		600+　0=　600[60 kg/㎡]
2階床	根太用		400+1,800=2,200[220 kg/㎡]
	床梁用	強度用	800+1,300=2,100[210 kg/㎡]
		たわみ用	800+　600=1,400[140 kg/㎡]
外壁用	(壁面当たり)		1,200+　0=1,200[120 kg/㎡]
内壁用	(壁面当たり)		600+　0=　600[60 kg/㎡]

以上の値を元に、床梁G_1にかかる等分布荷重 wと集中荷重 Pを算定する。

$w=2.1$ kN/㎡×(1.365/2)m=1.4 kN/m

$P=2.1$ kN/㎡×(1.82×1.82)㎡=7.0 kN

2●断面性能の算定

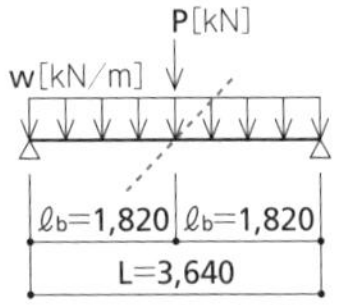

※ スパン中央に直交梁が取り付くので、横座屈長さℓ_b=3,640/2=1,820㎜となる

鉄骨梁の断面性能と許容応力度を算定する。

図より、スパン L=3.640m、横座屈長さ ℓ_b=1.820m[※]。

使用する鋼材をH-200×100×5.5×8とし、「**設計データ 55●鋼材の規格**」の「**❺H形鋼の断面性能**」▶176~177頁より、断面積 A、断面係数 Z_x、断面2次モーメント I_x、横座屈検討用断面2次半径 i_b、許容曲げ応力度算出用の係数 ηを求めると、

A=26.67㎠

Z_x=181㎤

I_x=1,810㎝⁴

i_b=2.63㎝

η=6.57

●設計データ 55❸ ▶177頁

③細幅系列

呼称寸法(高さ×辺)[㎜]	寸法[㎜]					断面積[㎠]	単位質量[kg/m]	断面2次モーメント[㎝⁴]		断面2次半径[㎝]		断面係数[㎤]		横座屈用断面2次半径 i [㎝]	$\eta=\frac{i \cdot A}{B \cdot t_2}$
	A	B	t_1	t_2	r			I_x	I_y	i_x	i_y	Z_x	Z_y		
150×75	150	75	5	7	8	17.85	14.0	666	49.5	6.11	1.66	88.8	13.2	1.96	5.60
175×90	175	90	5	8	8	22.90	18.0	1,210	97.5	7.26	2.06	138	21.7	2.39	5.81
200×100	200	100	5.5	8	8	26.67	20.9	1,810	134	8.23	2.24	181	26.7	2.63	6.57
250×125	250	125	6	9	8	36.97	29.0	3,960	294	10.4	2.82	317	47.0	3.30	7.33

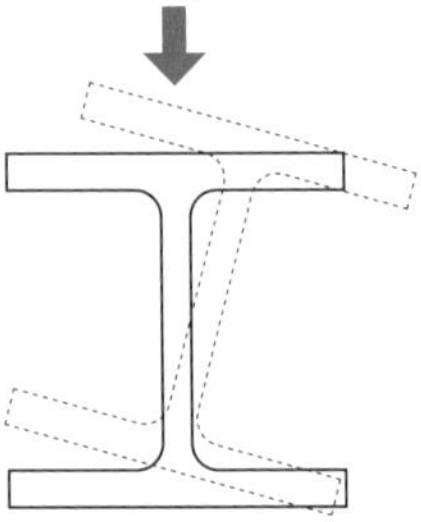

H形鋼は荷重を受けたときに横倒れを生じやすい

H形鋼は、横座屈を考慮して許容曲げ応力度を算出する。

細長比 $\lambda=\frac{\ell_b}{i_b}=\frac{182}{2.63}=69.2$

曲げ応力比による補正値 C=1.0

(中央が最大応力となる場合はC=1.0)

上記で求めた許容曲げ応力度算出用の係数 ηおよび曲げ応力比による補正値 Cを使い、「**設計データ 55●鋼材の規格**」の「**❹400N/㎟鋼材**(F=235N/㎟、t≦40㎜)**の長期許容曲げ応力度 f_b**」▶176頁から長期許容曲げ応力度 f_bを読む。

ηとCから求められる値のうち、大きいほうを許容応力度とする。

$\therefore f_b$=156N/㎟

また、鋼材の長期許容せん断応力度 f_sは、「**設計データ 55●鋼材の規格**」の「**❷400N/㎟鋼材の許容応力度**」▶175頁から、

f_s=90N/㎟

●設計データ 55❹ ▶176頁

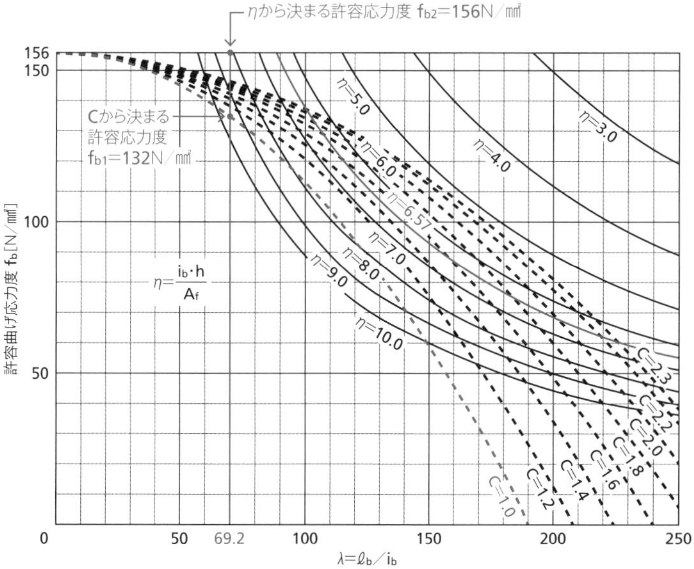

●設計データ 55❷ ▶175頁

板厚 t [mm]	基準強度 F [N/mm²]	長期許容応力度				短期許容応力度			
		圧縮 F/1.5	引張 F/1.5	曲げ F/1.5	せん断 F/1.5√3	圧縮 F	引張 F	曲げ F	せん断 F/√3
40以下	235	156	156	156	90	235	235	235	135

3 ● 強度の検討

以上の値を元に各応力を算定し、許容値以内であるか確認する。

曲げモーメント $M=\dfrac{wL^2}{8}+\dfrac{PL}{4}=\dfrac{1.4\times3.64^2}{8}+\dfrac{7.0\times3.64}{4}$

$=2.32+6.37=8.69\ \text{kN}\cdot\text{m}$

$=8.69\times10^6\ \text{N}\cdot\text{mm}$

曲げ応力度 $\sigma_b=\dfrac{M}{Z_x}=\dfrac{8.69\times10^6}{181\times10^3}=48.0\ \text{N/mm}^2$

検定比 $\dfrac{\sigma_b}{f_b}=\dfrac{48.0}{156}=0.31\leqq1.0\rightarrow \text{OK}$

せん断力 $Q=\dfrac{wL}{2}+\dfrac{P}{2}=\dfrac{1.4\times3.64}{2}+\dfrac{7.0}{2}=2.55+3.50$

$=6.05\ \text{kN}=6.05\times10^3\ \text{N}$

せん断応力度 $\tau=\dfrac{Q}{A_w}=\dfrac{Q}{A\cdot t_1}=\dfrac{6.05\times10^3}{200\times5.5}=5.5\ \text{N/mm}^2$

検定比 $\dfrac{\tau}{f_s}=\dfrac{5.5}{90}=0.06\leqq1.0\rightarrow \text{OK}$

4 ● たわみの検討

「設計データ 55 ● 鋼材の規格」の「❶ 鋼材の定数」▶175頁より、
鋼材のヤング係数 Eは、

$$E=2.05\times10^{5}\,\text{N/mm}^2=205\times10^{3}\,\text{N/mm}^2$$

たわみを算定し、許容値以内であるか確認する。

$$\delta=\frac{5wL^4}{384EI}+\frac{PL^3}{48EI}$$

$$=\frac{5\times1.4\times10^{3}\times3.64^{4}\times10^{9}}{384\times205\times10^{3}\times1{,}810\times10^{4}}+\frac{7.0\times10^{3}\times3.64^{3}\times10^{9}}{48\times205\times10^{3}\times1{,}810\times10^{4}}$$

$$=0.86+1.90=2.76\,\text{mm}$$

変形角(スパンに対する比):$\dfrac{\delta}{L}=\dfrac{2.76}{3{,}640}=1/1{,}318$

$< 1/250 \rightarrow$ OK

●設計データ 55❶ ▶175頁

材料	ヤング係数[N/㎟]	せん断弾性係数[N/㎟]	ポアソン比	線膨張係数[1/℃]
鋼・鋳鋼・鍛鋼	2.05×10^{5}	0.79×10^{5}	0.3	1.2×10^{-5}

部材断面選定のコツは、曲げモーメントをあらかじめ算出しておくことである。曲げ検定比が0.5~0.6程度となるように、必要断面係数 Zを算出し、それに近いZ_xの鋼材を選ぶと手戻りが少ない。

たとえば、σb≒100N/㎟と仮定すると、

$$Z\geqq\frac{M}{\sigma b}=\frac{8.69\times10^{6}}{100}=86{,}900\,\text{mm}^3=86.9\,\text{cm}^3$$

よって、「設計データ55 ● 鋼材の規格」の「❺ H形鋼の断面性能」▶176~177頁より、H−150×75とする。

●設計データ 55❺ ▶177頁

③細幅系列

呼称寸法(高さ×辺)[mm]	寸法[mm]					断面積[cm²]	単位質量[kg/m]	断面2次モーメント[cm⁴]		断面2次半径[cm]		断面係数[cm³]		横座屈用断面2次半径 i [cm]	$\eta=\dfrac{i\cdot A}{B\cdot t_2}$
	A	B	t_1	t_2	r			I_x	I_y	i_x	i_y	Z_x	Z_y		
150×75	150	75	5	7	8	17.85	14.0	666	49.5	6.11	1.66	88.8	13.2	1.96	5.60
175×90	175	90	5	8	8	22.90	18.0	1,210	97.5	7.26	2.06	138	21.7	2.39	5.81
200×100	200	100	5.5	8	8	26.67	20.9	1,810	134	8.23	2.24	181	26.7	2.63	6.57
250×125	250	125	6	9	8	36.97	29.0	3,960	294	10.4	2.82	317	47.0	3.30	7.33

ヤマベの木構造
現場必携ハンドブック
改訂第二版

2022年2月2日　初版第一刷発行

著　者｜山辺豊彦

発行者｜澤井聖一

発行所｜株式会社エクスナレッジ
〒106-0032　東京都港区六本木 7-2-26
https://www.xknowledge.co.jp/

問合せ先｜編集 Tel:03-3403-1381 ／ Fax:03-3403-1345
販売 Tel:03-3403-1321 ／ Fax:03-3403-1829
info@xknowledge.co.jp

無断転載の禁止
本書掲載記事（本文、図表、イラスト等）を当社および著作権者の承諾なしに
無断で転載（翻訳、複写、データベースへの入力、インターネットでの掲載等）することを禁じます